中国农业大学图书馆史

何秀荣◎主编

LIBRARY HISTORY OF
CHINA AGRICULTURAL UNIVERSITY

中国農業大學出版社
China Agricultural University Press
·北京·

内容简介

图书馆史是学校历史的重要板块，与学校的发展和命运息息相关。中国农业大学图书馆百年积淀，她的诞生和发展经历了苦难与曲折，经过数代图书馆人不懈的追求与奋斗，涅槃重生，牢记使命，承前启后，继往开来，谱写出一曲曲生动多彩的历史篇章。

全书共分三篇。第一篇以编年纪事的方式全面展示了中国农业大学图书馆百余年的历史变迁以及在转型发展时期所做的探索与实践；第二篇为专题篇，分别从 11 个方面系统详述了中国农业大学图书馆在资源共享、学科研究、学科建设、情报研究、图书馆建筑等方面的特色内容与突出业绩；第三篇为资料汇编，包含图书馆大事记、获奖统计、历任负责人、职工专业技术职务及学位变动情况、科研项目汇总、图书馆员工发表的论文题录、馆藏统计表等资料，是研究和了解中国农业大学图书馆发展的珍贵史料。

图书在版编目（CIP）数据

中国农业大学图书馆史 / 何秀荣主编. —北京：中国农业大学出版社，2021.4

ISBN 978-7-5655-2548-3

Ⅰ.①中… Ⅱ.①何… Ⅲ.①中国农业大学-院校图书馆-图书馆史 Ⅳ.①G259.256

中国版本图书馆CIP数据核字（2021）第 086073 号

书　名 中国农业大学图书馆史

作　者 何秀荣 主编

策划编辑 梁爱荣　　**责任编辑** 梁爱荣 刘彦龙

封面设计 李尘工作室

出版发行 中国农业大学出版社

社　址 北京市海淀区圆明园西路 2 号　　**邮政编码** 100193

电　话 发行部 010-62818525，8625　　读者服务部 010-62732336

编辑部 010-62732617，2618　　出 版 部 010-62733440

网　址 http://www.caupress.cn　　**E-mail** cbsszs@cau.edu.cn

经　销 新华书店

印　刷 涿州市星河印刷有限公司

版　次 2021 年 6 月第 1 版　2021 年 6 月第 1 次印刷

规　格 889 mm × 1 194 mm　16 开本　29.75 印张　880 千字

定　价 98.00 元

前言

在人类发展史上，出现过许许多多的文明，但到今天，很多文明已经成为传说中的文明，比如在中国广泛流传的世界四大文明古国之一的古巴比伦文明，古巴比伦“空中花园”至今只有传说和想象，而缺乏具体证据。文明要有实物或记载来佐证，考古提供了人类农业文明的证据，中外各式各样的建筑物体现了人类建筑的文明史，而文字记载则可以多方位、连续性地述说丰富的人类文明史。

丰富悠久的历史积淀往往成为一国的骄傲，一个记述自己历史的民族一定是伟大的民族，泱泱大国的历史积淀正是因为有历史记载而得到保存和传承。一些新大陆国家格外珍视他们区区几百年的历史，因为历史对于他们来说是奢侈物；而在中国，山间土中捡到一块砖瓦，也许就是秦砖汉瓦。但中国历史上曾经广泛采用的传统历史记载，到了现代社会却渐渐不被注重了，比如县志续修。鉴于此，对著史修史我们不仅应当珍惜和保存，更需要传承和弘扬。

中国是具有修史传统的国家，从古代历史起就流传下一批著名史书，如距今约 3000 年的中国古代最早的一部历史文献汇编《尚书》，距今约 2500 年的编年史《春秋三传》，距今 2000 多年的西汉司马迁撰写的中国第一部纪传体通史《史记》，距今 1000 多年的北宋司马光主持编写的 300 多万字的鸿篇巨史《资治通鉴》。正是数千年来一代又一代的史官和文人记载着历史，从而构筑起中国悠久浩瀚的历史文献宝库。

盛世修典是中国历代传统。改革开放以来，中华民族奋发图强，社会经济发展世界瞩目，如今我国已是世界上第二大经济体，具有世界上最大的市场规模，全民摆脱绝对贫困，每年上亿人次出国旅行，高科技支撑上九天下五洋，辉煌成就不胜枚举。中国再一次步入了繁荣昌盛的时代。在这中华民族以实践行动辉煌铸史的新时代，纂史修史自然是当代人义不容辞的责任。

一提历史，人们往往会不由自主地联想到国史、方志或人物史，但往往对机构史缺乏足够的关注。进入 21 世纪以来，机构史开始得到重视，涌现了很多机构史专著和文章，比如不少大学配合校庆活动出版了自己的校史。但一个机构之内的部门史还是为数不多，在高校中见到较多的部门史是图书馆馆史，绝大多数高校部门（尤其学院）往往只有一个历史简介。

图书馆是学校的一个重要机构，也是学校历史的重要板块。现代大学以来，学校中的学院、系、专业都可能重组、更名甚至消失不见，但图书馆始终存在。图书馆与学校是命运共同体，学校的变迁决定了图书馆的兴衰，一部图书馆史可以从微观上补充和丰富校史，两相映读可以清晰地印证学校变迁对校内部门的影响。

中国农业大学图书馆百年积淀，她的诞生和发展是我国高校图书馆界的一个历史缩影，尤其是她能反映中国高校图书馆苦难而又辉煌的曲折历史，在世界图书馆发展史中也有一席之地。世界上有很多图书馆自诞生之日起就行走在顺利发展的道路上，也有不少图书馆出于各种原因而消失，但中国一大批高校图书馆却历经劫难，涅槃重生，极大地丰富了世界图书馆成长史。

时代在进步，社会在发展。每一个历史阶段，都会有许多新的任务和课题摆在人们面前，回顾和总结历史是为了更好地展望和谱写未来。

编者

2020 年 7 月

目录

引　言 …… 1

第一篇 编年纪事篇

第一章　初创时期 …… 5

第一节　京师大学堂及北京大学校时期 …… 5
第二节　国立北京农业专门学校时期 …… 15
第三节　国立北京农业大学及国立京师大学校农科时期 …… 17
第四节　北平大学农学院时期 …… 19

第二章　抗战时期西迁及战后复校 …… 27

第一节　西迁的农学院 …… 27
第二节　沦陷区的“国立北京大学农学院” …… 28
第三节　抗战胜利后的重建 …… 30

第三章　北京农业大学时期 …… 34

第一节　北京农业大学的组建 …… 34
第二节　组建初期的北京农业大学图书馆 …… 41
第三节　工作秩序的初步建立 …… 42
第四节　罗道庄校区时期的发展 …… 49
第五节　学校迁址圆明园西路后的发展 …… 57
第六节　在动荡中生存　在困境中坚守 …… 66
第七节　在改革开放中振兴 …… 69

第四章　北京农业工程大学时期 …… 78

第一节　创办初期的图书馆 …… 78
第二节　在调整中发展 …… 80
第三节　外迁重庆、邢台时期 …… 89
第四节　劫后余生的回归与复兴 …… 91

第五章　中国农业大学时期（上）……………………………104
第一节　中国农业大学西校区图书馆 ……………………………104
第二节　中国农业大学东校区图书馆 ……………………………123
第六章　中国农业大学时期（下）……………………………133
第一节　两馆实质性合并 ……………………………133
第二节　优势互补，开创新局面 ……………………………139
第三节　向研究服务型图书馆转型发展 ……………………………166

第二篇　专题篇

专题一　新时代、新理念、新作为，合作共赢，携手并进…………279
一、组织机构的建立与完善 ……………………………280
二、农学中心的宗旨和建设目标 ……………………………288
三、主要建设内容和发展历程 ……………………………289
专题二　国家社会科学基金研究成果……………………………311
一、图书馆特色知识库构建与知识服务实证研究 ……………………………311
二、跨学科研究影响力的计量分析研究 ……………………………314
专题三　图书情报学科建设及硕士人才培养……………………………317
一、学科概况 ……………………………317
二、导师队伍 ……………………………323
三、人才培养 ……………………………325
四、招生就业 ……………………………327
五、学术研究 ……………………………330
六、学科特色 ……………………………338
专题四　以用户为基础，以质量求发展……………………………339
一、查新工作的发展 ……………………………339
二、查新数据 ……………………………340
三、查新队伍 ……………………………341
四、查新规范管理和质量控制 ……………………………343
五、查新协作及工作拓展 ……………………………343
专题五　勇闯科技情报工作的创新之路……………………………344
一、取得的成果 ……………………………344
二、情报工作的做法与经验 ……………………………347
三、情报工作的作用与意义 ……………………………348

四、情报工作的效益分析 …… 350

专题六 《中国农业文摘—农业工程》发展历程 …… 352

一、产生背景 …… 352
二、发展历程 …… 352

专题七 现代高校图书馆建筑与管理模式的典范 …… 363

一、建设过程 …… 363
二、建筑特色 …… 365
三、管理模式的变革 …… 366
四、建设经验 …… 368
五、建筑意义 …… 370

专题八 外国教材中心建设 …… 371

一、纸本教材的引进 …… 372
二、电子教材的引进 …… 372
三、工作分析研究 …… 373

专题九 多语种联机编目技术开创了我国日文文献计算机管理和利用新模式 …… 374

一、探索与起步 …… 374
二、与集成管理系统的融合 …… 374
三、全国联机推广阶段 …… 374

专题十 海淀农业图书馆面向“三农”显身手 …… 376

一、背景及成立原因 …… 376
二、工作指导思想 …… 376
三、服务模式的探索与实践 …… 376
四、工作意义、影响和评价 …… 377

专题十一 众志成城，抗击“非典” …… 379

一、严防死守、沉着应战 …… 379
二、坚持开馆，维持学校正常秩序 …… 381
三、非常时期、党员当先 …… 381
四、决胜六月、班师凯旋 …… 382

第三篇 资料篇

资料一 图书馆大事记 …… 387

一、北京农业大学图书馆及其溯源时期 …… 387

二、北京农业工程大学图书馆及其溯源时期 …… 391
三、中国农业大学图书馆时期 …… 395

资料二　图书馆部分获奖情况汇总 …… 405

一、集体荣誉奖项 …… 405
二、课题、项目、成果奖项 …… 408
三、个人荣誉奖项 …… 409
四、竞赛荣誉奖项 …… 413

资料三　图书馆行政历任负责人 …… 415

一、中国农业大学西校区图书馆及其溯源时期 …… 415
二、中国农业大学东校区图书馆及其溯源时期 …… 416
三、中国农业大学图书馆时期 …… 416

资料四　图书馆党组织历任负责人 …… 418

一、中国农业大学西校区图书馆及其溯源时期（直属）党支部 …… 418
二、中国农业大学东校区图书馆及其溯源时期党支部 …… 418
三、中国农业大学图书馆党总支 …… 418

资料五　2002—2019 年人员构成统计表 …… 419

资料六　2002—2019 年图书馆历年在编人员专业技术职务、学位构成变动统计表 …… 420

资料七　图书馆员工承担的部分科研项目汇总表 …… 426

一、上级委托及横向协作项目 …… 426
二、CALIS 全国农学文献信息中心立项科研项目（中国农业大学图书馆承担部分） …… 430
三、中国农业大学图书馆立项部分科研项目 …… 431

资料八　图书馆员工发表的部分论文题录 …… 434
资料九　2002—2019 年馆藏统计表 …… 462
致谢 …… 463
参考文献 …… 465

引 言

图书馆，英文 library，中国古代称之为藏书楼或藏书阁，是专指皇家、寺院以及民间存放图书的场所。尽管有些学者质疑藏书楼与图书馆之间的传承和孕育关系，然而，无论是从思想意识还是实际功能上，藏书楼都具备了文献藏与用的基本属性。随着社会文明的进步，藏书楼逐步开始向社会提供阅览服务，演变为一个开放的文化场所。随着西学东渐，人们又赋予藏书楼一个新的名称——图书馆，这个名称其实是个外来词，是 19 世纪末从日本传入中国的。

在人类历史文明的长河中，图书馆肩负着文化传承的历史使命。有人形象地说，假设有一天世界突遭变故，人类物质文明瞬间消失了，但只要图书馆能完整地保存下来，留下来的人则可以依靠图书馆保存的知识体系很快地恢复和重建人类文明，不必再经历千万年的探索进化。此话不假，现在全球生物基因库就是根据这种思想建立的。

史料记载，世界上著名的亚历山大图书馆，创建于公元前 259 年，是世界上最古老的图书馆之一。它曾经广罗天下图书文献，保留着古代文明历程中大量的学术著作，用于学术交流与研究；同时，吸引着众多的著名哲学家、文学家、科学家和研究者汇集于此，进行知识创造、交流与传播，成为当时世界著名的文献中心、文化中心和学术交流中心。哲学家埃奈西德穆，数学家、物理学家阿基米德等睿智圣贤均在此研究、讲学。遗憾的是，亚历山大图书馆后来被大火焚毁，未留下只字片瓦。为了追寻和纪念亚历山大图书馆的辉煌历史，后人于 1995 年重建了亚历山大图书馆。

我国从公元前 500 多年的周朝春秋时期就已出现了官方藏书形式。老子曾任“守藏室之官”，即管理藏书的官员。中国古代著名的藏书楼——天一阁，位于浙江宁波，始建于 1561 年，是当时规模最大，馆藏最多的藏书楼，当时藏书 7 万余卷。中国现代意义的图书馆，直到 19 世纪末才出现。

高校图书馆作为高校传道授业的知识殿堂和培养人才的重要场所，被师生誉为第二课堂。同时，高校图书馆也是一部历史书，其创建和演变与国家及学校的命运休戚相关。

研究中国农业大学图书馆的发展史，需要从其源头寻找踪迹。清朝末年，随着西学东渐，清政府于 1896 年 6 月正式提出设立京师大学堂，1898 年《总理衙门奏拟京师大学堂章程》规定在大学堂设立藏书楼（今北京大学图书馆的前身），1904 年开始酝酿建立分科大学，1905 年农科大学筹建到正式建立国立高等农业教育完整机构，随后又经历了分分合合的院校变迁。寻踪溯源，图书馆与学校的诞生和发展紧密相关，1905 年京师大学堂农科大学作为今日中国农业大学的历史之始，也是今日中国农业大学图书馆历史的孕育之始。一百多年来，随着社会时局的动荡变化，中国农业大学历尽磨难、涅槃重生、奋发向上，终于创造辉煌，屹立于中国农业高等教育之巅，迈向世界一流！在这个过程中，图书馆亦随着学校命运的变化，经历了社会革命和战争的洗礼，在历次社会运动中经受磨难，可谓千锤百炼。一代又一代图书馆人牢记使命、克服艰难、默默耕耘，使图书馆重新踏上了发展之路，焕发出勃勃生机。先辈们顽强拼搏、无私奉献、开拓进取、甘作铺路石的精神，是留给我们的宝贵精神财富！

第一篇　编年纪事篇

民以食为天。农业是人类社会存在和发展的基础。根据考古学的发现，中国农业已有上万年的历史。先人在漫长的农业生产过程中，不断总结和积累经验，并使其逐渐演变为一门学问——农学。在我国，2000多年前的战国时期就已有农书，如《神农》《野老》等，可惜均已失传。据我国现存最早的目录学文献《汉书·艺文志》记载，农家论著有9家，114篇，现在可以看到的专论农业的先秦文献有《吕氏春秋》中的《上农》《任地》《辩土》《审时》等4篇。从农业政策到农业技术，先秦时期就已有较为丰富的论述。

随着19世纪生物学、化学、生理学、遗传学、昆虫学、微生物学、土壤学和气象学等多学科的研究成果在农业生产中的应用，农学研究从经验积累到以实验为基础的农业科学研究，逐步形成了现代意义上的农学。

在我国，1898年创办的京师大学堂，标志着中国近代高等教育的开端。1905年京师大学堂筹办分科大学，共设经科、文科、法政科、医科、农科、格致科、商科和工科共八科。自那时起，后来无论是演变为北京大学校还是北平大学、北京大学，农科始终都是股肱学科之一。期间，农科还曾独立为北京农业专门学校、国立北京农业大学。新中国成立后，在北京大学农学院等农科院校的基础上组建了北京农业大学。历经变迁演变，1995年，北京农业大学和北京农业工程大学合并，组建为中国农业大学。可见，历代执政者均把农业作为立国之本，农业教育始终被摆在国家高等教育的重要位置。

伴随着农业高等教育的兴起，作为知识收藏和传播的重要部门——校属图书馆也应运而生。

本篇以编年体纪事的方式，展示中国农业大学图书馆的发展历程。

第一章 初创时期

（1908—1937 年）

现代大学自问世以来就配备的组成要素之一是图书馆[①]，因为纸质记录是 21 世纪之前现代大学传承人类知识的主要方式，而图书馆是存放纸质人类知识的基本场所，从而与教室、实验室一起构成知识传承的三大主要场所。

中国农业大学图书馆发轫于一个世纪之前的京师大学堂农科大学图书馆，伴随着农科大学的创办而诞生，伴随着从京师大学堂农科大学到中国农业大学的演变发展而壮大。从创建到发展至今的百年历程中，中国历经艰难坎坷，其命运始终与学校的变迁和国家的命运相依相伴。随着国家一步一步地走向强盛，经过一代又一代中国农业大学先辈及图书馆人的不懈坚持和努力奋斗，中国农业大学图书馆也一步步走向辉煌。

第一节　京师大学堂及北京大学校时期

（1908—1913 年）

京师大学堂是清末由清政府主办的第一所国立大学，创办于 1898 年。辛亥革命后，于 1912 年改名为北京大学校。期间，1900—1901 年由于八国联军的入侵曾停办 2 年。

19 世纪中叶，由于长期的封建统治与闭关锁国，中国从曾经的康乾盛世一步步走向衰落，渐渐地落后于世界。

1840 年英国通过第一次鸦片战争敲开了中国的大门；1856 年至 1860 年英法在美俄的支持下又发动了第二次鸦片战争，侵入北京，抢劫焚毁圆明园。外国列强迫使清政府先后签订《天津条约》《北京条约》《瑷珲条约》等一系列不平等条约。外国侵略势力由东南沿海进入内地，中国丧失了东北及西北共 150 多万 km^2 的领土。严酷的现实震惊国人，志士仁人们开始思考如何拯救中国。

在 19 世纪 60 年代，清朝兴起了洋务运动，企图通过“师夷制夷”“中体西用”的办法振兴国运；同时，开办了具有新式学堂性质的京师同文馆，以及福州船政学堂、北洋水师学堂、上海机械学堂、天津电报学堂等。

与此同时，西方开始了第二次工业革命，促使资本主义在世界范围迅速发展，科学与技术的结合使得社会生产力得到了巨大的提升，人类开始进入了电气时代，变革旧制度和发展生产力成为一种世界潮流。

1894 年中日甲午战争爆发，清朝军队的惨败使国人认识到，洋务运动只停留在学习西方的先进技术上是不够的，还需要进行政治制度方面的变革。这促进了资产阶级维新思想的萌发，导致了戊戌变法运动。

戊戌变法前，一些新型的地方学校就开始不断出现。如汇文学校、上海约翰大学（1952 年学校拆分，分别并入华东师范大学、复旦大学、同济大学、华东政法大学等院校）、北洋大学（今天津大学前身）、唐山铁道学院（今西南交通大学前身）、南洋公学（今西安交通大学和上海交通大学前身）等。这些

---

① 中国出现大学的初期先是沿用旧的“藏书楼”称呼，后被称为“图书馆”或“图书部”。

学校都是新式学校的代表。

1898年（清光绪二十四年），中国历史上发生了倡导学习西方，提倡科学文化，改革政治、教育制度，发展农、工、商业等的政治改良运动，史称“戊戌变法”（1898年6月11日至9月21日）。尽管戊戌变法只历经103天，即因遭到守旧派的强烈抵制和镇压而失败，但戊戌变法推动了中国的思想解放运动，也推动了清政府实施一些新政，如废科举、建学堂、选派留学生出国留学等。

作为戊戌变法的新政之一，1898年7月，清政府创办了京师大学堂。这是中国近代第一所国立大学，标志着我国近代国立高等教育的开端。戊戌变法虽然失败了，但期间创办的以京师大学堂为代表的现代教育模式却保留了下来，成为戊戌变法诸多新政的幸存者。经过100多年的变迁，京师大学堂已经演变发展为现在的北京大学。

1. 京师大学堂及其藏书楼的创建

1898年7月3日（光绪二十四年五月十五日），光绪帝上谕批准设立京师大学堂，同时将当时的官书局和译书局并入京师大学堂管理。

此时的大学图书馆称之为藏书楼。京师大学堂在创办之初，就已经把藏书楼的设立列入大学章程之中。

同日《总理衙门奏拟京师大学堂章程》中规定：

> **“第六章　设官例**
> ……
> 第七节　藏书楼设提调一员，供事十员。
> ……
> **第八章　暂章**
> ……
> 第五节　应购各书目录，及藏书楼收藏借阅详细章程，归藏书楼提调续拟。”

长期以来，关于京师大学堂藏书楼的创建时间被认定为1902年。2012年11月，北京大学图书馆曾举办过建馆110周年庆典。随着学术界的进一步深入研究和探讨以及一些重要证据的浮出，如2013年初北京大学图书馆在古籍编目时发现的《京都大学堂书目》，证明1899年（光绪二十五年）京师大学堂藏书楼已有相当数量的藏书，同时证实当时的藏书楼提调是李昭炜。2013年10月16日北京大学图书馆正式向校方提交《关于追溯北京大学图书馆建馆时间的请示》的报告，11月1日，北京大学党办、校办正式批复确认，北京大学图书馆建馆时间从过去认定的1902年上溯到1898年。也就是说，京师大学堂藏书楼是与京师大学堂同时创建的；这也再一次印证了图书馆对于一所大学来说是不可或缺的。

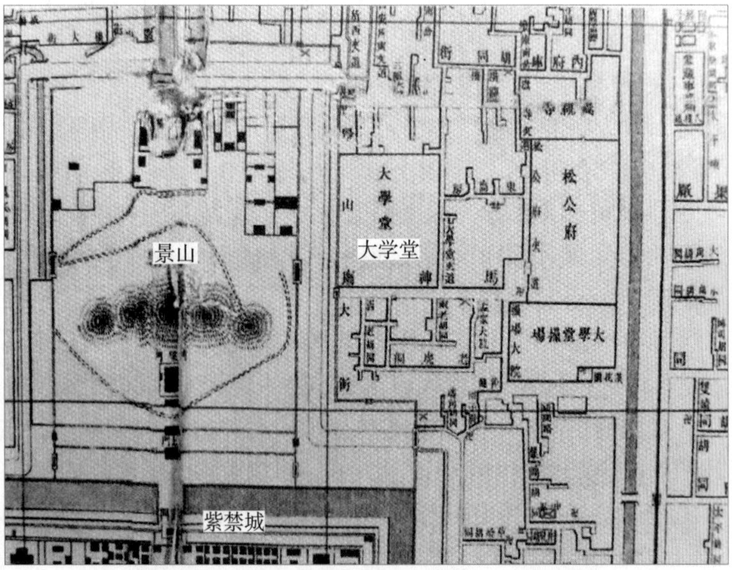

图1-1　京师大学堂位置图（景山东街东侧）

京师大学堂建校之初，接纳了官

书局的书报收藏，成为大学堂藏书楼最早一批藏书。

1898 年 12 月 31 日（光绪二十四年十一月十九日）京师大学堂正式开学，校址在马神庙（今景山东街东侧沙滩后街 55 号），原乾隆女儿和嘉公主府旧第。（图 1–1、图 1–2、图 1–3）

图 1–2 京师大学堂校园（旧照翻拍）

图 1–3 和嘉公主府大殿现状（左），北京沙滩后街 55 号现状（右）（2017 年 11 月 12 日王永进摄）

1900 年 8 月 14 日（光绪二十六年七月二十日）“八国联军”攻占北京城。俄兵入驻大学校舍，京师大学堂被迫停办了 2 年有余。学校图书、仪器悉数被毁。

1902 年 1 月 10 日（光绪二十七年十二月初一）清政府下令续办京师大学堂，派张百熙为管学大臣。实则于同年 10 月招生，12 月开学。

同年，《钦定京师大学堂章程》规定：

> **“第五章　设官**
>
> ……
>
> 第七节　设藏书楼、博物院提调各一员，以经理书籍、仪器、标本、模型等件。
>
> ……
>
> **第八章　建置**
>
> 第一节　京师大学堂建设地面，现遵旨于空旷处所择地建造。所应备者，曰礼堂，曰学生聚集所，曰藏书楼，曰博物院，曰讲堂……
>
> 第二节　堂内所应备者，曰图书，曰黑板，曰几案……皆随时购置，以应各学科之用。”

章程再次确定了大学藏书楼的建制，表明了图书馆在大学的基本要素地位。查随后各个时期的规章，均有图书馆的相关规定。

京师大学堂图书资料被八国联军损毁后，藏书楼随大学堂的续办而重设。是年，同文馆划入管理，其藏书成为恢复藏书楼后的第一批藏书。

2. 设立京师大学堂农科大学及其图书馆

农科大学是在京师大学堂组建分科大学时创办的，直到辛亥革命爆发，农科大学一直是京师大学堂下设的八大分科大学之一。八大分科大学的机构设置、招生安排、校舍建设等各方面均由京师大学堂统一掌管。

京师大学堂在创办初期，将官书局、译书局归并管理，同时延续了旧学国子监的部分功能，最初的学科侧重于语言、师范以及医学等领域，并未进行正式分科。

1904 年 1 月 13 日（光绪二十九年十一月二十六日），《奏定大学堂章程（大学堂附通儒院）》中规定，京师大学堂分 8 科 46 门，直到清末。

其中有关图书馆的规定如下：

> "屋场图书器具章第四
>
> ……
>
> 第四节　大学堂当置附属图书馆一所，广罗中外古今各种图书，以资考证。
>
> ……
>
> 教员管理员章第五
>
> ……
>
> 第二十节　图书馆经理官以各分科大学中正教员或副教员兼任，掌大学堂附属图书馆事务，秉承与总监督。"

1905 年，开始筹建分科大学，照大学章程分列 8 科，即

一、经学科；

二、政法科；

三、文学科；

四、医科；

五、格致科；

六、农科；

七、工科；

八、商科。

由于各方面条件所限，农科与其他科不同，需要有试验田，占地较多，不宜与其他科设在一处。故而另觅地段开办农科大学。

据 1905 年 12 月 5 日（光绪三十一年十一月初九）《学务大臣奏请建设分科大学片》记载：

> "查奏定大学章程分列八科，目前骤难全设，拟先设政法科、文学科、格致科、工科，以备大学预科及各省高等学堂学生毕业后考升入学，此外四科以次建置。……瓦窑地方则留以专办农科。查农科需地较广，万不能与各科并设一处。……该地宜于种植，以之专办农科亦属相宜。……"

其中农科大学（现中国农业大学的前身），当时校址选定在广宁门（今广安门）外的瓦窑村。1902年（光绪二十八年）续办京师大学堂时，在瓦窑村购地1300余亩，原准备在此建筑校舍，未果，故而“留以专办农科”。

12月21日，学部（清末中央教育行政机构）择定德胜门外操场建法、文、理、工4科分科大学，圈购土地，准备兴建校舍；将瓦窑村之地拨作建农科大学之用，派人前往估修。基于此，中国农业大学将1905年定为建校之始。1911年辛亥革命爆发，时局变化，京师大学堂在德胜门外建设的分科大学工程因经费无着，未能按原计划完成，原建设大学堂分科大学的规划废止，已建成的几栋建筑也给陆军部用作讲武堂。

分科大学虽然在1905年已经设立，并已选定各分科大学的校址，但独立校舍并未建成。设立当年，生源、校舍等各项招生条件尚均未成熟。

农科大学发现瓦窑村林泉缺乏，农事试验不甚合用。学部遂于1908年8月16日（光绪三十四年七月二十日）上奏，《奏请拨望海楼地方苇塘官地建筑农业大学片》：

> “大学分科明年必须设立，以备高等学生升入之地。……有阜成门外望海楼地方，苇塘官地约计十六七顷，南北甚狭，东西较长。若就其地势开浚沟渠，堪为农事试验场之用。……拟恳天恩允准，赏给臣部作为开办农科大学之用。……奉旨，依议，钦此。”

1908年（光绪三十四年）将农科大学校址改在阜成门外望海楼地方（今玉渊潭），划拨官地970亩，用于建设农科大学。

同年10月（光绪三十四年九月）京师大学堂设筹办分科处，为集议办公之所；又以建筑事繁，另设工程处，办理工程测绘事宜，开始备料筹建各分科大学。由此，各分科大学的建设开始提速，相应的机构也开始设立。

随着农科大学的筹建，农科大学图书馆也开始孕育、诞生。据1929年6月《北平图书馆协会会刊》第二期记载，农科大学图书馆创建于1908年。这是迄今为止所看到的关于农科大学图书馆创建时间的最早文字记载。

1909年（宣统元年），设齐8科监督，首任农科监督（即今大学校长）为罗振玉[①]。

同年，学部又奏拨罗道庄官地为农科大学建设用地，共155亩。后又拨蔡公庄育婴堂官地110亩，加上此前已拨望海楼官地970亩。至此，农科大学校园占有土地共计1235亩。

罗道庄之地对于农科大学至关重要，因为此地是真正用于建筑校舍的，之前望海楼之地实则是作为试验田之用，且多为水田。有了罗道庄之地，农科大学校舍建设才真正有了着落。1910年农科大学校舍建设工程启动。

1910年3月31日（宣统二年二月二十一日）是一个重要的时间节点，京师大学堂除医科外，其余7科举行了分科大学开学典礼。农科大学真正开启了实质性教学进程。当时罗道庄校舍尚未建成，暂在景山东街马神庙开办农科，招取各处优级师范毕业学生作为补习科补习日文；同年9月，开设本科，以补习科学生升入，分农学和农艺化学两科。这批学生于1913年毕业，是由京师大学堂农科大学招生，后改北京大学校农科大学毕业的首批学生，也是我国自己培养的第一批国立高等农业院校毕业生。其中，农学门25人，农艺化学门17人。

农科大学既已招生开课，一切相关事务也都摆上了议事日程。建校初期，在经费预算上，图书经

---

① 罗振玉（1866—1940），祖籍浙江上虞，中国近代农学家、教育家、考古学家、金石学家、敦煌学家、目录学家、校勘学家、古文字学家。1900年秋，任湖北农务局总理兼农务学堂监督。后任武昌江楚编译局帮办、上海南洋公学虹口分校校长，并赴日本考察教育。1903年被两广总督岑春煊聘为教育顾问。翌年，在苏州创办江苏师范学堂，任监督。1906年调北京，在清政府任学部参事兼京师大学堂农科监督。

费是一笔重大开支。农科大学监督罗振玉1910年8月所呈《关于逐年开办经费的报告》中，对农科大学4年开办所用经费[①]做出如下预算：

第一年建筑8万两、设备1.5万两、书器1.5万两，总计11万两；
第二年建筑4万两、设备0.5万两、书器1.5万两，总计6万两；
第三年建筑4万两、设备0.5万两、书器1.5万两，总计6万两；
第四年建筑4万两、设备0.5万两、书器2.5万两，总计7万两。

4年总计书器费7万两白银，占到开办总预算的23.3%。书器所占比例已经相当可观。即便如此，报告显示"书器亦仅选购最要之物，亦不能全备"。只不过此处的书器，并非全部为图书，而是包含图书、标本以及器械在内。图书在其中所占份额尚未分列。

3. 罗道庄校舍建设

农科大学在罗道庄的校舍于1910年开始筹建，期间因辛亥革命曾停工。后于1912年（民国元年）落成，11月迁入上课。

在农科大学筹办过程中，图书馆作为办学必备的条件而同时筹划，并在建设工程计划书中列入校舍建设规划。

据1910年（宣统二年）《筹办分科大学工程意见书》记载：

"建筑之种类如左：
甲、公共之建筑。
礼堂总办事处、斋舍、中国教员及办事人寄宿舍、总图书馆。
乙、各科之建筑
……
五、格致科：讲堂、实验室、教员研究室、图书室。此系特别图书应另室储藏，工、医、农诸科同。标本室、天文台、工场等。
……
八、农科：讲堂、实验室、教员研究室、图书室、标本室、温室、养蚕室、畜类解剖室等。"

其中记载，"八、农科：讲堂、实验室、教员研究室、图书室、标本室、温室、养蚕室、畜类解剖室等。"这是农科大学最早的校舍建设计划。

1911年10月10日（宣统三年八月十九日）发生武昌起义，辛亥革命爆发，清政府被推翻。作为清政府创立的京师大学堂难以为继，暂时停办。

罗道庄在建农科大学校舍工程亦因此停工，此时已有建筑：

讲堂大楼（工字楼）1座，
办事楼（一字楼）1座，
办事人员宿舍17间，
监督及教习住宅48间，

---

① 这里的经费不包括教职员工俸禄，俸禄以朝廷官员等级规定另行拨付。

学生宿舍及自修室 56 间，
附属用房、马路、围墙。
共耗银 85000 两。

其中尚未见独立的图书馆建筑的记载。早期的图书馆规模小，仅作为图书室运作，没有独立馆舍。

1912 年 1 月 1 日，中华民国临时政府成立。

1 月 3 日，蔡元培出任教育总长；9 日，南京临时政府教育部成立。

2 月，严复被任命为京师大学堂总监督，叶可梁任农科大学监督。

3 月 10 日，袁世凯在北京就任临时大总统，北洋军阀统治开始。

1912 年（民国元年）5 月 3 日，北洋政府颁令京师大学堂改称北京大学校。农科大学仍为北京大学校分科大学之一，大学监督也随之改称为学长，由叶可梁[①]出任。农科大学罗道庄校舍的工程又得以继续建设，并于同年 10 月竣工，11 月 11 日，学校迁入办学。

据国立北京大学讲师助教联合会 1948 年编写的《北大院系介绍》中描述：

“出复兴门，向西顺着宽直公路约走三公里，在西北方向的田林保荫中隐约地可以看到一片建筑物，这里叫罗道庄，便是农学院的大本营。”

据《百年纪事》记载，1912 年罗道庄新校舍共有房屋建筑如下：

“讲堂楼 37 间，附化学室 5 间；
学长教员住室 48 间，舍监室 4 间；
学生宿舍 56 间；
办事楼 22 间；
大门及门房 5 间；
事务员宿舍 16 间；
疗养室 12 间，医药室 3 间；
堆房 25 间；
厨房 6 间，茶房 6 间，膳堂 12 间，茶炉 2 间；
盥漱室 6 间，浴室 6 间；
马号 8 间，便所 3 间，厕所 14 间；
游廊 66 间；
井 4 口；
合计 359 间，4 口。”

至此，农科大学拥有了自己独立的新校舍和实验田，办学条件有了极大的改善（图 1–4、图 1–5）。但此时依旧未建独立的图书馆建筑。

① 叶可梁（1888—1972），字肖鹤，福建福州人。1905—1908 年赴美国康奈尔大学选读农科，获理学学士；1909 年获硕士学位；1911 年在京都殿试，金榜题名，领翰林院翰林荣衔。1911—1913 年任北京日报主编、1912—1913 年任北京大学校农科大学学长。

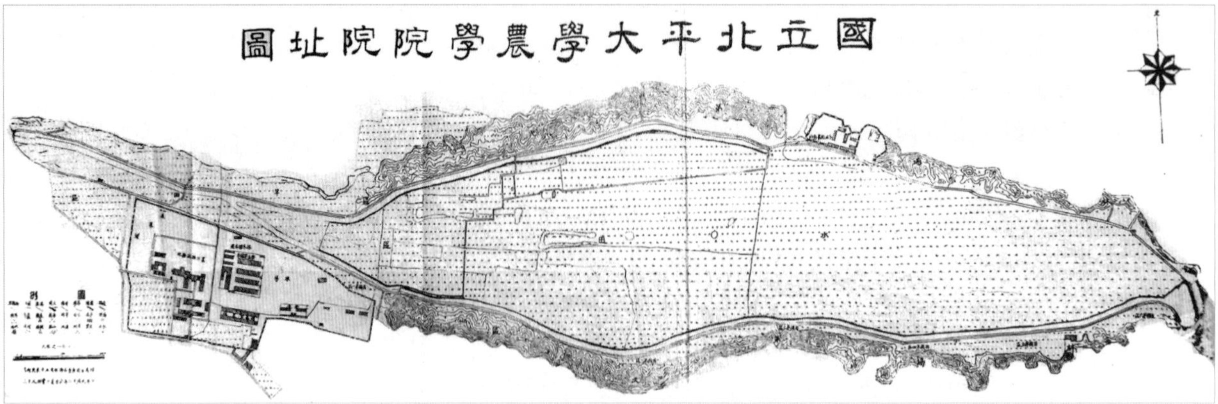

图 1-4 罗道庄校址图（图片来源：中国农业大学档案与校史馆）

农科大学新校址共有土地如下：

望海楼苇地 350 亩，水田 420 亩，旱田 200 亩；

罗道庄土地共 265 亩。

总计 1235 亩。

农科大学从 1905 年开始设立，经过了 7 年时间，像一个跃跃欲试的翩翩少年，终于备齐鞍马，意气风发，准备独立闯天下了。此时是 1912 年底，这是一个具有特别意义的新起点。

望海楼——现今的玉渊潭公园，已是 4A 级景区，春季来临，樱花盛开，是市民游览休闲的胜地。东面毗邻钓鱼台国宾馆，南面是中华世纪坛和军事博物馆，西接三环路，北面是居民区和阜成路。当年是引西面上游来水连接至东面下游护城河的缓冲蓄水地。现在的湖区当年实为水田区，南北两侧的林场就是当年农大师生种植培育的，湖中间连接南北岸的堤坝，也是农大人修建的。向西延伸越过三环路伸出的河道两岸狭长地带为旱田区。在旱田区南面则是罗道庄，即当年校舍建筑的主要范围，现已成为企事业单位和居民生活区。1909 年清政府将此地划拨给农科大学建校办学，到 1958 年，作为北京农业大学农林试验场的玉渊潭移交给北京市园林局，由绿化处接管。前后 50 年间，玉渊潭见证了从京师大学堂农科大学直到北京农业大学的发展历程。

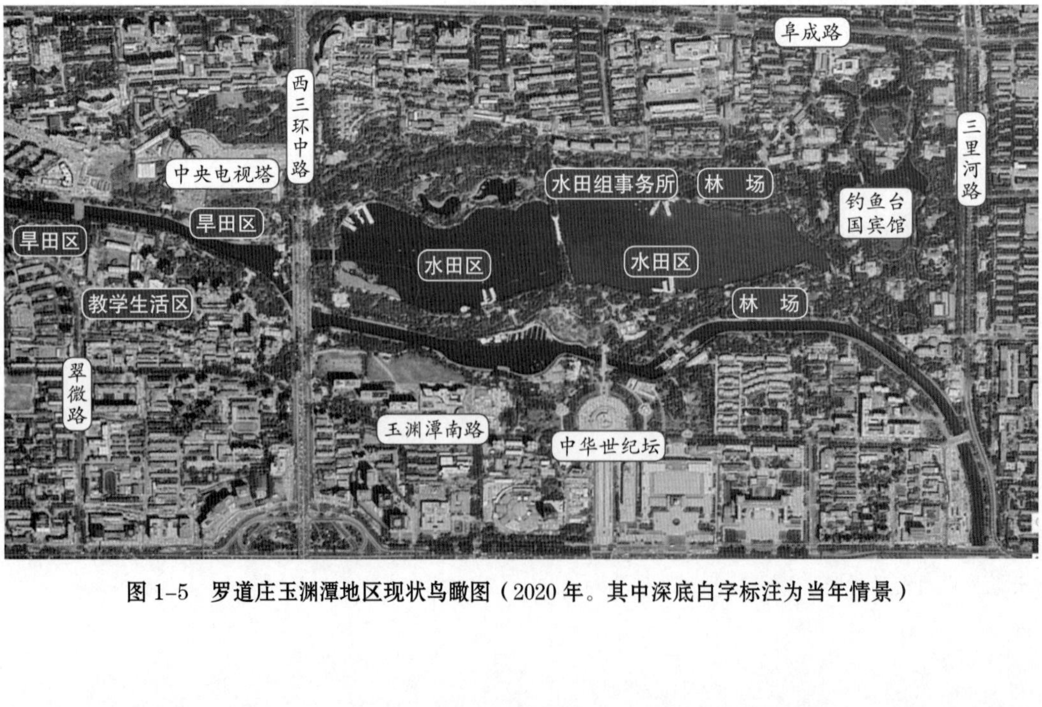

图 1-5 罗道庄玉渊潭地区现状鸟瞰图（2020 年。其中深底白字标注为当年情景）

4. 关于图书馆创建时间的考证

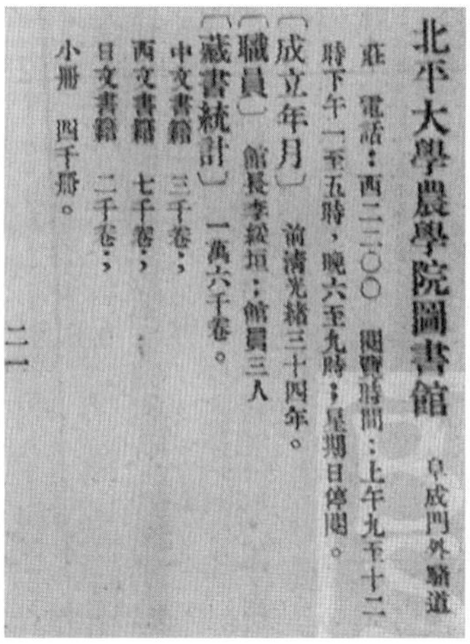
北平大學農學院圖書館 阜成門外驕道
莊 電話：西二三〇〇 閱覽時間：上午九至十二
時下午一至五時，晚六至九時；星期日停閱。
〔成立年月〕 前清光緒三十四年。
〔職員〕 館長李綏垣；館員三人
〔藏書統計〕 一萬六千卷。
中文書籍 三千卷；
西文書籍 七千卷；
日文書籍 二千卷；
小冊 四千冊。
二一

图 1–6 1929 年 6 月《北平图书馆协会会刊》第 21 页

1905 年筹办分科大学之前，京师大学堂藏书楼无疑是全校各学科共同使用的图书馆。但既然要研究农科大学图书馆的历史，就不能简单地把她归并到京师大学堂图书馆，从而直接把京师大学堂图书馆的创建作为自己的起源。那么，筹办分科大学后，农科大学图书馆究竟起于何时？

据 1929 年 6 月《北平图书馆协会会刊》第二期记载，农科大学图书馆创建于 1908 年。这是迄今为止所看到的关于农科大学图书馆创建时间的最早文字记载（图 1–6）。

1933 年 2 月《北平学术机关指南》210 ～ 212 页记载，北平大学农学院（其前身即京师大学堂农科大学）图书馆创建于 1908 年（清光绪三十四年）。但该记载应该是取自上一来源的，因为前半部的内容和数字与上面完全一致（图 1–7）。

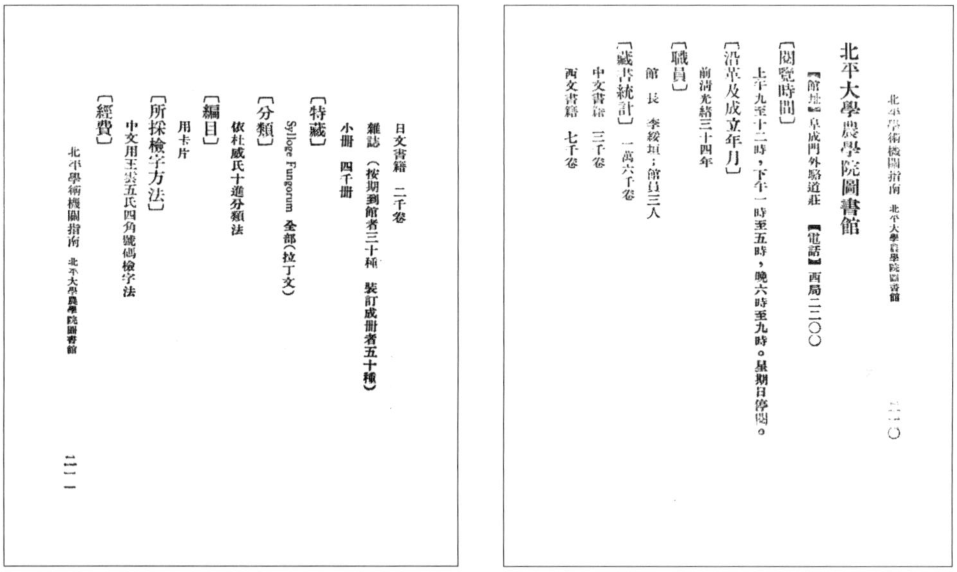
北平學術機關指南 北平大學農學院圖書館
北平大學農學院圖書館
【館址】 阜成門外驕道莊 【電話】 西局二三〇〇
〔閱覽時間〕
上午九至十二時，下午一時至五時，晚六時至九時。星期日停閱。
〔沿革及成立年月〕
前清光緒三十四年
〔職員〕
館 長 李綏垣；館員三人
〔藏書統計〕 一萬六千卷
中文書籍 三千卷
西文書籍 七千卷
二一〇

日文書籍 二千卷
雜誌 （按期到館者三十種 裝訂成冊者五十種）
小冊 四千冊
〔特藏〕
Sylloge Fungorum 全部（拉丁文）
〔分類〕
依杜威氏十進分類法
〔編目〕
用卡片
〔所採檢字方法〕
中文用王雲五氏四角號碼檢字法
〔經費〕
北平學術機關指南 北平大學農學院圖書館
二一一

图 1–7 1933 年 2 月《北平学术机关指南》210 ～ 211 页

据姚伯岳在“京师大学堂藏书楼（图书馆）记略”（见《图书馆》2018 年 12 期）一文中记载，“光绪三十四年（1908），京师大学堂分科大学校舍建设在德胜门外破土动工。次年（1909 年）九月，京师大学堂为即将开办的分科大学图书馆又一次向各省官书局求书。不过这次向官书局求书不是免费征调，而是花钱购买。各省官书局这一次仍很配合，仅湖北官书局就拣选本局出版图书四百二十五部，装大木箱二十二只，送交大学堂。宣统二年（1910 年）正月，江南官书局一次给大学堂寄售各类图书三百二十五部。”

又有，姚伯岳在“京师大学堂藏书楼（图书馆）历任负责人考述”（见《图书馆论坛》2020 年第 4 期）一文中记述，“宣统元年（1909 年）八月，为开办分科大学图书馆，大学堂图书馆咨请各省提学使向各省官书局购书，并得到积极回应，购得各省官书局大批新印图书，这是京师大学堂最后一次大规模集中购书活动。”

从姚文可知，京师大学堂图书馆为开办分科大学图书馆而准备图书，并且是统一购置的。值得注意的是，此事发生在 1909 年至 1910 年正月，表明在这段时间农科大学图书馆已在实际筹建进程中。

1910 年 3 月 31 日农科大学举行了开学典礼，并有补习科学生入校，开始了教学活动。一般来说，师生开始教学活动了，图书馆也将正式开始运作，因为筹建过程中已经购入了图书，但目前尚未发现关于图书馆运行的确切文字记载。

目前大体可以梳理出如下判断：1905 年筹建农科大学时，农科大学图书馆已列入机构和人员规划设置；最迟在 1909 年图书馆已经进入实际的筹建工作进程；但至 1910 年尚无实体图书馆，因为在 1910 年的《筹办分科大学意见书》中，在农科大学的建筑项目中列有图书室。

据史料记载，1910 年，农科大学已经明确有关于图书经费的预算，在首任农科监督罗振玉呈奏的《关于逐年开办经费的报告》中称：

> "四、书器　各科所有图书、标本、器械。第一二年农科及农艺化学科用品至繁，至省之数约须 4 万两。兹因第一期建筑设备用费太多，故姑拟第一、二、三年，每年各 1.5 万两。第四年，兽医用品亦至繁，故拟为 2.5 万两。"

1912 年，农科大学在罗道庄的校舍建成启用，在时任农科大学学长叶可梁呈报的迁校预算中已有书籍的搬运费用：

> "谨将本年农科迁校应行筹备各事条例如左：
>
> 一、应设自来水、瓦斯制造所、暖气管。
>
> 二、农场应即垦辟栽种果树三千株，并置寻常农具。
>
> 三、水渠应修浚，道路应整理，并添建温室、厩舍。
>
> 四、器物、书籍应购置。
>
> 五、应聘场长、技师、技士人员。
>
> 六、应置宿舍、办事房及厨房之一切器具及购买牛羊骡马。
>
> 七、应筹运费及仪器、书籍、玻璃柜之费，且须订购肥料、苗种等物。
>
> ……
>
> 第七项搬运各费 500 元，玻璃橱架 200 元。
>
> 以上所开共 27800 元。本月须用 10000 元。乃照至省之数和估计。建筑不能华美，仪器、图书亦仅购最要之物。非此不能教授，不能实验者。……"

1913 年农科大学预算，添置校具、书籍、器械及购买牲畜、种苗、喂料共 9000 元。书籍预算数目虽未单独列出，但书籍预算的项目赫然在列。由此推断，在以上史料记载的日期之前，农科大学已拥有图书，并不断充实。

另据 1936 年 11 月《农讯》44 期"图书馆概况"载：

> "本院图书馆在民国元年，国立北京农业专门学校时已成立，迄今已二十五年。在最初时期，所存图书，仅三百余册，章士钊先生长校时多所捐赠，馆址不过房屋二间。……"

上文清楚表明，民国元年（即 1912 年）的农科大学已有图书室了，并非农专时新成立的；尽管最初"不过房屋二间"，但也是有馆舍的，只是非独立馆舍而已。这也与前述资料形成相互印证的关系，同时也给出了 1912 年农科大学图书馆已经提供图书馆服务的证据。

到 1914 年 5 月，在罗道庄校址，已明确记载图书室开放时间。

在陈源蒸、张树华、毕世栋编，北京图书馆出版社 2004 年出版的《中国图书馆百年纪事（1849—2000）》一书中，1908 年度记载"是年，北平大学农学院图书馆成立。馆址在阜成门外罗道庄"。可见，这一成立年代是得到社会认同的。

第二节 国立北京农业专门学校时期

（1914—1922 年）

1914 年 2 月，教育部令改北京大学校农科大学为北京农业专门学校，归教育部直辖，任命路孝植[①]为校长。

3 月 1 日，北京农业专门学校改组成立，至此，农科大学脱离北京大学，开始了独立办学的历程。直至抗战胜利后，北京大学回迁办学，方又归入北京大学旗下，此为后话。

1914 年 5 月，农业专门学校“开设图书室”（据《北京农业专门学校一览》记载）。此时，图书馆没有建设独立的馆舍，仅有图书室和阅报室。据史料记载，有藏书 300 余册。

学校有了新校址，图书馆有了自己的独立房间，业务工作得到开展，各项服务逐步走向规范。在《国立北京农业专门学校规则》中，有专门针对图书室和阅报室的规定，其中“管理规则”中第九条即为图书室规则，第十条即为阅报室规则。管理规则由学校正式颁布，遵照执行。

图书室每天 13—17 时向本校职员及学生开放。图书室采取闭架管理模式，读者需就目录中择选所欲阅览之图书，记其书名、号数、册数于阅览券，交由管理员取书。阅览券内所填图书册数以 5 册为限。读者取到书后，可在指定的阅览处阅览，不得携出室外。如需外借，须办理外借手续，借期为 1 个月。因为当时图书有限，外借仅面向本校职员，学生则不能外借。

另有阅报室 1 间，除寒暑假期外，余时皆可入览。各种报纸不得携至室外。旧报按时装订、编号存贮室中。

根据《北京农业专门学校一览（1917 年 6 月）》中，“国立北京农业专门学校规则”规定：

……

九、图书室规则

第一百五十条　图书室置存图书，专供本校职员参考及学生阅览之用。

第一百五十一条　阅览图书须照下列各项：

一、就目录中择所欲阅览之图书，记其书名、号数、册数于阅览券。

二、阅览券内所填图书册数以五册为限。

三、阅览时至图书室填写阅览券，交本室办理员候取，得图书即至阅览处阅览，不得携带出室。

四、在阅览处务宜肃静，勿朗读及大声互语，致妨他人阅览。

五、阅览处禁止吸烟。

六、图书如有损坏或毁失，须赔偿同一之图书或相当之价值。

七、阅览毕须将图书交还事务员，并取回阅览券。

第一百五十二条　本校职员必需图书参考时，得向图书室借取，但须照下列各项：

一、依式填写借取券。

二、借用期间以一月为限，如届期不能还书者须声明理由。

三、损坏或遗失须负赔偿之责。

---

① 路孝植（1868—不详），字壬甫，陕西省盩厔（今周至）县人。清朝举人，后毕业于日本高等农业学校，回国后历任清朝政府学部总务司机要科员外郎、中华民国政府教育部佥事、国立北京农业专门学校校长（任职时间为 1914 年 2 月至 1917 年 7 月）。

第一百五十三条　图书室每日自下午一时起至五时止为阅览时间，但遇休业时停止阅览。

十、阅报室规则

第一百五十四条　阅报室除年、暑假期外，余时皆可入览。

第一百五十五条　公备各种报纸不得携至室外。

第一百五十六条　报纸不得截割，不得取充别用。

第一百五十七条　旧报按时装置、编号存贮室中。

第一百五十八条　室中不得饮茶、吸烟。

图书室的工作并没有设立专职负责人。在《国立北京农业专门学校规则（1917年6月）》“职务规则”中规定：在图书选购上，由各科教务主任协同教员择定教科用及参考用之图书用品；在日常管理上，由学监主任负责。具体工作则是由“仪器、标本管理事务员”受各科教务主任及学监主任之指挥，掌仪器、药品、标本、模型、图书等物品整理及保管、收发事项。

上述《规则》中“职务规则”之四“学监处办事总则”中有，

丙　仪器、标本管理事务员办事细则

一、仪器、标本管理员受各科教务主任及学监主任之指挥，掌仪器、药品、标本、模型、图书等物品整理及保管、收发事项。

此项职务关于整理者应受教务主任之指挥，关于保管、收发者应受学监主任之指挥。

二、仪器、药品、标本、模型、图书等物品，其陈列、装置、清洁、保存各事项、管理员须亲任之，并负其责任。

……

1917年至1918年先后担任学监主任的有张鼎荃、郑应薏、胡春林、周焕文、胡继曾等，担任仪器标本管理员的有谢莹、朱师鼎、安贞祥等。依照《规则》规定，以上人员应在当时都参与了图书室的相关工作。这是已知与图书馆工作相关人员最早的记载。

学校自改农业专门学校以来，经费一直十分困难，每年全校经费不足10万元，图书资料增加有限，无法满足需求。学生学习需从教员手中借阅私人书籍。

据1915年和1917年出版的《教育公报》统计，北京农业专门学校自1915年8月至1916年7月，计添购图书仅36部，其中：

中文辞源1部，

外国文家畜家禽各书共12部，

外国文化学各书共3部，

外国文森林各书共3部，

外国文土木各书共2部，

外国文肥料各书共2部，

外国文动物各书共2部，

外国文植物各书共6部，

外国文农产制造，实业经济作物改良、细菌研究法及检索法共5部。

1917 年 8 月至 1918 年 7 月，计添购书籍 41 种。

由此可见，在民国初期，农业专门学校图书室所采购图书，一年不足百种。专业图书，几乎全为外文。这一方面说明，当时办学已经十分注重于国外先进之学术成果；同时，也反映出，当时国内图书出版方面，专业书籍之匮乏与不足。

在北京农业专门学校时期，图书馆虽然正式展示在读者面前，各项工作也开始逐步形成规范，图书室和阅报室都有了相关规则。但总体而言，图书馆仍处于初级成长阶段，缺乏独立的管理，经费亦十分困难，馆藏不足，不能满足师生需求，发展缓慢。图书馆在学校的行政地位下降为从属于仪器、标本、模型之中。图书选购划归到教务主任职责之下。

究其社会原因，与民国初期，北洋政府执政，军阀割据，政局动荡，办学经费无着落，当局无暇顾及教育事业的发展有很大的关系。

这种情况，在其他学校亦是如此。据吴晞著《北京大学图书馆九十年记略》记载，民国初年“经费长期没有着落……从统计上看，购书经费民国元年只有 3.5 两银，民国三年只有 68.8 元，而民国二年却有 13018.5 元。由此看来，图书馆的购书费只凭学校根据经费情况酌情拨发，极不稳定，所以大起大落的情况十分突出。在这种情况下，很难进行有计划有目标的藏书建设。”

到 1923 年初，北京农业专门学校改组为国立北京农业大学，北京农业专门学校历时 9 年。

第三节　国立北京农业大学及国立京师大学校农科时期

（1923—1928 年）

专门学校改为大学，早在 1917 年 1 月就由北京大学校长蔡元培提出议案。蔡主张，“既设法、医、农、工、商各科于大学，而又别设此诸科之高等专门学校，虽程度稍别浅深，而科目无多差别，同时并立，义近骈赘。”因此提议，大学专设文理二科，法医农工商五科分别设为独立的大学。此议得到几位专门学校校长的一致赞同，并于同年 1 月 31 日呈文教育部。9 月 27 日，教育部公布《修正大学校令》，规定：设有两科以上者可以称为大学，仅设一科者则称某科大学。

1922 年 11 月 2 日，时任大总统黎元洪公布《学校系统改革案》，规定：大学学制 4 ～ 6 年，取消大学预科；大学设数科或一科均可，单设一科者，称某科大学校；大学用选科制，即按学校所设各系，各分数门，于第一、第二两学年科目，无论选习那一门均须全修，于第三、第四两学年科目，分为必修科与选修科，必修科由学校规定，选修科则由学生自由选择，并经教师认定；大学本科之后设大学院，实为大学毕业及具有同等程度者研究之所，年限不定。此后 20 余年基本沿用此改革学制案。

1923 年 2 月北京农业专门学校改组为国立北京农业大学。经时任大总统黎元洪批准的《国立北京农业大学组织大纲》规定，行政设 8 个部门，图书部是其中之一；各部设主任 1 人。由此，图书部明确列为学校行政的独立校属机构。

第五章　组织与行政

……

第十一条　本大学行政设下列各部：

一、农事试验场；

二、教务部；

三、推广部；

四、事务部：分设文牍、会计、庶务三股；

五、编辑部；
六、群育部：分群育、体育两股；
七、图书部；
八、医药卫生部。
第十二条　各部设主任一人，由校长延聘之。
……
第十六条　各部职员，由校长延聘或函订之。
第十七条　各部各系办事细则另订之。
……

国立北京农业大学时期的图书室已经初具规模，分为出纳、购置、分类、收入、装订 5 个股。馆藏图书除经史子集外，另有中外新书。

当时馆藏图书 12029 册，其中：

农业方面的图书 2004 册，
林学方面图书 158 册，
博物学方面图书 1163 册，
数理化方面图书 843 册，
桑蚕方面图书 88 册，
水产方面图书 12 册，
兽医方面图书 120 册，
法制经济方面图书 80 册；
经类 94 册，
史类 823 册，
子类 20 册，
集类 407 册，
外文图书 383 册，
丛书类 29 册，
词典类 98 册，
图类 26 张，
四部丛刊类 2100 册。
其余为杂类。

同时，农业化学系单独设有图书室，广藏英、法、中、日各种文字出版的化学书籍及期刊，文献资料丰富，尤其有关农业化学方面的文献。这是在校图书室之外，附属于系级单位的图书室。以后陆续又有农业经济系、土壤系、植物病理学系、昆虫学系、森林学系、农艺系等均建立起自己的图书室，逐步形成了校系并存的藏书体系。

时值北洋政府时期，军阀之间为争夺政权，导致战争常年不断，社会动荡，经济萧条，民不聊生，办学条件十分艰难，甚至连讲义都不能每生一册，阅览室因无油燃灯照明，不得不于晚间关闭。据《晨报》1926 年 5 月 23 日报道：

国立各校近况——经费均极困难
……兹再将法大、农大、女师大、女大及艺专五校调查所得分志如下：
农大
……至于该校经费仍困难万状，讲义既未全发，阅览室晚间亦因无油燃灯关闭。……

1927 年 8 月 6 日，奉系军阀政府下令“整顿”北京教育，国立九校（北京大学、北京师范大学、北京女子师范大学、北京医科大学、北京法政大学、北京农业大学、北京工业大学、北京女子学院、北京艺术专门学校）合组为国立京师大学校，北京农业大学改为京师大学校农科。当时的图书馆见图 1–8。

图 1–8 1927 年国立京师大学校时期的图书馆
（图片来源：《国立京师大学校农科毕业纪念册》）

当时图书馆的事务员是余文贵，36 岁，安徽黟县人；罗春山，23 岁，江苏靖江人。这是已知最早的图书馆专职工作人员信息的记载。

1928 年 6 月，北伐军进驻北京，南京国民政府改北京为北平，国立京师大学校仅维系一年即行解体，7 月 14 日恢复国立北京农业大学校名。旋即，7 月 19 日南京国民政府决定，北京国立各校合组为国立中华大学。9 月 21 日国立中华大学又改称国立北平大学。

由农业专门学校改为农业大学，学校在教学体制和组织机构上都有了改进。学制改为 5 年，并采用学分制，学校设农艺、生物、森林、病虫害、畜牧、农业化学、园艺等 7 个系。行政组织机构则以部相称，图书馆当时称作图书部，作为独立的机构开始运作。相应地，图书馆的各项业务也逐步发展和完善起来，馆藏资源开始初具规模，在全校形成了馆系二级藏书体系。但是，民国初期时局动荡，办学经费难以保障，执政当局不断地变化学校的管理体制。在这样的社会环境中，学校和图书馆的发展必然受到社会大环境的影响和制约，难以独善其身。

第四节 北平大学农学院时期

（1928—1937 年）

1928 年 12 月东北易帜，中华民国北洋政府正式结束，中华民国南京政府掌握中央政权，国家得到了统一。教育部试行大学区制，全国分为北平、江苏、浙江、广州 4 个大学区。在北平组建了北平大学，将北平、天津、河北、热河的一些学校都归到北平大学名下。国立北京农业大学改为北平大学农学院。

北平大学是一个多校组合体，各学院仍分散在不同的地点，其组织也是松散的，只是形式上的统一。北平大学成立后，办学经费上得到了一些缓解。

北平大学并非北京大学的别称。北京大学当时作为在京的 9 所国立大学之一也一起归并入北平大学。开始，北京大学文学院、理学院、法学院分别冠名为北平大学文学院、理学院、法学院；1929 年春，文、理、法 3 学院又统称为北大学院，成为北平大学北大学院。同年 8 月，政府取消大学区制，北京大学、北京师范大学等学校脱离北平大学恢复独立办学。北平大学剩下的几个学院仍旧构成北平大学，在 1937 年日本侵略者占领北平后西迁，北平大学自然解体。

1. 北平大学的演变历程

在北平大学最初的组建方案中，农学院是由北京农业大学和河北大学农科合并而成的，校址选在河北省保定市河北大学旧址，北京农业大学旧址改作农事试验场及中华农业学校。这一组建方案引起全校教职员及学生的共同反对，掀起了一波护校潮。社会舆论也多倾向于支持农学院的护校行动。

《京报》1928 年 9 月 4 日刊文“一片护校声中之农大”指出：

> 护校运动，依旧激烈澎湃，势不可遏，其中情形最关紧要，而为处于绝对旁观地位的新闻记者所不能不有宣述，以引起舆论的注意的，便是行将根本毁灭的绿稻庄（即罗道庄）农业大学。……这次农大竟要把他数十年来惨淡经营的老巢（有千余亩田地、三百余亩“全院少见”的“美哉水田也”的稻田……我看了他们的宣言，特别到绿稻庄去看了一看，似乎搬运确有些费手）搬到一个交通不如北平的保定去了。……总之，以一具有二三十年历史的农业大学，不亡于军阀政治之下，而亡于盛唱“民生”之时，亦何怪农大护校运动之独见激烈，兔死狐悲，物伤其类，此又同甘苦数十年之八大学，所以愿予同情之援助者也。

在全校师生和社会舆论的抗争下，北平大学副校长李书华宣布“大学区组织，年内暂不实行”。1928 年 11 月 13 日，北平大学第一次校务会议上讨论了农学院院长人选，其主要选人标准是能维护学校，并反对将学院迁往保定。后确定农业经济学家董时进[①]任农学院院长。

1928 年 11 月 20 日，董时进在欢迎大会上致辞讲道：

> 用人以才，宁缺毋滥；
> 努力新建设；
> 整顿农场，务期适于实验；
> 教职员同学，应穿短服；
> 扩充图书馆；
> 提倡适于乡村之教育及游艺，务使同学满足各方面正当之要求，造成名副其实之最高农学府。

北平大学后来改组为 11 所学院：北大学院、法学院、第一工学院、第二工学院、第一师范学院、第二师范学院、农学院、医学院、女子学院、艺术学院、俄文法政学院。

由于各方面反对实行大学区，1929 年 6 月，教育部正式停止实行大学区制。随之，北大学院独立，仍称国立北京大学；第一师范学院独立，改称国立北平师范大学；第二工学院独立，改称国立北洋工学院；艺术学院独立，改称国立艺术专科学校。

大学区制虽停止实行，北平大学依旧存在。除上述独立的学院外，其余学院仍组成北平大学。农学院隶属于北平大学，前后又历经 9 年，直到 1937 年日本侵略者占领北平后，学校西迁，自然解体。

2. 北平大学农学院时期的图书馆

北平大学农学院设组织大纲，其中规定学院设图书馆，为师生员工阅览图书之所。置主任一人，办理该馆事务；管理员及助理员若干人，受主任之指挥分任该馆事务。图书馆主任由院长从教授、副

---

① 董时进（1900—1984），重庆垫江人，农业经济学家、农业教育家、中国农业经济学学科的开拓者之一。1928—1931 年，曾 3 次出任国立北平大学农学院代理院长、院长。1951 年侨居美国。

教授中挑选后商请校长聘任。

学院设委员会，协助院长规划或执行各种事务。其中常设委员会中有预算委员会、审计委员会、设备委员会、编审委员会。图书馆主任为预算委员会和设备委员会成员，参与编制学院预算以及规划关于图书、仪器之增设及分配事宜，依据为《农学院组织大纲》。

《大纲》相关规定条文如下：

> “第四章　职制
>
> ……
>
> 第十七条　本院设图书馆，为教职工及学生阅览图书之所。置主任一人，办理该馆事物。管理员及助理员若干人，受主任之指挥分任该馆事务。
>
> ……
>
> 第二十条　各学系主任、高中主任、农林试验场主任、图书馆主任及农业推广处主任，由院长于教授、副教授中商请校长聘任之。
>
> ……
>
> 第五章　会议
>
> ……
>
> 第二十七条　本院设委员会，协助院长规划或执行各种事务。
>
> 第二十八条　委员会分为常设及临时两种。
>
> 常设委员会
>
> （1）预算委员会　编制本院预算，由院长、系主任、高中主任、农林试验场主任、图书馆主任、农业推广处主任及秘书组织之。
>
> ……
>
> （3）设备委员会　规划关于图书、仪器之增设及分配事宜，由院长、系主任、高中主任、农林试验场主任、图书馆主任及秘书组织之。
>
> ……”

北平大学农学院地址仍在罗道庄，图书馆是几间旧屋代用，仍未建立独立馆舍。

1929年6月《北平图书馆协会会刊》第二期记载，北平大学农学院图书馆每天分三个时段开馆阅览：上午9至12时，下午1至5时，晚6至9时；星期日停阅。

馆长李绥垣；有馆员3人。采用杜威十进分类法。有特藏杂志 *Sylloge Fungorum* 全部（拉丁文）。

全馆藏书16000卷，其中

中文书籍　3000卷

西文书籍　7000卷

日文书籍　2000卷

小册　4000册

杂志，按期到馆者30种，装订成册者50种（图1–9）。

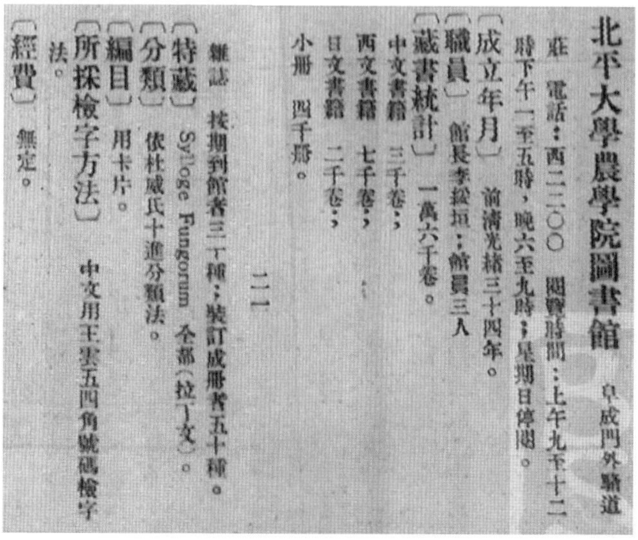
北平大學農學院圖書館　阜成門外騎道莊　電話：西二二〇〇　閱覽時間：上午九至十二時下午一至五時，晚六至九時；星期日停閱。
〔成立年月〕　前清光緒三十四年。
〔職員〕　館長李綏垣；館員三人
〔藏書統計〕　一萬六千卷。
中文書籍　三千卷；
西文書籍　七千卷；
日文書籍　二千卷；
小册　四千册。
二一
雜誌　按期到館者三十種；裝訂成册者五十種。
〔特藏〕　Sylloge Fungorum 全部（拉丁文）。
〔分類〕　依杜威氏十進分類法。
〔編目〕　用卡片。
〔所採檢字方法〕　中文用王雲五四角號碼檢字法。
〔經費〕　無定。

图1–9　1929年6月《北平图书馆协会会刊》第二期记载

北平大学农学院图书馆　阜成门外骆道庄　电话：西 2200 阅览时间：上午九至十二时，下午一至五时，晚六至九时；星期日停阅。

[成立年月] 前清光绪三十四年

[职员] 馆长李绥垣；馆员三人

[藏书统计]　一万六千卷

中文书籍　三千卷

西文书籍　七千卷

日文书籍　二千卷

小册　四千册

杂志　按期到馆者三十种　装订成册者五十种。

[特藏]

Sylloge Fungorum 全部（拉丁文）

[分类] 依杜威氏十进分类法

[编目] 用卡片

[所采检字方法] 中文用王云五四角号码检字法。

[经费]　无定

1930 年，图书馆有助理员周景濂、李世铭 2 人。当年 5 月《国立北平大学校况简表》统计藏书，农学院图书馆有中文 7483 册，外文 9213 册，共计 16696 册。

1931 年，北平大学农学院有 5 个系，4 个年级，本科学生总数 182 人。图书馆有管理员 1 人，刘守初，男，25 岁，湖南新化人，为本校毕业生；有书记 1 人，毛尚友，男，30 岁，河北宛平人，北平求实中学修业。由于馆藏文献逐渐增加，原有馆舍狭小拥挤，不堪承受。1931 年学校将图书馆迁到新办公地点，馆舍条件有所改善，设藏书室、办公室、参考室、杂志室、阅报室。

据 1932 年 5 月《北平大学一览》公布数据，图书馆藏书已达 16897 册，外文书总量超过中文书。其中：

本国文 7483 册；

英文 6156 册；

德文 1385 册；

法文 28 册；

日文 1824 册；

其他 21 册，

总计 16897 册。

北平大学农学院时期，图书馆已开始面向学生外借图书。规定每次限借 2 册，借期 14 天。

据 1932 年 5 月《北平大学图书馆一览》载，北平大学农学院图书馆订有“图书馆暂行借书规则”：

1. 凡本院教职员及学生向本馆借阅图书，须持本人借书证及馆内特备之借书条，依定式填写后方得借书。

2. 借书证及借书条均须存留本馆，俟所借图书归还后，再行取回，在所借图书未交还期内不得再借。

3. 本馆所存贵重图书无论何人概不出借，通行书籍除辞典外均可按规借阅，经教员指定作数人参考之书籍，暂停借出。

4. 新到图书未编目登记者不得出借，新到杂志不得出借。

5. 借阅图书每次以二本为限，教职员如于所授课程及职务上必须之参考书不在此限，惟至多不得过五本，杂志出借至多五本为限。

6. 借阅时期教职员及同学一律以十四日为限，过期如无他人借阅得声明续借。

7. 借阅图书逾期不还亦未声明续借，经本馆函催过二次者，除加紧追索外并由图书馆将其姓名公布于揭示处。

8. 已借出之图书如本馆有特别需要时经通知后应立即归还。

9. 借出之图书如有损失由借书人负责赔偿之。

10. 借书还书均在本馆办公时间行之。

11. 本馆办公时间除例假日外，自上午八时半至十二时，下午二时至五时，晚七时至九时。

12. 本规则由本院图书委员会提交院务会议通过公布实施。

据《北平大学一览》1932 年 5 月“农学院经费收入及分配统计表”载，农学院书报月领经费洋为 420 元，同期农学院月领经费洋为 18078 元。

1933 年时的图书馆见图 1–10。

图 1–10　图书馆旧照(1933 年)
图片来源：《国立北平大学农学院 1933 年级毕业纪念册》

1934 年教育部曾派员视察北平大学，尔后，据视察报告，对北平大学发出教育部训令(第七九七七号　二十三年六月二十八日)，针对农学院部分，指出“该院经费支出项目繁多，以致月有亏欠，此后应减少支出，以资弥补。图书馆应设法建筑，重要西文杂志及新出版书籍，亦应添置。……”。

由此可见，当时图书馆缺少馆舍，在馆藏资源建设上的投入不足，杂志和新书匮乏，乃至引起教育部的关注。在要求总体减少支出的情况下，力主建筑图书馆，并要求加强馆藏资源建设，形成了强烈的对比。这既印证了图书馆的窘境，也反映出行政主管部门对图书馆的重视。

1935 年，学校调整合并办公区，将图书馆与一排女生宿舍用房对调。有藏书室 4 间、杂志室 1 间。房间甚为狭小，不能集多人于一室共同研讨，总体布局基本未变。

图书馆目录分为两种：（一）簿式；（二）卡片式。卡片首载著者姓名，次载书名、版次、发行期、卷数、本数，并录该书之登记簿码，专供馆员清查书籍之用，卡片依类排列。分类和编目工作已经相当正规完备。

当时北平大学农学院师生的学术氛围相对比较活跃，图书馆在不断丰富馆藏资源的同时，努力为读者营造一个舒适方便的学习环境。图书馆借鉴伦敦大学的管理模式，曾实行藏阅一体的开架管理模式。在 4 间藏书室添加座位，全部改为参考室，任由师生自由选取图书，方便读者研究。这种管理模式，深受读者欢迎，图书馆每天上座率达 80% 以上。

图书馆工作人员情况如下：图书馆管理员，李协勋，广东琼东人；图书馆书记，赵柽，河北天津人；图书馆书记，关克钧，河北宝坻人。

1936年11月《农讯》44期载“图书馆概况”，客观地反映了当时图书馆的实际状况：

本院图书馆在民国元年，国立北京农业专门学校时已成立，迄今已二十五年。在最初时期，所存图书，仅三百余册，章士钊先生长校时多所捐赠，馆址不过房屋二间。迨后学校发展，图书亦渐增加，以原有馆址，范围狭小，未能扩充。乃于民国二十年，迁入现女生寄宿舍内。内部分藏书室、办公室、参考室、杂志室、阅报室。一切规模，较前为备。去年八月间，学校当局，为统一各系办公起见，将馆址改为女生宿舍。其原有女生宿舍房屋，辟为办公处。图书馆乃迁移原办公处内，房间与前相若，空气略为清爽，其布置亦均与前仿佛。近来时局虽然沉闷，而好学之士，大都自动研究，因此一方面不得不添加宏富典籍，为之探讨；另一方面亦须有适当之座位，为之研究。所以仿伦敦大学办法，将所有藏书室，四间，全数作为参考室，每间添设桌椅，图书听研究者在内自取自还，杂志室亦添加桌椅若干。二处可容师生五十余人。每日到馆研究者，大都在四十人以上。但藏书室与参考室混在一处，恐日久发生流弊，为预防起见，拟另制玻璃书柜四十二个，重要书籍闭锁柜内。备有临时借书条，同学中欲阅何书，即开柜取出，阅毕仍交出纳处。兹将本馆重要事项，分述如下。

（一）图书

本馆现存图书，约万卷左右。内中研究书籍约有五千六百余册。外国文约有三千三百余册。中文杂志约有百余种，并承各机关团体惠赐刊物约数十种。现正从事扩充，对于全国文献地志等书，竭力搜集。中外图书，分别采购，俾便学生之研究。

（二）分类

本馆图书，因多系专门书籍，详细分类，须费手续，非短期间所能办竣。中西文书籍，全采美国杜威十进分类法。

（三）目录

本馆图书目录，分为二种，（一）簿式；（二）卡片式。现已编制者，书架目录，卡片首载著者姓名，次载书名、版次、发行期、卷数、本数，并录该书之登记簿码，专供馆员清查书籍之用，其片依类排列。

本院因图书馆设备简陋，已由院方决定图案，计划与礼堂合并建筑一新式大规模之图书馆，希望明年二十八周年纪念即可落成，则本馆前途之发展，定无限量矣！

据《北京农业大学校史》载，农学院改组初期有图书共16969册，其中美、日、德、法等外文书为9486册，中文书7483册。按其内容来分，包括农政、畜产、作物、园艺、农产制造、土壤肥料、农具土木、林政法制、森林土木、森林术学、森林利用、造林、动物、植物、矿物、昆虫、生理病理、化学和物理等。

3. 新图书馆舍的筹建

学校建校以来，一直没有独立的图书馆馆舍。

在1936年11月《农讯》44期载《平大农学院今后之建设计划》中指出：

本院图书馆原系旧屋代用，既不适宜，而且狭隘不堪，读书阅览俱感困难，参考研究即苦馆无隙地。至于礼堂犹付阙如，每遇集会或请名人讲演时均系借用教室，若二百余人之学生全体出席，即将无地以容，本院同人及历次来视察之督学，咸认为有亟谋建筑之必要。兹拟建图书馆兼礼堂一座，用宏设备而资研讨，所有设计图表，已送交汪工程师审伯，并请其亲到本院查勘地址及形势，一俟将图表修正缮具说明，即呈送大学办公处转中央核定，招标开工，预计于本院廿八周年纪念前完成。

1936年11月21日第二次院务会议上正式提出报告，拟定于本年度内以5万元建设图书馆兼代礼堂。12月3日，北平大农学院第四次院务会议讨论通过新建图书馆兼礼堂方案。

新设计的图书馆除配有书库、阅览室外，还特设了研究室4间，可容纳24人，供教师和学生做研究之用。可见，农学院图书馆在20世纪30年代的服务理念上，已经开始超越单纯利用馆藏服务读者的思想范围，融入了服务于学术研究和研讨交流的新模式。在设施条件方面，冬季设计了暖气供暖，建筑设计颇为新颖时尚。

《农讯》1936年12月45期记载：

"将图书馆及礼堂合建一座楼房。除砖墙外，所有屋顶楼板及柁柱等，用铁筋混凝土打成，门窗用钢铁做成。

图书馆占向北面之楼房以取得较好之光线。阅览室置于第二层，由大厅两旁楼梯直接通达之，与礼堂互相连属，以免喧哗之声。其中部，另设收发室一间。阅览室，东西楼上，设刊物阅览室，特别研究室及办公室。其下层为书库，高与大厅相等，为4公尺5公寸，可装钢铁书架两层，共储书18万卷。每面书库中间，均有铁筋混凝土便梯及平台一座，以便往返取书等用。阅览室可容112人，同时阅览。刊物阅览室容24人，特别研究间4间，容24位，教员及学生做研究之工作。

礼堂与图书馆成丁字形，为向南北之高大平房一间，较前面图书馆之楼房，仅低2公尺5公寸。其内部高度为5公尺7公寸，宽为14公尺8公寸，长为17公尺6公寸2分，容444人听讲。南面入场门一座，宽2公尺7公寸，与进门大厅相连。厅旁另有接待室一大间。礼堂北面东西各设太平门一座，各宽1公尺5公寸，为散场之用。北面演讲台一座，宽8公尺6公寸2分，深5公尺6公寸2分，东西各设休息室、预备室并化妆室等。台东西之室下，设汽锅炉房窑子一间，由东面便门小厅内便梯通达之。该项暖气设备，于冬季供给礼堂及图书馆全部各室适合之温度。

本工程，占地面积110平方丈，每平方丈面积建筑费，约500元，共计5万5千元。连同暖气设备3千元，卫生设备5千元，电灯设备1千元，共计6万1千元。"

1937年1月《农讯》47–48期载《国立北平大学农学院呈请建筑图书馆兼礼堂及教职员学生宿舍文》：

……又本院图书馆原系余屋一列代用，狭隘特甚，不能聚多士于一室，共同阅览研究。礼堂犹付阙如。每遇集会或公开讲演时，全体员生出席便无屋以容。历次来院部视学，咸认为有亟待建筑之必要。兹拟建图书馆兼礼堂一座。用宏设备而资探讨估计约需五万元。以上各种建筑统筹兼顾需费孔多。本院经费有限，势难兼办。拟分期进行，先建图书馆兼礼堂一座，而以原有之图书馆落作教员宿舍。……全国岁出正在力求撙节之时，何敢稍事铺张，以糜国帑。只以教育行政首重建设图书馆礼堂及教员学生宿舍实为本院建设中最切要，而不可缓者。因此对于图书馆兼礼堂一座绘图设计预备年内投标，明春兴工。

惟是缔造伊始需款孔殷，无米为炊，势所难能。拟请以二十三四五各年度所收学费余款及历年毕业生补缴积欠学费领取证书之款约六千三百六十元〇九角五分，二十三四度农林场节余约四千九百七十二元〇六分，暨本院为许叔玑、吴季青两先生纪念堂募捐另存之款约六千〇四十一元四角八分，共合洋一万七千三百七十四元四角九分，悉数拨作建筑初步费用。自二十五六七各年度起再就各种开支项下力谋撙节，期以全年经费节缩余款与农林收支节余及所收学费数目陆续弥补，预计两年节省即可成就此举。并请教育部咨催财政部查照成案，将十九年行政院议决准拨之建筑费一万二百余元迅予拨发，俾资挹注，而利进行。除将图书馆兼礼堂说先行呈核，并一面准备于年内招标期获良贱之工料外，所有呈报必要建筑之图书馆兼礼堂请催财政部拨发临时建筑费一万二百余元正。请将上述各种已存现数一万七千三百七十四元四角九分及将来廿五六七各年度各项余款悉数拨作临时建筑费，各缘由一并详陈。敬希悉

由此可见，图书馆建设已排在当时农学院所有建筑计划的首位，其迫切程度不言而喻；其次，建筑之所需费用主要是由本校筹资，所收学费、证书费、农林场结余，乃至募捐筹建许叔玑、吴季青两先生纪念堂之所得，都被悉数拨作初步费用，其后续建设费用，已打上了未来两年各项收入的主意。农学院办学之艰难，可见一斑。

经过一段时间的筹措，筹集到 6 万多元。1937 年 2 月 19 日，决定动工兴建，工程开始招标，5 月 27 日行奠基礼。北平大学校长徐诵明[①] 在奠基礼上致辞，并为奠基石题词。工程预计当年 11 月竣工。

遗憾的是，奠基礼后不到 2 个月，“七七事变”发生，日本侵略者的铁蹄践踏北平，农学院匆忙西迁，新图书馆工程被迫搁置。直到抗日战争胜利后，北京大学农学院在罗道庄重建，农学院图书馆第一座独立馆舍终于在 1947 年 5 月落成，从奠基到竣工历时整整 10 年。

北平大学农学院时期，学校度过了一个相对稳定的发展时期。北伐的胜利，使国家得到了形式上的统一，南京国民政府正式统治全国，执政当局开始整顿秩序、重振教育。尽管初期推行大学区制，组建北平大学，并且酝酿把北京农业大学迁往河北省保定市，遭到全校师生的反对，形成一次抵抗的风潮，但问题很快得到解决，大学区制并未强制推行，迁校问题就此搁置。在北平大学旗下的 9 年，农学院基本上处在不断发展中。图书馆工作也步入正轨，馆藏不断地增加扩充，各项业务工作和规章制度逐步完善，服务模式也在探索和实践中，新馆舍建设也已破土开工。美好的发展前景正展现在全校师生面前。但“七七事变”打乱了学校的发展节奏，日本帝国主义的铁蹄践踏华北大地，发动了全面侵华战争，把学校推向了苦难的深渊，农学院再也不能安放下一张安静的书桌。

① 徐诵明（1890 年 10 月 20 日—1991 年 8 月 26 日），字轼游，别号清来，浙江新昌人，医学教育家和病理学家。1932—1937 年任国立北平大学校长。

第二章 抗战时期西迁及战后复校

（1937—1948 年）

1937 年 7 月“七七事变”爆发，日本加快了侵略中国的步伐，全国抗日战争全面展开。华北之大，已经安放不下一张平静的书桌了。平津相继于 1937 年 7 月 29 日和 30 日沦陷。南京国民政府教育部于 8 月制定《设立临时大学计划纲要草案》，“为使抗战期中战区内优良师资不至无处效力，各校学生不至失学，并为非常时期训练各种专门人才以应国家需要起见”，决定筹设若干所临时大学。9 月 10 日，国民政府教育部 16696 号令决定以南开大学、北京大学、清华大学等校为基干，南下设长沙临时大学（后因战事发展，进一步西迁至昆明，成立国立西南联合大学）；以北平大学、北平师范大学、北洋工学院等校为基干，西迁设国立西安临时大学。中英庚款会应教育部之请，拨 50 万元作为临时大学开办费，两所临时大学各得 25 万，并以各校原有经费全数拨充临时大学经费。该消息当天由中央社向全国发出，标志着两个国立临时大学正式开始组建。北平大学农学院师生被迫在混乱中撤离北平，开始西迁，经历了长达 9 年的颠沛流离，直到 1946 年 7 月复校。

第一节 西迁的农学院

（1937—1945 年）

1937 年 9 月 10 日，国民政府教育部令，国立北平大学、国立北平师范大学、国立北洋工学院组成国立西安临时大学。农学院师生在仓促中转移西迁。在北平的高校师生，西迁的路设有日军层层封锁线，许多人只能绕道前往西安，乃至通过天津、烟台、香港，转道越南，经云南、昆明等地到达西安。

由于仓促撤离，资产来不及转移，学院在北平原校址设立了保管处，1938 年 2 月 15 日被日本侵略军强行接管。

国立西安临时大学设文、理、法、商、农、医 6 院共 23 系，其中农学院设农学、林学、农业化学 3 系。农学院院长周建侯，农学系主任汪厥明，林学系主任贾成章，农业化学系主任刘伯文。农学院有教师 17 人，学生 140 人。经过一番筹备，西安临时大学于 1937 年 11 月 1 日宣布开学，11 月 15 日举办开学典礼，并开始上课。农学院暂设坐落武功的国立西北农林专科学校内，到 1938 年 1 月教职员人数达到 38 人，其中有原北平大学农学院教师 18 人。

根据国立西安临时大学组织系统图显示，大学下设教务处，教务处下设图书组。各学院没有设立图书机构。当时临时大学的图书仪器特别缺乏，开学后由校常务委员会议决定购置急需应用的图书，各系主任教授也分别向校外接洽借用，并与当地的西京图书馆及已迁往湖南的国立北平图书馆分别商定合作办法。

1937 年 11 月 8 日太原失陷，战事吃紧，1938 年 3 月国民政府教育部令西安临时大学迁往陕南汉中，农学院迁汉中勉县。4 月 2 日国民政府教育部电令，国立西安临时大学改称国立西北联合大学。5 月 2 日西北联合大学举行开学典礼。在组织机构上，仍在大学教务处下设图书组。

5 月 11 日校常务委员会第 28 次会议决定，图书购置经费的分配，每系为一个单位，公共图书为一个单位，每个单位 1000 元。

西北联合大学农学院保留原西安临时大学农学院的体制，下设农学、林学、农业化学 3 个系，有教授、副教授 16 人，专任讲师、助教、技师等共 15 人。

西北联合大学在汉中的办学条件非常艰难，没有电，没有自来水。教师薪金微薄，且经常拖欠；能享受公费的学生仅占全校学生的 4%，农学院仅 5 人享受公费。西北联大图书馆只有 2000 来册图书，全校师生平均每人只有 1 本多书。为了解决图书缺乏的问题，对各院系介绍推荐订购的图书杂志，学校函托香港、西安各书店订购，并委托西安商务印书馆为总经购处。由于特殊年代，无论是西安临时大学，还是西北联合大学，其图书馆都隶属于大学，而学院没有独立的图书馆。

仅仅过了 3 个月的时间，1938 年 7 月 21 日，国民政府教育部训令，“……自下年度起，该校农工两学院应与国立西北农林专科学校，国立东北大学工学院及私立焦作工学院，分别合并改组为国立西北农学院及国立西北工学院，业经电令知照……” 11 月底，国立西北联合大学农学院又由汉中勉县迁往西北农林专科学校所在地武功。

1939 年 4 月 20 日，西北农学院正式挂牌成立，下设农学、森林、园艺、农田水利、畜牧兽医、农业经济 6 个系，辛树帜为院长。由国立西北联合大学农学院前往西北农学院的教职员工（含后来留校任教的平大农学院毕业生）有 54 名。西北农学院即今西北农林科技大学，这是西北农林科技大学与中国农业大学的历史渊源。

国立西北农学院位于陕西武功，远离战火的袭扰，学校的建置和设施相对齐全，国立西北农学院图书馆在原国立西北农林专科学校图书馆的基础上组建。据《西北农林科技大学图书馆馆史》记载，1938 年，国立西北农林专科学校图书馆就接收了西安临时大学移交的 87 册中文图书。1939 年 4 月，随着国立西北农学院的组建，图书馆亦随之更名为国立西北农学院图书馆。当时有可容纳 15000 册图书的书库和 60 个座位的混合阅览室各一个，有过期期刊和线装书库各一个。另外，图书馆还购进全套《国闻周报》及《东方杂志》，《万有文库》第一、第二集，《四部丛刊》《四部备要》正编各一部。此时，图书馆藏书总量已达 40073 册。时任图书馆主任为黄连琴，工作人员有胡文同、刘子钦、李枢元、贾秋贞、李福阁等人。

抗日战争期间，学校长期处于不安定状态，图书馆人事变动频繁，工作无所进展。当时虽然收赠和购进一些抗日宣传读物，但经常遭到“查禁”“封存”。1940—1941 年，日寇飞机 3 次轰炸学校，死伤学生多人。图书馆所在的农专大厦（即今北校区 3 号教学楼）也中弹数枚，部分建筑受到相当大程度的破坏。

在西北办学期间，农学院部分师生到达西安坚持办校，图书设备等办学条件几乎没有，再加上二次、三次的转移搬迁，损失无法估量。西北联大时期，图书购置费是以系为单位分配的，公共图书全校统一掌握，作为一个分配单位，与各系费用相同。实际上农学院图书馆并没有独立的编制和预算，没有开展业务工作。1939 年与西北农林专科学校组建西北农学院后，改组的西北农学院图书馆，馆藏图书 4 万册，有书库、阅览室、期刊库、线装书库，全部都是原西北农林专科学校图书馆的家底。严格地说，与北平大学农学院图书馆没有多少内在的传承关系。学校重组后，北平大学自然解体，不复存在。

1945 年 8 月，日本宣布无条件投降，抗日战争胜利。1946 年，北京大学复校，在罗道庄原址重建了北京大学农学院。

第二节　沦陷区的“国立北京大学农学院”

（1938—1945 年）

1937 年 12 月，在日本侵略者操控下，日伪“中华民国临时政府”在北平成立，汤尔和出任伪政府教育部总长，将北京大学和北平大学合并为“国立北京大学”，设置了文、理、法、工、农、医六学院。翌年2月，庞敦敏为“国立北京大学”农学院院长。农学院由此开始了一段伪北大农学院的历史。

北平大学农学院西迁时，图书未及带走，滞留罗道庄。北平大学各学院组成校产保管委员会，农学院设保管处，负责保管农学院在罗道庄及农场的财产，直到1938年2月15日被日本侵略军强行接管，保管处撤销。

1938年2月15日，日本侵略军占据北平大学农学院罗道庄校舍并设为兵营。农学院留平保管处保管员宁培堃对日军占据农学院的经过有记载：

> “本日早十时余，有小林部队军官具五名唤多多纳者，在本院农场牛舍，限午后二时将该牛舍及工友住室并送乳工人住室数间房内之家具及图书十余箱，务必移至屋外，堆积院中由该部自己保存及使用。又同日下午，该部队长官召集全体工警及保管员谈话云：农科大学现已取消，该院址内日本军驻扎，所有工警及保管员限本日下午一律搬出院外，不准在内停留。……”

2月28日，沦陷区伪教育部总长汤尔和训令：“撤销平大农学院保管处”，将图书、仪器、农具等搬到城里。伪北大农学院起初在城内东总布胡同前北平大学商学院旧址办学。将罗道庄校舍搬回之图书、仪器、标本及农林场之农具、乳牛等，重加整理，即于1938年5月10日正式开学上课。设农学、林学2个系。

同年8月，伪北大农学院招收农艺、农业经济、农林工学、畜牧4个系新生74名。东总布胡同临时校舍不敷应用，遂于8月下旬迁入海运仓13号前朝阳大学校址，9月12日开学上课。

伪北大农学院时期，在大学图书馆总馆之下建有农学院图书分馆。馆舍是一处独立的院落，从大门到馆舍有左右连廊相通。设总务、阅览二部，总务办理采访、登记、编目、杂务等事项，阅览办理藏书、出纳等业务。编目依据十进分类法；卡片目录有书名、著者、分类等。据《北京大学图书馆九十年记略》记载：

> **北平沦陷区的“北京大学图书馆”**
>
> 这一时期“北大图书馆”的一个显著变化是各学院分馆先后建立并有了较快发展……日伪政权成立所谓“北京大学”后采取文、理、法、农、工、医六学院的体制，各学院的独立性增强，因而各学院的图书馆分馆也随之建立和发展起来……根据《国立北京大学各学院图书室分管图书办法》的规定，分馆的经费是独立的，但在业务工作上要接受总馆的指导和监督；分馆从总馆提取各学院专用的图书，为期为半年，必要时经总馆同意可延长；总馆也可在必要时随时收回分馆的书刊……
>
> 1945年抗战胜利后，袁同礼代表政府来馆接收。1946年5月北京大学在北平复校，原合并于西南联合大学图书馆的北大图书馆迁回北平，沦陷区的“北京大学图书馆”便宣告结束。

> 1940年农学院图书分馆简况：
>
> 分馆地址：东直门内海运仓
>
> 馆舍状况：学院北部一专门院落，旧式建筑

成立日期：1938 年 3 月 1 日
主任姓名：唐荃生
人员数：8 人
机构设置：分总务、阅览两部
开馆时间：上午 10 时至下午 1 时，下午 3 时至 6 时，晚 7 时至 10 时半
阅览人数：838
藏书状况：中文书 9164 册，西文书 3001 册，日文书 4514 册，杂志 213 种，报纸 15 种
经费：无单独经费，由本院经费开支。

第三节　抗战胜利后的重建

（1945—1948 年）

1945 年抗日战争胜利后，西迁的学校纷纷回迁。北平大学自西迁时已经自然解体，南京政府没有恢复北平大学农学院，而是在复原后的北京大学增设农学院。北京大学从战前的文、理、法 3 个学院，扩充为文、理、法、医、工、农 6 个学院。故农学院重建后又回归北京大学旗下。

学院重建前，1945 年 11 月至 1946 年 6 月，为解决沦陷区原有专科以上学校学生的学习问题，国民党政府教育部采取了设立临时大学补习班的办法进行补习与“甄审”。学生修习期限至少 3 个月，修习期满，操行甲等，学业成绩各科在 75 分以上，体格健全者，由班呈报教育部分发专科以上学校肄业，其他成绩满 60 分，一律发结业证书，准予自由投考公私专科以上学校就读或插班。北平临时大学补习班第四分班即为农学科补习班。补习结束后，第四分班学生转入北京大学农学院继续学习。时任第四补习班图书馆主任是吴廷瓒。

1946 年 7 月，植物病理学家俞大绂出任重建后的农学院院长。

北京大学农学院教师队伍是全新的，据查询相关资料，基本上没有原北平大学农学院的教师。当时，曾经有人说，北京大学农学院，既闻不到北京大学的传统习气，又感受不到从农科大学到北平大学农学院时的传统气息，其原因就是教师队伍焕然一新。

当时的北京大学农学院仍定址罗道庄原北平大学农学院旧址，虽传承了校园，但满目疮痍，除了四幢没有倒塌的、略事修葺便可利用的老房舍外，其他一无所有，一切需要从零开始。

当时就北京大学农学院的历史传承性问题，曾经有过一番争论。时任北京大学校长胡适于 1947 年 9 月 11 日在报界公开发表了三点意见：一是凡自京师大学堂农科起，至现在的北京大学农学院，其间所有新旧校友，统一组织一个校友会；二是以后北大每年有回校节，欢迎一切过去之老校友回校参加；三是愿继续回原校任教研究者，盼直函校长或院长接洽，如有缺额，可尽先考虑聘请，使其能继续原来研究工作。胡适的意见，作为北京大学官方对传承之争的回应，确认了现北京大学农学院与起自京师大学堂农科大学及其以后演变的农学院的传承关系，解答了历届毕业校友的疑虑，对当时关于重建后的北京大学农学院的传承关系画上了定论句号。

1946 年 10 月 18 日重建后的北京大学农学院正式在罗道庄开学，图书和仪器设备也从城内海运仓伪北大农学院搬回。

由此看来，重建后的北大农学院在师资力量上与原北平大学农学院几无关联，但在图书馆藏资源上确是几乎全部继承了北平大学农学院的资源。

罗道庄校舍加以修葺继续使用。战前曾开始建设的图书馆馆舍，到 1947 年 5 月落成投入使用。这

是自 1905 年农科大学建校以来，图书馆首个独立馆舍（图 2–1）。

图 2–1 罗道庄新建图书馆（图片来源：中国农业大学档案与校史馆）

据《北京大学史料》四，第 661 ～ 662 页载《北大化讯》18–19 期，1947 年 3 月 1 日载“介绍农学院”文：

> “北大从战前和战时的文、理、法三学院，扩充为文、理、法、医、工、农六个学院，……
> 新农学院设于前北平大学农学院故址，院址在西郊罗道庄，……老房舍，没有倒塌，略事修葺便可利用的计有四幢。一幢是图书馆，另三幢是没有一定功用的两幢楼房和一幢平房。……”

据《国立北京大学周刊》创刊号，1947 年 5 月 4 日载：

> “农院新迁之后，积极建设，图书馆，男、女生宿舍先后落成，自来水、电灯、电话之设备亦大致就绪，……”

农学院图书馆隶属于北京大学图书馆总馆，登录、编目等工作全部由总馆负责，农学院图书馆主要负责图书的流通和利用。

1947 年农学院院务会成立。在院务会下，设有图书委员会、仪器委员会、研究与出版委员会、课程委员会、院舍及院景委员会、场务委员会、购置委员会等。

由于农学院距离校本部较远，所以农学院图书馆作为自成体系的分馆存在，据 1948 年统计，农学院图书馆藏书 22577 册。1949 年成立北京农业大学时，这些图书基本留给北京农业大学图书馆了。

1946—1949 年解放战争期间，北京大学农学院图书馆馆长为陆式蘅，工作人员处于不稳定状态，在 3 ～ 6 人变化。1948 年统计，图书馆有设馆长 1 人，职员 4 人。

《北京农业大学校史》记载：

> 1946—1949 年图书馆有工作人员 4 人，设馆长 1 人。

《北京大学史料》四，第 178 页《国立北京大学在校教职工名册》（截至 1946 年 12 月底）载：

> 农学院（职员）图书：陆式蘅　陶广谟　凌崇秀

《国立北京大学农学院三十六学年度第一学期职员数报告简表》载（1947 年）

> 图书馆　计 5 人（男 3 人、女 2 人）

中国农业大学档案与校史馆，“北京大学三十七年度教职员工名单（农学院 1949 年 2 月）”记：

> 图书分馆股长　陆式蘅
> 事务员　胡爱德　凌崇秀　陶广谟

《北京大学史料》四 · 第 216 页，“北京大学农学院三十七学年度第一学期职员数报告简表（1949 年 3 月制）”载：

> 图书馆　6 人

当时，北大农学院属于馆、系二级藏书体系。除院图书馆外，在各系均有藏书。

农业化学系：图书相当丰富，尤其是新书，种类多、范围广，专论多于教科书。无论德文、英文，但有价值，多已置备；较为重要的，便有副本，以便 2 人同时阅读；类书辞典也应有尽有。已订杂志种类极多，凡英、美、加等国各重要化学、农化、分析杂志均已订购。

农业经济系：中英日德文图书几万册，另有报纸杂志等。

重建中的农经系十分重视图书资料的整理与添购。除接收原农业经济系与农业经济研究所一批数量可观的图书资料（尤其日文书资料较多）外，曾向国外订购新书千余册。可惜的是，伪“北大”农学院农业经济系及农业经济研究所拥有农业经济方面图书逾万册，印有目录索引，变动时散失很多，有的已残缺不全。接收的书刊只有英文书籍 600 余册，英文杂志（合订本）数十本，日文书刊数千册，中文书刊数百册。

土壤系：有图书 200 余册，含部分日文书籍和英文杂志，多为复校后新购置的。

植物病理学系：订有植物病理权威英文期刊；中日文参考书 300 余册，英文已订购 500 余册，到达 100 余册；研究报告有中文 30 种 200 余册，英文 47 种 230 余册。

昆虫学系：藏书有相当数量。

森林学系：森林图书 1500 册。

1948 年 12 月中旬，北平解放前夕，战事接近罗道庄。大部分师生转移到城内沙滩红楼北京大学校部，俞大绂院长带领 30 余教职工和 4、5 名学生留在学院保护财产设备。

12 月 17 日凌晨，解放军到达农学院附近，但时有国民党溃兵滋扰学校。30 日解放军派兵警戒后，形势趋稳。同日，解放军代表与俞大绂院长商定，为师生们的安全起见，暂时转移到当时已经解放的良乡。

31 日晚开始，先后分 2 批转移，共运出药品、书籍 3 马车，大部分图书仍留在罗道庄。

据中国农业大学档案与校史馆“关于北大农学院师生转移良乡的报告（四九年一月二日）”载：

> “决定（十二月）卅一号晚开始转移，至翌日下午回十五大队，备大车廿辆赴农院搬运物品，根据当时情况及交通工具等条件，临时又决定分两次搬运：
> ……

> 带来物件：显微镜卅余架。……及药品、书籍等三车。
> 留院物资：显微镜百余台，……及其他药品、书籍等甚夥。
> ……”

1949年1月26日，北大农学院师生由良乡返回罗道庄。
1月31日，北平宣告和平解放。
2月7日，北大农学院开始复课。
同年12月组建北京农业大学后，脱离北京大学，独立办校。
北大农学院在组建北京农业大学前夕，图书馆有工作人员4人。

第三章 北京农业大学时期

（1949—1995 年）

1949 年北平解放时，北京大学、清华大学和华北大学均有农学院，辅仁大学有农学系。中央设想对这些农业教学和研究资源进行整合，经过在学校师生中的充分酝酿，中央决定将北京大学农学院、清华大学农学院、华北大学农学院，合并组建一个独立的多科性农业大学。此前，辅仁大学农学系已并入北京大学农学院。1950 年 4 月确定新学校的名称为北京农业大学。从此，开启了中国历史上农业高等教育的新篇章。

第一节 北京农业大学的组建

（1949—1950 年）

1949 年 1 月 31 日，北平宣告和平解放。

2 月 28 日，北平军事管制委员会宣布正式接管北京大学。

4 月 1 日，经北平市文化接管委员会同意，西郊原辅仁大学牧场归北京大学农学院租用。

5 月 3 日，北平文管会颁发了《华北专科以上学校校务委员会组织规程》，其中规定，“为加强集体领导便于推行及改进校务，各大学及专科学校得组织校务委员会（简称校委会）”。4 日，北京大学校务委员会正式成立。同日，任命俞大绂为北大农学院院长。

5 月 13 日，北大校务委员会第二次会议决定成立各学院院务会议和各系系务会议，并拟订了组织方案。组织方案于 5 月 20 日的第三次校务委员会上通过，并要求各院、系在下周内建立各学院的院务会议及各系的系务会议。

北大农学院院务会议，早在 1947 年 5 月就已成立，那时院务会议的成员是院长以及各系系主任。按照 5 月 13 日北大校务委员会决定的组织方案，重新调整了院务会议成员，并于 5 月 22 日，召开了第一次会议。

6 月 3 日，农学院召开第二次院务会议，会议记录显示，讨论了并院问题：

> 并院问题由各单位常务委员主持各该单位讨论会并将讨论结果于下星期三提交院务会议作最后的讨论。决定讨论主要如下：
>
> A. 独立抑或附属于某大学
>
> B. 只是清华、北大农学院合并抑或所有华北农业研究教育机关通同合并
>
> C. 合并的时期应在何时
>
> D. 合并后的新农业大学或农学院应属于何部
>
> E. 技术问题（a）房屋问题（b）招生问题（c）其他问题

6 月 9 日，农学院召开第三次院务会议，依据全院讨论意见作出决议：

> 1. 华北各农业教育研究机关应否合并案
> 议决：华北各农业教育研究机关应行合并以建立大学农业教育研究之新机构。
> 2. 上述各机关之合并应如何进行案
> 议决：将合并之意见，用书面建议高教会及本校校委会，并请高教会即设立筹备委员商讨进行。建议书推举汪振儒、申葆和、顾方乔三人起草，于六月十三日送出。

6月中旬，农学院正式提交《建议书》给华北高等教育委员会。7月13日，北大农学院教授、讲助共80人签名意见书，向高教会要求迅速决定合并华北现有农学院、农业研究机关成立一独立的新农业教育与研究机构。7月15日高教会回复意见“查此事尚需考虑，但各单位间可继续商讨酝酿互相联系以加强彼此了解与合作。希即转知农学院各教授讲助为荷。”

7月28日，根据高教会通知要求，辅仁大学与北大农学院正式达成协议，辅仁大学农学系并入北大农学院。

8月底，高教会决定将北大、清华、华大三校农学院合并成立农大，并令三院院长及教授、讲助、学生代表组成筹委会。

9月10日，高教会召开党组会议，商议农学院合并问题，由秘书长张宗麟报告：“中央指示北大、清华、华大三个农学院合并。”会议讨论并决定成立筹备委员会。

9月29日，高教会以高教秘宇1601号令发给北大、清华。令称：

> 北大、清华将农学院并入农业大学，兹决定筹备成立独立性的农业大学，并决定由北京大学、清华大学及华北大学三校农学院，合并组成，希即通知你校农学院，造具物资、人员、设备等各种清册（每种三份）于十月五日前报会，以便进行筹备事宜。此令。此件并抄呈华北人民政府鉴核、华北大学查照。

北京农业大学的组建，无论是从师资队伍、注册学生，还是图书设备等方面，基本是由原几个农学院的班底一并调拨合并，整合后的实力和办学条件得到了极大提升。

以上即为北京农业大学的组建过程。作为一所独立的大学，一直延续到1995年。此后与北京农业工程大学合并组建成中国农业大学。

1. 辅仁大学农学系的并入

辅仁大学1925年由罗马教廷天主教会创办，开始先设文科，有史学、国文和英文3个系，后增设哲学系。1929年，添设理学院、教育学院，原文科诸系组成文学院。校址在涛贝勒府（现北京市西城区柳荫街北京市第十三中学）。1930年在涛贝勒府南院建成新校址（今定阜街北京师范大学北校区所在地）。

1936年，辅仁大学曾计划设农学院，并已着手筹备，觅选院址，遴选教授。1937年发生“七七事变”，致使计划落空。1945年抗战胜利，辅仁大学始重新振兴。1946年9月，辅仁大学增设了农艺系，并开始招生。至1948年夏，3年共招收学生120人。

北平解放后，由于办学条件困难，辅仁大学向华北人民政府高等教育委员会建议将农艺系并入北大农学院。1949年7月，高教会同意并入。28日，辅仁大学与北京大学农学院签订协议书，辅仁大学农艺系并入北京大学农学院。9月20日辅仁大学农艺系学生共45人正式在北大农学院注册。同时，相关设备、书籍一起并入北京大学农学院。

中国农业大学档案与校史馆《辅仁大学与北大农学院协议书》载：

辅仁大学农艺系并入北大农学院问题日前奉到高教会通知后，经于七月二十八日由北大农学院熊大任先生、周大激先生与辅大徐侍峰先生、赵光贤先生、郑葆珊先生会同洽商：

（一）

a. 学生无条件到北大农学院入学；

b. 入校编级按照北大教务通则办理；

c. 辅大应将一切注册有关手续及各年级课程表、分数册、各课担任教员名单转交北大农院。

（二）

a. 辅仁现有乳牛、乳具；

b. 辅仁农场农具车马；

c. 农业有关书籍。

以上三项关于器材设备问题，北大请辅仁移交，辅仁希望得有适当代价，须经校委会决议后答复，北大请辅仁开列清单再行接洽，并以设备器材当初为其他机关所捐赠者，应无条件移交北大，至其自置者应适当作价。

（三）

此外辅仁农艺系三位助教问题，北大方面应尽力办理。

总上各项拟请分案办理。

1. 学生问题：辅仁校方应赶办手续，请于八月中旬办好移交北大，学生注册应与北大旧生一并办理；

2. 器材问题：每星期联络一次，并决定八月底前完全决定；

3. 三位助教安插问题：请辅仁当局正式向北大推荐，北大农学院协助办理。

《北京大学纪事》上册第407页《北京大学校务委员会常委会决定（1949年8月8日）》载：

"……

辅仁大学农艺系并入北大，学生准编入农学院相当年级肄业，教学器材视本校需要以适当代价留用。

……"

2. 清华大学农学院

清华大学的前身清华学堂始建于1911年，1912年改建为清华学校，1928年更名为国立清华大学。自1921年清华学校时起，就开设作物学、果树园艺学、畜牧学等农业课程，作为赴美学农者的选修课。1928年清华学校改名清华大学，农业课程停开。

1933年6月15日，教育部5825号令：清华大学"应力筹添设农学院"。11月11日，教育部训令第11656号：将圆明园遗址拨归清华大学，办农事试验场。

1934年4月，圆明园遗址名义上已归属清华大学，但园内土地仍由农民租种，清华大学没有新建任何设施。

同年7月，清华大学成立农事研究会，秋季成立农业研究所，开展昆虫学和植物病理学研究。农业研究所用2年多时间对河北、山西、山东、河南等省的虫害做了大规模调查，并研究了主要害虫的生活习性和防治方法；同时对主要农作物的病害防治做了大量研究。

1937年抗战全面爆发后，清华大学南迁到长沙，后到昆明。在临时办学地，又增设了植物生理组。在十分困难的条件下，结合当地农业生产进行虫害防治和植物病理、生理研究。期间，研究所的老师们，利用自设的图书室，开展研究和学术交流，取得了可喜的成果。

据汤佩松[①]《为接朝霞顾夕阳：一个生理学科学家的回忆录》载：

> **“难忘的岁月——十四年抗战**
>
> ……
>
> （二）大普集：生理科学人才的储备库
>
> 大普集是离昆明市约七八公里的一个只有几十户人家的小村落，尚谈不上“镇”，而只是一个“集”……
>
> 从1939年底到1940年春，清华三个研究所在大普集的房屋建成后，就各自陆续搬到大普集，开始比较稳定的工作和生活……
>
> 至于我们生理研究室的老、小成员之间和植物病理组大、小成员之间由于业务上更为接近，在工作和生活上来往与合作就更为密切了……殷宏章和娄成后两家就与我家同住在我们研究室的一个约40米 ×50米的“四合院”里……在其中间则是一个陈设雅致并装有壁炉的图书室。这个图书室既供阅览图书之用，也是学术交流场所……
>
> 我们几乎每周有一个下午在这个图书室召开本研究室的学术讨论会或工作进度报告会，有时与植物病理组的年轻人员共同讨论，有时也请住在附近的学者作学术讲演或专题讨论。最远的是从几十里外的滇池之滨请来的我的至友中央生物制品所的汤飞凡，他为我们介绍了当时轰动一时的新药物——青霉素的发现和其在他的研究所内的试制。”

由此可见，在抗战时期，清华大学农业研究所的学者就已经把图书室作为学术交流的重要场所了。

抗战胜利后，返回北平之前清华大学在昆明就已经开始酝酿建立农学院。1946年5月17日清华大学第36届评议会通过正式改农业研究所为农学院。

在农学院院长汤佩松拟定的《清华大学农学院筹备方案》中明确提出，“农学院为新设之学院，一切图书仪器均需购置”。

经教育部决定，将前日伪建设总署所属土木工程专科学校校址拨给清华大学作为新设农学院院址。该院址位于颐和园东门对面，是当年慈禧太后御幸颐和园时的军机大臣官署。

清华大学农学院的图书管理员由院长秘书郑襄兼任。清华大学农学院设农艺、植物病理、昆虫、农业化学4个系，同时设有农业化学、植物病理、昆虫学3个研究所，重点研究课题的中外文文献及参考材料相当齐全。

各系均设有图书资料室，管理本系使用的图书。《清华大学史料选编》四“复原后之清华1947年4月梅贻琦”载：

> “伍　农学院
>
> ……
>
> 现有设备及目前工作进行情形——本院新设未久，一切教学应用图书仪器，均待充实，

---

① 汤佩松（1903年11月12日—2001年9月6日），湖北浠水人，植物生理学家、生物化学家、教育家，中国植物生理学的奠基人之一，中央研究院院士、中国科学院院士。1945年冬筹建清华大学农学院，1945—1950年任清华农学院院长。

虽原有三组之研究设备在迁校期间幸无损失，然欲其供教学之用，仍感不足……

一、植物病理学系

……本校复员以来，农业研究所改组为农学院，……第一小楼之修改工程至本年三月竣工，大部分图书仪器亦自昆明运到，现已迁入新址，照常进行研究工作，惟书架、试验桌等木器所缺甚多，亟待添置。抗战期间所损失图书仪器，现正向美订购补充……

二、昆虫学系

……至于本系之图书设备，在战事发生及复员时承各方之热心协助，予以保藏，及收复之便利，故损失较微……

三、植物生理学系

……

至于研究工作因复员之仪器药品及图书大部尚在途中，而本系又系新成立，房屋及设备均需重新设计。经半年之努力，已在农学院大楼二层之东屋成立临时实验室，利用既到之仪器药品及图书，因陋就简，已开始植物生理及生物化学之研究工作。”

另据中国农业大学档案与校史馆·清华大学农学院“清华大学农学院沿革（1948 年秋）”记载：

“本年度（一九四八年八月至一九四九年七月，本院第三年度），重要工作报告及实施计划

……另计划设立总图书室及教学用生物、化学实验室，添置设备及图书，惟因种种原因暂时搁浅。现只利用农学馆楼下原先修班办公室为学生图书室，将各系教学参考书籍集中保存，并由教务处调派李松龄先生为图书管理员，负责图书之管理及每周放映有关农业生物科学及其他常识之电影，以增广学生见闻。

此外，另由本院院务会议决议，分请各系教员十二人，对每个学生作单独之个人教导。并成立课程委员会（委员：刘崇乐、戴芳澜、韩德章、沈隽），学生指导委员会（委员：戴芳澜、韩德章、陆近仁、胡秉方、叶和才、许振英），图书委员会（委员：韩德章、裘维蕃、刘崇乐、胡秉方）及农场计划委员会（委员：许振英、沈隽、韩德章）。一面从事教导学生，一面积极推动研究及实验工作，并计划充实图书设备扩展农场组织。目前各系工作因复员箱件及向国外订购仪器已大部到齐，逐渐步入本格工作，惟以研究上之需要，尚待继续添置图书仪器，并缺乏少数人员，拟尽速设法罗致以资调补……”

1949 年 6 月开始讨论组建新的农业大学之事，9 月基本达成一致意见。9 月 21 日清华大学农学院第四次院务会认为，仪器设备以在何处能发挥功用较大为归属原则，不必斤斤计较财产问题。

清华大学农学院“第四次院务会议记录（三十八年九月廿日）”载：

“甲、报告事项

……

（四）主席报告，本校召开之农学院移交点收委员会经过（本院出席有汤佩松、戴芳澜、朱振声三先生）大致如次：

……

②生物系希望保留一部图书仪器。

③图书只开列册数不必详列书名以省时间。

……

议决：

迁委会只负责将本院所有仪器、图书、家具及人员迁至新校舍。

……

乙、协议事项：关于本院各系设备之分配，待全部迁移竣事，请新校委会从新分配。”

清华大学农学院自 9 月下旬开始向罗道庄校址搬迁，10 月 17 日搬迁完毕，开始了新中国第一所农科专项的独立农业大学的发展建设时期。

3. 华北大学农学院

中国农业大学前身之一——华北大学农学院，向前追溯是北方大学农学院，再向前追溯是延安大学和延安自然科学院的农业系。

延安自然科学院，是1939年5月中国共产党中央在延安创办的，刚开始称为“延安自然科学研究院”。1939 年底，在财经部召开的自然科学讨论会上，到会的科技专家、学者提出，把自然科学研究院改为自然科学院，以现有的科技人员师资，以科学院为基地，既从事科研实验，又大力培养新的科技人才。这一建议被中央采纳，决定把自然科学研究院改为自然科学院。1940 年 8 月自然科学院终于在延安城南杜甫川建立起来。同年 9 月 1 日，举行开学典礼，并正式上课。

自然科学院建立时设有物理、化学、生物和地矿 4 个系。

1943 年 11 月，自然科学院从杜甫川迁往延安的桥儿沟，与设在该处的延安大学合并，自然科学院即为延安大学内一所独立学院。

期间，生物系师生对陕甘宁边区的生态分布、作物种植、良种引进以及食品生产等均做了大量研究和实践。1944 年，延安自然科学院生物系改为农业系。

抗战胜利后，中央部署延安大学向东北、华北地区转移。1946 年农业系部分教师到了华北地区和晋冀鲁豫地区开展工作。

北方大学是在抗战胜利后，1945 年 11 月，中国共产党在晋冀鲁豫边区设立的一所大学。起初称新华大学，后改名为北方大学。校址在河北省邢台市南关。建校之初，学校确定设工、农、医、财经、文教、艺术等 6 个学院。

1947 年 3 月，延安大学自然科学院农业系并入北方大学建立农学院，乐天宇为院长，院址设在山西长治市。农学院设有经济植物系、畜牧兽医系、农业化学系。其中经济植物系还与地方政府合作在山西沁源县设立了森林专科学校。

中央档案与校史馆藏《北方大学校章（草案）》：

第二章　学校行政机构

一、本校直接受边区政府领导，校长受边区政府主席直接领导。

二、校务会议为全校行政领导的最高机构，校长为当然主席，如校长不在校，得指定代理人当主席，教务长、各院院长或院主任、各处处长、图书馆主任及教员代表、学生代表为当然出席人，必要时得请有关各部门负责人列席。……

三、本校校部由校长、教务长、教务处长、总务处长、图书馆主任及各该处科工级人员组织而成。其主要职责如下：

……

（五）图书馆主任商承校长，主持全校图书馆及领导各院分馆，管理全校图书、报纸之供给与保管等事宜。设图书馆员若干人，均由校长聘任或委任之。

由此可见，当时在北方大学，图书馆主任是参加学校的校务会议的。

1948年6月上旬，中共中央决定北方大学与华北联合大学合并成立华北大学。8月，北方大学农学院增设农艺系、农业机械系和预科。

8月24日，华北大学在石家庄正式成立，设一部（政治训练速成班）、二部（教育学院）、三部（文艺学院）、四部（研究部）、工学院、农学院。农学院业务上由华北人民政府农林部领导，与华北大学保持横向联系。11月中旬，北方大学农学院正式更名为华北大学农学院。

在华北大学农学院的组织系统中，设有教务处，在教务处下设有图书编印科，图书编印科下设立图书馆和编印室。图书馆设主任1人，管理员2人。

据《中国农业大学档案与校史馆·华大农学院6》记载，华北大学农学院1949年工作人员中有：

图书编印科科长　杨滔

科员　何洁夫

图书保管员　赵芸　女　21岁　1949年2月参加

图书保管员　史新民　20岁　1949年9月参加

在长治分院

图书保管员　刘桂英　女　20岁　1949年3月注册

在北京办事处

图书保管员　吕烈英　1949年注册。

由于当时战争环境恶劣，加上国民党的封锁，华北大学农学院既缺乏图书和科技资料，又缺少国内外学术期刊，更缺乏必备的实验室设备。待三校农学院合并后，条件得以改善。该院图书馆的特点是收藏有较多的农业生产技术、反映群众农事经验方面的书刊。

4. 北京农业大学的组建

1949年9月16日，华北高等教育委员会召开并校筹备委员会会议，农业大学筹备委员会成立。

9月30日，北京大学校务委员会会议主席报告：奉高教会令，北大农学院与清华大学农学院、华北大学农学院合并组成农业大学。

《北京大学纪事》上册第409页载：

“北京大学校务委员会会议（1949年9月30日）

北京大学校务委员会举行会议。主席报告：奉高教会令，北大农学院与清华大学农学院、华北大学农学院合并组成农业大学。据此，会议授权图书馆长、教务长和秘书长分别就合并后的图书划分、教员分隶和有关事务等问题进行处理。”

10月17日，清华大学农学院教职工、学生及家属迁入北大农学院罗道庄校区的工作基本完成；至11月初，华北大学农学院290名学生迁入罗道庄。至此，由三校农学院组建的一个全新的多科性农业大学诞生，但这时的农业大学尚没有一个正式的名字。

12月12日，中央人民政府教育部发布《高一字第215号》令，任命农业大学领导成员：乐天宇为校务委员会主任委员，俞大绂、汤佩松为副主任委员，沈其益为教务长，徐纬英为副教务长，熊大仕为秘书长。

1950年4月8日，中央人民政府教育部《高三字第266号》通知，学校正式定名为北京农业大学。

第二节 组建初期的北京农业大学图书馆

（1949年）

1949年组建的农业大学图书馆馆址在罗道庄校区，即原北京大学农学院图书馆所在地，是专业书刊文献收藏最丰富的农科院校图书馆，有120个座位的大阅览室和18个座位的西文阅览室。

据1949年7月统计数据，当时图书馆拥有房屋60间。新组建的图书馆藏书由原北京大学农学院、清华大学农学院和华北大学农学院的图书馆及其各系的藏书汇总合并而成，其中北京大学农学院的藏书占绝大部分。

1. 北京大学农学院图书馆情况

北京大学农学院是二级藏书体系，院图书馆的藏书占全院藏书的2/3，另有1/3的藏书在各系图书室。

图书馆图书有中文13467册，日文18848册，西文14322册；

农艺系图书有中文51册，日文443，西文315册；

园艺系图书有中文36册，日文314册，西文216册；

森林系图书有中文147册，日文598册，西文434册；

畜牧系图书有中文1册，日文69册，西文424册；

兽医系图书有中文56册，日文523册，西文135册；

农化系图书有中文45册，日文189册，西文527册；

土壤系图书有中文80册，日文203册，西文479册；

植病系图书有中文167册，日文228册，西文205册；

昆虫系图书有中文77册，日文265册，西文251册；

农经系图书有中文1101册，日文9008册，西文664册；

孑民图书室①有中文图书1821册。

全院总计有图书65709册，其中中文17049册，日文30688册，西文17972册；另有地图、挂图若干。

三校合并前夕，北京大学农学院图书馆有4名工作人员。

2. 清华大学农学院各系移交农大图书馆图书杂志情况

中、日文图书392册，西文图书4134册，计4526册；中文杂志574册，日文杂志47册，英文杂志2497册，计3118册。书刊共计7644册。

3. 华北大学农学院移交图书情况

华北大学北京兽医工作站移交图书62册。

① 孑民图书室：孑民图书室是1947年由北京大学学生自治会创办，由中国共产党地下组织领导的一个进步图书机构。其取名于前北京大学校长蔡元培先生的号“孑民”，位于当时北京大学图书馆红楼一层167号。叶圣陶、许广平、巴金、朱自清、李广田、曹靖华、潘际坰、葛一虹、曹辛之、臧克家、储安平、金仲华、范泉、平心、马宾符、靳以、刘钦华、李桦等知名作家曾向该室捐书。许广平曾向该室赠送了珍贵的《鲁迅全集》纪念本。孑民图书室收藏了大量的革命进步书籍，传播了马列主义和进步思想，是青年学生们学习革命理论、接受革命思想的一所学校，影响和造就了一大批献身于中国人民解放事业的战士。1949年初北平和平解放后，孑民图书室的藏书全部归并到北大图书馆中。在北大农学院设有孑民图书室分室，取名“海风”，传播革命思想，后其藏书归并到北京农业大学图书馆。

华北大学农学院植物系森林专科学校移交图书 372 册。1951 年原华北大学农学院在各地建立的农村工作站结束时又交回图书 1128 册。

三校合并后，在期刊方面，西方资本主义国家期刊占大多数，有 300 多种。其中有一些历史较久、收藏较全。有些植保方面的期刊是北大、清华合并时带来，造成重复，有两三套。还有一些日伪时期留下的日文期刊，品种杂乱、残缺不全。中文期刊有 300 多种，多有残缺，农业科学方面的并不多。俄文期刊没有馆藏。

第三节　工作秩序的初步建立

（1950—1952 年）

北京农业大学图书馆是由北京大学、清华大学和华北大学三院农学院的图书馆合并组建而成，但其业务工作主要以北京大学农学院图书馆为基础。而北京大学农学院图书馆原隶属于北京大学图书馆总馆，其采购、登录、编目等工作完全由总馆负责，农学院图书馆主要负责图书的流通和利用。

所以，在北京农业大学图书馆成立之初，图书馆的工作基础十分薄弱，缺乏必要的设备和经验，没有完整的工作规章和制度。另外，还遗留下万册左右的未登录和编目的日文图书和万册左右的线装书。此外，还有大量需要整理的资料和杂志。图书馆起初只有 5 名工作人员，全馆工作所面临的困难是相当巨大的。

1. 北京农业大学组织机构和首任馆长

三院合并初期，学校的领导体制是校务委员会制。在组织结构上，北京农业大学在校务委员会下设图书出版委员会，其下又设有图书馆和编译出版部 2 个单位（图 3–1）。

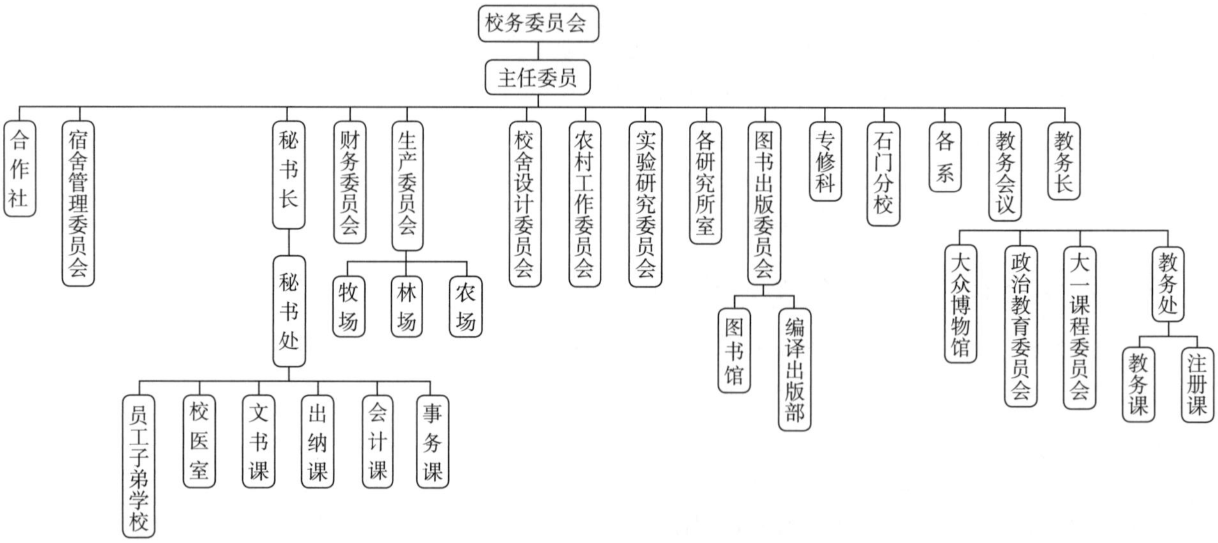

图 3–1　北京农业大学建校初期的组织系统图

1949 年 12 月 30 日，学校召开第 3 次校委会，确定各系主任、各研究所所长及各委员会人选。会议确定周明牂教授为图书馆馆长人选。

1950 年 1 月 24 日，校务委员会任命著名的农业昆虫学家、农业教育家周明牂教授为图书出版委员会主任委员（兼图书馆馆长）。

2 月 11 日，中央人民政府教育部公布《华北五省二市高等学校教职员工任免暂行办法》，规定教务长、秘书长、系主任、图书馆长等由校长提请教育部批准任免，其他教职工之任免，由校长决定任免，并报教育部备案。

2月23日，学校以校委会主委乐天宇和副主委俞大绂、汤佩松名义下发通知“本校各系所室分校主任人选经奉教育部高二字第119号指令，除前此已于教务会议公布外，兹将各单位人选名单附上，即请各系新旧任负责同志办理移接，登记设备，组织研究制度，进行精简改革，俾便准备向教育部汇报”。所附名单有“图书出版委员会兼图书馆馆长周明牂”。

至此，周明牂成为新中国成立后新组建的北京农业大学图书馆首任馆长，杨滔为图书馆秘书。

周明牂教授1930年赴美国康奈尔大学攻读农业昆虫学位时，曾兼修图书馆学。他1933年获博士学位回国后，担任多所学校、研究所的教授、研究员，兼任过系主任和农学院院长。他以农业科学家、教育家并从事过图书馆学研修的深厚功底，面对过去各年级学生总数由几十人一下跃增到北农大每个年级600余人对图书产生的借阅需求，面对各农学院汇聚起来登录的六七万册专业书刊和大量资料，面对原各学院资料室图书管理人员高低不一的业务素质，指导工作人员建立起图书补充、分编、保藏、流通等完整的业务运行程序，选用与北京图书馆相同的刘国钧“中国图书分类法”分编中文图书，选用“杜威分类法”分编西文图书，明确在书刊补充上依据学校教学、科研建设形成专业特点。在把北农大图书馆建设与管理服务奠定在图书馆学业务、技术基础之上的这种开拓性工作方面，周明牂先生作出了重要贡献。

周明牂教授小传
（北京农业大学图书馆首任馆长：1950—1953年）

周明牂（1907年9月9日—2005年1月2日），曾用名周升地，字盛继，汉族，1907年9月9日出生于江苏省泰县（今属海安县），卒于2005年1月2日，享年98岁。中国著名的农业昆虫学家、农业教育家，中国现代农业昆虫学的先驱，中国植物抗虫性学科的奠基人，对发展和完善中国农业昆虫学理论体系作出了重要贡献，倡导了农业害虫综合防治和农业防治理论，奠定了中国植物抗虫性学科的基础。一级教授。

周明牂1920年考入江苏省第八中学，1924年毕业后，考入金陵大学农学院，先后受到昆虫学家博德（美籍）和张巨伯教授的熏陶与器重，主修昆虫学，并选修沈宗瀚教授主持的生物遗传育种学。因学习成绩优异，于1929年2月提前半年毕业，获农学学士学位。1930年8月赴美入康奈尔大学研究生院攻读昆虫学，先后于1931年和1933年获科学硕士和哲学博士学位，并被选为美国西格玛赛（Sigma-Xi）荣誉学会学员，获金钥匙奖。在美国学习期间，他充分利用学校图书馆珍藏图书，广泛搜集资料，结合国内有关文献，编写了《中国经济植物害虫：害螨初步名录》。这是我国第一部作物害虫名录，也是我国农业昆虫学早期的基础性文献，为中外昆虫学界所重视。

1933年学成回国，受聘于浙江大学农学院任教授，兼植物病虫害系主任。在他的筹划下，该系新建教学大楼、温室和实验室，当时均属国内一流，其中昆虫实验室的规模、设备与美国的大学不相上下，为该系的建设和发展奠定了基础。在繁忙的教学和系务工作之余，他还密切联系生产开展科学研究；曾与柳支英、马同伦合作，在浙江兰溪县设点从事油桐尺蠖防治的研究，并取得可喜成果。

抗日战争全面爆发后，1938年浙江大学西迁，周明牂偕同事数人辗转广西，曾一度任广西壮族自治区农业管理处一级技正，担任技术管理工作。1939 年受聘于广西大学农学院任教授，兼院长。1941 年春，受桂林科学实验馆馆长李四光之聘，任该馆昆虫学研究员，从事疟蚊的研究，并在很短时间内初步摸清了广西疟蚊的区系。1941 年末，他应聘福建农学院任教授，兼病虫害系主任，亲自讲授农业昆虫学和昆虫分类学等课程。在教学之余，他进行了水稻三化螟的越冬防治、仓虫米象防治等多项研究。1946 年转任福建动植物研究所研究员，与郑炳宗合作研究，解决了桔潜叶甲这一重要虫害问题。同年秋，应北京大学农学院俞大绂院长之邀，任该院昆虫学系教授兼系主任。1949 年秋，周明牂出任北京农业大学教授兼昆虫学系主任；1952 年院系调整后，任植物保护系教授兼系主任直至 1983 年（1956 年被评定为一级教授）；1950—1953 年出任北京农业大学图书馆首任馆长。1983 年春因年高而卸职。卸职后他继续任教，并承担国家科技攻关课题。

周明牂 1952 年加入中国民主同盟，1956 年加入中国共产党。曾当选为全国政治协商会议第四、第五、第六届委员，中国昆虫学会副理事长，中国植物保护学会副理事长、顾问。曾担任过《应用昆虫学报》总编辑，《昆虫学报》副总编辑，《植物保护学报》副主编、主编，《中国大百科全书》编委，《中国大百科全书：农业卷》植保组主编，全国自然科学名词审定委员会农学组委员等。

2. 整顿工作秩序，建立规章制度

1950 年 2 月 2 日，图书出版委员会召开第一次会议。周明牂主任（兼馆长）报告了图书馆工作情况。藏书方面，北大农学院的图书资料固然很多，然而很乱，同时散于各处；清华农学院有 7600 余本（当时华大农学院书籍尚未悉知），共计 73400 余本。经费方面，原北京大学农学院图书馆系沙滩总馆的分馆，经费不独立。北京农业大学成立后，与原北京大学图书馆的经费关系尚未明确，只是零星领用（为数甚微）。

图书馆开放时间：每日 9：00–12：00，14：00–17：00，19：00–22：00，共计 9 个小时，星期日按时开放。

周明牂馆长指出，现在我们的图书虽少，但我们的工作方针应该正确。例如，过去编目不统一，管理不一致，图书散于各系，不能统一管理。这些都是我们以后应该努力统一的地方。此外，还有很多杂志尚未装订，或缺的需要补订。

图书馆秘书杨滔补充介绍，过去我们图书馆不够健全，形成现在图书分散的现象。现在各系的书有一部分是从原学院图书馆拿去的，有一部分是直接从沙滩总馆（北大图书馆）拿去，现在不掌握这些具体情况，这种现象是不好的。现在我们亟须克服这一点，比如各系的书，图书馆不了解，连目录也没有，目前急需进行统一登记。但要进行这项工作，不成立统一机构则难以进行。所以我们要商量的就是图书馆与各系图书分馆的关系。

会议同意将图书馆的内部组织分为总务、编目和出纳；关于各系的图书，可选 3 个图书最多的系（农化系、植病系、昆虫系）首先协商如何管理，再把取得共识的意见上会通过。

会议还讨论了中文编目采用东北图书馆编目法，西文仍用杜威法；编目工作很重要，目前没有专门人才，是否请别馆专家兼任，希望聘请到专门人才；原三校订购的图书杂志，想法拿回来（由图书馆统一去拿），至于与沙滩总馆专业互换的书，可先将目录传阅，需要的作出记号；杂志可以去订，由各系提出意见（图 3–2）。

位于沙滩的北京大学图书馆曾是北京大学农学院图书馆的上级馆。北京农业大学成立后，北大图书馆曾与农大图书馆协商按照专业特色交换调整一批图书。故而，会议提出先审阅交换目录，再行定夺。

建校之初，图书缺乏，有较高阅读流通价值的更少，亟须大量充实新书，但购置经费不足，不敷使用。1950 年 1–6 月经费预算，中外文图书杂志共计折合 12 万斤小米（新中国成立初期采用的以折合小米斤数为单位的一种计价方式，以此抵消因物价不稳带来的影响）。购书经费紧张情况在图书出版委员会 3 月 26 日给校长的报告中可见一斑：“在本月二十日本会召开的第二次扩大会议中曾讨论到关于图书补充的问题，大家一致认为本校图书太过缺乏，亟须大量补充。而每月分配给图书购置费，为数有限，不敷应用，希望在此次教部续拨二百万斤小米的临时费用中，拨出十万斤作为补充图书之用。可否之处，敬请核示。”

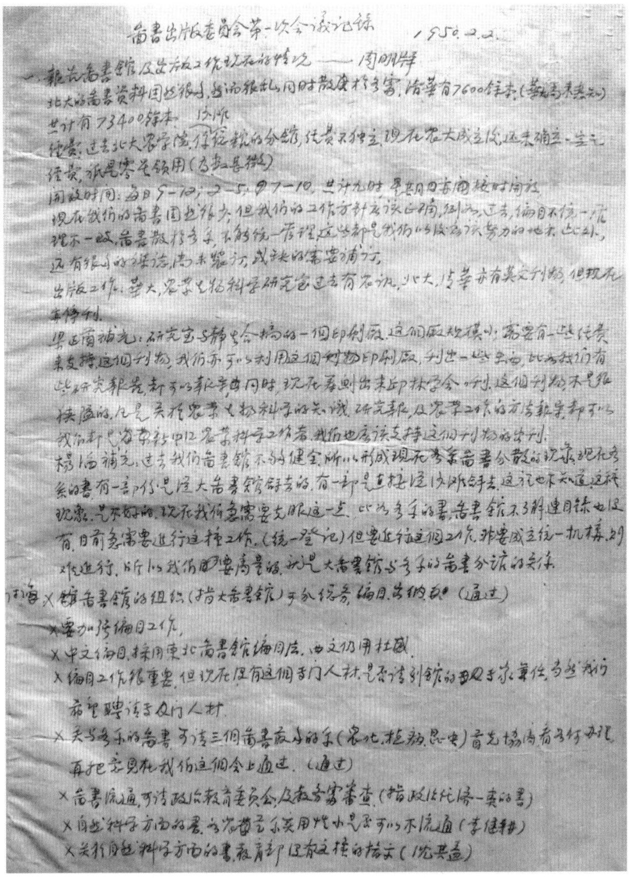
图书出版委员会第一次会议记录 1950.2.2

图 3-2 会议原始记录（部分）

5 月 25 日，图书馆接收北京图书馆分配来的太庙旧存日文书籍 325 册。

1950 年，图书出版委员会先后制定了《图书出版委员会组织规程》《北京农业大学图书馆阅览借书规章》《图书馆入库手续及规则》《学生借书规则》《员工借书手续》等相关规章制度，图书馆的工作逐步走向有章可循的轨道。

在《北京农业大学图书馆阅览借书规章》中规定，员工可借中文线装书 10 册或洋装书 5 册，普通书 3 册，借期 1 个月，可续借半个月；学生每人限借 2 册，借期 2 星期，可续借 1 星期。

北京农业大学图书馆阅览借书规章

1950 年 9 月

第一章　总则

一、本馆图书专供本校员工学生应用，他处图书馆欲与本馆互借图书及校外人员借书者，其办法另订之。

二、下列图书不得借出馆外：

1. 已经绝版之书籍。

2. 贵重与善本及参考书籍。

3. 新到图书未满一月者。

4. 汇订本之期刊与报章，与未合订而无副本者。

三、借阅图书如有遗失损毁，应照价值加倍赔偿。

四、入馆者须注意秩序，保持清洁，及不得有妨碍公众利益之行动。

五、本馆图书均编有目录，以备检查，如有不明检查方法者可向本馆出纳部分询问。

第二章　阅览

六、本馆各阅览室开放时间（假期开放时间临时公布）另订之。

七、阅览室陈列之图书与杂志，阅后应放还原处，不得携出馆外。

八、学生借阅参考书，或新到之图书与汇订本之期刊，须以学生证借取，员工以工会会员证借取，每人在同时间内，只限一册并限于在开放时间室内阅读，不得携出馆外。

九、特种书或善本书，均在指定地点阅读。

第三章 流通

十、借书时间（假期得临时公布）另订之。

十一、新参加工作的员工领借书证，须先得秘书处介绍，学生须持学生证领取。

十二、借书证只限本人持用，不得转借他人。

十三、每学年结束或离校时，无论员工学生，均应将所借图书及借书证一并送还。

十四、员工每人借书，中文线装书限十册或洋装书五册，普通书三册，借书时间以一个月为限，期满如欲续借，请至本馆出纳处声明，经管理员查明并无他人需用，得续借半月（如有特殊需要，得变通办理）。学生借书每人以两册为限，期限为两星期，届时如无人预借，得续借一星期。

十五、借出之图书本馆遇有需要时，一经通知，无论已否满期，均应即交还。

十六、借书时应先查明目录，依式填写借书单，交馆员取书，检出后再签名借阅。

十七、借书证及书内均盖有借书还书日戳，以便及时检查。

十八、借书期满，即应归还，届期不还，提名批评，期满不另通知。

十九、遗失借书证时，应立即报告本馆出纳处挂失，补证时须酌纳印刷费（学生须补交像片一张）。在未登记前，所借图书，仍由原领证人负责。

第四章 附则

二十、非经许可，不得进入书库（入库手续及规则另订之）

廿一、本规章经图书出版委员会会议通过，经校务委员会批准施行。

廿二、本规章如有未尽事宜，得呈请以上各会议通过批准修正之。

（资料来源：中国农业大学档案与校史馆）

1951 年 3 月 21 日，北京农业大学领导体制由校务委员会制改为校长负责制，著名农业经济学家孙晓村出任北京农业大学校长，并组建了新的校务委员会。新校务委员会由校长、教务长、秘书长，各系、各研究所、各委员会，大一部、图书馆、兽医专修科的主要负责人及工会代表 6 人，学生会代表 2 人组成。3 月 29 日公布的新校务委员会成员周明牂以图书出版委员会主任和图书馆馆长身份在列。新校务委员会人选，5 月 5 日经教育部批复准予备案。

1951 年 6 月，《北京农大校刊》第三期《我们的图书馆》介绍：

本校图书馆是由北大、清华、华大三校农学院的图书馆合并的。总馆现在的藏书及设备主要是原北大农学院图书馆旧有基础，另有相当数量的图书分散在各系和大一部，加上农大成立一年来陆续添购的书与各方面捐赠的书，现共有图书 7 万余册，其中中文书 19907 册、西文书 23202 册、日文书 31068 册；杂志 5000 余册，其中中文 126 种、西文 348 种，以及现代报纸 20 种，其中中文 14 种、俄文 5 种、英文 1 种。

1951 年底，图书馆建立了会议制度，明确组务会议每周召开一次，组主任会议，每两周召开一次，馆务会议每月召开一次。

1952 年 12 月，学校领导机构进行了调整，取消了图书出版委员会。

3. 业务工作的整顿与改进

在业务工作上，原北大农学院图书馆的登录、编目工作由北大总馆统一承担，农学院图书馆没有独立开展过，因此缺乏基本的设备和人才，图书登录全部需从头做起；编目工作因北大、清华原用中日文书编目制度不同，亦需整个重新编目。另有约一万册日文图书和近万册线装书还没有进行过登录和编目，还有大量的资料、调查报告以及杂志没有整理。此外，因书架紧张，许多书刊资料堆在地上。北农大图书馆新组建的头两年，由于人力、财力、房屋都十分缺乏，不能满足实际需要，图书馆基本是在维持状态下从事整顿工作，难以谈到业务的发展。

北农大图书馆新组建时，只有 5 名工作人员开展流通和西文期刊的工作，不久增加了一位懂日文的先生，试做日文编目。1951 年 6 月又调入 1 人，工作人员达到 7 人。

分类编目工作，当时中文图书通行刘国均的图书分类法。但北农大图书馆认为，该分类法较旧，存在一些缺点，所以不准备延用，免得以后重改。当时，东北图书馆新编了一部图书分类法，所以就采用这一图书分类法。使用新分类法分编了 800 余册图书后，在与其他图书馆进行业务交流时发现，大家并未普遍采用东北图书馆的分类法，无法交流经验。为了在遇到问题时，相互之间可以讨论，相互帮助，故又改回采用刘国钧的图书分类法。

由于人手缺乏，一年间完成登录、编目的图书仅 7000 余册，其余绝大部分亟待整编。对于指定的参考书、系图书室送编的图书以及时间性强的参考资料均作为优先编目处理。

1949—1950 年，图书经费很少，无力订购新书，只能订购部分杂志和报纸。1951 年教育部曾拨专款旧币 1.25 亿元，用以购置图书。

图书流通以闭架管理为主，由出纳人员负责为读者取书。对于教职工、研究生和四年级做论文的学生采取半开架管理模式，即教职员将借书证、学生将入库证和学生证交到出纳台，进入书库，出库时取回。入库时除纸和笔外不得携带其他物品。

据 1950 年 1 月统计，当月来馆阅览人数 7334 人次，借书人数 2431 人次。1950 年全年阅览人数 61185 人次，借书人数 26468 人次。1951 年 1—4 月，阅览人数达到 28628 人次，借书人数达到 12958 人次，与上年同期相比多出 1/4，说明读者对图书馆的利用和需要日渐增高。但随着进馆阅览人次的增长，阅览空间不足问题凸显，总馆只有一个 120 座位的大阅览室和一个 18 个座位的西文期刊阅览室。当时罗道庄校本部有学生近 700 人，教职员工近 300 人，供需矛盾突出。阅览室经常出现满座拥挤状态，空气污浊，有碍师生健康。

当时，图书馆面临的主要问题，一是阅览空间紧张，学生经常占座位，有的学生不得不拿马扎坐在过道上；二是馆藏不足，中日文自然科学和农业方面的图书无法满足广大读者的需求，许多西文杂志不全，需要补齐；三是工作人员不足，图书馆藏书量、进馆人次和借阅规模的迅速扩大，但图书馆员补充跟不上，致使工作人员身兼数职，很多工作疲于应付，无法深入开展。

北农大建校初期，仍采取与北京大学相仿的校图书馆、系图书室两级藏书体系。购书经费由图书出版委员会按一定比例分配到各系。农学、园艺、土化、植保、畜牧、兽医、气象、农经、政治课、大一部以至数学、物理等教研组都有自己的图书室（组）。在图书采购方面，1951 年开始实施统一采购办法，各单位所需图书报校图书馆，由图书馆统一采购和编目加工。而各系请购的图书往往都属急用，并且重复购外文书时有发生，给图书馆工作造成了很大压力。

4. 新馆舍建设的动议

由于罗道庄周边的发展受到限制，三校农学院合并不久，最早在 1951 年初，学校就向上级有关部门提出农大永久校址的选址问题，并于年底基本选定在清河镇西清华园东之三角地带的萧聚庄（今北京海淀区清华东路北京林业大学一带）作为新校址，并启动了校舍建设。

1952年1月12日，图书馆组主任会议上首次提到新校舍图书馆的设计，并对书库、阅览室、研究室、办公室等提出了原则要求。会议记录内容：

> 新校舍图书馆之设计，应由我馆负责。
>
> 应注意事项：1. 书库要大，根据发展情况适当计划；2. 阅览室应多增设，以全校 1/3 人数有座位计划；3. 研究室之设备；4. 馆内设置，包括暖气、风扇、钢架、桌椅等；5. 办公室；6. 人员。
>
> 新校舍图书馆设计事由吴巍、李锡琏、张振宇、叶喆民、杨滔五人负责参照各大图书馆作出计划。由杨滔负责召集。

从会议内容可以看到，当时图书馆已经比较注重阅览环境的改善，设计读者人数与阅览座位数之比为 3 ∶ 1，并对研究室做出了规划。但后来因新校址发生变更，这个建设新馆舍的设想被搁置。

5. 农大图书馆与北大图书馆有关藏书及打字机的交涉

在三校农学院合并初期，原北京大学农学院有西文期刊 63 卷送交北京大学图书馆总馆装订，另有应分配给农学院图书馆的 13646 册图书尚未分配运达农学院图书馆。

1950 年初北京农业大学图书馆派员提回该批馆藏时，北京大学图书馆提出原农学院图书馆曾借用总馆打字机一台，要求先"归还"所借打字机，再提回书刊。但因打字机已列入农大校产目录，并报教育部备案，故而提取书刊一事搁浅，后几经交涉未果。

3 月，北京大学图书馆又提出图书交换的事，北京农业大学图书馆希望一并提回所属期刊，北大图书馆依旧坚持"归还"打字机。

7 月，北大图书馆再次提出以一部分农业方面的书籍交换农大图书馆的自然科学方面的书籍。农大图书馆遂积极响应，并提请北大图书馆开具一份可用于交换的书目，以便征询各方意见，但未获北大图书馆响应。

11 月 13 日，农大图书馆派员前往北大图书馆洽商，初步商定，农大图书馆所存关于方志和专门性的自然科学书籍归北大图书馆；北大图书馆所存属于农业方面的书籍归农大图书馆；装订的西文期刊待问题解决后拨还；考虑到打字机问题也是农大图书馆工作必需设备，可不再提起。然而，28 日农大图书馆负责人前往接洽时，北大图书馆馆长仍旧坚持"归还"打字机，事情再次搁浅。

由于这批书刊是农大教学急需的参考文献，价值至钜，部分杂志已绝版，不易购得，农大经过权衡轻重，与北大方面达成协议：①农大将打字机交还北大；②北京大学送还农大图书馆 63 卷西文期刊及 13646 册图书；③农大图书馆存方志 448 册因北京大学需用，农大同意拨交。但北大图书馆最终并未全部归还农大书刊，1951 年仅从北大图书馆实际提回一批原属北大农学院的存书 8000 余册。

6. 馆藏普查数据

1952 年图书馆对全校图书进行了一次普查。据 11 月统计结果，全校藏书总数为 51068 册（其中图书馆 30472 册，其余分别存于各系、教研组、农场等处）；另有小册 5887 册，地图 79 幅；杂志合订本 6460 册，未装单本 37264 册。这次普查的数据应该是相对准确的，但少于三校农学院合并时提交的统计数据。其原因是有约 2 万册图书和小册子，尤其是日文书，内容存在问题，准备下架封存未被统计在内。这批图书于翌年春季被下架。

7. 全国高校院系调整

为了改变旧中国在学校设置分布和科系分工上的无政府状态和脱离实际的情况，从 1952 年下半年起，全国高校进行了大规模的院系调整。当年7月，教育部召开了全国农学院院长会议，决定北京农业大学原有11个系，调整为6个系，9个专业。森林系、农业机械系调整出去成立独立的北京林学院（即北京林业大学的前身）、北京机械化农业学院（后改为北京农业机械化学院、北京农业工程大学，1995年重新与北京农业大学合并组建为中国农业大学）。

1949—1952年，就全馆工作来说，主要是做好三校农学院合并后的业务整合，理顺管理体制，制定相应的工作规章，将各项工作纳入轨道。针对教师提出的采购要求补充图书，在补充新的编译教材上投入了较多的力量，对配合教学改革起到了一定的作用。

第四节 罗道庄校区时期的发展

（1953—1957年）

1953—1957年，图书馆在罗道庄校区得到了平稳发展。各项工作在初步整顿的基础上，不断得到加强，逐步树立起在农业图书馆界的地位。

1. 组织机构和职工队伍建设

1953年周明牂教授因在植保系教学、科研任务繁重，辞去了图书馆馆长兼职。同年，学校聘请著名的经济思想史学家、农史学家、农经系教授王毓瑚先生兼任图书馆馆长。

根据北京农业大学1953年2月12日第三次校务委员会记录，批准周明牂先生辞去馆长职务，由王毓瑚先生担任校图书馆馆长。根据高教规程规定，图书馆受教务长（相当于主管教学的副校长）领导。

王毓瑚先生兼任图书馆馆长后，力主把图书馆办成学术性强的服务单位，要求工作人员注意给人留下图书馆作为学术单位的印象；要做好对业务、学术的服务工作；要在图书馆本身的业务领域下功夫做改进和研究。他认为，图书馆馆长既要作为师生读者利益的代表，向学校争取较多较好的条件，又要作为管理者的代表，约束各层次读者遵守集体使用书刊、保护书刊以求其长远使用的有关办法与规定。他提倡在广博收集书刊的同时又要把握专业重点，发展馆际互换借阅。他的主张在北京农业大学图书馆中得到了贯彻。在北京市大学图书馆范围，北京农业大学图书馆被公认的进书特点是种类多、复本少、重需要、保重点。

王毓瑚教授小传

（北京农业大学图书馆第二任馆长：1953—1980年）

王毓瑚（1907—1980），字连伯，河北省高阳县人，生于1907年4月16日，卒于1980年11月27日，享年73岁。

王毓瑚是我国著名农业史学家、经济史学家、农业教育家和农书目录专家。早期从事经济思想史和中国经济史的研究、著译，后期致力于整理、校注古农书，推进农业经济史和农业技术史的研究，肇端于比较农业史、农学思想史、世界农业史的研究，并在培养农史研究人才方面作出重要贡献。

1915年王毓瑚赴北京读小学和中学。1925年赴欧洲寻求知识，先在德国波茨坦市立高级中学就读，随后进入慕尼黑工业大学欲学习工程技术，因感于当时中国经济落后，遂改学经济学。4年后，为更深入地领悟西欧经济思想的发展，加之求学费用的原因，于

1929 年转入法国巴黎大学经济系，先后取得经济学、统计学和新闻学三科大学毕业证书，1933 年毕业回国。1934—1935 年任河北省立法商学院经济系讲师，1935—1937 年任国立西北农林专科学校（今西北农林科技大学前身）经济系讲师，后辗转至重庆，1939—1944 年任国立编译馆编审，1944—1946 年任国立复旦大学经济系教授；1946 年返回北平，被聘为国立北京大学农学院农业经济学系教授。1949 年 9 月，任北京农业大学农业经济学系教授；1953 年，被聘任北京农业大学图书馆馆长，此后至 1980 年，一直兼任北京农业大学图书馆馆长。

王毓瑚兼任北京农业大学图书馆馆长近 30 年，作出了重要贡献。他认为，大学图书馆馆长要代表教师使用图书文献的利益和要求。关于图书馆的建设，他竭力主张应将图书馆办成一个师生皆欢迎的图书馆，办成一个具有专业藏书特点的图书馆，办成一个具有较高学术水平的图书馆。

关于中国经济的发展，王毓瑚明确指出中国早期历史上的工商业者基本上未真正从事产业经营，而是在流通领域活动。因此，中国社会不会发展成为资本主义。显而易见，他在经济思想史领域的独到见解，展现了其深厚造诣。他在中国古农书整理和农业史研究方面作出的开拓性贡献，进一步显现了其研究功力。自 20 世纪 50 年代开始，他整理、校注了多种中国古代农书，并撰写了《中国农学书录》一书。《中国农学书录》是研究中国农业史的必备之书。

在中国农业史研究方面，他亦是硕果累累，撰写了 10 余篇学术论文，编写了《中国畜牧史料集》一书。20 世纪 70 年代后期，他又开始了比较农业史、农学思想史和世界农业史的研究。

王毓瑚以见解精深、哲理深邃并勤于切磋琢磨而闻名，并赢得农史界名家与后辈的尊敬。因而，学校其他学科的学者们称他为“饱学之士”。

1954 年初，图书馆秘书杨滔调离图书馆。学校将杨直民从翻译室调派至图书馆任秘书，主持图书馆日常工作，并明确杨直民师从王毓瑚先生从事农史研究。

2 月 5 日，校长办公室正式通知图书馆，奉校长指示，图书馆今后由教务长直接领导（1955 年 10 月，国务院规定，取消教务长、总务长、研究生部主任等中间一级职务，分别由主管校长、副校长直接领导教务、科学研究、人事、总务等工作）。

此时学校有师生 1000 余人，阅览室可容纳 114 人，空间难以满足读者需求。

由于一些历史的原因，图书馆的职工队伍成分相对复杂，一些有历史背景问题的人，不便安排在其他单位，就安排在图书馆工作；一些教师家属也被安排在图书馆工作。这样一来，图书馆工作人员就有所增加，一度达到 14 人，相对其他部门算是较多的。但只有 1 名图书馆专业的人员，其他人对图书馆业务并不熟悉，但他们的背景使得他们的文化知识水平并不低，也有一定的工作能力，并且各有自己的特点和长处。作为图书馆的领导，如何处理好人事关系，发挥各自的长处，是顺利开展工作的前提。把图书馆当作一个学术性服务机构来操作，把图书馆的各项业务工作看作像教研组一样，只是工作内容不同，尊重其工作的学术性和服务性，在工作上一视同仁，淡化个人身份，不分高低贵贱，而不是用行政化的管理简单处理，因而收到了良好的效果。

在职工队伍业务素质提高方面，图书馆根据客观形势的发展和工作需求，积极组织业务学习。以北京大学图书馆专修科讲义为蓝本，以自学、互助、讨论的方式，图书馆每周安排 2 个小时，鼓励员工开展业务学习，要求对图书馆的知识有全面的了解，同时还派出 2 位员工学习俄文。

1954 年底，图书馆工作人员由 14 人减少到了 10 人。

1955 年 11 月，图书馆工作人员分工如下：

馆长：王毓瑚

秘书：杨直民

总务：钱敏，兼做部分秘书工作

采购：张振宇

编目：叶喆民、陶广谟、李崇洁

阅览：凌崇秀

库房：仇淑范

出纳：吴巍

1956 年 3 月，全馆有 12 人的编制工作岗位，馆长 1 人；秘书 1 人（空缺）；采购组 2 人，负责采购、登录、财务、总务等工作；编目组 4 人，负责中外文编目；阅览组 4 人，负责典藏、出纳、参考室等工作。藏书总量 10 万册。

1956 年图书馆直属教务处，在图书委员会的指导下进行全校的书刊供应工作。

2. 读者服务工作重心的转移

1953 年春，图书馆组织全馆工作人员将内容有问题的图书，以及本校不太适用书籍约 2 万册集中存放于储藏室，同时，编制书名、作者清册，于 11 月 14 日送交教务处并请报教育部请示处理办法。经过一段时间的集中突击编目，编目工作效率不断提高，全校的积压图书基本编完，编目工作遂告一段落。

1953 年 9 月起，图书馆的工作重心开始向主动为读者服务转移，比如：加强阅览推广工作、主动吸引读者、组织力量翻译俄文杂志目录、新书推荐、资料索引等。

1955 年，图书馆与北京市高校以及有关机关图书馆建立起馆际互借关系，代替教员借阅外馆书刊，以满足读者需求。为加强图书馆与教研组的联系，采购人员直接到教研组了解需求，提供新书信息。

在藏书管理方面，原则上是统一管理。为了照顾系和教研室用书，也适当地采取分散保管的办法，校图书馆书库对所有图书都有库存片（排架片）一张，注明所在单位、存放地点。凡系、教研室提用的图书，都在卡片上签字盖章，定期请点。在流通服务上采取闭架方式。一般图书可以个人借阅，对于教科书、教学参考书则采取集体借用的办法。

1955 年，学校扩建校舍，新建教学楼、教室楼各 1 幢。同年 10 月，在新楼落成后，开辟了农园（农学、园艺）教员参考室及土保教员参考室，采取半开架方式向教员和研究生提供服务。

新楼建成后，大一部也从萧聚庄迁回罗道庄，原校部大礼堂改作学生阅览室。

1956 年图书馆面积为 472 m^2，其中书库 234 m^2，阅览室 170 m^2，教员参考室 34 m^2、办公室 34 m^2。阅览室座位 126 个，学校将礼堂扩为阅览室后，增加座位 120 个。

为了配合教师的科研工作，图书馆在原有参考资料室的基础上增开了第二参考资料室，陈列俄文、德文、英文百科全书、词典、手册等参考书；同时开始搜集非书刊资料，如有关教学改革以及农业科技方面的报告、总结、经验、专家谈话等资料，陈列在第二参考室。图书馆还利用参考室进行一些展览，如“西南农业科学研究工作会议资料”“全国作物栽培学讲习班印发内部参考资料”以及“中西文书籍期刊目录”等展览，都对当时的教学科研起到了促进作用。

3. 大一部图书室

卢沟桥农场位于当年京师大学堂农科大学 1905 年创办时期所选的瓦窑村，1918 年 10 月北洋政府教育部拨出该地 640 亩作为国立北京农业专门学校校办农场，后一直沿用。1950 年 9 月，北京农业大学录取报到的新生在卢沟桥农场组成大一部，作大学一年级新生农耕实习农场，同时，在大一部设立了图书阅览室。

起初，大一部阅览室由学生会负责管理，并有“北京农大学生会卢沟桥分会阅览室”圆章一枚。1952 年，大一部阅览室由行政接管。大一部阅览室类似于图书馆分馆的性质，阅览室曾提议改名为图书馆分馆，后确定为“北京农业大学图书馆大一部图书室”。

大一部阅览室的书刊一部分是由划拨的图书经费购置，另一部分是从校图书馆和其他系图书室统一借调的，在业务上由校图书馆指导和协调。从经费比例上看，大一部的图书经费是最多的，占到全校图书购置费的 15%，而校图书馆只占到 10%，其余经费则是分配到学校 11 个系，每个系不足 10%。

1954 年 9 月大一部迁入新建校园萧聚庄。1955 年 10 月罗道庄新建教学大楼、教室楼竣工。新楼建成后大一部迁回罗道庄，萧聚庄校园移交给北京林学院使用。

4. 统筹协调全校图书经费

1955 年对图书经费分配和使用做了改革，对原分散在各系的图书采购实行了统一管理。为了积极配合向科学进军的任务，加快各项工作的步伐，购书经费只是事先将使用额度分配到各系，由各系提出采购申请，图书馆统一协调、采购、编目后分配。

1956 年，图书经费预算不足 2 万元，每年需向学校追加费用，实际购书经费在 3 万元左右。1953 年以前购书经费是按照各系开课情况和学生人数划定分配比例，但由于出版情况和各系要求不同，实际操作非常不便，自 1954 年起，图书经费分配改为 40% 给学生用，60% 给教员用。1954 年总计书刊费用实际支出 3.6 万元，购书 14949 册；1955 年支出 3.9 万元，购书 11093 册。

在采购工作上，图书馆与新华书店订立供需合同，书店供应新书。图书馆按照图书类别分配给各系。各系的申购书单作为购书的主要依据，改变了过去完全按照各系申购书单买书的办法。

1956 年全年购新书 3.4 万册，为上年新书购置量的 3 倍。

5. 馆藏资源建设与特色

1955 年，馆藏图书 8 万册。

这时新图书分类法尚未颁布，当时使用的分类法未能统一。

中日文图书分编暂采用刘国钧图书分类法，俄文图书采用国际书店分类法，西文图书采用杜威分类法。读者目录有书名、著者和排架 3 种，可满足基本流通参考。但对于学术研究，由于缺乏专题目录、论文索引、书刊评介等，无法满足需求。

北农大图书馆馆藏书刊的特点是农科专业突出，种类比较齐全，是国内古农书收藏丰富的图书馆之一。中文书籍收藏较为丰富，新中国成立后出版的农业书刊几乎全部都有；新中国成立前出版的农业书刊和有关农业生物的综合性刊物也大部分有收藏。图书馆馆藏有线装古籍近 8000 册，其中有 200 多种是关于农业方面的。同时，马列主义、哲学、社会科学方面的书籍以及自然科学方面的书籍都有一定的藏量。

馆藏古籍图书有几百种，有许多种类，主要分为农业古籍、地方志、丛书、政府公报、期刊、资料等，还有一些房契、地契方面的原始资料，有英文、法文、日文、朝文、朝鲜汉文等多种文字的图书，其中有一些珍、善本古籍。古籍收藏注重年代，注重版本，这两个指标是图书馆界和国家文物部门鉴定古籍的主要标准。馆藏古籍的版本有刻本、活字本、铜活字、木活字、铅印本、石印本、油印本、手稿、抄本等。刻本是较好的版本，收藏年代最早的是明刻本，还有一些清刻本，都属于善本图书。如：《小方壶斋和地丛钞》《玉函山房辑佚书》《昭代丛书》等。地方志的收藏也很有特色，如：《扬州府志》是清朝康熙二十四年（1685）刻本，《曹州志》是清朝康熙十三年（1674）刻本，还有《泽州志》《苏州府志》《大清一统志》等都属于善本图书；《平远州志》是光绪二年手稿。乾隆元年（1736 年）地契也是第一手材料，十分珍贵。

最值得提出的还是古农书。古农书是线装古籍图书中的主旋律，在 200 多种古农书中有几十种是善本。古农书的内容包括了农、林、牧、副、渔各个学科，这些古籍图书的传播与交流为我国科学技术的传承和发展奠定了坚实的基础。有些图书已驰名中外，不仅对我国农业有着重要的影响，对世界的农业科学技术也起着重要的作用。如成书于公元前三世纪的《吕氏春秋》明刻本，其中的四篇农业论文《上农》《任地》《审时》《辩土》，包括了中国古代农业科学的各个方面，被农史学界称之为中国传统农学的奠基之作。公元六世纪后魏贾思勰的《齐民要术》，日本高山寺藏本影印本，是北宋天圣年间崇文院刻本，虽只残存不到两卷，但已是世界孤本。高山寺《齐民要术》残卷被日本人视为国宝，极富研究价值，现藏在日本东京博物馆内，我国一直到民国三年（1914 年）才影印回国，国内影印残本也很珍稀。《王祯农书》是元代三大农书之一。《农政全书》是明代末年著名的科学家徐光启的力作。徐光启在天文、地理、水利、农业科学等方面都有卓越的贡献，并较早地接触了西方科学文化。《农政全书》是一部体现中西文化交流的划时代的著作。

外文书刊方面，大部分农业生物方面的书刊都有订购。馆藏西文专业书籍近 2 万册，期刊 310 种；俄文书刊也是收藏的重点之一，俄文图书近 2 万册，期刊 300 余种；日文图书 1.2 万册。

在采购流程中增加了总括登录环节，将所购进图书按内容类别记录册数、价格等，总体反映出采购情况及经费使用比例，形成比较完整的反映采购工作的统计资料。

截至 1956 年 2 月底，已编图书 64118 册，期刊 7223 册；尚有约 3 万册旧书尚未整理。馆藏总量约 10 万册。

1956 年在书目设置上，中西文各有书名目录、著者目录和排架目录 3 种。

图书分类改编工作。图书馆中日文藏书的分类原采用刘国均的十进分类法。由于该法编制较早，不能适应新中国成立后的新形势，故改用新的分类法是大势所趋。当时，许多图书馆倾向采用中国人民大学的图书分类法，简称“人大法”。农大图书馆以“人大法”为基础，参考西北农学院图书馆和华中农学院图书馆的做法，将有关农学的类目做了一些补充，将初稿在征求学校有关教研组的意见后，提交中国人民大学图书馆征求意见。人大图书馆回复认为可用。农大图书馆遂按照新分类法对藏书编目进行改编。凡新购图书一律按照新分类法进行分类编目，旧书则陆续改编，逐渐过渡。

1956 年 8 月，图书馆编制出版了一部中文图书书本目录，主要包括农业技术方面的图书。

1957 年全年购进中外文新书 1.9 万册。

当年藏书约 13 万册，但实际流通的不过半数。藏书中资本主义国家出版的图书多为 1942 年以前出版。由于经费不足，1954 年以前基本没有购进资本主义国家出版的新书。1955 年购进了 90 余册，1956 年情况开始好转，订购 2000 册左右。

期刊方面，大部分西文、日文期刊一度中断数年。除植保专业的少数几种期刊外，大都残缺不全。1954 年开始补订缺期期刊。到 1957 年 6 月，补订约 370 卷。

在馆藏 900 多种西文科技期刊中，当时收藏 20 年以上的有 35 种，10 年以上的有 47 种。有 55 种杂志从创刊号起，一直没有中断。其中较早的期刊有：

Zoologcal Record 1864 年创刊

Transactions of Amer. Ent-Soc. 1867 年创刊

Bull. Torrey Bot. Club 1870 年创刊

Agronomy J. 1907 年创刊

在馆藏外文图书中有不少珍贵典籍，如法文版图书《昆虫解剖学》（*Traité Anatomique de la Chenille*），1762 年出版。据中国农业大学植物保护学院彩万志教授介绍，这本书是根据一个虫子的解剖写成的，内容与图片都非常真实，实验是在当时的高倍显微镜下做成的。

6. 第一次高校图书馆工作会议

1956 年，高等教育部为做好召开全国高等学校图书馆工作会议的准备，组织了中国人民大学、北京大学、清华大学、北京农业大学、北京师范大学等北京市 20 余所高校图书馆负责人，分组研究了有关图书馆的一些重要问题，并拟出 3 个文件。

11 月，高教部在此基础上，邀请少数学校及若干专家召开小型座谈会，再做进一步研究，以便在大会中确能解决一些急需解决而又可能解决的问题，更好地为高等学校的教学和科学研究服务。北京农业大学图书馆馆长王毓瑚参加了座谈会。

12 月 5—14 日，高等学校图书馆工作会议在北京召开，这是我国高校图书馆界一次全国性的盛会。会议采取大会报告和分组讨论交替进行的方式，对图书馆的各项业务工作进行了充分的交流。北京农业大学图书馆馆长王毓瑚和北京农业机械化学院图书馆负责人张尚忠作为代表出席了这次会议。王毓瑚馆长是农林院校第一组分组讨论的召集人。

会议制定的《中华人民共和国高等学校图书馆试行条例（草案）》对高校图书馆的性质、任务、组织机构及其职责、人员编制及其待遇、经费、图书馆委员会等都作出了明确规定。《条例》明确指出，高等学校图书馆是为教学和科学研究服务的学术性机构。这次会议对规范高校图书馆工作起到了巨大的指导和推动作用，直到 1981 年 9 月才再次召开了全国高等学校图书馆工作会议。间隔的 25 年中，这个《条例》对高校图书馆工作的指导实属珍贵。

会议期间，设有展览室陈列各种书刊目录。北京农业大学图书馆西文期刊目录在此展出。

高校图书馆的工作在高教部由新成立的科学研究司负责统筹管理。科学研究司在会后成立了图书顾问组，农大图书馆是其成员；同时选定了重点馆，农大图书馆也是其中之一。

1957 年 1 月 25 日，北京农业大学图书委员会召开第三次会议，明确图书馆作为重点馆发展的主要方面：①学校已有的各专业；②一般农业科学；③有关农业、生物学的基础科学。在书刊收藏上，有关农业、生物学的中外文新书全部都应收藏；期刊除每年订阅外，过去残缺的卷期，应拟出补缺计划逐步补全，不能补到的，可采取缩微胶片或缩微卡片代替。同时，作为全国农林院校的重点馆，应当照顾到各农林院校的图书馆工作，协助解决书刊供应等问题。

7. 学校组织图书检查组检查工作

1957 年，根据学校领导的指示，学校派出图书检查组对图书馆工作进行全面检查。检查以期刊、图书、管理规章制度为重点。

针对图书补充以及管理中面向教学、科研服务等方面，检查有无积压浪费、在管理工作上存在哪些问题并找出原因，提出改进办法、杜绝浪费，更好地发挥馆藏资源的作用。

每年的资源建设经费变动较大，影响了馆藏的系统性和完整性。以 1953—1957 年为例，经费最少的 1953 年只有 14177 元，最多的 1956 年猛增到 95000 元，而 1957 年又降到 40000 元。致使历年的西文、日文期刊预订的种数变化很大，一些重要期刊残缺不全，成套的只有 20 种，较全的约有 60 种，大部分是昆虫和植物病理方面的刊物。

检查组认为，在 1957 年订购的期刊 617 种中，必须订的有 193 种，可订可不订的有 319 种。俄文刊也应根据各专业需求程度来核定。中文刊应减少一部分，但对农业技术、生物各科的学报、通信一类的刊物应适当增添。

在图书采购方面，有些图书院系既向图书馆提出购书要求，又号召学生自购，导致图书馆采购的图书积压无用。加之采购人员知识水平所限，对各专业、各课程了解不够，也订购了一些参考价值不高的书。从藏书量看，拥有 13 万册馆藏，但农业科学类的图书比例偏低，中文只有 1.1 万余册，俄文只有 4000 余册。在组织和制度方面存在的问题，首先是图书委员会未能发挥应有的作用，对馆藏建设重点缺乏筹划和指导。其次是总馆和分馆（系参考室）的领导关系不明确，只有农园（农学、园艺）参考室由图书馆直接领导，土化、植物保护参考室、农经系参考室、畜牧系参考室、政治课资料室等都是各自派人管理，兽医系则将图书分到教研组。图书馆不能统一领导，也没有实行与图书馆统一的借阅办法，造成家底不清、不能统一调动，影响流通利用；各系在图书的采购上缺乏必要的审核；还有的系随意改动图书馆的分类号，例如工业统计和农业统计有不同的分类号，系参考室则重新给号，把所有关于统计类的图混排在一起，既造成混乱，也浪费人力物力。

在管理方面，缺乏统一的管理办法和制度，家底不清。图书馆虽于1953年和1955年两度清点馆藏，但一直未能弄清准确的财产情况，各系都有一些前北大、清华、华北大学农学院的图书未经改编；也有一些院系自购图书未送图书馆登记。院系参考室的借阅管理制度松散，时常出现有书无卡或有卡无书的情况，甚至图书丢失损毁未能及时查出。在总馆，当时有3万册旧书没有整理，一些有价值的材料得不到利用。

检查组对改进图书馆工作，提出了以下建议：

（1）严格财产管理制度，建立责任制，确保图书财产安全。对全校图书进行清查，统一登记编目。要求各分馆建立登记簿。

（2）及时整理积压未加工编目的3万册图书，其中有利用价值的图书及时与读者见面，本校不用的图书及时交换或剔除。对线装书按照古旧书进行管理。

（3）各系分馆是学校总馆的一部分，总馆应帮助与检查分馆的工作，分馆对总馆负责，向总馆报告工作、反映情况。分馆应实行与总馆一致的规章制度，履行分馆图书保管与出纳的职责。分馆负责与系、教研组联系，根据教员用书需要，对常用工具书的借期和借数适当放宽。分馆直接受总馆领导，分馆人员应由总馆派出、专职，直接由总馆阅览组领导；总馆要帮助分馆工作，并要创造条件，帮助分馆干部提高业务水平。

（4）在目录组织上，要有反映全部馆藏的总目录，也要有总馆书库、分馆书库相一致的目录卡，以方便读者查找。在读者中加大目录使用的宣传力度，这对学生今后的学术研究、搜集资料，十分重要。

（5）借阅制度方面，对学生毕业离校、职工调离，都要办好还书手续。对借书逾期要严格执行制度，对丢失、损坏图书等，要照章赔偿。

（6）在资源建设方面，采购补充图书不能只顾目前需要，也要兼顾长远发展。应多买平装本、少购精装本，以减少财务支出。

这些建议对于改进学校的图书管理工作起到了很大的促进作用。

8. 全国第一中心图书馆成员馆

1957年9月19日，国务院科学规划委员会召开图书组成立会议。会议主要讨论: ①图书组工作简则; ② 1957年9—12月工作计划；③有关成立中心图书馆和中心图书馆委员会的重大问题。王毓瑚馆长参加了会议。

12月14日下午，北京全国中心图书馆委员会在北京图书馆办公楼会议室召开了第一次会议。会议讨论了北京全国中心图书馆委员会组织简则(草案)和北京全国中心图书馆协调工作初步方案(草案)。王毓瑚馆长出席了会议。

北京全国中心图书馆即全国第一中心图书馆，由北京地区若干最有基础的图书馆组成。如北京图书馆、中国科学院图书馆、中国医学科学院图书馆、中国农业科学院图书馆、北京农业大学图书馆、地质部全国地质图书馆、中国人民大学图书馆、北京大学图书馆、清华大学图书馆、北京师范大学图书馆等。由文化部和教育部的代表、上述图书馆负责人和若干图书馆专家组成全国第一中心图书馆委员会，负责中心图书馆工作统筹和全面规划，研究解决各馆之间的合作以及编制全国联合目录、图书馆干部业务提高以及与各出版发行机构的合作等事项。

中心图书馆本着分工合作、相互协调的精神，根据各馆的特点和服务对象，在协调采购资本主义国家书刊方面对专业范围各有侧重。根据当时协调的结果，北京农业大学图书馆和中国农科院图书馆重点采购农业及其有关书刊，同时负责全国农业文献资源的建设与协调。

农大图书馆作为全国第一中心图书馆成员，重点负责农业方面文献资源的建设与协调，同时承担面向全国农业工作者服务的义务。

1958 年 1 月，国务院科学规划委员会制定了《全国第一中心图书馆委员会组织简则》和《全国第一中心图书馆委员会初步工作计划》。《全国第一中心图书馆委员会组织简则》于同年 12月进行了修订。

全国第一中心图书馆委员会组织简则（修订草案）

第一条：本简则是根据国务院科学技术委员会（前科学规划委员会）"全国图书协调方案"的规定制定。

第二条：全国第一中心图书馆委员会（以下简称本会）暂由北京图书馆、中国科学院图书馆、中国医学科学院图书馆、中国农业科学院图书馆和北京农业大学图书馆、地质部全国地质图书馆、中国人民大学图书馆、北京大学图书馆、清华大学图书馆、北京师范大学图书馆的负责人及文化、教育部的代表和若干图书馆学专家组成，互选主任委员一人，副主委二人。委员名单报国务院科学技术委员会批准。

第三条：本会在国务院科学技术委员会领导下执行下列任务：

（1）研究有关中心图书馆的工作统筹安排和全面规划；

（2）研究和解决有关中心图书馆之间的分工合作，包括图书采购、调配、交换、互借等方面的业务问题；

（3）研究有关编制全国联合书目、新书通报方面的问题并制订计划；

（4）研究图书馆干部业务提高的问题；

（5）研究和解决有关中心图书馆与科学情报机构，出版、发行机构及外文书刊进口机构的加强联系和合作等事项。

第四条：本会设秘书一人，协助主任委员副主任委员处理日常工作。

第五条：本会可根据工作需要，成立各种专门工作小组。

第六条：本会全体会议每两月举行一次，必要时可随时召集。

第七条：本简则经国务院科学技术委员会批准后实施，修改时同。

1958 年 12 月 25 日

农大图书馆的农科专业书刊收藏甚有特点。当时图书馆具有专业书刊收藏是入选中心图书馆委员会的重要条件之一，工作人员做出的优质服务工作也是不而忽略的前提条件之一。19 世纪 50 年代前中期，图书馆工作人员中，北京大学农学院、清华大学农学院、华北大学农学院原负责院务工作的秘书都曾经在图书馆工作过，他们学识丰富阅历广阔。另有多名各系知名教授的夫人，她们学有专长，事业心强，不少还伴随丈夫经历过国外高校生涯，与教师有广泛联系。这些人有荣誉感，有很强的奉献敬业精神，多是图书馆业务技术部门的骨干，她们占当时全馆 20 名职工总数的 1/2 强。尊重她们，发挥全馆人员的积极性，是那一时期图书馆做好工作、取得成绩的关键所在。

1957 年 12 月 21 日，北京农业大学合并召开图书馆委员会和行政会议，副校长沈其益[①]、施平[②]以及委员共 12 人出席。王毓瑚馆长在汇报中心图书馆工作时谈到，去年确定农大图书馆为重点馆，今年国务院确定我馆为全国农业方面的中心馆，北京已成立了中心馆委员会。今后我馆不仅要对农大内部

① 沈其益（1909 年 12 月 17 日—2006 年 5 月 25 日），著名植物病理学家、农业教育家、一级教授。全国人大第一、二、三、五届代表，全国政协第一、六届委员，中国科协第二届全国委员会书记处书记，中国农学会副会长，中国植物保护学会理事长。1956 年 12 月至 1966 年 6 月；1980 年 1 月至 1982 年 12 月任北京农业大学副校长。

② 施平（1911 年 11 月 1 日— ），1953 年 10 月调任北京农业大学副校长，1956 年 12 月—1959 年 10 月任北京农业大学党委书记，1959 年 10 月调离。

师生服务，也要对全国农业工作者开放。一切人力、物力、房屋都要由所在单位负责解决，国家给予适当照顾。中心图书馆进书上要照顾全国农业工作者的需要，要做好编制联合目录、开展国际交换、培养干部等工作。在与中国农业科学院的合作问题上，要加强联系沟通，尽量避免重复采购；在西文期刊的补缺上要彼此合作，编目上要趋向一致，流通上尽量方便。两馆对外是一个中心馆的名义。

会议经过讨论后决定，今后在图书馆层级设置上，以集中统一管理为原则，图书馆可面向不同读者群开辟专业阅览室。集中管理后，也要照顾到使用的方便。图书馆在资料管理上尚不能完全胜任，各系仍设资料室管理各自的资料，图书馆可负责综合性和保密性的资料。

当时的实际情况是各系设有教员参考室，但管理上很不完善，制度上也与校图书馆执行得不一致，借阅手续不健全，没有专人负责，往往是由助教兼管图书，时常发生书刊不知去向的情况。

1957 年，图书馆工作人员以研究改进图书馆业务为基本议题，对学校和校图书馆提出了很多工作意见，未发生政治方面的偏颇和遗留问题。

9. 概况汇总统计

北京农业大学图书馆自 1949 年组建，到 1958 年迁入马连洼新校址，在罗道庄经历了 8 年多时间，奠定了农大图书馆的坚实基础，其间发展概况如表 3-1 所示。

表 3-1　1949—1958 年图书馆情况汇总

年份	图书经费 / 元		馆藏 / 册	现刊 / 种	人员 / 人	馆长 / 人
	预算	决算				
1949			约 5 万		5	0
1950	9200	10905.74	—	238	7	1
1951	11000		—	147	14	1
1952	10905		63494	139	15	1
1953	14177	14143.79	72216	62	14	1
1954	29100	17488.87	85923	49	9	1
1955	28733	21374.00	100872	83	9	1
1956	95000	77154.83	111964	230	16	1
1957	115000		146858	617	16	1
1958				574		

注：1. 1957 年经费，其中学校拨款 5.5 万元，高教部给中心馆拨款 6 万元；
2. 经费决算数为会计科账目数据；
3. 数据来源：中国农业大学档案与校史馆。

第五节　学校迁址圆明园西路后的发展

（1958—1966 年）

由于罗道庄校址面积难以满足学校发展的需要，加之玉渊潭周边土地被北京市规划作他用，关于学校永久校址的问题从 1951 年开始提出，一直到 1956 年 8 月才最终定址圆明园以北、正黄旗以东、马连洼以南，即现在的圆明园西路校区，其间几经波折，五易其址。11 月，市规划管理局批准了学校总平面设计图。

1957 年，学校在新址建成学生宿舍楼（6 座）、土化楼、植保楼。

1958 年上半年学校开始从罗道庄迁往马连洼新校址，11 月全部搬迁完毕。

1. 在新校址临时安身

新校址建设的第一年没有建设图书馆馆舍，建设重点放在了宿舍楼和教学楼，1958 年才开始建设图书馆馆舍。学校在 1958 年迁入新校址时，新馆舍尚未建成。图书馆只能在已建成的宿舍楼、植保楼和土化楼等建筑中临时分散安身。

1958 年 9 月 8 日学生阅览室搬到学生 4 号楼 301 室。

10 月 11 日，学生 3 号楼 215 室作为讲习班学生阅览室。

12 月 14、15 日学生阅览室从学生 3 号楼迁到土化楼；在植保楼三层辟有中外文期刊库、317 室作为期刊阅览室。

1959 年 3 月，原在土化楼的教员参考室也迁至植保楼三楼。

2. 图书清查工作

图书馆曾于 1955 年暑期组织人力用近 2 个月的时间做过一次图书清查。但由于时间短，后期全国又开展了肃反运动，图书清查的预期目标未能达到。

1958 年，全国开展“大跃进”运动。年初，还针对反浪费、反保守开展了“双反运动”。图书馆在“大跃进”的形势下，决心鼓足干劲，改变保守的工作计划，以配合生产、研究和教育三者紧密结合的方针，提出要加强现有书刊的管理。为了做到有的放矢，需要进行全校图书大检查，做好摸清家底的工作。

这次开展“双反运动”，又逢学校马连洼新校园的建设，新图书馆必将列入建设规划。在新校舍，全校图书将集中管理，各系将不再设立分馆。进行全面的图书清查，也是改进全校图书管理之必需。因此，图书馆借学校搬迁的时机对图书开展了一次全面清查。

这次清查对兽医系和物理、化学、数学、英文、俄文、测量、植物、体育等教研组的图书，以及农园（农学、园艺）、土保、农经、政经各图书室的藏书进行了查点。清查结果搞清楚了各系和教研组的图书状况，全校中文图书共计 80197 册，这一工作为迁校后图书集中管理奠定了良好的基础。

通过清查，发现了以往工作中存在的一些问题。在分类方面，同类书有时出现在不同的地方；在著录方面，对著录事项把握不一，格式不一，也造成同种书不在一处；在目录排片上，出现许多排错顺序的情况。这些情况在外文书中尤其突出，原因主要是由于工作人员外文水平不够，工作不够细心所造成。另外还发现书袋卡登录号与图书不一致、书袋卡重复等问题，主要原因是 1955 年查书时补卡，但旧卡未消造成的。这些问题的发现对今后工作的改进提供了依据。

3. 下放劳动期间图书馆的工作

1958 年 8 月，根据《中共中央关于改进农、林大专学校教育的指示》，学校师生从下半年起一律下放农村，实际参加农业生产劳动 1～2 年。图书馆 90% 以上的人员下放到农村、基层参加生产劳动。

8 月 23 日杨直民去山西；

26 日张振宇去河南；

27 日郑林宽去山西、刘守楷去内蒙古；

28 日张月霞去河北；

29 日吴巍去北京大兴；

30 日刘叔华去北京顺义；

31 日叶喆民去周口店；

9 月 2 日王宝玉去北京怀柔；

5 日仇淑范去北京昌平农场。

另外，8 月 20 日，钱敏、凌崇秀去小学。

图书馆留下陈贵琴、徐洪寅 2 位留守。

留守人员负责保管图书资料、保管设备、对外联系、采购图书；承担着校内和分布 8 个省市的师生用书服务。校内开馆借阅，但开馆时间缩短约一半；下放师生采取集体借阅和个人借阅相结合的办法，以及采取函借邮寄的方式；馆际借阅仍坚持开展。下乡活动对师生总结农民经验和推广新技术，如细菌肥料、土化肥、新农药、牲畜育种和疫病防治等方面，起到了一定的作用。

期间，新馆建设工程也开始进行，基建处负责图书馆基建工作，掌握进度、质量等。

1959 年春节后陆续调回部分馆员，以适应工作的开展。期间参与了图书分类法的编制，编校全国生物、农业图书目录以及调拨图书等工作。同年暑假，下放员工方全部返回图书馆。

4. 马连洼校址新图书馆的建设

根据国务院科学规划委员会全国图书协调方案的决定（1957 国务院第 45 号公报），北京农业大学图书馆与中国农业科学院图书馆合组全国农业科学中心图书馆，负责收集国内外有关农业科学图书资料，为科学研究、教学以及全国相关农业科学工作者服务。北京农业大学图书馆重点面向全国农业院校读者服务，同时有责任和义务帮助各农业院校图书馆提高业务水平和改进工作方法。

当时，根据学校的总体筹划，北京农业大学将与中国农业科学院全面合作，一些交叉的和公用的设施要合用，新建的单位尽可能合在一起。同时，国务院科学规划委员会也指定农大图书馆和农科院图书馆共同承担建设全国农业科学中心图书馆的任务。因而，新建图书馆自然而然地就从两个单位合建的角度开始筹划。农科院有关领导也表示，两馆将来肯定要合并，地点建在农大，成为全国农业科学中心图书馆，为科研单位、教学单位，为全国农业科学界服务。基于此，在新馆建筑上，在统一掌握下进行整体设计。基本指标：藏书 100 万册，读者人数 4000 人（其中研究人员 500 人、教师 400 人、学生 3000 人、其他研究教学人员 100 人），控制面积 6000 m^2。

因农业科学院当年没有基建任务，故采取总体规划设计、分批施工的办法进行建设。1958 年由北京农业大学先行建设第一批工程 3000 m^2。首先建造图书馆中间的部分，在东、北、西三面预留出第二批工程的建设空间，二者之间采取伸缩缝或其他方法处理。二期工程计划于 1959 年建设，二者成为一个整体；但也可能推迟或改变建设计划，故而要求一期工程独自成一整体。依总体规划，一期建筑 3000 m^2。实际上，规划建设的二期工程一直未能实现。1957 年 12 月，学校对一期工程的设计提出要求：教室参考室放在一层，学生阅览室在二层，出纳台在二层楼中间；全楼三层，混合结构，楼中央突出，最好有一钟楼，上附旗杆；除防火等设施外，注意楼上下层、同层各间的隔音。最终设计平面图及规划方案见图 3–3。

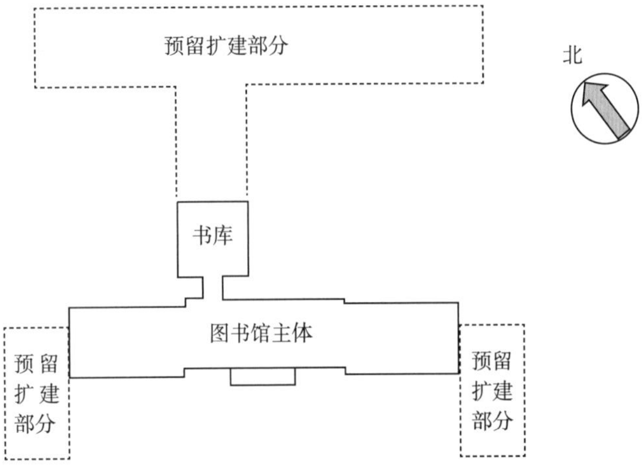

图 3–3 新馆建设平面图及规划方案

1958 年 9 月，新图书馆开始兴建。当年 12 月，工地有工人 300 人，另有学生 100 人参与施工。

1959 年 6 月，新图书馆一期工程竣工。新馆位置正对校门，建筑面积 3150 m^2。正面中部为三层，两端为二层建筑。一层是阅报室、教员阅览室和办公室；二层是 2 个学生阅览室、科技期刊阅览室和借书处；三层是学生阅览室和政治理论、文艺期刊阅览室。全馆有阅览座位 480 个。书库单独建在主体建筑后方，为 4 层结构，层高低于主建筑，与主体建筑一、二层之间有通道和楼梯相连。（图 3–4、图 3–5）。

图 3-4 1959 年一期工程竣工的图书馆

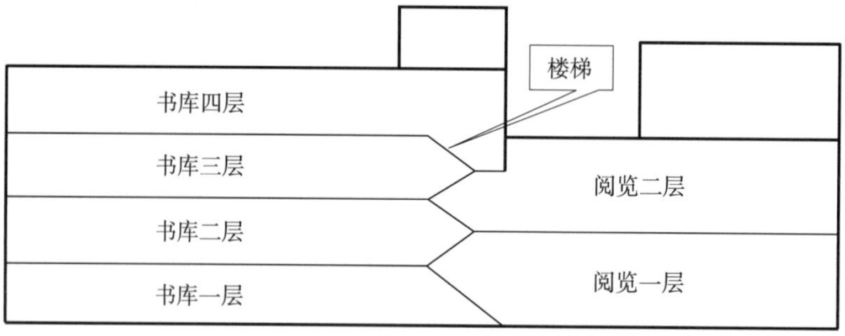

图 3-5 新馆侧立面剖面书库与主体建筑连接示意图

6 月 11 日基建处组织验收新馆，图书馆钱敏、凌崇秀参加了验收工作。13 日开始进行新馆清洁扫除，有 5 个班的同学以及 20 余位教职工参加；同时搬运桌椅布置阅览室。

6—7 月陆续组织干部和学生义务劳动，将土化楼和植保楼的藏书和阅览室设备搬入新馆。先后有 42 个班次的学生义务帮助图书馆搬迁。7 月 18 日文艺书开始流通。

由于 1959 年中央要求压缩基建投资，图书馆等建筑的建设质量受到一些影响，后来人们把这些建筑物统称为“节约楼”。

5. 新馆建成后管理和服务模式的转变

1）统一管理全校图书文献

20 世纪 50 年代初，北京农业大学图书馆在当时情形下，保留了与北京大学图书馆相仿的校图书馆、系图书室的两级管理体制。图书经费使用上，先扣除图书馆为学生买书和订外刊支用的经费部分，然后对各系则采取按比例分配基数的办法支用。各系图书室（组）在经费额度内提交购书单，图书馆给予“代办”。实行数年后，重复购买外文书的事时有发生，而且每年分配经费额度相当麻烦，“超支户”不断增加。

新馆建成后，具备了统一管理全校图书文献的条件，学校把原分散在各系和教研组的图书集中到图书馆。新馆设有 5 个参考阅览室，即政治农经参考室、农学园艺农机参考室、植保土化理化气象参考室、畜牧兽医参考室和古代农书参考室等。将各专业相关的书籍、经典著作、工具书、新到图书、外文图书集中陈列在各专业参考室，供教师使用。下放期间，学校建立的资料室虽不隶属于图书馆，也设在图书馆楼内，对教员开放。

书刊资料集中使用，结束了过去书刊分散在各系或教研室，互不通气、查找困难的局面，减少了复本量大所造成的浪费，也基本可以满足教学人员的阅读参考需求。在农大这类单科大学图书馆实行图书相对集中管理，从图书资料交叉共用，减少重复订购，规范借阅时间和提高服务质量方面看，是利多弊少的。不过，这也把买书、用书的矛盾集聚到图书馆了，形成了巨大压力，促使图书馆兢兢业业地充实书刊，不断改善对读者的服务，提高师生的满意度。

新书源源进来和处理成年压积的书刊，登编、借阅参考等服务需求又都非常繁重。工作人员夜以继日，星期天也很少休息，大负荷地工作。

2）尝试流通服务新模式

新图书馆楼设有学生阅览室，存放教学参考书，鼓励学生在馆内阅览学习，提高文献资源的利用率。但阅览室只能容纳 480 人，全校有学生 3600 人，再加上教师，阅览座位十分紧张。每天 6：30 ～ 22：30，读者来馆人数约 1800 人次。尤其是晚上，阅览室只能采取取号入座的办法接待读者，按照班级分配座位，每班 30 人，分配 4 个座位。图书馆尽可能给阅览参考书的学生使用，温习功课的学生只能选择宿舍和自习室。

1959 年下半年，图书馆试行部分图书开架借阅。首先是文艺图书，后扩展到常用科技图书。另外，在出纳室设置了推荐性的辅助书库。读者可以直接从书库书架上取书，对读者节省时间、了解图书、熟悉馆藏、提高图书资源利用率起到了良好的作用。每天入库的读者不少于 150 人次，图书借出量大大超过原有水平。经过运行实践，证明开架服务后，做好宣传，加以必要的监督和制度约束，秩序还是比较好的。

1959 年暑假，下放劳动的图书馆员工和师生陆续返校。下放劳动后的师生阅读发生了很多变化，读者人数急剧增多；教师用书的需求面宽而专深，特别是对基础科学、尖端科学、丰产栽培等方面的资料需求十分迫切；学生读书开始按照专题，成套地循序阅读。读者用书增加很快，每日外借科技图书达到 700 册，是下放劳动前的 2 倍。学生不再是“上课记笔记、下课对笔记、考前背笔记、考完全忘记”的情况，而是有选择地查阅参考书及其他有关文献的人增多了，阅览范围扩大了，科技书籍的借阅比重加大了。这与当时提倡向科学进军、培养又红又专的人才要求是紧密相关的。

当时图书馆有工作人员 14 人，馆长是兼职的，而要面向 4000 名读者服务，管理 18 万册藏书，从人力上来说是十分紧张的。相比同期的中国农科院图书馆，27 名工作人员，管理 10 万册藏书，面向数百人服务，可想而知，校图书馆的工作压力非常大。

3）努力提高工作效率

为适应读者对图书馆的新需求，图书馆提高了采编工作效率。每年图书增长量在 2 万～ 3 万册。“大跃进”以来，工作人员鼓足了干劲，破除陈规旧矩、简化手续、提高效率，编目工作由每日编 11 种 18 册，跃进到每日编 32 种 60 册，急用图书当天到馆当天编目，尽快与读者见面。

6. 编制专题目录索引，开展情报服务

迁入新馆后，图书馆工作人员的服务理念和服务水平得到了明显的提升，为了配合重点科研项目，开始加大了专题目录的编制和情报信息的挖掘，并取得了卓有成效的成绩。

如在跟踪尖端项目赤霉素研究方面，开展了中外文文献资料索引工作。工作人员先将 1958 年中外文期刊中有关材料摘出，1959 年逐期增加新资料。在编制过程中，还参考各篇文章的参考文献，追踪扩大资料来源，共搜集了近 800 条文献，对师生研究赤霉素的原理、机理、生产和使用等提供了极大方便，获得师生的肯定。师生们希望图书馆能把这项工作坚持下去、多做一些。

通过开展赤霉素相关资料的搜集汇编、各种图书目录和专题目录索引的编制以及面向读者开展参

考服务等各项工作的开展与尝试，图书馆工作人员开阔了视野、扩大了工作范围。大家逐步意识到图书馆不能只停留在提供书刊文献服务和关注文献借阅率的初级层次上，应该向文献中蕴藏的科技情报信息进行深度开发拓展，并由被动地等待读者上门向主动地提供各种情报信息服务转变。这就使得高校图书馆存在的意义和价值得到了升华，开始向现代意义上的图书馆迈出了步伐，使图书馆的信息保障开始有机地融入科学研究工作之中。

还有一些学生要求图书馆多做一些索引、开展代查代译，但由于人力所限，一时难以满足。读者对文献资料日益增长的需求与图书馆资源保障能力的差距始终是困绕图书馆的一个难题。资源不全不新、阅览座位不足、馆员不够等问题一直未能得到解决。

1959 年，北京农业大学走过了 10 年历程，图书馆也得到了快速发展，馆藏达到 207742 册，先后编制了中文农业书籍目录、中国古代农书目录、西文刊目录、俄文刊目录等，成为配合学校教学、科研、思想教育和生产劳动等方面的重要辅助机构，同时也向全国高等农林院校提供业务支持。

1960 年，图书馆继续扩展信息深度加工的范围，在赤霉素专题索引的基础上，全馆职工齐动手，又做了养猪、水稻、蔬菜、玉米、多穗高粱、机械化等 21 个专题资料索引和情况报道；还开展了一些国外文献摘要和图书简介报道等工作。

同时，图书馆注重引导职工不断改进工作作风、改进服务态度，克服个人主义思想，树立服务意识，把为生产、教学、科研、思想教育和文化修养服务作为光荣和愉快的工作来做。全馆人员分别到系、教研室和师生中去了解情况，研究改进工作的方法。

7. 编制全国联合目录和图书分类法

作为全国农业中心图书馆，承担着面向全国有关单位农业文献的保障任务，尤其是对资本主义国家出版的农业书刊的收藏与服务，植物病理、昆虫、农业化学等方面的资源较为丰富。图书馆与本市 43 个单位、外埠 27 个单位建立了馆际互借关系；国际上与朝鲜也开展了互借业务。

图书馆还开展文献复制传递业务。通过照相技术复制胶卷、相片，曾为 10 余所院校、工厂、机关印相 150 页；摄制期刊文献 70 米胶片，1850 页，放大照片 197 张。

图书馆积极参加全国中心图书馆联合目录的编制。例如，全国西文期刊联合目录、全国自然科学西文图书新书汇报、全国生物学俄西文图书联合目录（中国科学院图书馆主编）、全国农业科学图书联合目录（中国农业科学院图书馆主编）。此外，从 1957 年开始还与中国科学院情报所和中国农业科学院图书馆联合编制了《农业期刊论文索引》，为全国农业科学工作者提供了很大便利。

全国农业图书联合目录是 1958 年底遵照国家科委的指示，由全国中心图书馆委员会联合目录编辑组决定编制的。该目录由北京农业大学图书馆和中国农业科学院图书馆共同主编，全国各地农林院校及农业科学研究机构的图书馆参编，又邀请了各大市区图书馆及中国科学院图书馆作为补充。目录包括中、俄、日、西各种不同文种，其中北京农业大学图书馆主编西文部分，中国农业科学院主编中、日、俄部分。

1959 年，文化部与北京第一中心图书馆委员会组织编制图书分类法。北京农业大学图书馆是农业部分的主编馆，与中国农业科学院图书馆、北京林学院图书馆以及北京农业机械化学院图书馆协作编制草案，经过全国农业院校以及研究机构的图书馆征求意见、修改补充，完成了初稿的编制。

8. 国际文献交换

在文献资源建设和补充方面，图书馆积极开展了国际资料交换业务。据 1959 年统计，北京农业大学图书馆与国外 30 余个单位存在着文献交换关系，其中以苏联的大学和科研单位为主，还有罗马尼亚、保加利亚、印度、南斯拉夫、民主德国、阿根廷、日本、菲律宾等国家的相关单位。如：苏联乌兹别克科学院、苏联格鲁吉亚农学院、全苏棉作科学研究所、苏联乌克兰科学院、苏联格鲁吉亚科学院、苏联阿塞拜疆科学院、苏联马铃薯科学研究所、苏联萨拉托夫农学院、奥姆斯克农学院、季米里亚农学院、保加利亚高等农学院、罗马尼亚农业科学院、罗马尼亚科学院、印度国家计划委员会、南斯拉夫沙拉耶维大学、民主德国科学院、阿根廷共和国农业大学、日本广岛大学农学院、菲律宾大学农学院等。这些单位有的经常有书刊交换，有的只是偶有交换，其中季米里亚农学院赠送的出版物较多，经常寄来书刊资料。而北京农业大学图书馆则只有《北京农业大学学报》一种出版物作为对外交换，且当时是不定期出版，有时半年以上才出版一次。交换的资料是“来多往少”。

同时根据教育部的指示，图书馆按期向国外 10 个相关单位赠送《北京农业大学学报》。这些单位包括：苏联高等教育部、保加利亚对外友好文化联络委员会、罗马尼亚对外文化联络局、民主德国高教部、匈牙利人民共和国教育部、捷克斯洛伐克人民共和国教育部、波兰人民共和国高等教育部、朝鲜民主主义人民共和国教育部、越南民主共和国教育部、蒙古人民共和国教育部等。

9. 送书到基层

1960 年图书馆积极配合学校开展的多项群众运动，如下放农村劳动；以生产为纲，大搞科学研究，向高、大、精、尖进军；提高教学质量等。图书馆克服困难，坚持走出去，一周或十天一次，定期下乡，把图书送到科研生产第一线，在有条件的地方建立图书站。这在机械化、蔬菜种植、科学养猪等方面直接起到了帮助作用，确保下放师生在各生产季节的急需资料，深受读者欢迎。虽然图书馆职工不是直接劳动在田间、畜场，但为一线师生的教学科研提供着文献支撑。

10. 线装书的著录整理

1960 年 4 月下旬开始，图书馆开展了对馆藏中文线装书的整理，主要是将地方志、水利、屯垦等各种藏书做出一套目录。其中有半数是以华北为主的地方志。到 1961 年 5 月，整理工作告一段落，共计整理出 679 种，4613 册，各种图书都有一张目录卡片相对应。由于存在其他突击任务，尚有部分古农书未及整理。

线装书没有版权页，对纂修人、撰辑者，乃至出版年等，都需进行逐一考证，对工作人员的专业素质有一定的要求。这项工作主要是由叶喆民负责。

11. 大库开架借阅的尝试

1960 年，书刊出版发行与读者需求产生了供需矛盾。图书供应方面，由于社会上需要量大，下半年开始，书店采取分区计划供应的办法，除直接相关的科技图书可以供应较多外，一般性图书只能供应四五册，甚至一两册。图书馆虽采用直接和外地出版社挂钩的购买办法，但在计划规定外，后来收到的图书也很少。期刊方面，出版变化也很大，合刊、停刊的期刊约占 2/5。发行控制很严，份数只能减少，不能增加。一些外省出版的期刊不易订到。过去在旧书店尚能补到一些，后来也很难再补充了。而另一方面，读者对书刊文献的需求却在日益增加。

为了提高馆藏资源的利用率，缓解供需矛盾，从 1960 年 4 月起，图书馆采取了中文图书大库开架借阅的办法，教师、学生凭证件入库选书。过去采取闭架方式，读者需填写借书单，管理员入库找书，由于外借量大，往往读者一连填写几张借书单，也未能借到需要的书，借到的书又未必合用。工作人员往返书库与出纳台之间费时费力，读者借到一本书，有时需花费一个小时，工作忙乱且效率低下。大库开架借阅在管理上既方便了师生，也缓解了馆员的工作压力，提高了工作效率；从资源利用看，读者可以进库自行选书，直接见到各种图书，可以充分了解图书内容，选择范围扩大，使得一些读者未能从目录卡片上找到的相关图书和平时不为人注意的图书被利用起来，加大了库存图书的利用和流转，略微缓解了供需矛盾，但依然未能根本解决新书新知识的供需矛盾。

大库开架借阅也带来了乱架与整架问题，需要在开架范围和管理秩序上找到一个平衡点。北京农业大学图书馆最早在20世纪30年代北平大学农学院时曾尝试过开架方式，50年代也采取过部分藏书开架的半开架方式，到60年代初又采取中文书库大开架，不断地探索读者服务的新模式。上述开架服务模式仅仅是图书流通管理方式上的改进，只限于入库选书，在服务理念上依然有别于后来90年代高校图书馆推行的藏阅一体的全开架服务模式的变革。大开架实行1年后，1961年6月总结经验时发现，虽然开架借阅提高了馆藏利用率，同时也造成了好书借空，但却没有落到实际最需要者的手里，教学科研受到一定影响，且出现了部分图书的丢失、损坏。于是，又改为以查目索书为主、入库选书为辅的做法。

12. 图书馆人的思考

1958年全国开展的“大跃进”运动，使学校在各方面的工作发生了显著变化，形成了以教学为主，教学、生产、科研三结合的局面。

1960年学校由8个专业扩充到16个专业。因此，图书馆有些专业文献基础十分薄弱，甚至空白，如农业物理、农业气象、动物生理生化、遗传以及中兽医等方面的书籍亟须补充和加强。

图书馆有15名工作人员，面对不断增加的读者群体和新增专业的需求，每天应付日常的12小时开馆和成倍增加的图书流通量，深感人力不敷，新专业的咨询参考工作还亟待开展。

在这样的形势下，农大图书馆人也在不断地思考着自己的性质和定位，思考着怎样利用文献资料主动积极地为教学、生产和科研服务。

在对图书馆的认识上，人们习惯上关注图书馆有多少藏书？多少善本？多少珍藏？多大面积？多少人员？但这些只是图书馆服务的基本条件和前提，关键是要看图书馆任务是什么？藏书质量如何？服务效果如何？

在服务对象和重点上，也不能简单地理解成为少数老教师和专家服务，也要为青年教师和学生服务，为大多数读者服务。同时把为教师创造条件，把保证重点与照顾全面，满足青年师生需求统一起来。

在服务质量和态度上，不在于接待了多少读者，主要在于为读者真正解决了多少问题。要克服消极等待的思想，主动地听取师生的意见，了解情况和需求，使工作更有针对性，做到兵马未动，粮草先行。

13. 图书馆获得集体荣誉

图书馆工作人员不断转变服务理念，努力满足读者需求，主动联系各系教研课题，编制多种专题文献索引、农书古籍目录、农业图书联合目录，配合教学科研，取得了优异成绩。

1960年，经各系、各单位广泛推选评议，学校复核，并经市有关领导部门审查批准，北京农业大学图书馆被评为北京市首届文化教育单位先进集体，是这次北京市先进集体与个人受奖中唯一的图书馆获奖。北农大图书馆工作人员十分珍视奖誉，这也激励着图书馆人在其后数年中，在结合学校贯彻《高等学校工作条例》、推行“半农半读”，以及参加全国中心图书馆委员会活动，参加编制《中国图书分类法》“农业类”的起草等工作中，都作出了卓有成效的工作。

14. 管理制度和组织机构的进一步完善

1961年上半年，学校教学科研对图书馆的需求开始显著加大。教师来图书馆阅览的人数和借书量均增加50%以上，且更加注重专业性文献资料。高年级学生也开始查找专业书籍和文章。这些都是图书馆面对的新变化和新情况，对图书馆工作水平提出了新要求。

1961年，为了更好地为保证和推进工作，图书馆完善和新建了一些规章制度。如《图书馆工作简则（草稿）》《图书馆购买书刊办法（试行）》《图书借阅规章（试行）》《图书赔偿办法（试行）》等。

根据中央和国务院的指示，学校于1958年制定了《北京农业大学校务委员会条例》，确定校务委员会是学校的最高行政领导组织，在上级行政领导和学校党委领导下，审议决定学校的工作。校务委员会成员包含图书馆负责人。1961年12月新一届校务委员会成员中，图书馆馆长王毓瑚名列其中。

1962年1月，学校任命杨直民为图书馆副馆长。

1961年，图书馆基本情况如下。

藏书：262648册（1961年4月底统计），其中社科图书占41.6%，自然科学图书占58.4%；

订阅各文种杂志报纸：883种，1227份；

一般资料：13117份；

保密资料：709份；

经费决算：1956年85550.09元，1957年112756.41元，1960年70650.00元，1961年预算拨款50000元，实用58371.12元；

图书馆面积：3150 m^2；

教师阅览室座位：56个；

学生阅览室座位：400个；

工作人员：20人，另有馆长兼职1人。其中大专毕业14人、高中4人、初中2人。

15. 涿县分校图书馆

1965年开始，学校推行半农半读的教学方式，师生在农场边劳动边教学，培养能文能武、又红又专、理论联系实际的新人。3月，学校800名师生分2批进入农垦部河北涿县农场实行半农半读教学。

9月，农垦部正式下文明确将涿县农场划归北京农业大学，建立北京农业大学涿县分校，作为半农半读基地，以校办场，场校合一。

图书馆随即在涿县分校设立了一个图书分馆，配备3名工作人员，负责人是闫殿衡。分馆设有一个书库和一间办公室。当时在涿县分校与校本部之间有车辆来往，可以根据需要调配所需的图书。

16. 馆藏建设方针

图书馆在1960—1965年，采取主动访问教师、每年办新书刊展的办法来帮助确定采购书刊资源。在取得读者支持、监督的基础上，反复筛选馆藏资源。图书馆审定了重点期刊和图书收藏范围：

系统收藏中外文农业、有关生物学教材、实验指导、重要专著，其中，植物病理、昆虫、兽医、寄生虫、农学、植物生理生化、动物生理生化、遗传育种、农药、土壤肥料等中外文书刊，要尽量收藏齐全；

对图书馆收藏的中国古代农学典籍200余种，其中珍本、善本20余种，有些是国内稀见的版本，要加封做套，精心保护，提供查用方便，并要适当添补缺藏的农书；

着力收集反映各地区农业生产技术、群众的丰富种植饲养经验、名产及特产的资料；

从全国书刊收藏考虑，对40余种从创刊号起未曾中断的外文专业期刊，要坚持订下去。这类刊中有创刊于1864年的 *Zoological Record*（动物学记录），1840年的《英国皇家农业学会杂志》，创刊于1907年的美国农学会的 *Agronomy Journal*（农业杂志），1909年美国真菌学会创办的 *Mycologia*（真菌学）等刊，除供在校师生借阅外，也常为外单位从事农业、医学、生物学及社会科学研究的学者、专家、研究生所查用。这些刊力求保持完整。

这种方针，得到了学校领导同意和各系教师的大力支持。他们热情提供新书刊信息，并向图书馆赠送书刊，多方鼓励图书馆工作人员。至今许多老教师或毕业校友返校时，仍对当年图书馆工作赞不绝口。

17. 图书馆发展规划

1960年初，学校制定了《北京农业大学三年（1960—1962）发展规划大纲》和《北京农业大学五年（1963—1967）规划大纲》。

《北京农业大学三年（1960—1962）发展规划大纲》对图书馆的发展确定为“三年内增加图书资料一倍，充分担负起‘农业中心图书馆’的任务”；图书馆面积“现有 3000 m^2，三年内扩建（至）6000 m^2”。

《北京农业大学五年（1963—1967）规划大纲》对图书馆发展作出的规划是“到 1967 年底，图书馆应成为国内外藏书最丰富，管理最好的农业图书馆之一”。

1962 年 6 月拟定的《北京农业大学报送国家农业科学发展十年规划的课题纲要》中，“重大措施之四”对图书馆发展有如下表述：“建立图书中心，我校原有图书很少，最近几年进书还逐年减少，希望农业部尽速实现原来拟订我校与中国农业科学院合建农业中心图书馆的计划，并在可能条件下充实我校图书馆，扩建阅览室、藏书室，增加复制设备，扩充资料室。”

由此可见，北京农业大学在 20 世纪 60 年代十分注重图书馆建设，并将建设国内一流农业图书馆定为发展目标。

1959 年到 1966 年，图书馆各项工作得到了稳定的发展。在基础工作方面，进行了图书清查，摸清了馆藏状况，统筹管理全校图书文献，制定了馆藏建设的方针；在读者服务方面，不断解放思想，大胆尝试新的管理模式，实行开架管理，开设各种参考室；在深度发掘情报信息方面，紧密配合科研需求，编制了多种专题文献目录索引，服务理念和水平得到明显提升；在馆际合作和社会化服务方面，积极参与行业协作活动，编制联合目录，参编图书分类法，奠定了农业领域中心馆的地位；在队伍建设和思想认识上，得到了加强和提升，树立了为科研和读者提供良好服务的风尚，为进一步深入发展奠定了基础。

第六节　在动荡中生存　在困境中坚守

（1966—1978 年）

1966 年“文化大革命”运动开始，正常的工作节奏和秩序被打乱，图书馆的正常工作也陷于停顿。

社会上掀起了“打砸抢”风潮，对所谓“封、资、修”的东西实行抄、烧、毁的办法。农大图书馆也不可避免地卷入了这场运动中。图书馆在反复“揭阶级斗争盖子”和无休无止的 “批判斗争”气氛中度过，但相对于社会上的混乱状况，农大图书馆多数职工对于馆藏资产是有责任心的，他们共同抵制了少数人的一些破坏行为。在运动初期，图书馆没有发生损坏馆藏文献的事件。

1969 年，图书馆原有的大部分工作人员被分遣到外单位。当时学校“革命委员会”派叶德先任指导员、刘友文任组长到图书馆工作，留下原图书馆闫殿衡、杨文贤为工作人员。

1. 外迁陕西办学

1969 年底到 1970 年初，马连洼校本部的大批校舍被国防科委接管，图书馆部分馆舍也被国防科委占用。

1970 年，图书馆被改编到学校革委会政工组下的政宣组中，工作人员只有刘友文、闫殿衡、杨文贤、梁明霞 4 人。

1970 年 5 月，国务院决定北京农业大学还要继续办下去，但此时农大的校舍、试验站、农场等已陆续移交给地方和部队。国务院指示，北京农大搬迁到陕西省办学。最后校址选在陕北的甘泉县清泉镇清泉沟，学校于 1970 年下半年迁到新址。图书馆因为书刊资料和家具设备较多，一时难以全部搬走，因此闫殿衡作为北京留守负责人，负责财产安全和将书刊资料和家具设备运往陕北的工作，刘友文和杨文贤作为陕北接收点的负责人，负责在铜川接收北京运输来的书刊资料与家具设备，然后设法转运到陕北。

为了把20多万册书刊资料和家具设备运到陕北，保证运输过程不乱、不丢，图书馆把所有的书全部上架，然后，按号、按文种分别装箱，按箱编号，同时编制对应的目录。当时图书馆原工作人员都已分散到其他各单位，留守北京的闫殿衡分别从工会、农经系、农学系、幼儿园等不同部门找来8名人员，他们不熟悉图书馆业务，有的还有病，因此困难重重。在图书馆留守人员的带领下，利用从百货公司买来大小不一的旧纸箱，用包装带紧固。后来挑选出一批常用资料260余箱，与书架、粮食等物资一起占用一个车皮，由闫殿衡负责押运，经铁路运到铜川，再经汽车运往陕北，暂时存放在延安大学。260余箱书刊资料除少数拆封外，绝大部分没有拆封，后在学校迁往河北时，又运到涿县，最后运回北京。

北京留守人员还承担着期刊订购和一些新书采购的任务。尤其是外文期刊的预订，当时需要报到农业部审核统一订购，留守人员在当时的历史环境下，耐心向军管会人员解释、争取，努力保证一些重要的外文期刊的连续性。

当时，除运往陕北的260余箱图书外，大部分馆藏仍留在原馆舍。由于疏于管理，出现了鼠害，对藏书构成了威胁。留守人员在植保系老师的帮助下，采取密封书库后使用药物熏杀老鼠，达到了预期效果，保护了馆藏资料。

在陕北清泉沟，办学条件十分困难，职工和家属被分散安排在甘泉县至延安的公路一带绵延百里的许多村庄里，租借农民的房屋窑洞栖身。到达陕北之初，学校结合当地实际，陆续开办了一些科学种田的短训班、培训班、学习班、兽医班等，普及农业生产的科学知识和技术。1971年开始招收工农兵学员，于5月开学。

当时，学校盖了十几间房子用作图书室和情报资料室。为了配合当时的教学和科研工作，图书馆在清泉沟一度利用临建房屋和窑洞开办了窑洞图书馆，陈列一些新购书刊和常用的文献，在极其简陋的条件下开展文献服务（图3–6、图3–7）。

图3–6 北京农业大学清泉图书馆
（1972年3月摄于陕西甘泉县清泉镇，刘友文提供）

图3–7 甘泉县清泉沟农大职工曾居住的窑洞
（1972年1月摄，闫殿衡提供）

1971年9月，根据陕西省革委会文件，北京农业大学与延安大学合并，定名为延安大学，以农为主，兼设师范和医疗。在这种情况下，图书馆面临严重的问题，两馆原有的藏书体系不同，馆藏合并是一项巨大的工程，涉及改编、加工、藏书空间等诸多方面，一时难以解决。当时图书馆主持工作的刘友文采纳了闫殿衡的建议，采取的办法是两馆原有馆藏保持不动，当年农大的购书经费归延安大学掌握。这样保持了农大图书馆藏书体系的完整。

后因当地办学条件太差，加之地方病严重，许多教职工纷纷离开，无法继续办学，与延安大学合并之事就此搁浅。

留在北京校区的大部分馆藏后来没有继续外迁，装箱打包后，堆放在马连洼校舍的图书馆（图 3–8）。这些馆藏基本保持完好。由于各方面管理得力，整个迁校过程中，图书馆所受的物质损失还算是相对较小的，而系和教研室的物质损失较严重。

"文革"期间的屡次搬迁中，刘友文、闫殿衡、杨文贤等留馆人员对图书财产的鼎力保护，功不可没。当时，图书财产折损的可能性太大，保存图书馆书刊基本完整实在是太难了，他们冒着被"扣帽子"的政治风险，采取多种曲折的手段，为保护图书馆馆藏费尽心血。

图 3–8 堆积在一起的图书资料

2. 迁往河北省涿县

1973 年 4 月，国务院科教组正式发出《关于北京农业大学迁到河北省并改名为华北农业大学的通知》，学校迁往河北省涿县原北京农业大学涿县分校办学，校名改为华北农业大学。学校机构设政治处、后勤处、教育（含科研）革命处、生产处、办事组、基建办公室；恢复了原有的 8 个系，16 个专业。

此时，图书馆又成为一个独立单位。学校核心组起先指定刘友文，后又指定杨直民、黄素痕、刘友文、闫殿衡担任图书馆负责人，维系当时漂浮不定的业务工作。

图书馆在涿县是一排平房，总共约 160 m^2，中间一间作书库，前边有走廊，连接两头较大房间的阅览室；书库和阅览室之间有两间宿舍（图 3–9）。

学校搬到涿县后，在教师下乡下场工作的基础上，建立了一批综合或专业的教学基点。1974 年初，学校派出综合教学小分队，建立了三结合的教学基点，成立了小麦综合组、谷子调查研究组、果树调研组、植保小组、畜牧规划小组等专业组。在河北晋县（今晋州市）周头公社贺家寨大队的教学基点，是学校开门办学的重要基点之一，1976 年建成房屋 60 间。

应教学基地要求，1978 年初由刘友文带领馆员黄兴建前往晋县建立图书室，随卡车携带有约 200 册书刊及单面三层书箱。

图书室设在农家院内，三间单独房屋组成的一排平房，右边是医务室，左边是宿舍，中间较大房屋用作图书室。图书室内土炕占 1/3，2/3 摆放书箱及阅览桌（图 3–10）。

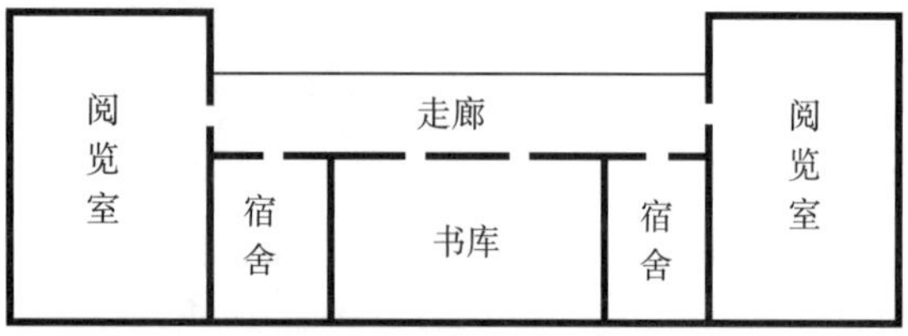

图 3–9 华北农业大学图书馆（河北涿县）平面示意图

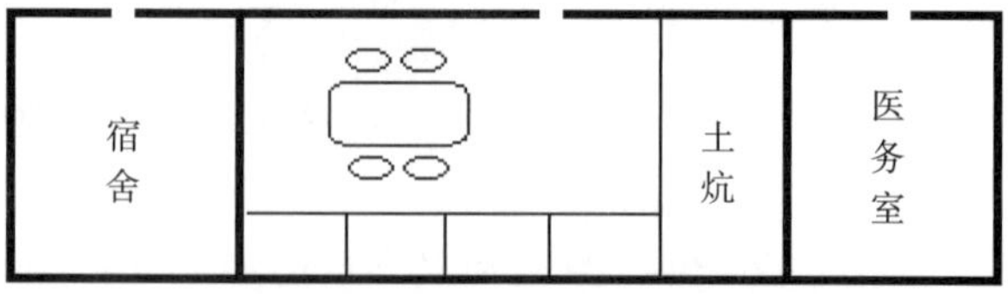

图 3–10 晋县图书室示意图

图书室不设开放及关闭时间，教师随时可来图书室阅读及借还书刊。涿县校本部定期送来新书刊进行更换。

图书室由馆员黄兴建负责日常管理工作，一直到 1979 年随着学校迁回北京，才撤销了这一教学基地图书室。

第七节　在改革开放中振兴

（1979—1995 年）

由于学校在涿县仍不具备办学条件，教学科研无法正常开展，职工生活长期动荡，致使重点大学无法发挥重点作用。为了加快培养人才，早出成果，为了实现农业现代化，国务院于 1978 年 11 月 29 日正式下达国发〔1978〕248 号文件《国务院关于华北农业大学搬回马连洼并恢复北京农业大学名称的通知》。该通知指示并要求把北京农业大学努力办成既是农业教育中心，又是农业科研中心，争取多出人才，快出成果。

该通知下达后，激发起农大教师多作贡献，为农业生产、科研多解决重大问题的热情。中共十一届四中全会通过的《中共中央关于加快农业发展若干问题的决定》中，明确提出了“中央要办好中国农业科学院和北京农业大学几个重点的农业科学研究院和高等学校”，更是鼓舞人心，农大教师看到了光明的前景。

1. 在困境中复苏

1979 年 1 月 1 日起，学校党政办事机构开始在马连洼原校址办公。后来，学校又恢复了原已处于退休状态的王毓瑚的图书馆馆长职务。

1979—1980 年，图书馆主要工作是把随校搬迁到涿县农场的书刊资料再搬回北京原校址，然后根据教学科研急需，而有选择地开箱整理，准备开馆。

图书馆由刘友文总负责组织搬迁工作。迁回北京的物品包括书架、期刊架、现刊架、报架、打包书箱、阅览桌椅、办公家具等。

但农大校园简易木板房连片，图书馆仅剩数百平方米空间堆积书刊，只得在一隅之地寻求重振。当时图书馆最大的困难是业务间断 10 年，人员失散，陈年的目录卡片已不齐全，1970 年前后准备外迁包装待运的数千书箱层层叠压。图书馆反复研究并经学校批准，把当时的工作重点放在适应当前师生迫切需求，在业务发展、读者服务中寻求复苏。

为适应研究课题和教学需求，图书馆组织力量，重点开箱整书，为开展借阅做准备。同时，利用第一期世界银行贷款，大力补充外文新书刊。

20 世纪 80 年代，图书馆在极其困难的条件下，全馆职工刻苦努力，克服资源不足、馆舍紧张、人员缺乏等各种困难，积极拓展业务范围，引进利用新技术，为学校教学科研的复苏与转型，提供着文献信息的基本保障。

“文革”期间各个学会的学术活动基本停止，随着整个国家各项工作的复归正常，图书馆界的活动也重新开始。北京农业大学图书馆努力恢复、发展馆际交流活动。1979 年，农大图书馆人以优秀论文作者的身份出席了“文革”后中国图书馆学会的首次代表大会。

1980 年 4 月，学校决定恢复图书委员会，作为协助校领导指导图书馆工作的咨询机构。由学校与各系商定聘请熟悉中外专业书刊情况、热心图书馆工作的 20 多位同志为图书委员会委员。委员会由主管教学科研图书馆工作的副校长华山任主任委员，图书馆馆长王毓瑚、副馆长杨直民、刘友文兼任副主任委员。委员会及委员的任务是：每年召开 1 ～ 2 次全体会议，研究有关图书馆工作的重要事项，决定图书馆工作方针、经费与外汇使用原则，图书馆管理方面的重大变更等；对本专业师生所需书刊经常提出意见建议，并接受图书馆在外文书刊订购审阅方面的咨询，各系委员对本系所提订购外文书刊，在本系范围内有决定权。

委员会 4 月 9 日召开了第一次会议，华山主任要求图书馆不断充实新书刊，改进提高工作质量，为师生参考借阅书刊创造方便条件，要求让学生有较多的自学时间，多到图书馆看书，提高学习主动性。图书馆长王毓瑚教授在会上提出，要把图书馆办成学术性辅助机构。会上还提到，图书馆房舍拥挤，学校明年将安排建设图书馆新馆。此时开始把建新图书馆舍提上议程，后来到 1984 年争取到世界银行贷款的支持，正式启动新馆建设项目，于 1990 年建成新馆。

1980 年 11 月 27 日，王毓瑚馆长逝世，杨直民副馆长主持图书馆工作。

1981 年 9 月，全国高等学校图书馆工作会议在北京召开。图书馆副馆长杨直民作为列席代表，参加了会议。

1981—1982 年，图书馆进行了中文社科图书、自然科学图书以及期刊和目录体系整理，到 1982 年 12 月 31 日，基本整理完毕，开始办理借书证，对读者提供服务。

1983 年 1 月 1 日开始为全校教职工提供借还书服务。

3 月 8 日，调整第二届校图书委员会，朱振声为主任委员。

4 月 18 日，学校任命杨直民为图书馆馆长（北京农业大学〔1983〕人字第 7 号）。

4 月 20 日，开设文献检索课和开展联机检索工作，为学校的科研工作提供了强有力的支持。

1984 年 6 月 30 日，图书馆增设了一个中文科技图书阅览室。

1985 年 3 月 18 日，增设一个外文新书阅览室。

1985 年 9 月 27—29 日，学校召开了第 13 次党代会，会议以无记名投票方式选出了第 13 届党委委员和纪委委员。图书馆党支部书记刘友文，当选为纪委委员。10 月 17 日，农牧渔业部党组批准了选举结果。

据《北京日报》1985 年 11 月 13 日报道中记载，自 1979 年开始，北京农业大学和 105 个外国大学的图书馆、科研机构建立了联系，交换了大量的图书资料、作物品种等，补上了由于十年动乱而短缺的部分珍贵图书。

1986 年 4 月 10 日，增设一个文艺图书阅览室。

1988 年 9 月 11 日至 10 月 3 日，以北京农业大学党委书记周鹏程为团长的教育管理考察团一行 5 人，赴加拿大考察访问，与圭尔夫大学商讨并签署了第三个四年合作计划（1989—1992 年），并代表石元春校长给圭尔夫大学图书馆馆长约翰·布莱克教授颁发了北京农业大学图书馆名誉馆长荣誉证书。

2. 利用新技术手段，扩大服务项目

从 1979 年起，图书馆开始利用现代化办公设备为读者复制各种文献资料。当时复印技术已经在全国范围出现，但复印设备较贵，全校所有的复印业务基本上集中在图书馆，图书馆是校内唯一一家面向师生提供复印服务的单位。为满足毕业生的需求，图书馆还增加了对外打字、印刷及装订一条龙有偿服务业务。在设备应用方面，由传统的铅字打字机及丝网印刷发展到计算机文本打字及小型胶印机印刷。

20 世纪 80 年代初，国内还普遍处于手工记录信息时代，图书馆提供复印及打字印刷服务使师生从繁重的手工记录中解放出来，节省了许多抄写资料的时间，为读者提供了较大的方便，深受全校师生欢迎。图书馆在提供服务的同时也获得了一定的经济效益。

由于当时学校拨付的经费非常有限，基本都用于书刊文献购买，没有额外经费来拓展新手段所需的硬件，因此农大图书馆较早启动了有偿服务，通过“创收”活动这一杠杆，积累资金来拓展服务手段，同时也能利用服务收入来略微缓解一点馆员收入微薄的问题。

3. 开展国际联机检索，开设文献检索课

从 1981 年 11 月，图书馆得到城乡建设部情报所和北京大学图书馆的支持，在国内农口单位率先利用香港国际联机终端开展国际联机情报检索。通过实践，图书馆对农业科研常用数据库的使用有了

切身体会，对检索词的选择、检索策略的建构有了具体了解。联机检索取得了良好的效果，主要体现在：①大大缩短了读者查找文献的时间；②可以迅速准确地提供文献信息，有助于研究方向的确定；③及时获得参考材料和试验数据，加快科研课题的进展速度，如配合“鹅鸭肥肝生产”“农作物种衣剂”等课题研究，取得了明显成效；④有助于教师、研究生撰写综述性文章，扩大研究视野，丰富教学内容；⑤促进了图书馆读者服务工作的改进和提高。

1983 年 4 月 20 日，图书馆开始开设文献检索课，这在当时全国高校中是不多的。

1985 年 1 月 10—24 日，受农牧渔业部教育司委托，举办了全国农业院校图书馆联机检索应用培训班。为全国农业院校培训 55 人，推动了农业院校联机检索工作的开展。

1987 年 5 月，图书馆接受了加拿大圭尔夫大学图书馆赠送的激光盘驱动器和数张光盘。其中一张光盘包含了圭尔夫大学图书馆的 200 万册藏书目录。

8 月 6 日，图书馆增设文献检索室，同时提供光盘文献检索、联机文献检索、文献手检服务，极大地方便了广大教师和学生的文献检索。

1988 年 10 月，又引进了 1 台光盘驱动器和几套光盘数据库（AGRICOLA 数据库、最新科研情报系统数据库、图书馆农业书目资料数据库），并开始全力推广光盘检索。

1988 年 11 月初，在 20 天时间里，有 150 余人次前来检索文献，其中主要是教师和研究生。学部委员娄成后、胡秉方等老先生也来图书馆了解激光检索技术，他们认为，这一检索技术应迅速在全校推广应用。娄教授亲自检索了有关 mulch（根覆盖物）主题的 110 多条书目文献记录。教师们认为激光盘信息含量密集，比联机检索省时省钱。到 11 月底，前来检索者十分踊跃，需要排队预约。

1981—1992 年，图书馆利用城建部情报所香港终端和中国科技情报所终端开展国际联机检索，为校内外用户检索了 500 多个课题；利用光盘检索了 1000 多个课题；为用户申报国家级、部级科研成果奖查新课题近 50 项；解答各类咨询问题 2000 余个。

1993 年，图书馆通过国际联机，可以检索美国 DIALOG 系统的 400 多个数据库；国内已与中国科技情报所、化工部情报所联机，可检索美国化学文献（CASEARCH）、中国重大科技成果数据库、中国适用成果数据库、中国学位论文数据库、中国博士论文数据库、中国企业公司及产品数据库、中国学会学报论文文摘数据库、中国学术会议论文联合数据库、中国科技期刊联合目录数据库等多个数据库；图书馆还配置了光盘数据库，主要有：AGRICOLA（美国农业文献所引 1979—1992）、CAB（英联邦农业文摘 1984—1992）、AGRIS（联合国农业文献 1975—1992）、CRIS/ICAR（美国及加拿大最新研究项目报告）、FOOD/ANALYST PLUS（食品营养分析）、GENE/PROTEIN（基因及蛋白质数据库）、LIFE SCIENCE（美国生命科学数据库）、ERC（教育文献索引）、MEDLINE（医学文摘）、SEARCH ME（加拿大圭尔夫大学图书馆藏书目录）等。此外还有中文期刊篇名目录数据库（农业、水产、生物）。

此时，农大图书馆已将手检、机检联结成一个服务体系，成为教学、科研进行中的必需环节。在某种意义上说，作为一种手段和过程，它已让教师、专家学者从手工逐一查检文献的繁重工作过程中逐渐解放出来，向着一种需要资质的专业化服务方向发展。

4. 图书管理自动化起步

在 20 世纪 80 年代中期，图书馆就积极尝试利用计算机技术开展各项业务工作，图书管理自动化开始起步。

图书馆数字化建设包括文献资源、管理与服务的全面数字化，意味着图书馆运行方式的全面变革。

从 1986 年开始，图书馆开始自行开发研制采访、编目、流通和检索系统，采用国家标准对图书、期刊、报纸、电子文献等进行分类、主题标引及著录，为数字图书馆管理与服务打下了良好的基础。

1986 年图书馆利用世界银行二期贷款引进一台 LSI-11/23PLLS 16 位超微型计算机，建成了 3 个专用软件系统：期刊管理系统；西文图书采购管理系统；西文图书编目系统。

4 月 10 日，西文图书开始实行计算机编目，采用马克格式，实行标准著录，开启了业务自动化的时代，这在国内高校图书馆属起步最早的一批。

1987 年 8 月 6 日，在金培华、杨武、王颖、黄晶奇、杨秀涵等馆员的努力下，图书馆开始了中文图书计算机编目，从此结束了图书手工编目方式。同时增设了一个检索室，机检、手工检索同时进行。

1990 年，开通了公共检索系统，并开始利用计算机进行借还管理。1991 年图书馆以 2 台 UNIX 服务器为核心，以自行开发的分布式图书馆管理集成系统为软件环境，进一步加强图书馆自动化建设工作，至此，图书馆的主要业务全部开始采用计算机管理。1993 年，图书馆实现了馆藏目录的全面计算机检索，结束了卡片目录时代。

1995 年 8 月 25 日，图书馆开始为读者提供馆内中外文图书及学位论文机读目录。

5. 再次赢得荣誉

在 1983 年北京市第二届教育系统评选先进集体和先进个人活动中，由于图书馆领导班子团结，有战斗力，注重发挥各种群众组织的作用，切实开展政治思想工作，严格各项规章制度，加强责任制，从各方面发挥全体工作人员的积极性，在困难条件下的不懈努力，出色地为教学科研提供参考服务，图书馆再次被评为 1983 年度北京市教育系统先进集体。

主要成绩体现在：为节省读者查阅书刊时间，及时调整书库、阅览室，有 6 个阅览室实行开架借阅；大力开展复印服务，1979 年复印 3 万张，1983 年达到 65 万张；开展国际联机检索服务，及时为教学科研提供最新文献，1981 年底开始服务，已检索 70 个课题；克服困难，为高年级学生开设文献检索课程；积极开展国际书刊交换，与 24 个国家和地区的 123 个单位建立了联系；开展馆际互借服务，与北京图书馆、中国科学院图书馆、中国农业科学院图书馆及大专院校图书馆建立馆际联系；定期陈列图片，开展爱国主义和共产主义思想教育。

1986 年 4 月 29 日，北京农业大学图书馆党支部“在两个文明建设中，积极创建先进党支部、成绩显著”受到中共北京市委表扬并颁发奖状；馆员杨秉芳被评为北京市“教书育人”先进工作者。

1987 年 6 月北京农业大学图书馆徐振良被评为北京市“教书育人，服务育人”先进工作者。

这些集体荣誉和个人荣誉的取得，是对北京农业大学图书馆工作的肯定，也从一个侧面反映出当时农大图书馆的各项工作走在行业的前列。

6. 现代化新馆舍的建设

学校在北京马连洼原址复校后，图书馆新馆舍成为每年必提的建设项目。1980 年将建设一座现代化的较大规模的新图书馆列入学校发展建设计划，但因当时百废待举，经费无着落而延缓。

1984 年 3 月，在校领导和农业部教育司、农业部外资办的积极争取下，北京农业大学图书馆新馆建设取得了世界银行农业科教第二期贷款的支持，项目的主要内容是中国农业大学图书馆的新馆建筑。根据世界银行实施项目要求，1984—1985 年由英国图书馆建筑专家布朗先生、图书馆专家 A・伊文斯教授担任咨询。

中国政府和世界银行的贷款协议书，要求北京农业大学新图书馆要建成一幢现代型的、适合中国国情的、实用性强、能使多数读者受益的农科大学图书馆，并对北京农业大学图书馆设计作出明确规定：①建筑上要有突破，要体现方便师生查阅书刊文献，检索迅速，适应以开架服务为主的需要；②在管理上要采用计算机系统；③要考虑较全的收集资料的需要；④要考虑为农业院校、科研单位培养图书情报管理人才的需要。这是国家和世界银行对北京农业大学图书馆建设提出的要求，是图书馆必须时刻铭记的责任和义务。图书馆工作人员深感肩上担负的责任重大，承诺要建成一个符合现代型图书馆运行要求的新馆舍，把握建馆契机，注入新因素，全面推动图书馆工作的改革和发展。

1988 年，新馆设计历经 5 年的酝酿、国内外调查、论证、比较，设计任务书几经修改，几起几落，终于确定了《北京农业大学图书馆初步设计说明书》，最终由北京建筑设计院完成设计。

在新馆建设构思上，考虑适应现代文献信息使用管理的需求，同时把符合国情和校情的新馆运行放到重要位置。要使新图书馆方便师生读者使用书刊文献。在建筑物与今后使用运行上，力求既要取得最大程度节省能源的效果，又要能给馆舍通进新鲜空气，提高阅读效率。新馆要具有使用方面的灵活性，以适应未来新技术手段的采用。在计算机及其他机器设备上，图书馆提出采取微机群为主的方案，利用与学校、校外结成网络，寻求信息增值，又便于局部更新，维修和普及操作技术。图书馆把监测、消防、安全疏散、安全保卫的系统与运行放到重要位置。在家具设施上，图书馆紧紧把住选型、订货、验收、安装、调试等各个环节，取得了很好的效果。

1988 年 6 月 6 日新馆破土动工，由北京三建三工区二队承建。1990 年 6 月新馆落成（图 3-11、图 3-12）。11 月 30 日，新馆开始试运行，向教师和研究生开放。新馆项目实际执行世界银行贷款 253.7 万美元，包括购置新图书馆的先进设备及培训人员。新馆建设项目投入国内配套资金人民币 1100 万元。

图 3-11　新建图书馆外景照

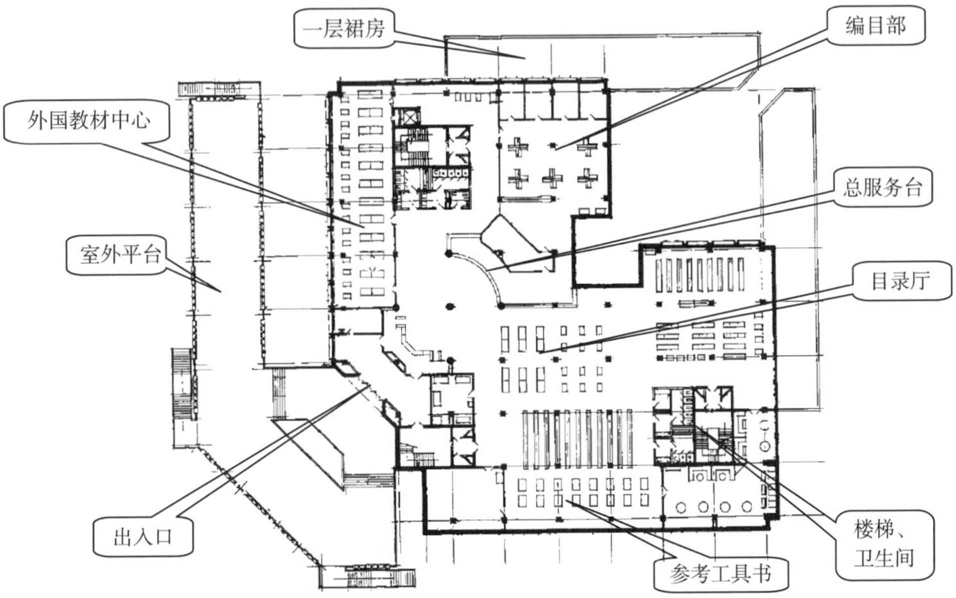

图 3-12　新图书馆二层平面图

同年 12 月 3 日，新馆正式剪彩启用。石元春校长讲话并宣布新馆落成和正式使用。世界银行中国局局长伯尔克（Burki）先生和农业部副部长王连铮出席仪式并致辞。参加剪彩的嘉宾还有国家教委、计委、农业部有关部门负责人，世界银行驻华代表处主任松木之（SONMEZ）先生，以及北京高校图书馆代表等。

伯尔克先生在致辞中说："非常高兴地看到经过 8 年的努力，这样好的图书馆终于落成了，世界银行的项目重点将放在农业和教育方面，北京农业大学图书馆这个项目恰恰包含了世界银行对这两个方面的关注。"

建成的北京农业大学图书馆项目达到了国家要求，符合世界银行提供贷款帮助的宗旨，在大学图书馆建设变革中起到了推动示范作用。新图书馆以大平面的模数式建筑，以开架为主的流通借阅管理体制全方位开放，以计算机管理的现代化服务方式展现在广大读者面前，农大图书馆的工作也由传统的服务方式跨入了现代化的、先进的、科学的管理轨道。这给我国图书馆事业开出了新的篇章。后来，北京农业大学图书馆成为许多单位建设新图书馆的参考范例。

1993 年，建筑交工使用三年后，中国图书馆学会、中国建筑学会及其专家委员会在北京农业大学图书馆召开了"图书馆建筑评估研讨会"，对北农大新图书馆进行评估，这是对北农大新馆建设和运转的一个严格的检查与切实的促进。来自全国的知名图书馆学专家与建筑专家，就北农大图书馆这一案例，展开学术与业务技术气氛甚浓的研讨。

专家们一致认为：该馆的建成使用，使我国农业图书馆向现代化跨进了一大步，缩短了与国外农业图书馆的差距；使北京农业大学图书馆在管理上发生了深刻变化，现代技术得到广泛应用，由传统图书馆较快地向现代化图书馆推进；该馆的成功，也证明中国图书馆界和建筑界水平有了明显的突破和提高，有能力设计出适合中国国情的、高水平的图书馆。

评估结论也是对世界银行北农大模式图书馆建设项目作为一个综合系统工程，从基建、家具、设备、人员培训、管理格局、组织结构各个方面筹划、实施效果的积极肯定。至今，北京农业大学图书馆仍被作为我国图书馆建筑发展史上的一个经典案例。

7. 各级领导对图书馆的考察和指导

新图书馆建成开放后，其鲜明的特色成为学校的一大亮点，成为学校各项学术活动的中心，各级领导也对图书馆投入了热切关注。1991 年至 1994 年先后有多位党和国家领导人莅临图书馆视察指导工作，体现了党和国家领导对图书馆事业的高度重视。

1991 年 3 月 13 日，时任中央政治局委员、国务委员、国家教委主任李铁映来学校视察工作。李铁映在石元春校长和杨直民馆长的陪同下，兴致勃勃地考察了新落成的图书馆。

1992 年 1 月 24 日，时任中共中央政治局常委宋平来学校视察工作。在校长石元春和党委书记周鹏程的陪同下，先后参观了校史展览、科技成果展览，考察了生物技术实验室和图书馆。在图书馆接待室，石元春校长以及教授代表等分别向宋平汇报了学校发展的各方面情况，宋平边听边插话，气氛亲切和谐。宋平高兴地谈到，这次回来看看母校，看到学校确实有很大发展，学校历史悠久，人才济济，称得起重点大学。

1994 年 4 月 7 日，时任国务院副总理李岚清来学校视察工作。李岚清在石元春校长和杨秉芳馆长的陪同下视察了图书馆。

8. 外国教材中心的建立

1979 年，国家教委建立外国教材中心，设想是选择一些基础较好的单位来负责集中引进某类学科的外国教材，逐步形成一批具有学科特色的外国教材馆藏体系，即外国教材中心。

外国教材中心建设于 1979 年启动，刚开始时选择设立了 9 个中心，分别是南开大学、吉林大学、复旦大学、武汉大学、南京工学院（现东南大学）、华南工学院（现华南理工大学）、重庆大学、西安交通大学、高等教育出版社。1985 年 9 月，原来的 9 个中心扩大为 13 个中心，增设了清华大学、南京大学、北京农业大学、北京医科大学 4 个中心。北京农业大学图书馆是农口院校唯一的外国教材中心，主要任务是收集国外涉农教材（图 3–13）。

图 3–13 外国教材中心牌匾

外国教材中心的主要职责是：按照各自分工承担的专业类别，根据需要，通过多种渠道引进世界各国具有先进科学技术水平的理工农医各科教材；既要注意引进各种通用的、基本的教材，又要注意引进具有一定特色的、有独到见解的教材，并注意一些丛书、多卷书的系列性；逐步在全国范围内积累起理、工、农、医各科各类专业的全面、系统、配套的外国教材体系；通过组织书展、阅览、流通、推荐介绍等多种方式，对各自引进的教材进行信息交流与宣传，并积极开展引进教材的评价研究工作；为教学、科研服务，面向全国高校提供各种优质服务。

在 20 世纪 90 年代，图书价格大幅上涨，图书经费严重短缺，加上国外书籍价格昂贵，大量购买国外教材是多数学校难以承担的。外国教材中心可以获得一定的专项拨款来引进国外教材，对推动我国高等教育教材建设，提高教学质量，推动教育改革起到了重要的助力作用。

1987—1995 年北京农业大学外国教材中心向全国农科院校定期发送新书通报和外国教材研究。

9. 专业技术职务评审资格

1988 年，学校对教师职务评审委员会及学科组人员进行了部分调整，在评审委员会下设 20 个学科评议组，图书资料评议组是第十七评议组，组长为杨直民研究员，成员由董凯忱教授、孟秀英副教授、杨秉芳副研究员、沈凤鸣副编审组成，但该评议组还只能评审副高级及以下专业技术职称。

1991 年，经上级核定，学校取得了图书资料、出版、档案学科的正高级专业技术职务审定资格，这是对图书馆的业务、学术水平的肯定与鼓励，也是一个巨大的鞭策。

10. 明确业务工作目标

20 世纪 80 年代，特别是 1983 年新馆建设项目启动以后，北京农业大学图书馆紧紧围绕学校的办学方针，贯彻改革开放精神，为教学、科研服务，不断开拓项目。同时，吸收国内外先进馆的成果与经验，并得到了加拿大圭尔夫大学图书馆馆长 J · 布莱克博士、美国加州奇柯大学图书馆卢惠馨教授的支持与帮助。

这一时期，图书馆着重进行了以下几个方面的探讨和实践。

（1）力求把为教学科研服务推进到当代世界文献服务水平；

（2）加强文献检索；

（3）发展参考咨询；

（4）追求书刊文献的利用效益；

（5）形成图书馆文献管理借阅为主体、农科外国教材中心和农业科技信息工作中心为两翼，密切配合的业务运行体制。

图书馆提出，在农业范围内，追求以信息数量、信息质量和信息传递速度为主的综合服务效益，并以这种要求来完善图书馆各个工作环节。

11. 组织机构与职工队伍建设

图书馆从回迁复校起，注重馆员队伍建设，陆续增添了一些工作人员，他们对图书馆面临的困难和未来的艰巨任务以及工作特点有所了解，并自愿到馆服务，他们努力工作，较快地作出了成绩。

在基建任务繁重、图书馆进书量大、借阅繁忙的情况下，新馆硬是把工作担子压在部分人员身上，安排年轻人学外语、出国深造或在国内攻读图书馆学及有关专业，从20世纪80年代中至90年代中，出国半年以上的馆员前后近10人，通过在职学习取得毕业文凭的约15人。他们不负国家的培养与同事的支持，许多人学成之后回馆并在图书馆工作上发挥了很大的作用。由于多方面原因，也有数位派出留学人员未能返回。

1987—1995年，图书馆有3人晋升为研究馆员，有10人晋升为副研究馆员。

根据《高校图书馆工作条例》相关要求，1982年图书馆建立了直属党支部，发挥着领导核心作用。直属党支部书记刘友文兼图书馆副馆长职务，便于工作的运转。1986年，北农大图书馆直属党支部被中共北京市委授予先进党支部的称号。直属党支部书记兼副馆长刘友文严格要求自己，凡要求群众做到的，自己首先做到，因原则性强、工作深入细致、率先垂范、卓有成绩在校内外得到许多奖誉。1989年，他被中共北京市委授予优秀党务工作者称号。在他的带动下，直属党支部工作富有活力和凝聚力。

1990年底，刘友文离休，闫殿衡继任直属党支部书记，他在思想政治、组织发展、图书馆建筑、管理等方面同样取得了卓有成效的成绩。

1991年底，杨直民馆长退休。

1992年初，学校任命杨秉芳为图书馆馆长。

同年3月，学校发文聘任杨直民为图书馆名誉馆长，做一些农业图书情报业务研究和学术交流方面的工作。

1992年8月14日，农业部局发文件《关于北京农业大学图书馆挂文献情报中心牌子的批复》〔1992〕[人编]字第21号，同意图书馆挂“北京农业大学文献情报中心”的牌子，但不另增设机构和增加编制。

1994年9月，学校任命张权、韩明杰为副馆长（北京农业大学文件〔1994〕农（人）字第26号）。他们在新技术装备运转、服务创收，计算机应用、信息网络建设方面分别承担着繁重任务，并协助馆长把握图书馆的发展和运作。

1994年，直属图书馆党支部书记闫殿衡由于工作出色，被中国共产党北京市委员会教育工作委员会、北京市人民政府文教办公室和北京市人事局评为“1994年度北京市教育系统德育工作先进工作者”。

12. 加强学术交流，开拓视野

图书馆积极参加业界的学术交流，有多人在国家教委高校图书情报工作委员会、北京市高校图书馆学会、中国农业图书馆学会等学术组织以及一些图书馆专业刊物中担任职务，从中既能发挥一定作用，同时也取得许多改进业务和提高学术水平的信息。

1992年5月，北农大图书馆组织召开了旨在促进北农大图书馆发展的“农业图书馆未来与发展国际研讨会”。来自加拿大、美国、德国的图书馆专家和国内农业院校图书馆同行莅临参会，与会人员把北农大图书馆的成绩和问题解剖得相当清楚，对图书馆未来的前进方向和步伐作了有益的探讨。研讨中明确指出，北农大图书馆有了一定新技术装备，但新技术装备本身需要相互连通，其技术操作、设备维修都需要具备一定的技术基础；当前的图书、情报、教材已形成体系，但还要考虑与校内网络及与校外国家图书信息部门、农科院图书信息部门、大学图书信息部门等地区、系统间各种大型网络的联结；作为一个单科院校图书馆，必须明确自己的位置，纳入强大的文献服务网络体系；努力存贮一定的数据信息，更要注意信息的大幅增值；希望北农大图书馆在这些方面迈出更大的步子；等等。

这些分析和建议对北农大图书馆的未来发展起到了重要作用。

通过与国内、国外图书馆专家的一起研讨，图书馆馆员产生了强烈的震撼，大家认识到，北农大图书馆与发达国家的大学图书馆在阅览座位、文献查阅、经费保障等方面相比，差距甚远，提高服务质量和效率成为图书馆馆员的共识。

日本农山渔村文化协会坂本尚专务理事长期致力于中日农业交流与合作，曾获农业部颁发的“国际合作奖”。图书馆也获坂本尚先生赠送的大批日文书。为了进一步加强与促进交流与合作，1997 年 7 月，学校聘坂本尚先生为客座研究馆员，并长期保持了良好的合作与交流。

13. 其他业务工作

20 世纪 80 年代，是北京农业大学图书馆各项业务开始恢复并逐渐创新发展的年代，图书馆迫切需要各方面的专业人才。为了培养和锻炼一支过硬的专业人才队伍，1984 年图书馆组织英文“农业及食品科学情报源”的试译工作，以此积累信息资源、锻炼队伍。1989—1990 年，图书馆抽调 10 余人参加高校图书情报委员会“文献资源普查”，参与农学、农作物、园艺、土壤学、肥料学、植保、畜牧、兽医、农业气象、动植物遗传育种、动植物生理生化、农业经济等学科的专业书刊文献资源查访、比较、统计分析，对相关学科的中外文重要书刊出版情况、入藏情况、读者需求以及学科文献服务水平等有了具体认识。

1990—1991 年，图书馆抽调 15 人参加了《中文核心期刊要目总览》中的农业、农业经济、植物、动物、昆虫等 11 门类的中文核心期刊的调查、统计、筛选，邀请专家鉴定、编制简介、撰写研究报告等工作。通过做文摘、引文分析等调查实践，学会了文献计量统计分析方法，再结合期刊管理的实践经验，借鉴专家学者的鉴定评价方法，对期刊的专业分布、类型、特点、水平等有了系统的了解和认识。

1990 年 9 月，图书馆接受了美中书刊友好基金会赠送的英文书籍 5000 余册。

同年 12 月，著名农业经济学家张心一教授为图书馆赠送图书 600 余册。

1993 年，北京农业大学校长石元春院士把香港友人捐赠给他本人的 5 万元港币转赠图书馆购买图书。

1992—1995 年，图书馆以开架为主的借阅管理体制在不断丰富、发展。在学校的统一布置下，图书馆研究确定了定岗和定编的额度与要求，实行了聘任制，完善了干部考核办法。在借阅、声像等业务部门做了较大工作调整。在计算机应用和软件开发、读者服务和检索、查新方面有许多新的推进。

1980—1994 年，是学校恢复振兴的关键时期，也是图书馆各项工作整顿发展的关键时期。改革开放初期，人们面临着许多新政策、新事物，面临着思想解放的转变。杨直民和杨秉芳两任馆长和刘友文、闫殿衡两位书记带领全馆人员，坚持改革开放，大胆引进新事物和新技术，克服各种困难，建设了具有里程碑意义的新型馆舍，成为图书馆建筑的样板，为图书馆的发展打下了坚实的基础，开拓了图书馆的工作新局面，奠定了图书馆的学术地位，使图书馆站上了一个新的台阶。

第四章 北京农业工程大学时期

（1952—1995 年）

北京农业工程大学的前身是 1952 年全国院系调整时由北京农业大学农业机械系与中央农业部机耕化农业专科学校、华北农业机械专科学校合并成立的北京机械化农业学院。建校之初，校址位于北京东郊双桥农场，后迁到北京清华东路。因此，北京农业工程大学图书馆的历史起自 1952 年。

1952 年 10 月建校之初，校名为北京机械化农业学院。

1953 年 1 月，平原省农学院部分师生并入北京机械化农业学院。

1953 年 7 月，学校改名为北京农业机械化学院。

“文化大革命”期间，北京农业机械化学院被迫外迁，1971 年 7 月，学校迁到四川省重庆市办学，学校更名为四川农业机械学院。

1972 年 7 月，学校再次更名为重庆农业机械学院。

1975 年上半年学院又迁往河北省邢台市；同年 11 月，学校更名为华北农业机械化学院。

1979 年 5 月，学院迁回北京原校址北京清华东路办学，恢复原校名北京农业机械化学院。

1985 年 10 月经国家教育委员会批准，学校改名为北京农业工程大学。

1995 年 5 月，学校与北京农业大学合并组建中国农业大学。

图书馆自学校成立之日，就随着学校的发展变迁，颠沛流离，起起伏伏，经历着风风雨雨，见证着各个阶段的荣辱兴衰，深深地打上了不同时期的烙印。

第一节 创办初期的图书馆

（1952—1953 年）

1952 年 10 月组建北京机械化农业学院，学院由 3 部分组成：①北京农业大学农业机械系，是 1949 年新组建的北京农业大学的一个系，因师资和设备等条件所限，1951 年开始和华北农业机械专科学校联合办学，教师互相兼课；②华北农业机械专科学校，是 1949 年为培养农业机械化和农具制造、试验、鉴定技术人员，农业部在北京城东九龙山华北农业机械总厂成立的农业机械专科学校；③中央农业部机耕学校，是 1950 年成立，主要是为配合国营农场的发展，培养拖拉机和农机具使用人才，校址设在北京东郊双桥农场（图 4–1）。

图 4–1 北京机械化农业学院校址
（资料来源：中国农业大学档案与校史馆）

1952 年 10 月 15 日，在北京双桥原机耕学校举行了北京机械化农业学院成立大会，宣告了学院的诞生。校址在北京市东郊双桥农场内，占地近 13 万 m^2，建筑面积 6261.3 m^2，全部是平房。

11 月 24 日正式上课。

全校学生 629 人，其中本科 396 人，专修科 233 人。

教职工 274 人，其中，教师 97 名，正副教授 8 人，讲师教员 17 人，助教 72 人。

随着学校的建立，校图书馆也随之诞生。1953 年初，临时院务会决定学院机构进行调整，李以祉出任图书馆第一任馆长。

图书馆最初的藏书是接收机耕学校的全部书籍。1953 年，接收北京农业大学图书馆移交的专业性图书数百册。

同年底统计，全院中文藏书 10478 册，外文 1004 册，其中图书馆中文馆藏 8121 册，外文馆藏 105 册。馆藏中大部分是普通的小说和小册子，杂志也是一般性的，成套的很少；科技方面的杂志几乎没有。图书馆曾一度采用全部开架的方式向读者开放。建馆一年，借还图书总量 3605 册。

在编目工作方面，旧有分类法已不能适用于新中国成立后的新形势。1953 年 4 月，中国人民大学编就了一部新型分类编目法，简称“人大法”，图书馆自 5 月 10 日起中文图书开始启用此分类法；俄文图书则依照国际书店图书分类法。

图书馆成立初期，书库只有 60 m^2，阅览室仅可容纳 20 多人。阅览、出纳、办公都在一起，馆长还承担着编目业务工作。

1953 年上半年，各项规章制度尚未健全，图书馆的方针任务也不够明确，工作计划性不够，期刊订购出现不及时、图书编目发生积压、借阅管理不善，整个工作缺乏规范，管理缺乏秩序，借阅发生丢书的情况。馆长兼做编目工作，占用了部分精力，对全馆管理造成一定影响。后来向中国人民大学图书馆学习编目工作经验，简化了流程；与书店和机械工业出版社建立了业务关系，解决了一部分图书采购的问题。

学校甫建，农业部 1952 年 10 月 24 日 122 次部务会议就决定，在北京市西北郊小月河以西、清华东路北侧（即现中国农业大学东校区）的位置建设新校舍。

1953 年 7 月，高等教育部和农业部对学校的性质和任务进一步明确，对专业也做了调整，学校改名为北京农业机械化学院。

图 4-2 清华东路校区校门
（资料来源：中国农业大学档案与校史馆）

同年 10 月，图书馆发布了《北京农业机械化学院图书馆借阅及管理暂行规定》，共 19 条，由总则、借书、期刊、阅览室与参考室、书库、遗失损坏与赔偿、其他等几部分内容组成。借书册数规定为教学人员限 5 册、职工及学生限 2 册，借期 2 周，可续借一次；教师可以进入书库，学生不得进入书库。图书馆的管理工作逐步有章可循。

新校区经过近一年的建设，1953 年 10 月完成第一期工程 23000 m^2（图 4-2）。

同年 11 月 10 日，图书馆向学校请示，趁搬迁之机，将图书馆及其分散在各处的图书进行一次彻底清查。此项工作最后因向农业部干部学校移交部分书籍而未能完成。

11 月 26—30 日，学校全部由双桥农场迁入清华东路新校园，成为著名的北京学院路八大学院之一。

在新校园，图书馆还没有独立的馆舍。当时学校，将西教学楼（俗称西楼）一层的西半部划归图书馆使用，面积 500 余 m^2，有阅览室、书库、参考室以及编目登记等用房。

西楼为新校区较早的建筑。设计者王朝杰，以“经济、适用、坚固”方针规划建设，楼宇体现朴素、

图 4-3 西教学楼旧照（一层西半边是图书馆）
（资料来源：中国农业大学档案与校史馆）

简约特色，只在外墙以凸砖为装饰，使建筑物外立面具有特殊的质感和美感，成为当时建筑的鲜明特色。历经半个多世纪的沧桑，西楼现为第二教学楼，仍是学校主要教学场所之一（图 4-3）。

1953 年，图书经费 1.5 亿元（旧币，折合新币 1.5 万元）。图书馆增添中文书籍 17000 余册，外文书籍 3000 余册。截至 11 月，总藏书量达 2.5 万册。之后，图书馆向农业部干部学校移交 4000 余册图书。至年底，图书馆有藏书 2.2 万册。

1953 年 1 月图书馆有 5 位工作人员，8 月调出 1 人，12 月调出 1 人，到年底只剩 3 人。

在建馆初期，工作人员变动频繁，先后在图书馆工作的人员有李以祉、廖剑华、刘蓝馨、闫樹英、李英叶、张竞叔、李丽琛等人。

第二节 在调整中发展

（1954—1966 年）

1954 年 4 月，图书馆走访调研了周边北京石油学院（今中国石油大学）、北京钢铁学院（今北京科技大学）、北京地质学院（今中国地质大学）和北京矿业学院（今中国矿业大学）等兄弟院校图书馆。农机学院图书馆无论是馆藏数量、图书经费还是工作人员数量均不及周边院校。数据见表 4-1。

表 4-1 周边学院图书馆情况对比

学院名称	藏书量 / 册	年度经费 / 旧币亿元	人员数量 / 人
北京石油学院	50000	5	18
北京钢铁学院	100000	8	16
北京地质学院	45300	11.5	32
北京矿业学院	53000	11	20
北京农业机械化学院	27300	1.2	4

但在服务时间上，农机学院图书馆是走在前列的。阅览室的开放时间，除星期六晚上闭馆外，其他时间上午、下午、晚上均开放。而周边院校或星期日闭馆，或每周仅开放 2 个晚上。

图书馆工作人员短缺严重，1954 年 3 月增加 1 人，达到 4 位工作人员，均身兼数职。即：

主任 1 名，兼中文编目、排架、编制新书通报；

外文编目 1 人，兼外文登记、新书通报；

采购 1 人，兼期刊订购、分送；

会计 1 人，兼文书、中文登记。

人员不足造成中外文书籍各有 2000 多册未能及时编目，期刊均未整理，典藏无人，出纳由 1 工友代替。

目录方面，图书馆常用的卡片目录——书名卡、分类卡和著者卡，一般是各建两套。一套馆内工作用，用于采购查重和分类编目；一套给读者检索馆藏使用。

图书馆目录基础建设薄弱。1954 年以前，中文图书只有 1 套分类卡，外文图书也只有分类卡和书名卡 2 种，缺少著者卡。读者检索和馆内采编都要使用，卡片盒经常拿来拿去，相互影响，十分不便。

由于经费不足，采购图书只有 1 ～ 2 册复本，必需的专业图书复本量也仅能购进 10 册上下。教师和学生均感到图书不够用，严重影响教学。另外，在图书供应商处也时常发生欠款现象。

1954 年 7 月 6 日开始，图书馆对馆藏情况进行了一次清查，李以祉、李英叶、李丽琛、闫樹英、陆静娴、孙淑琴、陆伯南等人参加了清书工作。原计划用一个月时间完成，后因情况比较复杂、工作量大、发现的问题比较多，一直到 10 月才告一段落。此次清查情况如下：

中文图书登记号为 27500 号，

清出漏号 275 号，

移交干部学校 3937 册，

有卡无书 715 张，

书、卡全无的有 1130 册，

外文书登记号为 5337 号，

清出漏号 244 号，

移交干部学校 61 册，

有卡无书 110 张，

书、卡全无 311 册。

由此看来，中文书缺 1845 册，外文书缺 421 册。

图书馆向学院领导报告问题原因有以下几个。

（1）开架借阅造成损失　在双桥时期，曾一度面向读者实行了全部开架的方式；迁到新校址后，图书馆把一部分政治书籍存放在政治教研室所设的资料室。这种管理模式方便了读者，同时，也造成了借书手续不全，出现无书无卡现象。通过本次清查收回了 59 册。

（2）借书制度不健全　有的读者凭借条借书，登记的内容不完整。有的未登记书号，有的未在书卡上签名；也有的书已还回，但未及时注销借条，造成混乱；还有借书卡片、借书条乱放的现象。此次清查发现了 67 张借条，均属此种情况。

未能及时催还图书。由于人员不足，催还图书工作自迁至新校址后未开展，使长期外借图书丢失，造成损失。本次清书，同学丢失赔书 38 册。

（3）图书加工发生错误　图书加工时出现漏登号码中外合计达 519 号，重登号码也有 151 号，还出现有印无号或有号无印的情况。

机械系曾经负责一部分中文登录工作，出现过一批重复登录问题，另外还有中日文混登的现象。图书馆在纠正这一问题时，在未注销原有错号的情况下，重新做了登录，造成重号。

（4）缺乏管理经验　图书馆向系资料室批量调拨图书时，重新做了一套书卡，还书时未及时撤掉，造成重卡。农学科有 600 张、经管系有 260 张均属此种情况。

还有图书外借后，书卡依借书人单位排列，有些书卡错放单位，还书时不能及时归位，又重新补卡，造成重卡。

1954 年 9 月，学校对图书馆领导班子作了调整，张尚忠（女）任图书馆馆长，孟庆彭任第一副馆长，李以祉任第二副馆长。

1955 年初，图书馆面临三大问题，屡次上报仍未获解决。

一是书架不够，清查复用的许多图书没有书架，堆在一起，无法发挥流通作用，多次向教学设备科申请，因种种原因未能解决。二是书库紧张，中外文书库及出纳共用一间，84 m^2；办公室 53 m^2；期刊杂志及未编目图书一间，28 m^2。许多新书到馆只能堆放，管理不善，来人随意翻阅，有丢失之虞，虽经屡次申请，未获解决。阅览室只有一间，245 m^2，19 张阅览桌，152 个座位。学生总数有 800 人，平均 5 人一个座位，经常出现占座现象。三是人员严重不足。图书清查工作结束后，总结教训，应将图书馆各项工作步入正轨，需要完善各项制度，明确岗位职责，增加人员，但未能获得解决。

为了进一步摸清家底，彻底查清丢书的情况，整顿图书管理的无序问题，为下一步图书馆工作打下基础，1955 年初，图书馆开始全面清查馆藏图书。这次清书是以图书馆为主，学校组成检查组进驻以检查为主参加工作。

1955 年 1 月 28 日，图书馆召开了第一次清书工作会议。除图书馆领导、检查组负责人及相关人员参加会议外，学院徐觉非院长、孙景鲁副院长也出席了会议并讲话作出指示。

孙景鲁副院长指出，总结工作时发现了不少问题，在双桥时，人手不足，工作方针任务不明确，搬到新校址后作了一些整理工作，发现丢失了不少书，如何解决发现的问题是当前的主要任务。孙副院长要求以实事求是的态度分析清查问题，查明情况。

徐院长要求全体同志以十二万分的毅力，克服困难，排除障碍，达到目的，不能有头无尾；任何人都有错误，问题在认识它、改正它；要有实事求是的精神，处分问题应在其次，首先是必须检查思想根源，必须实事求是地弄清是非。

到 3 月初，清查工作用了 38 天，通过书与借书卡和目录卡分别对照，再与登录簿核对，最终核准全馆实有中外文图书、讲义 37766 册，丢失 2092 册，其中中文 1919 册，外文 121 册，讲义 52 册。主要原因是：在双桥时期，采取开架方式，没有相应的管理制度；迁到新校址后，对书库管理不善，坚持制度不严；出纳制度不健全、不遵守，没有坚持签名制度，书卡保管不善，借书未登记；院内各单位统一借书，管理不严，借多还少；等等。

究其责任，首先是时任馆长李以祉责任心不强，管理不到位，未能及时接收经验教训、改善管理；其次是负责出纳工作的同志责任心不够；图书馆人员少也是客观原因。为此，学校决定为使李以祉更好地进行检讨，1955 年 3 月给予其撤职处分，后于翌年 11 月撤销处分。

清书对提高图书馆各项工作管理水平是一个促进，全馆上下都得到了深刻教育，提高了思想认识。大家从保护国家财产的高度爱护馆藏资源，对待工作认真负责，在完善和执行规章制度等方面都得到了经验和教训。

1955 年 3 月开始，在完善图书目录上做了大量工作。新进图书建立了每种图书 5 张卡片制度，即读者借阅用的分类卡、书名卡和著者卡，内部工作用的分类卡和书名卡。新增图书均按照上述 5 张卡片建立目录。对于原有中文图书近 1 万种、外文图书 2000 多种需补足卡片。由于过去的工作经验不足、业务不熟，分类编目中存在的问题很多，故需要在增加卡片的同时，对图书进行彻底的改编，纠正以前分编的错误。

图 4-4　中国第一位女拖拉机手、校友梁军 1955 年在图书馆查阅资料

在服务读者方面，尽量延长阅览时间，以满足师生需求（图 4–4）。

阅览室开放时间为 7：00–21：30；

出纳时间：8：30–11：00，14：00–16：00。

在图书采购上，中文图书主要是与新华书店签订合同，主要参考书每种 5 ～ 10 册，一般参考书 2 ～ 5 册，新书出版即送图书馆；外文书则按照预定目录选购。另外根据教师提出的书目进城零购。

1955 年 6 月 16—27 日，图书馆先后召开了 6 次专题会议。根据有关高等院校整编工作的安排和部署，全体同志根据精简节约的原则认真严肃地讨论研究了工作量和整编问题。整编后的机构与人员配备情况如下：

馆长张尚忠，全面领导并负责行政、制订计划、事务和思想教育等工作；

副馆长孟庆彭，负责业务检查督促工作，协助及审查采购工作，经费预算分配及使用。

编目组4人：陆伯南负责中文编目，张竞叔负责外文编目，李丽琛负责期刊编目索引，朱竞兰负责油印书标及粘贴。

出纳组2人：闫樹英为图书期刊出纳，殷念慈负责图书期刊典藏、排架、读者目录卡排列、陈列整理等。

总务采录组2人：李仁负责图书登录、期刊记到；刘诚志负责中外文图书期刊采购。

1955年9月，图书馆调整了馆舍，陆续开辟了5个参考室，其中，第一参考室为外文书刊，第二参考室为中文政治科技书籍，第三参考室为中文杂志及中外文报纸，第四参考室为文艺文教书籍，第五参考室为字典及年鉴等工具书。

这种参考室阅读的方式，使读者可以直接看到书刊内容，也避免了不必要的借还，对解决人多书少的问题起到了一定作用。为了缓解馆舍拥挤，图书馆还向各单位发放集体借书证，由各单位负责掌握控制。

1955年，为使图书馆逐步做到有组织有计划地开展工作，发挥员工的积极性和创造性，加强全馆各项工作中纵横关系的密切联系，学院制定了《北京农业机械化学院图书馆规程（草案）》，对图书馆的方针与任务、组织系统与领导、工作执掌范围、各项工作规则与制度等方面均作出了规定。在其任务中规定：①负责全院一切图书等的征询采购验收、登录、编目、典藏、出纳等工作；②编制年度图书经费预算、掌握图书经费及资料费合理分配；③协助院单位办理学生课本及内外交流讲义预订等工作。

1956年2月孟庆彭工作调动，不再担任副馆长职务。

据1956年8月27日全馆会议记录显示，学校在基本建设上已经开始考虑图书馆建筑问题。张尚忠馆长指出，建筑造价以110元/平方米为据，建筑面积为6600 m^2，可先建5000 m^2。会上大家进行了讨论，意见归纳为：采访部86 m^2，出纳典藏部35～40 m^2，办公室及接待室62 m^2，编目部62 m^2，书库1300 m^2，大阅览室1650 m^2，教师阅览室及科学研究室350 m^2……但这一设想未能如愿。

据图书馆1956年10月向院务委员会汇报的情况显示，截至9月中旬统计馆藏书刊84605册，21150种；其中中文61933册，12110种；外文17545册，5848种，中外期刊合计383种，3591册。另有未整理期刊5295份，非专业（包括文学艺术、人民教育等）图书26443册，期刊（包括一般杂志报纸）473册。

上年新开的5个参考室经常满座，拥挤现象严重。当时学校教师有165位，研究生18位；学生共有52个班，1560人。其中一年级有24个班，720人。故而，自10月起，参考室只向教师、研究生以及二、三、四年级学生开放，采取按号入座的方式，以缓解抢座状况。

馆藏图书的分类，中文图书按照人民大学分类表，外文图书按照国际书店的分类表。类表非常简略，对学校专业不适用。图书馆根据本校专业需求，做了一些类目补充。

依照当时人们对图书馆业务范畴的理解，可分为采访登录、中外文分类编目、出纳阅览和图书馆学研究4大部分。农机学院图书馆除图书馆学研究尚未开展外，其余3大部分的业务水平和设备配置也是长期处于应付状态，与读者需求差距较大。

馆舍总面积555 m^2，其中书库135.84 m^2，阅览室（包括5个参考室）357.66 m^2，加工工作室61.99 m^2，面积严重不足是亟待解决的问题。根据师生人数的需求测算，面积缺口达900 m^2。

1956年李以祉承担中文编目任务，同时兼做一些馆务工作。

1956年12月5—14日，高教部在北京召开了全国高等学校图书馆工作会议，会议制定了《中华人民共和国高等学校图书馆试行条例》。张尚忠馆长参加了会议，并参加了农林院校第一组的讨论。

1957年，根据《高教部全国高等学校图书馆试行条例》，学院开始筹组图书馆委员会。3月18日，学院行政会议指示图书馆拟出图书馆委员会的性质、任务、成员以及会议日程。经过酝酿和讨论，经院党委批准，组建了图书馆委员会。图书馆委员会作为图书馆工作的咨询组织，其任务是审议图书补充计划、讨论图书馆与各教研组有关的重要问题。

5月10日，图书馆工作委员会筹备会议召开，出席会议的有孙文郁、张尚忠、关亦杰、李翰如、陈伯川、姜国干、王范宇。与会人员讨论了委员会的任务、委员组成、图书调拨、购书原则、图书交换、专业重点等相关问题。会议还讨论了经费问题，图书馆干部问题，干部工资待遇问题，图书馆采购利用显微复制及照相办法解决经费及图书不足的问题，以及书本目录的利用问题等重要议题。由于本次会议是第一次召集，与会人员还需对相关问题作进一步调研，所以会议未作出决定事项。

据7月26日图书馆致余新福、桂秉华2位教授的函显示，5月上旬经党委会及行政批准召开图书馆委员会成立会议，由图书馆提名，聘请孙文郁、陈伯川、李翰如、柳克令、曾德超、姜国干、余新福、桂秉华、张尚忠9人为委员，会上推定孙文郁副院长及张尚忠馆长分别为正、副主任委员。此名单有别于筹备会议出席名单。由此可见，会后采纳了筹备会议上的一些建议，对委员会成员做了一些调整，最终确定了委员会成员的组成。

同年6月，高校图书馆工作会议后，图书馆针对实际工作中面临的问题，曾向高教部科研司提出几点意见，这些意见即使在今天仍具有现实意义。其要点如下：

（1）建议高教部组建小组或专人督促各高校贯彻落实会议精神；

（2）呼吁解决馆舍不足和专业人员缺乏的问题，建议重视阅览环境的改善；建议举办图书馆专业轮训班培养专业人才，提高业务水平；

（3）对图书馆工作人员不可随意调动，以稳定队伍，使从业人员安心图书馆事业服务；

（4）《图书馆工作》期刊内容多是论述公共图书馆工作，没有高校图书馆的内容，建议出版高教系统的图书馆刊物，以资提高业务水平；

（5）经费问题，图书馆任务是配合教学科研，但图书馆缺乏必要的图书经费额度保障，科研司提出的“大军未动，粮草先行”有名无实，图书馆没有经费难以做到保障，造成读者意见；

（6）工资待遇和人员编制问题，希望能有明确统一的规定，以便遵守。

9月27日，图书馆委员会召开会议。出席会议的有孙文郁、余新福、李翰如、姜国干、陈伯川、张尚忠等。会上委员们一致认为要贯彻执行高教部的规定，明确图书馆为学术性机构；建议图书馆开办专业参考室，馆藏必须专业化，以适应学校需求。张尚忠馆长在会上再次指出图书馆与教室、办公室混在一起十分不便，希望图书馆能有专用馆舍。委员们还主张借鉴其他学校的一些做法，将各系的资料员应归属图书馆统一领导。

10月，学校党委检查改进工作小组进驻图书馆，主要任务是改进图书馆的工作。小组成员有陈伯川、张尚忠、姜国干、李翰如、李象5人。整风运动开始前，曾有一个小组，由于整风开始，就临时中止了工作，这次仍是那个小组工作的继续。

由于图书馆空间矛盾突出，加之许多学生把参考室作为自习室使用，更加剧了图书馆座位紧张的局面。学生对图书馆的服务意见很大。在参考室的管理上也反映出许多问题，因参考室都是开架形式，丢书现象严重。为了避免造成更大的损失，1957年11月，经学校党委会同意，暂时关闭参考室，待与相关单位研究管理办法后再行开放。然而，图书馆草拟出管理办法后，发至各单位征求意见，却被多数单位搁置，致使问题久拖未决。

12月，张尚忠馆长由于健康原因临时离岗，学校派陈伯川教授到图书馆主持工作。陈教授主持工作后，面临的第一个棘手问题就是参考室恢复开放的问题。12月5日，图书馆召开全馆大会，孙文郁副院长到会讲话。孙院长指出，图书馆成绩是基本的，缺点是严重的；图书馆制定规章制度必须符合群众的要求；图书馆是教学的保障，轻视图书馆的人在认识上是很幼稚的。孙院长要求图书馆尽快开放参考室，为师生提供服务。

会上，大家具体商讨了参考室开几个、怎么开、谁来管理、怎么避免丢书等问题。

经过几次畅所欲言的讨论，决定先开2个参考室，总结经验，再决定下一步的做法。在管理措施上强化宣传、加强教育、固定人员、严格管理，少放贵重书籍。

1957年图书馆机构设置情况如图4–5所示。

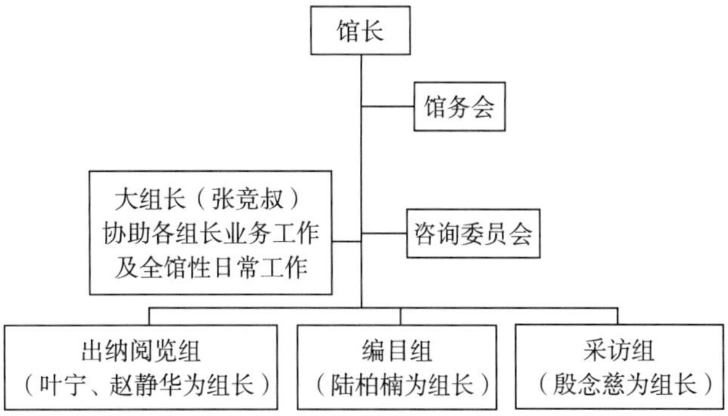

图4–5 1957年图书馆机构设置图

1957年，图书馆依据高教科研龙字第22号函，上报基本情况如下。

馆舍总面积：949.86 m²，其中参考室及阅览室685.12 m²，书库186.71 m²，采访组16.04 m²，编目组及办公室61.99 m²。

工作人员15人，其中大学学历4人，专科2人，高中8人，初中1人。名单如下：张竞叔、陆伯南、李仁、殷念慈、朱竞兰、邱卓民、骆堃、赵静华、孙若葵、王朝馥、叶宁、井雨琴、齐素琳、王思惠、徐若安。

年度经费决算数：1953年14071元，1954年22358元，1955年33014元，1956年62326元，1957年45000元（预算数）。

1957年馆藏中文图书65519册，期刊合订本1049册；外文图书19951册，期刊2094册。

1958年初，图书馆有13个人员编制，后精简了下放劳动锻炼人员（李仁、邱卓民）以及试用人员和临时工，又调入3名专业人员，这样，图书馆实有10名工作人员，缺编3人。

馆领导2人，即陈伯川和张尚忠。陈伯川教授负责采录组工作、外文编目工作、外文书刊以及对外联系；张尚忠负责领导中文编目及中文书刊及职工思想工作和组织各种馆内会议。

采录组：殷念慈、薛文魁；

编目组：陆伯南、欧南发；

流通管理组：朱竞兰、王思惠、赵静华、孙若葵。

各组不设组负责人，馆长直接联系基层干部。重要事项经研究提出方案后，通过全馆会讨论，最后由馆长决定。

据1958年2月，图书馆上报高等教育部的“高等学校图书馆基本情况年度报表”显示：

图书馆房屋面积共918 m²，其中办公室105 m²，书库187 m²，教师阅览室32 m²，学生阅览室594 m²。

阅览座位数共348个，其中教师16个，学生272个，其他60个。

馆藏图书总数94879册，其中中文74094册，俄文19743册，西文997册，日文45册。

馆藏期刊739种，13391册。

馆藏报纸55种，882册。

1958年8月，学校根据上级指示精神，组织2700多名师生下放到三省一市22个公社劳动锻炼。1959年2月师生开始陆续返校，一直持续到7月底才全部返回。

1959年3月，图书馆积极参与了由北京图书馆组织编制大型图书馆图书分类法的工作。具体承担“农业工程、农田水利”部分的编制任务。5月上旬拟出了草稿，印发给教师们广泛征求意见。先后收到修改意见89条，补充意见107条，修改补充大项意见21宗。5月29日图书馆将汇总修改后的文稿上交农林组讨论。农林组又提出5条意见，并进一步面向全国征求意见修改定稿。

1959年，图书馆自下放劳动以来，共积压未登陆、未编目、未上架的中外文图书约11000册。图书不能与读者及时见面，影响了教学科研服务。自3月上旬开始，到4月中旬，进行突击加工，上架

8700 册，使积压图书下降了 80%。

自建馆以来，管理不当、手续不清、连年积压、图书丢失等原因，致使馆藏图书册数一直未能彻底搞清。1955 年虽然曾做过一次大清理，解决了一些问题，但仍遗留下一些问题悬而未决。例如，中外文登录簿上有 7000 余号未登书，100 余册图书流散在外无头绪，900 余册图书找不到卡片，等等。日积月累，问题越来越多，再次造成家底不清；一些图书长期积压未上架，不能与读者见面，影响着图书服务效率。

为了摸清图书馆藏书的状况，5 月初图书馆组织力量再次对书库和书卡进行了清点与核对。清查结果：实有库存中文书 84080 册，借出 7406 册，共计 91486 册；外文书库存及借书卡共计 25266 册。清查结果显示，中文图书缺失 6158 册，外文图书缺失 2984 册。清查中还发现图书馆的藏书登录账目混乱，存在着有登录号无书名的现象。

1959 年，在向广大群众进行社会主义教育和共产主义教育、向科学技术进军的号召中，在“大跃进”形势的影响下，图书馆界出现了“开架借阅与闭架借阅是无产阶级思想与资产阶级思想在图书馆阵地上的分水岭”的提法。图书馆为了进一步配合教学科研，培养读者的高度责任感和共产主义道德品质，采取了书库开架借阅、参考室自由阅览的方式。

5 月 3 日，文艺小说书籍首先开始实行开架借书的尝试，同时制定了《文艺小说无人管理借书须知》。

开架借书可以免去查看目录卡片的麻烦，避免查到卡片而书架上无书的烦恼，节省了读者时间，受到读者欢迎。开架借阅效果良好，图书借出量增加了 4 倍。

11 月 9 日，全库实行开架借阅，读者用借书证换取代书牌，持代书牌进入书库选书，并组织专人在书库临时指导，秩序良好。此前，读者借书需要先查目录卡片，再填写索书单交出纳员，然后由出纳员持索书单入库取书，每个读者至少需要等 6、7 分钟。有时师生可能跑几趟也没有能借到所需图书，因为可能有该书外借尚未归还等原因。实行开架入库后，读者可以自己任意选择合适的图书，效率大大提高，深受读者欢迎。图书流通量由 2000 册 / 月，增加到 4000 余册 / 月。图书馆在与读者的关系上，服务态度上，以及规章制度等方面都得到了改善。开馆时间每天 7：00—22：00，连续开放 15 小时，星期日照常开放。

随着藏书量的逐年增加，书库面积远远不够，只能缩小书架排列空间，密到书架间距不到 0.5 m；阅览室狭小，读者拥挤，亟需增加图书馆的面积以满足需求。

1959 年底，图书馆扩大到西教学楼一层的全部，馆舍面积增加到了 1004 m^2。阅览室开设情况如下。

• 教师参考室 1 个，其中座位 16 个，陈列中外文书籍、期刊、百科全书、字典、辞典等，供教师教学及科研使用；

• 专业参考室 1 个，陈列专业书籍 700 余种，供三、四年级学生参考使用；

• 专业基础参考室 1 个，供二、三年级学生参考使用；

• 基础课参考室 1 个，陈列有数理化、农业、制图等基础课书籍 300 多种，供一年级学生参考使用；以上 3 个参考室共陈列书籍 1000 余册，拥有座位 188 个。

• 社会主义教育参考室 1 个，陈列马克思主义经典著作等书籍，专供学生参考和自学之用；

• 现期期刊室 1 个，陈列政治、文艺及新闻等杂志；

• 过期期刊室 1 个，陈列中外文合订本杂志 600 多种；

• 报纸阅览室 1 个，陈列中央及地方报纸 35 份，俄文报纸 3 份。

1960 年，学校主楼建设竣工，面积 12000 m^2。暑假后，图书馆在主楼五层开设了 4 个学生阅览室，阅览座位 200 个；主楼六楼是一个大房间，曾当作教室使用，1961 年暑假后改作图书馆辅助书库，有文艺、政治书籍、地方报刊等，面向学生开放；1963 年暑假后调整到西教学楼二楼。

1961 年，根据党的八届九中全会提出的“调整、巩固、充实、提高”的八字方针，为贯彻落实学校党委“全力提高教学质量”的指示，图书馆以饱满的热情和充足的干劲开展工作，确保工作顺利进行。

寒假期间，图书馆布置了学习毛主席著作阅览室、优秀文艺小说阅览室、文艺过期刊物阅览室和现期报刊阅览室；充实了原有的教师参考室和学生参考室。还结合时事政治，举办多次图书、图片和剪报展览。

在配合教学方面，图书馆向全校各教研组调研了解主要参考书的使用班级及需求时间，有计划地调配参考书近2000册。1—5月，共向4个系，99个班分配主要参考书69种，2251册；同时抽调部分参考书充实各阅览室，加强管理，提高利用效率，借以弥补数量的不足。

其时图书馆设有辅助书库2个，学生阅览室5个，报刊室3个，教师参考室3个，西文过刊室1个，内部图书室1个，典藏室1个；共有学生阅览座位240个，教师阅览座位40个。西楼一层中部的圆厅作为报刊阅览室，很受学生欢迎。另外，还通过馆际互借借入书刊85册，有效地保障了教学需要和师生用书。

1961年，图书馆的工作重点紧紧围绕着教学需要开展，注重加强与各教研组的联系。在资源建设上，了解教师需求，有针对性地补充馆藏。在馆藏参考书利用上，请主讲教师提出参考书目，有计划地调配馆藏资源，满足师生需要。全年共计划调配参考书8158册，遍及103个班和各有关教研组，深受师生好评。

是年11月，图书馆实行开架借阅已有2年时间，为了掌握开架期间书籍流通损失情况，对1959年11月以后到馆的新书进行了一次抽查。共抽查了工程技术、自然科学、农业机械、政治及文艺图书1623册，实有图书1597册，丢失26册，丢失率为1.6%。1961年4月，针对教师及学生参考室丢书问题进行专项抽查清点，共计丢书638册。随后采取了凭证阅览、押证借阅等措施，情况有所好转。

1962年，图书经费明显减少，预算只有42000元，为上年经费的60%。图书馆本着紧缩开支、精简节约的原则，坚持依靠群众，在听取教师意见的基础上，反复研究，多次召开会议，学校领导亲自参加讨论，作出指示，定出方案，力保教学科研用书。在进书量只占上年36%的情况下，教学科研方面的书刊种类反而有所增加。

1962年1月，图书馆再次安排对馆藏外文图书进行清点。到3月底，基本清点情况为：书库31000册、卡片1330张；参考室2000册。清点出的问题主要是缺号、重号、重卡、写错卡片、参考室丢书等。

由于图书馆的馆藏是在多家单位图书馆的基础上合并的，采用的分类法又历经几次变更，外文馆藏未能按照语种区分，如德文、俄文混编，同一种书被分到不同的类目，存在有书无卡、有卡无书、有书无账、有账无书等情况，各种情况交织在一起，头绪复杂。1954年以来，虽进行过多次清理，但存在的问题终未能够彻底解决。比如，按号查书，号对上了，书名对不上；中文书编在外文里；英文、俄文不分。问题越查越多，却始终未能得到彻底解决，始终未能确切掌握馆藏数量。

1962年全国开展了清产核资工作。起初未把图书纳入清查范围，后又得到上级指示，馆藏图书也属于清查范围。为做好资产清查工作，摸清馆藏家底，同时也为了把不同时期采用不同分类法的馆藏做一个统一，图书馆决定清查与改编结合进行，对所有馆藏图书进行了一次像新书一样的重新登录、登账、分类、编目。这样，不仅能查清馆藏数量，又能统一馆藏的登录和分类，彻底解决历史遗留的问题，给今后的馆藏建设扫清障碍。

既要改编，就需要确定使用一种分类法。在建馆之初，图书馆使用的是国际十进分类法，后来又改用中国人民大学图书分类法（简称“人大法”），前后不统一。人大法在自然科学和工程技术类图书的类目上存在不完善之处。当时，北京图书馆正在主持制定“中国图书馆图书分类法”，简称“中图法”。图书分类是百年大计的基础工作，经过反复研究，从长远发展考虑，图书馆决定使用中图法。当时中图法只编制了自然科学部分的类目，且尚未定稿。经文化部同意，北京农机学院图书馆成为中图法的试用单位，图书馆找来草稿，连夜誊抄。在分编图书时，采用《中国图书馆图书分类法（未定本）》对自然科学图书的分类；由于针对人文社会科学图书的分类法尚未编制出来，故人文社科图书采用的是中国科学院图书分类法。北京图书馆专家对此给予了大力支持，专门派人来馆进行讲解，并不断介绍各地图书馆来访交流。从这个意义上可以说，北京农业机械化学院图书馆是中图法最早的试用单位。

改编工作自 1962 年 6 月开始，先从文艺图书做起，进行试点，总结经验。至 7 月底，完成 11726 册。至 12 月底，全部完成其他社科图书 21166 册的改编。

1963 年 1 月开始改编自然科学类图书，到同年 8 月，完成了中文图书的改编，还清点了外文图书、中外文期刊、图片、图册、缩微胶片等。

截至 1963 年 12 月 31 日，实有中文图书 160866 册，遗失 5138 册；外文图书 39712 册；中文期刊 4401 册；外文期刊 7433 册；图片 162 套；图册 46 册；缩微胶片价值 744.71 元。

这次改编，解决了馆藏图书历史上遗留的分类号不统一、卡片不齐全、书卡对不上等一系列问题；摸清了馆藏情况，给馆藏建设奠定了基础；健全了内书卡、目录卡、著者卡、采购卡、外书卡、分类卡 6 套卡片，书卡类号得到了统一；同时也对馆藏做了一次鉴定，剔除了一些不适当的图书，提高了馆藏质量。

这次改编，实际完成了中文、俄文馆藏图书，而英文馆藏图书的改编工作尚未开始，随后开始的政治运动打乱了原来的计划，致使英文馆藏的改编搁浅。

自 1959 年 11 月，图书馆实行全开架借阅以来，给读者利用馆藏带来了很大的方便，但也给书库管理带来一定挑战，存在馆藏乱架和书籍丢失现象。这次对馆藏彻底改编之后，健全了目录体系，理顺了书库排架，完备了重新闭架借阅的条件，于 1963 年 5 月 22 起，图书馆书库恢复了闭架管理。

1963 年暑假后，图书馆馆舍进行了一些调整。教师参考室由西楼一楼调到二楼东侧，面积由 300 m^2 扩大到 415 m^2，座位由 60 个增加到 90 个。学生阅览室和辅助书库也由主楼六楼调到西教学楼二楼东侧和一楼圆厅。面积虽有些减少，但因为集中到西教学楼了，在使用和管理上方便了许多。

在书刊采购方面，1963 年预算 4 万元，到年终实际结算为 3.48 万元。全年购进中文图书 1988 种、6760 册；外文图书 1765 种、2200 册，较 1962 年降低不少。其原因主要是当时开展“五反”运动，反铺张、反浪费使得采购人员工作起来缩手缩脚，怕犯错误、担责任，致使一些应该采购的书刊没有及时购进；另一方面，由于清书和改编工作任务重，也削弱了采购力量，造成了一些影响。

1964 年，图书馆继续对馆藏期刊进行整理，核实馆藏期刊 13629 册，其中中文刊 5316 册，外文刊 8313 册。

经过 1962 年开始的馆藏图书改编，摸清了家底，重新建立了一套完整的目录卡片，图书馆建立了固定资产账。

建立健全了规章制度。如制定了图书预订留底制度、教职工借还图书规定、教职工借阅图书逾期处理办法（草案）、教职工久借不还图书的处理办法；修订了学生借还书规则、丢失损毁图书赔偿办法；试行了借书逾期不还停止借阅办法等。这些对进一步规范图书馆工作和完善图书借阅管理起到了促进作用。

1965 年 1 月，学校根据农业部的指示，提出了“关于逐步实现半工（农）半读教育制度的报告”，计划以建设河南分院作为试点。2 月 8 日，农业部批复同意试办。尔后在河南省国营博爱农场创建了河南分院，抽调农业机械化、农业电气化、农田水利三个专业的一年级学生各一个班先后到河南分院参加建校劳动。到同年 8 月，分院已初具规模，9 月开学。翌年 5 月，河南分院已有三个专业两个年级的学生 190 多人，职工 60 多人（其中由总院调去 40 多人），建成校舍 3000 多 m^2，并在河南分院设有图书馆。学院图书馆在业务上对分院图书馆予以指导和帮助，根据需要派人协助工作，财务上各负其责。学院图书馆有责任调拨和出借部分中外文图书期刊给分院图书馆使用，分院教师需要的图书，由分院图书馆负责向学院图书馆办理借阅手续，借阅期限临时商定。本院师生到分院实习、设计、科研等所需用书，仍由校图书馆借阅，分院图书馆一般不予解决。

1966 年 8 月，河南分院师生回京参加“文化大革命”运动，试点就此结束。

1954—1966 年，图书馆逐步建立和完善了各项规章制度；通过多次清查馆藏，改编图书，摸清了馆藏情况；馆舍面积扩大了 2 倍，从 500 余 m^2，扩大到 1500 余 m^2；馆藏数量增加了，人员数量也增加了数倍，各项工作都在走向正轨，给下一步的发展奠定了基础。

第三节　外迁重庆、邢台时期

（1966—1979 年）

自 1966 年 5 月起，全国开展了“文化大革命”运动，包括图书馆在内的全校业务工作基本停滞。

1969 年，图书馆处于解散状态，图书馆人员合并到农业电气化系；再由农业电气化系抽调一些人到图书馆管理图书。

“文化大革命”时期，随着学校的外迁，图书馆开始了颠沛流离的日子。

1. 迁至重庆北碚（1970—1974）

1970 年 5 月，根据全国战备疏散的部署，上级决定学校迁到四川省重庆市与西南农学院合并办学，只在北京保留了一个留守组。6 月 23 日开始搬迁，到 8 月中旬，近 700 名教职工，用 40 个车皮先后赴渝。实际上后来并未与西南农学院真正合并，而是分别在重庆办学。1972 年 7 月学校更名为四川农业机械学院，同年 9 月又改名为重庆农业机械学院。

图书馆 25 万册图书资料，由农业电气化系的人负责打包装箱，共 1558 箱、450 麻袋，跟随学校迁到位于重庆北碚的西南农学院，原箱堆放在几个大教室中。

1972 年 1 月，图书馆在机构上变为教务组下的图书资料组，由原图书馆、校科委资料室的部分工作人员组成。组长由薛枫担任，王沛任副组长，工作人员有王东海、王艳波、付秉信、李万里。业务工作范围仍为图书出纳、采编、阅览以及情报资料交换、管理和编译等。

同年 4 月，学院开始招收工农兵学员。教师备课需要图书资料来充实教学内容，科研、生产人员和新学员也都需要参考文献。

由于没有解决馆舍问题，大批图书资料不能开箱借阅。当时图书资料组的用房面积只有在京时的 1/15，只能提供从原河南分院迁川的 3000 余册图书和新购图书、资料上架借阅，大量图书仍堆放在仓库里。

同年 7 月 5 日，图书资料组曾向教育革命组并转核心组报告：从北京运渝的图书约 25 万册，内部资料 1 万余件，共 1558 箱、450 麻袋，大堆高垒、堆满仓库。现已发现仓库内有老鼠及潮湿的书，精装《鲁迅全集》书皮脱落。进一步翻倒检查又发现库内有鼠屎及絮窝的乱麻，图书卡片被鼠咬，木箱上有被虫蛀的木屑，堆在地上的麻袋、木箱发霉，地上长了白毛。中外文精装书书皮因潮湿脱落，麻袋里的精装书已翘曲、揉坏等。虽经组织人力将麻袋分类排行堆放了一部分，以利通风，但由于库房太小，只码放了一小部分，就无处翻倒了。放置了一些灭鼠药，效果不明显。

以上报告是对图书馆迁渝后所处环境的客观描述，所面临的困难无法得到妥善解决，对馆藏文献的保存造成了极大威胁和损坏。

学校迁至重庆后，随着教学科研工作的展开，对图书资料有了需求。图书采购具有很强的业务性，为使采购工作在新形势下有据可依，图书馆 1972 年 11 月，制定了《图书馆暂行采购标准》。其中规定，要根据学校专业设置和教学、科研、生产的实际需要进行采购。当时学校设有拖拉机设计与制造、内燃机设计与制造、农业机械设计与制造等专业。采购要对上述 3 个专业的先进技术图书适量多购。

各类图书采购的复本数量标准如下。

● 社会科学图书：

马列主义经典著作 5 ～ 15 册；党的方针政策 5 ～ 10 册；政治思想教育 1 ～ 8 册；文娱体育 1 ～ 5

册；一般社会科学 1 ～ 3 册；

- 主要参考书与教科书一般按照平均 5 ～ 6 人 1 册；
- 专业参考书：

拖拉机设计与制造 3 ～ 15 册；内燃机设计与制造 3 ～ 15 册；农业机械设计与制造 3 ～ 15 册；水力机械 3 ～ 8 册；农业电气化 3 ～ 8 册；

- 一般参考书 1 ～ 5 册；
- 文艺图书 1 ～ 15 册；
- 工具书：

毕业设计和课程设计用的工具书，如设计手册等，平均 2 ～ 5 人 1 册； 中文工具书 1 ～ 10 册；外文工具书 1 ～ 5 册；外文专业参考书 1 ～ 3 册；

- 外文书：英、日、德、法、俄文图书；

专业参考书 1 ～ 3 册；一般参考书 1 册，特殊情况可酌情增加；资版原文书只限 1 册。

由于重庆的图书供应量有限，在采购图书方面，图书馆在北京仍保留着与有关书店和出版社的供销关系，具体采购工作由北京留守组负责。

采购数量是根据采购标准划出部分指标用于北京，一般掌握社科图书每种采购 1 册，专业图书 1 ～ 5 册，一般参考书 1 ～ 2 册。

1973 年 1 月，图书资料组开始组织力量编印《农机资料》刊物，刊载本校师生员工在教学、生产及科研实践过程中的经验体会、研究成果；报道国内外有关农业机械方面的科技动态和先进技术等。发行范围除本校外，还赠送全国有关院校、科研和图书情报部门等 300 多家单位。刊物不定期出版，到当年 10 月出版了 5 期，每期印量 800 册。

1973 年 10 月，中央决定将学校迁往河北省邢台市办学，校名改为华北农业机械化学院。

此时，图书馆的负责人是柏培思、薛枫、王沛。1974 年 9 月 11 日，图书资料组向教务组并转院革委会主任和院临时党委书记报告，计划对未开箱的图书原箱迁运。自迁渝后堆放几年未动的图书，发现有些木箱中的精装工具书已发霉长毛，书皮和书页脱落，线绳开始朽断，有的已散页，有的图书已生虫筑巢，霉损情况极为严重。

1974 年 12 月 14 日，图书资料组向院临时党委和院革委会提交“关于图书资料组搬迁前后工作的报告”，就图书清理、图书采购和健全图书馆机构等问题提出了意见。报告提出，根据工作需要，应成立在院革委会领导下的图书馆，下设出纳组、采编组、阅览组、情报资料室、编译室和办公室，各组（室）设专职组长 1 ～ 2 人。图书馆的成立应尽早在搬迁前确定，并配齐各组成员，以适应当前和今后工作的需要。

2. 在河北邢台的日子（1975—1979 年）

1975 年初，学校开始从重庆迁往河北省邢台市。同年 11 月，正式启用“华北农业机械化学院革命委员会”印章。

学院迁到邢台后，没有现成的校舍，大部分教职工分散住在新校址周边的民房、农村，共三县一市 38 个落脚点，生活工作条件十分困难。

图书馆在邢台任县落脚。王沛、王东海在邢台打前站，薛枫在北碚镇守；6、7 月陆续运书到任县。

图书馆在任县中学占用四排平房，计 24 间，约 400 m^2，用于图书的存放。有图书 1500 多箱、500 余麻袋。由于麻袋在重庆潮湿环境中堆放时间太久，有的开始糟朽，禁不住搬运，发生破损，造成图书散落，被当地中小学生拿走不少。1978 年 3 月，“文革”后恢复高考的“七七级”本科生入校，开始上课。

1979 年 3 月，学校取消了原“革委会”下设的工作组，恢复调整了党政机构，图书馆建制得以正式恢复。柏培思任馆长。

第四节 劫后余生的回归与复兴

（1979—1995 年）

1979 年 4 月，中央决定学校由邢台迁回北京原址（清华东路）办学，同时恢复北京农业机械化学院的校名。随后学校按照计划陆续开始回迁。

1. 在困境中艰难复馆

由于当时北京校舍被其他单位占用，学校教学用房严重不足，因此，图书馆迁京工作是分批进行的。1979 年 8 月，学院为解决图书存放和师生阅读的问题，在民主楼北侧的空地上，临时搭建了木板房，其中 60 m^2 作为临时图书馆，仅能为师生提供当年少量最急需的书刊，开放时间为每天 8：30–11：30，14：30–17：30，以开架方式供师生借阅，并于同年 10 月，临时制订了《图书馆暂行借阅办法》。

1980 年初，为开展正常的教学活动，图书馆打开了部分已运回北京的图书包装，增加了急需的图书资料。由于面积紧缺，读者人多时，只能人挨人站着看书。

年底，学校在校园的西南角空地上修建了几排临时平房，解决校舍严重不足的问题。图书馆得到了 400 m^2 的临时馆舍，1981 年寒假迁入新建馆舍，面积紧张状况得到一定缓解。当时可以流通的图书约 3 万册，为了解决大开架借阅造成的“乱、损、丢”的问题，图书馆准备了 2 套目录，采取闭架方式借阅，阅览室采用押证方式进入。

1981 年底，图书馆再次扩大了临时馆舍面积，总面积达到 719 m^2，其中书库 259 m^2、期刊库 40 m^2、学生阅览室 172 m^2、综合阅览室 70 m^2、教师参考室 94 m^2、采编组 54 m^2、办公室 30 m^2（图 4–6、图 4–7）。

同年，图书馆经费为 45000 元，占全校教育经费的 1.5%，年进书量 8000 册。

图 4–6 图书馆科技书库（1987 年摄）

图 4–7 卡片式图书目录柜

图书馆虽然迁京，但当时在京流通的图书不足 5 万册，大部分图书仍留在邢台仓库，其间几次被盗，造成损失。经过多次申请，努力争取，到 1982 年 2 月，图书馆所有藏书从邢台运回北京，共运回 1427 个木箱、579 麻袋。至此，图书馆回迁任务终告完成。当时馆藏图书 247641 册，期刊 20164 册，另有 1966—1978 年未装订期刊 2000 册，但因馆舍面积严重不足，有 80% 以上的馆藏堆放在阴暗潮湿的校办工厂仓库，不能整理利用，面临霉变损坏的威胁（图 4–8）。图书馆曾于 1985 年将 700 箱中文科技图书搬运到

图 4–8 搬迁回京后堆放在学校工厂仓库的图书

学校大礼堂北侧走廊，进行整理检查。除有一些图书泛潮外，未发现严重问题。1987 年新馆落成启用后，才全部搬进新馆舍，逐步开箱整理。

2. 业务工作逐步展开

1980 年 5 月 24 日，农业机械部下发文件“关于张剑秋等十六位同志的任职通知”［（80）农机人字 75 号］，经部决定任命北京农业机械化学院干部，王沛任图书馆副馆长（副处级）。

1981 年 1 月 29 日，中华人民共和国农业机械部下发文件“翁之馨等八同志任职的通知”［（81）农机人字 54 号］，同意马焰任北京农业机械化学院图书馆馆长。

马焰上任馆长后，确定了以读者服务为中心的思想，从健全组织机构、完善规章制度入手，以恢复整顿基础工作为重点，通过加强思想教育，整顿劳动纪律，稳定职工队伍，建立起规范的工作秩序。在此基础上，努力改善馆舍条件，扩建临时房屋，增加馆舍面积，同时积极筹划新馆建设。图书馆工作被动的局面得以扭转，走向恢复振兴的轨道。

当时，除邢台留守人员外，图书馆在京工作的人员有 18 人，工作由馆一级负责人直接领导，未设组一级负责人。

1981 年 6 月，图书馆健全了组一级机构，设有办公室、采编组、阅览组、流通组，并任命了组一级临时负责人，理顺了领导体系，改变了馆领导直接管理每个人和每项具体工作，陷身日常事务、无力抓大事、无法推动工作的被动局面，使各组工作在馆领导统一领导和布置下，得以主动有序地开展。

8 月 29 日，北京农业机械化学院下发“干部任免通知”［（81）院人事字第 86 号］，经院党委常委第 44 次会议研究决定柏培思任图书馆顾问，免去其图书馆馆长职务，完成了“文革”以来一直未完成的行政任免手续。

9 月，图书馆整顿工作纪律，建立正常的工作秩序，恢复和制定了各项规章制度。合理的规章制度是实行科学管理的依据，图书馆参照以往的规定，制定出大家共同遵守的规章制度，包括：《图书出纳制度》《损坏、遗失书刊赔偿办法暂行规定》《图书报刊库入库暂行规定》《教师阅览室规则》《学生阅览室规则》《综合阅览室规则》等 6 项规章，经学校批准，于 11 月 20 日起实施。

同时拟定出针对馆内工作的 8 项岗位责任制和 2 项馆内规章制度，包括：《行政业务机构职责范围暂行规定》《阅览室管理人员职责》《期刊管理人员职责》《馆际借阅人员职责》《图书出纳员职责》《书库管理员职责》《图书验收分编加工人员职责》《图书采购人员职责》《关于工作、会议、学习、请假制度暂行规定》《图书馆工作人员公共守则》。

这些规章制度的制定和实施，使图书馆的各项工作基本做到有章可循，克服了工作上各行其是的局面，使恢复后的图书馆逐步走向正轨。

9 月，全馆在京工作的馆员有 27 人。通过整顿劳动纪律，严格执行考勤、考绩等制度，每 2 周一次组务会、每月一次馆务会，每人每月做工作小结，表扬先进、弘扬正气，建立起了正常的工作秩序，人员精神面貌焕然一新，主观能动性大大提高。馆员们积极参加馆内各种劳动，自己动手搬家、倒架，布置桌椅书架，调整书库、布置阅览室，打扫卫生。虽然辛苦，但大家都没有怨言。

1981 年 9 月，全国高等学校图书馆工作会议召开，图书馆副馆长王沛作为列席代表参加了会议。会后，教育部颁发了《中华人民共和国高等学校图书馆工作条例》，对高校图书馆的性质、任务、业务工作、领导体制和组织机构、工作人员、经费馆舍和设备等诸方面都提出了明确要求，做了具体规定。作为高校图书馆工作的指导性文件，成为全国高校图书馆开展各项工作的依据。

1982 年上半年，为了使长期滞留在读者手中的图书利用起来，图书馆对读者历年积欠的图书进行了彻底清理，共清理历年欠书卡片 10660 张，催还图书 8825 册（包括赔偿图书 415 册），注销图书 1642 册。这次清欠催还工作，解决了一些遗留问题，使图书馆放下包袱、轻装前进。同时也使大家对流通工作有了新的认识，增强了责任感。对今后防止漏洞、完善制度、改进工作，积累了很好的经验。

1982年7月5日，北京农业机械化学院人字（82）第85号，科研处情报资料室划归图书馆，从组织上为图书情报一体化奠定了基础。原情报资料科科长孙学权改为情报资料室主任。

1982年底，马焰馆长离休。

1983年1月，北京农业机械化学院下发文件“机构变动及干部任免通知”[院人字（83）第4号]，任命张秉仪为图书馆馆长。

1983年4月，北京农业机械化学院下发文件“干部任免通知”[院人字（83）第54号]，任命王东海为图书馆副馆长。

1983年7月27日，北京农业机械化学院人字（83）第143号文件，关于学院机构调整向农牧渔业部备案，明确将图书馆原采编组、阅览室（组）、流通组定为科级单位。

1983年，图书馆得到世界银行贷款10万美元，其中5万美元用于购买设备，5万美元用于采购图书。图书馆用这些贷款购买了显微阅读设备、复印机、复录机、幻灯机放映机、电影放映机等，1985年后陆续到货，改善了图书馆的技术条件。

1983年底，图书馆基本情况如下。

馆舍面积：1013 m^2（平房）；经费：10万元，占学校总经费比例2.7%；人员：45人（大专以上20人）；馆藏：中文图书23万册，外文图书4万册，过刊2.4万册，资料2.5万种。

1984年1月23日，北京农业机械化学院人字（84）第15号文件，院长任命黄锡兰为图书馆采编组组长，叶梅芬为副组长；李仁为图书馆期刊阅览组组长，王永进为副组长；廖俊英、王梅朗为流通组副组长；黄玲德为图书馆科技情报室副主任。

1984年10月，图书馆组织了回京复馆后的馆内首次图书馆与情报专业学术讨论会。会后编印了讨论会文集，共全文收录文章15篇，以及文摘形式的内容介绍。当时，图书馆尚没有一个图书馆专业毕业的人员，且处于职工新老交替时期，大批老同志退休，新补充的职工缺乏工作经验。针对这种情况，图书馆采取从本馆人员中请先学一步的同志开课，以及送出参加培训等方法来提高职工的图书馆与情报学水平。本次讨论会，就是在此基础上，结合个人的工作任务，把所学专业知识付诸实践而进行总结交流的。通过讨论会，大家的学习热情空前高涨，对馆内工作提出了许多积极建议，为增强学术研讨交流形成了良好的开端。

1985年开始，学校逐步向教学和研究型发展，图书馆也随之向多功能和多层次的服务模式转变。过去的服务对象是以本科生为主，1985年学校录取研究生新生100余名，图书馆的服务对象和服务层次也相应地在扩展和提高。

1985年8月1日，农牧渔业部下发〔1985〕农（教）字58号文件，批准学校建立科技情报研究室等13个研究室，列入学校总人员编制，由学校根据情况具体分配，研究用房和设备由学校统筹解决，科研经费自行开辟。科技情报研究室设在图书馆，与科技情报室合署办公，黄天桂任主任，1989年，从科技情报室分出，开始独立运作。

1985年10月，学校改名为北京农业工程大学，为我国农业工程学科的建立和发展奠定了基础。学校图书馆改名北京农业工程大学图书馆。

此时，图书馆基本情况如下：

馆长：张秉仪

机构设置：办公室、采编组、期刊阅览组、流通组、情报资料室、文献检索与利用教研组、技术服务

职工人数：57人，其中大专以上24人

年度经费：16万元，占学校事业费比例3.7%；用于文献购置15万元

馆藏文献总量：37万册

馆藏目录：公务目录分书名、分类、排架；读者目录分书名、分类、著者

馆舍面积：1013 m^2

注册读者人数：3200 人

周开馆时间：71 小时

文献外借量：5 万册次 / 年

文件检索课：开 12 个班，400 人

代检索课题数：5 个

出版物（1981—1985 年）：《农村技术与经济信息》《外文新书报道》《馆藏中文期刊目录》。

1986 年 12 月 17 日，图书馆举办了第二届学术讨论会，收到论文 22 篇，会上宣读 9 篇，副校长汪懋华出席会议。24 日，分 2 组举行座谈，一组主题是提高图书利用率，另一组是开展参考咨询和定题服务。

1987 年 8 月 5 日，根据农牧渔业部的批复，学校具有图书资料（出版、档案）等 5 个系列的专业技术中级职务评审权。

1987 年底，在新馆启用后，图书馆对读者使用图书馆的情况作了一次问卷调研，共发出问卷 200 张，其中教师 50 张（回收 22 张）、博士硕士研究生 50 张（回收 22 张）、本科生 100 张（回收 46 张），共回收到 88 张。调研结果显示了读者对图书馆工作的评价和期望。有超过半数的读者借书满足程度达到 50%，有 20% 的读者满足率达 80%，但仍有近 30% 的读者借书满足率仅为 20%，说明馆藏建设还有很大的改善空间。调研结果还显示，读者迫切希望图书馆开展参考咨询工作，有 54% 的研究生认为图书馆应该建立参考咨询，有 77% 的研究生最需要图书馆能够开展资料查询。在文献采购方面，有一半读者认为书刊资料的采购范围与学校各学科的关联一般；认为关系密切和差得远的读者各占 1/4；有 63% 的读者认为，图书馆对新书报道不及时。

1988 年 7 月，北京农业工程大学与中国农业机械总公司和中国科技情报研究所联合主办、编辑出版《农机市场》杂志月刊。该刊是以农机专业为对象、以市场为主要内容的经济技术型杂志，以推动农机企业改革、完善农机市场体系、促进农机市场繁荣发展为目标，面向农机全行业服务。这也是开展校企合作，开门办馆，扩展视野，把握市场发展动向的一次有益尝试。编辑部设在图书馆，具体工作由图书馆情报研究室承担，校方先后由黄天桂、王永进担任副主编（主编由农机总公司张仪萌担任）。当年 7 月出版创刊号。2002 年后，学校强化人事制度改革，实行全员聘任制，原合作方式与学校的人事政策产生了冲突，校方逐渐退出了合作。

1988 年图书馆拥有 IBM 微机 1 台，1990 年共有微机 7 台，开始了计算机技术在图书馆应用的尝试和探索，但此时尚无用于图书馆的应用软件系统。

中国农业科学院科技文献信息中心 1981 年创办了《中国农业文摘》检索刊物，1985 年开始按学科分支分畜牧、水产、土壤肥料、植物保护、园艺、兽医、粮食经济作物 6 册单独出版，每种期刊有独立的 ISSN 号和 CN 号。1988 年，经国家科委批准，《中国农业文摘》家族增加《中国农业文摘——农业工程》分册，由北京农业工程大学主办，图书馆承办。

1989 年《中国农业文摘——农业工程》（双月刊）作为《中国农业文摘》的一个分册正式出版发行，填补了《中国农业文摘》体系中农业工程学科的空白。1990 年，该刊获中国图书馆学会颁发的“二次文献优秀成果奖”，1992 年获全国第四届检索期刊评比三等奖、北京科技期刊评比一等奖。在北京市新闻出版局、北京科学技术期刊编辑学会、北京优秀科技期刊四通奖评委会组织的“1992 北京优秀科技期刊评比”中荣获“全优期刊”奖。

1989 年 4 月，学校成立了北京农业工程大学专业技术职务评审委员会，下设 18 个学科评议组，其中图书资料系列评议组（中级技术职务评审委员会）由 9 人组成，主任为柳克令教授，副主任是图书馆的王东海副研究馆员。

1989 年 9 月，为了促进图书馆的学术研究，图书馆成立了学术委员会。委员会是图书馆学术活动的咨询机构，其主要任务是对图书馆的各项业务建设中的学术活动进行调查、研究、组织探讨、提出意见，供馆长决策时参考；对职工申报技术职务提出参考意见；接受馆长的委托，对某些学术问题提出处理方案。委员会成员主要由馆内具有一定学术造诣的馆员并聘请院系专家组成，每届任期2年。

第一届学术委员会（1989年9月至1992年2月）主任委员由王东海副研究馆员担任，委员有张伟（教授）、黄锡兰、黄天桂、孙学权、何常梅、潘薇、韩晓军、刘清水。

第二届学术委员会（1992年3月至1993年10月）主任委员为刘清水，委员有黄锡兰、包玉英、孙学权、何常梅、黄天桂、韩晓军。

第三届学术委员会（1993年11月）主任委员为刘清水，副主任委员为黄锡兰，委员有包玉英、何常梅、柏怡、赵军、王鲁燕。

1990年5月12日，图书馆召开了第三届学术讨论会。讨论主题涉及藏书建设、读者工作、计算机检索、情报工作和图书馆管理等方面。会议收到论文33篇，评出优秀论文10篇。

6月2日，经图书馆学术委员会研究决定，首批馆内科研课题立项4项：①农机化文献保障研究；②农业工程图书读者指南；③建立农业工程数据库的总体方案研究；④LC图书分类法与中图法（农业工程）的比较研究。

1991年10月，由世界银行贷款购置的带控制台的语音机一套到馆并安装调试完毕，有30个座位。同时购置的8台计算机也已到位。至此，图书馆成立了自动化室，正式开启了图书馆计算机自动化进程。1992年首先在文艺书刊流通中利用计算机管理；在编目工作中开始了探索试验；在检索方面，开通了CAB光盘检索和中文期刊刊名数据库检索。

1991年11月，在新馆舍落成4年后，图书馆编印了《图书馆与读者》，不定期出版，以此宣传新到书刊资料，开展图书评介，介绍图书馆工作动态、服务项目，普及图书馆学、情报学方面的知识。

1992年1月27日，北京农业工程大学下发文件“关于成立北京农业工程大学图书情报委员会的通知”（校图书字（92）第30号），为了加强图书情报工作，更有效地为教学和科研服务，经校长办公会研究决定，成立北京农业工程大学图书情报委员会，作为学校管理图书情报工作的咨询机构。其职责是：讨论研究学校图书情报工作的重大问题，向校领导提出改进图书情报工作的建议；反映师生对图书馆工作的意见和要求，推动图书情报工作更好地为教学和科研服务；听取图书馆长的工作报告；审议图书馆的发展计划。

第一届图书情报委员会名单如下。

主任委员：郭佩玉；

副主任委员：张秉仪；

秘书：于书洁；

委员：马廷玺、马焕功、王瑞敏、刘清水、孙琦厚、张文立、张伟、张秉仪、陈侍良、陈济勤、周军、顾瑊、徐泳、郭佩玉、隋荣珍、韩忠谦。

5月，图书馆开展计算机数据库检索服务。

1993年，图书馆采取多种形式扩大创收，成立了开发服务部，申办了图实信息咨询公司，开始将一些暂时闲置的面积用于出租开发。

1993年1月，张秉仪退休，1994年底，张森文任图书馆馆长。

1994年1月，中国科学技术信息研究所与北京农业工程大学共同主办《中国学术会议文献通报》，具体工作由图书馆情报研究室承担，校方主编是黄天桂，1995年2月起改由王永进担任。该刊物是全国唯一的学术会议的文献检索工具。1994年前，由中国科学技术信息研究所主办，曾一度决定停办。1994年开始与北京农业工程大学合作，使这一专门报道学术会议文献的检索刊物继续出版。1995年获第五届全国科技文献检索期刊评比三等奖。该刊纸质版出版到1998年底，1999年起，纸质版停止出版，完全由万方数据库的电子版替代。至此，学校退出了主办方身份。

1994年7月8日，经学校党委常委研究决定，图书馆挂“北京农业工程大学文献信息中心”的牌子，不增加人员编制。

1994年文艺书库使用计算机借书进一步完善；采编组开始使用计算机编目。

3. 职工队伍建设

1981年，学校贯彻全国高校图书馆工作会议精神，明确了图书馆是办好学校的三大支柱之一，是教学、科研的重要组成部分，加强了对图书馆的领导和馆员队伍建设。

1981年11月，图书馆在编党政及业务人员共33人。其中35岁以下12人，35～50岁7人，50岁以上14人；具有大专文化水平7人，没有图书馆学专业人才。整体队伍素质远不能适应高校图书馆工作发展的需要。为了培养和提高工作人员的理论知识和专业技能，图书馆采取了多种措施。

（1）抓住机会派出人员参加图书馆学专业知识的学习。暑假期间派出王梅朗、张华、隋荣瑜3人参加冶金部情报研究所与北大图书馆学系合办的图书情报业务训练班。3人共学习了6门课程，结业成绩都在90分以上。

（2）发掘自身潜能，在馆内选拔具备业务知识和工作经验的馆员组建业务学习指导组，制订系统的学习计划，以讲课为主，穿插自学、讨论、测验等，每周学习半天，开展图书馆学知识的学习。先后陆续开展了“图书馆学基础”“图书分类”“中文工具书使用”“科技文献检索”“图书馆目录”等图书馆专业课程的学习，以此提高馆员队伍的业务水平。

（3）邀请学校各系、基础课、政教室、科研处等部门的负责人，到馆讲解专业知识和对图书文献的需求情况。通过讲解专业培养目标、课程设置、教学环节、教材、主要参考书、主要专业期刊等，强化图书馆人员对本校专业的了解，为进一步开展工作打下了基础。此后，每逢学校新增专业时，图书馆都邀请相关教师作专业介绍。

（4）根据工作需要，采取选派或自愿的方式，有计划地安排馆员旁听学校开设的外语课程和专业课程，同时要求参加考试，取得成绩。

这些措施，掀起了一个学习小高潮，建立了良好的学习氛围，对改进和提高职工队伍的业务水平起到了很大作用。

从1981年开始，学校开始陆续选择我国恢复高考后应届毕业生充实图书馆队伍。在随后的几年里，不断有本科生和研究生加入图书馆队伍中，强化了图书馆的专业力量，为图书馆注入了新的活力。

1981年9月，首先分配到图书馆的是英语专业应届毕业生潘薇。1982年2月，为了加强图书馆的专业力量，又从本校农业机械设计制造、拖拉机设计制造、农业机械化3个专业中挑选了恢复高考后的首届77级本科应届毕业生刘清水、王永进、封治平补充图书馆馆员队伍，尔后他们又分赴南京大学、兰州大学、复旦大学参加教育部举办的高校图书馆专业人员培训班，脱产学习图书情报专业课程。后来，他们都成为图书馆的业务骨干，在图书馆日后的发展中发挥了重要作用。

1983年10月，图书馆派刘清水赴美国参加了VITA情报源开发训练班。

1985年12月，图书馆派潘薇参加农业部组织的国际交流培训，赴美国田纳西州立大学图书情报研究生院进修图书馆学1年，以借鉴学习国外的图书馆学理论和管理理念，提高馆员队伍素质，促进图书馆工作。期间，潘薇主要有几方面的学习：一是选修相关课程，如目录学，馆藏建设，资源共享，信息咨询等；二是参加专业学术会议，如田纳西地区图书馆会议，美国图书馆学会年会（ALA）等；三是参观图书馆，如美国联机编目中心（OCLC），美国国会图书馆，田纳西公共图书馆等；四是在田纳西州立大学图书馆期刊部实习，主要从事期刊借阅服务，读者咨询，期刊管理等。潘薇按计划学习1年后于1987年1月回国，返回工作岗位，给图书馆带来了新的办馆理念。

图书馆鼓励青年馆员采取多种形式不断提高自身的专业水平。通过专业培训班、函授、业余大学、成人高考、在职攻读学位等，馆员队伍整体素质和工作水平逐年提高。

4. 读者服务

在读者服务方面，为改善服务质量，图书馆努力增加开馆时间，减少读者借书等候时间。1981年9月，通过优化人员配置、挖掘潜力，将综合阅览室、学生阅览室每周开馆时间由35.5小时增加到51小时；教师阅览室和出纳台的每周服务时间由31.5小时增加到35小时。11月起，将科技图书和社科文艺图书分口出纳，减少读者的等待时间。社科文艺书库采取半开架方式，限人限时入库选书，满足读者需求。

阅览方面，设有学生阅览室，一半的面积陈列科技书刊和配合课程陈列主要参考书，另一半面积设置33个座位，学生可以自由带书进入学习；教师阅览室有20个座位，主要陈列中外文书刊；综合阅览室有50个座位，陈列有综合性文学艺术类期刊、报纸、画报等。据统计，1981年图书馆订阅中文报刊1079种、外文期刊364种；全年读者到教师阅览室、学生阅览室和综合阅览室的阅览人次达到10万。

为弥补馆藏资源的不足，图书馆与北京13所兄弟高校图书馆建立了馆际互借关系。仅1981年1—10月，就有441人次提出外借请求，外借书刊763种，900余册。

以上种种措施，对返京复校办学后图书馆各项工作的恢复起到了重要作用。

1984年，在读者服务方面，图书馆继续挖掘潜力，调整人员安排，延长开馆时间，将每周515小时的开馆时间延长至71小时，达到了《中华人民共和国高等学校图书馆工作条例》中规定周开放时间不低于70小时的要求，方便了读者利用图书馆。

书库开放程度进一步加大。除文艺书库全开架外，科技书库也由原来面向教授、教研室主任以上教师的开架，扩大到讲师和博士研究生，即70%以上的教师都可以进入书库选书。

1985年，为适应读者需求，图书流通部门加大了读者借书数量，年总借阅书量近5万册次。外文书库是木板房，条件艰苦，冬天没有取暖设施，不见阳光，白天室内温度只有–2℃，工作人员依旧克服困难，做好整架排架，坚持做好服务工作。1987年10月，新馆建成启用，读者的学习阅览环境得到了根本改善。

北京农业机械化学院图书馆从1986年开始尝试向学校科研提供情报支持，承担了5项专题的检索服务。情报检索服务，最初是从专利申请的新颖性检索开始起步，为面向学校专利申请开展的专利技术的新颖性检索提供支持。如针对薄壳铸造产品模具技术的专利申请开展的新颖性检索。由于当时图书馆尚未成立独立的咨询部门机构开展相应工作，起初这些工作是从阅览组和文献检索教研室起步的。

当时，在北京农业机械化学院图书馆，阅览组和流通组是两个业务部门。流通组专门负责图书的借还服务，阅览组则负责到馆读者的阅览服务。阅览组平时接触读者的机会较多，也具备与读者深入沟通、提供信息技术服务的有利条件，所以，最初的专利查新服务是在阅览组首先开展起来的，最早参与查新检索的人员有王永进、李仁、何常梅等。

后来，无论是从专业人员配备和检索技能方面，还是从文献检索课程教学的自身实践方面，文献检索教研室更适宜开展文献检索服务，故而，定题服务工作主要由文献检索教研室承担。

1990年3月，馆务会决定，将馆藏5万多册中文过期期刊合订本，由原来的按中文笔画字顺排架，改为分类排架，这样，内容相同或相近的刊物在书架上可排在一起，便于读者浏览检索。

1991年图书馆借还书处、阅览室、语音服务等对外服务窗口达到18个，周服务时长最多达到72小时，全年进馆读者达到50多万人次，借阅书刊25万册次。

1993年10月14—16日，图书馆举办了首届图书信息节。图书信息节旨在更好地宣传图书、揭示馆藏、使广大师生更多地了解图书信息、激发读者的读书热情、提高馆藏利用率、活跃学术氛围。活动主要内容包括开放图书馆，举办各种类型的读书报告会，交流信息、开展咨询，交换、销售图书、过期期刊等。为时3天的图书信息节，接待入库师生1803人次，举办读书报告会230人次。图书馆实行开架借阅是发展趋势，图书信息节是实行图书大开架借阅的一次实战演习。

1994年10月14—15日，为使广大师生更多地了解图书馆和图书信息，提高大家的读书热情和图书馆藏书利用率，活跃学校的学术氛围，图书馆举办了第二届图书信息节。期间对全校师生开架借书，举办读书报告会（内容包括美国农业工程教育观感、电子出版物的发展及其影响），展示“北京农业工程大学文库”赠书阅览室藏书。本届图书信息节借书量是平时的 10 倍，比上届图书信息节增加 24%。

5. 馆藏建设

1981 年，图书馆经费为 45000 元，占全校教育经费的 1.5%，远低于《中华人民共和国高等学校图书馆工作条例》中规定的 5% 的要求。由于书价逐年上涨，加之图书馆恢复后，需要补订一些被中断的期刊，经费需求缺口较大，一些需要的外文书无力购买。

据 1982 年 12 月统计，馆藏书刊总数为 267805 册，其中，中外文图书 247641 册，中外文期刊 20164 册。

1983 年，全馆馆藏图书资料全部按照《中国图书馆图书分类法（第二版）》和《中国图书资料分类表》进行分类。此前，人文社科图书使用的是“中国科学院图书分类法”，自然科学图书采用 1963 年编制的“中图法”。从 1983 年起，全部统一采用《中国图书馆图书分类法（第二版）》，这是本馆在书刊资料的分类体系上纳入国家标准过程的一项关键性工作，是分类体系向标准化迈进的重要一步。

同时，图书分类增加了著者目录和排架目录，并把书名目录和著者目录的排列方式由汉字笔画顺序改为汉语拼音音序，使之更加规范，更加适应技术进步的需求。

1985 年 5 月，为了规范馆藏中文期刊的管理，图书馆组织力量对馆藏中文期刊进行了系统全面的研究和清查溯源，查清了馆藏情况和刊物的变化沿革情况。根据刊物内容进行分类编目，编制了《馆藏中文期刊目录》，共收录馆藏中文期刊 1212 多种，全部按照《中国图书馆图书分类法期刊分类表》进行分类；著录格式按照《中华人民共和国国家标准——文献著录总则》（GB3792.1—1983）及《中华人民共和国国家标准——连续出版物著录规则》（报批稿）进行著录。著录内容包括：刊名、责任者、创刊年、出版地、出版者、刊期、邮发代号、定价、内容简介、刊物变化沿革继承关系、馆藏情况等，内容详尽全面。印制书本式目录（上、下册），16 开，共 285 页，正文按分类排序，书末附有刊名字顺索引；另有卡片式目录，包括刊名目录和分类目录 2 种。至此，自 1983 年开始的馆藏中文期刊的分类、编目工作宣告完成。此项工作由王永进负责主持。

期刊是连续出版物，由于其内容涉及面宽，跨类严重，沿革变化繁杂，少有图书馆系统全面地开展对其分类工作，所以多有理论，鲜有实践。因此，此次期刊的分编实践具有开创性。1986 年，全国高校图书馆工作委员会在简报上报道：此目录为全国高校图书馆首次做的一件有意义的工作。

1985 年，学校更名为北京农业工程大学，开始向研究型大学发展，增加了研究生的招生数量。图书馆在资源建设方面，开始注重研究生和新设专业的新需求，请新设专业的专家、教师给图书馆介绍专业方向、培养目标、课程设置以及对图书馆的需求等，请研究生导师和新设专业教师提出选书意见。针对研究生专业面宽、水平高、外文能力强的特点，加大了外文图书的选购，同时对交叉学科、边缘学科以及新兴学科的文献加以关注。对新购的外文图书，编印新书报道，并及时向读者通报。

1988 年 6 月，为了保存宣传本校教职工和校友的科学研究和教学成果，加强图书馆与教学科研活动的联系，大力推进学校科学研究的开展，图书馆开始筹建农业工程大学文库及赠书室，收集本校师生和校友个人历年出版的学术专著、译著，包括有学术价值的非正式出版物及各单位团体、各方人士的赠书。该文库于 1989 年建成，收集了 200 余册学校职工和校友公开出版的著作。1992 年 7 月，图书馆编辑了《北京农业工程大学文库藏书简介（第一集）》，向读者推介文库藏书情况，逐一介绍藏书内容和作者情况，借以宣传学校教职工和校友的科研教学成果。时任校长翁之馨为该简介作序。同时还建立了书刊交换制度，与国内外几十个单位有交换关系。

1990 年 4 月，图书馆制订了《北京农业工程大学图书馆藏书建设规划》，内容包括藏书建设方针、建设原则、经费及采集量、藏书组织管理等。从 4 月开始，图书馆采用中国图书馆学会 1985 年版的《西文文献著录条例》著录外文图书，为计算机联机检索做好准备。

4月16—21日，为了更好地揭示馆藏，提高外文图书利用率，实现资源共享，图书馆与国家教委北京农业大学图书馆农科外国教材中心联合举办了“农业工程类国外新书展览”。参展图书来源于举办单位的馆藏和有关单位及专家的赠书，共计400余册，反映了国际上农业工程学科最新成就与进展，参观人数达500余人次。过去外文新书到馆常无人问津，虽有新书报道，但收效甚微。通过开展新书展览，扩大宣传力度，许多从来没有光顾过图书馆外文阅览室的教师也前来观展，看到了很多有价值的图书，收到了很好效果。

1991年，全校设6系1部，17个专业，有本专科学生2549人，研究生225人，设有博士后流动站1个，博士点3个，硕士点11个。图书馆资源建设以形成农业工程文献为主的专业馆藏体系为目标，使农业工程文献的馆藏质量达到国内一流水平，成为我国农业工程文献信息中心。在资源建设中主要遵循以下原则。

（1）依据学校专业设置，尽量收集各专业教学参考书，与本校课程有关的高校教材收藏齐全。每门课程保障10种参考书，并适当收藏国外的有关教材和参考书；

（2）依据学校的学科建设和科研需要，全面、系统地收藏国内外较高水平的基础理论著作、应用技术著作，收藏各类重要文献，突出农业工程特色；

（3）收藏校内出版的文献和学术著作，建立北京农业工程大学文库；

（4）文献采集以中文为主、外文为辅，书刊并重。外文以英文为主，日、俄、德、法文次之。

1988年至1990年，图书馆年运行经费为20万元，约占学校经费的2.7%，其中85%用于文献资源建设。图书采购由采编组负责，期刊由期刊阅览组负责，从订购到加工、利用，直到装订入库实行一条龙管理；非书资料则由科技情报室一条龙管理；声像资料由语音室负责。1991年起，为了避免由于采购渠道不同而产生漏订或重订，便于各类型文献的协调和互补，图书、期刊以及非书资料的采购统一集中于采编组负责。在采购体制和管理机制上，注重信息征集和意见反馈，在阅览室和出纳台提供新书征订目录供读者选书、荐书。同时，自1984年起，长期坚持中文新书目送到全校各教研室请教师圈选新书。期刊订购则由馆长召集有关采购人员对中外文期刊预定方案进行多次讨论后确定。

1991年，图书馆组织力量对外文过刊进行了标准化著录，完成了中外文过刊馆藏目录的组织。

1992年，根据北京地区高校图书馆工作委员会的安排，图书馆进行了采访工作评估，就图书馆1990年以后的藏书建设、资金分配进行回顾总结。评估认为，图书馆采访工作与读者关系方面较有特色。相关内容在北京图工委组织的会议上做了经验介绍。

6. 文献检索教学

为了跟上科学技术发展日新月异的步伐，必须注重培养学生的自学能力和独立研究能力，使学生具备掌握知识情报的意识，具有获取与利用文献的技能。

从1982年3月开始，到1984年7月，科技情报室根据实际需求，面向农业机械化系和农机设计制造系共5个专业的78、79、80级本科生举办了6～8学时的科技文献检索讲座，提高了学生查找文献及自主学习的能力。后来，又编写了10万字的讲义，为进一步开设科技文献检索课打下基础。这也是“科技文献检索”课的试验阶段。

1984年3月，教育部文件《印发<关于在高等学校开设文献检索与利用课的意见>的通知》[（84）教高一字004号]，要求凡有条件的高校可作为必修课，不具备条件的高校可作为选修课或先开设专题讲座，然后逐步发展完善。鉴于教学中必须使用各类文献资料，最好以图书馆作基地来组织教学，据此，图书馆开始积极筹备开设“文献检索及利用”课程。

1984年9月，图书馆成立了“文献检索与利用”教研组，并设立了27 m^2 的检索工具书刊资料阅览室，集中全馆的检索工具书刊，作为检索实习室，开始面向83级各专业研究生开设了30学时的“科技文献检索课程”选修课。讲课与实习的课时比例为 1∶1。随后，又为 200 多名高年级本科生开出 12 学时的讲座，其中实习占 8 学时。

课程的开设，对培养学生的文献获取能力起到了较好效果，深受学生好评。选课学生一致认为，在各专业都应开设此课，并应提前开设，增加学时、增加实习工具书和授课教师。

1985 年 9 月，学校各系和研究生部都将该课程作为选修课，列入教学计划。本科生为 12 学时，研究生为 30 学时，讲课与实习的课时比例均为 1∶1。研究生选课率达 81%，本科生则根据专业的不同，选课率在 65% ～ 100%（而同一时期，在全国其他高校文献检索课听课人数普遍不足 20%），实现了为全校师生全面开课的目标，任课教师被列入学校教学人员编制。为把图书馆办成学生的第二课堂，培养学生独立学习和提高工作能力而迈出了坚定的第一步（图 4–9）。

图 4–9　学生在检索实习（1986 年摄）

1986 年“科技文献检索课程的探索与实践”获学校首届教学成果一等奖，负责人为朱华，参加人为王梅朗、张永彤。图书馆开设文检课是由朱华开创的，后来又陆续加入了王梅朗、张永彤、王永进、袁永翠、房明、包玉英等人。

1989 年，图书馆在调整情报室业务范围和人员时，决定将文献检索教研组并入科技情报室，检索刊物及工具书也并入情报资料室。

7. 新馆建设

学校迁回北京后，图书馆就没有一个像样的落脚点。为了尽快适应学校的发展，1981 年开始了新馆建设的筹备工作。为此，自 5 月 31 日至 6 月 23 日，图书馆组织力量赴南京、苏州、上海、杭州、长沙、武汉等地，考察了 14 个兄弟高校图书馆和 3 个省市公共图书馆，了解图书馆建筑设计情况和业务工作的管理经验。相关人员对新馆设计提出了“适用、经济、美观、立足当前、照顾未来”的指导思想，同时指出建馆设计要与图书馆的性质、体制、机构、设备等联系起来考虑。

1982 年，新图书馆建设项目开始筹建。最初，天津建筑设计院拟定初步设计方案，并出了设计图，建筑面积为 7500 m^2。后来，新馆设计由天津建筑设计院改为北京建筑设计院，一切又从头做起。

1983 年，图书馆配合学校基建处向北京建筑设计院提供了设计需要的资料。1984 年 6 月至 1985 年 4 月，图书馆与设计院派人一同赴四川、上海、浙江等地考察调研，并由北京建筑设计院提出了新的设计方案，最终设计的建筑面积为 9550 m^2。

1985 年 10 月，新图书馆建设工程破土动工。工程开始招标时，建设费用 299 万元，竣工时决算费用 570 万元。

1987 年 7 月，新建图书馆楼落成（图 4-10、图 4-11）。

图 4-10 1987 年新馆开馆典礼现场

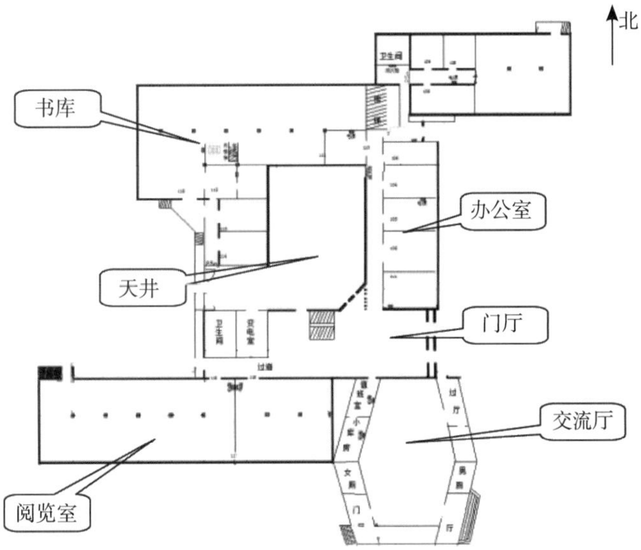

图 4-11 新馆建筑一层平面图

暑假期间，学校动员组织全校师生参加新馆义务劳动，图书馆迁入新馆舍。时任全国人大常委会副委员长王任重为新图书馆题写“图书馆”三字（图 4-12）。

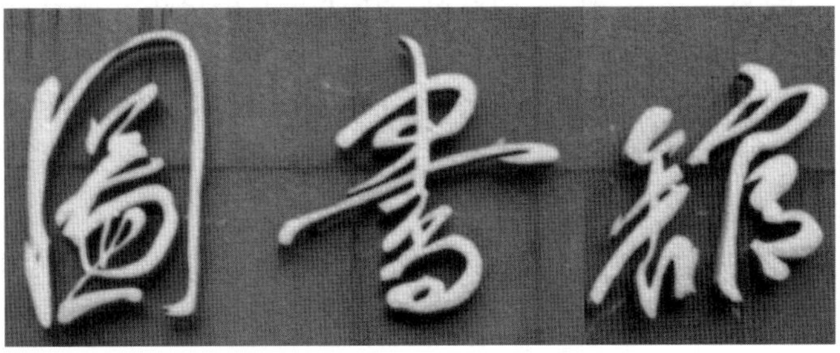

图 4-12 王任重副委员长的题字

10月15日，建校35周年纪念日，新馆开馆迎接读者。王任重副委员长、农业部何康部长为新馆开馆剪彩。在新图书馆，王任重现场题词“团结勤奋　求实进取”。

新馆坐落于主楼后南北主干道西侧，建筑面积9548 m^2，主体为4层，局部3层，中间是消防、通风、采光兼用的天井。总体布局为传统式格局，书库、阅览室、办公区分置，阅览座位有1100多个，中、外文藏书57万册；中外报刊1300多种。阅览时间每周72小时，借阅台、阅览室等处共有18个服务窗口对读者开放。

新馆设有科技资料室、检索工具书刊阅览室、中文期刊阅览室、文艺期刊阅览室、外文书刊阅览室、专业图书阅览室、基础课图书阅览室、社会科学图书阅览室、专业图书借书处、基础课图书借书处、社会科学图书借书处、文艺图书借书处、过期期刊借阅及馆际借书处、复印室、缩微阅读室、打字室、学术交流厅等。

新馆新建了语音室，备有24个座位的语音设备及外语、音乐磁带，供师生听音学习，同时开展了录制磁带、录音、录像等服务。

8. 科技情报工作

长期以来，科技情报的开发与利用是高校图书馆业务工作的短板。其原因一方面是因为科技情报机构长期划归学校科研部门管理，独立于图书馆，二者的工作职责各有侧重；另一方面，图书馆虽能意识到情报开发与利用的意义，但受到精力和人力等多种因素的制约，无力开展相关研究。另外，基于传统的服务理念，图书馆是向读者提供文献服务的机构，除了日常的图书资料借阅之外，服务领域的拓展也仅局限于开展咨询、定题服务、代替读者开展文献检索等范畴，没有充分认识到把情报研究作为成果与产品服务于读者，同时也缺乏相应的渠道，这就制约了图书馆科技情报服务工作的发展与提高。学界一直存在着图书情报一体化的呼声，主张将高校的图书情报工作一体化统筹管理，发挥最大效益。

1982年7月5日，北京农业机械化学院下发文件“机构调整”［院人字（82）第95号］，根据党委常委第七十六次会议研究决定科研处情报资料室划归图书馆。从此，实现了图书情报一体化管理与运作。后来的实践证明，这种运作模式是科学合理的，对人财物的利用是高效率的，对学校教学科研的文献保障和情报信息服务是有效的，对图书馆功能的强化和业务的发展是有益的。

情报资料室并入图书馆后，图书馆强化了在情报开发领域的优势，不断开拓，从汇编主题文献起步，逐步开展课题研究。在室主任孙学权的组织和领导下，情报室曾先后主持农业部等部门委托的多项课题，参与出版农业工程类专业方面的科技著作近10部，编辑出版检索期刊，取得了卓越的成绩，获得多项省部级奖项，走出了一条独具特色的情报研究发展之路，一度成为农业高校图书馆情报研究的典范。

1982年，情报室编辑了《中国农业机械化发展概要》，深受农机化行业的领导及专家、学者、工作人员欢迎。1983年编辑出版了第二集，获机械部情报网情报成果二等奖。

1983年，图书馆与中国农业机械化科学研究院、南京农业机械化研究所合作主持农业部委托的课题“八十年代国内外农机化新技术研究”，这是一项包括40多个单位、500多位专家学者参加的有关农机化方面的巨大工程，1984年正式出版。全书分24个专业，160余万字。情报室负责组织编写“耕整地机械新技术”“种植机械化新技术”“农田水利机械新技术”“种子加工机械化新技术”“施肥中耕机械化新技术”“农村能源新技术”“农业电气化新技术”和“农机修理新技术”等8个部分。该书1985年获农业部科技进步二等奖。

1983年，学校参与《当代中国》丛书之一《当代中国的农机化》卷的编撰工作。该书由农业部党组领导武少文任主编，郭韧、李翰如、宋树友、翁之馨、李自华任副主编，张伟任编辑部主任，图书馆情报室承担了编辑部的具体工作，编者共100多人。该书历时9年，于1991年出版。

1985年起，图书馆开始编印《农村技术与经济信息》，每月一期，内容选自200余种刊物，每期刊登约130条信息。

1988年，编辑出版大型工具书《中国农机化重要文献资料汇编》，收集了1840—1987约150年间形成的有关农机化方面的文献资料，共230余万字。该成果于1990年获北京情报学会优秀情报研究成果一等奖。

1990年11月，图书馆科技情报室与农业部农机化司于1989年联合编辑的《中国农业机械化重要文献资料汇编》获北京情报学会优秀情报研究成果一等奖；12月，图书馆承办的《中国农业文摘——农业工程》在1990年中国图书馆学会举办的二次优秀成果评比中获优秀成果奖。

1991年，图书馆正式出版农业部农机化司委托项目《世界农机化发展要览》，全书130余万字。《科技日报》报道：北京农业工程大学编辑出版的《世界农机化发展要览》及《中国农机化重要文献资料汇编》是"国内关于农机化发展环境与条件研究的最新水平。"

1993年9月，由情报室主持的"农业机械化发展环境与条件的情报研究"课题，获农业部颁发的部级科学技术进步奖三等奖。

在技术普及与推广方面，1984—1990年，组织编制农机类教学幻灯片近20部，为全国上千个农机校培训拖拉机驾驶员提供辅助教材。1991年出版《农村节能技术选编》一书，受到好评。

第五章 中国农业大学时期（上）

（1995—2002 年两馆独立运作时期）

20 世纪 90 年代以后，为发挥综合办学实力，中国高校合并办学成为一种趋势。1995 年 5 月 6 日，国务院批准，北京农业大学与北京农业工程大学合并组建成立中国农业大学。

1995 年 5 月 24 日，国家教育委员会正式发文《关于同意北京农业大学与北京农业工程大学合并组建中国农业大学的通知》（教计〔1995〕99 号）。通知指出：为贯彻《中国教育改革和发展纲要》精神，提高现有高等学校教育质量和办学效益，合理配制教育资源，增强学校综合实力，经研究并报国务院领导同志同意，北京农业大学与北京农业工程大学合并组建中国农业大学。中国农业大学仍实行农业部和北京市人民政府双重领导、以农业部为主的领导管理体制。撤销北京农业大学和北京农业工程大学的建制。根据通知，中国农业大学进入合并工作进程。

9 月 13 日，农业部召开原两校校级领导班子成员、教授、处级干部、各方代表人士等参加的大会，宣布北京农业大学和北京农业工程大学合并组建中国农业大学，同时，宣布了新组建成的中国农业大学党政领导班子成员任命，从此中国农业大学开始正式运转。

9 月 26 日，农业部农教函〔1995〕19 号文件转发了国家教委通知，并提出几点具体意见，要求加强思想政治工作，强化教书育人、管理育人、服务育人的意识，加强制度建设，营造良好的育人环境，在新的机构调整方案付诸实施前，现有机构和职能不变。

11 月 20 日，中国农业大学举行成立大会。时任国务院副总理姜春云出席大会并讲话。姜春云要求学校认真贯彻党中央科教兴国战略，振奋精神，团结奋进，积极进取，扎实工作，为我国农业和农村经济的发展作出新的更大贡献，期待中国农业大学办成国内一流、世界一流的大学。成立大会后，姜春云副总理为中国农业大学校牌揭幕。自此，中国农业大学正式向世人亮相，开启了办学新征程。

在合并开始的几年里，由于各种历史条件的制约，中国农业大学实际上还是分东（原北京农业工程大学）、西（原北京农业大学）两个校区独立运作，几乎所有二级单位层面的行政管理、服务机构和院系都依合并前的方式运行。图书馆也是如此，分为东校区图书馆和西校区图书馆独立运作。

东校区图书馆和西校区图书馆是两个独立的机构，两套党政领导班子，两套规章制度。人事、经费、馆藏等各自独立，开放时间、管理模式等各个方面都未统一，馆员待遇也存在很大差异。最为严重的是东、西两校区图书馆所使用的图书馆自动化管理系统不同，图书著录方法与标准不同，这就给东、西校区两个图书馆实行统一管理和统一服务带来极大的困难。这种状况自两校合并后一直持续到 2002 年 4 月。

第一节 中国农业大学西校区图书馆

中国农业大学成立后，原北京农业大学图书馆改称为中国农业大学西校区图书馆。

西校区图书馆坚持“读者第一、服务育人”为根本宗旨，立足本校，面向全国、放眼世界，从深化服务和优化管理入手，进行了“全员岗位聘任制”的管理改革。这些措施加强了工作人员的忧患意识与紧迫感、责任感，调动了工作人员的积极性，提高了工作效率。图书馆开馆时间增至每周 87 小时，提高了 30%。

读者培训与参考咨询工作有了较大发展，在原有本科生文献检索课的基础上，又开设了研究生文献检索课，并开展了多种形式的读者教育，课题跟踪、馆际互借等服务，由过去的被动服务逐渐转变为主动服务，服务质量得到大幅度提高。

“211 工程”一期项目的建设，创建了图书馆网络化和集成化管理的软硬件环境。

“中国高等教育文献保障体系（CALIS）”的建设，强化了多种形式的资源保障，提高了图书馆数字化资源建设水平，图书馆所承担“CALIS 日文联合目录书目数据库建设子项目”“重点学科导航库”“棉花专题数据库”等多个数据库的建设过程中，进一步提高了数据库建设研究水平，体现了日文联合编目和数据库建设方面的综合优势，在国内高校图书馆界处于先进行列。

1. 组织机构与岗位聘任

1996 年图书馆领导班子换届。4 月 22 日校党委第 96–10 次常委会暨校务会议研究决定，任命植保系教授沈佐锐为西校区图书馆馆长；同时免去杨秉芳西校区图书馆馆长职务，保留正处级待遇［中国农业大学〔1996〕中农大（人）字第 11 号文件，4 月 25 日］。杨秉芳馆长卸任后，继续从事图书馆业务工作和科技文献检索课教学。

7 月 16 日，党委第 96–18 次常委会议暨校务会议研究决定，任命韩明杰、潘薇为西校区图书馆副馆长［中国农业大学〔1996〕中农大（人）字第 34 号文件，7 月 17 日］。西校区图书馆组成了沈佐锐为馆长，张权、韩明杰、潘薇为副馆长的馆行政领导班子。馆务会成员包括沈佐锐、张权、韩明杰、潘薇、刘元科、宋姬芳、孙玉玲（1997 年 11 月起改为黄兴建）。

两校合并后，学校统一组建了专业技术职务评审委员会。在中国农业大学专业技术职务评审委员会下设若干学科评议组。1996 年 10 月 29 日，中国农业大学文件“关于组建中国农业大学专业技术职务评审委员会的通知”［〔1996〕中农大（人）字 56 号］，决定两校区合并设立“图书资料、出版、档案学科评议组”。

1997 年 4 月 21 日党委第 97–10 次常委会议暨校务会议研究决定，任命张权为西校区图书馆正处级常务副馆长［中国农业大学文件〔1997〕中农大（人）字第 29 号，4 月 28 日］。

1998 年 10 月西校区图书馆基本情况如下。

职工总数：68 人，其中：党员 18 人，团员 5 人，民主党派 3 人；正高职称 1 人，副高职称 7 人，中级职称 36 人，初级职称 15 人。

年度经费为 105 万元，其中文献购置费 88 万元，占学校事业费比例为 2.4%。

馆务会：沈佐锐（馆长），张权（常务副馆长），刘元科（副书记），韩明杰（副馆长），潘薇（副馆长），黄兴建（馆长助理），宋姬芳（办公室主任）。

直属党支部：沈佐锐（书记），刘元科（副书记、组委），方燕京（纪委），黄兴建（宣委），韩明杰（统战、青年工作）。

馆内部门设置：

采访部（主任：刘元科）；

编目部（主任：左文革）；

流通部（主任：黄兴建，副主任；董晓玲）；

参考咨询部（主任：潘薇，副主任：王淑凤）；

声像部（主任：黄兴建，副主任：高剑波）；

自动化部（主任：韩明杰）；

外教中心（主任：江树人 [副校长兼]，副主任：沈佐锐）；

文献课教研室（主任：宋姬芳）；

技术部（主任：张权，副主任：张平兰、张玉兰、高永才）；

办公室（主任：宋姬芳，副主任：张平兰）。

工作模式：图书馆馆长、书记沈佐锐是植保学部的教授、博士生导师，承担着教学科研任务及社会上各种学术工作，属于“双肩挑”干部，需要建立一套不同于原有的专职馆长和专职书记模式的工作机制。

图书馆采取了分工负责制：沈佐锐主抓图书馆的思想建设和学科建设；张权主持日常业务工作，负责馆务、财务、创收等；刘元科负责党务工作；韩明杰负责“211 工程”的实施；潘薇负责外联；黄兴建和宋姬芳参与馆务会。同时，这些同志还都主持着具体部门的主任工作。

馆务会实行民主集中制：每星期三上午召开馆务会，各项决议经多数人表决同意才能通过，每次馆务会的讨论纪要都要在馆内公告板上发布，校内或馆内重要事情经馆务会讨论后，当天（周三）下午立即召开全馆职工大会传达。

1999 年 7 月 16 日，中国农业大学〔1999〕中农大（人）字 45 号，任命张权为西校区图书馆馆长，韩明杰、潘薇为副馆长，同时免去沈佐锐西校区图书馆馆长职务，沈佐锐教授回归学院。新的馆务会在重新组建前，由正副馆长和办公室主任以馆长办公会形式运作。

1999 年 8 月 11 日，为进一步加强高等学校图书情报事业的建设，充分发挥专家学者的协调、咨询、研究和指导作用，更好地履行高校图书馆的教育职能和情报职能，为教学科研服务，教育部发出《关于成立“教育部高等学校图书情报工作指导委员会”的通知》（教高〔1999〕5 号），决定成立教育部高等学校图书情报工作指导委员会。沈佐锐教授出任“教育部高等学校图书情报工作指导委员会”委员。

教育部高等学校图书情报工作指导委员会是在教育部领导下，对全国高等学校图书情报事业进行咨询、研究、协调和业务指导的专家组织。其主要任务是：一、调查研究高等学校图书情报工作的状况，提出加强图书情报建设的意见和建议。二、进行高等学校图书馆改革发展和建设的研究，提供业务咨询。三、接受教育部的委托，促进高等学校图书情报事业整体化建设，推进文献信息资源的共建、共知和共享；组织高等学校图书情报专业人员和管理干部的继续教育和培训；组织图书情报工作的经验交流和学术研讨活动；对高等学校图书情报工作进行检查评估和成果评奖；参加全国图书情报工作的协作、协调。四、编辑出版有关高等学校图书情报工作的书刊，宣传高等学校图书馆的职能和作用。五、调研国外图书情报工作的情况和发展趋势，开展对外交流。六、联系和指导各地区、各部委高等学校图书情报工作委员会的工作。

1999 年 9 月 6 日，图书馆召开新班子第一次馆长办公会，参会人员有张权、韩明杰、潘薇、宋姬芳。会议讨论了图书馆新一届班子的工作指导原则及奋斗目标，会议决定把“勤政廉洁、精诚团结、开拓进取、雷厉风行”作为新班子工作指导思想，力争创一流育人环境，创一流服务水平，创一流图书馆，为农大增光添彩。

会议决定采访部与编目部合并成立采编部，参考咨询部更名为信息服务部；进一步加强信息服务，特别是电子信息服务，如重点书刊的电子化建设、各种数据库建设等；抓好职工队伍建设，讲学习、讲政治、讲正气，注重职工综合素质的提高，不断抓好职工业务培训工作；加强学术交流，争取翌年举办全国农业院校图书馆馆长研讨会。会议要求，进一步改善服务态度，提高服务质量，服务水平，没有最好，只有更好，永无止境。

1999 年，全校进行深化内部管理体制改革，落实全员聘任制。图书馆在馆级领导确定后，10 月开始落实全员聘任工作。

10 月 12 日，图书馆馆长办公会确定新机构负责人如下。

办公室主任：宋姬芳；

采编部主任：左文革；

流通部主任：刘元科；

信息服务部主任：王淑凤；

自动化部主任：康实；

技术部主任：黄兴建。

10月15日组建了新的馆务会，并召开第一次馆务会议。馆务会成员：张权、韩明杰、潘薇、宋姬芳、左文革、刘元科、王淑凤、康实、黄兴建。会上确定了全馆各部门业务岗位的设置和人员岗位聘任。

2001年4月11日，西区图书馆增设一个新部门——数字化资源建设部。

2001年学校的一项重要工作是实行人事分配制度改革及全员聘任，改革核心是改革用人制度、实施全员聘任制。全员聘任制的4个主要环节包括定编定岗、实施聘任、津贴分配、岗位考核。根据当时的相关规定，学校不承担图书馆的校内业绩津贴部分，需要图书馆自行创收解决。

根据2001年7月13日中国农业大学《关于教辅机构人员编制核定方案的通知》[中农大（人）字〔2001〕80号]，西区图书馆固定事业编制核定为78人，其中教育教学辅助人员74人，行政管理人员4人。同时，学校决定把综合档案室合并到图书馆，由图书馆统一管理（综合档案室在2002年9月，学校成立中国农业大学档案馆时，又从图书馆分出）。

9月4日，学校下发《关于下达高级专业技术职务岗位数的通知》[中农大（人）字〔2001〕134号]，西校区图书馆“十五”期间，非主系列正高专业技术职务岗位数2个，副高17个。

根据学校要求，图书馆首先确定了全员聘任工作指导思想，即：“引进竞争机制，优化人员结构，充分调动职工的积极性”，并将“按需设岗、公开招聘、平等竞争、择优聘用”作为聘任原则，在全馆形成一个岗位面前人人平等的竞争环境。

为适应图书馆业务拓展，根据工作需要，图书馆对部门机构进行了重组。新的部门架构由流通阅览部、采编部、信息服务部、数字化建设与研究部、自动化部和技术部构成。然后，依据学校下达的人员编制，结合专业技术职务和津贴待遇进行岗位设置，进行全员竞聘上岗。

流通部担负着为读者提供图书文献资料的典藏、借阅、管理及声像资料阅览、损毁书修补等繁重任务，管理图书期刊资料近80余万册。

采编部主要负责中文及外文书刊的采购、编目、赠书接收和资料的国际交换等工作，是保障图书馆文献资源建设的关键部门。在书刊编目方面，作为CALIS的成员馆，图书馆与CALIS中心密切联系，提出了本馆书刊编目原则，并向CALIS提交本馆书目和馆藏数据。同时，负责CALIS中心相关工作，包括联合编目数据库、中文现刊目次库、学位论文数据库和国际会议论文数据库。

信息服务部是在原参考咨询部基础上重组扩建的，编制由5人增加到8人，进一步强化了一线服务的力量，为学科馆员制度打下了基础。信息服务部面向全校师生和校外读者开展全方位的信息咨询服务，主要开展的服务项目包括：①信息咨询。为读者进行有关SCI、EI、ISTP及INTERNET网络信息资源、书目数据检索等多方面的信息咨询服务，并及时解答读者网上咨询。②信息检索。国际联机（包括检索SCI、EI等）及光盘数据库检索。③查新服务。为课题立项、成果报奖、成果鉴定等提供查新咨询服务。④馆际互借和文献传递。与国内外图书馆建立协作关系，开展馆际互借和文献传递服务。⑤课题跟踪服务。通过各种途径为学校师生尤其是重点学科教师提供检索数据库信息，如对银盘公司镜像数据库、《中国学术期刊全文数据库》《万方数据库》、*Science Online*等中外文数据库的最新报道。⑥重点学科导航数据库建设和网上免费数据库的搜集和整序。⑦开展用户教育，举办多种形式的讲座及新生培训。如对银盘公司镜像数据库（CAB）、《中国学术期刊全文数据库》、OCLC等数据库的介绍、检索方法与应用，网络资源介绍、馆际互借等多种类型的讲座。⑧为了进一步深化和拓展服务、提高服务水平，实行“学科馆员”制度并着手开发“读者个性化信息务系统”。

数字化资源建设与研究部是为跟踪图书馆界数字化建设与研究的发展趋势，探索数字图书馆建设途径而设立的新部门。数字图书馆建设是图书馆的发展方向。该部门主要在下述方面开展工作：①调研国内外数字图书馆建设发展动态，为制定数字图书馆建设规划提供参考研究资料；②研究建设数字图书馆涉及到的有关技术、标准规范与法规，结合本馆实际情况进行可行性研究与试验；③研究国家各级部门发布的有关数字图书馆建设的方针政策；④研究国内外数字图书馆建设规划和实施方案；⑤进行与数字化资源建设相关的软硬件系统的调研与规划，制定本馆数字化资源建设系统规划与实施方案。

自动化部承担图书馆自动化网络“211”工程立项项目和网络系统的日常运行管理与维护。自动化网络化建设是图书馆运行中枢。随着出版文献的载体形态的变化，随着网络信息资源的开发，图书馆逐步从提供传统文献为主转变为提供电子信息或网络信息为主。网上已开通的服务内容有书目检索、数据库检索、读者信息查询、读者培训、INTERNET 入门、www 简介、浏览器的使用、E-mail 发送、利用 FTP 进行网上文件下载、常规咨询、图书馆介绍、图书馆 BBS、发布新书信息、推荐新书、网址、解答疑问、加强交流、代查代印请求、网海导航等。

技术部主要是为学校的教学与科研提供必要的文献复制、打印、装订、图像处理和多媒体制作等服务。技术部设有业务室、复印室、电脑文字排版室、胶印室、装订室、图片室。服务项目包括复印、打字、印刷、压膜、烫金、名片制作、照片塑封、各种装订、彩色胶卷的冲洗扩印、黑白、彩色照相（学位照、集体合影）、幻灯片制作、各种资料的翻拍等。由于技术部提供的很多对外服务是有偿的，当时的制度与政策允许其收入由图书馆支配使用，所以技术部也是当时图书馆的创收部门。

岗位设置反映了图书馆的工作发展以及具体人员的工作层次、学术水平和任务标准，这些是与津贴分配挂钩的。图书馆全员聘任领导小组在考虑岗位设置时，把图书馆业务工作及未来的发展需要作为设岗出发点，不因人设岗。在全面考察图书馆现有岗位的基础上，确定各级岗位的数量和岗位任务及任职要求，并广泛听取部门负责人的意见，对每一个岗位进行反复讨论后审定，确保岗位设置的必要性和合理性。为了让每一位应聘人员在岗位聘任前和聘任后都能够认真对待自己的岗位，不断进取，树立长期的竞争意识，图书馆岗位聘任领导小组还制定了各岗位的考核指标，并将岗位任务、岗位要求和考核指标等在全馆公开，使每个应聘人员在充分了解岗位任务、要求、考核指标以及津贴系数的前提下，公开竞争上岗。

为了鼓励馆员能够在业务领域全面发展，适应新时期图书馆工作人员的业务素质要求，图书馆决定，根据工作需要进一步加大部门关键岗位的流动力度，鼓励和带动全体工作人员选择自己最合适的岗位。通过公开应聘和述职，部主任岗位的人选发生了很大的变化，这一变化又对各部门成员的选岗产生了极大的影响，使以前不敢跨部门应聘的同志也找到了自己的合适位置。结果表明，“竞争性上岗”可以促进岗位流动，更有利于个人业务的全面发展。

经过自荐、推荐报名，于 7 月 17 日在全馆述职竞聘基础上首先产生了部门主任：

办公室主任：孙彩霞；

信息部主任：左文革；

流通部主任：刘元科；

采编部主任：宋姬芳；

数字化部主任：李晨英；

自动化部主任：康实；

技术部主任：张玉兰。

随后进行部主任以下岗位的报名竞聘，并于 9 月 7 日完成了全体人员的岗位聘任。

全员聘任工作的另一个关键是分配制度的改革。图书馆根据自己的实际情况和工作性质，制定了津贴分配方案：①津贴系数与岗位级别和业绩表现挂钩，而不与职称高低挂钩。过去职称往往是津贴发放的主要标准，这种分配方式一方面不利于大多数职称低且在一线工作的年轻业务骨干，不能很好地调动他们的工作积极性；另一方面有较高职称的人容易缺乏危机感和进取心。②加大业绩津贴的分配力度。为了激励进步，多出成绩，图书馆制定了一年两次的业绩考核制度，根据考核结果享受业绩津贴。这种分配机制极大地增强了全体工作人员不断向新的发展目标迈进的积极性，为提高图书馆的整体发展水平打下了基础。

这次岗位聘任工作是图书馆打破旧的人员岗位结构模式的一次有益尝试，是图书馆深化改革、加快发展的新起点。全员聘任为图书馆注入了新的活力，调动了图书馆全体工作人员的工作热情。新的工作、新的任务和不断完善的竞争机制激励着图书馆全体职工奋发向上，以新的精神面貌为学校的教学和科研服务。

根据学校有关规定，各单位组建聘任考核小组，负责本单位聘任考核的组织工作。一般由本单位党政领导和院部学术委员会负责人等5人及以上单数组成，根据实际情况和工作需要，可以吸收系主任、部门负责人或工会负责人等参加。其职能是负责本单位员工的岗位聘任和考核。自2001年起，学校实行全员聘任制，员工岗位安排都要经过单位聘任考核小组的讨论确认，方可生效，这也是员工上岗需要履行的一种手续。每年度对员工的考核结果，最终也要通过单位聘任考核小组确认。职工专业职级的晋升，在通过学科评议通过后，最终也需要聘任考核小组安排相应的任职岗位。招聘、调入的新进职工也需要经过聘任考核小组进行考核、审定，履行聘任手续。

9月4日，中国农业大学下发《中国农业大学关于实施教职工全员聘任制的通知》，学校设“图书资料、出版、档案”学科评议组。根据工作需要，西校区图书馆设聘任考核小组，由张权（组长）、韩明杰（副组长）、潘薇、左文革、李晨英、刘元科、焦艳平组成。9月15日，学校聘任委员会批复了图书馆聘任考核小组名单［〔2001〕中农大（人）字157号］。

2001年10月下旬，为了加强图书馆的文献信息资源建设，加强图书馆与各院系的沟通和联系，提高图书馆整体服务水平与质量，经主管校长同意，学校成立了西校区图书情报委员会。

主任：谭向勇（副校长）；

副主任：郝晋珉（研究生院常务副院长）、张东军（财务处处长）、龚元石（科技处处长）、李绍华（教务处处长）、张权（西校区图书馆馆长）；

委员：王建华（作物学院副教授）、袁红利（生物学院副教授）、李怀方（植保学院教授）、赵梁军（园艺学院副教授）、朱德举（资源学院教授）、刘红岩（信息学院副研）、索勋（动物医学院副教授）、张劳（动物科技学院教授）、王秀清（经管学院副教授）、李建军（人文学院讲师）、杨新玲（应用化学学院副教授）、姜微波（食品学院副教授）、张克云（农村发展学院副教授）。

图书情报委员会的职责如下：

（1）研究有关图书馆的重要事项，制定图书馆工作方针、采购原则、外文书刊和引进数据库采购的总体原则；

（2）负责收集本院系教学与科研所需的各种信息，对本院系所需书刊经常提出意见和建议，并对图书馆书刊的订购和引进数据库咨询并将该信息反馈图书馆；

（3）协助协调图书馆与校内其他单位的关系（例如与科研处、教务处、研究生院等）；

（4）协助图书馆筹集经费、协助图书馆管理工作等，使图书馆更好地为教学、科研服务。

图书情报委员会每年召开全体会议一至二次。

11月29日，图书情报委员会召开第一次工作会议。谭向勇主任在会上说，图书馆是学校的一个窗口，是为学校教学科研工作提供文献信息服务的中心，是学生的第二课堂。搞好图书馆建设意义重大，希望大家多多关心图书馆工作，为我校图书馆文献资源建设出谋划策，贡献力量。

图书馆有关方面负责人就图书馆文献资源建设情况向委员们进行了详细的汇报。各位委员针对目前图书馆文献资源建设方面存在的问题进行了热烈的讨论，提出了许多宝贵的建议。特别是在图书馆经费投入问题上，大家一致认为，中国农业大学要实现一流大学的目标，就必须充分重视图书馆建设，希望学校在力所能及的情况下尽可能加大对图书馆的投入力度，以保障教学科研工作的正常进行。

2. 图书馆规章制度修订

为了进一步加强规范化管理，经馆务会讨论，图书馆对原有规章制度进行了修订，于1996年12

月11日报校领导审批。12月16日，副校长江树人批准了修改后的6个规章制度，即《进馆须知》《图书馆书刊阅览规则》《图书馆借阅规则》《图书馆关于违章带书出馆的处理规定》《图书馆关于遗失损毁书刊赔偿规定》《图书馆馆际互借规定》。

3.“211工程”之图书馆管理自动化建设

20世纪末是网络技术蓬勃兴起的时代，图书馆抓住时机，通过国家“211工程”一期建设，建立了以校园网为基础的具备网络资源利用和信息资源开发管理的图书馆局域网络环境；建设了适应网络时代信息服务需要的图书馆业务自动化集成管理系统，实现了图书馆业务的网络化集成管理；建成了电子阅览室，为入馆读者提供了网络用机环境；建成了多种媒体的文献信息资源服务体系；培养了一支与网络信息化相适应的专业队伍，为进入21世纪，全面建设现代化服务体系奠定了良好基础。

图书馆管理自动化建设项目是学校“211工程”公共服务体系建设项目中的子项目，东、西校区图书馆各投入200万元建设经费，于1996年立项启动。经过前期调研、总体规划、方案竞标、评审论证等充分准备后，1997年10月与太极公司签约开始建设。

西校区图书馆在自动化建设方面有一定基础和经验，1990年竣工的图书馆建筑比较适合计算机网络化管理的技术要求。1991年配合新馆舍建设，利用世界银行贷款购置了微机和小型机，建立了以粗细缆为介质的总线型以太网，以两台UNIX操作系统的小型机和386微机为主服务器，以TCP/IP为网络协议，联结了全馆42台286和4台386微机及1台486工作站的局域网。

在此基础上，这次“211工程”项目用80万元对局域网进行了更新，用120万元在软件引进和开发及其他辅助系统、外部设备、光盘资源等方面进行了合理投资。

硬件方面，计算机网络布线设了130点，具有ATM交换机1台，SUN 150型主服务器2台，SUN 140型WEB服务器2台，与校园网连接，形成了以ATM为主骨干网，外接快速以太交换网，并以2M微波联结两校区的局域网，技术上达到了当时国内校园网和图书馆局域网中最先进的水平。此外，图书馆内装有光盘塔及其配套服务器，还有PC工作站59台。

应用方面，建成了电子阅览室，可向读者提供20台PC机访问本馆的各种信息及上网；实现了图书馆内部管理集成化，可向读者提供网上预约借阅与续借服务；实现了光盘数据库上网，包括国际农业三大数据库（CABI，AGRIS，AGRICOLA）、国内农业文献数据库和中文期刊篇名数据库等；此外，还提供了农业教育录像片的VCD点播，多媒体外语教学及在网上对发布农业和相关学科图书信息的服务部门站点的导航等多项服务。

1998年9月16日，西区图书馆计算机网络系统正式开通运行。10月9日，图书馆自动化建设项目基本完成，并举行了开通仪式。免费给校内师生提供上网和使用光盘塔，学生使用踊跃，形成校园内一个热点。

1999年12月完成全部任务。系统运行表明，各项指标达到或优于原设计要求。该项目极大地推动了图书馆的现代化建设和管理，为学校“211工程”建设以及面向21世纪的教育改革和发展提供了强有力的支持，起到了保障作用。

具体建设成果可以归纳为以下几点。

1）建立了自动管理与服务的软硬件平台

完成了图书馆内结构化布线、配置了网络设备及各类服务器；建立了110个座位的电子阅览室；引进了图书馆管理系统软件和光盘管理系统，使图书馆具备了良好的软硬件工作平台。

2）改善了管理与服务水平

建立了集所有信息化服务为一体的，365天全开放式Web站点，年度访问人数超过14万。

实现了图书馆业务管理与服务模式的转变。图书馆业务高度集成化、读者检索和图书借阅自动化、预约与续借网络化。自行开发的语音通知系统更加密切了图书馆与师生的联系。

自建了中文、西文、日文多语种书目数据库，书目数据库建设工作处于国内先进水平，是我国高校文献保障体系（CALIS）联机合作编目首批26个示范馆之一。日文数据库建设研究水平处于国内领先地位。

3）开展现代服务模式的探索

通过开展适应网络时代的跟踪服务、定题服务、用户教育、网络信息导航等现代化服务的探索，积累了一定经验，为今后信息服务由被动变主动奠定了基础。

4）探索数字图书馆的建设方法

通过电子资源建设、管理与服务，探索数字图书馆的建设方法与模式，建立了CABI镜像站点，引进了学术期刊网、万方服务中心等商业数据库；自建了棉花文摘、肉牛养殖和‘农大108’玉米多媒体数据库和重点学科导航库等特色数据库；建立了农业学术资源网。

5）承担了CALIS农学中心建设任务

承担了CALIS农学文献信息中心的建设任务，主持“CALLS日文联合书目数据库建设子项目”；参与了联合目录、现刊目次库、学位论文、国际会议论文等项目的工作。

6）加强了国际合作和学术研究

通过国外数据资源的引进、主办国际会议、学术交流等多种形式，与国际农业信息中心、日本国立情报学研究所等多家机构，开展了广泛的国际合作与研究；培养了一批学术骨干，自行开发了一批应用软件；发表学术专著2部、学术论文30余篇。图书馆有1名同志被聘为CALIS数据库评审专家，2名同志被聘为CALIS数据质量控制组成员。

另外，图书馆于1999年，以PERL脚本开发了以CGI为技术的Web版办公系统，全馆人员都可以通过这个平台相互传递文件或在平台上发布消息等，不受地域限制，实现了无纸办公并极大地提高了办公效率。2002年，办公系统改用PHP脚本，以3层结构重新开发，提高和改善了其性能。

4. 图书经费及资源建设情况

文献资源馆藏工作面临着文献价格不断上涨，出版种类不断增加，而文献购置经费严重不足的矛盾。为了缓解这一矛盾，做好外文期刊的订购工作，图书馆通过博士引文分析和教师调查问卷两种方式进行了调查研究、统计分析，得到高学术价值和高利用率的西文期刊277种，其中馆藏的现刊有155种，保障率为56%。所订外刊的种类与本校重点学科的科研与教学需求是基本一致的，但保障率较低。究其原因，还是由于经费不足，难以满足实际需求。

2002年，西区图书馆图书经费由原来的100多万元增加到500万元，有了大幅度的提高。自我国加入WTO后，许多影印版外文期刊要改订原版，外刊订购费用大幅度提高。但毕竟外刊只是所有资源的一部分，在学校适时增加了图书馆经费的基础上，不仅原订的外文刊数量基本上得以保留，还加强了各种文献资源的建设，如中外文图书和国内外数据库等，使文献信息资源的总体保障率和时效性得以提高和改善。

随着网络技术研究与应用的进一步发展，图书馆的馆藏文献资源种类和内容也在不断增加。西校区图书馆根据具体情况，在引进电子资源上做了一些尝试。首先将现刊中一些利用率高的外文期刊改订成印刷版和网络版的合订版；此外，经过仔细的调查比较分析，在众多的全文数据库中选择了Agricola PlusText，该数据库收集了800余种期刊文摘和60余种期刊全文，内容全部为农业科学和生物科学类，很适合本校的学科特点。

2002年，在数据库资源的采购上，图书馆与其他院校联合购买了BA数据库、PQDDB数据库（博硕士论文数据库）、Agricola的全文数据库、中文期刊数据库、《中国期刊网》中文全文数据库、农业科技文献库、万方数据资源系统等。另外，银盘公司数据库（包括CAB、Agricola、Agris等数据库）在西区图书馆设置了镜像。

5. 深化读者服务

从20世纪90年代初开始，随着科学技术的发展，声像被引入图书馆服务中来，经过近10年的发展，到1998年，西校区图书馆收藏有外语教学录音带约3000盒，外语教学录像带约2000盒，农业专业录像带约400盒。每年声像阅览区接待读者约8万人次。为能更好地服务于读者，在北京市高校图书馆内率先设立了个人录像收视座位，读者可以像借书一样任意选择自己喜欢的节目。北京大学、清华大学、中国人民大学等高校图书馆都来人参观学习，这一方式很快在北京市高校图书馆得到普及，得到了北京高校图书馆协会的肯定，图书馆馆员黄兴建还出任了北京地区高校图书馆工作委员会声像研究会理事长。

1999年10月18日，图书馆馆务会决定延长开馆时间，定为8：00—22：00，这样每周开馆时间就达到了98小时。

同年11月21日，图书馆再次决定将开馆时间由8：00提前到7：30。

“学科馆员”制度是图书馆在长期的读者服务中逐渐形成的一种新型服务，其特征是图书馆设专人与某一个院系或学科专业建立联系，在院系、学科专业与图书馆之间架起相互沟通的桥梁，为用户主动地、有针对性地收集、提供文献信息服务。

2001年春，为了加强与各院系的联系，图书馆建立起通畅的“需求”与“保障”渠道，帮助教师、学生充分利用图书馆的资源，图书馆建立了“图书情报委员——学科馆员”制度。

图书馆安排具有对口专业学历背景的馆员担任学科馆员，每位学科馆员对口联系沟通一个学院或者几个系。院系也确定一位图情教授，负责与图书馆联系，对本院所需书刊提出需求，反映对图书馆资源建设（图书、期刊、电子资源等）、服务内容的意见和要求。图书情报委员会每年召开1～2次全体会议，研究有关图书馆的重要事项，讨论图书馆工作方针、采购原则，专业书刊特别是外文刊的取舍等。

学科馆员的职责如下。

（1）负责试用、评介对口院系学科的参考工具和电子资源；

（2）经常性地为对口院系教师、研究生提供利用图书馆的指导和培训，包括介绍图书馆的资源和服务；

（3）征求对口院系对图书馆资源建设（图书、期刊、光盘、电子资源等）、服务内容的意见和要求；

（4）负责搜集、鉴别和整理对口院系学科的网络信息资源，并在图书馆主页上按学科大类建立链接网页；

（5）协助对口院系的教师进行相关课题的文献检索，逐步做到有针对性地为教学和科研提供定题服务和决策参考服务。

“图书情报委员——学科馆员”制度的建立，强化了图书馆与各院系之间的双向联系渠道，使图书馆能及时地与广大师生进行信息沟通。

为了及时通报图书馆各项工作，提高服务质量，拓宽与读者联系的渠道，加强纵向与横向交流，西校区图书馆决定创办中国农业大学（西区）《图书馆通讯》，每季度一期，面向校内各院系，并与兄弟院校图书馆进行交流。主要栏目有反映图书馆文献信息量源建设动态的“资源建设”，体现图书馆业务工作水平的“业务研究”，及时向读者通报最新服务内容的“读者服务”，为促进与读者交流而设置的“读者论坛”，以及介绍与图书馆相关信息的“信息动态”等。

图5-1 《图书馆通讯》第一期封面

2001年4月下旬，《图书馆通讯》第1期编辑出版（图5-1），主编为张权，副主编为韩明杰、潘薇。谭向勇副校长题字“办好图书馆通讯，提高服务质量”；马寅生副校长题字“加强沟通，增进交流”。

2001 年 12 月 14 日，中国农业大学校长江树人为《图书馆通讯》题字：希望中国农业大学“图书馆通讯”成为与读者沟通的桥梁、与兄弟单位信息交流的纽带。

6. 信息素养教育

为了帮助读者更好地了解、利用图书馆的各类文献资源的分布、使用方法、图书馆服务内容及方式，图书馆以不同方式大力开展了读者培训工作。

坚持在新生入学教育中加入如何利用图书馆的培训，引导新生了解图书馆的布局、资源、服务以及各项规章制度。

2001 年 3 月推出的“每周一讲”系列活动，是极具特色的普及培训讲座。通过每周举办的讲座，向读者介绍图书馆各种数据库的使用方法、文献分布等，帮助读者掌握检索和利用图书馆资源及网络资源的基本技能。讲座内容主要涉及：①常用数据库的使用；②常见应用软件使用，介绍 Powerpoint、FrontPage 等的使用技巧；③联合目录数据库检索培训；④工具书简介和使用；⑤馆藏分布及利用；⑥网上资源的检索与利用；等等。每次讲座安排不同的主题，对于重要的内容根据情况重复安排。这种常规性的主题讲座，形成了一种图书馆的特色品牌活动。

图书馆面向本科生开设农业科技文献检索选修课程，面向研究生开设 INTERNET 资源与利用选修课，正式列入教务处和研究生院的教学计划，向学生系统展开信息素养教育和获取信息的专业技能，为学生能够自主检索利用情报信息打下坚实的基础。

7. 工作研究与实践

进入 21 世纪后，图书馆鼓励员工开展工作创新，积极申报学校的研究立项，调动了大家工作的积极性，各项业务工作有条不紊地向前推进。在业务工作方面，采编、流通部门提高了工作质量，信息服务扩大了业务范围，开展网络导航，针对 12 个国家重点学科，逐步开展定题服务。

图书馆于 2000 年 1 月 12 日进行了工作改进创新及优秀成果评比。

评出一等奖 1 个，即“图书馆办公信息系统”（康实）；二等奖 5 个，即“《农书》三十六卷多媒体系统”（黄兴建、许岩青、塔娜），“本校重点学科外刊收藏与利用研究”（刘元科、王淑凤、宋姬芳、冯玛联、焦艳平、孙彩霞、王建仑），“中国农业大学教师论文数据库建设”（信息服务部），“馆藏重点期刊表的研制”（冯玛联），“读者用机系统安全设计”（洪重阳）；三等奖 6 个，即“网络资源的开发和利用”（信息服务部），“中文核心期刊要目总览农业编的研制”（刘元科、洪重阳、吴群、王淑凤、孙风录），“个人录像服务模式”（黄兴建、高剑波、郭葆京、凌毅、塔娜、许岩青），“图书馆学生用机电源改造”（郭葆京），“满铁资料的整理与研究”（孙玉玲），“图书馆网页的设计与制作”（凌毅）；鼓励奖 4 个，即“引进设备管理软件系统，实现图书馆国有固定资产数字化管理”（张淑琴），“采访工作改进”（王雁），“有效延长新书的流通与馆藏”（倪红华、董晓玲、黄兴建），“加强管理，防止开架图书丢失”（刘凤娟、倪红华）。

西区图书馆收藏有《满蒙全书》《北支惯行调查报告》等满铁 1500 多种珍贵历史资料。1999 年 11 月，参与了国家社科研究“九五”规划重大项目——满铁资料研究。

2002 年 3 月，学校教务处组织专家对校内教学改革研究项目进行了立项评审，图书馆王淑凤的“中国农业大学教师论文数据库建设”、高剑波的“外语语音资料数字化建设”、左文革的“国外原版教材调研、国外大学课程、教材、教参数据库建设”获批准立项资助。

2002 年 4 月，学校进行了第二届学生思想教育管理工作研究项目评审，潘薇申报的“信息网络化对大学生思想行动的影响及教育管理对策”获批准立项资助。

8. 数字化研究与实践

西区图书馆十分注重图书馆数字化建设的研究与实践。自20世纪90年代末，采编部、参考咨询部等相关部门，即开始结合工作需要尝试建设特色数据库；21世纪初，专门成立了数字化建设研究部，开展数字化研究与实践，在图书馆数字化发展的道路上积极探索。

1）特色数据库建设

西校区图书馆在世纪之交，根据读者的实际需求，自建了一些特色数据库。

（1）重点学科导航库　为了给重点学科领域的教师、研究生迅速提供本学科领域的科技前沿研究动向、发展趋势，图书馆对学校11个国家级重点学科（植物病理学、昆虫学、植物生理生化、作物栽培学与耕作学、农产品贮藏加工、土壤学、农药及农用化学制剂、动物繁殖学、动物遗传育种学、动物生理生化学、兽医寄生虫学与寄生虫病学）、4个农业部重点学科（微生物、果树学、植物营养学、农业经济管理学）分别做了导航服务。

导航库内容主要包括：与重点学科直接相关的国内外主要网站、电子出版物、国际会议、相关机构（包括学会、行业协会、非营利性组织等）等信息介绍，以及相关的行业标准、规范、协议、专利等。

（2）棉花文献文摘数据库　数据库收录了1984年以后发表在国内外各类学术刊物上有关棉花的学术论文题录及文摘，标明了文章发表的所在刊物，以及该刊物在中国农业大学西校区图书馆、中国农业科学院文献信息中心、北京图书馆和中国科学院图书馆的收藏情况。

数据库还收录了上述4个图书馆中收藏的1976年以后国内外出版的有关棉花方面的学术专著，以及本馆收藏的学位论文的文摘记录。为了加强网上服务功能，数据库还收集了与棉花专业有关的信息网站，增设了导航服务功能。

（3）肉牛养殖专题数据库　这是西校区图书馆与中国农科院畜牧研究所合作建设的数据库。农科院中国西门塔尔牛育种委员会提供了大量的图片资料、最新科研成果和实用技术。数据库建设过程中聘请了委员会的两位专家担任顾问，在各个专业环节上把关，保证了数据库科学性和实用性的统一。

比数据库主要内容有品种介绍、育肥技术、饲养管理、育种繁殖、牛肉分割和牛舍建筑设计6大部分。数据库以清晰的结构、详实的内容和近300幅确切直观的图片，详尽介绍了肉牛这一极具市场效益的经济品种的生产、加工和销售过程。

（4）‘农大108’玉米专题数据库　‘农大108’玉米是中国农业大学许启凤等教授历经20年，精心培育的玉米新品种。该品种高产、稳产、质优、适应性广，深受广大农民朋友的喜爱，且粮饲兼用，种植面积迅速扩大，2000年已超过2000万亩，2002年推广面积达4000万亩，获2002年度“国家科学技术进步一等奖”。鉴于‘农大108’的优良特性及日益扩大的种植面积，西区图书馆制作了‘农大108’专题库上网，对该品种的特征、特性进行宣传，使更多的农户了解并种植‘农大108’玉米，以推动各地农业及畜牧业的发展。为使玉米专题库图文并茂更加直观，相关人员深入地头拍摄了‘108玉米’各生长阶段的图像资料。该专题库共分5个部分，主要突出玉米的选育、特征、特性及栽培管理等要点。

（5）本校教师论文数据库　我校教师、科研人员在国内外发表的论文、专著、译著及书籍的数量不断增加，据中国科技情报所对1000多种经国家批准正式出版的期刊上的论文统计，当时我校每年有500～600篇，另外还有许多教师在国外刊物及国内外会议上发表论文。由于这些文献分散于不同的出版物上，很难收集齐全，读者查找困难；另外由于很难统计完全，无法全面、真实地反映学校的科研水平和教师的科研贡献。为了便于读者查找，了解校内学者的研究方向和研究成果，扩大学校的对外交流，提高著者和学校的知名度及展示学校不同时期不同著者在不同领域内的学术成就，图书馆信息服务部与自动化部联合建设了本校教师论文数据库，师生可以通过校园网检索及统计发表的论文数量。到2002年5月，数据库有数据6800多条，这个数据库可以下载全文。

2）全文数据库的建设研究

随着网络和信息处理技术的成熟，基于 WEB 的全文数据库及全文检索服务也逐渐发展起来。为了能够充分发掘图书馆特色书刊馆藏资源，加强网络环境下的文献信息支持服务，在网上为特定读者群提供直接访问和获取一次文献的机会，西区图书馆从 2001 年 9 月开始着手进行全文数据库的建设研究。

为了比较和测试不同系统的适用性，图书馆引进了不同的系统进行试验。10 月底开始接触清华同方公司的 KD35 网络版系统，以此建设了学位论文库及农书古籍库；11 月底又安装了北京新星快威数码公司的 DIPS 系统，以此建起了学位论文库、教学参考书库和外文期刊库。

（1）本校硕博士学位论文库　研究生学位论文在一定程度上代表着高等学校教学科研和人才培养的水平及特点，反映学科最新研究动态、洞察研究发展方向，是一种重要的文献资源。为了进一步发挥学位论文的学术价值，图书馆开展了本校研究生学位论文全文数据库的建设，为全校师生提供方便快捷的网上检索查询服务。图书馆 1984 年起开始收藏毕业硕博士的印刷型学位论文，对 1984 年至 1998 年间的学位论文进行了题录库建设，以 CNMARC 格式外挂在本馆 OPAC 系统上；1998 年以后开始向 CALIS 提交学位论文文摘。

根据学校规定，本校研究生在通过学位论文答辩之后，必须向图书馆呈缴学位论文电子文档与印刷本。西校区图书馆从 2001 年起，逐步开展学位论文电子文档的收集工作，开始以软盘和 FTP 远程上传方式搜集本校研究生学位论文电子文档，2002 年及 2003 年通过 TPI 系统实现了研究生学位论文的远程提交。研究生可直接上网进入图书馆主页的“学位论文电子文档提交”栏目，填写论文提交表单，并上传论文的电子文档。为了保障学位论文提交信息的准确性，图书馆制订了学位论文电子文档提交规范，并根据学位论文的文献特征制订了学位论文全文数据库的著录标准，按照教育部学位办制订的学科体系结合本校的学科设置确定了学位论文全文数据库的分类体系。

凡是在本校获得博 / 硕士学位者，本校享有其学位论文的优先使用权，在作者许可的范围内进行免费使用和网上发布。除涉密论文及部分论文根据作者要求暂不发布全文以外，研究生学位论文的电子版全文均在校园内发布，可供校内 IP 用户查询和下载，下载后的 PDF 文档只能浏览，不能编辑和打印；题录、文摘数据可以在因特网上查询。

研究生学位论文库的全文数据除了促进教学科研的学习和交流，还起到了数据存贮和保管的作用，如有的导师因撰写课题结题报告来图书馆索取原文，还有的研究生因为论文电子文档丢失来图书馆索取自己的全文。

2003 年 6 月 5 日，图书馆自建的中国农业大学硕博论文数据库正式开通使用。根据数据库系统日志分析，自 2003 年 6 月 6 日至 7 月 9 日已有 4600 人次登录研究生学位论文数据库，其中浏览详细题录文摘数据 10548 条，下载全文数据 8154 条。数据库的点击率及下载率如此之大，说明学位论文资源的利用率高，对促进校内学术交流有积极作用。

（2）教学参考书库　教学参考书特别是国家级重点学科的教材、教学参考书是图书馆的重点收藏资源。2001 年底已转换了近 2900 本约 10G 容量的教学参考书 TIFF 格式图片数据，这些数据可通过 OCR 识别后转入全文数据库。

（3）农书古籍库　珍贵的农书古籍属特色收藏，为了更好地保存、开发和利用这些珍贵的农业文化遗产，1997 年开始尝试对古代农业书籍进行数字化处理，以多媒体形式制作了 9 种古农书的演示版，保存了 5000 多幅 JPEG 格式、分辨率为 150DPI 的古农书图片，制作成多媒体，保存古籍的原书原貌，刻成光盘，放在古籍阅览室，读者可以通过计算机进行阅览。这样既使古农书得到了很好的保护，又提高了古农书在现代农业科技发展中的参考和利用价值，使古农书向数字化发展迈出了探索性的一步。

西区图书馆馆藏古籍有 300 多种，首先请农史专家挑选出 9 种具有代表性的古农书进行数字化，这 9 种古农书是：《吕氏春秋》《汜胜之书》《四民月令》《齐民要术》《农书》（陈旉）《农桑辑要》

《农书》（王祯）《农政全书》《补农书》（沈氏农书）。这 9 种古农书共 47 本，122 卷。通过对“清华同方专业数据库制作管理系统 TPI（网络版）”和北京新星快威数码技术有限公司的“数字文献处理系统 DIPS2.0（测试版）”两套应用软件进行论证对比，认为对于图片数据的人工标引，TPI 更加方便和自由。所以，选择了 TPI 作为古农书专题数据库建设用软件系统。

9. 馆藏整理与剔旧

西校区图书馆新馆于 1990 年 12 月启用后，由于缺少人员整理和新馆密排书库基本饱和，留存在旧馆舍的一些馆藏一直没有迁入新馆舍。为了推进计算机检索，确保书目信息准确、完整，使馆藏建设更加合理和规范，经馆务会多次研究，决定组织力量整理这批馆藏，提出对部分过多复本及过时无保存价值的文献进行剔除。剔除范围及原则为：①学术水平严重滞后过时，并无保存价值的书刊；②收集不全的地方性报纸；③密排书库已留复本的；④“文革”中的部分政治性出版物及馆藏文献。1997 年 12 月 12 日，图书馆向学校提交了“关于剔除部分旧书刊、报纸的请示”，12 月 15 日，副校长江树人批示同意。

1998 年初，开展了旧书清理和剔除工作，这其中有加拿大圭尔夫大学图书馆赠送的书刊，有多年未整理的书刊，有的书有馆藏章无分类号，有的有号无卡片，还有相当一部分是从原老北大转过来的书。此次整理的书刊约有 3 万册。

1999 年 9 月，图书馆制定了《关于 1976 年前馆藏图书的剔除原则》，其内容为：①专著类。一般保留两套，重点专著保留 3 套。②教材类。基础课教材和专业基础课教材保留 2 ～ 3 套。③科普读物类。专业图书保留两册，一般图书保留 1 册。④工具书类。词典保留 5 册，手册类保留 2 册，图表类及大百科全部保存。⑤政治类。保留 2 册。⑥新中国成立前的出版物慎重处理。⑦英、日文图书全部保留。⑧俄文图书保留 1 册。到 2000 年 3 月底，存放在旧馆的图书整理工作全部完成，剔除近万册。

10. 学术交流活动

图书馆通过组织和参加学术交流活动，在拓宽视野的同时，也扩大了图书馆在业界的影响力，逐步树立起农大图书馆的形象，促进了图书馆各项业务的发展。

1998 年 10 月 15—19 日，西校区图书馆组织承办了“中国农学会农业图书馆分会年会暨农业文献资源建设学术研讨会”。会议宗旨是进一步做好农业图书馆分会的工作，加强各分会成员馆之间的横向联系和业务交流，更好地促进我国农业图书馆面向 21 世纪的转变。大会的主题为“网络化环境中的文献资源建设”，重点讨论如何在网络化环境中更好地开发利用现有的信息资源；如何将文献信息资源建设与现代化的网络通信技术相结合；如何将文献资源与经济资源结合，有效地指导农民面向市场，服务于农民。

出席会议的有中国农业大学主管图书馆工作的副校长谭向勇，德国霍恩海姆大学图书馆馆长马丁（Jorg Martin），日本农山渔村协会常务理事、中国农业大学名誉教授坂本尚先生，北京大学图书馆馆长朱强，中国农业科学院信息研究所赵华英、林渠家、潘淑春，浙江农业大学赵继海，南京农业大学程极益，西北农业大学刘省泉，四川农业信息研究所李晓及全国高等农业院校图书馆馆长 50 余人。西校区图书馆馆长沈佐锐作为中国农学会农业图书馆分会的副理事长，张权副馆长作为农业图书馆分会副秘书长兼文献资源建设专业委员会主任，出席了会议。很多图书馆馆员旁听了会议。

代表们就如何在网络时代下开展农业文献信息资源建设工作进行了积极而热烈的讨论，并在总体方向上达成了共识，为今后更好地开展工作，加强农业文献信息资源建设起到了极大的促进作用。

紧接此次年会之后，为了提高农业图书馆和农业信息管理人员的素质、业务水平和对未来农业信息市场的分析和决策能力，加强农业教育、科研和决策者之间的信息交流和机构间的协作与协调，促进我国农业信息系统的建设和发展，西校区图书馆联合中国农科院文献信息中心、中国－欧洲联盟农业技术中心、国际农业与生物科学中心（CABI）、联合国粮农组织（FAO）、国际农业信息专家协会（IAALD），于10月18—24日在西校区图书馆联合举办了“国际农业信息高级管理研讨班”。

本次研讨的主讲人分别由国际农业和生物科学中心、联合国粮农组织、国际农业信息专家协会、中国农业科学院文献信息中心、中国－欧洲联盟农业技术中心和中国农大西校区图书馆的专家担任。研讨班的参加人员包括政府部门的决策和政策制定者、大学和研究机构的图书馆和信息专家、信息用户团体的研究人员、教师和研究生等。研讨班讨论了当前农业信息获取和传递的趋势及存在的问题。通过参与式讨论、案例研究以及专家讲解，学习到了国际上的先进经验，在此基础上进一步讨论了建立面向中国用户需求的农业信息服务体系的决策方案和行动计划。

2001年11月4—6日，由西校区图书馆与农业部国际合作司、信息产业部信息化推进司、国际农业信息专家协会及中国分会、农业部中国－欧洲联盟农业技术中心、农业部信息中心、中国电子商务协会、中国农业科学院文献信息中心、澳大利亚国际农业研究中心、农民日报社、亚洲太平洋地区农业研究所合办的“2001年国际农业信息研讨会暨农业信息技术展示会”在中国农业科学院文献信息中心召开，30多个国家与地区的40余位国外代表及100多位国内代表参加了此次研讨会。此次研讨会主题为“21世纪农业信息的发展——挑战与机遇”。西校区图书馆向大会提交6篇论文，其中一篇为英文。张权馆长、潘薇副馆长等参加了此次研讨会。

2002年6月5日，北京高校情报资料研究会科技分会第六届学术研讨会在西校区图书馆举行。本次研讨会的主题是“网络环境下数字化图书馆的建设与发展”。国家新闻出版署副司长徐超、国家图书馆副馆长孙蓓欣、教育部高教司教学条件处处长李晓明、CALIS管理中心主任北京大学图书馆馆长朱强、清华大学图书馆信息咨询部主任姜爱蓉、中网信息技术有限公司董事长万国平、清华同方光盘公司知识网络事业部总经理刘学东出席大会并做了专题报告。报告分别为：《大学图书馆在学校信息化中的地位和作用》（朱强）、《加入WTO后我国信息服务业面临的机遇与挑战》（万国平）、《对数字图书馆建设的几点思考》（孙蓓欣）、《高校图书馆与著作权》（徐超）、《大学图书馆数字资源网络的建设与发展》（姜爱蓉）。约150人参加了此次会议，西校区图书馆张权馆长，潘薇、韩明杰副馆长等参加了此次研讨会。

11. 国际交流与合作

在信息化社会，先进技术和服务方式发生着日新月异的变化。通过开展广泛的国际交流与合作，打开视野，紧盯行业发展的前沿动态，图书馆不断借鉴国际先进经验，把握时代发展的脉搏，更新办馆理念，坚持创新开拓，推动各项工作处于业界领先的地位。

应图书馆的邀请，德国霍恩海姆大学（Hohenheim University）图书馆馆长马丁（Jorg Martin）博士，于1995年9月21日至9月26日来图书馆进行了友好访问。

此次马丁博士访问我馆的目的包括：介绍德国信息高速公路的进展情况；介绍德国霍恩海姆大学校园信息网络的建设与运行情况；介绍德国霍恩海姆大学图书馆自动化管理情况；商谈合作筹建北京农业大学信息中心的具体内容。

信息资源网络化已成为当时信息产业发展的热点问题。作为信息产业重要组成部分的图书情报工作面临了新的机遇和挑战。1990年，北京农业大学图书馆利用世界银行贷款建成了一座具有现代化水平的图书馆，采用了当时的先进管理理念与模式，在国内高校图书馆界具有领先地位。然而，随着信息技术的发展和信息资源的进一步广泛应用，图书馆原有的设备条件已难以适应信息社会发展的需要，人员素质和管理水平也无法满足新的发展需要。在信息高速公路迅猛发展的时代，越来越感到差距大、问题多。要尽快提高和改善图书馆的软件条件和硬件环境，一方面靠自身努力，转变观念提高发展能力；另一方面开展国际合作，吸收先进的管理经验和方法乃是一条切实可行的途径，这是此次邀请马丁博士来访的一个基本出发点。

专家来馆后的主要活动内容包括以下几方面。

（1）专题报告。介绍德国信息自动化和网络化的发展现状，介绍德国霍恩海姆大学校园网的建设情况；

（2）详细参观和了解了西区图书馆的现状及存在问题；

（3）商谈合作建立北京农业大学文献信息中心的具体内容；

（4）马丁夫人为部分馆员进行了短期英语培训。

通过马丁博士的介绍，大家对德国信息资源网络化的发展现状有了一个较全面的了解。马丁博士的来访也打开了图书馆与国外同行进行交流学习的窗口。通过交流，了解了国外信息领域发展的最新情况，找出了自身的差距，增强了自我发展的信心和勇气，制定了未来的发展目标。

通过这次学术交流，使大家进一步认识到以下几点。

（1）必须转变观念，适应社会主义市场经济发展的需要和国际信息网络的发展趋势。在学习借鉴外国先进经验的同时，确定自己的发展目标和方向，针对自身问题采取有效措施，提高图书馆的服务水平，包括图书情报工作的理论研究、人员培训、用户教育及图书馆自动化环境改善等方面；

（2）加强对外交流，不仅要与国内同行开展合作交流，与国外同行进行合作交流也是十分必要的。这次与德国霍恩海姆大学图书馆的初步合作，是一个良好的开端，在人员培训、信息中心建设及必要设备改善等方面都有获益；

（3）在进行人员培训的同时，还要开展多种形式的用户教育与培训。这种教育和培训，可以使他们适应信息社会的发展需要，懂得如何使用计算机和利用信息网络技术获取信息，提高工作效率，让用户真正成为信息服务的受益者；

（4）要加强图书馆的硬件建设，适应信息资源网络化的发展需要。

1999 年 7 月 29 日，应德国霍恩海姆大学图书馆馆长马丁邀请，张权馆长、潘薇副馆长赴德国考察。他们重点考察了资源建设与管理及读者服务。其间还考察了斯图加特市图书馆、海德堡大学图书馆，参加了霍恩海姆大学图书馆员工生日聚会。他们对工作人员的人文关怀、对读者的开放程度及全心全意为读者服务的精神给考察者留下了深刻印象，对改进西区图书馆各项工作起到了示范作用。

1999 年 12 月，国际农业信息专家协会（IAALD）中国分会成立。国际农业信息专家协会是农业图书馆和信息机构的专业组织。该组织通过两次在中国举办农业信息研讨班，特别是与西区图书馆合作举办的第一次“国际农业信息高级研讨班”，开辟了国际农业信息专家协会在中国的合作领域。经过两年的合作，该组织对中国的信息服务机构有了较全面的了解，并通过与国内同行的交流活动与国内许多信息单位建立了合作关系，两年来发展会员 300 余名。为此，该组织决定在中国成立国际农业信息专家协会中国分会。张权馆长被推选为中国分会副主席，潘薇副馆长被推选为中国分会副秘书长。中国分会的成立有效促进了农业信息服务领域的对外交流与合作以及图书馆工作的进一步深化。

2001 年 11 月 7 日下午，美国明尼苏达大学图书馆副馆长约翰逊（Peggy Johnson）应邀到图书馆作了《明尼苏达大学数字图书馆通过合作取得的成就》的报告。报告分 5 部分：①明尼苏达大学及图书馆简介；②图书馆面临的机遇与挑战；③数字图书馆建设；④图书馆服务；⑤合作。全体馆员参加了此次报告会。

11 月 7 日，菲律宾水稻研究所图书馆馆长到访，就今后合作问题达成一致意向。

11 月 7 日，美国伊利诺斯大学图书馆同仁到图书馆参观访问，张权馆长、潘薇副馆长陪同客人参观了图书馆，并向其介绍了图书馆。

2002 年 5 月 24 日，日本农山渔村文化协会专务理事、图书馆客座研究馆员坂本尚先生再次访问西校区图书馆。张权馆长热情接待了坂本尚先生，向其介绍了图书馆主持的 CALIS 联合目录日文联机编目项目和制作的农书古籍图片库等有关情况，并与坂本尚先生就农山渔村文化协会向中国农业大学西校区图书馆无偿提供《农业技术大系》数据库裸数据达成合作意向。

12. 改善馆舍环境

西区图书馆在1988年建造时是完全按照集中供暖和制冷的中央空调设计的。建筑的冷冻机房、冷却泵房、冷却塔基座、冷却机组给水管道，甚至配电负荷容量均已配备齐全。但由于资金不足，所以一直未能安装中央空调，读者，在夏季饱受炎热之苦。

2001年3月12日，图书馆向学校提交了《关于图书馆空调安装的经费申请报告》。4月9日，学校江树人校长、谭向勇副校长、韩惠鹏副校长及财务处分别作了批复，同意西校区图书馆安装中央空调的报告。

5月10日，工程项目开标，中国农业大学代表、监理公司代表和三家投标方代表出席。评标专家对格力、北京博瑞和约克三家公司的投标方案进行了评审。经评审委员会讨论，认为约克公司在技术上具有明显优势，冷量设计为209冷吨，性价比经济。5月13日，学校评标人员分两组对邻校国际关系学院所使用的约克生产和安装的风冷往复式水冷机组和水冷螺杆式冷水机组进行了详细的实地考察，结合约克公司的补充材料，评标小组人员一致同意选定约克（上海）空调冷冻设备国际贸易有限公司为中标单位，采用其生产的风冷往复式冷水机组。

5月17日，学校与约克广州空调冷冻设备有限公司签订了供货合同。系统总投资177万元，机组型号为YEAJ99MU7。该项目为交钥匙工程，于同年8月19日调试验收完毕。

西校区图书馆安装的中央空调是一套可制冷供暖，同时可以输送新鲜空气于一体的系统，它使西校区图书馆的学习环境得到了极大改善。

随着信息技术的迅速发展，图书馆新业务种类和服务项目不断增加，原有室内布局已不适应图书馆业务的开展，西校区图书馆于2002年4月24日向学校提交了《关于图书馆进行大门改造等工程的申请》，建议对图书馆全楼进行维修、粉刷；改造图书馆大门；部分功能区做工程性改造变动；二层大厅室内布局重新设计装修；拆除二至四层的旧地毯，对地面进行改造。

5月6日，改造方案获批同意。西馆装修改造工程利用2002年暑假施工。工程于7月25日开工，8月31日竣工。这次改造，把报告厅从一层迁到二层入口左侧；把正对入口方向的阅览区改建成电子阅览区，提供电源、网线，配备台式计算机，供学生上网学习；大厅地面换成了微晶石地砖，立柱加装了铝塑板，重新装修了总服务台，增强了照明，美化了造型，大门由铝合金门改为自动平开门，二、三、四层阅览区原有的地毯更换成硬地面，便于清洁维护。装修改造后的图书馆焕然一新，一个崭新的现代风格的图书馆展现在读者面前。

13. 对口支援内蒙古农业大学图书馆

为了贯彻落实中央开发西部的战略决策，2001年7月教育部启动了“对口支援西部地区高等学校计划”。同年10月26日，中国农业大学对口支援内蒙古农业大学签字仪式在西校区举行，两校校长签署了对口支援校级协议，教务处、科研处、研究生院、人事处、图书馆对口签署了部门协议，标志着中国农业大学及其图书馆在积极投身西部大开发中迈出了新步伐。学校筹措100万元人民币支援内蒙古农业大学重点实验室建设，捐赠图书5600多册；图书馆将在图书馆管理、人员培养、技术支持以及信息共享等多方面予以指导和帮助。支援协议为期5年。2006年，两校又续订了对口支援项目协议，决定在干部培养、教师培养、科学研究、学生交流和产业开发等方面进一步加强对口支援和双边合作。由此开始了长达10余年的对口支援，两校图书馆之间建立了深厚的友谊。

为了掌握内蒙古农业大学图书馆的现状与需求，在签署协议之前，2001年10月17日，西校区图书馆张权馆长、韩明杰副馆长、流通部主任刘元科一起赴内蒙古农大，就双方合作事宜达成初步意向。

10月26日，在学校的统一组织下，中国农业大学图书馆与内蒙古农业大学图书馆本着“真诚合作、重点支援、加快发展、取得实效”的原则，签订了对口支援部门协议书。

协议书内容包括：

（1）中国农业大学图书馆协助内蒙古农业大学图书馆对该馆 1978 年以前的 40 万册馆藏图书进行回溯编目，中国农业大学图书馆向对方提供回溯编目软件及数据源，并负责培训对方工作人员的技术培训；

（2）中国农业大学图书馆与对方合作共同开发建设具有特色的专题数据库，无偿提供有关软件；

（3）中国农业大学图书馆向对方提供新馆馆舍建设、图书馆网络建设、图书馆自动化管理系统建设、图书馆业务建设与管理方面的无偿咨询服务；

（4）在内蒙古农业大学图书馆新馆建成后，中国农业大学图书馆向其无偿提供图书馆办公自动化管理系统软件；

（5）中国农业大学图书馆为对方无偿提供计算机技术人员的软硬件技术培训等。

2002 年 5 月 13 日，内蒙古农业大学副校长侯志先、图书馆馆长乌恩等一行 5 人来京就进一步推进两校图书馆合作事宜进行第三次磋商，中国农业大学副校长谭向勇接待了侯副校长一行，张权馆长、韩明杰、潘薇副馆长陪同接待。侯副校长一行对图书馆各部门进行了深入细致的考察，双方就内蒙古农业大学图书馆各部门主任到中国农大图书馆进行一周业务培训事宜达成协议。

14. 建立 CALIS 农学中心

中国高等教育文献保障系统（China Academic Library & Information System，简称 CALIS），是经国务院批准的我国高等教育“211 工程”“九五”“十五”总体规划中三个公共服务体系之一。CALIS 是一个广域网环境下的文献信息共享服务系统，其目的是与中国教育与科研计算机网（CERNET）相配合，使资源网与信息网协调发展，借助于现代化的技术手段，建设一个整体化、自动化、网络化、数字化的文献信息保障体系，提供高水平、高效率、共享性的文献信息服务，为“211 工程”建设目标的实现，为我国高等教育和科学研究与国际上同步提供基础条件。同时，CALIS 作为全国文献资源保障体系的一个组成部分，将进一步为我国经济和社会的发展做出更大贡献。

CALIS 管理中心设在北京大学，1998 年开始建设，下设了文理（北京大学）、工程（清华大学）、农学（中国农业大学）、医学（北京医科大学）4 个全国文献信息服务中心，以及 7 个地区文献中心（东北—吉林大学，华东北—南京大学，华东南—上海交通大学，华中—武汉大学，华南—中山大学，西南—四川大学，西北—西安交通大学），主要起到文献信息保障基地的作用。为了能使 CALIS 农学中心落户中国农大，从 1996 年起，就开始调研论证，几易其稿，终于促成其事。

1998 年 10 月，中国农业大学与 CALIS 管理中心签署协议，在中国农业大学设立“全国农林学科文献信息中心”（简称“CALIS 农学中心”），作为全国“211 工程”农林重点学科建设所需文献的最终保障基地，西校区图书馆是该中心的承办单位。

本阶段的 CALIS 建设属于第一期建设，主要是针对“自动化时代印本资源共享体系”的建设。

12 月 22 日，学校召开“CALIS 农学中心”筹备会，参会人员有：主管图书馆工作的副校长谭向勇、馆长沈佐锐、常务副馆长张权、副馆长韩明杰、潘薇等。

会议决定：①成立“CALIS 全国农学文献信息中心”管理委员会，主任谭向勇，副主任沈佐锐，秘书张权；②设立专家咨询委员会，主任程极益（南京农业大学图书馆馆长），秘书韩明杰；③农学中心机构设置主任沈佐锐，副主任张权、韩明杰，另设工作人员 5 人，负责系统管理、数据库管理、中心日常工作管理、文献服务和资源建设协调；④成立学校图书情报工作委员会。

1999 年 7 月，管委会成员调整为：主任谭向勇，副主任张权，秘书韩明杰。中心主任张权，副主任韩明杰，秘书宋姬芳。

2000 年 5 月“CALIS 全国农学文献信息中心”正式挂牌（图 5-2）。

5 月 16 日，为推动高校数字图书馆建设，CALIS 全国管理中心联合 22 家高校图书馆共同发起的“中国高等学校数字图书馆联盟”成立大会在厦门大学召开。联盟宗旨为“整体规划，统一标准，联合建设，共享资源”。大会还制定了《中国高等学校数字图书馆联盟章程》。由于西校区图书馆资源比较丰富，数字化建设基础较好，被大会选定为该联盟发起单位并定为副理事长单位，韩明杰副馆长任副理事长。

CALIS农学中心成立后，图书馆在资源共建共享、组织成员馆联合数据库建设、主持日文联合编目、进行业务交流与培训、开展学术研究以及国际合作等方面做了大量工作，充分发挥了我国高等教育农业文献保障系统的作用，多次受到全国CALIS管理中心的肯定与赞扬。

图5-2 CALIS中心牌匾

15. 建设联合目录数据库

联合目录数据库建设项目是CALIS的重点项目，是CALIS在“九五”期间重点建设的数据库之一。它的主要任务是建立多语种书刊联合目录数据库和联机合作编目、资源共享系统，为全国高校的教学科研提供书刊文献资源网络公共查询，支持高校图书馆系统的联机合作编目，为成员馆之间实现馆藏资源共享、馆际互借和文献传递奠定基础。

联合目录数据库的建设主要以全国中心和地区中心图书馆为骨干力量，以进入“211工程”的高校图书馆为基本力量，滚动发展全国高校图书馆，横向发展与各级高校图工委及其他行业图书馆的协作共建。

1997年10月在武汉大学召开的“西文图书联合目录数据库建设业务研讨会”标志着本项目的正式启动。此后，项目组举办了一系列的研讨会与培训班，出台了相关文件和项目实施方案，并组织编写了《CALIS联机合作编目工作手册》。

西校区图书馆作为“CALIS农学中心”，在项目启动时就积极参加项目的研讨和培训，参与制订了联合目录的有关文件和项目实施细则，参加了《CALIS联机合作编目工作手册》的研制以及联合目录数据库的数据质量控制。

2000年3月，CALIS联合目录项目组在全国进入“211工程”的26所大学图书馆中推出了CALIS联机合作编目示范计划，西校区图书馆成为全国26个示范馆之一。在示范计划报告被批准后，工作人员克服种种困难，积极参与联合目录的共建共享。由于西校区图书馆的系统不能直接联机编目，只能采用西校区图书馆系统和CALIS系统两套系统进行工作。西校区图书馆提交的书目数据质量和数量一直位于26个示范馆的前列，在“联合目录示范计划”总结会上，西校区图书馆因提交的数据质量高、数量大而受到联合目录项目组的表彰。联合目录实际上已经成为国内第一个事实上的实时联机编目系统。

截至2001年3月底，联合目录共有中西文书刊书目数据100多万条，馆藏记录160多万条，西校区图书馆已经向联合目录提交了中西文书刊的所有书目数据和馆藏数据。联合目录数据库提供的网上查询服务，为CALIS联合采购和馆际互借项目奠定坚实基础作出了贡献。

16. 资源共建共享

随着信息资源与信息需求的迅猛增长，大多数高校图书馆都面临着师生对文献信息资源的旺盛需求，而书刊价格上涨和经费日益紧张的尴尬局面。文献信息资源的共建共享就成为了缓解这种尴尬的必然选择，这也是冲破图书馆界条块分割的信息管理体制和观念束缚的契机和趋势，现代计算机自动化技术与通信技术的发展为文献信息资源共建共享提供了前所未有的便利条件。在全国高校农业图书馆协作委员会的大力支持下，本着优势互补、互惠互利、自愿参加的基本原则，“CALIS农学中心”发起了“全国农业高校图书馆文献资源共建共享行动”，并于2001年12月10—12日在中国农业大学西区图书馆召开了“全国农业高校图书馆文献资源共建共享协调会”。

来自29个农业院校图书馆的馆长及有关负责人共50多人参加了会议。中国农大谭向勇副校长致开幕词，中国农学会农业图书馆分会潘淑春秘书长到会讲话，在中国访问的日本农山渔村文化协会专务理事、西区图书馆客座研究馆员坂本尚先生专程到会介绍了中日合作项目“河北省鹿泉市农业·农村发展规划”，CALIS管理中心副主任朱强教授作了题为“大学图书馆在校园信息化中的地位和作用”的大会报告。

会议成立了以西区图书馆馆长张权为主任的指导委员会、以西校区图书馆副馆长韩明杰为主任的执行委员会的共建共享组织机构，讨论通过了“全国农业高校图书馆文献资源共建共享行动实施方案”。指导委员会和执行委员会委托CALIS农学中心作为共建共享行动的管理机构，参加馆与CALIS农学中心签订了共建共享协议书；进行了外文资源共建的第一轮协调，以及联合采购银盘公司数据库的具体商谈，达成了初步协同采购意向。

截至2002年5月，有25个图书馆与CALIS农学中心签署了共建共享协议书，有6个图书馆开始进入协同采购系统录入了2003年预定采购数据，有15个馆参加了银盘公司数据库的联合采购；完成了外文期刊联合目录、现刊目次数据库数据制作与发布系统开发工作，系统向参加馆开放，参加馆开始提交馆藏数据；CALIS农学中心负责制作的书目与现刊目次数据进展顺利，已制作期刊书目数据1600余条，2000年和2001年目次数据达到近10万条。文献传递服务与管理软件系统的开发也即将完成。系统将进入下一步共建阶段，达到一定数据积累就可以边建边用。

17. 日文联合书目数据库建设

长期以来，中日文两种文字不能同平台显示，严重制约了日文计算机编目工作。20世纪末，国内大多数图书馆都没有建成一个既能实现文献管理，又能对读者提供检索服务的日文数据库。因此，日文书目数据库建设是各图书馆亟待解决的问题。CALIS联合目录数据库的中、西文书目数据库已初具规模，并正式投入使用，进行日文联合编目势在必行。

以1999年10月CALIS成员馆日文文献馆藏、编目情况调查为契机，西校区图书馆总结了多年来日文计算机编目的经验和教训，与日本国立情报学研究所合作，研制开发了利用“综合书目数据库”数据的应用软件，使日文书目数据库建设摆脱了繁重的原始编目。

在此基础上，西校区图书馆向CALIS管理中心提出了“关于建设日文联合书目数据库的一点想法”。CALIS中心于2000年6月在吉林大学图书馆召开了“联合目录日文数据库建设研讨会”，会上基本确定了以西校区图书馆提出的“联合目录日文数据库建设方案”的思路。此后，CALIS积极与日本国立情报学研究所联系，达成了利用日方综合书目数据库NACSIS-CAT建设CALIS日文联合书目数据库的协议，制定了“CALIS日文联合书目数据库建设项目实施方案”，联合目录日文子项目正式启动。

日文文献联合编目项目是CALIS联合编目建设项目的子项目。首批参加单位有中国农业大学、北京大学、吉林大学、武汉大学、南京大学、中山大学、大连理工大学7所高校图书馆。中国农大西校区图书馆作为项目执行单位，副馆长韩明杰具体负责。项目还成立了管理组、软件与技术支持研究开发小组、数据质量管理与控制工作研究组、协调组等具体工作小组。方案分工明确、责任到人，具有较强的可操作性。

2000年10月23—27日，在大连理工大学图书馆召开了“CALIS日文联合目录数据库项目工作会议”，CALIS日文联合目录数据库项目组全体成员参加，日本国立情报学研究所国际研究协力部成果普及课的课长辅佐富田健市出席会议。这次会议标志着日文联合编目项目建设的数据编制工作正式开始。该项目主要任务为：①以源数据利用为主要目标的软件开发研究，包括源数据下载、数据格式转换、管理系统软件；②与联合目录数据著录密切相关的标准与规范研究，具体为日文编目细则、著录格式细则、主题标引细则研究制定等。

经过半年多的建设，在软件开发与研究方面，按项目实施方案完成了源数据应用系统软件的开发与研究，并通过试运行进一步完善了系统功能。经过 5 个月的运行证明系统基本稳定。在工作标准制定方面，研究和制定了日文编目细则、著录格式细则、主题标引细则等编目工作标准和手册。在数据质量管理与控制方面，坚持每天抽查提交的数据，发现问题及时与提交数据馆工作人员联系，不仅及时解决了问题，还有利于大家共同提高业务工作水平，提高数据质量。截至 2001 年 12 月 20 日，CALIS 日文书目数据库已积累书目数据 1 万余条。

该项目研究论文《CALIS 日文书目数据库建设研究报告》（作者张权、李晨英、韩明杰）发表在日本《大学图书馆研究》2001 年第 4 期上。论文向日本同行介绍了我国教育振兴行动计划、“211 工程”等。这是首次在日本图书馆界学术刊物上全面介绍我国学术信息网络建设情况，以及我国图书馆界关于日文书目数据库建设研究动态的文章。

2002 年 3 月 31 日至 4 月 3 日，CALIS 联合项目组“CALIS 联合目录日文书目数据库建设项目第二次工作会议”在中国农业大学西校区图书馆举行。共有 13 个成员馆的 19 位代表参加会议。

2002 年，该项目参加单位增加了清华大学、中国人民大学、复旦大学、上海交通大学、华东师范大学、大连外国语学院、东北大学、厦门大学以及中国社会科学院文献情报中心、辽宁省图书馆等。

第二节　中国农业大学东校区图书馆

1995 年 5 月，北京农业工程大学与北京农业大学合并组建中国农业大学。原北京农业工程大学图书馆改为中国农业大学东校区图书馆。

1995 年，东校区图书馆经过 40 余年的建设，尤其是新馆建成以后几年的快速发展，已拥有藏书 62 万册，中外文现期期刊 1200 多种。农业工程学科文献是国内收藏比较全的，尤以农业机械化、农业电气化、农田水利工程、农产品加工工程、农业生物环境工程等专业文献收藏最具特色。年度经费 21 万元。有职工 71 人，开馆时间达 72 小时 / 周。拥有 486 微机 2 台，386 微机 5 台，其他微机 9 台。开展了 CABI 光盘数据库和中国科技期刊篇名光盘数据库的检索服务，是农业部确定的第一批查新检索单位。

在情报研究和情报服务方面有了较大的发展，与国内外数十家单位、数百名专家有业务合作关系，可以承担大型的情报研究项目，已先后完成 20 多项情报研究课题。

1. 机构设置、岗位聘任及管理制度的完善

两校合并，各种资源的整合、学科之间的互补，使学校的综合实力显著增强，给学校带来了改革开放以来又一个新的发展机遇。随着两校融合的不断深化，学校管理改革的力度不断加大，部门内部的机构与岗位设置以及各项管理制度都在逐步完善。

1996 年学校进行中层领导换届。

6 月 3 日，党委第 96–14 次常委会暨校务会议研究决定，任命张森文为东校区图书馆馆长，刘清水为常务副馆长（正处级）［中国农业大学〔1996〕中农大（人）字第 31 号文件，7 月 15 日发文］。

12 月 23 日，党委第 96–29 次常委会议暨校务会议研究决定，任命王鲁燕为东校区图书馆副馆长［中国农业大学〔1996〕中农大（人）字第 74 号文件，12 月 26 日发文］。

新一届馆领导确定之后，对部门机构和负责人进行了调整。

1997 年 1 月 1 日，经图书馆人事考核聘任小组研究决定，聘任：

柏怡为办公室主任；

于书洁为采编部主任；

何常梅为流通部主任；
梁亚宁为阅览部主任；
杨敏丽为科技情报室主任；
王宝济为信息咨询部主任。
聘期为 1997 年 1 月 1 日—1999 年 12 月 31 日。
1 月 6 日，经图书馆人事考核聘任小组研究决定，聘任：
袁永翠为文献检索与利用教研室主任兼科技情报室主任助理；
刘凤辰为采编部副主任；
张永彤为《中国农业文摘——农业工程》编辑部主任；
王永进为《中国学术会议文献通报》主编兼编辑部主任；
王永进为《农机市场》副主编兼编辑部主任；
贺玢为阅览部主任助理；
王争鸣为信息咨询部主任助理；
年芳为办公室主任助理；
李九霞为馆长办公会秘书；
聘期为 1997 年 1 月 1 日—1999 年 12 月 31 日。

1998 年 2 月，经图书馆人事考核聘任小组研究决定，聘任贺玢为阅览部副主任，徐瑞清为流通部主任助理。聘期为 1998 年 2 月至 2000 年 12 月。

20 世纪 90 年代，学校发给单位职工的部分津贴和奖金，先发到二级单位，再由单位根据实际工作情况进行二次分配。图书馆同时也广开渠道，自筹一部分，以改善职工待遇。

1998 年 11 月 17 日，为了调动全馆人员的积极性，鼓励职工努力完成图书馆的各项工作，提高图书馆的服务质量和管理水平，开拓新的服务项目，奖优罚劣，图书馆制定了《图书馆奖金分配办法（第二次修订）》。该办法规定图书馆设立奖励基金，并规定了其来源，包括学校发放的综合奖金及各种奖励基金、图书馆创收提成、各种捐赠的奖励基金等；奖励项目及其办法，包括综合奖、先进工作者奖、学术成果奖、合理化建议和技术改进奖等。该办法曾于 1993 年 1 月 1 日起执行，1995 年 4 月做了第一次修订，本次为第二次修订。

11 月 18 日，图书馆发布《开发经营与基金管理办法》，目的是鼓励在保证完成为教学与科研服务的基本任务的前提下，充分发挥人才优势、资源优势，开展一些开发经营活动，在为社会做贡献的同时，增加图书馆收入；既为图书馆发展补充资金，又为改善职工集体福利和个人生活创造条件。该办法规定，图书馆成立开发部，其宗旨是加强信息开发工作，加速发展馆办产业，搞好图书馆的创收工作，以提高图书馆自身支撑能力。对开发经营项目，实行项目管理，独立核算。该办法还对项目的成本核算内容以及各项收入的提成分配方案作了明确规定。

11 月 26 日，图书馆发布《图书馆（东区）校内津贴的发放办法（修订）》。其中规定了校内津贴的发放范围、职务津贴标准及发放办法、业务津贴标准及发放办法以及有关具体问题的处理规定等内容。

1999 年 3 月，经图书馆人事考核聘任小组研究决定，聘任王宝济、杨敏丽为图书馆馆长助理，聘期为 1999 年 1 月至 2002 年 1 月。经馆长办公会研究决定，聘任王宝济为北京图实信息咨询中心主任（法人代表），刘清水不再担任北京图实信息咨询中心主任（法人代表）；聘任王鲁燕、张永彤为《中国农业文摘——农业工程》副主编，刘清水不再担任《中国农业文摘——农业工程》副主编。

1999 年学校开始人事制度改革。依照学校统一部署，各单位要进行全员聘任，学校对各单位的专业技术岗位、管理岗位以及工勤岗位的应聘人员签订聘任合同。这必然涉及各单位的部门机构设置和人员配置。

1999 年 6 月 9 日，经馆长办公会讨论，图书馆做出《关于人事和机构改革的若干决定》，决定图书馆设办公室、采编部、借阅部、情报部、自动化部、咨询部等6个馆属部门；各部实行部主任负责制，每个部的基本编制在6人以上；对职员实行双向选择及合同聘任制；由学校发放的工资津贴，执行学校规定，由图书馆创收资金发放的图书馆职务津贴实行级差制，一级为140元，级差30元，每年发放10次；图书馆设立关键岗位，暂定每部1人，职务津贴为3级；对各部门和各部主任的职责范围也做了明确规定。

1999年7月，图书馆调整了机构设置，经馆长办公会研究决定，对部门主任进行了重新聘任：

柏怡为办公室主任；

刘凤辰为采编部主任；

贺玢为借阅部主任；

杨敏丽为情报部主任；

王宝济为自动化部主任；

刘清水为咨询部主任（兼）。

聘期自1999年7月1日起。

根据部主任提名，馆长聘任各部主任助理，聘期一年，自1999年7月1日起。

王迎为办公室主任助理；

袁永翠为情报部主任助理；

杨云采为编部主任助理；

杨文丽为借阅部主任助理；

王争鸣为咨询部主任助理；

朱金诺为自动化部主任助理。

接下来于7月7日和7月13日分两批完成了各部门业务岗位人员第1轮岗位聘任。自1999年7月1日起，聘期1年。

1999年10月，经馆长办公会研究决定，聘任王迎为咨询部副主任，自1999年10月26日起，聘期1年。同时免去其办公室主任助理。

1999年，张森文调离学校，7月16日，学校任命刘清水任东校区图书馆馆长［中国农业大学〔1999〕中农大（人）字45号］。

同年，学校综合档案室挂靠图书馆，迁至图书馆四层，占用412房间，面积180 m^2。在2002年9月学校成立中国农业大学档案馆时，该综合档案室又从图书馆分出。

1999年图书馆有职工63人，其中正高级专业技术职务1人、副高级专业技术职务13人，具有硕士学位4人、本科学历28人。

2000年5月16日，经馆长办公会研究决定：

袁永翠任办公室副主任；

王迎任北京图实信息咨询中心副主任；

刘清水兼任北京图实信息咨询中心主任（法人代表），王宝济不再担任北京图实信息咨询中心主任（法人代表）。

2000年5月，为了落实学校工作津贴分配办法，进一步深化人事制度改革，改革传统的收入分配制度，使收入与岗位挂钩，与业绩挂钩，逐步形成多劳多得、优劳优酬的有效激励机制，图书馆制定了《岗位聘任及工作津贴分配办法》。该办法对岗位设置及聘任、工作津贴的分配原则、工作津贴来源、工作津贴的分配办法以及若干具体问题都作出了详细规定。办法将全馆岗位分为管理岗和业务岗两个系列，各系列再分为A、B、C三类，每类中再分若干级，如A类分A9–A6，B类分B5–B4，C类分C3–C1，聘任级别作为发放馆内津贴的依据。管理岗A、B、C三类分别对应部门副主任以上、主任助理和组长、科员和办事员；业务岗A、B、C三类则分别对应为高级、中级、初级专业技术职务。该办法于2000年7月1日起施行，1998年11月公布的《图书馆（东区）校内津贴的发放办法》《图书馆奖金分配办法》予以废止。

2000年7月，各岗位聘期到期，进行了第2次聘任。经图书馆人事考核聘任小组讨论通过A类6人、B类破格7人，经馆长审核通过B类16人、各部主任聘任C类18人确定了岗位。其中A类岗和破格B类岗聘期至2000年10月31日，B类岗和C类岗聘期到2001年6月30日。

10月9日，图书馆召开馆长办公会，通过了馆长建议的图书馆学术委员会组成人员：

主任：刘清水；

委员：王鲁燕　杨敏丽、袁永翠、朱金诺；

秘书；袁永翠。

2000年10月26日，经图书馆人事考核聘任小组研究决定，聘任袁永翠为办公室主任，聘期为2000年10月至2003年10月。

11月1日，经图书馆馆长办公会研究决定，聘任王迎为咨询部副主任，兼海淀农业图书馆副馆长；朱金诺为自动化部副主任，聘期为2000年11月1日至2002年10月31日；根据部主任提名，馆长聘任王晓兰为情报部主任助理，聘期为2000年11月1日至2001年10月31日。

为了使图书馆的决策更科学、合理，防止重大决策的失误，不断提高图书馆领导班子的整体效能，2001年3月21日，图书馆制定了《馆长办公会会议规则及成员分工》。该规定明确馆长办公会是图书馆的最高决策机构，图书馆的重大问题必须由馆长办公会集体讨论决定。馆长办公会成员由馆长和副馆长、党支部书记、工会主席、馆长助理、办公室主任组成。具体人员为：刘清水、王鲁燕、杨敏丽、王宝济、柏怡、袁永翠。

5月8日，为了科学化管理图书馆人力资源，创造人才成长的环境条件，尽快建立一支德才兼备、结构合理、充满活力的馆员队伍，图书馆发布《图书馆岗位管理和人员聘任办法》。该办法对岗位设置、应聘条件、任职资格、聘任原则、聘任办法、岗位考核等方面都作出了明确规定。

5月14日，为了完善岗位责任制，图书馆制定了《图书馆业务岗位规范》。该规范对各部门岗位设置，共同的岗位要求和岗位职责，以及图书馆所设的每一个岗位的名称、岗位类别、岗位职责和任职条件都做出了具体规定。

同日，根据《图书馆岗位管理和人员聘任办法》，成立了图书馆人事考核聘任小组及6个部门人事考核聘任小组。其中图书馆人事考核聘任小组组长为刘清水，成员包括王鲁燕、柏怡、王宝济、杨敏丽、袁永翠。

6月26日，确定了各业务岗位第3轮的聘任方案。经图书馆人事考核聘任小组讨论通过，聘任A类岗位10人、破格聘任B类岗位7人；经馆长审核通过各部主任聘任B类业务岗位人员17人；各部主任聘任C类人员13人。聘期自2001年7月1日至2002年6月30日。7月13日，中国农业大学下发文件《关于教辅机构人员编制核定方案的通知》［中农大（人）字〔2001〕89号］，对东区图书馆正式下达了岗位核定，固定事业编制总计66人，其中教学辅助人员62人，行政管理人员4人。图书馆以此作为岗位设置、人员聘任与调配的依据。

10月30日，经馆长办公会研究决定，黄兴建任咨询部主任，赵明芳任办公室副主任，聘期自2001年9月1日至2003年8月31日。

11月11日，为了配合学校人事制度改革，加强图书馆职工队伍建设，科学合理地评价工作人员的表现，鼓励先进，提高工作效率，为聘任、奖惩、晋职、校内工作津贴分配提供依据，图书馆发布了《图书馆工作人员考核细则》。其中对考核对象、考核基本内容、考核等级及基本标准、考核办法及组织领导以及在“德、能、勤、绩”4方面的考核评分标准等都做出了详细规定。

12月11日，中国农业大学下发中农大人字〔2001〕183号文件，学校聘任委员会对图书馆聘任考核小组提出的岗位聘任方案进行了审定批复，批复共计59人，其中研究馆员1人，副研究馆员16人，馆员 21 人，助理馆员 5 人，管理员 6 人，科员 1 人，工勤 9 人。岗位聘任时间自 2001 年 9 月 30 日算起。本次聘任包括了学校档案室 2 人和教材科 2 人。

12 月 18 日，谭向勇副校长到图书馆调研，在听取了刘清水馆长的汇报后，他肯定了图书馆所做的大量工作，指出，学校很重视图书馆工作，图书馆是为学校教学和科研服务的重要部门，对图书馆工作中遇到的困难学校尽力想办法解决，并就一些问题提出了具体意见：①关于经费问题，学校将尽力增加购书预算，图书馆要把有限的经费用好；作为补充，要走出校门，多渠道筹措经费，征集图书，吁请师生、校友、友人捐赠图书；②图书馆要有一个好的学习环境，对突出问题要进行治理，要提出方案，学校支持解决；③图书馆要增加文化氛围，作为学校文化、信息的传播基地，要使环境与图书馆的功能、作用名副其实，在环境建设中要注重文化氛围的建设，使读者在潜移默化中得到文化熏陶；④图书馆的建筑结构、布局不符合现代化管理和发挥人力资本最大效率的要求，可根据需要对图书馆布局、结构进行调整，以使管理更科学、服务更有效，减少人力资本的浪费；⑤为了满足图书馆现代化建设的需要，要引进和培养一批优秀馆员，最好具备图书情报学知识和较强的计算机能力；⑥图书馆要加强管理，建立健全一批管理制度，形成良好的人际关系，馆员与领导之间、馆员之间、部门之间，要多交流、多沟通信息，形成团结向上的融洽工作氛围。

图书馆对谭副校长的调研十分重视，将调研要点以书面形式向全馆做了传达。

2002 年 4 月 15 日，为进一步深化图书馆人事制度改革，科学管理图书馆人力资源，根据学校 2001 年《中国农业大学实行教职工全员聘任制暂行规定》，图书馆发布了《中国农业大学东校区图书馆岗位管理和人员聘任办法》。该办法规定了岗位设置、岗位聘任的基本原则、聘任工作的组织领导和实施、应聘条件及任职资格、聘任办法、受聘人员的考核、受聘岗位的相关待遇以及各部门岗位设置方案等方面的内容。

同日，发布了《部主任等人员的职责规范》，规定了部主任、部副主任、部主任助理的职责范围。

6 月 3 日，为了进一步深化图书馆内部分配制度的改革，使收入与岗位挂钩，与业绩挂钩，逐步形成有效的激励机制和约束机制，根据 2001 年《中国农业大学工作津贴分配改革方案》，图书馆制定了《图书馆津贴分配办法》。该办法规定了图书馆津贴分配的原则、图书馆津贴的类型及标准、图书馆职工收入分配构成、图书馆津贴分配的资金来源、图书馆津贴发放办法、若干具体问题的规定等内容。办法自 2002 年 7 月 1 日起执行，同时废止 2000 年制定的《图书馆岗位聘任及工作津贴分配办法》。

2002 年 5 月 28 日，经馆长办公会研究决定各部门负责人：

办公室：主任袁永翠、副主任赵明芳

借阅部：主任刘凤辰、副主任吕佳

采编部：主任贺玢、副主任王英芬

情报部：主任杨敏丽、副主任乔春晓

自动化部：主任王宝济、副主任朱金诺

咨询部：主任黄兴建、副主任王迎

免去

刘凤辰采编部主任职务；

贺玢借阅部主任职务。

任期自 2002 年 6 月 1 日起 1 年。

同年 6 月，学校开始启动东、西校区单位的实质性合并，后续各岗位人员的聘任未再继续。

2. 业务范围的拓展

1997 年，东校区图书馆与中国农业大学出版社合作，在东校区图书馆建立了中国农业大学出版社第三编辑室，发挥东校区的专业特长，承担出版社的部分编辑出版任务，先后编辑出版了《田间育种》《机械化与种子加工现代化》《农产品干燥机理、工艺与技术》《谷物联合收获机适用技术》《高等农业机械化管理学》《汽车拖拉机学——底盘构造》《汽车拖拉机学——发动机原理》《驾驶员考证与培训》《新编计算机信息技术基础教程》《玉米联合收割机运用技术》《中国农业机械与技术市场发展要览》《与你同行》《跨世纪的中国农机》、*Innovation of Agricultural Engineering Technologies for the 21st Century —— Proceedings of International Conference on Agricultural Engineering*（99-ICAE）等书。

图书馆与国际学院合作，共建了“国际经贸专业阅览室”。为了配合国际学院的师生开展教学活动，图书馆整理出英、日、俄等文中的资料 651 种，7795 册，将国际学院的 300 余册教学参考书整理加工、单独排架，供读者阅览。同时，对外文阅览室也重新布局，调整了书架、增加了桌椅，开辟了教师专台。

3. 海淀农业图书馆的创建

为了发挥高校图书馆社区服务的功能，建立为“三农”服务的窗口，在中国农业大学、海淀区委区政府、海淀区文化文物局等有关部门的领导与支持下，中国农业大学东校区图书馆与海淀区图书馆合作，在中国农业大学东校区图书馆开办了海淀农业图书馆。

1997 年 11 月 17 日，海淀农业图书馆正式开馆。海淀区政府对海淀农业图书馆大力支持，两年共提供了 20 万元的运转经费。

海淀农业图书馆是中国农业大学图书馆为海淀区“三农”服务的窗口，它发挥了高校图书馆社区服务的功能，提高了资源利用率，实现了资源共享。同时，借助中国农业大学在农业科技领域内的技术与人才优势，对全区农民农业科技管理人员服务，并定期编辑《海淀区农业图书馆读者之友》，为海淀区的“三”农提供了一个服务渠道，为学校与社会架起了一座教学科研和生产实际相结合的桥梁。这是高校图书馆面向社会服务、拓宽经费来源、扩大学校影响的一个尝试。该馆同时作为海淀区图书馆的农业分馆，使公共图书馆的服务领域得到了延伸。

4. 项目开发

由于历史原因，学校发展面临诸多困难，尤其是经费不足。图书馆需要学校增加投入，但在学校想投入却无力投入的情况下，图书馆面临两条路：一是等米下锅，学校投入多少经费就做多少事情；二是多方筹措资金，力求自我发展，为学校分忧。

为了适应社会主义市场经济的发展，在完成图书馆为教学和科研服务的前提下，充分发挥图书馆的文献资源优势和全校人才优势，为社会主义现代化建设作出更大的贡献，图书馆创办了北京图实信息咨询公司。作为一个经济实体，一方面增加图书馆收入，弥补经费的不足；另一方面，可以改善职工的生活福利待遇。

北京图实信息咨询公司成立于 1993 年 8 月 5 日（发照日期），北京市海淀区工商行政管理局颁发营业执照，法定代表人为刘清水，注册资金 15 万元，全民所有制，主营信息咨询，兼营零售日用百货、文化用品、家用电器、家用电子产品、建筑材料。

为了丰富学校师生的文化需求，解决日益丰富的文化市场与馆藏不足的矛盾，公司申请成立农业工程书店，以方便师生购书，同时有利于更好地收集农业工程文献，满足教学科研的需要。1996 年 8 月 13 日公司申请的北京图实农业工程书店获得出版物发行许可证，法定代表人为柏怡，全民所有制，经营范围：国内版图书、期刊零售。

在图书馆因经费限制，购买图书不能满足大众需求的情况下，书店成了重要的补充，成为编外阅览室。1999 年图书文具库存为 8.5 万元。两馆合并以后，实际情况发生了很大变化，经上级批准，图书馆于 2006 年 7 月注销了北京图实农业工程书店和北京图实信息咨询中心。

图书馆曾于 1994 年经学校同意，合并了一些办公室，挤出部分房屋对外出租。在当时的历史条件下，是为了减轻学校的财务负担而采取的不得已而为之的办法。尽管引进外部公司入驻，对图书馆也有扩大社会联系、改善经费紧张的一些作用，但总体而言，负面还是大于正面。为此，图书馆于1996年、1997年、1998年分别向学校提交报告，希望学校能够承担图书馆员工的全部结构工资和奖金。

5.“211工程”建设

东校区图书馆自动化建设的起步可以说是自“211工程”建设开始的。此前图书馆自动化程度很低。从馆长到员工对网络和服务器知识都知之甚少。经过“211工程”建设，网络自动化水平得到极大提高。

1997年4月，国家计委正式同意中国农业大学“211工程”开工建设，并下达了“211工程”1997年建设投资计划。项目正式进入实施建设阶段。

1997年11月东区图书馆“211工程”子项目建设启动。

> 子项目名称：东区图书馆网络自动化。
>
> 建设内容：①系统布线；②主机房服务器；③数据库（sybas）购置安装；④光盘塔光盘库检索系统购置、安装、调试；⑤图书馆应用软件购置、安装、调试，自动化检索实现；⑥多媒体阅览室建设（40台电脑）；⑦网管软件，办公、收费管理系统；⑧网上资源建设。
>
> 建设经费250万元。
>
> 项目负责人：张森文。

项目建设的总体目标是改进图书馆传统服务模式，从提供文献服务为主转变为以提供信息服务为主、各种服务形式并存的现代模式，向信息数字化、管理自动化的现代化图书馆迈进。具体内容包括：建立图书馆网络信息资源开发管理系统；为入馆读者提供检索应用条件；建设光盘网络检索系统；完善图书馆内部管理系统；建立一支与上述目标相适应的专业队伍。

1998年8月，项目实现与cernet、internet的联接，实现馆内快速以太网局域网开通和计算机自动化管理，建成电子阅览室，建成光盘塔、光盘库检索系统。

1998年底，东校区图书馆“211”工程项目的建设初见成效。图书馆局域网采用ATM+交换以太网技术，配置了3com Cellplex 7000 ATM主交换机，形成了以学校计算中心、主楼和图书馆为三个骨干节点的稳定、快速的三角形构架，数据传送速率达到155MBps。二级网络平台由3com Desktop Switch 1000和Link Switch 1000构成，设计端口数为182个，第一期提供72个10MBps T交换端口。

局域网布线系统完全采用结构化布线，由图书馆三楼主机房向各楼层工作间放射状铺设五类双绞线，传输速率为10MBps。

网络服务器选用了SUN公司的2个E 150和1个Uitra 1，分别用作WWW服务器、图书馆业务集成软件ILAS和Sybase数据库服务器及网络管理服务器。网管软件采用3 com Transcend网管系统，通过SNMP网管协议与校园网网管平台进行通信。

电子阅览室40台多媒体机及馆内和校内、外网络站点可通过网络或电话线实现对光盘塔和光盘库内200多片光盘的访问。

光盘资源包括多种应用软件、工具软件、学习软件，以及中文科技期刊光盘数据库、农业文摘数据库CAB、人民日报光盘数据库等。

中文科技期刊光盘数据库收录了国内公开发表的5000多种科技期刊中的科技论文，农业文摘数据库CAB是世界上享有盛誉的最大农业文献数据库，它收录了130多个国家和地区的14000多种出版物、专业报告、书籍和会议论文集等。人民日报光盘数据库收录了从创刊到1996年的全部数据，购置了美国农业工程学会1997年论文汇集光盘一套。

图书馆购置了深圳市图书馆、文化部文化科技开发中心研制开发的集成管理软件ILAS系统。这一软件的采用使图书馆工作方式从传统模式向数字化方向迈进了一大步。1998年5月全馆正式实现了全面开架借阅，计算机自动化管理。

图书馆自建了一批农业工程数据库，如农业工程专家数据库、中国农业工程文摘数据库、中国农业大学（东校区）学位论文数据库等，为推动数字化图书馆的建设创造了良好的开端。

图书馆购置了 Sybase 数据库，这是一种通用性很强的大型数据库，可把各种平台上自建的数据库，例如农业工程文摘数据库、农业工程专家数据库、校友数据库等统一于 Sybase 数据库平台，建立中国农业工程信息网站。

1998 年 10 月 1 日开通了图书馆 Web 站点，自行开发制作了图书馆主页，采用超文本形式链接到本馆书刊查询和光盘检索系统，设立了“网上友馆”“网上书店”“CERNET 网络中心”“网上沙龙”等热键，使主页与 CERNET 网、INTERNET 网及有关网页直接链接，起到了信息导航作用。

6. 情报研究工作

图书馆继续发挥情报研究方面的优势，以科技情报室为基础，接受农业部相关司局的委托进行专题情报研究，如接受农业部农机化司委托，1998 年 10 月开始的《外国农业机械化政策法规选编》，收集、整理、编译国内外有关资料共 31 万字。该课题由刘清水主持，该书由出版社正式出版，是 2000 年 1 月在北京召开的中央农村工作会议的文献之一。

参加由农机化司委托的另一个研究课题是“农业机械化评价指标体系及评价标准研究”。图书馆杨敏丽是课题组主要成员。课题内容包括农业机械化评价指标体系、农业机械化发展水平评价指标体系、评价标准、计算方法实施细则等。

《中华农器图谱》是农业部和机械工业部委托项目。该书是一部史料性质的、图文并茂的作品。全书分上、中、下卷，包括原始、古代、近代、当代几个部分。该书于 2001 年 12 月由中国农业出版社出版。参加编写的专家学者遍布全国各相关农业、情报的研究单位。图书馆承担着全书编辑的组织和撰稿工作。

2000 年 3—9 月，图书馆还参加了《全国农机化发展“十五”计划和 2015 年规划》的组织与编写工作。

图书馆积极与中国农业机械学会等单位合作展开课题研究，如“发达国家 90 年代农业机械产品和技术水平基本情况调研”课题，从机具技术和综合技术两方面对发达国家 20 世纪 90 年代农机产品的发展情况和农业机械化的发展进程进行分析研究与全面评价，较系统、全面地介绍了发达国家 20 世纪 90 年代农业机械、农业机械化与农业现代化、农机科研与教育、农机新产品的有关情况。图书馆具体承担了美、英、德、法、加等 5 国资料的撰写任务。

2000 年 3—6 月，图书馆与中国农业机械化科学研究院合作，作为主持单位之一，进行了“农业结构调整对农机市场需求影响”的研究。

7. 基础业务工作

1999 年，东馆设有 6 个阅览室：外文书刊阅览室、科技图书阅览室、科技期刊阅览室、社科图书阅览室、综合期刊报纸阅览室和科技资料阅览室。其中 2 个阅览室周开馆时间为 67 小时。另有 1 个电子阅览室，可为读者提供电子读物、查阅网上资料等服务。开始安装 Photoshop、Foxpro 等软件供读者使用，周开放时间为 76 小时，建立了拥有 3000 余份样本的农机样本室。有中文图书、外文图书、资料和过刊 4 个借书处，全年借还书量为 15 万册次。全馆配置微机 79 台，学生借书全部实现计算机管理，编目工作实现自动化，备有光盘塔提供 4 种数据库检索服务。同年，图书馆完成了第一份信息产品的建设，即“农业工程专家信息咨询系统”，时任农业部长陈耀邦为该系统作了序，并在中国农业工程学会第 6 次全国代表大会上向与会代表发放。另外还进行了农业工程文摘数据库的建设。

2000 年 3 月，图书馆中国科学引文数据库检索服务开始试运行。该库为 1999-CD 版，内容以数、理、化、天、地、生、农、林、医及工程技术等领域中国出版的 582 种中英文重要科技核心期刊作为来源期刊，报道了这些期刊1989—1998年的40万篇论文及其120万条引文数据。该数据库是可以与美国SCI接轨的评价性数据库，可为读者检索核心期刊的发文情况和文献被核心期刊引用的情况、全部作者的发文情况、作者机构的发文情况，以及国家重点实验室和部门开放实验室的发文情况等。

2000年8月，为了加强国际交流与合作，东校区图书馆与美国堪萨斯州大学图书馆签署了“关于合作开展农业文献信息资源研究的协议”。其目的是促进双方的交流合作，推动两馆的文献信息资源建设，特别是加强两馆在农业专题文献信息资源建设方面的合作。合作方式包括交换文献资料/数据库，共建有关专题数据库。协议有效期为2年，届时可以协商续签。

作为合作的一部分，东校区图书馆作为出版者，授权堪萨斯州大学图书馆将1999年12月14—17日在中国北京召开的国际农业工程学术讨论会论文集《走向21世纪的农业工程技术创新》一书中的论文全文提供给对方，经整理后，按PDF格式在其网站上发布。堪萨斯州大学图书馆对该会议论文进行数字化后，可用其文献管理系统Voyager对论文提供全文检索，包括篇名、作者、主题词、摘要和全文等不同途径。

自1995年两校合并后至1998年，东校区图书馆经费每年24万元，没有增长。1999年经费猛增到70万元，1997年学校从科研经费中提取1%用于图书馆购买资料，当年提取9427元；1998年提取13830元。2002年东校区图书馆预算购书经费为75万元。

2001年12月，图书馆制定了《中国农业大学东校区图书馆“十五”计划纲要》，内容包括图书馆基本情况、“十五”发展指导思想及总体目标、“十五”期间的主要任务、实施本计划纲要的保障措施等4大部分。

在该计划纲要基本情况中提到，2000年底，馆藏总量20万种、62万册。其中，中文图书8万种、41万册；外文图书5万种、6万册；中文过刊合订本2500种、3万余册；外文过刊合订本1500种、2万余册；中文资料3万种、4万册；外文资料近万册；电子出版物600多张光盘。

职工队伍情况：1992年学校给图书馆定编71人，2001年实有在编人员60人，其中研究馆员1人，副研究馆员16人，馆员20人，工人编制11人。职工队伍中，有在读博士1位，硕士2位，本科学历26位，大专学历13位，临时聘用人员11人。

“十五”总体目标：加快图书馆硬件条件的改造，加大软件建设和信息化建设的投入，进一步发挥图书馆为教学、科研服务的职能；积极承担国家资源保障体系的建设，基本实现电子图书馆和数字图书馆建设目标。

主要任务：①转换管理机制，不断提高图书馆的现代化管理水平；②不断完善图书馆藏书结构，形成新的馆藏文献信息保障体系；③不断提高图书馆业务工作自动化、网络化管理水平，加强数字资源建设，为网络教学的开展提供技术支持、信息保障；④强化图书馆科技信息服务职能，为学校教学、高水平科研提供文献信息保障；⑤充分发挥图书馆的情报职能，面向经济建设主战场，从事农业及农业工程相关领域的情报调研，为政府部门、科研院所、大专院校、农场企业提供信息服务；⑥改善服务环境，提高服务质量，为高素质、创新型人才的培养创造条件；⑦积极开展多种形式的学术研究活动，不断提高职工队伍素质。

2002年3月5日，为了高质量地完成农业工程及其相关学科科研课题的查新工作，保证查新工作质量，规范查新人员管理，更好地为校内外农业工程及其相关领域的研究人员服务，根据科技部《科技查新机构管理办法》《科技查新规范》和东校区图书馆《关于科技查新项目管理的规定》，经馆长办公会讨论决定，图书馆成立了农业工程科技查新中心，该中心与图书馆情报部合署办公。人员组成如下：

主任：杨敏丽；

副主任：乔春晓；

审核员：刘清水、王鲁燕、杨敏丽、乔春晓、袁永翠；

查新员：乔春晓、张永彤、王晓兰。

8.《光明日报》的报道

2001 年 12 月 29 日《光明日报》第三版刊文介绍“发展中的中国农业大学东校区图书馆”：

中国农业大学东校区图书馆位于北京著名的高教文化区——海淀区学院路的北端。馆藏文献以农业机械化工程、农业水利工程、农业自动化馆与电气化、农业生物环境工程、农产品加工工程、农业信息化和精细农业等农业工程专业文献最具特色。

以“211 工程”建设为契机，建成了较完善的图书馆网络环境。采用 ILAS Ⅱ自动化集成管理系统，其主要功能完善，运行良好，全部业务工作已基本实现了自动化。2000 年，经北京高校图书馆自动化网络化评估委员会的评估，农大东馆的自动化网络建设已达到 A 级标准。

在文献资源建设过程中，将农大东馆建成农业工程文献信息中心作为奋斗目标。除了注重印刷版本的文献资源建设外，还加大电子版本信息的收集与建设。引进的“中国学术期刊全文数据库”和“万方数据资源系统”基本能满足国内文献检索的需要；利用 OCLC 可检索世界范围内许多图书馆的馆藏信息；开通了国际联机检索。编辑出版的《中国农业文摘——农业工程》（双月刊），每年传递国内外农业工程信息 3000 余条，受到读者的普遍欢迎。

多年来，馆领导一直把利用馆藏资源优势，建设实用的、体现馆藏特色的数据库作为一项重点工作来抓。利用现代化网络信息技术，创建了“农业工程知识仓库”，包括：农业机械化工程、农业水利工程、农业生物环境工程、农业信息化、精细农业、农业电气化与自动化、农产品加工与贮藏、农业系统与管理工程等子库。2000 年 6 月，与美国堪萨斯州立大学图书馆合作建设的“精细农业专题文献信息系统”，作为农业工程知识仓库的一部分已投入使用。

20 世纪 80 年代以来，围绕国家经济建设的需要，积极开展深层次的情报研究和情报服务，取得了较突出的成绩，已先后完成近 30 项情报研究课题。其中“农业机械化发展环境与条件的情报研究”获农业部科技进步三等奖。“农业利用外资”系列研究成果获得国家科委、北京科技情报学的优秀情报成果奖；主持编写的《旱地农业工程的理论与实践》被评为当代农业重要科技著作。作为主要承办单位，组织并参加的昭示中华农业文明史的巨著《中国（华）农器图谱》已付梓。由于成果显著，1993 年北京农业工程大学图书馆情报部被评为全国高校图书馆先进单位。

发挥图书馆的桥梁作用，与国内外有关大学、研究所及文献信息单位建立了学术交流关系，开展各种类型的学术交流活动。中国农业工程学会情报信息专业委员会挂靠在农大东馆，图书馆还是“国际农业图书馆网络（AGLINET）”的成员馆。近年内组织了“北京国际农业工程学术讨论会”等多次国际学术讨论会。

新世纪，农大东馆将努力为教学、科研和学科建设服务，强化特色文献资源建设，重视网上信息资源的开发与利用，形成书刊、电子出版物和网上信息资源等多种载体协调互补的文献保障与服务体系。

9.《中国农业文摘——农业工程》获得奖励

2002 年 6 月，《中国农业文摘——农业工程》被中国农学会、中国期刊协会农业期刊分会评为“第三届全国优秀农业期刊奖（1997—2001）”。2006 年在由中国农学会和中国期刊协会农业期刊分会主办的“全国农业期刊金犁奖”评选活动中被评为一等奖（图 5-3）。

图 5-3 “第三届全国优秀农业期刊奖”奖牌

第六章 中国农业大学时期（下）

（2002—2019 年两馆实质合并，实现战略转型）

2002 年 4 月，教育部任命瞿振元为中国农业大学党委书记，陈章良为中国农业大学校长。新领导班子上任后，大刀阔斧进行改革，根据发展的需要，加大了两校区各部门实质性合并的力度。2002 年 5 月，学校开始着手将东区图书馆和西区图书馆合并成统一的中国农业大学图书馆，经过 4 个月的前期业务和人事准备，于同年 9 月 16 日两馆正式合并为中国农业大学图书馆：一个领导班子、一支馆员队伍、一套运行系统，两馆通借通还。从此，实现了机构、人员、财务、业务等领域的全面实质性合并。

第一节 两馆实质性合并

（2002 年）

2002 年 6 月 21 日，学校党委常务副书记李晶宜、副校长谭向勇召集东、西校区图书馆领导班子开会，宣布成立两校区图书馆实质性融合工作领导小组，张权任组长，刘清水任副组长，成员有韩明杰、潘薇、王鲁燕。从此，长达 7 年的中国农业大学东、西校区图书馆分治模式转向统一治理模式，两馆开始筹备实行实质性的统一管理，一馆两址，资源共享。

2002 年，主要是进行馆藏资源、部门机构、岗位设置、财务管理、福利待遇、馆舍设备、开拓创收等全方位的整合。

1. 突击改编馆藏，为实质性合并奠定基础

两馆之间实现图书通借通还、资源文献共享是实质性业务合并的重要标志。由于当时东、西区图书馆所用图书编目著录法不同，自动化管理系统不同，数据格式不同，要想实现学校领导要求的两个校区图书馆在当年下半年开学时实现图书资料通借通还，必须先对上述问题进行整合，使馆藏的分编和目录得到统一。东校区有十几万册图书需要重新进行著录加工，重新录入数据，面临的任务相当艰巨。

2002 年 6 月 28 日与 7 月 4 日，图书馆领导小组组长张权两次上报主管副校长谭向勇，请示在 7 月 18 日至 8 月 25 日暑假期间，图书馆闭馆集中进行东馆图书数据加工。

7 月，首先实现了图书馆网络主页统一，文献资源采购编目统一，部分规章制度的统一。

要在短短 2 个月时间内，改编 10 多万册常用流通图书，时间紧，任务重。当时正值暑期，图书馆东馆没有空调，炎热难耐。为了实现新学期实行通借通还这一目标，图书馆领导小组精心策划、周密部署、科学组织，全馆有 90 余人参加图书改编工作。在困难面前，大家齐心协力进行图书的统一编码、更换条码、加装磁条，统一编目标准、统一书目信息库和读者信息库。2002 年 9 月新学期开学前，圆满完成了学校交给的实现两校区图书馆文献资料通借通还的艰巨任务，改编图书近 12 万册，得到学校领导的高度赞扬。

图书通借通还，最大的受益者是跨校区借阅图书的读者了。读者只需轻轻点击鼠标，就可以找到自己想要的图书。东、西校区的读者手持一张借书证就可以跨校区办理借还手续，为读者节省了很多

跑路时间。据不完全统计，图书馆统一管理后，每天接待跨校区读者近百名。

2. 建立健全组织机构

2002年9月13日，中国农业大学发文（中农大人字〔2002〕73号），将原挂靠在东、西校区图书馆的综合档案室与人事档案科合并成立中国农业大学档案馆。自此，综合档案室与图书馆分离。

2002年9月16日，中国农业大学正式下文《关于成立中国农业大学图书馆的通知》（中农大人字〔2002〕76号），根据《中国农业大学党政机关新一轮机构调整与干部聘任工作实施方案》（党发〔2002〕11号）的有关精神，经学校研究决定，将东校区图书馆和西校区图书馆合并成立中国农业大学图书馆，为学校直属机构，正处级单位。原东校区图书馆和西校区图书馆的独立建制相应撤销（图6–1）。

9月17日，中共中国农业大学委员会发文《关于成立图书馆党总支暨刘清水等同志任免职的通知》（党发〔2002〕32号），经2002年9月6日党委第2002–22次常委会研究决定：一、成立图书馆党总支。撤销原东校区机关第二党总支。原东校区机关第二党总支的图书馆党支部（东校区）、体育教学部党支部（东校区）、计算机网络中心党支部和原西校区机关党总支的图书馆党支部（西校区）、体育教学部党支部（西校区）组建成图书馆党总支。二、任命刘清水同志为图书馆党总支书记，韩明杰同志为图书馆党总支副书记（兼）（图6–2）。

同日，中国农业大学发文《关于张权等同志任免职的通知》（中农大人字〔2002〕79号），经学校党委常委会暨校长办公会研究决定：聘任张权同志为图书馆馆长；刘清水同志为图书馆常务副馆长（兼）；韩明杰、潘薇、王鲁燕同志为图书馆副馆长（图6–3）。

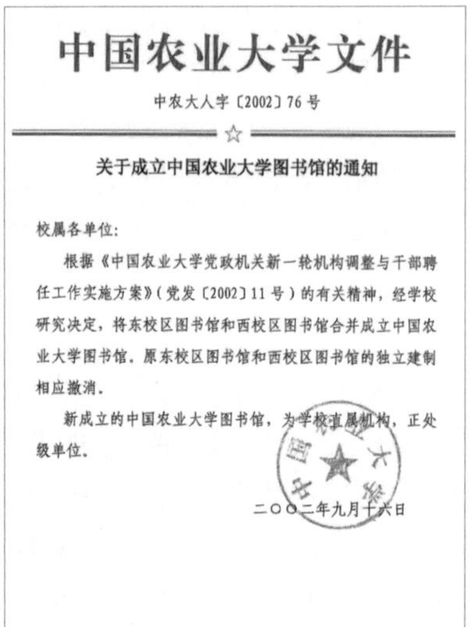

中国农业大学文件

中农大人字〔2002〕76号

关于成立中国农业大学图书馆的通知

校属各单位：

根据《中国农业大学党政机关新一轮机构调整与干部聘任工作实施方案》（党发〔2002〕11号）的有关精神，经学校研究决定，将东校区图书馆和西校区图书馆合并成立中国农业大学图书馆。原东校区图书馆和西校区图书馆的独立建制相应撤消。

新成立的中国农业大学图书馆，为学校直属机构，正处级单位。

二〇〇二年九月十六日

主题词：成立 机构 通知

抄送：党委正副书记、正副校长

中国农业大学学校办公室 2002年9月16日印发

图6–1 学校成立中国农业大学图书馆文件

中共中国农业大学委员会文件

党发〔2002〕32号

关于成立图书馆党总支暨刘清水等同志任免职的通知

各分党委、党总支、直属党支部，纪委、党委各部门：

经2002年9月6日党委第2002—22次常委会研究决定：

一、成立图书馆党总支。撤消原东校区机关第二党总支。原东校区机关第二党总支的图书馆党支部（东校区）、体育教学部党支部（东校区）、计算机网络中心党支部和原西校区机关党总支的图书馆党支部（西校区）、体育教学部党支部（西校区）组建成图书馆党总支。

二、任命：

刘清水同志为图书馆党总支书记；

韩明杰同志为图书馆党总支副书记（兼）。

三、免去：

刘敬宝同志的原东校区机关第二党总支书记职务。

二〇〇二年九月十七日

主题词：机构 任免 通知

抄送：党委正副书记、正副校长

中国农业大学学校办公室 2002年9月17日印发

图6–2 学校成立图书馆党总支的文件

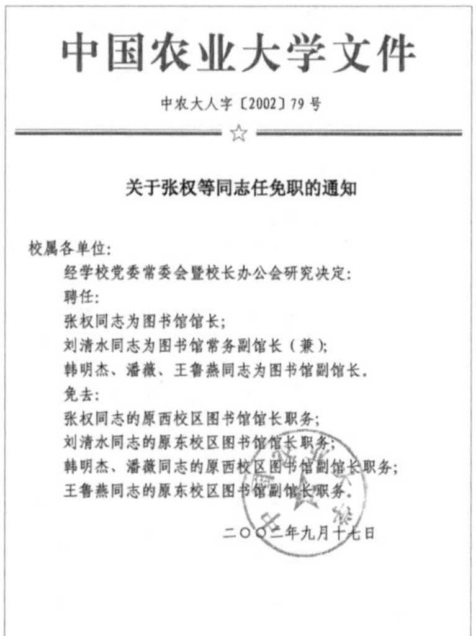

中国农业大学文件

中农大人字〔2002〕79号

关于张权等同志任免职的通知

校属各单位：

经学校党委常委会暨校长办公会研究决定：

聘任：

张权同志为图书馆馆长；

刘清水同志为图书馆常务副馆长（兼）；

韩明杰、潘薇、王鲁燕同志为图书馆副馆长。

免去：

张权同志的原西校区图书馆馆长职务；

刘清水同志的原东校区图书馆馆长职务；

韩明杰、潘薇同志的原西校区图书馆副馆长职务；

王鲁燕同志的原东校区图书馆副馆长职务。

二〇〇二年九月十七日

主题词：任免 通知

抄送：党委正副书记、正副校长

中国农业大学学校办公室 2002年9月17日印发

图6–3 学校聘任图书馆领导文件

至此，合并后的新图书馆领导班子正式组建（表6–1）。

表6–1 两馆合并后新领导班子成员

姓　名	职　务
张　权	馆长
刘清水	总支书记兼常务副馆长
韩明杰	副馆长、总支副书记（兼）

续表 6–1

姓　名	职　务
潘　薇	副馆长
王鲁燕	副馆长

两馆合并后，本着利于工作、利于融合的原则，进行了部门整合以及工作岗位调整与聘任。

在用人方面，图书馆给所有馆员提供展示的机会和平台，创造公平竞争的环境，坚持公开竞聘、任人唯贤、一视同仁、不拘一格、大胆使用。所有参加部门主任竞聘的人员在全馆大会上介绍个人竞聘优势和工作思路，并广泛征求馆员的意向。

经 2002 年 10 月 24 日馆长办公会研究决定：中国农业大学图书馆设 12 个部室，并聘任了部门负责人：

办公室：潘薇副馆长兼主任，副主任赵锦辉、王永进（主任待遇）；

后勤服务部：副主任贾尧风、赵明芳；

采访部：主任徐伟，副主任贺玢；

编目部：韩明杰副馆长兼主任，副主任许岩青、王英芬；

阅览一部：主任刘元科；

阅览二部：主任刘凤辰；

信息服务一部：主任左文革；

信息服务二部：主任袁永翠；

情报研究部：主任杨敏丽；

数字化研究与建设部：主任李晨英，副主任王宝济（主任待遇）；

自动化部：主任康实，副主任朱金诺；

技术部：主任黄兴建，副主任张玉兰、刘颖芳。

任期自 2002 年 10 月 25 日至 2003 年 9 月下一轮岗位聘任。

12 月 3 日，学校将原属教务处的教材科划归图书馆，经图书馆馆长办公会研究决定成立“教材服务部”，主任由任卫平担任。

12 月，图书馆开始各部门内部工作岗位设置和全员聘任工作，经过双向选择，除馆领导外，全馆 114 名工作人员（含部门负责人）全部确定了新的工作岗位。本次聘任是两馆合并后的一次岗位整合，带有探索与试行的性质，聘期为一年。经民意调查，馆员对聘任结果评价满意和比较满意的比例占 71%。

至此，合并后的图书馆完成了组织机构设置和员工岗位聘任，为开展各项业务工作奠定了组织基础。

到 2002 年底，图书馆实现了人、财、物的统一调度与管理。自此，东馆和西馆只是地理位置上两个不同的馆舍，在指导思想、办馆理念、部门设置和业务管理上，实现了全馆一盘棋的统一管理和运转。

3. 组建图书馆工作委员会

2002 年，教育部颁布了新的《普通高等学校图书馆规程》，进一步明确了图书馆在学校的定位，并对图书馆的管理体制、组织机构、文献资源建设、读者服务、科学管理、工作人员、经费、馆舍以及设备等各方面提出了详细的指导性建议及要求。为了加强图书馆的文献信息资源建设，提高图书馆的整体服务水平，根据《规程》规定，12 月 2 日，图书馆向学校提交了《关于成立中国农业大学图书馆工作委员会的报告》，12 月 8 日，经学校批准，成立中国农业大学图书馆工作委员会。

主任：谭向勇（主管副校长）

副主任：孙其信（校长助理）、张东军（财务处处长）、王涛（研究生院常务副院长）、李绍华（教务处处长）、龚元石（科学技术处处长）、张权（图书馆馆长）

委员：李怀方、王建华、赵梁军（农学与生物技术学院）；
邓乃扬、杨新玲、（理学院）；
刘红岩、杨明浩（信息与电气工程学院）；
宋建农、毛恩荣（工学院）；
朱德举（资源与环境学院）；
王秀清、田志宏（经济管理学院）；
袁红利（生物学院）；
姜微波、张绍英（食品科学与营养工程学院）；
张劳（动物科技学院）；
索勋（动物医学院）；
李光永（水利与土木工程学院）；
李小云、李建华、任大鹏、李建军（人文与农村发展学院）；
蔡承志、李应博（研究生会）；
张慧景、周峰（学生会）。

图书馆工作委员会职责是为图书馆书刊资料及电子文献的采购提出建议，负责收集本院系教学与科研所需的文献资源信息，对本院系及重点学科建设所需的文献信息资源建设提出建议，协助图书馆协调与各院系之间的业务联系，代表本院系的师生对图书馆的服务和发展提出建议和意见。

12 月 12 日，图书馆工作委员会第一次全体会议在图书馆报告厅举行，会议由张权馆长主持。

潘薇副馆长介绍了图书馆文献资源建设情况以及信息服务部开展的服务项目和图书馆的项目研究工作情况。

校长助理孙其信强调，图书馆是伴随个人成长非常重要的地方。图书馆的工作和服务质量在不断提高，是学校服务质量最好的一个部门。他建议：网络资源发展非常迅速，图书馆要增加电子资源投入，尤其是外文期刊要购买电子版，因为电子版的速度快，时效性强；要把有限的经费用到刀刃上，充分开发利用网络资源，和院系结合，建立网络导航，同时要挖掘网络免费资源。

财务处处长张东军指出，去年在图书馆经费上作了调整，但还不够。图书馆在人文方面的图书资料差距很大。通过在外面学习，了解到学校对图书馆的经费投入相对太少，连湖南衡阳的地方学校都比我校的投入多，以后在经费上要加大对图书馆的投入力度。

研究生院常务副院长王涛对图书馆的工作给予肯定。他强调，目前在校研究生 4100 多人，2005 年将达到 8000 人（其中全日制学生 6000 左右，非全日制学生 2000 人），图书馆要充分考虑研究生的增长对图书馆的需求。最后，他表示研究生院和“211”办公室将一如既往地支持图书馆工作。

与会者为图书馆努力保障教学科研而作出的努力感到欣慰，同时对图书馆今后的资源建设和提高服务质量方面提了许多意见。

会议达成以下几点共识：

（1）学校领导要重视图书馆的发展，特别是学校扩大招生后，要保证图书馆的主要资源能满足教学科研的需要，增加对图书馆的投入力度；图书馆是产生创造性思维的地方，是学生和老师获取知识的殿堂，学校再穷不能穷图书馆，学校科研经费中 1% 的图书经费一定要专款专用，落实到图书馆作为文献资源建设经费。

（2）图书馆要积极想办法争取多方投入，建立机制多争取免费、低价图书资料，搞好文献资源建设。

（3）充分发挥学校图书馆工作委员会的作用，把握好图书馆的发展方向。

（4）图书馆要为学校教学科研提供全方位的优质服务，积极主动地为全校师生做好文献服务工作。

最后，谭向勇副校长做了总结发言。他说：图书馆应充分发挥“图书馆工作委员会”的作用，最好能够建立一个平台，以保证图书馆与各位委员之间的联系渠道畅通；要扩充图书捐赠渠道，争取更多资源；图书馆要以人为本，为全校师生提供优质、全方位的文献资源服务。

张权馆长代表图书馆感谢学校领导及各位老师对图书馆工作的支持，表示图书馆一定会努力尽责，搞好文献资源建设，进一步提高服务质量。

4. 改善办馆条件，统一服务模式

努力改善馆舍条件，创造优美舒适的学习与研究环境。图书馆利用2002年暑假期间对两个馆舍进行了改造，西馆安装了中央空调，对大厅等处进行了装修；东馆对二楼阅览室以及全部门窗进行了更新。

原东、西区图书馆建筑的结构不同，管理理念不同，形成了服务模式的差异。西馆是大格局、全开架式现代化服务模式，给读者利用馆藏提供了最大的方便；东馆是传统格局，多开间，分散管理。

合并后，对东馆建筑内部结构做了适当的改造，打通了部分非承重隔墙，按照藏阅结合的模式调整了资源布局，撤销了各阅览室的门禁管理，建立了总服务台，实行一站式借还，实现了全开架服务，开放式管理，提升了服务质量。

2002年9月2日开始，图书馆开馆时间为7：30—22：30，周开放时间达105小时，比教育部颁发的《普通高等学校图书馆规程（修订）》中要求的70小时，多出50%。

图书馆实行实质性融合后，两校区实现通借通还，极大地方便了全校师生利用图书馆馆藏资源，平均每天有上百册图书在两校区之间流通；同时实行图书统一采购、加工后，每周有400册左右的图书需要从西馆运到东馆，图书运送成为急需解决的问题。2002年12月2日，图书馆向学校提出了关于购置汽车的请示，12月3日，谭向勇副校长批示同意，图书馆购置了1辆11座的“东南得利卡”中型客车，用于东、西馆之间运送图书，确保统一采购、编目和通借通还工作的顺利开展。

2002年10月底到2003年1月，东馆把原有密封性能差的钢窗全部更换为密封性能较好的塑钢窗，总计286面窗户，2060 m^2，改善了东馆冬季的保温效果。

5. 全国人大常委会副委员长布赫题词

2002年10月24日，中国马业协会在中国农业大学正式成立，全国人大常委会副委员长布赫出席大会，并受聘中国马业协会名誉理事长。在参加马业协会成立仪式后，布赫副委员长在农业部副部长齐景发、学校党委书记瞿振元、校长陈章良的陪同下，兴致勃勃地参观了图书馆西馆，并为图书馆题词“大力发展我国农业图书信息事业”（图6–4）。

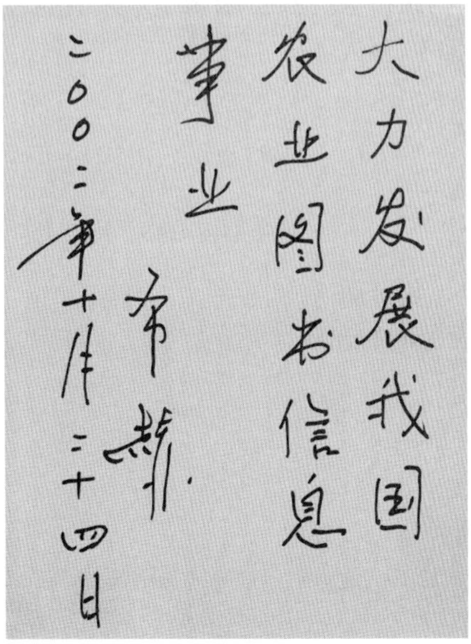

图6–4 布赫副委员长题词

6. 广泛听取意见，提高服务质量

2002 年 11 月 17 日，馆长张权率馆内各部门负责人在西区图书馆与 40 余位学生代表座谈，听取同学对图书馆工作的意见和改进工作的建议。两校区图书馆实行实质性融合后，极大地方便了读者，但其中难免也会有不尽如人意之处，通过座谈会进一步了解图书馆工作中的问题与不足，加以改进。

座谈会上，同学们认为目前两校区图书馆的共同问题主要是书籍过于陈旧，报刊杂志的更新速度不够快，自习室占座位现象比较严重。同学们希望图书馆在图书续借、书包存放以及图书查询等方面改进工作，同时希望图书馆能延长借书时间。

张权表示，图书馆将加大管理力度，争取更多的经费购买更多新书，图书馆将尽量调整馆内布局，以腾出更多的空间用作自习室和阅览室。

12 月下旬，为了向读者提供更加便捷的服务，在学校科技处的资助下，图书馆自动化部和信息服务部共同研究开发的图书馆虚拟服务平台，开始为读者提供网络在线咨询服务。图书馆工作人员实时回答读者问题，进行交互式、动态信息咨询服务，成为国内较早实现在线咨询的图书馆，实现了网上实时解答读者的问题。服务内容有：介绍本馆在线咨询情况，读者在使用图书馆资源时碰到的问题，网络资源介绍等。

图书馆的各项工作出色、服务效果明显，也深受师生赞扬，在学校二级单位的实质性合并过程中起到了表率作用，得到了学校的肯定与赞扬，校领导也多次在不同场合表示，图书馆是学校工作做得最好的单位之一，大家应该向图书馆学习和看齐。

7. 开展国际交流

2002 年 7 月 5—7 日，“高校元数据应用研讨班”在图书馆进行。来自美国明尼苏达大学图书馆副馆长约翰逊（Peggy Johnson）等 2 位专家应邀出席。

7 月，王鲁燕副馆长赴意大利期间，访问了联合国粮农组织（FAO）图书馆，该馆馆长 June Wu 接待了王鲁燕副馆长。受图书馆委托，王鲁燕副馆长向该馆赠送了本馆组织编撰的《中华农器图谱》，并就国际农业图书馆网络（agricultural libraries network，简称 AGLINET）有关问题进行了交流与探讨。

2002 年 8 月下旬，图书馆技术部主任康实参加了在苏格兰举行的第 68 届国际图联大会及理事会，并参观了大英图书馆、剑桥大学图书馆、牛津大学图书馆等。本届图联大会主题是“图书馆的生命力‘民主、变化、传递’”；副主题是“构筑过去，投资未来”。来自世界 150 多个国家和地区的 4000 多名代表参加了本届年会，中国代表团 130 多人。

8. 合并时的基本情况

西馆馆藏：中文图书 60 万册
外文图书 7.1 万册
中文期刊 27186 册（装订后）
外文期刊 89457 册（装订后）
录像带 1870 盒
录音带 2497 盒

东馆馆藏：中文图书 42.7 万册
外文图书 5.86 万册
资料 54128 册
外文期刊 23072 册
中文期刊 27233 册

电子出版物光盘 644 盘
农机样本 3000 件
录音带录像带及胶片 37652 件
合计馆藏：中文书 102.7 万册
外文书 12.96 万册
中文期刊 54419 册
外文期刊 112529 册

录音带录像带及胶片 42019 件
电子出版物光盘 644 盘
产品样本 3000 件

馆舍面积：东馆 9550 m^2，西馆 12115 m^2。

文献经费（2002 年）：东馆约 180 万元，西馆 469 万元。

人员（2002 年底）：图书馆在编总人数 128 人（含教材科 5 人）。实际在岗人员 123 人，停薪留职的未在岗人员 5 人。其中东馆 57 人，实际在岗 55 人；西馆 71 人，实际在岗 68 人。

第二节　优势互补，开创新局面

（2003—2006 年）

两馆实质性合并后，通过对馆藏的整合优化，实现了资源互补，为全校师生充分利用图书馆创造了便利条件；职工队伍的优化组合，激发了职工的工作热情，调动了职工积极性，增强了职工工作主动性和责任心；规章制度和工作流程的统一，提高了各项工作的效率和质量；管理理念和工作作风的转变，开创了一个积极向上、不断创新的新局面。图书馆在基础工作、咨询服务，以及学术研究、学科建设、对外交流与协作等各方面，都跃上了一个新台阶，在全国高校图书馆界也颇具影响力，为下一步发展奠定了坚实的基础。

1. 统一思想意志，强化深度融合

两校区图书馆实现实质性合并以后，最重要的是两个校区图书馆从领导班子到普通馆员之间思想意识的融合，以及管理制度及理念的统一。

为了更好地实现两馆的全面融合，树立全局观，实现全馆步调的统一，图书馆领导班子首先从思想意识和班子建设入手，统一思想，健全制度。

2003 年，图书馆领导班子从统一思想意识入手，以图书馆发展为主题，以学科建设和馆舍环境改善为重点，加强团结，加强管理，深化改革，千方百计提高文献资源保障率，齐心协力走好整合后的中国农业大学图书馆第一步。

在工作原则上，要求“以身作则、肯于奉献、清正廉洁、精诚团结、开拓进取、雷厉风行”和“坚持民主集中制与馆务公开、自觉接受群众监督”；在工作思路上，主张“以服务求支持、以贡献求地位、以创新求发展”；在发展理念上，提出“不断强化竞争与忧患意识、不断强化团队协作意识、不断强化服务意识、不断强化开拓创新意识”。

通过梳理，大家在思想上得到了统一，认识到领导班子自身建设是图书馆发展的首要前提；争取学校支持是图书馆发展的关键保障；加强馆员队伍建设、充分调动馆员积极性是图书馆发展的根本基础；为教学科研提供全方位的优质服务是图书馆发展的源生动力。

同时，图书馆相继建立健全各种议事规则，统一管理制度与馆员待遇，统一财务管理。图书实行统一采购，统一分编。

这些措施为图书馆各项工作奠定了思想基础和行为准则，焕发了全馆职工积极向上的工作热情，大家齐心协力求发展，各项工作开展得有声有色。优化机构设置、全员上岗、统一管理制度和职工福利待遇的措施，充分调动了全体馆员的工作积极性；全面改善东馆的馆舍条件，为读者创造了舒适的学习和研究环境；东西两馆全面实现服务模式统一、管理制度统一，提高了图书馆文献资源和馆舍的利用率，为全校师生提供了更加方便快捷的文献、信息服务，实现了图书馆的深度融合与和谐发展。在抗击“非典”的特殊时期，保证了全体入馆读者和全体职工的健康和安全。

2003 年 9 月，华北地区高校图书馆协会对图书馆整体建设水平，包括数字化建设、图书管理模式、图书编目等项内容进行了综合评比，中国农业大学图书馆荣获华北地区高校“先进图书馆”称号。

2004 年，图书馆提出要把 2004 年作为图书馆管理年，加大力度抓管理，千方百计求发展。

2004 年 4 月 22 日，学校党委书记瞿振元、副校长张东军、教务处处长吴文良等领导到图书馆考察调研。瞿书记一行在图书馆馆长张权、副馆长韩明杰、潘薇、王鲁燕等人陪同下，视察了图书馆西馆信息咨询部、读者电子阅览区、外文期刊阅览区以及特藏善本书库，听取了读者对图书馆的反映及意见。信电学院一位博士生说，图书馆环境好，工作人员服务非常到位，开馆时间长，很适合同学们在这里学习。瞿书记等领导听取了图书馆工作情况汇报，瞿书记充分肯定了图书馆在文献信息资源建设、图书馆环境改善及信息服务等方面所做的工作，赞扬了图书馆领导班子在两馆合并过程中，从大局出发，团结一致，带领全体工作人员在短时间内实现了两馆图书的通借通还。瞿书记还特别谈到图书馆在管理育人、环境育人、服务育人中可以发挥的重要作用，希望图书馆变成一个公共学习中心，使教师、学生在获取知识的同时思想行为也得到熏陶。

2. 组织机构的整合与岗位聘任

1）组建图书馆聘任考核小组和学科评议组

早在 1991 年，北京农业大学就已取得了“图书资料、出版、档案”学科系列的正高级专业技术职务审定资格。两馆合并后，重新调整了学科评议组。

2003 年 12 月 12 日，中国农业大学聘任考核工作办公室发文批复图书馆：经学校审核，批准你馆聘任考核小组和“图书资料、出版、档案”学科评议组组成人员，并予以备案（附名单）。

图书馆聘任考核小组（9 人）：

组长：张权

副组长：刘清水

成员：韩明杰、潘薇、王鲁燕、刘元科、王永进、左文革、李晨英

秘书：潘薇（兼）

“图书资料、出版、档案”学科评议组（9 人）：

组长：张权

成员：谭向勇（主管副校长）、刘清水、汪春林（出版社）、林家栋（出版社）、刘军、承欢（清华大学）、马自卫（北京邮电大学）、王梦丽（北京航空航天大学）

秘书：韩明杰

2）岗位聘任优化组合

2003 年底，为了全面推进学校内部体制改革，贯彻“坚持与时俱进，改革不留死角”的指导方针，保证各项改革工作的顺利实施，学校决定在 2003 年 11—12 月组织实施教职工全员聘任工作。

12 月 3 日，中国农业大学下发文件（中农大人字〔2003〕88 号），核定图书馆人员编制总数为 131 人，其中教辅人员 125 人（固定岗位 105 个，流动岗位 20 个），党政管理人员 6 人。文件规定，本次核定

的编制和岗位在今后 4 年内原则上不再进行调整。

图书馆根据学校的总体部署，结合实际情况和业务工作需要，对图书馆的部门机构进行了整合，调整设置了全馆所有工作岗位，并规定了各部门人员上岗的基本要求和任职条件；明确了每个岗位的职责与任务、任职条件、工作量及任期目标。全馆职工重新选岗、聘岗，优化组合。

2003 年 12 月 16 日，经图书馆馆长办公会研究聘任了各部门的主任和副主任。新聘的部门主任试用期一年，其余部门主任聘任期限为 2003 年 12 月至 2007 年 10 月。随后完成了全员聘任工作。全馆有 122 人参加了岗位聘任。由部门与个人双向选择，全馆人员经过协调组合最终都确定了工作岗位（表 6–2）。

表 6–2 各部门人员名单（2004 年）

部门	主任	副主任	人员名单
办公室	王永进	刘金梅 李雪原	李雪原 张平兰 侯文素 张 权 韩明杰 潘 薇 贾尧凤 郭葆京 张淑洁 周秀芹 王永进 刘金梅 辛志华 刘清水 王鲁燕 殷作明 赵明芳 游文莉
采访部	徐 伟	贺 玢	张红萍 沈 慧 徐 伟 白瑞雪 郑学红 赵 军 贺 玢
编目部	周雪伟	王 卓 王英芬	周雪伟 赵 杰 李智英 王玉虹 宋燕菊 王 卓 谢 燕 倪红华 李启秀 王爱娇 白亚明 陈兰贞 王英芬
流通部Ⅰ部	刘元科		董晓玲 刘艳恒 杨 晶 任保田 刘龙献 唐向军 刘凤娟 扈晓琳 程春宁 刘元科 张淑琴 孙凤录 冯玛联 孙玉玲
流通部Ⅱ部	刘凤辰	陈 妍	刘凤辰 郭锦蓉 邓洪玲 马 杰 耿劲松 周江英 陈 妍 郭渝碚 杨学红 吕 佳 武德蓉 王争鸣
数字化部	李晨英	王宝济	李晨英 洪重阳 王 雁 塔 娜 许岩青 王宝济 杨文丽 陈国民 徐瑞清
信息服务部	左文革	袁永翠	左文革 王淑凤 孙彩霞 吴 群 赵耀莺 朱艳梅 周丽英 尚文娟 陈仕吉 赵锦辉 王雅晶 焦艳平 巢国正 孙会军 袁永翠 乔春晓 王利萍 王晓兰 张永彤 黄 庆 盖宝川 师丽娟 姜雪琴
自动化部	康 实	朱金诺	康 实 喻 浩 田彩琴 杜 璟 朱金诺 雒庆生
技术部	黄兴建	张玉兰 孔建铭	张玉兰 高永才 宋淑凤 李 是 孔建铭 王燕京 孙 明 刘惠英 王新华 黄兴建 刘颖芳 路 军 胡桂兰 高剑波 胡翠蓉 汪 群

2004 年 2 月 20 日，教育部办公厅文件教高厅〔2004〕11 号《教育部办公厅关于成立第二届教育部高等学校文化素质教育指导委员会和第二届教育部高等学校图书情报工作指导委员会的通知》，聘任张权馆长为“第二届教育部高等学校图书情报工作指导委员会”委员。

2005 年 2 月 21 日，经请示学校有关领导同意，图书馆馆长办公会研究决定，聘任左文革为馆长助理。

2006 年 1 月，图书馆馆长张权退休。1 月 9 日，中国农业大学发文（中农大人字〔2006〕3 号），经学校第 2005–34 次党委常委会暨校长办公会研究决定：免去张权同志图书馆馆长职务。但学校没有任命新馆长，因此，图书馆工作由党总支书记、常务副馆长刘清水主持。

同年 9 月 30 日，图书馆重组考核聘任小组：

组长：刘清水；

副组长：韩明杰；

成员：潘薇、王鲁燕、左文革、王永进、刘元科；

秘书：王永进。

同年 11 月 14 日，学校决定由经济管理学院教授何秀荣出任图书馆馆长，于 12 月 8 日到任。图书馆方结束了 11 个月的馆长空缺状态。

3. 图书馆工作委员会履行职责

2004年12月3日，图书馆在西馆报告厅召开“图书馆工作委员会扩大会暨文献资源建设研讨会”，副校长谭向勇、孙其信、张东军，学校人事处、财务处及各学院负责人、学科带头人以及图书馆工作委员会成员出席了本次会议。会议由张权馆长主持。

谭向勇副校长首先感谢学校各部门、各单位多年来对图书馆建设的大力支持，对图书馆的管理、运行、读者服务给予充分肯定，希望大家继续积极参与图书馆文献资源建设，更好地为教学科研服务。

孙其信副校长对近几年来图书馆的发展变化感到欣慰。他指出，学校“985工程”建设给图书馆的建设提出了更高的要求，希望图书馆把有限的资源充分利用起来，使有限的资金发挥更大的效益。

张东军副校长说，在某种意义上，图书馆的建设情况代表着一个大学的现状，随着这几年学校对图书馆投入的增加，图书馆文献资源建设发展很快，图书馆的管理水平也在不断提高，工作人员精神面貌好，读者服务质量好，今后学校一定会继续支持图书馆。

潘薇副馆长在会上作了“关于2003年和2004年图书馆文献资源建设工作情况”汇报，并针对“985工程”建设项目引进文献资源情况作了详细说明。两馆合并后，2003年进行了资源调整与补充，开始实行电子资源的联合采购。2004年，图书馆从6个方面进行文献资源建设：①调整文献资源的采购策略，减少重复，重点补充社科、文艺等方面文献资源；②通过参加书展等方式加大现场采书力度；③利用吸纳赠书等方式多种途径补充馆藏资源；④加强与用户的交流，获取反馈信息（如调查问卷、利用点击率等）；⑤加大资源利用的宣传与培训；⑥开展广泛的馆际互借与文献传递服务，以资源共享补充馆藏。

针对“985工程”建设项目，潘薇从建设目标和计划引进的资源方面作了汇报。数据库资源仍然是主要购进对象，包括文摘型的化学文摘、生物学文摘、科学引文索引、PQDD博硕论文全文库、全文电子图书、中文相关数据库、中外文印刷型文献资源等。中英文图书和教材、教参等资源将继续补充。

关于图书馆文献建设中的存在问题，潘薇谈到，由于文献资源价格上涨、印刷型书刊复本量降低、人均图书拥有量不足等带来文献资源保障可持续性的问题，数据库的条件限制等问题有待解决。

潘薇表示图书馆将继续做好规划、提高资源利用率，加强用户需求调查，做好宣传和资源共享，更好地开展工作。

与会领导与各位教授各自谈了意见及建议，希望图书馆在文献资源不断丰富的同时，一定要做好读者服务和管理工作，而且要做好与其他院校图书馆的资源共享工作。

动科学院教师代表认为做好图书馆资源的平台建设十分关键，建议加大投资，加强信息服务建设；信电学院、生物学院、资环学院教师代表对于数据库的购买提出了具体建议；工学院教师代表指出机械工程电子图书、新书、外文书太少，同时建议加大新的信息资源宣传力度，让大家及时了解图书馆的资源信息；资环学院代表还提出，可以进一步挖掘资源利用率方面的潜力；园艺的老师建议在文献资源的投入方面，最好先锁定学科发展方向，做到有的放矢；动医学院院长汪明倡议大家将自己利用率不高的图书、期刊捐献出来，做好校内资源共享，丰富馆藏，方便他人。

4. “211工程”二期建设

“211工程”二期建设项目是国家“十五”规划中教育建设的重要内容。中国农业大学“211工程”二期项目建设于2003年3月26日正式启动。

早在2001年7月制定的《中国农业大学“十五”计划纲要》中，就已经对图书馆建设做出规划：“加快图书馆硬件条件的改造，加大软件建设和信息化建设的投入，进一步发挥图书馆为教学、科研服务的职能；积极承担国家资源保障体系的建设，基本实现电子图书馆和数字图书馆建设目标。”因此在“211工程”二期建设中，学校在图书馆的数字化建设和全国农科文献中心（CALIS）建设上，继续加大投入和支持。

学校“211工程”建设项目包含重点学科建设、公共服务体系建设、师资队伍建设和基础设施建设4个大项目。其中，公共服务体系建设的主要任务是：重点建设数字图书馆和校园网2个建设项目，提高文献资料管理、信息服务的水平，实现资源的合理配置和共享，为学校教学、科研和管理提供高效服务的良好运行环境。

3月26日，“211工程”二期建设项目中的“图书馆文献保障体系建设”子项目举行了启动仪式，陈章良校长与张权馆长分别代表学校与图书馆签订了协议。

“211工程”二期图书馆建设的总体目标是建设一个与学校“国内一流，国际知名”的战略发展目标相适应的、方便及时高效为读者提供数字化资源的数字图书馆。同时，进一步增强和发挥中国农业大学图书馆作为CALIS全国农科文献中心的作用。

该项目投入中央专项资金500万元，用于基础网络平台建设；配套资金737万元，主要来源于图书馆资源建设费、CALIS农学中心资源建设费以及CADAL数字化资源建设项目硬件投入费。

2006年4月26日，图书馆“211工程”二期建设子项目“图书馆文献保障体系建设”的项目验收会在图书馆西馆会议室举行。验收专家组一行在时任副校长孙其信、校长助理龚元石等的陪同下，到图书馆进行现场考察与验收。孙其信介绍说，两期“211工程”对图书馆建设给予了实质性的有力支持，图书馆有了很大的改观，尤其是在文献资料数据库等方面，为学校科研工作提供了强有力的支持。受学校委托，子项目建设主持人张权向教育部专家验收组成员详细汇报了图书馆“211工程”二期建设子项目“图书馆文献保障体系建设”的任务、内容、目标、建设成绩与效益，以及图书资料、网络资源、人才建设、服务管理等方面向专家组进行详细汇报。验收组专家们对图书馆该项目建设的成果表示充分肯定。

图书馆文献保障体系建设项目主要建设成果：

1）建成先进的基础网络平台

网络基础设施：2003年度网络升级至千兆网，信息接入点由420个扩大到744个；10兆的桌面交换升级到100兆；2005年实现存储局域网络（SAN）升级，新接入HP FC-SCSI及HP FC-SATA两个磁盘阵列，存储容量由4T扩展到14T，并安装了Veritas BE10备份系统，实现了重要系统的远程容灾和灾难后的恢复功能。改造了机房动力电源系统，更换不间断电源（UPS），电源实现3级防雷。

数据库服务系统：2004年度建成4T容量的磁盘阵列+4台PC服务器的存贮局域网，2005年购买系统管理与服务应用软件，完成预定主要建设内容。

无线网络建设：建成了54M带宽、34个AP接入点、支持400人同时在线的无线网络，信号覆盖图书馆90%的区域。

读者与工作人员用机：2003年度购买250台，2004年度购买36台，2005年度购买106台，并安装了机房管理系统，实现了读者自助上机。图书馆坚持满足读者需求为先的原则，根据读者需求增加的现状，将原计划中的工作人员用机部分资金转移到读者用机。

通过基础网络平台建设，建立了先进的远程服务网络系统平台，为面向全国高校提供数据库镜像服务和数字资源长期保存服务奠定了基础条件。

2）大幅度提高文献保障能力

“十五”期间，文献资源的建设重点是引进电子期刊、数据库等数字型文献资源和外国原版教材，五年总投入经费737万元。通过“211工程”二期建设，图书馆已建立并形成了以农业和生物为特色的书目、文摘、全文型数字化文献资源保障体系，基本实现了多种文献信息资源的合理配置。

“十五”期间，图书馆文献资源建设有了进一步的发展，总藏书量由“九五”末期的140万册增加到159万册，其中引进外国原版教材1000余册，为学校开展双语教学工作提供了基础保障。大量优质的电子期刊、数据库等数字型文献资源的引进，提高了图书馆的文献保障率，重点学科中文期刊核心期刊保障率达100%，外文期刊的保障率达75%。2005年，图书馆各种中外文电子资源的总使用量为 208 万人次。

随着文献资源的不断增加，图书馆接待读者的数量也在不断增加，2000 年接待读者总量为 75 万人次，2004 年接待读者总量为 158 万人次；2001 年文献借阅总量为 10 万册，2005 年文献借阅总量为 41 万册。

电子期刊、数据库资源建设："九五"后期时，图书馆已经购买了数据库 8 个，其中包括中文电子期刊 6000 余种，外文电子期刊 200 余种。通过"十五"的"211 工程"二期建设，图书馆拥有各种数据库 20 余种，80 余个，其中包括中文电子期刊 1.2 万余种，外文电子期刊 1.3 万余种。

电子图书建设："十五"期间，馆藏电子图书由零册增加到 3.05 万册。

外国教材中心建设：2001—2005 年合计购外国教材和教参 1000 余种。

2005 年购买了 CDI 数字图书馆系统及非书资料管理系统。CDI 数字图书馆系统可帮助图书馆实现对数字资源的采集加工和发布。非书资料管理系统则可实现随书光盘的网络发布，解决图书馆随书光盘管理难题。

3）全国农学文献信息中心建设

农林数字图书馆基地建设：主要针对数字图书馆的资源建设与服务模式进行了研究，并以学科为单位进行数字化资源服务的模式试验；开展了"CALIS 农学中心数字图书馆基地建设"；搭建了"中国农业大学数字图书馆——植物保护学科信息服务平台"。

4）自建数字化资源建设

通过参与"高等学校中英文图书数字化国际合作计划（CADAL）"项目，将一些特色馆藏文献进行了数字化，加工量总计超过 8000 多册、98 万多页。

建立了一系列特色数据库，并以本校博硕士学位论文为核心建立了"学位论文资源"服务平台，以本校教师论著为核心建立了"教师文库"特色电子资源馆藏服务平台以及"农业工程学科数字图书馆"。其中，本校博硕士论文全文数据库有数据 7299 条（全文数据 3395 条），自 2003 年 6 月 5 日建立访问日志起，到 2004 年 11 月底，已有超 4.7 万人次访问、浏览数据 11.2 万条、下载全文数据 8.4 万条，平均每条数据利用次数达到 15 人次以上；中英文教师论著数据库收录有 2 万多条数据；农业工程国际会议论文库 7555 条数据；图书馆建立了西文电子期刊导航库 9605 条，整合了引进的 9 个主要全文数据库的电子期刊，为读者提供方便快捷的电子资源查询导航服务。

5）人才队伍建设

"十五"期间，图书馆在加强网络建设与文献资源建设的同时，也加大了图书馆人才队伍建设。为提高工作人员的整体水平，图书馆采取引进人才与提高现有人员素质相结合的方式，积极鼓励现有工作人员参加各种学习和培训。"九五"后期，图书馆有正高职称者 2 人，副高级职称者 24 人，硕士学位者 6 人，本科学历者 49 人；到"十五"后期，图书馆已有正高职称者 4 人，副高职称者 31 人，硕士学位者 12 人，本科学历者 72 人。拥有本科学历以上者为 84 人，占全馆人员的 72%。由于拥有了一支高素质的人才队伍，为图书馆提高业务水平和服务水平奠定了坚实的基础。

5. 团结一致抗击"非典"

2003 年春，全国经历了一场"非典"[①]疫情。4 月中旬，北京市"非典"疫情开始肆虐。4 月 18 日，图书馆在东馆召开馆长办公会，成立以张权、刘清水为组长，韩明杰、潘薇、王鲁燕为副组长的抗击"非典"领导小组。

① "非典"即非典型肺炎，主要指 2003 年出现的由 SARS 冠状病毒感染引起的急性肺部感染，与传统的细菌引起的大片的肺部感染不同，因此称为"非典"。"非典"属于一种重症急性呼吸综合征，其主要传播方式为近距离飞沫传播或接触患者呼吸道分泌物传播，人群普遍易感，当年成为全国性范围的重大传染病，死亡率较高。因此，不得不对感染者采取物理性空间隔离治疗的方式。

2003年4月23日，“图书馆非典防控小组”召开扩大会，张权馆长传达了校党委书记瞿振元在20日在学校会议上的讲话精神，要求大家思想上要高度重视，要像防火、防汛、防大疫一样防“非典”。

突如其来的“非典”疫情给全国造成了巨大的影响，自然也给学校和图书馆的日常工作带来了巨大影响。图书馆是人员相对密集的公共场所，保证入馆读者的安全就成为图书馆服务工作的首要任务。为此，馆务会制订了详细周密的安全保障计划。在保证读者安全的同时也充分考虑了工作人员的安全，通过行之有效的防范措施和深入细致的思想工作，稳定了工作人员的情绪。

“非典”流行期间，学校关闭了公共机房和所有的娱乐场所，图书馆就成了同学们课余时间唯一可以逗留的地方。尽管人们已经认识到“非典”主要是近距离飞沫传染而最忌讳在一起扎堆聚集，但是来图书馆阅览书刊杂志的学生依然有增无减，甚至比“非典”前还要多。图书馆克服困难，不仅一直保持正常开馆、保证网络系统正常运行，而且加强了数据库资源采购，进一步提高了文献资源保障能力。同时，图书馆加强了卫生防控措施，每天2次的阅览桌椅消毒、书刊消毒、空气消毒和通风等措施，确保读者阅读环境的安全，保障了读者安全，工作人员也做到了“一个不少、一个不倒”。

图书馆全体员工始终处在读者服务工作的最前沿，承担着疾病感染危险性大的工作，但没有一个人因惧怕“非典”而离开工作岗位，为学校取得抗击“非典”的全面胜利作出了应有的贡献。

6. 继续改善馆舍条件，创建舒适的学习环境

2003年7月底，东馆大厅改造及装修工程启动，8月底完工。改造后的东馆大门为电动感应门，方便实用，有效地减少了冬季的寒风和夏季的蚊蝇，改变了过去冬季挂黑门帘、夏季挂塑料门帘的杂乱形象。大门向前推出约3米，增加了大厅的面积，使整个大厅显得宽敞明亮、整洁美观，富有文化气息和时代感。

图书馆利用暑假装修闭馆的机会，对内部的藏书空间布局进行了调整，调整新增了约2000 m^2 阅览区，新增阅览座位近700个。一楼新建了电子阅览室，设计为150台计算机，读者可以在此进行文献检索、上机实习、上网浏览等自助用机。

调整后的东馆，带给学生全新的阅读体验，为读者利用图书馆提供了极大的方便。读者在一楼门口验证进馆后，即可根据自己的需要到达各层学习。一层有电子阅览室供学生上机检索，查阅文献信息；二、三、四层书刊阅览区完全开放，查阅馆藏文献，自助学习。各层均有工作人员向读者提供相应的服务和借阅指导。

2003年暑假和2004年6月，东馆分2次全部更换了散热差的旧暖气片3576片，新增暖气片148片。东馆有些区域更换暖气片前的冬季室温在10℃以下，更换后达到15℃以上。

2003年底，在学校保卫处的支持下，东馆增设了防火烟感探测、应急灯、安全出口指示灯和红外防盗报警系统，全面改善了安防设施。

2004年1—2月，东馆在阅览区、电子阅览室、复印室、办公区等区域安装了分体空调，总计安装了3P柜机33台、扇形吸顶挂机15台，1.5P壁挂机9台，1P壁挂机3台，彻底改变了馆内夏天的酷热环境。

2006年暑假，对东馆学术交流厅做了装修改造和设备升级，更新了大屏幕投影仪，增设了调音台，话筒路数扩大到7路，改善了舞台灯光照明和背景幕布，地面铺设了地毯，对桌椅和墙壁做了油漆和粉刷，对卫生间做了重新装修，整个交流厅的功能得到了扩充，环境面貌焕然一新，利用率大幅度提高。

7. 硕士点建设

中国农业大学图书馆从20世纪90年代开始，积极为争取“图情学科”硕士学位授予权创造条件，重视图书馆学、情报学的研究与探索，经过多年的努力奠定了良好的学科基础。

2003年9月1日，中华人民共和国国务院学位委员会《关于自行审批增列硕士点备案名单的复函》（学位办〔2003〕93号）

> 有关学位授予单位：
>
> 现将第九批审核同意备案的自行审批增列的硕士学位授权学科、专业名单发给你们。列入此名单的增列学科、专业点，可行使硕士学位授予权。
>
> 附件：学位授予单位自行审批增列硕士点名单
>
> 学位授予单位名称：中国农业大学
>
> 学科专业名称：
>
> ……
>
> 情报学

自此，图书馆获得了二级学科情报学硕士学位授予权，是继上海交通大学图书馆、第二军医大学图书馆、福州大学图书馆之后国内高校图书馆第4家"情报学"硕士点授权单位，也是当时国内农业类院校中唯一由图书馆独立招生和培养的情报学硕士点。

硕士点设3个研究方向：

农业信息资源组织与管理：以农业信息资源管理和共建共享为重点，对农业及其相关领域的信息资源组织与分析、信息资源管理和利用、信息资源共建共享机制等进行系统化研究与实践。

农业情报研究与咨询：以现代的信息技术和情报学研究方法为主要手段，针对农业领域用户需求和信息服务的特点，开展农业情报研究与咨询的理论、方法、技术及其应用研究。

信息管理技术及其应用：根据信息资源管理的特点，对计算机网络建设与运行管理技术，信息管理与服务系统软件的开发与应用实践，以及信息的标引、加工、存储标准与规范进行应用性研究。

课程设置：学位课定为情报学研究、信息管理学、信息管理系统；选修课设置为情报计量学、网络信息资源开发利用、竞争情报研究、信息检索、信息咨询、数字化资源建设研究进展。

导师：张权、刘清水、韩明杰、潘薇、王鲁燕、左文革。

2005年开始招收第一批硕士研究生：赵荣、介凤。

2006年报考考生12名，经过初试和复试，录取3名，其中统招1名，委托培养2名。

情报学硕士点的设立，极大地促进了农业情报理论、农业文献资源建设、多媒体技术等方面的研究，同时更好地满足了社会对农业情报学高层次人才的需求。

8. 科技查新工作

自1990年起，图书馆开始从事科技查新工作。1995年，北京农业大学文献情报中心和北京农业工程大学图书馆同时被农业部正式批准为首批部级查新检索单位。2003年11月，中国农业大学图书馆被教育部认定为首批教育部部级科技查新工作站，成为当时全国唯一一个农学类教育部部级科技查新工作站。科技查新为学校和其他高校及研究所涉农科研课题的立项、成果鉴定等工作发挥了重要作用。

为满足学校教学、科研及其他农业院校科研人员对文献信息的要求，文献资源建设一直是图书馆的中心工作之一。经过多年的努力，图书馆已具备较强的文献资源保障能力。图书馆不仅注重搜集、整理农业及相关学科所需文献，而且还十分重视综合性文献资源的采集和收藏。为加快文献传递，适应现代化信息检索需要，在印刷型文献的搜集基础上，图书馆加大了电子资源的建设力度，形成了以印刷型，引进、自建电子资源及网络资源整合为一体，兼顾一次文献、二次文献及各种参考工具书等合理的馆藏资源保障体系。馆藏电子资源已逐步形成规模，这些资源在全面、准确、快捷地完成科技查新课题中起到了重要作用。作为CALIS全国农学文献信息中心、教育部外国教材农科中心，图书馆已初步成为比较完整的农业及相关学科的资源保障体系。

2004年6月28日，教育部科技发展中心副主任李志民、科技成果处处长周静、副处长金涛等到馆检查指导科技查新工作。图书馆馆长张权、党总支书记兼常务副馆长刘清水、副馆长韩明杰、潘薇、王鲁燕等接待了李志民副主任一行。张权馆长首先感谢李志民副主任一行百忙之中来图书馆检查指导工作，并向李志民副主任详细汇报了图书馆在科技查新工作中的基本情况、成绩与不足。学校领导非常重视李志民副主任一行前来检查指导，党委书记瞿振元亲自过问此事，谭向勇副校长、科技处副处长吴海芹在图书馆会见了李志民副主任一行。

为了做好这项工作，培养一支专业查新队伍，图书馆先后派出9人参加专业培训，并获得资格证书。查新人员求实、快速、认真、负责的工作态度每年都赢得校内外教师的好评。

据2004—2006年的3年统计，中国农业大学科技查新工作站累计完成国家级、部级等科技查新项目700项，其中2004年完成118项，2005年完成176项，2006年完成406项。课题专业涉及生物、农学、园艺、植保、畜牧、兽医、农业工程、轻工食品、林业、水产、机电等领域。

9. 资源建设与管理利用

两馆合并后，打破了东西馆的界限，在资源建设上实行统一采购、集中编目、分处典藏，减少了重复建设，实现了资源的合理配置、共建共享。

图书馆在文献信息资源建设方面坚持以学校的教学科研为中心，根据学科建设和院系设置特点制定了文献信息资源的建设目标、指导思想、建设原则及详尽的资源建设方法。围绕学校建设“综合性、研究型、国际化”大学的定位，图书馆制定了“代表学校和读者的利益进行资源的采集与组织，千方百计提高信息资源保障率”的资源建设目标；树立了以人为本、满足专业人员的信息需求和广大读者的阅读需要的指导思想；制定了调查研究、按需增加、按需调整的建设原则；采取了统采与零采相结合、争取多渠道捐赠与交换、替代与补充及资源共享等灵活、及时、多途径的建设方法。

为保障引进文献资源的质量，保障经费的有效利用，图书馆成立了选书小组，网上开设新书推荐窗口，与各院系“图情教授”定期联系，召开座谈会等方式对各学科资源的选择、剔除等方案进行反复分析、研究，使资源采选决策更加科学合理。同时，积极组织师生参加各种书展，并在馆内定期举办书展，让更多的读者能够参与图书馆的文献建设工作。

图书建设重点：以学校的院系调整与学科设置为基础，通过进行课程设置及上课人数的调查分析、已有资源的借阅统计分析，综合加权后提出整体图书资源建设规划；重点保障农业、生物、农业工程等重点专业学科的文献需求，适当地加强计算机、英语类图书的购入；适当增加文艺、社科类图书的购入。

期刊建设重点：通过对东、西两个校区的中外文期刊进行调研分析，减少了重复，有效利用了经费。同时，通过调整印刷型期刊的订购和电子期刊的引进来进一步提高期刊文献保障率。重点学科的中文核心期刊保障率达100%，其他学科印刷版期刊平均保障率为47%，增加电子期刊后所有学科的核心期刊保障率超过90%。外文期刊主要是保障重点学科需求，通过合理地调整印刷版与电子版之间的比例，进一步提高了经费的使用效率，重点学科的外文文献保障率提高了20%，同时覆盖了学校内如经济、信电技术、社会科学等更多学科的范围。

2004年图书馆经费总量达到990万元，2005年达到1011万元，对改善图书馆资源建设起到了重要作用，最明显的是电子资源建设。2002年时，图书馆只有几个数据库，到2004年底，数据库增加到21个。同时，纸本资源也得到了补充和改善。统计显示，学校重点学科的核心期刊一应俱全，电子版中文期刊的保障率有了极大提高。纸本外文期刊中被SCI引用的刊物占所订外刊总量的80%，重点学科外刊的保障率达到58%，电子版外刊重点学科的保障率达到了75%。

对入馆资源依据CALIS中文图书编目手册及编目手册例解，从著录格式、文献标引等方面加强对书目数据质量的控制，尤其对原编数据进行严格审校，使其数据准确，力争做到标准化和规范化。2004年完成中文图书编目1.4万余种，5万余册；外文图书1500余种，2800余册，中文期刊1000多份，光盘4000多张。

作为CALIS的成员馆，图书馆承担着向CALIS中心书目数据库提交高质量的原编数据以及审核修改和规范整理已有数据的责任与义务。2004年，为CALIS提交中文图书原编数据1000多条、中文期刊原编数据500多条、外文图书原编数据300多条、外文期刊原编数据100多条。CALIS中心为实现其书目数据库的规范建设，从若干成员馆中，选派一些书目数据质量高的成员馆，参与由CALIS中心牵头的中西文标目规范整理工作。图书馆编目部共完成中文85000条数据，西文6万条数据的规范工作，每条数据均依照有关规则逐条校正修改，总共145000条数据反复进行了若干次校对，高质量完成了CALIS中心的任务。

西文编目工作：西文新书新刊的编目是西文编目工作的重点。西文新书来源除学校财政拨款采购的原版书和从中文图书采购渠道购得的授权影印版图书外，主要还有专项基金购来的外国教材、美国亚洲基金会赠书、集体和个人赠书、国际交换图书等。由于来源广泛而且不固定，每年编目新书总数不定，每年西文编目新书数量从1600多册到2500多册不等。作为CALIS联合编目的B级馆，除完成本馆的书刊编目外，还要向CALIS联合目录提交馆藏和原编数据以及修改CALIS联合目录中不规则的数据。

西馆西文过刊回溯建库：2005年寒假，西馆进行了西文过刊回溯建库工作。通过对1985年后的西文过刊逐本核查，确定起止年限，理顺刊名变化沿革情况，粘贴条码，重新确定索书号，于2月18日完成工作，共录入数据17951条、更换书脊标5928张，2005年印刷版目录同时交付使用。读者检索西馆西文过刊，只需在个人电脑终端通过网络进入图书馆主页，找到书刊查询，点击馆藏目录，即可检索馆藏信息。

东馆中文图书资源调整：为方便读者借阅，实现借阅藏一体化，东馆利用寒假对中文图书资源进行了调整，将二楼4万册中文图书库存本和12万多册外借库图书进行了合并。这样就将原来分别独立的库存本阅览室和外借库合为一个统一的“二层中文书库”，既方便了读者，也简化了管理。

东馆过刊回溯建库工作从2004年7月起，在自动化部和编目部人员的培训、指导和配合下，经过有关人员的几次反复讨论，统一了工作流程、理顺了期刊沿革关系，确定了索刊号的使用等。经过逐本核查，存放在二、三、四层开放流通的1985年以后的中外文期刊共16051册，于2004年底回溯完毕。

随着图书增多，馆舍不足问题渐渐凸显。2005年，西馆将1990年以前出版的10万余册利用率低的图书从阅览区调整到密排书库，并做了部分图书剔除；三层阅览区的2万余册文艺书下架转移到文艺报刊阅览室。

2004年图书馆与联合国粮农组织（FAO）合作，开通FAO在线目录中文镜像，将其在线目录检索系统汉化，并在图书馆主页做镜像链接。

联合国粮农组织在线目录（FAOBIB，FAO library catalogue on-line）中文镜像系统是一个多语言在线目录，在线目录内容丰富，其中包括FAO自1945年起所有文件和出版物、自1976年起FAO图书馆馆藏书籍以及FAO书库中保存的期刊目录。该数据库支持的检索方式多样，不仅支持常规的简单、高级和指定三种检索方式，同时还支持词库模式检索，用户可以浏览AGROVOC，并将查询用的检索词标记出来。AGROVOC是FAO研发的多语言农业辞典，是数据库中词条的索引。数据库支持按个人或团体著者的姓名、标题、会议名称或主题进行检索，同时还支持按项目号和分支机构编号等进行检索。用户还可以使用语种和出版年份等其他途径来细化检索需求，所有电子版的文献均有全文链接。

联合国粮农组织在线目录（FAOBIB）当时已有英语、法语、西班牙语、阿拉伯语四种语言的检索界面，这四种语言均需通过FAO主页查询。FAOBIB中文镜像系统的建成，完善了联合国使用的五种官方语言的检索界面。该镜像系统是FAO在总部以外设立的唯一镜像点，镜像系统的数据每三个月更新一次。

《中华再造善本》[①]收藏:《中华再造善本》是2002年国家正式立项建设的一项国家重点文化工程，旨在“继绝存真、传本扬学”，由文化部、财政部负责实施。《中华再造善本》是利用现代出版印刷技术，将分藏于我国各地各种机构的珍贵古籍、善本，有计划、大规模地复制出版，合理地保护、开发和利用，继绝存真，使珍稀的孤本、善本，化身千百，为学界所用。这项工程主要是选出唐宋以来1300余种兼具文物价值和学术研究价值的古籍善本进行仿真影印。

为继承和传播中华民族优秀传统文化，弘扬民族精神，促进和扩大古籍善本的学术研究，增进大学生对中华民族传统文化的认识和了解，教育部决定选择一些高校图书馆实施《中华再造善本》进校园的计划。2005年3月，教育部赠送中国农大图书馆第一批精品书籍《中华再造善本》，包括经、史、子、集四部共计250种，393函，2333册。

长期以来，学校一直与中央警卫团存在长期的培训合作关系。2005年9月16日，为祝贺学校建校100周年，中央警卫团培训基地负责人黄振杰队长亲自向图书馆赠送了6套《毛泽东手书真迹》。该套丛书收录了毛泽东手书真迹五百余幅、一千多页珍贵遗墨，按内容分为书信、文稿、题词题字、古诗词等，极具收藏价值。

2005年10月15日，中共中央政治局原常委、国务院原副总理李岚清向图书馆赠送了自己的著作《李岚清音乐笔谈》《李岚清教育访谈录》和《为了13亿人的教育》。

2006年3月17日，图书馆召开了古籍整理与编目工作专题会议，拉开了古籍整理与编目的序幕。会议由图书馆总支书记、常务副馆长刘清水主持，特别邀请了图书馆前馆长、农史专家杨直民教授对古籍整理与编目工作进行指导。参加会议的有副馆长、总支副书记韩明杰，副馆长王鲁燕及办公室、流通部、编目部等相关人员。

杨直民介绍说，中国农业大学图书馆的许多古籍善本图书其保存价值大于使用价值，有的版本连北京图书馆也没有收藏，我们有责任把它妥善地保护好，因为它已经不仅仅属于农大图书馆，而是属于全社会的，是中华民族的文化遗产。杨直民指出，古籍文献数据库的建立，将大大提升图书馆为教学、科研服务的效率、质量和水平。做好古籍整理和编目工作，一定要有规范统一的著录标准，要使数据具有权威性、准确性，方便读者检索查询。刘清水表示：一定会把这项工程做好，一方面要进行古籍图书的整理与编目工作，形成古籍文献数据库；另一方面要开展对古文献的研究工作，更好地开发和利用百年农大积淀的历史文化资源。

图书馆古籍的收藏在国内属于中等规模，约4000余种，6000余册，经、史、子、集各类俱全，比较有特色的是农业古籍“子部”——古农书。农业古籍图书种类较为齐全，涉及农业的方方面面，从北宋、元、明、清到民国时期，各种版本的图书均有收藏。另外，图书馆还收藏了27个省市的地方志，计有194种，1938册。版本上有刻本、铅印本、石印本、抄本等，有一些属于古籍善本。

10. 服务与推广

为了让全校师生更好地了解图书馆的资源与服务，充分利用图书馆，发挥图书馆在教学和科学研究中的作用，图书馆采取“图书馆资源与服务宣传周”“每周一讲”“有奖征文”等多种形式开展了大力推广与宣传。

2003年11月17—23日，举办了“图书馆资源与服务宣传周”活动，安排了多场图书馆数据库使用专题讲座，并邀请中国科技信息所信息分析研究中心张玉华教授、本校生物学院王贺祥教授分别为

① 善本概念最早出现在宋代，是指版刻书籍中的精品，“善本”的原始内涵是指那些版刻古籍中校刊好、装帧好、时代久、流传少，具有学术价值和历史价值的书籍。也有人将泥、木、铜活字印本、几色套印本、绘图本以至用短版、拱花方法的印刷本中的精品也叫善本，如雍、乾两朝因大兴文字狱遭毁禁而幸存下来的非版刻书籍，经名人批校、题识和书跋的古书，稀少珍贵的手抄本等。

读者作了 SCI 统计分析及 SCI 投稿技巧的专题讲座。宣传周期间，还进行了图书馆资源与服务成果展等活动。

“每周一讲”是常年开展的一项宣传推广活动。针对本馆采购的各种资源，每周在相对固定的时间，选择一个专题或某个数据库，向读者介绍宣传。2002 年、2003 年和 2004 年，分别举办每周一讲与专题讲座 52 次、68 次和 57 次，促进了图书馆资源与服务的推广与普及。

2004 年 11 月 10 日，图书馆与人事处合作，举办“教师网络资源检索与利用培训班”。为了适应广大教师对网络资源知识利用的迫切需求，提高网络资源利用率，举办了此次培训。培训共 6 讲，每周一讲，在东、西校区分别进行。这是学校第一次全面系统地对广大教师进行的网络资源利用培训。培训内容主要有网络基础知识、网络资源类型、网络信息资源分布、网络资源选择、网络资源检索与利用及网络资源检索技巧等。

2004 年，图书馆开通了西文全文电子期刊导航系统。为了使全校师生能够更加方便、有效地利用图书馆已经购买的各种电子期刊数据库资源，图书馆将已有的各类西文全文电子期刊资源重新进行了整合，完成了图书馆西文全文电子期刊导航系统。

该系统采用 JSP （java server pages）、servlet 技术，集成 apache2.0+ tomcat4.0 作为 WEB 服务器，IBM DB2 作为后台数据库，可运行于 Windows、Linux 操作系统。系统的实现分为后台管理和前台页面。后台管理主要有数据库以及其中的电子期刊数据的添加、修改、删除的管理；前台页面就是读者所接触的 WEB 页面，页面会随后台管理人员的数据更改而自动更新。对整合的电子期刊资源可以按期刊名、内容关键词、首字母、所属数据库以及学科类别进行检索查询。系统中已将 AGRICOLA 农业生物全文数据库 Elsevier Science 全文电子期刊数据库、Nature 系列全文电子期刊、Science Online、Springer LINK 全文电子期刊、EBSCO 全文电子期刊以及 Kluwer 全文数据库等多个数据库收录的电子期刊整合在一起，内容基本涵盖了各个学科，资源更为丰富、广泛。读者进入该导航系统查找期刊，相当于同时查询了原来的多个西文全文电子期刊数据库，“一站式”查询避免了以往分别进入各库查询的重复和烦琐，可大大节省读者的时间，并使资源得到了更有效充分的利用。该导航库集中的均为有全文链接的电子期刊，读者进入期刊网址，点击即可看到各期全文。

2005 年 4 月 20 日至 6 月 20 日，为了创造一个文明、宁静、和谐、美丽的读书环境，让图书馆成为农大学生的“读书之家”，图书馆与学生处、研究生会、学生会联合举办了“我爱母校图书馆”大型有奖征文活动。共收到文章作品 34 篇、文明用语 53 条、书画作品 18 幅。评委会评出文章作品一等奖 3 篇 ，二等奖 4 篇，三等奖 10 篇；书画作品优秀奖 5 幅。所有征集作品，都汇编成《情系书海》，选择了部分优秀美术和书法作品悬挂在图书馆长期展示（图 6–5）。

图 6–5　部分征文优秀书法作品

网络环境下高校图书馆信息服务模式一直是图书馆研究探索的课题。为配合学校教学、科研水平和学生素质的提高，图书馆充分发挥校园公共学习中心和虚拟信息资源中心的作用，开展多种形式的信息服务。2004 年在图书馆大厅设置了“信息咨询台”服务。在网上虚拟咨询服务开通的同时，增加与读者面对面的咨询与交流，使读者的问题能够在第一时间得到解决。

2006 年 3 月 24 日，为了了解师生需求，提升服务质量，图书馆邀请了食品学院部分领导和教师进行了座谈。总支书记、常务副馆长刘清水介绍了图书馆近几年的文献资源建设、管理运行、读者服务等方面的情况，并恳请老师们对图书馆的建设和管理多提宝贵意见和建议。食品学院罗云波院长介绍了食品学院的学科发展及对信息服务的需求，分党委书记陈明海转达了同学们对图书馆的意见和要求。双方就师生们所关心的有关问题进行了认真细致的讨论，研究了切实可行的解决方案。

2006 年，图书馆组织编印了《中国农业大学图书馆读者手册》，宣传图书馆资源，介绍图书馆规章，向新生和广大读者发放。

2006 年 11 月 1 日，图书馆开始允许读者携带个人书包进馆。此前，由于图书馆采取的是资源开放式管理，为读者利用馆藏资源提供了很大的方便。但同时为了资源管理的需要，也对读者进馆作了一些限制，比如不允许携带个人书包进馆。由于客观条件的限制，图书馆无法向读者提供书包的寄存服务，这样反而又给读者带来一些不便。图书馆经过反复研究，决定克服困难，坚持以人为本、读者至上的精神，以方便读者利用图书馆为准绳，扩大开放程度。图书馆与学生会共同分析了带包进馆后可能出现的一些新问题，决定由学生会积极予以配合，向同学们发出倡议，加强自律，共同维护好借阅秩序。经过实践，总体效果良好。允许带包进馆，既极大地方便了读者，又没有使阅览秩序受到较大的影响。

11. 强化对外交流，不断创新提高

为了开拓视野、更新观念，学习其他高校图书馆的先进管理经验，图书馆十分注重与国内外高校图书馆开展业务交流，通过相互学习，提高图书馆的整体服务水平；同时，积极参加各种学术会议和业务交流会，强化交流，传播农大图书馆的管理理念和工作经验，扩大影响。

两馆合并后，加大了合作交流的力度，通过密集地组织参观考察、参会办会、培训研讨、协作互助等方式，采取请进来、走出去的形式不断扩大交流范围，汲取先进经验，提高管理水平。

2004 年图书馆共举办大型国内学术交流活动 5 次，参会图书馆达 250 余家，460 余人次。这些活动为图书馆建立更加广阔的学术交流网络奠定了基础。此外，图书馆为了提高馆员业务素质，积极鼓励学术研究和学术交流，采取走出去请进来的方式，拓宽馆员的视野和工作思路，先后共派出 53 人次参加各种学术会议，有 11 人在不同的学术大会上作了专题报告。

为了加强图书馆的对外交流与合作，学习和借鉴相关图书馆的管理经验，促进本馆业务工作和学术研究水平的提高，2005 年 3 月 25 日，图书馆发布《图书馆业务工作考察与交流的相关规定的通知》（图书〔2005〕3 号），决定进一步加大对外交流与合作力度，采取多种途径，增加馆员考察、交流和学习的机会，力争在 2 ～ 3 年的时间里，让全馆人员都有机会外出考察与交流。同时对这些活动进行规范管理，所有外出交流和考察人员回馆后要在全馆或部门进行总结汇报。这一做法取得了良好的效果。

1）外出考察，开拓视野，更新理念

● 结合硕士点建设主题，考察取经

2004 年 4 月 5—11 日，由张权馆长带队、刘清水副馆长、潘薇副馆长、李晨英、左文革、盖宝川等组成的考察团一行 6 人，参观考察了南京农业大学图书馆、浙江大学图书馆、上海交通大学图书馆、南京师范大学图书馆、上海图书馆，此外还与一些相关院系进行了座谈。此行的目的是了解情报学硕士点建设较突出院校的办学经验，交流图书馆业务工作，以提升图书馆的工作水平。本次考察重点是情报学硕士建设中研究方向、招生规模与入学考试科目、课程设置、科研规划以及图书馆建设方面如何发挥农业信息资源优势，实现资源共享，人才培养计划，加强业务交流，提升工作水平等。

9 月 12 日，张权馆长、潘薇副馆长、刘元科主任等前往南开大学图书馆就研究生教育方面的有关

问题进行了交流与探讨，南开大学图书馆副馆长兼南开大学情报科学系主任柯平教授接待了张权馆长一行并介绍了南开大学图书馆硕士点的建设情况、培养方案、课程设置等情况。

- 借鉴香港高校的办馆理念和经验

2004 年 6 月 1—5 日，图书馆组织了由刘清水常务副馆长带队的 12 人参观团赴香港大学、香港中文大学和香港科技大学的图书馆进行参观考察。通过参观，一行人看到了这几个图书馆在整体管理、文献资源建设、读者服务等方面各有特色。他们的服务充分体现了一切以读者为本的服务理念。不论是图书馆建筑的设计、藏书布局，还是参考咨询、流通阅览工作的组织，计算机管理系统的设计，各种提示、标识牌，乃至复印机、电脑的布置，始终都贯穿一条主线，就是“以人为本，读者至上”，一切以节省读者时间、方便读者利用为目的。

参观团普遍感到本馆在一些工作的细节方面还存在着不足之处，有待进一步完善和提高，主要体现在以下几个方面：①完善工作流程，增强部门协调，提高工作效率。如香港大学图书馆馆长介绍了该馆的部门和职能的划分：馆长主要负责图书馆的整体发展规划和对外联系，副馆长负责馆内的具体业务。他们以团队形式完成专业性工作，工作效率高，年终有具体考核标准。②加强读者培训与读者教育工作，改善馆员与读者的关系，给学生提供各种勤工俭学的机会，使读者可以多了解图书馆。③注重完善工作中的每一细微环节。如图书加盖骑缝章，各类特色资料分类管理（公司信息资料，就业信息资料等），展开期刊利用率调查，解决占座问题等。④不断提高馆员素质，加强馆员培训工作，如业务培训：电脑使用；素质培训：服务态度、沟通能力、交流能力；语言培训；学术交流；主题培训等。

通过与三所大学图书馆的对比与交流，参观团成员普遍感到，本馆在管理水平上与其他图书馆相比还存在着不小的差距。为了进一步提高服务水平和管理水平、改善图书馆工作，图书馆领导决定要狠抓科学管理，建立和健全各项规章制度、完善工作流程，使各项工作逐步走向规范化；要求大家首先解决思想认识问题，每个人在思想上都要高度重视；要制定一系列切实可行的规章制度，把平时的工作要求规范化、制度化，无论是谁来做这项工作都有章可循。每一个层次、每一个岗位都存在着管理问题，每一个环节都要明确、每一个细节都要到位。

- 派员外出参加会议、培训和参观访问

积极派出馆员参加各种学术交流会议，访问交流，开展工作研讨，提高办馆水平。

馆员焦艳平获教育部国家留学基金委员会的全额资助，于 2003 年 3 月至 2004 年 3 月赴澳大利亚悉尼大学图书馆做访问学者一年，全面了解了悉尼大学图书馆的管理与服务工作以及个性化农业信息服务与素质教育的模式。访学期间，她还获得学校研究生院的研究资助课题“悉尼大学教学体制与研究生培养体系的调研分析”，访学期间及回国后发表了相关论文：《大学图书馆在专业信息素养教育与信息服务中的新模式——悉尼大学图书馆兽医学教育与信息服务的模式分析》《EndNote 个人参考文献图书馆简介与基本使用方法》《中外大学图书馆课程教学参考资料服务的比较研究》《澳大利亚国内大学排名及优势学科分布》《澳大利亚国家学位论文数据库建设与服务模式及对我们的启示》《澳大利亚教育体制和悉尼大学研究生教育给我们的启示》等。

2003 年 8 月，副馆长潘薇、王鲁燕以及黄兴建、袁永翠等赴日本东京农业大学图书馆考察交流。

2004 年 9 月 21—23 日，由中国农学会科技情报分会、中国农学会图书馆分会和中国农学会计算机应用分会主办的“全国农业信息管理与技术研讨会”在成都举行。此次会议主题是：①农业信息分析与农业信息咨询产业研讨；②全国农业图书馆科学管理高层学术研讨；③农业信息技术应用新领域、新进展。图书馆馆长张权在会上做了“新时期大学图书馆馆长职责探索”发言，副馆长潘薇向大会提交了以“农业信息机构的核心竞争力与农业信息服务”为题的论文。会议结束后，张权馆长、潘薇副馆长应四川农业大学图书馆馆长夏继明、副馆长杨长平的邀请一同前往四川农业大学图书馆进行了考察交流。

2005 年 9 月 11—13 日，由中国农学会科技情报分会、中国农学会农业图书馆分会、中国农科院信息所和山东省农科院联合举办的“全国农业信息创新体系与信息共享研讨会”在山东济南召开，张权馆长作为中国农学会农业图书馆分会副理事长在大会上致辞，潘薇副馆长作了题为“全国农业院校图书馆资源共享网络的建议与实践”的专题报告。

9 月 16 日，“华北地区高校图协成立 20 周年暨第十九届学术年会”在燕山大学图书馆举行。此次会议主题为：庆祝华北地区高校图协成立 20 周年暨 21 世纪大学图书馆工作与建设研究。馆长张权、副馆长王鲁燕、信息咨询部主任左文革、采编部主任徐伟被评为先进个人，在大会上得到表彰。图书馆有一篇论文被评为优秀论文。

2004—2006 年，图书馆多次派员参加诸如主题为“科技查新工作人员培训”“数字图书馆建设”“中国分类词表业务培训”等的业务培训和专业会议，展开交流学习。

2002—2006 年，图书馆馆员共出国访问 4 次，7 人次；出访国家和单位包括联合国粮农组织（FAO）图书馆、第 68 届国际图联大会（英国）、日本东京农业大学图书馆、悉尼大学图书馆等。

2003—2006 年，图书馆组团出访国内高校图书馆 10 次，94 人次，出访高校有河北农业大学、南京农业大学、南京师范大学、浙江大学、上海交通大学、南开大学、四川农业大学、河南农业大学、山东农业大学、郑州牧业工程高等专科学校、莱阳农学院、广西师范大学、内蒙古农业大学、福州大学、福建农林大学、香港大学、香港中文大学、香港科技大学等。

2）迎进专家传经送宝

2004 年 5 月 28 日，浙江大学信息资源管理系主任叶鹰教授应邀来馆作了《图书馆学和情报学研究与发展动态》的专题报告，内容包括当前图书馆学和情报学科的背景介绍、图书馆学研究内容概述、情报学研究领域简介、情报学研究方法概述、情报学教育研究、情报学硕士生培养方向及培养方法等。图书馆 80 位工作人员听取了报告，了解了图书情报学的前沿研究进展。

9 月 17 日，上海科技情报研究所林鹤应邀来馆作了题为《图书馆的咨询研究服务》的学术报告。上海市图书馆、上海科学技术情报研究所近年来不仅为政府部门、科研部门，也为企业提供具有权威性的综合科技信息服务和科技决策咨询研究服务。林鹤结合案例，就咨询研究中服务的对象和内容以及如何进行信息挖掘作了生动的介绍，特别强调了咨询研究服务需具备的三个条件：①人员配备。要求从事信息咨询服务的人员具备信息素养和专业知识。信息素养是对信息的敏感度，即对身边发生的事情有一个迅速的反应。专业知识包括自然科学知识和社会科学知识。②信息资源。包括数据库、期刊论文、Internet 等。③信息交流平台。在同一个团体里，大家要有协作精神，针对某一个专题，一起讨论。平时互相提供信息和资料，提高工作效率。林鹤的报告为图书馆的信息研究服务及信息研究服务领域的拓展提供了重要的启示。

9 月 23—25 日，图书馆邀请美国明尼苏达大学图书馆长期从事数字图书馆建设与元数据研究的教授 Elizabeth Anne Friesen，Margaret Ann Johnson 与 Suchen 来馆举办“元数据研究与应用现状高级培训班”。元数据的概念起源于计算机科学，是人们在急需解决网络资源无序化的环境下提出来的。传统的图书馆卡片、图书的版权说明，磁盘的标签等都是元数据。当下，元数据研究的重点主要是网络环境下的数据描述和数据管理。参加培训的有来自各高校图书馆人员 70 余人。

10 月 25 日，澳大利亚 7 所大学的图书馆馆长组成的参观团来中国农业大学图书馆就大学图书馆的服务与管理进行学术交流，双方互相介绍了彼此开展信息服务的情况，澳高校图书馆的网络在线服务特点鲜明。这些活动极大地促进了全体馆员业务水平和学术研究能力的提高。

2006 年 7 月 10 日，美国加州州立大学图书馆参考咨询馆员左四藏教授应邀到图书馆进行学术交流。左四藏教授交流内容主要是：①美国大学图书馆概况；②美国大学图书馆读者服务的现状与发展趋势；③美国大学图书馆的管理体制及专业馆员制度；④美国健华社在中国的项目实施情况。图书馆 80 余人参加了此次交流会。

3）主办、承办各种会议、培训，加强交流与沟通

2003 年 3 月 13—14 日，CALIS 全国农学文献信息中心在中国农业大学图书馆举办“全国农业院校图书馆 AGRICOLA 全文数据库检索培训班”，来自全国 18 所农业院校图书馆的 36 位同志参加了此次培训，副馆长潘薇主持了此次培训活动，ProQuest 数据库公司技术人员就 AGRICOLA 全文数据库检索有关知识进行了详细讲解，并指导大家上机实习，培训取得良好效果。

同年 7 月 7 日，图书馆作为 CALIS 全国农学文献信息中心的承建单位，主持召开了“CALIS 全国农学文献信息中心资源建设协调会”，来自全国农业院校图书馆的 36 位馆长参加了会议。谭向勇副校长、教育部高教司教学条件处李晓明处长、CALIS 管理中心领导到会并作了重要讲话。会议由副馆长潘薇主持。

会议主要议题是讨论确定文献资源共建共享协议及 CALIS 二期资源建设经费补贴方案。与会代表一致认为网络环境下实施文献资源共建共享、实现馆际互借和文献传递是文献保障的必要手段和重要途径。

李晓明处长介绍了教育部高教司和高校图工委就图书馆建设与发展方面的工作重点：①继续宣传、贯彻普通高等学校图书馆规程；②协调、促进 CALIS 二期的建设。他希望通过 CALIS 二期建设，巩固和扩大受益面，为 1000 所以上的高校提供文献保障。

张权馆长介绍了作为 CALIS 全国农学文献信息中心承建单位在文献共建共享方面的工作进展。中国农业大学图书馆 5 位部主任就数字化资源建设、期刊采购、情报信息资源整合与开发、自动化建设与探索等方面向大会作了汇报。南京农业大学、西北农林科技大学、西南农业大学等院校图书馆馆长就图书馆建设等方面作了交流发言。

2004 年 4 月 1—2 日，CALIS 全国农学文献信息中心在图书馆举办“全国农业院校图书馆联合采购数据库应用培训班”。培训班由副馆长潘薇主持，来自南京农业大学图书馆、南京林业大学图书馆、华南农业大学图书馆、北京林业大学图书馆、西南农业大学图书馆、福建农林大学图书馆、甘肃农业大学图书馆、山西农业大学图书馆等 18 所高校图书馆的 30 多位从事信息服务的老师参加了培训。

4 月 15 日，由学校图书馆、学院路地区图书馆联合体及四川省世云科教图文发展有限公司联合主办的“新形势下的图书馆文献资源建设及编目工作交流会”在西馆举行。会议由常务副馆长刘清水主持，张权馆长致开幕词，采访部主任徐伟、编目部主任周雪伟分别在会上进行了交流发言；学院路高校图书馆联盟负责人、北京邮电大学图书馆馆长代根兴等 50 多人出席了会议。

6 月 21—23 日，CALIS 联合项目组“CALIS 联合目录日文书目数据库建设项目第三次会议”在图书馆召开；馆长张权、副馆长韩明杰、CALIS 联合目录项目组负责人谢琴芳出席会议并讲话。此次会议由数字化部主任李晨英主持。来自全国高校 24 个图书馆的 30 多人参加了此次会议。参会代表主要就日文数据库著录细则与要求、日文数据库著录中存在的问题、日文书目数据制作方法与工作流程等方面的内容进行了交流与研讨、操作实习。

9 月 19 日，“华北高校图协第十八届年会”在图书馆举行。此次年会由华北高校图协主办，中国农业大学图书馆承办。出席此次会议的有：北京市教委副主任张国华、教育部高教司条件处处长李晓明、北京市高等教育学会常务副会长陈锡章、中国图书馆学会秘书长汤更生、北京市高教处处长徐宝力、中国人民大学图书馆馆长兼北京高校图工委秘书长杨东梁、首都师范大学图书馆馆长兼北京高校图书馆学会理事长胡越、清华大学图书馆馆长薛芳渝、北京理工大学图书馆馆长曹树人、北京航天航空大学图书馆馆长王梦丽、北京邮电大学图书馆馆长代根兴、北京大学图书馆副馆长肖珑和馆长助理聂华、北京高校图工委顾问潘永祥、承欢、马自卫、中央社会主义学院图书馆馆长杨首茹、山西大学图书馆馆长兼山西省高校图工委秘书长李嘉琳、内蒙古农业大学图书馆馆长乌恩等约 200 人出席了此次盛会。

北京市教委副主任张国华致开幕词，中国农业大学副校长谭向勇出席并致欢迎词，李晓明处长、汤更生秘书长、陈锡章常务副会长先后发言，年会由杨东梁秘书长主持。北京高校文检课研究会副理

事长、清华大学图书馆研究馆员孙平和中国人民大学图书馆馆长助理、数字图书馆建设中心主任、研究馆员马文峰分别作了题为《高校图书馆的一项重要任务——信息素质教育》和《数字图书馆建设与信息素质教育》的学术报告。代表们就“高校图书馆改革与发展”“图书馆信息素质教育”等主题进行了分组讨论。代表们还参观了中国农业大学图书馆并来到各部门进行了业务交流。张权馆长、刘清水书记、潘薇、韩明杰、王鲁燕副馆长参加了这次年会。

2004 年 11 月 1 日，为了协调全国农林高校图书馆文献资源的共建共享，做好电子资源的引进工作，促进全国农林高校图书馆文献资源建设，配合 CALIS 全国中心启动馆际互借与文献传递服务，图书馆召开了“CALIS 农学中心文献资源建设、馆际互借与文献传递协调会”。来自全国 50 余所农林高校近 90 名代表就文献资源建设、馆际互借与文献传递协调进行了为期三天的交流讨论。

常务副校长江树人，教育部高教司教学条件处处长李晓明，CALIS 管理中心副主任、北京大学图书馆副馆长陈凌，中国教育图书进出口公司总经理周思参加了开幕式。开幕式由 CALIS 农学中心主任、学校图书馆馆长张权主持。

江树人在致欢迎词时说，一个学校图书馆的建设规模发展是检验学校综合水平的重要指标，其藏书的数量、质量都是学校历史的证明，如何使图书馆打破传统、更快地发展是我们共同讨论的话题。他向各位代表介绍了学校各方面的情况，希望借助这次交流会加强联系，增进交流，实现资源的更有效利用，寻求进一步发展。

李晓明、陈凌、周思都从不同的方面强调了数字化发展的重要性和文献资源共建、馆际互借以及文献传递是图书馆发展的趋势。他们表示，馆际互借、二次文献资源的开发利用等资源共知共享共建形式是目前各高校提高资源的利用率、解决经费不足等问题的有效方式，加强各高校图书馆的交流，实现共同协调发展，是迫切所需。

代表们就下一步联合采购计划、馆际互借与文献传递补贴方案、CALIS 农学中心工作计划与安排等具体问题，以及农业高校图书馆改革、创新与发展业务交流等相关问题展开了讨论。

2004 年 11 月 5—6 日，“CALIS 项目启动暨成果汇报大会”在北京大学图书馆举行，张权馆长、韩明杰、潘薇副馆长参加了这次大会。张权馆长代表 CALIS 农学中心在大会上签署了 CALIS“十五”建设子项目：“全国农学文献信息中心承建协议书”。6 日召开了全国各分中心研讨会，潘薇副馆长参加了研讨会。

2005 年 1 月 6 日，“北京地区高校图书馆第三届编目研究会”在西馆报告厅举行，北京高校图书馆相关人员 150 余人参加了本次研讨会。会议由韩明杰副馆长主持，中国人民大学图书馆馆长杨栋梁、中国农业大学图书馆馆长张权、首都师范大学图书馆馆长胡越、清华大学图书馆研究馆员吴开华、北京大学图书馆研究馆员谢琴芳、国家图书馆研究馆员卜书庆先后致辞。会议听取了卜书庆、谢琴芳、李凤侠、吴开华等各位专家作的关于《中国分类主题词表》修订概述及其电子版特点、CALIS 联合目录联机规范实验系统、《计算机环境下中文文献主题标引工作细则》的制定、教育资源元数据标准应用方案研究等专题报告。与会者就如何加强高校图书馆文献资源建设，实现编目工作的标准化、规范化管理，促进北京地区高校图书馆编目工作的开展，进一步提高图书馆编目工作效率进行了深入的研究和探讨。

4）支援西部高校

• 对口支援内蒙古农业大学

2001 年西校区图书馆就根据中国农业大学对口支援内蒙古农业大学的协议，与内蒙古大学图书馆对口签署了部门协议，启动了长达 10 余年的对口支援，两校图书馆之间建立了深厚的友谊。

2003 年 3 月 13—17 日，馆长张权、总支书记刘清水、副馆长韩明杰、左文革、流通一部主任刘元科等一行 6 人赴内蒙古农业大学图书馆进行对口支援业务交流。14 日，韩明杰、左文革、刘元科分别为内蒙古农业大学图书馆工作人员作了《数字化图书馆建设思路》《网络环境下图书馆的信息服务》及《模数式现代化图书馆管理模式》的学术报告，受到该馆工作人员热烈欢迎。

为了协助内蒙古农业大学图书馆解决1978年以前的40万册图书回溯编目问题，图书馆组织人力开发了专用软件并搜集了约100万条相关书目数据无偿提供内蒙古农业学图书馆使用。

中国农业大学图书馆无偿赠送内蒙古农业大学图书馆图书两批，共约6000册；无偿赠送CAB数据光盘9张。

2003年3月17日—4月2日，根据对口支援协议，内蒙古农业大学图书馆4位专业技术人员到中国农大图书馆接受培训并进行考察。

2005年5月30日，应内蒙古农业大学图书馆馆长乌恩邀请，馆长张权、副馆长潘薇、韩明杰，自动化部康实主任、喻浩，馆长助理、信息咨询部主任左文革、流通部主任刘元科及办公室贾尧风一行8人赴内蒙古农业大学图书馆进行为期4天的对口交流。内蒙古农业大学副校长侯志先和图书馆馆长乌恩及图书馆其他领导热情接待了张权馆长一行。图书馆此次派人赴内蒙古农业大学图书馆是落实4月29日学校对口支援内蒙古农业大学双边合作协议，也是自2001年两校建立合作关系以来，图书馆第三次赴内蒙古农业大学图书馆进行交流。此次任务包括：①韩明杰副馆长、康实、喻浩与内蒙古农业大学图书馆一起就该馆当时使用的自动化集成系统的运行情况、存在的问题进行研讨并提出具体解决办法；②为内蒙古农业大学图书馆免费提供并安装了中国农大图书馆研制开发的图书馆办公自动化系统；③左文革为内蒙古农业大学教师作了题为《教学与科研的支柱——图书馆资源与服务》专题报告；④张权馆长和潘薇副馆长分别为图书馆全体职工及各院系资料室工作人员作了《新时期大学图书馆馆长职责探索》及《中国农业大学图书馆业务建设与发展》的专题讲座。

2006年5月19—31日，内蒙古农业大学图书馆技术部副主任孙利芳和刘敏来图书馆访问学习，副馆长韩明杰接待了孙利芳老师一行并向她们介绍了有关情况。孙利芳老师一行主要是了解图书馆管理系统情况，同时也对数字化建设、采访、编目、流通等各部门业务情况进行了了解。此次访问学习活动是落实2001年两校签署的对口支援协议内容之一。

2007年7月10日，内蒙古农业大学图书馆李新来图书馆了解数据库使用。

2011年11月9日，对口支援单位——内蒙古农业大学图书馆刘文俊副馆长来图书馆挂职进修，为期半年。

● 支援新疆农业大学

2004年4月5日至23日，新疆农业大学图书馆编目部主任阴俊疆、流通部主任祁钟林来馆，分别与采访部、编目部、流通部进行了为期两周的考察与交流。

6月15日上午，新疆农业大学副校长帕塔木·巴拉提和新疆农业大学图书馆杨玲副馆长一行来馆访问，并向图书馆赠送了“书山有序人为本，支援边疆情更深”的锦旗，张权馆长、韩明杰、潘薇副馆长热情接待了帕塔木·巴拉提副校长一行。

6月19日，新疆农业大学图书馆2名老师来图书馆进行培训学习。

2006年2月22日，新疆农业大学副校长王涛率图书馆馆长艾尼瓦尔·艾山、副馆长杨玲来图书馆洽谈两馆合作事宜。学校常务副校长江树人亲切会见了王涛一行。图书馆党总支书记、常务副馆长刘清水、副馆长韩明杰、王鲁燕、原馆长张权等参加了会见。随后，王涛一行与图书馆领导就两馆合作问题进行了具体洽谈，王涛对中国农业大学图书馆多年来给予新疆农业大学图书馆的支持与帮助表示感谢。双方就自建数据库资源共享、馆员业务培训与交流、图书和办公设备调剂等问题达成了一致意见。

2006年10月24日，新疆农业大学图书馆采编部贾建红、雷燕来图书馆进行为期一周的交流与学习。

（5）接待来访

敞开馆门，迎八方来宾；交流经验，促共同发展。

2004年5月24日，华南农业大学图书馆叶静华馆长带队，各部门主任参加的一行10人来图书馆进行考察交流，张权馆长、韩明杰、潘薇副馆长热情接待了叶馆长一行，并向对方进行了详细的情况介绍，之后，华南农业大学图书馆的同仁们到各部门对口参观交流。

7月5日，北京邮电大学图书馆馆长代根兴带领工作人员30人前来参观交流，张权馆长、韩明杰、潘薇副馆长一起热情接待了北京邮电大学图书馆同仁一行并与他们进行了交流。在张权馆长的陪同下，北京邮电大学图书馆同仁们参观、考察了图书馆各业务部门并进行了交流。

9月3日，日本东京农业大学来中国农业大学实习的14名学生到图书馆参观考察，图书馆数字化部主任李晨英老师在西馆报告厅向他们介绍了有关情况并陪同他们一同参观了各个部门。

9月14日，由日本东京农工大学原校长梶井带队的日本志村教授等一行15人来图书馆参观访问，数字化部主任李晨英老师接待并陪同客人参观了各个部门。

10月25日，澳大利亚8所大学图书馆馆长代表团一行8人，在CALIS管理中心副主任、北京大学图书馆馆长朱强教授的陪同下到图书馆参观访问。图书馆张权馆长、潘薇副馆长热情接待了澳大利亚客人。潘薇副馆长向客人们介绍了学校及图书馆的基本情况，并就信息服务等有关图书馆业务向客人进行了详细介绍，悉尼大学图书馆馆长John Shipp简要介绍了澳大利亚大学及图书馆情况，详细介绍了澳大利亚大学图书馆在网络远程教育中的作用及具体做法。双方就开发源代码、信息保存、开放存取、长久保存和永久使用等方面进行了讨论与交流。

11月4日，北京高校数字图书馆建设研究会由马自卫理事长带队，清华大学图书馆副馆长姜爱蓉、北京大学图书馆聂华、中国人民大学图书馆孟小秋等专家来图书馆了解数字化建设情况，李晨英主任介绍了图书馆植保学科数字化建设平台的情况，张权馆长、韩明杰副馆长和各位专家一起就高校图书馆数字化建设定位和发展趋势进行了深入探讨。

2005年6月24日，武汉大学图书馆馆长燕今伟到图书馆进行参观考察、业务交流，馆长张权、副馆长韩明杰、潘薇、王鲁燕以及全体部门主任一起与燕今伟馆长进行了座谈。燕今伟馆长介绍了武大图书馆的机构设置、岗位聘任制过程中的一些做法以及规章制度等有关情况，张权馆长也就有关情况进行了介绍；另外大家还就图书馆数字化问题进行了探讨。座谈会结束后，燕今伟馆长在韩明杰副馆长的陪同下考察了各部门工作情况。

2006年3月3日，北京工业职业学院图书馆馆长张召忠一行4人到图书馆进行为期5天的参观考察、业务交流活动，并就西文编目工作进行重点考察。常务副馆长刘清水、副馆长韩明杰接待了张召忠馆长一行。编目部主任周雪伟、副主任王卓就图书著录、机读目录的编制、ILASLL系统的使用及编目工作流程等有关业务与客人们进行了深入交流。

2006年4月13日，河南农业大学图书馆馆长吴海峰一行5人来图书馆参观访问，常务副馆长刘清水、副馆长韩明杰在西馆会议室接待了吴馆长一行并与他们进行了座谈。双方就图书馆有关业务，如参考咨询、图书采编、自动化系统、图书馆管理等进行了交流。

2006年10月27日，南京农业大学图书馆馆长包平来图书馆洽谈有关合作事宜，常务副馆长刘清水、副馆长韩明杰、潘薇、王鲁燕接待了包平馆长并一起就有关合作事宜进行了座谈，达成以下几点共识：①进一步加强人员相互交流与信息沟通，双方馆长定期互访，实现点对点交流，及时就管理思想、业务发展情况进行交流；②加大文献传递力度，加强资源引进评估，实现资源共享；③双方加强在科研和图书馆实用软件开发研究，在虚拟咨询、学科导航等方面软件开发和研制方面加强合作；④在人才培养方面加强合作，在研究生培养方面相互提供实习基地、推荐生源。

这次来访交流，增进了相互之间的了解，促进了图书馆工作，扩大了图书馆的国内外影响。

据不完全统计，2002—2006年，图书馆共接待国内外来访专家和图书馆界同行75次、563人次。其中接待国内来访62次，455人，分别来自全国（包括港台地区）各高校以及公共图书馆；接待国外来访13次，108人，分别来自美国明尼苏达大学图书馆、联合国亚太农业工程与机械中心、日本东京农业大学、英国鲁顿大学图书馆、委内瑞拉农业部、非洲8国高层教育官员和大学高层管理人员、澳大利亚8所名牌大学等单位。

12. 完善规章制度、强化科学管理

2003年1月20日，为了切实加强工作人员的组织性、纪律性，严明劳动纪律，提高工作效率，保证各项工作的正常进行，图书馆根据学校有关文件精神，结合本馆的实际情况，从工作纪律抓起，制定了《中国农业大学图书馆职工考勤管理暂行规定》。然后，进一步向各项业务工作的规范化扩展。

馆员的意识是决定其工作态度和努力程度的重要因素。各种规章制度的制定和实施，必须以充分调动馆员的工作积极性与主动性为目的。在图书馆的各项工作逐步走向协调和统一后，如何进一步提高资源利用率与工作效率是当时所面临的重要任务。图书馆在制订工作计划时把加强规范化管理，进一步全面提高业务工作整体水平，作为一项工作内容。

图书馆建立、健全了各项规章制度，包括岗位职责、岗位任务、工作细则与流程等。在制定规章制度的同时，特别重视思想工作，提出了不断强化竞争与忧患意识、不断强化团队和协作意识、不断强化服务意识、不断强化开拓创新意识的“四个强化”，并利用不同场合、通过各种机会向馆员灌输这些意识，通过竞争上岗、考核管理等多种方式使馆员感受到“四个强化”的重要性，能认真对待规章制度和岗位职责，使管理制度能够真正得到落实，而不至流于形式。

本馆通过2004年对香港大学、香港科技大学和香港中文大学三高校的考察学习，感到在管理细节上需要进一步完善，为此，图书馆领导决定通过制定完善统一的规章制度和业务工作流程来进一步规范图书馆的各项工作，不断提高管理水平。

在人员管理上，图书馆从责任感、工作质量、工作态度、服务态度、协作精神以及业务研究等几个方面，对员工进行规范化考核（表6–3）。

表6–3 中国农业大学图书馆馆员考核表格

各方面表现	权重	最佳	评分										加权分	最差
			10	9	8	7	6	5	4	3	2	1		
1. 责任感	1	乐于在任何时候争取及接受任务												拒绝接受任务
2. 工作质量	1	高度准确及仔细												经常出错及马虎
3. 工作量	1	工作量出众												距离要求甚远
4. 工作态度	0.8	对工作表现积极												工作消极
5. 服务态度	0.7	非常有礼及乐于助人												无礼且态度冷漠
6. 团结协作精神	0.6	善于与同事合作												难于相处
7. 业务研究	0.5	研究与改进工作成效显著												不思进取
加权分合计														

本人签字：

年 月 日

在业务工作上，制定和完善了图书馆规章制度和工作流程，使各项工作有章可循。通过“211工程”二期项目建设，图书馆全面提升了基础网络平台条件，进一步改进和完善了网络后台管理与服务功能，提高了工作效率。

到 2004 年底，图书馆先后制定和修订了读者规章、行政工作规章、业务工作规章和后勤管理规章等，编制了《中国农业大学图书馆规章制度汇编》。

2005 年 6 月 17 日，图书馆馆员第一次“教师礼仪培训”分别在东、西区图书馆举行，全体馆员参加了这次培训。此次培训内容是统一观看中国人民大学金正昆教授主讲的“人生改变从现代礼仪开始——教师礼仪”光盘。该光盘共分 8 讲：①教师礼仪概述；②教师的素养；③教师的形象；④教师的语言；⑤教师的装饰；⑥教师的仪表；⑦课堂礼仪；⑧校园礼仪。图书馆很多工作岗位处在读者服务的第一线，一言一行代表着图书馆的形象和精神面貌。教师礼仪培训提高了广大馆员的行为素养，使大家更加爱岗敬业，促进了图书馆服务质量的提升。

13. 参加 CADAL 项目建设

大学数字图书馆国际合作计划（China Academic Digital Associative Library，CADAL）前身为高等学校中英文图书数字化国际合作计划（China-America Digital Academic Library，CADAL）。国家计委、教育部、财政部在 2002 年 9 月下发的《关于“十五”期间加强“211 工程”项目建设的若干意见》的文件中，将“中英文图书数字化国际合作计划（CADAL）”列为“十五”期间“211 工程”公共服务体系建设的重要组成部分。CADAL 与中国高等教育文献保障系统（CALIS）一起，共同构成中国高等教育数字化图书馆的框架。项目由国家投资建设，作为教育部“211”重点工程，由浙江大学联合国内外的高等院校、科研机构共同承担。项目总负责人为浙江大学潘云鹤院士。

2004 年，根据国家发展和改革委员会发改社会〔2004〕1659 号文件精神，浙江大学邀请中国农业大学加入 CADAL 计划，经图书馆馆长办公会认真研究，认为本馆应该积极参与 CADAL 建设。

10 月 9 日，图书馆将《关于建议我校承建高等学校中英文图书数字化国际合作计划项目（CADAL）子项目的报告》上报学校，报告中提到：①中国农业大学是教育部直属重点大学，中国农业大学图书馆是 CALIS 全国农学文献信息中心，参加该项目建设有利于扩大影响，也是应尽的义务和责任。②该协议我方所承担的义务是图书馆所藏古农书、硕博士论文、本校作者专著、民国时期书刊及其他特色资源的数字化。这些工作正是目前在做或将要做的工作。参加该子项目的建设，甲方将无偿为学校提供相关系统软件和一台高级扫描仪，这将会大大加快图书馆数字化建设工作的进度，为师生共享更多文献信息资源提供便利。

10 月 11 日，主管副校长谭向勇批示：拟同意，请陈（章良）校长批示后，请校办办理。陈章良校长当日批示：同意。

为尊重学位论文知识产权，促进学位论文数字化进程，推动学术资源共建共享，提升学校教学科研水平，浙江大学与中国农业大学经友好协商，决定共建共享两校博士和硕士学位论文全文数据库。浙江大学校长潘云鹤与中国农业大学校长陈章良分别于 10 月 12 日和 20 日签署了《浙江大学、中国农业大学研究生学位论文全文数据库共建共享协议》，从此开启了研究生学位论文数字化建设工作。

根据协议，共建共享以“211 工程”高等学校中英文图书数字化国际合作计划（CADAL）为依托，与中国高等教育文献保障系统（CALIS）学位论文数据库建设项目相衔接，其主要任务是：回溯数字化印刷型学位论文，建立完整的学位论文全文数据库，在两校局域网范围内，提供学位论文全文检索、浏览服务。

中国农业大学的学位论文全文数据库可在浙江大学校园网范围内进行全文检索、浏览，但不得复制或打印。CADAL 项目管理中心网站向中国农业大学校园网用户免费提供浙江大学学位论文全文数据库检索、浏览服务，同时向中国农业大学提供相关学科的浙江大学学位论文全文数据库镜像，在中国农业大学校园网范围内进行全文检索、浏览，但不得复制或打印。在学位论文共建共享范围扩大到第三方之前或建立全国性的学位论文共建共享联盟之前，本协议所建的两校学位论文全文浏览服务严格限制在两校校园网范围之内。

11 月 10 日，中国农业大学图书馆馆长张权与高等学校中英文图书数字化国际合作计划项目管理中心签署《高等学校中英文图书数字化国际合作计划项目（CADAL）子项目承建协议书》。协议书规定：中国农业大学图书馆对馆藏古籍、本校硕士和博士学位论文、本校作者专著、民国书刊及其他特色资源进行全文数字化制作；CADAL 项目形成的数字化产品在项目建设期内为 CADAL 项目参加单位共享使用，此后分步骤达到全球访问的目标。此后，图书馆开始对馆藏古籍、本校博硕士学位论文、本校作者专著、民国时期书刊进行数字化处理，向 CADAL 提交数据。

14. 日文联合编目工作

该项目曾于 2000 年 10 月 23—27 日，在大连理工大学图书馆召开了“CALIS 日文联合目录数据库项目工作会议”，2002 年 3 月 31 日—4 月 3 日在中国农业大学西区图书馆召开了第二次日文数据库建设工作研讨会，参会老师就日文著录细则、主题标引等方面的有关问题达成了一致共识。

2004 年 6 月 21—23 日，CALIS 联合目录项目组在图书馆召开了第三次日文数据库建设工作研讨会。馆长张权、副馆长韩明杰、CALIS 联合目录负责人谢琴芳出席会议并先后讲话。数字化部主任李晨英主持会议。此次会议共有来自全国各高校 24 个成员馆 30 多人出席。参加会议的人员都是正在从事和即将从事日文联机编目的、具有一定编目经验的编目人员。代表们主要就日文数据著录细则与要求、目前日文数据著录中存在的问题、日文书目数据制作方法与工作流程等方面的内容进行了学习、讨论和操作实习。该项目至 2019 年 6 月 30 日，CALIS 联合目录日文书目数据库已积累书目数据 60.4 万多条，CALIS 联合目录 1300 多家成员馆都可方便快捷地利用日文联合目录数据进行日文馆藏管理和服务。

15. “十五”期间 CALIS 建设

“十五”期间，图书馆继续承建 CALIS 全国农学文献信息中心。根据 CALIS 在不同阶段的建设重点，本阶段 CALIS 主要侧重于“对分布式高等教育数字图书馆”的建设，以构建完整的中国高等教育数字图书馆（CADLIS）服务体系。作为高校图书馆共享与公共服务基础设施，CALIS 要建成开放的、分布式的、多馆协作的平台，涉及众多参建馆的互联和众多应用系统的集成。CALIS 管理中心主持编撰了《中国高等教育数字图书馆技术标准与规范》，并应用于 CALIS“十五”所有子项目建设。数字图书馆标准与规范的具体工作包括 CADLIS 技术标准与规范的编制和 CALIS 体系软件产品兼容性认证两部分。

2004 年 11 月 5 日，中国农业大学与 CALIS 管理中心签订了《中国高等教育文献保障系统（CALIS）“十五”建设子项目承建协议书》，子项目名称为“CALIS 全国农学文献信息中心”。

协议书规定，CALIS 管理中心作为委托方，为保证 CALIS“十五”期间各子项目建设能有序地进行，各子项目建设成果能有机地整合到一起，构成完整的中国高等教育数字图书馆（CADLIS）服务体系，作为承建方完成建设任务的必要条件，委托方提供建设经费 110 万元，其中资源建设与管理费 80 万元、文献传递补贴 15 万元、日文联机编目建设经费 15 万元。

图书馆作为承建方，负责完成以下任务：构建 CADLIS 农学中心门户网站，充分利用自身的资源与服务优势，面向全国高校服务；在全国范围内推广与开展馆际互借与文献传递服务；在 CALIS 引进资源工作组的统一规划下，组织全国性引进数据库的联合采购以及相关的培训和宣传工作；结合本中心自身条件，建立培训教室，面向全国高校图书馆员开展与中心工作相关的服务项目及业务的培训工作；结合本中心自身条件，建立适用的数据存储体系，面向全国高校提供数据库镜像服务和数字资源长期保存服务；组织和承担 CALIS 日文联机编目的建设任务，提供日文规范数据转换方案，协助 CALIS 联机编目中心发展日文联机编目成员馆等。

“十五”期间 CALIS 项目的建设，全面促进了全国农业高校图书馆的文献建设力度，提高了农业高校图书馆的文献资源共建共享水平，进一步强化了农业高校图书馆馆员的业务能力以及读者的信息素养，带动了全国农业高校图书馆的业务发展。

为了加强全国农业院校图书馆的交流与合作，促进图书馆业务水平的提高，CALIS 全国农学文献信息中心于 2005 年 9 月成立了 CALIS 全国农学文献信息中心工作委员会。其宗旨为：积极参与 CALIS 全国农业院校图书馆的文献资源共建共享和组织协调，积极推动和组织全国农业院校图书馆的业务建设与学术交流。工作委员会由各成员馆一位馆长组成。2013 年该委员会更名为理事会。

2006 年 6 月，进行了 CALIS 农学中心“十五”建设子项目总结验收，项目实际总投资 233.5 万元，其中中央专项资金 96.5 万元，学校配套资金 107 万元。资金使用上，187 万元用于引进资源，30 万元用于数据存储、培训用机和平台建设，15 万元用于日文编目，1.5 万元用于文献传递。

2006 年 9 月 28 日，“CALIS 第十次中心负责人联系会议暨 CADAL 项目第十次工作会议”在浙江大学科技园召开。会上，CALIS 管理中心及 CADAL 项目管理中心分别表彰了先进集体，CALIS 全国农学文献信息中心获“全国和地区中心建设奖”二等奖、“引进资源建设奖”二等奖。

16. 学术研究

开展广泛的学术研究是提高馆员研究能力与研究水平的重要举措，也是不断提高馆员业务水平和人员队伍素质的动力。进入 21 世纪后，图书馆学术研究氛围日渐浓厚。

2002—2006 年立项课题 32 个，课题经费 114.5 万元，发表论文 308 篇，著作 6 部（表 6–4）。

表 6–4　2000–2006 年研究项目、发表论文和著作情况

年份	发表论文 / 篇	立项课题		著作 / 部
		数量 / 项	经费 / 万元	
2002	41	9	42.1	2
2003	34	5	3.1	
2004	92	14	53.0	1
2005	80	2	13.0	2
2006	61	2	3.3	1
合计	308	32	114.5	6

图书馆参加的由北京大学图书馆和北京高校期刊研究会主持的《中文核心期刊要目总览》（2004 版）于 2004 年 7 月正式出版。从 2001 年开始，图书馆一直参加该书农业科学类目的研究编写工作。其中共载 74 个学科的核心期刊表，按《中国图书馆图书分类法》分类。第四版类目系列分为 7 编。图书馆刘元科等人主持第 6 编农业学科类的 8 个类目的研究编写工作。该编写工作包括：① S 类综合性农业科学类核心期刊表研究报告；② S1 农业基础科学类核心期刊表研究报告；③ S2 农业工程类核心期刊表研究报告；④ S3 农学农作物类核心期刊表研究报告；⑤ S4 植物保护类核心期刊表研究报告；⑥ S6 园艺类核心期刊表研究报告；⑦ S8 畜牧、动物医学类核心期刊表研究报告；⑧水产、渔业类核心期刊表研究报告。这些研究报告为我国农业科学核心期刊的研究提出评价。核心期刊的研究，不仅具有理论意义，而且具有实用价值。在图书情报界、期刊编辑界、科研管理界都有较大影响。

为了鼓励大家广泛开展学术研究，不断提高图书馆业务水平和队伍素质，2005 年 1 月 10 日馆长办公会讨论决定，从 2005 年开始将对在各种学术期刊公开发表论文的作者给予适当奖励，对在业界学术影响力较大的《图书馆学报》《情报学报》和《大学图书馆学报》3 种刊物上发表的论文，由图书馆承担版面费；在其他核心期刊上发表的论文，每篇奖励人民币 200 元；在普通刊物上发表的论文，每篇奖励人民币 100 元；出版图书，3 万字按一篇核心期刊论文计算。以上奖励限第一作者为本馆人员的论文，且须以中国农业大学图书馆的名义署名。

17. 教材建设

自 20 世纪 80 年代初，图书馆就面向学校的本科生和研究生陆续开设了文献检索课程，培养学生文献检索与利用的知识与技能。1991 年北京农业大学图书馆杨秉芳、诸莲芳、魏和平曾编写出版了《农业科技文献检索》一书。

进入 21 世纪，随着高等教育改革的深入，文献检索课的教学内容和教学方法也面临着新的挑战。为了进一步贯彻执行教育部《关于高校文献检索课基本要求》的文件精神，中国农业大学图书馆文献检索课教研组与河北农业大学图书馆文献检索教研组的同志一起，在多年对文献检索课的教学和实践的基础上，经过不断对文献检索课教学内容的研究和实践，围绕本科生的知识结构、学习特点和学习要求，结合我国高等教育人才培养目标，从信息素养教育和培养终身学习者的角度，组织和安排全书内容，编写了《大学生文献信息检索指南》一书。该书由潘薇主编，左文革、袁永翠、吴秀爽（河北农大）任副主编，2004 年 8 月，由中国农业大学出版社正式出版。全书 33 万字，图文并茂。书中对图书馆资源与利用、网络资源检索技能、原文文献获取等内容的介绍都具有新颖性。

2006 年 8 月，全国高等农林院校“十一五”规划教材《农业信息检索与利用》由中国农业出版社出版，全书 32 万字。该书由中国农业大学图书馆左文革和河北农业大学吴秀爽担任主编，杜春光（东北农业大学）、袁永翠（中国农业大学）为副主编。该书是根据高等教育改革的需要和信息环境的变化，围绕大学生的知识结构、特点和学习要求而编写的，是一部适合农业及相关学科高等院校大学生使用的信息检索教材。教材阐述了信息检索的基础理论，系统介绍了国内外主要农业及相关学科信息资源及其检索，原始文献获取及其利用，事实与数据检索，信息资源的利用。其主要特色是：以实用性为主，兼顾理论及系统性；以计算机信息检索为主，兼顾手工检索工具；以文献型数据为主，兼顾网络信息资源；以文献信息检索方法为主，兼顾文献信息利用。全书共分 10 章，每章后附有思考练习题。

18.《中国农业大学图书馆年鉴》编制

为了系统地记载图书馆的发展历程，2005 年图书馆开始编制《中国农业大学图书馆年鉴》（以下简称《年鉴》）的工作。第一册《年鉴》涵盖 2002—2004 年的内容，于 9 月 14 日印发。《年鉴》记载了中国农业大学图书馆自 2002 年实质性合并以来的发展情况。主要内容包括：特载、专文、图书馆简介、机构与人事、环境与设施建设、各项业务工作、基本情况统计、专项工作、科研工作、对外交流、党总支工作、工会教代会工作、学校报道图书馆文章目录、大事记等 14 部分。另外还有一些图片介绍。《年鉴》客观地记载了合馆 3 年的主要工作以及重要事件，反映了事业发展的各项统计数据。

嗣后，每年编印上一年版的《中国农业大学图书馆年鉴》，共编印了 2005 年、2006 年、2007 年、2008 年版。2009 年编印 2008 年版后，暂停编印，改为在《中国农业大学年鉴》中反映图书馆的年度情况。

19. 吴邦国委员长视察图书馆

2005 年 10 月 13 日，中共中央政治局常委、全国人民代表大会常务委员会委员长吴邦国携夫人章瑞珍一行来学校视察。陪同吴邦国委员长前来视察的有全国人大农业与农村委员会主任委员刘明祖、副主任委员舒惠国、全国人大教科文卫委员会副主任委员吴传基、教育部部长周济、农业部部长杜青林、全国人大常委会副秘书长、委员长办公室主任孙伟、农业部副部长张宝文、全国人大农业与农村委员会主任委员助理刘振伟、学校党委书记瞿振元、校长陈章良等。

吴邦国委员长一行来到图书馆，先后察看了“黄淮海”中低产田改造，小麦、玉米两茬亩产“吨粮田”和冬小麦节水省肥高产简化四统一等研究项目成果展示，听取了相关工作人员的介绍，吴邦国委员长对学校取得的系列科研成果表示祝贺。

吴邦国委员长在校领导及图书馆领导的陪同下视察图书馆电子阅览区时，关切地向同学们询问了学习、生活情况。在场的同学中，有的是学校合唱团、登山社成员，有的曾参加编写“乡土乡亲”丛书，他们分别简要汇报了自己的情况。吴邦国委员长与大家亲切交谈，勉励大家努力学习、培养自己多方面能力，将来更好地报效祖国。

在离开图书馆前，吴邦国委员长应邀欣然提笔为图书馆题词：“传播知识，服务育人”，勉励图书馆为培养更多解决我国“三农”问题的优秀人才作出更大贡献！（图 6–6）

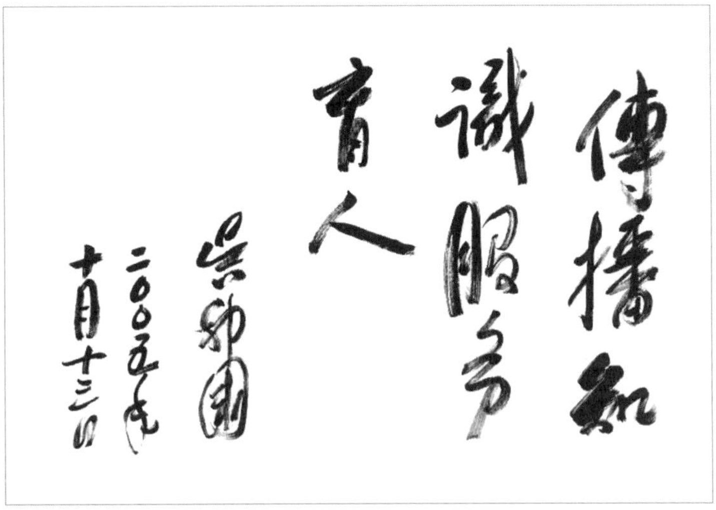

图 6–6　吴邦国委员长视察图书馆时的题词

吴邦国委员长这次视察，极大地鼓舞了图书馆全体工作人员的工作热情，大家认为能够成为“传播知识、服务育人”队伍中的一员而感到无上光荣与自豪，同时也深感肩负责任与使命的重大。大家纷纷表示一定不辜负中央领导的殷切期望，加倍努力做好本职工作，大力传播科学知识和先进文化，为学校的教学与科研提供可靠的信息保障，为培养更多的服务“三农”的科技人才作出更大的贡献。

“传播知识、服务育人”成为图书馆人多年的明确定位和服务宗旨，驻留在人们的心间，成为图书馆各项工作的指针。

20.“十一五”发展规划

2006 年 12 月 31 日，中国农业大学下发文件“关于印发《中国农业大学“十一五”校园建设与服务工作发展规划》的通知”（中农大规划字〔2006〕16 号）。在“十五”发展回顾中指出，图书馆信息化建设突飞猛进：“十五”期间，图书馆文献资源建设的重点为图书和电子资源，文献总量由 142 万册（2001 年）增加到 159 万册（2005 年）；年度购书量由 2001 年的 8000 余册增加到 2005 年 4 万余册，期刊订购数由 1400 余种增加到 2200 余种，数据库电子资源由 8 个增加到 20 余个（其中，电子期刊由 7000 余种增加到 2 万余种，电子图书增加了 2.75 万种）。此外，2000 年接待读者总量约为 75 万人次，2004 年接待读者总量约为 158 多万人次。2001 年文献借阅总量为 10 万册，2005 文献借阅总量为 41 万册。

图书馆以“读者第一、服务育人”为根本宗旨，确立了“以服务求支持、以贡献求地位、以创新求发展”的工作理念，从深化服务和优化管理入手，加强了工作人员的忧患意识与紧迫感、责任感，调动了工作人员的积极性，提高了工作效率，由过去的被动服务转变为主动服务，服务质量大幅度提高。

在“十一五”规划的主要任务中指出，“十一五”中后期，建设西校区研究生公寓楼、资源学院楼、西区体育馆和东区图书馆。

“十一五”期间，图书馆将启动文献信息资源建设基本保障和合理配置工程，进一步改善服务环境，加强管理，开拓新的服务领域，把中国农业大学图书馆建设成向全国高校提供农业文献信息服务的、名副其实的 CALIS 全国农学文献信息中心。图书馆文献资源建设的重点为中外文图书与电子资源。按照高校图书馆评估标准，图书馆文献资源建设在下一个五年中预计达到的标准为：2010 年图书馆文献总量应达到 201 万册，其中中文图书每年购入 8 万册，中文期刊每年 2000 余种；外文图书每年购入 2000 册，外文期刊每年 700 余种。

21. 党建工作

2004 年 10 月 22 日，图书馆党总支党员大会在西区图书馆报告厅举行，大会听取和审议了中国农业大学图书馆党总支的工作报告，选举产生了新一届党总支委员会。学校党委书记瞿振元、常务副书记李晶宜、组织部部长孟超英出席了会议。图书馆总支的 4 个支部（图书馆东馆党支部、西馆党支部、体育部东区党支部、体育部西区党支部），共 53 名党员参加了本次会议。瞿振元书记代表学校作了重要讲话。

本届图书馆总支委员会由刘清水、韩明杰、武晓君、王鲁燕、张权、潘薇、陈新成组成；刘清水任图书馆党总支书记，韩明杰任副书记。

图书馆东馆党支部有正式党员 16 人，预备党员 1 人，即王鲁燕、王宝济、盖宝川、王永进、王争鸣、王晓兰、刘清水、朱金诺、刘敬宝、陈国民、武德蓉、贺玢、赵军、黄兴建、雒庆生、李柏松、陈兰贞（预备党员）。2003 年 7 月 13 日换届选举产生了新一届支委会，王鲁燕任党支部书记，王宝济任组织委员，盖宝川任宣传委员兼纪检委员。

图书馆西馆党支部有正式党员 15 人，预备党员 1 人，即潘薇、王卓、赵锦辉、左文革、刘元科、孙凤录、孙玉玲、张权、李启秀、尚文娟、赵耀莺、扈晓琳、韩明杰、张淑洁、刘小红、贾尧风（预备党员）。2003 年 2 月 25 日换届选举产生了新一届支委会，潘薇任党支部书记，王卓任组织委员、赵锦辉任宣传委员兼纪检委员。

2004 年 11 月 15 日，中国农业大学图书馆党总支委员会通过了《中国农业大学图书馆党总支及委员职责》及《总支委员会会议制度及议事规则》。

2005 年 4 月 5 日，西馆党支部换届选举产生了新一届支委会，潘薇任党支部书记，王卓任组织委员、赵锦辉任宣传委员、赵耀莺任纪检委员、尚文娟任统战委员。

2005 年 6 月 12 日，学校党委决定（党发 12 号文件），将原图书馆党总支体育教学部东校区党支部和西校区党支部党员组织关系划转到体育教学部直属党支部；图书馆党总支下设图书馆东馆党支部和图书馆西馆党支部 2 个党支部；将图书馆“情报学”硕士点的学生党员编入西馆党支部。总支共有党员 34 名。刘清水任党总支书记，韩明杰任党总支副书记。

6 月 18—19 日，为了配合学校进行保持共产党员先进性教育活动，西馆党支部组织全体党员及积极分子 21 人，前往红色革命根据地——河北省白洋淀，沿着雁翎队员们走过的足迹，聆听老雁翎队员的后代讲述前辈英勇作战的抗日斗争故事。此次活动给大家上了一堂生动的历史教育课，激励大家以革命先辈为榜样，在新时期更加严格要求自己，以实际行动体现共产党员的先进性。

7 月 15 日，东馆党支部换届选举产生了新一届支委会，王鲁燕任党支部书记，王宝济任组织委员兼统战委员、盖宝川任宣传委员兼纪检委员。

9 月 20 日起，图书馆党总支全面展开保持共产党员先进性教育活动，通过学习动员、分析评议、整改提高 3 个阶段，历时 3 个月的学习教育收到了很好的效果。图书馆全体党员的理论水平有大幅度的提高，党员意识明显加强，更好地发挥了党员的先锋模范作用。

2005 年，西馆党支部被评为中国农业大学优秀党支部，王鲁燕为中国农业大学优秀党务工作者，张权、贺玢为中国农业大学优秀党员。

2006 年底，图书馆党总支共有党员 37 名，新增职工预备党员部向荣、耿劲松、徐伟、周雪伟和研究生党员赵荣、介凤。图书馆在岗职工党员 32 名，占图书馆 118 名职工中的 27.1%。

图书馆党总支在加强党员学习和管理的同时还开展了生动活泼的组织活动。如东馆党支部与李家坟村支部党员开展“文化建设在社会主义新农村建设中的作用”主题支部活动；西馆党支部到昌平区长陵镇碓臼峪村，实地考察社会主义新农村建设情况。

为了纪念“建党85周年”，党总支充分发挥图书馆文献资源优势，分别在图书馆东馆、西馆设置一个专架，集中摆放优秀党建图书供广大师生阅读。为了方便师生查找这部分图书，在图书馆党总支主页上发布了本书架图书目录，这些图书的借阅率明显提高了。

图书馆党总支重视党风廉政建设和反腐败工作，及时传达学校会议精神。领导班子成员认真学习了《中国农业大学关于贯彻落实〈建立健全教育、制度、监督并重的惩治和预防腐败体系实施纲要〉的实施办法》（中农大党发〔2005〕31号文件）和《中国共产党党内监督条例（试行）》和《中国共产党纪律处分条例》，较好地执行民主集中制，贯彻《中国农业大学关于执行“三重一大”制度的规定》（党发〔2003〕20号文件），制定了《图书馆党总支党风廉政建设责任制实施细则》，重大决策、重大人事安排、重要项目确立、大额度资金使用，由领导班子集体研究表决决定。坚持领导班子和党支部民主生活会，在生活会上积极发言，接受群众监督，积极配合党总支监督员畜牧学院计成教授的监督工作。

22. 教代会、工会活动

二级教代会是校内二级单位召开的教职工代表大会（全体教职工大会），是二级单位治理公开的基本形式，是二级单位管理体制的重要组成部分，也是二级单位领导广泛听取教职工意见、促进决策科学化、民主化的重要渠道。

工会组织按照校、院（处）、系（室、组）分别设置校工会、分工会、工会小组三级组织。图书馆设有分工会组织和工会小组。每5年一届，会员代表大会与教代会同期召开。工会配合、协助教代会开展各项工作。

2004年，图书馆工会组建了7个工会小组，并以小组为单位选举出31名教代会代表，加上原有的8名校教代会代表，图书馆共有39名代表，占职工总数的32.2%。其中具有高级职称的代表18人，占代表总数的46.2%，女职工代表29名，占代表总数的74.4%。每个工会小组均有5～6名代表。代表总体结构比例合理，具有广泛的代表性。

3月25日，图书馆召开了中国农业大学图书馆第一届教职工代表大会。经全体代表选举产生了图书馆第一届教职工代表大会常设主席团。

常设主席团：

主席：韩明杰

副主席：刘元科、王宝济

成员：王永进、师丽娟（兼秘书）、孙彩霞、张平兰。

图书馆工会机构设置：

主席：韩明杰

副主席兼组织委员：刘元科

宣传委员兼教育委员：王永进

女工委员兼生活委员：师丽娟

文艺委员兼体育委员：李雪原

2004年3月，学校工会于“三八”国际妇女节到来之际，举办了全校女教职工手工工艺制作（编织、雕刻、布艺等）比赛。图书馆共推荐展品18幅，获得一等奖2名、三等奖2名、优秀奖4名、纪念奖9名。图书馆部门工会荣获组织奖。

2004年6月，在校工会组织的卡拉OK比赛中，雒庆生荣获三等奖。

根据校工会的统一部署，为活跃和丰富职工的文化生活，开展健康有益的工会活动，各部门工会积极建设教职工之家。图书馆教工之家，配置了乒乓球台、健身器械、各类棋牌等设施，2004年被校工会评为“先进教职工之家”。

2005 年 1 月 12 日，图书馆第一届教职工大会第二次会议在西馆报告厅举行。图书馆总支书记兼常务副馆长刘清水主持大会，张权馆长作了 2004 年图书馆工作总结及 2005 年工作计划报告；潘薇副馆长作了 2004 年图书馆财务工作报告；韩明杰作了图书馆工会委员会工作报告，刘元科作了图书馆教职工福利费使用情况报告。图书馆教代会代表、全体党员、各部门主任、副主任及副高级以上职称的职工参加了此次大会。

2005 年 4 月，图书馆工会出资，继续为本馆女教工办理了安康互助保险，体现了工会组织对女教工生活的人文关怀。为女教工投保成为每年例行工作。

5 月，在校工会组织的排球赛中，图书馆女排荣获第六名。

6 月，在校工会组织的乒乓球比赛中，任保田老师荣获第三名，刘龙献老师荣获第五名，男子团体荣获第五名；在“迎接百年校庆 展教工风采歌友赛歌会”活动中张红萍老师获得优秀奖。

2005 年，图书馆工会协助校工会完成了中华总工会八十周年纪念调查表、高校教师住房情况调查表以及中国农业大学校歌、校训、校徽的评选活动。

2006 年 4 月 17 日，图书馆第一届教职工代表大会第三次会议在西馆报告厅举行，常务副校长江树人出席大会并讲话，充分肯定了图书馆的工作，指出图书馆是学校的一个对外窗口，希望图书馆工作更上一层楼；校工会副主席张士杰到会表示祝贺。图书馆党总支书记兼常务副馆长刘清水向大会作了图书馆工作报告和图书馆财务工作报告，图书馆工会主席韩明杰作了图书馆工会工作报告，图书馆工会副主席刘元科作了工会财务工作报告。会议由图书馆教代会常设主席团副主席王宝济主持。

5 月，部分馆员代表学校参加北京市第九届职工运动会，并取得团体比赛第二名。

12 月 2 日，由刘元科、贾尧风、喻浩、唐向军组成的图书馆男子乒乓球队和由任保田、刘龙献、史丽文组成的女子乒乓球队参加校工会组织的学校教职工乒乓球比赛，荣获男子团体第三名和女子团体第四名的好成绩。

2006 年，图书馆还积极参加了学校组织的象棋、插花等活动，既活跃了职工的业余文化生活，又增强了全体教职工的向心力和集体荣誉感。

第三节　向研究服务型图书馆转型发展

（2007—2019 年）

进入 21 世纪后，科学技术的发展给图书馆带来了新的发展机遇，信息数字化的进程大大加快。网络技术的普及和提速，彻底改变了图书馆情报工作的环境；大型数据库的建立和信息分析技术与分析工具的产生为开展信息分析研究提供了先进的手段。一场信息传播与利用的变革在全球展开。无论是馆藏资源建设的对象，还是信息服务的方式，以及信息资源的开发和利用等，图书馆的方方面面都被裹挟着踏上飞速前进的时代列车。

同时，图书馆的时空概念也被赋予了新的内涵。一方面，数字化信息借助互联网技术，使图书馆突破了时空限制，可以时时刻刻服务于用户身边；另一方面，互联网上多种多样的信息传播方式和搜索引擎，独立于图书馆而存在，并日益显示出巨大的传播优势，读者获取信息知识的方式不再仅仅依赖于传统图书馆，社会化的信息服务对传统图书馆提出了巨大的挑战；一些专业的电子出版和数据库生产制作商，直接面向用户提供服务，也给传统图书馆的运作模式提出了新挑战。

凡此种种，都使得传统图书馆孕育着一场革命性变革。在这场变革中，无论是主动参与还是被迫卷入，图书馆都将经历这场科技革命带来的洗礼。图书馆只有积极应对变革、开拓创新，实现转型发展，才能把丰富、高效、温馨的优质服务提供给用户，才能成为信息传播的主力军；只有实现情报信息的深耕与转化，才能不断焕发图书馆的活力，增强面向未来的生命力。相反，如果不能紧扣时代脉搏，及时调整应对策略，顺应时代大势，适时进入转型发展，就会逐步走向衰落。

2007—2019 年，是中国农业大学图书馆由传统服务型向研究服务型转变的重要时期，是提高图书馆研究水平和学术地位的重要发展阶段。在这一时期，图书馆职工队伍结构和人员素质得到了极大提高，具有博士学位人员从 0 人发展到 14 人，其中有 3 人完成博士后研究；研究馆员从 4 人增加到 8 人；研究成果的质量和数量都得到突破性进展，承担了 2 项国家哲学和社会科学基金研究项目，编辑出版了《高校与学科发展》电子刊物，创办了高水平的“图情百望学术论坛”；学科建设得到了进一步提升，硕士培养点由二级学科晋升到一级学科；图书馆在界内的影响力进一步强化，许多兄弟高校图书馆纷纷前来学习取经；馆舍条件得到极大改善，西馆进行了大修，东馆获得了新建，许多现代化设备设施得以引进。一个崭新的研究服务型现代化图书馆展现在读者面前。

1. 机构班子沿革

图书馆是隶属于学校的正处级直属机构，在图书馆设有党总支委员会，每届任期 3 年；行政领导班子，每届任期 4 年。此外，还有常设二级教代会及工会组织，每 5 年进行一次换届。

1）行政领导班子

2006 年 11 月至 2019 年 12 月，图书馆行政领导班子更新了 4 届，其间，何秀荣馆长连任了 3 届。

2006 年 11 月 14 日，经 2006 年第 32 次学校党委常委会暨校长办公会研究决定：聘任经济管理学院何秀荣教授为图书馆馆长。22 日，学校正式发布中国农业大学文件《关于何秀荣同志任职的通知》（中农大校字〔2006〕32 号）。

12 月 8 日，学校常务副校长江树人、组织部副部长赵竹村到图书馆召开部门主任以上干部会，宣布学校聘任决定。

江树人常务副校长在会上指出，图书馆是为学校教学、科研服务的重要部门，也是学校的窗口。图书馆馆长要具备一定的学术背景和较强的管理能力，何秀荣同志具备了这些条件，他曾在经济管理学院院长任上使学校农业经济学科成为国家重点学科，为学校发展作出了很大贡献。图书馆有一个好基础，图书馆要更好地为教学科研服务做出贡献，要加强科学管理，改善服务环境，提高队伍素质，办出自己的特色。要保持先进性，加强数字化、信息化建设，加强国际交流。江树人常务副校长的讲话对图书馆提出了新要求，表达了学校对图书馆的新期望。

何秀荣表示，首先要加强自身学习，进行调查研究，在大家的帮助下尽快使自己成为内行；要积极学习先进的办馆经验，加强与国际接轨，把图书馆办出特色，办出自己的亮点；要通过多种途径和方式进一步丰富馆藏资源。

何秀荣，男，1957 年 11 月生人，二级教授，博士生导师，国务院特殊津贴专家。1991 年毕业于德国 HOHENHEIM 大学，获博士学位（农业经济）。1997—2001 年任经济管理学院院长。时任经济管理学院教授、博士生导师、农产品市场研究中心主任；兼任国务院学位委员会第五届农林管理学科评议组成员，中国农业经济学会副会长，《农业经济问题》《中国农村经济》《中国人民大学报刊复印资料：农业经济导刊》等杂志编委，山东省“泰山学者”等多所大学客座教授等。

新馆长到任后，图书馆领导班子对当前和 2007 年工作进行了讨论，大家认为：

（1）认真做好 2006 年年度考核、职称晋升、年终总结等各项年底和学期收尾工作。

（2）认真做好 2007 年工作计划。学校 2007 年的中心工作是以优异成绩通过 2007 年 10 月的教育部本科教学水平评估工作。图书馆 2007 年在做好常规工作的基础上，中心工作是配合学校做好本科教学水平评估的“迎评”工作，通过“迎评促建”来提升图书馆的建设和服务水平。

（3）图书馆当前面临的棘手难题是图书馆馆员的业绩津贴（即奖金）需要图书馆自己创收发放，但图书馆基本没有创收渠道，馆员奖金水平明显低于校内其他单位，调动馆员工作积极性必须解决馆员奖金偏低问题。

（4）图书馆馆舍空间不足和设施设备破旧问题。东馆和西馆都已经使用了近20年，期间一直没有经历过大修，尤其是当年东馆建设从图纸到施工都非常仓促，墙皮脱落、地面开裂、电路老化、水管跑漏等问题突出，设备和家具可谓几代同堂。随着藏书量的年年增多，馆舍空间严重不足，东馆更是每上新书就必须先下架旧书。

何馆长要求大家在考虑当前工作的同时，也需要认真思考图书馆长远发展战略。

2007年新学期开学后，何秀荣馆长进行了2个多月的图书馆工作调研和情况摸底，与副馆长、部门主任及部分馆员进行了广泛交谈，基本了解了图书馆业务与流程、现状与问题以及国内外图书馆界发展动态。随后，他主持召开了领导班子会议，就图书馆的发展战略和长期工作进行了讨论和安排。

5月11日，图书馆召开全体部门主任会议。馆长何秀荣通报了馆领导的工作分工，对副馆长负责的部门工作进行了主抓和配合的协调安排，增添黄兴建为馆长助理，布置了几项主要业务工作。

馆领导班子工作分工如下：

何秀荣（馆长，兼CALIS农学中心主任）：根据馆长负责制，主持图书馆全面工作，主抓图书馆发展与开拓工作、对外关系（含校内部门）、人事和总体财务、CALIS农学中心工作和创收工作。

刘清水（党总支书记、常务副馆长）：协助馆长工作，全面主持党务工作；行政主抓财务管理工作、办公室工作、研究生培养工作、离退休工作。

韩明杰（副馆长；党总支副书记；教代会主席；工会主席）：协助馆长工作，全面负责教代会和工会工作；主抓自动化部、数字化部、军民共建工作、CALIS农学中心硬件建设和数字化；协助负责西馆办公室。

潘薇（副馆长，兼CALIS农学中心副主任）：协助馆长工作，主抓信息咨询部、外教中心、科研、国内外学术交流、馆员培训；具体领导CALIS农学中心咨询与文献传递工作。

王鲁燕（副馆长）：协助馆长工作，主抓采访部、编目部、流通部和CALIS农学中心采编工作。

左文革（馆长助理）：协助馆长CALIS农学中心工作、协助副馆长学科建设和科研工作。

黄兴建（馆长助理）：协助馆长抓创收工作。

此次馆领导分工中，改变了以往依馆区进行领导分片负责的管理方式。何秀荣馆长明确指出在工作管理制度上、领导分工上不再考虑馆区因素，结束以往业务“条条”管理和馆区“块块”管理的掰扯不清的局面，两馆区的同一业务由同一位馆领导负责，明确责任范围。

何馆长要求各位馆领导对各自主管的工作负起责任，要求两边校区有分管业务部门的领导每周安排时间在两边办公，抓好分管工作；大事通过馆务会或其他方式进行通报、讨论。

2008年初，根据学校总体安排，图书馆行政班子继续进行副馆级领导换届。通过公开竞聘，1月17日，中国农业大学发文（中农大人字〔2008〕5号），经学校党委常委会暨校长办公会（2008-1次）研究决定，聘任韩明杰、潘薇为图书馆副馆长，免去王鲁燕图书馆副馆长职务。

同年7月8日，中国农业大学发文（中农大人字〔2008〕24号），经学校党委常委会暨校长办公会（2008-21次）研究决定，任命王鲁燕、左文革为图书馆副馆长。至此，图书馆新一届行政领导班子换届完毕。

随即，图书馆重新确定了新的图书馆馆务会成员和聘任考核小组。

图书馆馆务会成员：何秀荣、刘清水、韩明杰、潘薇、王鲁燕、左文革、黄兴建、王永进（兼会议秘书）。

图书馆聘任考核小组是根据学校人事工作规定组建的，负责图书馆各岗位的人员聘任以及工作考核。成员如下：何秀荣（组长）、刘清水（副组长）、韩明杰、潘薇、王鲁燕、左文革、黄兴建、王永进、刘元科。

2009 年，根据实际情况变化和工作需要，对馆领导的工作分工做了一次调整。

何秀荣（馆长）：全面负责图书馆工作；负责财务、人事、图书馆发展工作和创收工作。

韩明杰（总支书记、副馆长）：主管自动化部和数字化部，负责计算机网络与数字图书馆建设工作；协助馆长管理财务工作；负责各类基础数据收集与统计工作；负责教代会及工会工作；负责党团群工作。

刘清水（常务副馆长）：主管办公室，负责日常行政工作；负责硕士点建设和管理工作，负责博士点申报准备工作；协助馆长管理人事工作（包括临时用工的管理）；负责固定资产管理工作；负责离退休工作。

潘薇（副馆长）：主管采访部，负责文献资源建设工作（文献采访、赠书工作、联合采购等）；负责文献保障工作（CALIS 农学中心、BALIS 中心）；负责教育部外国教材中心建设工作；负责馆员培训及学术研究；负责对外交流及宣传工作（包括馆讯、年鉴）。

王鲁燕（副馆长）：主管流通一部和流通二部，负责流通管理、阅览服务、纸本文献管理及剔除、典藏等工作；负责海淀农业图书馆工作；负责新生入学及学生离校管理工作。

左文革（副馆长）：主管编目部，负责文献编目业务管理工作；主管信息服务部，负责查新、读者咨询、培训等信息服务管理工作；负责院系统资料室的联合建设工作；负责公告与消息发布。

黄兴建（馆长助理）：主管技术部，负责文献介质加工服务工作；负责全馆创收工作及具体项目（包括园西文化公司）。

2010 年学校进行中层干部换届，本次换届采取组织考察、直接聘任的方式。经学校党委常委会 2010 年第 30 次、31 次会议研究决定，聘任何秀荣为图书馆馆长，韩明杰（兼）、刘清水（正处级）、潘薇、王鲁燕、左文革为图书馆副馆长；刘清水不再担任图书馆常务副馆长职务。

12 月 15 日，在新班子任命会上，主管副校长王涛主持会议并讲话，希望图书馆在今后的工作中加强文化建设，将农大百年文化融入图书馆管理；加强队伍建设和能力建设，明确“图书馆是学校教学、科研、社会服务系统中的重要组成部分”的定位，围绕学校发展的中心任务主动做好服务。

新一届领导班子表示，将带领大家继续建设研究服务型图书馆，在改革中谋求新发展。何秀荣馆长表示，将进一步凝练图书馆的发展定位，在现有基础上再接再厉。新一届图书馆领导开展工作的奋斗目标和工作重心是：图书馆作为学校教学、科研、社会服务系统中的重要组成部分，力争在服务、育人和研究三方面作出更大贡献，努力向研究服务型图书馆转变，建设与世界一流农业大学相适应的现代化图书馆。

2014 年，行政班子任期届满，开始了四年一届任期的学校中层干部换届。12 月 17 日，中共中国农业大学委员会文件，中农大党发〔2014〕27 号，经学校党委常委会（第 2014–34 次）研究决定：任命何秀荣同志为图书馆馆长。

12 月 30 日，中共中国农业大学委员会文件（中农大党发〔2014〕33 号），经学校党委常委会（第 2014–36 次）研究决定：任命刘清水（兼）、韩明杰、潘薇、王鲁燕、左文革同志为图书馆副馆长。至此，图书馆行政领导完成新一轮换届工作。

2017 年 2 月，刘清水同志因年龄原因不再担任党总支书记兼副馆长职务，其党务工作由新任总支书记孙德昊接任。

2017 年暑假前夕，学校决定对图书馆和档案与校史馆实行独立机构、合署办公的运行模式。何秀荣兼任档案与校史馆馆长，档案与校史馆副馆长师桂芳兼图书馆党总支副书记。

原图书馆馆务会改为图书馆、档案与校史馆党政联席会。参加人员在原馆务会成员的基础上增加党总支副书记师桂芳、党总支纪检委员雒庆生。

党政联席会成员有：何秀荣、孙德昊、师桂芳、韩明杰、潘薇、王鲁燕、左文革、雒庆生、刘元科、黄兴建、王永进。

2018 年 3 月，馆长助理黄兴建退休，同时退出党政联席会。

2018 年 6 月，为坚持和加强党的全面领导，适应改革发展的新形势，满足改革发展的新要求，更好地完成改革发展的新任务，尤其是立德树人根本任务，进一步优化内部机构设置，理顺管理职能，强化服务导向，提高工作效能，促进科学管理，推进学校治理能力与治理体系的现代化，为学校“双一流”建设提供坚实保障，学校党委常委会审议通过了《中国农业大学新一届管理服务与直属机构设置方案》，6 月 26 日，以中共中国农业大学委员会文件（中农大党发〔2018〕55 号）形式发布该设置方案。

《机构设置方案》将学校部门机构分为“管理服务机构”和“直属机构”，图书馆被列为学校“直属机构”，“负责图书资料和电子文献的管理与服务、图书情报与档案学学科点建设”。在其职责的规定上，明确为文献管理与服务和学科点建设两大方面。这对图书馆在学校教学科研中的地位提升作出了制度安排上的保障，对新时期图书馆的发展方向发出了引导信号。

2018 年学校中层机构行政换届。7 月 16 日，中共中国农业大学委员会文件（中农大党发〔2018〕63 号），任命王鲁燕、左文革为图书馆副馆长；因年龄原因，韩明杰、潘薇不再担任图书馆副馆长职务，师桂芳不再担任档案与校史馆副馆长（正处级）职务。

7 月 20 日，中共中国农业大学委员会文件（中农大党发〔2018〕64 号），任命陈卫国为图书馆副馆长，同时免去其新闻中心副主任职务。

党政联席会成员随之调整为：何秀荣、孙德昊、王鲁燕、左文革、陈卫国、雒庆生、徐伟、刘元科、王永进（兼会议秘书）。

12 月，办公室主任王永进退休，同时退出党政联席会。党总支委员雒庆生任办公室主任（兼党政联席会会议秘书）。

2019 年 3 月 14 日，中共中国农业大学委员会文件（中农大党发〔2019〕11 号），任命徐伟同志为图书馆副馆长（试用期 1 年）。

3 月 21 日，图书馆党政联席会上，根据工作需要，讨论通过聘任雒庆生、赵勇为馆长助理，同时对新领导班子重新分工，具体如下：

党总支书记孙德昊，主持党总支全面工作，牵头新馆建设相关工作，分管财务、研究生教育、工会、校友工作，主管系统与自动化部；

馆长何秀荣，负责行政全面工作，牵头学科发展有关工作，分管人事、国际交流工作；

总支副书记、副馆长王鲁燕，分管流通和读者服务工作，主管流通部；协助总支书记开展总支工作；

副馆长左文革，分管信息咨询与知识产权服务工作，主管信息部、知识产权信息中心；

副馆长徐伟，分管文献资源体系建设和对外交往，主管资源建设部、CALIS 农学文献中心；

副馆长陈卫国，分管运行保障、文化宣传、国有资产及安全保卫，主管办公室、综合部，协管情报中心。

增补馆长助理赵勇为党政联席会成员。办公室主任雒庆生作为馆长助理统筹各部门（中心），推进专项重点任务开展；情报研究中心主任赵勇作为馆长助理协管国际交流合作和学科发展工作。

调整后的图书馆党政联席会构成：

总支成员：孙德昊、王鲁燕、左文革、徐伟、雒庆生

行政班子：何秀荣、王鲁燕、左文革、陈卫国、徐伟、雒庆生、赵勇

工会主席：刘元科

2019 年 9 月 17 日，中共中国农业大学委员会文件（中农大党发〔2019〕52 号），经学校党委常委会第 2019-30 次、第 2019-31 次会议研究决定，任命潘志华为图书馆党总支书记、周志强为图书馆馆长（兼），免去孙德昊图书馆党总支书记职务、何秀荣图书馆馆长兼档案与校史馆馆长职务。

9 月 25 日，学校召开图书馆、档案与校史馆全体教职工大会，宣布学校党委对图书馆总支书记、图书馆馆长、档案与校史馆馆长的任免决定。校党委常务副书记张东军主持会议，党委常委、副校长王涛出席会议。

副校长王涛在大会上充分肯定图书馆上一届主要负责同志在任期内克服重重困难，保障有序运行，全力推进事业发展；档案与校史馆数字化建设也取得了重大进展，学校感谢他们为此的付出和担当。王涛指出，学校党委高度重视图书馆、档案与校史馆的发展，经过认真研究、慎重决定，确定新一届党政主要负责人人选。他代表学校提出三点希望：要坚决落实学校党政要求的各项工作任务；要坚持严格依法行政，落实立德树人的根本要求；要带领全体教职工不断推进图书馆、档案与校史馆建设，努力做学校"双一流"建设进程的示范单位。

党委常务副书记张东军代表学校党委对图书馆、档案与校史馆全体教职工在上届主要负责同志带领下付出的努力和取得的成绩表示感谢，勉励大家在新一届总支书记、馆长带领下，推动图书馆、档案与校史馆更好发展。至此，图书馆新一届行政领导班子换届完毕。

周志强，男，理学博士、二级教授、博士生导师。现任理学院党委书记、《农药学学报》主编、北京食品营养与人类健康高精尖创新中心首席科学家。曾任理学院院长。

周志强先后获得国家"万人计划"教学名师、北京市教学名师、宝钢优秀教师、北京市优秀教学团队（负责人）、北京市优秀共产党员、北京市师德先锋等称号，入选"新世纪百千万人才工程国家级人选"及教育部"新世纪优秀人才支持计划"，享受国务院特殊津贴。指导的博士研究生中多人获得校级及以上优秀博士学位论文，其中1人获得全国百篇优秀博士学位论文、1人获得全国百篇优秀博士学位论文提名，被学生评选为中国农业大学首届"师恩杯"我最喜爱的导师。

周志强主要研究领域为手性农药、农药残留与健康效应。先后主持国家自然科学基金重点项目、国家基础科学人才培养基金项目、FAO/IAEA 国际合作等项目，主持多项国家自然科学基金面上项目和横向研究课题。发表学术论文300余篇，其中以通信作者发表 SCI 收录论文150余篇。出版专著《手性农药与农药残留分析新方法》《手性农药分析与环境行为》，获得10项省部级以上教学和科技成果奖。

周志强兼任国家农药残留标准审评委员会委员（组长）、全国农药登记评审委员会委员（副组长）、农业部农药管理专家指导组成员、中国植物保护学会常务理事兼农药委员会主任、农药登记产品化学试验行业联盟主席、*Chirality* 编委。

2）图书馆党总支

中共中国农业大学党委在图书馆设立总支委员会。2006—2019年，图书馆党总支委员会经历了3次换届，期间因工作调动，经历4任书记：2008年11月换届，韩明杰任党总支书记；2012年7月换届，刘清水任党总支书记；2017年2月，学校任命孙德昊担任党总支书记；2018年1月党总支换届，孙德昊任党总支书记；2019年9月干部调动，孙德昊调往生物学院任党委书记，原资源与环境学院党委书记潘志华教授被任命为图书馆党总支书记。

2008年11月28日，根据上级安排，图书馆党总支进行换届改选。分管图书馆工作的副校长傅泽田、组织部部长韩振海出席了换届大会并分别作了重要讲话。刘清水代表上届党总支委员会作了工作报告。大会选举产生了新一届总支委员。12月2日，经学校党委常委会（2008-40次）研究决定，批准图书馆党总支选举结果：党总支委员5人（按姓氏笔画为序）：王鲁燕、左文革、刘清水、韩明杰、潘薇；韩明杰为图书馆党总支书记。

2012年图书馆党总支换届。7月9日，中共中国农业大学委员会文件（党发〔2012〕23号），经学校第2012-20次党委常委会研究决定，批准图书馆党总支选举结果：党总支委员5人（以姓氏笔画为序）：王鲁燕、左文革、刘清水、雒庆生、潘薇；刘清水为图书馆党总支书记（兼），潘薇为图书馆党总支副书记（兼）。

2017年2月21日，中共中国农业大学委员会发文（中农大党发〔2017〕11号），刘清水因年龄原因不再担任图书馆党总支书记兼副馆长职务；任命生物学院分党委副书记、生物学院副院长孙德昊为图书馆党总支书记，同时免去其生物学院分党委副书记、生物学院副院长职务。

孙德昊，男，1978年12月生人。中国农业大学生物学博士，2011年6月任生物学院党委副书记，2012年4月任生物学院副院长（兼）；2017年2月21日调图书馆，任图书馆党总支书记。

2007年获北京市教工委"北京市优秀辅导员"，2008年获中国农业大学"北京奥运会、残奥会先进共产党员"，2011年获中国农业大学"优秀共产党员"，2011年和2014年获教育部"全国辅导员年度人物评选"提名奖，2016年获北京市教工委"北京市优秀德育工作者"。

3月3日上午，学校党委在东区主楼举行图书馆党总支书记任命会。主管图书馆工作的校党委常委、副校长王涛出席会议。

王涛副校长指出，图书馆是大学生思想政治教育的重要阵地、是党的意识形态的重要阵地，希望图书馆全体教职工认真学习习近平总书记在全国高校思想政治工作会议上的讲话精神，结合工作实际，以改革、发展、创新来推动图书馆建设；新修订的《普通高等学校图书馆规程》明确指出图书馆是学校的文献信息资源中心，是为人才培养和科学研究服务的学术性机构，是学校信息化建设的重要组成部分，是校园文化和社会文化建设的重要基地，这也是图书馆研究和服务的总依据。希望图书馆党总支在学校党委的领导下，发挥好战斗堡垒作用，党政协同、团结一致，建设有中国特色的世界一流图书馆。

孙德昊表示要认真履职、克己奉公、勇于担当，积极学习，适应好新角色，尽快熟悉图书馆业务，深入推进图书馆党建和思想政治建设工作，为图书馆发展贡献自己的全部力量。东区新图书馆即将建成，这也为图书馆工作提供了新的机遇和挑战，希望与大家共同努力，向学校党委交出一份满意的答卷。

孙德昊书记到任后，其分工除全面主持党群工作外，行政上协助馆长管理图书馆财务、人事（含非在编人员、离退休人员）、硕士点行政管理等工作。

2017年6月6日，学校2017年党委常委会第21次会议决定图书馆、档案与校史馆合署办公，统一管理，因此，档案与校史馆党支部由机关党委调整到图书馆党总支，档案与校史馆副馆长师桂芳兼任图书馆党总支副书记。至此，图书馆党总支下分三个教职工党支部和一个研究生党支部：东馆党支部、西馆党支部、研究生党支部和新并进来的档案与校史馆党支部。

2018年初，图书馆党总支换届。1月17日，图书馆、档案与校史馆在一起召开全体党员大会，图书馆、档案与校史馆47名中共正式党员出席会议。党总支书记孙德昊代表上一届党总支作了题为《求真务实抓党建、服务师生促发展》的工作报告。根据《中国共产党章程》及《中国共产党基层组织选举工作暂行条例》有关规定，与会党员以无记名投票的方式选举产生了新一届党总支委员（以姓氏笔画为序）：王鲁燕、左文革、孙德昊、徐伟、雒庆生。

学校党委常委、副校长王涛出席会议并讲话。王涛代表学校党委对本次大会的召开和新一届总支委员的当选表示祝贺，对上一届党总支的工作成效和图书馆、档案与校史馆取得的成绩表示肯定。他要求新一届图书馆党总支要坚持正确的政治方向和政治站位，带领两馆师生学习好习近平新时代中国特色社会主义思想，积极谋划图书馆、档案与校史馆的发展，不断针对师生需求，创新服务方式，为学校的"双一流"建设作出更大贡献。

1月24日，中共中国农业大学委员会发文（中农大党发〔2018〕9号），经学校党委常委会第2018-05次会议研究决定，批准图书馆党总支选举结果：党总支委员会5人（以姓氏笔画为序）：王鲁燕、左文革、孙德昊、徐伟、雒庆生；孙德昊同志为图书馆党总支书记，王鲁燕同志为图书馆党总支副书记。

新一届总支委员会的支委平均年龄48.4岁，比上届支委的平均年龄降低了2.6岁，给图书馆党总支增加了活力，使总支的梯队建设更加趋于合理。

2019年9月17日，中共中国农业大学委员会文件（中农大党发〔2019〕52号），经学校党委常委会第2019-30次、第2019-31次会议研究决定，任命潘志华为图书馆党总支书记；免去孙德昊图书馆党总支书记职务。孙德昊转任生物学院党委书记。

潘志华，男，1969年3月生人。中国农业大学应用气象学硕士、生态学博士；资源与环境学院教授、博士生导师。中国气象学会理事、中国农学会农业气象分会理事、国家农业气象标准化技术委员会委员、北京市气象标准化技术委员会委员。曾获北京高校优秀德育工作者、中国农业大学教学成果特等奖、北京市教学成果一等奖、内蒙古自治区人民政府科技进步一等奖、教育部国家科学技术进步提名二等奖。2019年9月17日由资源与环境学院党委书记转任图书馆党总支书记。

3）教代会与工会

图书馆注重充分发挥教代会、工会的作用，实行民主化管理，发挥广大职工的积极性和责任感，确保图书馆各项工作正常开展。通过教代会，实现民主管理，及时向党政领导反映图书馆职工对改进工作的建议。

2007年4月3日，图书馆举行第二届教职工暨工会会员代表大会。何秀荣馆长作了图书馆2006年工作总结和2007年工作计划的报告，图书馆党总支书记、常务副馆长刘清水作了图书馆财务工作报告，图书馆工会主席、副馆长韩明杰作了图书馆工会委员会工作报告，图书馆工会副主席刘元科作了图书馆教职工福利费使用情况的报告。全体代表对以上报告进行分组讨论，对图书馆工作和工会工作提出了积极建议。

会议通过无记名投票的方式，选举产生了图书馆第二届教代会常设主席团、工会委员会和出席学校第二届教职工暨工会会员代表大会代表。

图书馆第二届教代会常设主席团名单：韩明杰、刘元科、朱金诺、赵锦辉、赵明芳。韩明杰担任图书馆教代会主席。

图书馆工会委员会名单：韩明杰（主席）、刘元科（副主席兼组织委员）、王永进（宣传委员兼教育委员）、师丽娟（女工委员兼生活委员）、李雪原（文艺委员兼体育委员）。

参加学校第二届教职工暨工会会员代表大会代表有：刘清水、韩明杰、王鲁燕、潘薇、刘元科、黄兴建、朱金诺。

2011年12月29日，图书馆第三届教职工暨工会会员代表大会第一次会议在西馆报告厅召开，校工会副主席李克江应邀出席大会并发表讲话，会议由图书馆部门工会主席韩明杰主持。会议听取了何秀荣馆长的图书馆工作报告、韩明杰主席的工会委员会工作报告和刘元科副主席的教职工福利费使用情况报告。

会议选举韩明杰、刘元科、师丽娟、张玉兰、雒庆生为新一届图书馆教代会常设主席团成员，韩明杰担任教代会主席；选举刘元科、师丽娟、刘金梅、张玉兰、雒庆生为工会委员会委员，刘元科担任工会主席。会议选举韩明杰、刘清水、潘薇、王鲁燕、左文革、刘元科、师丽娟为学校第三届教代会代表。

2017年1月5日，图书馆召开了第四届教职工暨工会会员代表大会第一次会议，会议由图书馆工会主席韩明杰主持。

全体代表对图书馆工作报告、工会工作报告进行了热烈的讨论，对图书馆工作和工会工作提出了许多积极的建议。

会议通过无记名投票的方式，选举韩明杰、王鲁燕、左文革、刘元科、师丽娟、雒庆生为学校第四届教代会代表，选举韩明杰、刘元科、师丽娟、雒庆生、王雁为新一届教代会执委会成员，选举刘元科、师丽娟、雒庆生、王雁、尚文娟为工会委员会委员。

图书馆第四届教代会执行委员会第一次会议选举韩明杰为执委会主席，刘元科为执委会副主席，师丽娟为执委会秘书长。

图书馆第四届分工会委员会第一次会议选举刘元科为工会主席，师丽娟为工会副主席。

4）图书馆和档案与校史馆合署办公

2017 年暑假前夕，学校决定对图书馆和档案与校史馆实行独立机构、合署办公的运行模式。

6 月 6 日，学校 2017 年党委常委会第 21 次会议决定：

（1）图书馆、档案与校史馆合署办公，统一管理；

（2）档案与校史馆分管校领导调整为王涛副校长；

（3）档案与校史馆党支部由机关党委调整到图书馆党总支；

（4）图书馆馆长何秀荣兼任档案与校史馆馆长；

（5）档案与校史馆副馆长师桂芳兼任图书馆党总支副书记。

（6）档案与校史馆迁入新图书馆，图书馆、档案与校史馆提出建设方案，后勤基建处办理工程变更手续并组织施工（后情况有变化，档案与校史馆未迁入新图书馆）。

至此，档案与校史馆结束了 1 年 6 个月的馆长空缺状态。

6 月 12 日，王涛副校长召集图书馆、档案与校史馆领导班子成员传达了学校决定和学校第 21 次党委常委会精神，并提出工作要求：

常委会决定合署办公是充分考虑两部门工作特点，依法办事的结果。图书馆工作根据《教育部普通高等学校图书馆规程》、档案工作根据《中华人民共和国档案法》等依规依法开展，合署不是合并，两部门合署办公在人事编制、财务管理上仍相对独立，保持原有秩序。

两馆统一管理则是要求图书馆和档案与校史馆形成统一的运行管理模式和议事制度。通过馆党政联席会，对两馆重大事项、重要工作进行决策，形成合力。两馆实行统一领导、统一组织、统一管理、统一运行。

在实际运行中，合署办公主要体现在领导层的议事和决策方面，下属部门、人员配置、业务工作、经费渠道和使用、设备管理等，依旧是分别独立运作。

2019 年 9 月，图书馆和档案馆分别组建了新的领导班子，档案馆党支部仍隶属于图书馆党总支，行政管理上各自独立运行。

2. 图书馆发展战略

面对时代发展的紧迫形势和新技术带来的严峻挑战，中国农业大学图书馆开始了对图书馆发展模式和发展道路的战略思考与布局。从图书馆发展方向的定位、资源建设原则的调整、服务理念和方式的转变、人才队伍素质的提升、情报信息的研究与深耕、学科建设与学术研究的探索等各个方面进行创新发展与战略转型。

1）战略定位

2006 年底，新的馆领导班子组建后，就开始了图书馆发展战略的思考，经过对图书馆发展现状和对未来发展趋势的调查研究，逐步形成了清晰的思路，并开始进行战略布局。从 2007 年开始，图书馆围绕着转型发展的思路，果断大胆地进行实践尝试，探索出一条现代化研究服务型图书馆的发展之路。

2007 年春，新学期开学后，何秀荣馆长在 2 个多月的图书馆工作调研后，主持召开了领导班子会议。会议就图书馆战略定位和发展前景进行了讨论，会议认为：

（1）随着中国社会经济发展而来的工作和学习环境的改善、以及互联网时代引发的技术革命的到来，社会商业性信息供给主体增多，高校图书馆的传统业务功能在弱化，高校图书馆必须与时俱进，拓展新的服务功能，不仅需要保持信息知识储存和利用中心的传统功能，还应当具有知识开发和创新中心的新功能；不仅需要保持学生学习场所的传统功能，还应当成为会议中心和师生学术活动场所，成为新知识和新技术的展示与体验场所，成为创新意识的交流和研讨场所，成为现代师生生活的休闲场所，使图书馆具有综合性功能，吸引师生来图书馆开展各项工作、学习和休闲活动，让师生每有活动就想到“图书馆”。为此，我们要努力赋予图书馆这些综合性功能。

（2）高校图书馆的宗旨是“传播知识、服务育人”，一直以来的服务口号是“为师生服务”“为教学和科研服务”。现代高校图书馆服务应该更上一层楼，不仅为本校师生服务，也要在力所能及的范围内为社会服务；不仅要为教学和科研服务，也要为学校管理服务，为学校的行政管理提供信息分析和决策依据。

（3）为实现上述两方面的目标，图书馆需要改善硬件设施和信息资源，以丰富多样的信息资源和现代技术手段装备图书馆、营造良好的图书馆软硬件环境和人际氛围；需要加强图书馆馆员队伍建设，将传统服务型图书馆员转型为研究服务型图书馆员；要用现代管理理念和方式来提高图书馆经营管理水平和业务服务能力。

由此，图书馆的长期战略目标基本确定为：图书馆作为学校教学、科研、社会服务系统中的重要组成部分，要做好服务、育人、研究三大主要工作；以丰富多样的信息资源和现代技术手段装备图书馆、营造良好的图书馆软硬件环境和人际氛围，努力向研究服务型图书馆转型，建设与世界一流农业大学相适应的现代化图书馆。

在上述共识和战略目标下，从2007年至2019年，图书馆始终坚持不懈地努力和探索。在具体实施上，图书馆努力争取各方支持、创造内外条件来量力而行地分步骤推进着长期性工作，积小变为大变。

2）制定发展规划

2005年10月，图书馆根据学校的总体安排，针对形势的发展，起草了《图书馆“十一五”发展规划（草案）》。2006年经过广泛征求意见，对规划进行了修订，2007年3月，形成了《图书馆“十一五”发展规划纲要》（以下简称《纲要》）。

《纲要》指出，图书馆作为学校的文献信息中心，作为展示学校办学水平的重要窗口，要充分利用时代赋予的大好机遇，锐意改革、开拓进取，为学校教学和科研提供全面而有力的文献信息保障。

2009年5月，图书馆起草了《图书馆发展规划纲要（2011—2015）》，确定了“十二五”期间的奋斗目标：加强文献信息资源建设和队伍建设，改善服务环境和条件，提高服务质量和水平，建立与学校发展相适应的现代化图书馆，为学校教学、科研和社会服务提供全面而有力的文献信息支撑，把中国农业大学图书馆建设成名副其实的农学文献信息中心。

2011年9月21日，学校学术委员会及学校第2011-25次党委常委会暨校长办公会通过了《中国农业大学改革和发展规划（2011—2015）》（以下简称《规划》），并予以发布（中农大校字〔2011〕9号）。《规划》第四章“重点建设任务”中指出：

> “七、支撑条件建设
>
> （一）图书文献资源建设
>
> 加快图书馆的数字化建设步伐。进一步整合电子文献和纸质文献，充分利用现代技术手段更好更快地提高文献保障和服务能力。扩大数字存储能力，“十二五”期间将存储能力从现有的60T提高到120T以上；尽快将现有馆藏文献基本回溯，成为网络电子资源。增加中外文电子书刊数量，特别是要填补我校外文电子图书空白，使“十二五”期间外文电子图书达到1万种以上。

加强外国教材中心建设，扩大教材和教学参考书资源，追踪世界前沿教材和教学参考书，力争“十二五”期间每年新增外国教材2000册，为学校提高教学质量提供有力支撑。

……

（三）基础条件建设

坚持“科学发展，合理定位；实事求是，突出重点”的思路，正确处理建设规模和建设效能的关系，处理好教学、科研与师生生活条件建设之间的关系。集中力量重点建设面积严重缺额的图书馆、教学实验楼等项目。“十二五”期间，规划建设各类用房16万平方米，规划总投资超过7亿元。学校9项主要校舍面积、基础设施条件、公共服务体系基本达到《普通高等学校建筑规划面积指标》的要求，有力支撑和保障学校快速发展，改善师生工作、学习和生活条件。

规划建设主要项目包括：

1. 图书馆：建设地点位于东校区，规划总面积60000平方米，总投资估算33000万元。”

《规划》对未来5年图书文献资源建设的目标提出了明确要求，特别强调了要加快数字化建设步伐和现代化技术手段的应用；明确规定重点建设面积严重短缺的图书馆，规划总面积6万 m^2，总投资3.3亿元。这既是图书馆发展的动力，也是图书馆发展的制度保障。

2012年4月5日，学校印发《中国农业大学“十二五”信息化建设规划》（中农大党政办发〔2012〕2号），在文献与学科资源建设目标中指出：“加快图书馆的数字化建设步伐。扩大数字存储能力，‘十二五’期间将存储能力从现有的60T提高到120T以上；尽快将现有馆藏文献基本回溯，成为网络电子资源；增加中外文电子书刊数量，‘十二五’期间外文电子图书达到1万种以上。探索建设具有我校特色的数字博物馆、学科（专业）资源库和知识库。”

3）图书情报学科在学校“双一流”建设中的定位

2015年8月18日，中共中央全面深化改革领导小组第15次会议审议通过《统筹推进世界一流大学和一流学科建设总体方案》，由此，开始了全国统筹推进建设世界一流大学和一流学科的宏伟行动。社会上将世界一流大学和一流学科建设简称为“双一流”建设。

2017年9月，教育部、财政部、国家发展改革委联合发布《关于公布世界一流大学和一流学科建设高校及建设学科名单的通知》，42所高校进入世界一流大学建设行列（36所A类和6所B类）和95所高校进入一流学科建设行列。中国农业大学被列入36所A类世界一流大学建设行列。

为全面贯彻落实党的十九大精神，贯彻习近平新时代中国特色社会主义思想，落实全国高校思想政治工作会议精神和立德树人根本任务，培养担当民族复兴大任的时代新人，开启中国特色、农业特色的世界一流大学和一流学科发展新征程，根据《统筹推进世界一流大学和一流学科建设总体方案》等精神，2018年1月4日，中国农业大学正式发布了《中国农业大学一流大学建设方案（精编版）》。

在“学科建设总体规划”中指出，中国农业大学以习近平新时代中国特色社会主义思想为引领，以一流学科为核心，着力建设农学与生命科学、资源与环境科学、工程与信息科学、食品安全与营养健康、哲学社会科学等学科群，强化前瞻性布局，加强学科交叉融合，拓展新型学科，建设以“新农科”为核心的具有中国特色、农业特色世界一流大学学科体系。

基于国内以及学科口径，按照高峰学科、高原学科、基础与支撑学科3个梯次建设，图书馆主办的“图书情报与档案管理”学科进入了学校“基础与支撑学科”，目标定为“总体实力显著提升，为一流大学整体发展和拔尖创新人才培养提供更有力的基础支撑”。这一建设方案给出了图书情报学科的发展建设的明确定位。图书馆根据学校的总体安排和定位迅速制定了图书情报与档案管理”学科的发展规划和实施方案。

4）争取学校支持

2008年3月，为了使学校对图书馆的发展现状及存在问题有一个全面的了解，取得学校对图书馆工作的指导和支持，图书馆在总结以往工作的基础上撰写了一份“图书馆建设成就与发展瓶颈”报告，呈报学校领导。报告从馆藏内容、服务、基础建设等方面肯定了图书馆多年来的建设成就，指出了馆舍面积、馆藏数量、经费等方面的瓶颈问题，并提出了解决问题的对策。这份报告是图书馆发展状况的阶段性概括和总结，内容如下：

图书馆建设成就与发展瓶颈

一、建设成就

中国农业大学图书馆是我国最重要的农科文献中心之一，承担着教育部农林学科外国教材中心、中国高等教育文献保障系统（CALIS）农学中心、海淀区农业图书馆等建设任务。1995年被农业部指定为首批科技查新单位，2003年被教育部认定为唯一的农学科技查新工作站。2003年获情报学硕士学位授予权，是全国第二家具有硕士学位授予权的高校图书馆。2005年参加高等学校中英文图书数字化国际合作计划（CADAL），是全国17家项目馆之一。自1987年以来先后有8位党和国家领导人莅临视察，2005年吴邦国委员长视察时给图书馆题词：传播知识，服务育人。

馆藏比较丰富。图书馆馆藏纸质文献171万册，收藏有以“救荒补遗”（明正德十五年、1520年）、“农家集成”（朝鲜汉文、明刻、1536年）为代表的387种农书古籍以及150多种中外文农业期刊创刊号。购进数据库239个，读者可利用数字资源近148万册。通过外国教材中心建设，引进了近8000种农业类外文原版教材和教学参考书。通过参加北京地区高校图书馆馆际互借传递网、承建CALIS农学中心使文献利用渠道拓展到北京地区和全国高校图书馆，形成了纸质文献与电子资源互补、馆藏文献与文献传递互补、使用方便和反应快速高效的文献资源保障体系。

网络基础环境好，管理服务现代化。图书馆从1986开始计算机采访、编目，现已建立图书馆局域网，实现主要业务自动化。与校园网1000M连接、馆内实现100M到桌面、接入无线网。电子资源全部通过校园网向师生提供全天候网络化服务，服务范围覆盖两校区，无死角。同时，服务项目、内容以及对象得到极大地拓展和延伸，在为我校师生服务的同时，也为全国农业高校师生提供服务。

图书馆利用效果好，读者满意度高。随着管理水平不断提高，图书馆开放时间也不断延长，从2003年开始每周开放105小时，比教育部要求的最低开放时间70小时高出50%。2004年以来入馆读者超过605万人次，读者流量日高峰值为9893人次，即相当于50%在校生进入图书馆；年平均每天读者流量达5734人次，即相当于平均每天有32.2%的在校生进入图书馆学习。近三年借阅图书总量约174.4万册，购进数据库全文下载总量高达1438万篇次。在CALIS数据库使用效果排名中，本馆购进数据库的75%都位于前10名，2006年度获中国期刊网CNKI最佳应用单位。在2007年3月召开的第五次学代会发布的“图书馆专项工作调查报告”中显示，学生对图书馆服务的满意度为96.3%。

2004—2007年图书馆利用情况统计表

（统计时间：2007-12-31）

年度	2004	2005	2006	2007	合计
入馆读者数/人	1582699	1773206	1780606	2480000	7616511
借阅文献量/册	447053	482152	473156	483866	1886227
数据库全文下载量/篇	2523444	3230333	5186584	6329263	17269624

服务“三农”。1997年11月17日，我校与海淀区政府签订了“关于中国农业大学和海淀区政府共建海淀农业图书馆的协议书”。海淀农业图书馆挂靠我校图书馆，其宗旨是促进海淀区农业及农村的经济发展、促进海淀农村精神文明建设。针对读者分布区域广，来馆借阅难的实际情况，图书馆采取走出去，服务上门，并针对读者类型多，需求差别大的特点，开展不同层次、不同方式、有针对性的特色服务，充分发挥高等农业院校的技术优势、人才优势和资源优势，做好信息咨询服务。海淀区农业图书馆自成立以来，始终把为海淀区农业、农村、农民服务放在首位，很好地发挥了高等院校教学、科研与农业生产第一线的桥梁和纽带作用，并积极致力于把中国农业大学的科研成果向农村推广。瞿振元在调研时了解到图书馆在为“三农”服务中所做的工作时说：“我校图书馆能够在为‘三农’服务中做大量的工作，这是我们应该做的工作”。

二、发展瓶颈

1.图书馆的馆舍面积及环境差距很大

图书馆分东、西校区两座馆舍，全馆总建筑面积21665 m²，其中东馆为9550 m²，西馆为12000 m²，设有2774个阅览座位。据2004年全国高校图书馆建筑面积排行榜统计，本馆位于第78位。根据建设部、国家计委和国家教委联合发布的《普通高等学校建筑规划面积指标（建标〔1992〕245号）》中的要求，5000人以上规模的农业院校图书馆建筑面积本科生每人为1.64 m²，研究生每人为2.14 m²；教育部2006年5月发布的《普通高等学校图书馆评估指标（修改稿）》的要求，生均建筑面积为2.0 m²/生，阅览座位与学生数之比为1∶4。图书馆面积目前缺口很大。

此外，图书馆因使用时间长，内部环境、消防设施需要进行大力维修，阅览室桌椅需更换。

2.馆藏数量不达标、经费投入严重不足

教育部本科教学水平评估C级指标要求生均80册。按现在学生数计算，我校文献总册数应为240万册，与我校图书馆藏书171万册相比，缺口很大。此外，现有藏书中陈旧、严重破损的有相当大部分。教育部本科教学水平评估C级指标要求图书总册数达标的同时，近3年每年生均年进书量必须在3册以上。为此，本馆入藏新书应达每年9万多册以上，当前年进书不到5万册，实际相差很大。藏书总量和新进数量不足的根本原因是经费不足。

我校图书馆从1999年开始订购中国期刊网数据库，当时是购买了50个并发用户数。时至今日，50个并发用户数已远远不能满足我校读者的需求，尤其是在研究生开题和做论文期间，出现了用户数严重不足的现象。近年来，对于期刊网用户数不足的意见频频出现在“校长信箱”及“BBS”上，解决该问题的唯一途径是增加并发用户数。而每增加1个并发用户，费用则需要增加订购数据库费用的1%，2007年本馆支付该数据库的使用费是12万元，照此计算，如果再增加50个并发用户，则需多支出费用6万元。

按照学校985项目经费预算，“条件支撑项目——文献资源建设项目”总经费为500万元。2005年度该项目首拨100万元，在征求广大师生意见、充分调查研究之后，利用该项经费购买数据库5个（Blackwell全文电子期刊、JohnWiley全文电子期刊、LexisNexis环境文摘数据库、中国资讯行数据库、Taylor电子百科全书）；2006年、2007年用于维持该5个数据库的费用为230万元，现已累计拨款330万元，2008年继续维持仍约需120万元，但目前这120万元非但没有落实，“学校985办”反而要求图书馆偿还去年已支付的100万元。这样2008年仅此项目就有220万元的缺口。

2007年5月，瞿书记在理学院调研时，理学院的师生强烈要求本校引进SciFinder（CA网络版）数据库。为保障师生教学科研的需求，图书馆从2008年起引进了该数据库，45.6万元的数据库已付，但是该款项并未包括在2008年的采购经费预算之中。

另外，图书馆每年用于订购外文期刊及各种电子资源的经费为750万元，而这些资源每年的涨价幅度为5%～10%，因此在图书经费中每年必须增加约50万元用于现有资源的维持。

3.图书馆延长服务时间，拓展服务项目，使业务运转费严重不足

为缓解本馆面积严重不足的矛盾，努力为师生创造良好的学习环境，自2003年开始我们最大限度地延长开馆时间，扩大开放面积，充分发挥现有资源的利用率。开放时间为每天7：30—22：30，每周7天连续开放，周开放时间达105小时，比教育部要求的最低开放时间70小时高出50％。维持长时间的开放，就需要增加大量的值班人员，目前图书馆聘用的非事业编制人员有40余人。2007年支付这些人的工资和保险费用达74万余元。且随着国家新的劳动保护法规的实施和北京市最低工资标准每年的调整，用工成本在不断加大，该项费用在逐年增加。

延长开馆时间，扩大开放面积，使图书馆的运行费用，大大增加。水电费超出原来的分解指标部分要由图书馆支付，也增加了设备和用品的消耗。我校图书馆东馆1987年落成，西馆1990年交付使用，20年来，均未曾大修过。东馆电梯、配电柜和照明设备和外墙需要更新、维修；西馆安防系统、电梯、配电柜需更新，中央空调通风管道需要清理，地基裂缝需要维修。各项费用合计约需200万元。

综上所述，经费不足已成为图书馆持续发展的最大制约。据近几年的经验来看，图书馆每年经费的增长速度至少要保持8%～10%的增长，才能维持正常运转。否则一旦造成数据库不能续订的话，必定要削弱图书馆对学校教学与科研的信息支撑作用。

三、对策和建议

（1）适应发展需要，择址建设新馆。鉴于我校图书馆面积目前缺口很大，同时考虑到学校的发展和规模的扩大，以及办学条件的继续改善，缺口会更大。我们希望在“十一五”期间能增加面积2万m^2，从根本上解决面积不足、座位紧缺的问题，为广大师生创造一个更加美好的读书学习环境。

解决图书馆面积不足比较好的办法是建一个现代化新馆，在新馆内充分考虑网络化，突出学习使用功能，配套建立各种形式的展厅、演示厅、报告厅、会议室、多功能厅等，使图书馆不仅成为学校的文献信息中心，而且成为学校的文化和学术活动中心，营造出浓厚的学术氛围和文化底蕴。以充分体现我校建设世界一流农业大学的办学水平。

（2）增加经费。在馆藏建设方面，进一步优化馆藏结构，提高资金的利用效率。

（3）积极开展节能改造，推广利用先进技术，降低现有设备的能耗。

（4）在迫不得已的情况下，适当削减外刊。由于外文期刊传递的信息比较新颖，能反映出当前学科研究的前沿水平，对我校科研的参考价值较大，2007年本馆用于订阅外文期刊的费用达510万元，占总采购经费的50%以上。如经费实在难以得到充足的保证，只好下决心削减一部分外文期刊。但这样做势必中断了期刊的连续性，要慎之又慎。

（5）适当缩短开馆时间。目前本馆在开放程度和开馆时间上，在大学图书馆界处于较为领先的水平，每天开放15个小时，双休日和法定节假日（春节除外）连续开放。但同时也需要较多的值班管理人员，增大了运营成本。目前本馆聘用非事业编制人员40余名，每年用于他们的工资和保险支出为70余万元。

适当缩短开馆时间，可减少一些薪酬支出，同时节省水电费。节假日和双休日开馆成本比较高，要支付人员2～3倍的工资，可先减少这一时段的开馆时间。

同年5月，学校开始了“211工程”三期建设项目规划的编制工作。能否进入“211工程”三期建设项目规划和在该规划中的地位直接关系到图书馆的未来发展。因此，图书馆作为学校公共服务体系的重要组成部分，根据学校的总体部署认真制定了图书馆“211工程”三期建设项目规划，积极争取

学校“211工程”三期建设项目规划吸纳图书馆硬件建设和文献资源建设内容。

图书馆根据发展需要提出了“211工程”三期建设规划中图书馆的建设内容。

——进一步完善网络基础环境，使用户服务网络化达到国内先进水平。

——继续引进并整合文献资源，实现信息资源集成化管理。

——建设机构知识库。

最终，学校“211工程”三期建设项目确定了18个项目，其中16个为重点学科建设项目，2个为人才项目。图书馆提出的建设项目未能如愿列入建设计划。但是图书馆提交的立项论证引起了学校决策层的关注。

2012年2月21日，党委常委、副校长王涛召集图书馆领导班子成员一起座谈，深入研讨图书馆发展战略，部署新学期工作。

王涛指出，图书馆提出的建设研究服务型图书馆的思路很好，要认真研究，作出一个发展模式；要让大家认识到图书馆是学校教学和科研系统的一个组成部分，不应简单地当作系统外的一个辅助机构。图书馆是培养人才的重要力量，要注重文化建设，创建一个良好的人文环境，在学校的教学和科研中发挥出应有的作用。图书馆研究与服务的内容要注意与国家和社会的需求紧密结合起来，使服务更好地支持教学和科研、更好地支持决策。

学校鼓励和支持图书馆积极开展国际交流与合作，学习国际先进的办馆理念，了解国际发展水平和发展趋势，向国际标准看齐。

何秀荣馆长汇报了研究服务型图书馆建设的具体思路和前一段时间的推进工作。他说，图书馆正在努力建立一种机制，鼓励馆员立足本职工作来发表高水平的研究成果，馆内自设了一些研究项目，研以致用，一方面是从无到有、从少到多的起步，另一方面也是培养研究能力和经验，为下一步从低到高的研究积累前期基础；同时也积极鼓励馆员申报以国家社科基金项目为代表的外部研究课题。馆员通过提高自身的学术素养来更好地为教学、科研和学校管理服务。鉴于图书馆在学科建设、承担项目、研究人员构成等方面的基础和条件，希望学校在科学研究这一点上能够将图书馆与学院同等看待，把图书馆作为学校文科建设的一个重要部分和一股重要力量，在研究人员培养、科研支持等方面纳入学校的文科繁荣计划，给予一定的支持，促进研究服务型图书馆建设。

2014年6月，图书馆根据“十二五”建设进展情况向学校报告了《图书馆“十二五”规划中期检查总结》，再次争取学校支持。《总结》中提到：

> 图书馆作为学校“十二五”发展规划的支撑单位之一，为实现学校的高水平学科建设目标提供着文献资源保障，3年来重点提升了数字化资源服务能力，主要取得了以下成绩：
>
> 将本馆书目与超星电子图书进行整合，实现了纸质图书与电子图书的双向链接。新增引进数字资源14个平台，累计70个平台（表1）；新增自建数字资源元数据约30万条、对象数据近8万条，累计元数据105万多条、对象数据17.6万多条（表2）；新增外国教材2400多册，进一步提高了文献保障能力。

表1 2011—2013年新增引进数字资源量以及累计量统计

引进数字资源类型	新增平台数/个	累计平台数/个
英文全文电子期刊数据库	7（含994种期刊、5种丛书）	25
中文全文电子期刊数据库	0	15
英文电子图书数据库	2（含549种电子图书）	4
中文电子图书数据库	0	2
合计	9	46

续表 1-1

引进数字资源类型	新增平台数 / 个	累计平台数 / 个
英文文摘数据库	0	18
中文文摘数据库	1	2
视频数据库	3	3
多媒体资源库	1	1
合计	5	24

表 2　2011—2013 年新增自建数字资源量以及累计量统计

自建数字资源类型	新增数据量		累计数据量	
	元数据 / 条	对象数据 /（册 / 件）	元数据 / 条	对象数据 /（册 / 件）
博硕士学位论文全文	7677	15354	27676	55587
中国农业大学机构知识库	32422	51296	170949	94757
农业工程专题数据库	14667	9832	117038	24248
CALIS 农学中心学位论文库	71000	/	103200	/
CALIS 农学中心专家学者库	11745	/	11745	/
中国农业学科特色数据库	144221	1756	144221	1756
馆藏图书书目数据(新增+回溯)	16978	/	476315	/
合计	298710	78238	1051144	176348

3 年来数字资源的种类和数量虽然都有所增加，但由于文献资源价格平均年度涨幅接近 10%，而图书馆图书文献经费已几年未增，内部挖潜已极其有限，与规划设定目标差距较大。

5）创立图书馆发展基金

图书馆的经费主要来自学校拨款，并且是专款专用。所以，图书馆自主发展缺乏资金支持。为此，图书馆自办经营创收项目。2006 至 2011 年期间的创收，主要是为了自筹解决图书馆馆员的业绩津贴（奖金）发放。2011 年学校进行分配制度优化改革后，图书馆业绩津贴转为学校发放，图书馆的创收收入在缴纳完学校的上交额和总公司管理额后可用于图书馆自主发展。2012 年后图书馆因为业绩津贴有保障后更希望集中精力做专业，所以开始收缩创收工作。因此，图书馆未来发展如何筹集自有资金的问题就进入了考虑范畴，何秀荣馆长建议创立“图书馆发展基金”来从社会募集资金。

2015 年，适逢学校建校 110 周年，为了支持图书馆和图书情报学科发展，提升馆员和研究生素质，图书馆在中国农业大学教育基金会内设立了“图书馆发展基金”，接受社会各界和校友的捐款。所有捐赠款项均由中国农业大学教育基金会专项管理，用于促进图书馆发展和图书情报学科发展的各项活动。

根据《中国农业大学图书馆发展基金章程》规定，本基金的一般使用范围为：（一）图书馆自设研究项目；（二）国内外学术交流；（三）奖励为图书馆发展作出突出贡献的馆员和图书情报学科的学生；（四）馆员和图书情报学科学生的培养；（五）支持教学和研究设施改善（包括建筑物、仪器设备、图书资料等）；（六）资助新的发展点和业务增长点；（七）符合《中国农业大学教育基金会章程》和《中国农业大学教育基金会基金管理办法》的其他项目。至 2019 年底，基金余额超过 150 万元。

3. 部门机构与组织管理

图书馆作为一个业务工作部门，其有效运作首先需要具备适宜的机构和组织、设立工作岗位，搭建工作平台；而平台的正常运转要靠各项规章制度加以保证。在转型发展的过程中，使图书馆的组织与管理更加科学化和规范化，使其适应形势和环境不断变化的需要，是图书馆的一项基础制度建设。

1）组织机构的组建与完善

图书馆内部部门机构与组织随着实际工作需要在不断地优化调整，这期间主要的机构变动是整合采访部与编目部为资源建设部，整合数字化部与自动化部为系统与数字化部，设立情报研究中心，设立CALIS农学中心办公室，设立资源建设小组，成立知识产权信息服务中心，更名文献情报中心，等等。其中有的部门属于图书馆下属机构，有的则是学校设立的机构，挂靠图书馆运作。

（1）成立图书馆资源建设小组　2009年9月，为了增强图书馆的资源建设的科学性，建立良好的信息沟通机制，获取更多读者的文献信息需求信息，多渠道地掌握文献信息资源的利用情况，制定切实可行的文献信息资源建设方案，实现以用户需求为导向的图书馆文献资源建设目标，全面提高图书馆文献信息资源的质量和保障水平，图书馆建立了资源建设小组。

图书馆资源建设小组的职责和人员分工

一、主要职责

参与制定图书馆资源建设的中长期发展规划；

参与制订图书馆资源建设的年度计划；

对图书馆的资源建设提供意见和建议；

对图书馆资源建设的年度完成情况进行审核；

参加重要资源的引进与调整决策；

对资源建设的经费支出情况等进行监督与审核；

参加与书商和数据库商的座谈会。

二、成员及分工

组长：主管资源建设的副馆长；

成员：各类文献采访人员与使用图书馆资源的一线馆员，学科馆员代表等。

图书馆资源建设小组根据工作内容分为以下几个小组：

……………

三、资源建设小组的组织与管理方式

小组采取集中管理、分散工作的方式；

凡经小组讨论并形成统一意见的工作议题，以会议纪要的形式供馆务会最终决策参考。

资源建设小组分为图书组、期刊组和电子资源组，主要成员由从事图书馆读者服务的一线工作人员、学科馆员及馆际互借与文献传递的馆员代表组成。名单如下：

组长：徐伟

成员：刘元科、刘凤娟、张淑琴、孙凤录、马杰、杨学红、郭喻培、朱金诺、吴群、史丽文、王淑凤、师丽娟、王丽萍、白瑞雪、贺玢。

主要职责包括：参与制定图书馆文献资源建设的中长期发展规划及年度计划，扩大与读者的交流与沟通，全面反映读者的文献信息需求信息；掌握馆藏资源的利用情况；对图书馆资源建设计划的完成情况进行检查；参与重要及特殊资源引进与调整的决策；对图书馆资源建设的经费使用情况进行监督与审核。

（2）馆内部门调整　2011年9月以前，图书馆的内部机构是“一室八部”，即办公室、流通一部（东馆）、流通二部（西馆）、咨询服务部、采访部、编目部、数字化部、自动化部、技术部。

2011年学校进行新一轮全员聘任工作，图书馆进行了岗位重新聘任工作。为了适应形势发展的需要和图书馆长期发展战略，进一步完善和优化机构设置是必要之举。在聘岗的同时，图书馆对馆内机构根据工作性质和所承担的职责功能，并结合两校区的服务与管理进行了优化和调整：

将数字化部与自动化部整合为系统与数字化部，统一管理和承担图书馆的系统和网络管理以及数字化研究与建设工作；

将采访部与编目部整合为资源建设部，统一负责全馆的文献资源和数字库资源的采购与编目工作；

为了适应图书馆向学术型、研究型转型发展的需要，强化图书馆的情报研究功能，尤其是为了更好地促进研究生学科建设和学术深化，新组建了情报研究中心。

新的 9 个部门和部主任如下：

办公室（主任：王永进）

资源建设部（主任：徐伟）

流通一部（东馆主任：朱金诺）

流通二部（西馆主任：刘元科）

信息服务一部（东馆主任：袁永翠）

信息服务二部（西馆主任：陈仕吉）

系统与数字化部（主任：康实）

情报研究中心（主任：李晨英）

综合部（主任：黄兴建）

此外，图书馆还设有 CALIS 农学中心及 BALIS 工作办公室、外国教材中心，挂靠在资源建设部，由其负责承担日常工作；海淀农业图书馆由流通一部承担日常工作。

上述部门调整，总体上是根据该阶段的工作性质、业务流程和任务量对传统业务部门进行了一些整合，从业务角度来说是优化调整。而情报研究中心则是根据发展需要重新设立和组建的一个部门，设立目的主要是基于图书馆发展战略的长远规划而考虑的，其定位是引领图书馆的科学研究和知识创造。

随着中国经济和社会的快速发展，中国高校也发生着令人瞩目的变化，从早期规模快速扩张为主要特征的发展阶段，进入以提升办学质量与学科竞争力为主的发展阶段。

在提升大学质量的进程中，大学在办学思路和定位、学科整合和凝练、硬件设施建设和改善、师资队伍建设和强化、经费投入数量和结构等方面都发生了翻天覆地的变化。与此同时，高校行政管理部门和以图书馆、信息中心为代表的教学科研支持部门在服务理念、方式、手段、设施等方面也发生了明显的变化。

图书馆的变化，突出体现为更强化务实的服务理念，更丰富、便捷的文献支持，更主动、温馨的馆员服务，更宽敞、舒心的馆舍设施。在此基础上，中国农业大学图书馆为了更好地服务师生，努力发挥自身拥有图情一级学科硕士点和大数据的优势，把拓展信息源和提供深层次信息分析作为图书馆日益增强的新职能，有意识地加强了学科分析和全球高校发展动态信息的追踪工作，力图通过全球视野下的大数据分析，为校领导、行政处室和学院领导提供高校和学科发展的咨询和决策支持。

为了更好地发挥这些支持作用，图书馆借新一轮全员聘岗以及部门和机构调整，组建了情报研究中心，就是为了强化图书馆的情报研究功能，实现转型发展。其职责与任务是根据世界一流高校与学科的发展动态，开展情报的分析研究，探索我国高校在学科竞争发展中的优势与不足，专职追踪和分析高校发展、学科发展和图书馆发展，向专业研究人员和教育管理者提供有价值的情报分析研究成果，发挥决策支撑的作用。

情报研究中心设立后，根据学校发展的需要，与相关部门密切合作，以学科分析的方式为学校领导提供决策支持，多项内部学科分析获得了校领导和相关院系和处室的肯定和鼓励，研究分析后产生的不少建议在校级和处室学院的工作中也得到了采纳或吸收，在一些重大决策问题上有力发挥了基于深入分析的决策支持作用。情报研究中心的公开成果还获得了校外高校领导和相关处室的好评。

（3）文献情报中心更名　早在1992年，时任学校主管部门的农业部发文批准学校成立“北京农业大学文献情报中心”。1995年组建新的中国农业大学后，该中心随之改称中国农业大学文献情报中心。其对外名义上是一个独立的中心，对内是一个挂靠图书馆的虚拟机构平台。在业务方面，对外一直发挥着文献检索、原文传递、代查代借、科技查新、收录引用、专题查证、科技咨询、定题检索等文献信息服务。但由于文献情报中心的工作与图书馆基本业务高度重合，因此，这一“中心”平台实际上逐渐被弱化了。

随着时代发展，图书馆由传统服务型转向研究服务型、从馆内走向馆外、从没有研究生学科点到拥有一级学科点，亟须一个与现有状况和发展前景相适应的学术平台，以便进一步发挥研究型服务的作用，拓展情报研究服务，扩大研究生招生吸引力。图书馆决定利用“北京农业大学文献情报中心”这一旧平台来“换壳”复活，申请将其更名为“中国农业大学情报研究中心”。这样，图书馆就在新时期拥有一个校级研究中心，以图书馆情报研究中心这一部门为核心，结合馆内其他部门的力量来做好情报研究工作，真正对外发挥研究中心的作用；同时，也能有效提升图情研究生招生吸引力。

2018年5月14日图书馆正式呈文向学校提出中心更名申请，建议更名为“中国农业大学情报研究中心”，以便于加强情报智库功能，便于以中国农业大学图书馆和中国农业大学情报研究中心的名义联名对外招生，将图书馆学的优势和情报学的优势凸显出来，此外，新中心名称还有利于对外申请和承接科研项目。这一更名申请得到了学校科研管理部门的大力支持。

12月1日，学校校长办公会第2018–34次会议研究决定，同意中国农业大学文献情报中心更名为中国农业大学情报研究中心。这样，情报研究中心对外呈现独立研究机构的形象，对内是图书馆的一个实体部门，为图书馆向研究型发展、开拓创新创造了有利条件。

（4）成立知识产权信息服务中心　根据国家知识产权局、教育部联合制定的《高校知识产权信息服务中心建设实施办法》，高校知识产权信息服务中心为高校知识产权的创造、运用、保护和管理提供全流程的服务，支撑高校协同创新和优势学科建设，促进高校科技成果转化。实施办法明确知识产权信息服务中心一般设立在高校图书馆。

图书馆认为，专利服务是未来高校图书馆的新功能之一，而我们应该抓住机遇，成立挂靠在图书馆的中国农业大学知识产权信息服务中心。根据实施办法，主管咨询服务工作的左文革副馆长主持起草了“设立知识产权信息服务中心的方案”。图书馆于2018年4月正式向学校提出了“设立知识产权信息服务中心的方案”。

12月11日，学校校长办公会第2018–34次会议研究决定，成立中国农业大学知识产权信息服务中心，中心挂靠学校图书馆（中农大校字〔2019〕2号）。这一中心的成立为图书馆开展知识产权信息服务奠定了组织基础。图书馆以信息服务部为核心、其他部门辅助，使这一中心落地运转。在此基础上，图书馆于2019年向国家主管部门提出了成为国家授牌高校知识产权信息服务中心的申请。

（5）缓设校外远程书库　图书馆占用的空间一般都比较大，有些学校建立了校外远程书库，将一些不常用的图书资料移出校区图书馆，放置到远郊甚至京外的校产房屋，有读者需要借阅时，再运回来。学校2018–05次校长办公会要求图书馆认真研究“远程书库”的必要性和可行性。3月22日，校办给图书馆发出督办意见，“请图书馆进一步研究建设‘远程书库’的必要性，并将研究报告提交学校审议。办结后及时反馈办理情况”。

关于远程书库，图书馆从没有向学校提出设立远程书库的建议。此前，图书馆曾根据校长转来的一份关于远程书库的参考材料，于2017年11月23日向学校书面递交过论证结果，认为建立远程书库的设想是一个前瞻性的准备，但近期可暂缓建立远程书库。远程书库的备选地点为学校位于河北涿州的农场，距离较远，建立远程书库值班维护运行成本很高，而且实际效果不会好；远程书库存放不常用图书，对提高当地文化氛围的意义也不大，故建议短期内维持目前东、西两校区的图书馆为宜，待今后发展确有需要和条件成熟后再设置远程书库。况且远程书库的作用主要是以藏为主，而本馆馆藏主要是以用为主，兼顾收藏。收藏的文献主要是一些古籍和有保存价值的近代出版物，这些馆藏数量很少，对收藏环境的要求很高，不适宜存放在远程书库。

鉴于学校对远程书库必要性和可行性再研究的新要求，2018年3月27日，图书馆召开了由党政班子成员和部门主任参加的党政联席扩大会议，对设立远程书库问题进行了详细讨论，会议决定一方面再广泛征求馆员意见，另一方面去周边兄弟院校调研一下他们在这方面的举措或看法。经过调研和讨论，4月27日，图书馆向学校作出了意见汇报：

1. 经文件查询和馆内讨论会上的询问，图书馆没有上报过建议学校设立远程书库的行文。但图书馆集体认为，建立远程书库的设想是立足于长远和优化学校京内校区有限空间资源的，是具有前瞻性眼光的。

2. 经对清华大学图书馆的调研得知，清华大学至今尚没有设立远程书库，图书馆空间不足的问题主要是通过校内建设图书馆来解决的。1991—2016年，清华图书馆先后落成了图书馆西馆（逸夫馆）、六个专业图书馆（人文图书馆、经管图书馆、法律图书馆、建筑图书馆、美术图书馆、金融图书馆）和图书馆总馆的第四期建筑北馆（李文正馆）。但着眼未来他们也正在考虑必要时设立校外远程书库，因为，一方面他们现在每年的购书量很大，校内建图书馆的操作可能性越来越小；另一方面他们的书籍复本量较大（每种购买5本左右），建立远程书库可以将旧书复本和基本不用的旧书移放远程书库，校内留有正本就行。

3. 经对北京大学图书馆的调研得知，北京图书馆由于校内缺乏建新馆的空间，所以2年前在昌平建立了远程书库，因为北大图书馆与清华大学图书馆的情况相似，每年的购书量很大，书籍复本量较大（每种也是购买5本左右），校内已经缺乏空间放置新书，所以可以将旧书复本和较少使用的旧书移放远程书库，校内有正本就行。北大图书馆与清华图书馆不同之处在于，清华大学是走校内建新馆的途径解决图书馆空间不足问题，而北大缺乏这一条件。由于北大图书馆的远程书库已经运行了2年，所以我们询问了远程书库的运行情况。在使用情况方面，他们很少去那里取书，主要因为校内有正本使用，因此他们也没有采用“远程书库”一词，他们称其为“图书仓库”；在管理方面，校内没有人愿意去昌平“图书仓库”工作，所以他们在当地雇用了农民帮他们看管和打扫。

4. 我们将北大图书馆和清华图书馆与我校图书馆的情况做了远程书库设立必要性和现实运作条件方面的分析。目前看来，设立远程书库虽是一个可供选择的前瞻性方案，但是否立即设置实施，还是需要结合各校自己的现实情况考虑，我们主要从当前图书馆的藏阅空间状况、书籍文献的服务利用需求和远程书库的运行管理几个角度进行了考虑。

远程书库在对图书馆空间利用优化方面，由于学校新馆落成在即，新馆的主题空间设计是藏阅一体的设计，这藏阅一体的设计空间基本不适于转做它用，其藏书设计指标规模符合目前与近期农大馆藏所需，所以，目前设置远程书库在近期内对图书馆空间利用优化的作用很有限。

本馆的文献经费只有北大图书馆和清华图书馆的1/4～1/3，所以本馆的藏书策略是尽量增加图书种类而非复本，将图书复本压缩到底线水平，腾出有限资金采购更多种类的图书。因此，学校的图书采购特点是复本量很小，通常只有2本（分放东、西两馆），较贵的图书只采购1本，没有复本。所以学校将旧书复本移放远程书库的数量不会大。如果我们将正本存放远程书库，必然会增加取书频率。

远程书库图书的使用和管理方面。北大图书馆的远程书库设在北京市昌平区；清华图书馆表示，如果他们建远程书库的话，也将在校外附近选择异地设置。看来，就近取书应该是设置校外远程书库的一个基本原则。学校的远程书库规划在较远的河北省涿州农场，必然加大取送书的财务成本和时间成本。目前的棘手难题是远程书库的取送书在理论上非常简便易行，有车有钱就行，但实践中究竟有多大的可操作性？目前学校东、西两馆通借通还的图书流通至今都因为运输车辆问题而未能即时归位，时常依靠馆员的私家车来运输。从北大图书馆的实践看，远程书库就成了书籍的沉淀仓库。如果我们的远程书库在操作性上不能解决这些现实问题，只是停留在理论正确性上，那么，远程书库也很可能是沉淀仓库的结局。此外，外地设立远程书库的另一个问题是管理问题，至少需要1个工作人员在那里看管、打扫、存取等，通常只有在当地雇人。但平时这个人又没有什么其他工作，结果这个岗位不是一个低效管理就是找个兼职人员应付。

鉴于上述调研、讨论和分析，我们的结论是：远程书库的理念对于指导学校图书馆建设和未来发展具有重要的意义，但学校当前建设远程书库的必要性和操作性尚不充分，建议5年后再考虑和讨论设置。也许正是基于同样的认识，清华图书馆和北大图书馆的同行听到我们在考虑设立远程书库，都认为就学校的藏书量和新馆建成后的馆舍空间目前还没有必要设置远程书库。

学校在图书馆上交关于建立远程书库的调研报告后，没有作出要求图书馆建立远程书库的决定，因此，图书馆的内部机构设置没有就此发生变动。

2）制度建设与完善

建立与完善规章制度是规范开展各项业务工作的保证。图书馆是对外服务机构，对于读者来说需要制定相应的管理制度来规范其行为；对于图书馆各项业务工作来说，同样需要有相应的工作规范来共同遵循，以确保各项工作的有序开展。规章制度也是随着形势的不断变化而制定和逐步修订完善的，一些过时的内容需要及时废弃；同样，随着新技术的应用、新服务内容的扩展，也要及时丰富规章制度的内容。同时，随着学校宏观管理的规范化、科学化，一些原本由图书馆制定的制度规定，也需要上升到学校层面，由学校颁布执行，从而强化制度约束力。

（1）清理规章　2009年，根据学校有关规章制度清理工作的精神，图书馆针对业务工作的需要，对原有的规章制度进行了整理和修订，对缺位的规章制度进行了制订，经修订补充上报学校的规章制度6项，包括：《多媒体教室使用管理办法》《中国农业大学图书馆馆际互借规定》《中国农业大学图书馆科技查新规定》《中国农业大学图书馆文献传递规定》《中国农业大学学科馆员制度》《中国农业大学图书馆维护版权的规定》。

各部门内部也修订制定了一系列内部规章制度，如《教学与培训管理办法》《科技查新管理办法》《学科馆员工作细则》《〈中国农业文摘·农业工程〉编辑出版工作细则》等。各部门同时也修订制定了业务工作流程，如《中国农业大学图书馆论文查收查引工作流程》《科技查新工作流程》《中国农业大学图书馆光盘管理工作流程》《中国农业大学图书馆检索刊管理工作流程》《中国农业大学图书馆教学工作流程》《〈中国农业文摘——农业工程〉工作流程》《中国农业大学图书馆文献传递工作流程》《咨询服务工作流程》等。

除了修订上述一些较为主要的规章制度外，2007—2019年，图书馆还清理和制定了其他规章制度，如2009年图书馆重点制定了“学术业绩评定”和“日常业务工作业绩评定”两项细则，对各种不同的学术业绩和工作业绩进行加权评定，力争建立更加科学合理的评价体系。在当年的馆员晋职中，这些评价指标作为晋职参考，大大提高了衡量馆员学术业绩和工作业绩的客观性和全面性。

（2）制定校级文献采购细则　2015年5月，为了加强学校采购管理工作，进一步规范采购行为，公开、公平、公正地开展采购工作，提高投资效益，满足学校教学、科研、学科建设等各项工作的需要，防止采购漏洞，学校根据《中华人民共和国政府采购法》《中华人民共和国政府采购法实施条例》《中华人民共和国招标投标法》和《教育部政府采购管理暂行办法》（教财厅〔2003〕6号）等有关法律法规，制定了《中国农业大学采购管理暂行办法》，经学校第2015-16次党委常委会暨校长办公会研究通过，发布执行。

办法中所称物资，包括图书在内，根据采购类别，相关职能部门或单位归口管理采购工作，图书馆负责组织图书、文献数据库等的采购。校属各单位应成立采购工作小组，由一名党（政）负责人为本单位采购工作负责人，主要职责是：①负责组织本单位采购与招标项目的立项审查和可行性论证；②选派专家参与相关项目的论证工作；③督促本单位按评标结果签订及履行采购合同。

这是学校发布的对图书采购的规范性、原则性文件，是图书馆文献采购管理的主要依据。

为了与新的《中国农业大学采购管理暂行办法》相适应，也为了满足国家和学校日益规范的法制和程序要求，满足教学和科研需要，有效使用各类采购专项资金，根据《中华人民共和国政府采购法》《中华人民共和国政府采购法实施条例》《中华人民共和国招标投标法》《教育部政府采购管理暂行办法》等法律法规及《中国农业大学采购管理暂行办法》（中农大国资字〔2015〕12号），结合学校实际情况，图书馆和国有资产管理处共同制定了《中国农业大学图书与数据库采购实施细则》。

2016年10月28日，该细则经学校第2016–23次校长办公会审议通过。同日，学校下发中国农业大学文件（中农大国资字〔2016〕19号）“关于印发《中国农业大学图书与数据库采购实施细则》的通知”，正式印发实施。这是一个学校正式发布的学校层面的规范化细则，包括校属各单位购买的中外文印刷版图书、期刊等出版物，租用或购买用于本校教学科研的不同类型数据库及相关数据服务。其中规定，图书馆为全校图书、数据库及数据服务等采购的牵头部门，负责对所采购图书、数据库及相关数据服务的前期论证组织、审核报批以及招标组织等相关工作。该细则并对图书与数据库不同金额的采购方式，单一来源的采购等都作出了明确规定，具有很强的可操作性。

该细则规定，图书馆为全校图书、数据库及数据服务等采购的牵头部门，负责对大额采购图书、数据库及相关数据服务的前期论证组织、审核报批以及招标组织等相关工作，其主要职责包括：①根据国家和学校国有资产采购相关法律、法规和政策，制定图书、数据库及相关数据服务采购实施细则；②根据《中国农业大学采购管理暂行办法》要求，负责组建文献资源采购领导小组和咨询专家小组，并报学校采购领导小组办公室备案；③负责组织图书、数据库等采购方案的论证、审核报批及招标组织工作；④负责大额图书、数据库等采购项目的具体执行或协调工作；⑤负责对所购图书、数据库的验收等工作。

该细则规定，学校成立文献资源采购领导小组，图书馆馆长任组长，主管文献资源建设工作的副馆长任副组长，成员由图书馆主管流通、信息服务工作的副馆长及上述部门的部主任组成，其主要职责是：①对文献资源结构等重大战略事项进行决策；②协调不同部门间的图书与数据库采购工作。

该细则规定，学校成立文献资源采购咨询专家小组，由具有博士学位或具有副高级职称及以上的学科馆员组成，其主要职责是：①对大额采购项目方案进行论证和审核；②对重要采购项目提供技术咨询和指导；③监督图书、数据库采购工作并提出建议。

根据新形势和上级新要求，2019年7月9日学校颁发中国农业大学文件（中农大国资字〔2019〕10号）“关于印发《中国农业大学文献资源采购实施细则》的通知”：为最大限度地满足学校师生教学和科研需要，有效使用采购文献资源的专项资金，根据《中华人民共和国政府采购法》《中华人民共和国招标投标法》《国务院关于深化高等教育领域简政放权放管结合优化服务改革的若干意见》（教政法〔2017〕7号）等有关法律法规及《中国农业大学采购管理办法》（中农大国资字〔2018〕16号）等文件规定，结合学校实际情况，制定了《中国农业大学文献资源采购实施细则》，经校长办公会第2019–20次会议审议通过。自印发之日起执行。《中国农业大学图书与数据库采购实施细则》（中农大国资字〔2016〕19号）同时废止。

校属各单位单次或批量集中购买金额超过1万元（含）以上的中外文印刷型图书、教材、期刊等出版物，租用或购买用于本校教学科研的不同类型数据库及相关数据服务，均需遵照此细则规定执行。

这一文件的制定（修订），旨在进一步规范文献资源采购行为，与上级、学校上位采购文件要求保持一致。新出台的细则以“文献资源”界定采购对象，考虑到印刷型图书、数字型图书、期刊文献等类型，较之此前的“图书与数据库”，表述更加准确；同时首次明确将“教材”与中外文印刷版图书、期刊等出版物，作为文献资源纳入统一管理。新细则明确将原有“领导小组”调整为3个负有不同职责的小组，其中“领导小组”由分管校领导任组长、图书馆馆长任副组长，成员包括多部门的负责人和专家代表；新设工作小组和咨询专家小组，分别承担相应职能。

文件制定（修订）由主管校长作为总指导，在中央国家机关政府采购中心专业人员指导下进行。

相对于2016年学校印发的《中国农业大学图书与数据库采购实施细则》，本次细则第三条，对学校文献资源采购领导小组组长“由原图书馆长出任”，改“由分管图书馆工作的校领导担任”，并增加了2项职责：①制定文献采购实施细则；②对文献资源建设内容依规进行审核。

第四条原“由图书馆为全校图书、数据库采购的牵头部门”，改“由图书馆、本科生院以及各院系成立文献资源采购工作小组”，分别负责本单位文献资源采购的论证、审核、具体执行、合同签署及验收等。

第五条原“由学校成立”文献资源采购咨询专家小组改“由图书馆成立”，小组成员构成增加了图情教授、学生代表。

第六条对印刷型文献采购，原规定批量订购5万元（含）以上，采用校内公开招标方式，细化为50万元以下分几档分别采取1万元以下自行采购；1万元（含）至5万元（不含）通过学校采购系统备案后自主采购；5万元（含）至20万元（不含），采购人通过采购系统备案后自主采购，但需有至少三家的比选单，简称“自主比选”；金额20万元（含）至50万元（不含），采购人可成立不少于3人的比选小组进行询价采购，并通过学校采购系统进行登记备案；批量采购金额50万元（含）至200万元（不含），由招标采购中心委托代理机构，优先采用邀请招标、竞争性谈判、竞争性磋商、单一来源和询价等非公开招标方式进行采购；批量采购金额200万元（含）以上，原则上均应由招标采购中心委托代理机构，采用公开招标方式进行采购。招标起购金额放宽到50万元以上。

第七条对于电子资源的采购，由原10万元以下可以直采，放宽到20万元以下；对于原高校图书馆数字资源采购联盟（DRAA集团）、北京地区高等教育文献保障系统（BALIS）及其他地区或行业内高校图书馆组织等集团统一采购的数据库，联盟集团采购方案视同招标文件，价格以集团采购价格为依据的认定限定在100万元（不含）以下。采购金额100万元（含）以上，由招标采购中心委托代理机构，采用政府采购方式进行采购。

增加了采购图书、数据库等金额单价达到50万元（含），应组织采购论证的规定。

总体上看，修订后的“细则”对学校文献资源采购领导小组的地位进行了升格，原来由图书馆牵头的采购职责改由本科生院和各学院分别审核执行，扩大了采购咨询小组的成分构成，适当放宽了小额采购限制金额，增加了对大额采购的论证，使得文献资源采购工作更加规范、科学和合理。

（3）确定图书馆服务性收费项目　为了配合国家制止部门乱收费的治理行动，图书馆对已有收费项目进行了清理，并将收费项目事宜向学校做了报告。2016年9月14日，学校召开了2016年第21次校长办公会，研究了图书馆有关服务项目收费事宜。会议决定，图书馆将检索查新、文献传递、收录证明、复印费、自助复印费、场地费、借书过期罚款、网校学费等项目列为服务性收费项目，并规定了各项具体收费标准。这一决定，终结了多年来图书馆缺乏收费依据，按照行业惯例收费的行为。上述服务性收费作为学校的收费行为，成为符合学校明文规定的合规性收费。

3）岗位聘任与管理

（1）严格考勤管理　关于考勤，学校制定有相应的规章制度。图书馆的工作性质不完全同于机关单位，开馆时间长，双休日和晚上有轮班等，所以，长期以来，在工作中采取的是相对弹性的考勤策略，尽量达到比较宽松的人性化管理。这对于充分调动员工的积极性、灵活安排工作、合理安排时间起到了良好的作用。绝大多数职工都能够自觉地按时上下班，做好本职工作。然而也有个别职工利用这种宽松的环境，不严格遵守劳动纪律，在职工中造成一些不良影响，使职工工作情绪受到了干扰。

为严肃劳动纪律，整顿工作作风，图书馆决定从严格考勤方向入手，加强管理，提高服务质量。2011 年 3 月新学期开学伊始，图书馆开始严格考勤管理，要求职工上下班均需打卡。

何秀荣馆长要求大家把做好本职工作建立在自觉的基础上，对待学生读者要有耐心，要关爱学生；对待教职工读者，要急教职工之所急，解教职工之所需，把教职工的需求当作自己的事来办；对待图书馆，要爱护她，维护她的形象。

在大家齐心协力、共同努力下，图书馆在新学期对外展示了新风貌，员工精神面貌焕然一新，工作自律性和主动性大大提高，保障了各项业务的有序开展，服务质量也提高到一个新水平。

通过抓考勤，激发了员工的自律性和工作主动性，增强了员工的危机感和紧迫感，促进了各项工作的有序进行。

（2）在编人员岗位聘任　为了合理配置图书馆工作与现有人力资源，以及更好地符合图书馆长远发展要求，在前期对工作流程、岗位、工作量进行细致调研分析的基础上，馆务会研究决定，利用西馆大修工程竣工回迁开馆的时机，于 2011 年 9 月 11 日至 9 月 30 日开展新一轮全馆各部门工作人员的岗位聘任工作，对图书馆内部机构进行优化调整。在聘岗过程中，严格落实聘岗原则中的“公开招聘、平等竞争、择优聘岗”，程序和做法公开透明。

聘任工作由图书馆馆务会领导组织具体实施。图书馆成立了以何秀荣馆长为组长的聘任工作领导小组，负责各部门主任的公开聘任工作以及聘岗解释工作。各部门新聘主任产生后，馆领导和新聘部主任成立聘岗工作小组，负责聘任各部门副主任及以下岗位人员。

首先进行的是前面所述的内部机构调整，由原来的“一室八部”变为“一室七部一中心”，然后确定全员聘任方案及岗位设置。

全员聘任方案及岗位设置，先由馆务会研究部门岗位设置，提出草案，分别召开党员、教代会代表、副高以上和民主党派代表等各类人员的征求意见会，领导小组讨论各组意见，最终确定并公布部主任聘任方案和各部门岗位人员聘任方案。

聘任工作程序：首先进行部门主任岗位聘任，馆员自由申报，领导小组召开会议，讨论并以投票方式确定拟聘部门主任人选并予以公示、质疑，确定聘任各部门新主任；然后，馆员开始自由申报各部门岗位，每人可在全馆所设的 9 个部门中自由选择 3 个岗位进行排序聘岗申报；聘任工作小组召开会议讨论，采用自由投票来确定了各部门岗位拟聘人选以及副部主任拟聘人选；在岗位存在多人竞争的情况下，投票以简单多数、依序排列结果为聘任结果；再进行公示环节，最终确定各部门岗位聘任。

聘岗领导小组

组　长：何秀荣

副组长：韩明杰

成　员：刘清水、潘薇、王鲁燕、左文革、黄兴建、王永进

秘　书：王永进（兼）

9 月 16 日，进行了部门主任岗位聘任。由于部门主任的聘岗申报比较清楚，大家对部门主任人选的聘岗意见也比较统一，顺利产生了各部门新聘主任人选，依照制定的程序进行了公示和确认。随之，组成了聘岗工作小组。

聘岗工作小组

馆领导：何秀荣（组长）、韩明杰（副组长）、刘清水、潘薇、王鲁燕、左文革

新聘任各部门主任：王永进（办公室）、徐伟（资源建设部）、朱金诺（流通一部 / 东馆）、刘元科（流通二部 / 西馆）、袁永翠（信息服务一部 / 东馆）、陈仕吉（信息服务二部 / 西馆）、康实（系统与数字化部）、李晨英（情报研究中心）、黄兴建（综合部）。

秘书：王永进（兼）

9 月 21 日下午，图书馆 2011 年聘岗工作小组 15 位成员进行了各部门馆员的聘任工作。

聘岗工作小组成员自由发表涉及聘岗工作的看法，独立对岗位与候选人进行综合因素考虑后投票。经过5轮投票，全部聘岗候选人的聘岗工作完毕；依程序进行公示，最终确定了各部门岗位聘任。

馆领导班子、部室主任和全体馆员协调配合，工作程序公开透明，所有事项在事前展开大范围的充分讨论，制定公开公平的制度和操作程序，合理公平的选岗机会，提高了全馆的参与度，制定的工作方案在办公系统内提前公布，最大限度地考虑馆员的选岗志愿，最终较为顺利、平稳地完成了聘岗工作。全馆除馆领导外，共有103人参加了聘任，95%以上的馆员实现第一或第二选岗志愿，只有1人因长期病休待聘。

9月30日起，所有人员按新工作岗位上岗履职。

（3）分级聘任工作　学校的专业技术职务组成包括两层：一是职称，如教科系列的教授—副教授—讲师—助教，图书馆系列是研究馆员—副研究馆员—馆员—助理馆员等；另一层是职级，如教科系列的教授分四级，即一级教授（即院士，文科不设一级）、二级教授（文科最高）、三级教授、四级教授，副高级专业技术职务依次为五级、六级、七级，中级专业技术职务依次为八级、九级、十级，初级则为十一级、十二级。职称一般是一年一评，职级往往是一个聘期一评（即分级聘任）。

根据《中国农业大学专业技术岗位设置管理暂行办法》规定，专业技术职务每4年为一个聘期。2011年11—12月，学校开始了专业技术职务的期满考核和新一轮的分级聘任工作。专业技术职务分级聘任涉及专业技术职务的晋级，事关每位相关馆员的切身利益。如何提高晋级工作的公开、公平、公正性是做好晋级工作的关键。此次图书馆新一轮晋级涉及馆内一半左右的馆员。

依学校文件规定，图书馆的分级评定工作由图书情报学科评议组担任，分级后的聘任工作由聘任考核小组担任。鉴于学科评议组中，来自清华大学等外聘评委不清楚馆员的实际工作态度和业绩，需要图书馆提供这方面的评定参考依据，即馆内评议意见。

以往馆内评议工作通常采用两种方式：一个是馆领导讨论决定，但无论评聘结果是否公正，往往易被认为领导存在亲疏之见，从而产生负面影响；另一个是馆领导与部主任共同讨论决定，这一扩大评委数量的做法，一方面减轻了单个评委的权重，另一方面大大增加了评议所需信息，从而会提高评议结果的公信力。但因为此次大部分部主任涉及晋级申请，本身需要回避。因此，此次晋级工作需要创新评议方法，缩小单个评委的权重，提高公开、公平、公正性是聘任坚持的方向。

图书馆党政联席会认为：每位馆员的综合能力和实际工作业绩表现都会给其他馆员留下印象；尽管可能存在个别好恶，但绝大多数馆员会客观中肯地评价其他馆员；此次晋级评议结果要最大程度地反映大多数馆员的认同；要努力缩小单位领导对具体分级聘任结果的影响力。虽然本馆馆员间通常相互了解，但为了进一步增大对申请晋级馆员工作情况的认知，党政联席会决定举行申请晋级者述职汇报会，让每位馆员对申请晋级馆员的综合能力和实际工作业绩打分。

12月15日，在西馆报告厅举行了“2011年图书馆分级聘任工作情况汇报会”，晋级申请者多达51人。全馆馆员自由到场听取申请晋升者的述职汇报，根据客观、公平、公正的原则对每位晋级申请者的业绩考核成绩、承担工作任务、完成岗位工作情况这三项参考指标分别打分投票。全馆每位职工都有投票权，对申报人在0～10分打分。为降低偏见，计分时分别去掉得票数量的10%的最高分和最低分，然后计算总分。之后，图书情报学科评议组在听取述职汇报、参考馆员总体评分的基础上进行了分级评定投票；聘任考核小组根据学科评议组通过的人选投票确定分级聘任结果。整个晋级评聘工作圆满完成。最终结果：晋级3级研究馆员1人；晋级5级副研究馆员6人；晋级6级副研究馆员10人；晋级8级馆员16人；晋级9级馆员11人；晋级11级助理馆员2人。本次聘期为2011年12月1日至2015年11月30日。

2016年3—4月，学校进行聘任期满考核。这次考核是对2011—2015年聘期专业技术人员的考核。图书馆有专业技术人员95人，其中94人参加考核，全部考核合格；1人长期病休，未参加考核。

聘任期满考核结束后，对考核合格者进行了新一轮聘任。其中部分馆员的专业技术级别得到晋级。

根据学校相关规定，本次分级聘任的5级和6级指标可以合并使用，这样，大大缓解了晋升5级的压力。本次有11人晋级副研究馆员5级岗位，7人晋级副研究馆员6级岗位，8人晋级馆员8级岗位，6人晋级馆员9级岗位。本次聘期为2015年12月1日至2019年12月31日。

（4）馆员业绩津贴改制　2011年1月之前，图书馆职工的业绩津贴（俗称奖金）由自己负责创收发放，但图书馆是一个为教学和科研提供支持的单位，基本没有创收渠道。所以，历来图书馆职工待遇低的问题明显，直接影响到图书馆馆员情绪和队伍稳定，给图书馆领导班子造成很大压力。多年来，图书馆广开门路、大力创收，尤其是与学校有关部门以及校外有办学资质的机构合作办学，基本解决了图书馆业绩津贴低的问题。但由于创收主要来源与图书馆业务关联性不大，分散了图书馆工作精力，也占用了一些馆员，在一定程度上不利于图书馆全心全意做好本职工作。

为了彻底解除业绩津贴这一后顾之忧，2011年，借学校分配制度优化改革之契机，图书馆努力争取图书馆馆员的业绩津贴与行政部门职工同等待遇，由学校统一承担；图书馆作为学校的服务支撑部门全心全意围绕为教学科研这一核心职能做好服务工作。这一诉求获得了分配制度改革工作组、校行政领导和校党委的支持。自2011年1月起，图书馆员工的业绩津贴按照学校规定的标准由学校统一发放，图书馆不再自己承担职工业绩津贴部分。这一分配制度改革使得图书馆职工的待遇得到可靠保障，摆脱了创收压力和业绩津贴风险，使图书馆能够放心围绕图书馆业务工作来安排工作和配置资源，对于图书馆的长远发展是十分有益的。

鉴于当时图书馆已经与外部合作开创出一系列以教育为核心的良好创收项目，也考虑到图书馆发展缺乏资金，学校决定：图书馆可继续开展创收工作，每年向学校上交创收收入100万元，另依学校公司管理部门规定上交管理费，剩余创收利润留图书馆用于图书馆事业发展，但不能向馆员以任何形式发放津贴，公司盈亏自负。这一改革决定不仅解脱了图书馆领导班子的创收压力，也极大地调动了领导班子和馆员们的工作积极性，形成了有利于图书馆发展的良好机制。

图书馆2011年第1次馆务会研究决定，图书馆自留部分主要用于图书馆的事业发展，不得再以津贴和奖金的形式发给职工，初步考虑自留部分主要用于以下几个方面：①加强对业务研究的支持。继续开展自2009年开始起步的馆设课题研究，鼓励员工结合业务工作开展研究，对发表的高水平论文给予一定的资金支持。②组织外出考察交流活动。积极开展不同形式的业务考察与交流活动，开拓员工的思路和视野，学习他人的先进理念和管理方法，提高自己的业务素质和服务水平。③设立馆长和副馆长基金。对副馆长以上领导设立基金，用于主管部门的业务发展和部门负责人业务工作的支持。④加大对部门工会的支持力度。加大对图书馆部门工会的支持力度，组织职工开展多种丰富多彩、有益身心健康和团队凝聚力的活动。⑤改善图书馆办馆条件。不断改善图书馆的办馆条件，创建一个美好的学习环境和工作环境。⑥非在编人员的聘用与管理。

（5）非在编人员的精简　长期以来，图书馆人员编制一直未能满员。但为了最大限度地发挥图书馆功能，为广大师生提供便捷优质的服务，图书馆采取了延长开馆时间，双休日无休等措施。由此，日常管理人员不足问题愈发严重，不得不聘用一些非在编人员，承担图书上架、整架、夜间值班、馆舍维护、卫生保洁、门卫管理以及印刷复印等工作。

随着全社会对劳动者权益的重视，2008年1月1日《中华人民共和国劳动合同法》修订后正式实施，加强了对劳动者各项权益的保护，对各单位用工进行了一系列规范化管理。原来用工中存在的一些不规范现象，成为历史积欠问题，一直未能得到解决。随着单位用工成本的加大，无论是从经济压力上还是从法律责任上，都必须规范用工管理，减少非在编人员规模，妥善解决历史遗留问题。

2010年，图书馆决定进一步精细化内部管理、辅之校内和社会化服务，除必须保留的工作岗位外，撤并一些非必要的用工岗位，精简非在编人员。对保留下来的岗位，严格按照相关用工规定执行，承担和履行相应责任和义务。何秀荣馆长指出，减人不减事，就需要提高用工效率，图书馆必须积极筹资来尽量采用自动化技术，这不仅是图书馆也是未来社会的发展趋势。

在具体实施中，图书馆细致分析了非在编人员的具体工作和业务流程后，首先根据非在编人员的工作性质分成两类人员管理，一类是与图书馆工作业务直接相关的雇佣人员，由图书馆业务经费或办公费支付工资，对这部分人应尽量精简；另一类是与图书馆创收业务相关的人员，由创收收入支付工资，必须以收定雇。其次，由于西馆面临大修，需要 10 ～ 12 个月时间，期间西馆大多数非在编人员无法转移到其他岗位，据测算，仅西馆大修其间就得支付 30 万元以上的工资和社保费。因此，从长远发展考虑，短期的财务压力会更大地换来长期的财务节省。所以，在西馆大修之前，与可减少的非编制人员结束雇用关系，就成为一项必然的选择。但解除用工关系的主要障碍是历史遗留的社会保险问题。这些非在编人员大多数是2006年以前雇佣的，当时图书馆因为经费问题没有给他们交全社会保险。1995 年 1 月 1 日实施的《劳动法》中规定用人单位和劳动者必须依法参加社会保险，缴纳社会保险费用；1999 年 1 月 22 日生效的《社会保险费征缴暂行条例》规定，员工可以要求企业补交养老、医疗、失业保险。这部分人来图书馆工作的时间有先有后，所上的社会保险项目和时间长短也不尽相同。在图书馆工作期间所欠交的社保项目，显然图书馆是有法律责任的。因此，图书馆在与他们解除劳动合同之前，必须先妥善解决各种复杂的历史遗留问题。

何秀荣馆长决定采取一对一谈判的办法，针对每人的具体情况，分别协商问题的解决方案，避免了集体谈判容易造成“水涨船高”“搭便车”的问题。

经过艰难的一对一谈判与协商，最终有 16 位非事业编制人员签订了终止用工合同的协议书，图书馆用包括创收收入在内的自有资金总共支付了几十万元的一次性赔偿金，由此大大减轻了图书馆非编制人员的用工低效问题和潜在的法律风险问题，同时也用短期付出换来了长期利益的最大化。

4. 配合学校的阶段中心工作

图书馆是学校教学科研的重要支柱和公众瞩目的重要部门。配合学校的阶段中心工作，完成学校布置的各项任务，是图书馆必须承担的责任和义务，也是发挥图书馆作用与功能的具体体现。

1）迎接教育部本科教学工作水平评估

2007 年是学校接受教育部“普通高等院校本科教学工作水平评估”（当时俗称“本科评估”，这一工作被称为“迎评”工作）的年份。因此，全校 2007 年的中心工作就是“迎评”工作。

图书馆紧紧围绕学校“本科迎评”这一中心工作，以本科教学工作水平评估为契机，根据评估标准的要求，坚持贯彻“以评促建、以评促改、以评促管、评建结合、重在建设”的方针，以确保优质通过评估为目标，重点在优化馆藏建设、完善读者服务和突出办馆特色等方面加大改进和突破，使图书馆工作不断得到优化和完善。

图书馆早在 2006 年 3 月 28 日就成立了迎评工作领导小组和迎评工作办公室；同年 9 月 11 日，成立了 5 个迎评工作小组：基本情况组、管理手段组、管理理念和规章制度组、资源建设和流通阅览服务组、环境建设组。馆内各相关部门做了大量的准备工作。

为了满足教育部提出的每年新增图书的数量要求，图书馆加大图书采购量、拓宽赠书渠道来丰富图书。2007 年共新增图书 20747 种、106806 册，其中购买教材 327 种、接受赠书 5 万余册。

为确保达到 A 级评估指标，编目部自 2006 年开始，重新修订、完善了编目细则，优化了工作流程；通过协调采、编、流之间的关系，提高馆藏质量和流通效率。

图书馆把向读者提供增量化和个性化服务作为提高服务水平的具体体现。从 2007 年 9 月起，读者借书量由每人 5 册扩大到 10 册，借期由 1 个月延长到 2 个月；在个性化服务方面，图书馆通过学校教师的电子邮箱，根据专业需求，向他们主动提供针对性的文献信息，及时通报学科动态。2007 年图书馆进馆总人数 248 万人；全年借书总量 483866 册，还书总量 455881 册；接待读者咨询 7560 人次，答读者留言问题 155 条，邮件咨询 2560 余次。

为了使广大师生更好地了解图书馆的资源与服务，2007 年 10 月 19 日至 11 月 20 日，图书馆举办了“图书馆资源与服务宣传月”活动。在宣传月期间，图书馆为全校师生举办 11 场专题讲座，近 1500 名师生参加；传递原文 432 篇。学科馆员针对广大师生在教学科研中的专题资料检索等问题开展了深层次的“一对一”咨询服务。

2007 年 10 月下旬，《中国农业大学图书馆》画册经过半年多的编撰，在学校本科教学评估前夕完成制作。该画册从历史沿革、领导关怀、馆藏珍品、资源建设、读者服务、网络系统、机构人员、学术研究、对外交流等方面系统介绍了图书馆所走过的历程及取得的成就。画册图文并茂、数据翔实，是图书馆第一本比较全面、充实的宣传画册，对广大读者、图书馆界人士和外部来访者了解中国农业大学图书馆具有重要的引导性宣传价值。

在环境与设施改善方面，更新了东、西两馆的环境导引标识，东馆制作了 47 块，西馆制作了 78 块设计新颖、更加醒目的标识牌；东馆会议室作了重新装修，更换了空调、地板、会议桌，设计了背景墙，整体档次得到提升；西馆自动平开门改造为旋转门，解决了西馆大厅冬季温度过低的问题；西馆三层开辟了特色展室，展出了本馆最具特色的珍、善本农业古籍，其中，400 多部汇集了唐宋以来兼具文物和学术研究价值的古籍影印本《中华再造善本》，分为经、史、子、集四个部分进行了展示；对西馆大厅、会议室、接待室、特色展室等区域进行了美化，在校档案馆的支持下，展放了学校百年校庆时校友捐赠的字画、瓷器、屏风、挂匾、地球仪等艺术品，凸显了文化气息，改善了图书馆的人文环境。

以上种种措施，改善了图书馆的基础工作水平，提高了读者服务质量，有力地配合了学校优质通过本科教学评估工作。

2007 年 10 月 11 日，教育部预评估专家组全体专家在组长、华中农业大学原校长张端品教授的带领下，由陈章良校长陪同到图书馆进行考察，了解图书馆建设以及支持服务本科教学和人才培养的相关情况。何秀荣馆长向专家组介绍了图书馆总体情况和为本科生教学所做的支持与保障工作。在学校的高度重视下，图书馆建设与时俱进，形成了馆藏文献丰富、资源结构合理的农业高校图书馆特色。在支持和服务本科教学方面，图书馆实现了全域无线网络覆盖，可为读者提供阅览座位 2774 个。馆藏文献已初步形成了以农业科学、生物科学和农业工程文献为特色的文献保障体系，本科生在图书馆可以通过电子查询系统方便地从 239 个电子数据库中查阅到所需文献资料（根据当时行业通行的统计标准，计入了一些子数据库）。在图书馆大厅“传播知识 服务育人”的题词匾前，何秀荣馆长特别介绍说，这是全国人大委员长吴邦国 2005 年视察学校时对图书馆工作的勉励，已成为图书馆馆训和服务理念。

11 月 12 日，开始正式评估，教育部本科教学工作水平评估专家组集体考察图书馆工作。专家们听取了图书馆馆长何秀荣教授的介绍。图书馆以农业科学、生物科学和农业工程文献为特色，是我国最重要的两个农科文献中心之一，承担着教育部农林学科外国教材中心、中国高等教育文献保障系统农学文献中心、海淀区农业图书馆等建设任务。2003 年被教育部认定为当时唯一的农学科技查新工作站，2005 年成为全国中英文图书数字化国际合作计划的 17 家项目馆之一。何秀荣教授介绍，在支持和服务本科教学、人才培养方面，图书馆以吴邦国委员长视察时的题词“传播知识，服务育人”为馆训，积极为包括本科生在内的全校师生提供个性化服务，开展读者信息素养教育，加强文献资源建设。图书馆实行大平面全开架管理，在学校两校区馆舍之间实行网络管理，两校区间图书借还实行通借通还，馆内开通全域无线上网服务。图书馆还与国内 115 个图书馆有馆际联系，可以为全校师生提供馆际互借与文献传递服务。图书馆平均每天接待全校 30% 以上的本科生入馆学习和查阅资料。

11 月 13 日，评估专家、南京农业大学副校长徐翔教授再次莅临图书馆进行深入考察。在考察中徐翔教授非常关注图书的合理分配和利用效率。徐翔教授先后到达图书馆东馆和西馆进行实地考察，参观了阅览室、开放式书架和电子阅览室。何秀荣馆长详细介绍了图书馆建设及其支持、服务本科教学和人才培养的相关情况。作为我国最重要的农科文献中心之一，图书馆不断加强数字化建设，已引进数据库 239 个，并建立了中国农业大学知识库、教师文库、各重点学科文库等自建数据库。图书资源的数字化大大缓解了东、西校区跨区借书的时间问题。

徐翔教授高度赞扬了图书馆从硬件设施、文献资源、管理运营、师生服务等全方位工作对本科教学工作提供的有力支撑；同时他也一针见血地指出了问题，东校区图书馆偏于拥挤，需要进一步改善条件。多年来东馆一直靠“腾挪”的办法临时性缓解拥挤状况，在楼道里都放置了阅览桌椅。由于建筑设计上的局限，这个馆舍已经不能适应现代需求。评估专家的意见，进一步坚定了何秀荣馆长力争在东区建设新馆的决心。

最终，学校“本科迎评”获得了考核优秀的结论，图书馆也圆满完成了“本科评估”任务。

2）支持汶川抗震救灾

2008 年 5 月 12 日 14 时 28 分，我国四川省汶川县发生里氏 8.0 级强烈地震，灾区同胞的生命财产遭受了重大损失。在得知震中位置后的第一时间，副馆长潘薇代表图书馆和 CALIS 农学中心致电四川农业大学图书馆杨长平馆长，送去了图书馆同仁的关切与问候。

党中央和国务院发出了抗震救灾的号召，“一方有难，八方支援”是中华民族的美德，全社会都伸出了爱心之手。为了协助党和政府的抗震救灾工作，减轻地震灾害给人民生命财产造成的损失，学校工会根据北京市教育工会关于在全市教育工会系统开展“向灾区同胞献爱心，助灾区孩子返校园”的通知精神，在全校教职工中开展为地震灾区捐款活动。图书馆全体员工牵挂灾区人民的生命安全，大家积极响应募捐活动，援助抗灾工作。

5 月 14 日开始，全馆员工纷纷解囊捐助，奉献自己的一片爱心。截至 16 日，图书馆共有 115 人向灾区捐款，总额 17250 元。还有一些同志在馆外其他场合也捐款救灾。所有捐款都上交北京市教育工会，通过有关部门用于帮助灾区中小学校舍的重建。

2008 年 9 月，CALIS 农学中心年会在四川农业大学举行。代表们参观了位于地震灾区的四川农业大学都江堰分校及图书馆，听取了主持分校行政工作的副校长王刚及分校图书馆馆长杨键介绍他们抗震救灾、重建家园的感人事迹。与会代表当场为四川农大捐款 6800 元，以表达对四川农大同仁的问候和对灾区重建的支持。

3）“平安奥运”行动

2008 年是北京奥运年，8 月 8—24 日第 29 届夏季奥林匹克运动会在北京举办，随后 9 月 6—17 日第 13 届残疾人奥林匹克运动会在北京举办，这是全国人民的一件大事，更是北京市委市政府工作的头等大事，党和政府把“平安奥运”作为 2008 年党和政府的中心工作之一，自然也成为学校 2008 年的中心工作。

第 29 届夏季奥林匹克运动会和第 13 届残疾人奥林匹克运动会共设 31 个北京赛馆（场）和 5 个京外赛馆（场），其中在中国农业大学、北京大学、北京科技大学、北京工业大学、北京理工大学、北京航空航天大学 5 所高校新建 5 个京内奥运赛馆。中国农业大学奥运赛馆建在东校区，图书馆东馆距奥运比赛场馆警戒区的直线距离只有 200 米左右，且两馆正门恰好相对，确保学校“平安奥运”，是图书馆的重要任务。

图书馆作为对全校师生开放服务的公共场所，奥运前后适逢暑期放假和新学年开学，人员流动密集。所以奥运期间，图书馆的安全对平安奥运至关重要。根据学校的总体要求，图书馆成立了平安奥运领导小组和图书馆平安奥运值班室，负责具体贯彻落实学校和图书馆的各项有关平安奥运的安保措施，执行图书馆安保工作方案中的各项规定。根据安保工作方案，图书馆认真组织力量对馆舍外围的所有门窗进行安全检查，消除隐患；对重点部位和朝向的房间实行封闭管理；除留下正门出入外，对所有通向图书馆外部的门以及通向楼顶的内楼梯进行封闭，避免发生安全意外，不留管理漏洞。

图书馆建立了奥运期间进馆人员登记制度，对进馆人员身份、事由、进出馆时间做详细登记，随时掌握人员动态；对需要进出图书馆的临时工作人员，制作临时出入证件，配合学校做好外来人员审核与管理；实行 24 小时专人值班制度，安排专职安保人员及 2 ～ 3 名工作人员值班，进行楼宇巡查。

由于各项安保措施落实到位，确保了整个奥运期间没有任何意外发生，圆满完成了预定工作目标。

此外，图书馆还大力支持奥运会和残奥会的服务与保障工作，如馆员李雪原作为志愿者参加了北京奥运会残奥会的场馆服务工作，并任中国农业大学体育馆团队颁奖副经理。奥运会和残奥会全部结束后，李雪原获北京市教育工会“奥运立功标兵”称号，李雪原、师丽娟获得北京奥运会残奥会“中国农业大学先进个人”荣誉，王永进、陈胜林获北京奥运会残奥会“中国农业大学先进党员”荣誉。

4）国有资产清查工作

2016年，教育部转发《财政部关于开展2016年全国行政事业单位国有资产清查工作的通知》和《财政部关于印发“行政事业单位资产清查核实管理办法”的通知》的通知（教财司函〔2016〕88号），要求全面摸清国有资产家底，真实、完整地反映学校资产及财务状况，进一步加强国有资产监督管理，提高国有资产的使用效益，推进资产管理与预算管理、财务管理相结合。根据通知要求，学校2016–7次校长办公会研究决定，在全校范围内开展资产清查工作。

这次大清查是多年来的第一次全面的大规模清查。自3月16日起至7月31日，清查分为准备阶段、自查阶段、复核阶段、上报总结阶段、核实整改阶段。

学校成立了资产清查工作组，下设1个综合工作组和7个专项工作组。其中第6组为“图书清查组”，其主要职责是：负责全校图书资料的清查、组织、协调等工作；组织提供相关证明材料，填写录入相关报表；负责对各单位实物盘查基础数据中本专题范围资产数据的审查、汇总和核实工作；总结本专题范围内的资产管理中存在的问题，提出相关处理建议等。图书清查组组长由图书馆馆长担任，副组长由经管学院、人文与发展学院、马克思主义学院、国际学院行政副院长或负责人组成，成员包括图书馆、相关学院（设资料室）工作人员各1～2名。

图书馆为国资清查工作组织了专门队伍，各部门通力配合，苦战4个多月。依据国有资产处提供的台账，对图书馆的国有资产逐一进行了清查核对，明确了资产使用人和存放地点。共计清查3843条资产记录，4416件物品，盘亏33件物品；依据图书馆的台账记录，盘点了126万余册图书，图书损耗率接近5.8%。最后，将全部清查结果造册上报学校国有资产管理处。

图书馆除了完成自身的国有资产清查工作，还负责制定了经管学院、人文学院、马克思主义学院、国际学院的图书清查工作方案，以便全校用同一方案完成图书清查工作。

这次清查，在基本摸清家底的同时，也建立起了一整套的规章制度和操作规程，以及相应的资产管理软件系统，此后，随时登记资产增加和办理资产报废，每年年底进行资产核查，对资产逐渐实现了规范管理。

5）本科教学审核评估

根据教育部《关于开展普通高等学校本科教学工作审核评估的通知》（教高〔2013〕10号）的要求及学校工作的总体部署，学校于2018年10月中旬接受本科教学工作审核评估。本科教学工作审核评估是在我国高等教育新形势下提出的新型评估模式，核心是对学校人才培养目标与培养效果的实现状况进行评价。审核评估主要依据参评学校自身设定的人才培养目标，来评价学校人才培养目标与效果的实现情况。评估遵照教育部“以评促建、以评促改、以评促管、评建结合、重在建设”的工作方针，巩固和强化本科教学工作中心地位，不断提升人才培养质量。通过审核评估，进一步凝练学校办学特色，全面加强本科教学建设、教学改革和教学管理，进一步提高办学定位和人才培养目标对社会需求的适应度、教师和教学资源对培养质量的保障度、教学质量保障体系运行的有效度。

评估工作主要针对和面向的是各学院的教学和育人工作，同时也是对全校各部门工作的大检阅。图书馆作为教学支撑单位，确保本科教学活动中相应的指标要求，充分发挥支撑保障作用，是图书馆2018年的一项重要任务。

遵照“以评促建、以评促改、以评促管、评建结合、重在建设”的方针，图书馆全面审视自身在整个本科教学工作中的作用，找出不足，完善相关工作环节，有力地支持了学校本科评估的顺利进行。

教育部组织国内外专家组于10月15日至18日对学校人才培养目标与培养效果的实现状况进行评价，重点检验学校自身目标的确立、保障、达成与改进情况。

10月15日，评估专家工作组成员、上海交通大学江志诚教授到图书馆实地走访和调研审核。图书馆馆长何秀荣重点介绍了图书馆以服务学生成长和发展为理念，支撑本科教学和人才培养所开展的工作业务和服务探索，客观地分析了当下和未来师生对于信息服务的深层需求与图书信息事业发展的制约因素。党总支书记孙德昊等相关人员补充介绍了图书馆支撑本科教学工作的有关情况。

2019年3月，学校收到本科教学审核评估的正式反馈报告。其中涉及图书馆的问题是年生均纸质图书购买量尚未能达到不低于3册的要求，需要进行整改。

6）支持学校“双一流”建设

在学校“双一流建设中”，图书馆一方面积极争取学校加大对图书情报与档案管理学科的支持力度，同时也利用自身的优势，不断强化图书馆对学校“双一流”建设的贡献，发挥信息情报的支持作用。

图书馆在制定自身学科建设方案的同时，积极为学校的一流大学建设方案以及部分学院的一流学科建设方案的制定提供情报信息支持，帮助这些方案立足于大数据支持的基础上。

2018年11月14日，图书馆举办利用事实型数据助力“双一流”建设学科服务研讨会。左文革副馆长介绍了学科分析的现状与进展，并从数据支持的角度，指出了数据在“双一流”建设中的作用。同时，他也提出了在现阶段学科分析中常见的问题与瓶颈。研讨会还邀请了科睿唯安（Clarivate Analytics）公司的产品解决方案主管沈喨喨先生从数据分析的角度展开了题为“深化学科服务，支撑科研决策——InCites科研表现分析平台简介与应用”的分享，与学科馆员们深刻讨论了学科建设中常见的问题以及数据在助力学科建设中产生的作用。随后，他又以DDA工具为切入口，就“双一流”时代下基于事实性数据的学科服务，与图书馆信息服务部相关工作人员就数据库检索、科研立项、把握领域动态、文献分析等方面展开了深入的讨论。

在学校建设“双一流”和深化学科服务的道路上，图书馆秉持求真、务实、服务、创新的态度不断前行，后来也多次主办或合作主办了多种形式的介绍和研讨，促成部门间、院校间的深度交流，助力学校的“双一流”建设。图书馆聚焦双一流建设核心指标（要素）和热点，开展战略性专题研究，承担学校引进人才学术贡献评价、“双一流”建设动态监测及成效评价、2035年“新农科”发展愿景研究等委托研究；完成《新农科的概念研究》《“双一流”建设院校：标准、分类、评价》《“双一流”建设成效评价的内涵研究》等系列报告7份近20万字，为学校学科发展及时提供有效支撑。

5. 党建工作

党建工作是图书馆的重要工作。党是图书馆的领导核心，党员要在职工队伍中发挥先锋模范作用。因此，各届党总支始终把党建工作置于重要地位，紧紧按照校党委的总体部署开展各项党建工作。

1）学习实践科学发展观活动

2007年，中国共产党第十七次全国代表大会把科学发展观写入了党章，全党掀起了学习实践科学发展观活动。学校总体布置了学习实践科学发展观活动，还制定了学习实践科学发展观活动督察员制度来帮助校内二级单位开展学习实践科学发展观活动。

2009年3月24日，图书馆党总支中心理论组进行了集中学习，总支书记韩明杰、馆长何秀荣、副馆长刘清水、潘薇、王鲁燕、左文革、馆长助理黄兴建、办公室主任王永进、总支秘书贺玢及学校学习实践科学发展观活动督察员陈金大参加了学习。

会议传达了学校学习实践活动领导小组会议精神和七点具体要求，并对下一步图书馆党总支的学习实践活动工作进行了安排；要求大家掌握工作节奏，注意工作安排，提前规划各项工作，副处级以上干部和各支部加强信息沟通，及时通报工作动态。

会上，大家交流了科学发展观理论学习的体会，重点对调研题目、内容、方法、日程安排等展开了讨论。大家一致认为，在全校开展深入学习实践科学发展观活动中，党总支要紧密结合图书馆的实际工作，以“加强科学管理、促进服务育人、促和谐图书馆发展”为主题，进一步转变观念、统一认识，努力提高工作能力和服务水平。理论学习中心组成员要先行一步，带动广大党员和群众，进一步促进图书馆的各项工作。

5 月 11 日，图书馆党总支召开主题为“加强科学管理、创建一流服务”的学科发展专题研讨会和民主生活会。总支书记韩明杰主持会议，领导班子全体成员参加了会议。

根据党总支决定，图书馆领导班子在会前组织了广泛的征求意见活动。会上，馆长何秀荣通报了征求到的馆员意见以及班子成员认真进行了研讨，当前能解决的问题马上安排落实解决，一时还不能解决的问题分类提出了处理意见，并安排通过办公系统发布和召开反馈会两种形式向馆员反馈研究或处置结果。

随后，领导班子成员结合自己的调研报告，介绍自己的分析检查情况，并结合所分管业务范围，总结相关规章制度的清理工作情况，重点研究讨论读者服务、文献采购、设备采购等规章制度。大家认真研讨图书馆发展规划，提出要始终坚持“传播知识、服务育人”，努力做好读者服务工作；坚持以文献利用率和读者需求分析为基础，进一步做好文献信息资源建设；加强自动化、网络化、数字化建设，提高文献资源管理水平与现代化服务水平；加强情报学科建设，以教学科研带动图书馆业务改革与创新；积极参加图书情报整体化建设和馆际协作，丰富图书馆可利用的文献资源；努力改善办馆条件，力求为读者提供良好的学习环境；加强馆员队伍建设，确保高水平完成图书馆承担的各项任务；加强党建与思想政治工作，充分发挥党组织战斗堡垒和党员先锋模范作用。

2012 年 8 月，作为党员组织生活的一项重要内容，图书馆党总支组织党员前往中国革命圣地井冈山参观学习，在这片红色热土上，重温光辉历史，弘扬先辈精神。

党员们先后参观了茨坪旧居、大井旧居、小井红军医院、黄洋界哨口及井冈山革命历史博物馆，一路走一路聆听革命先辈艰苦卓绝的奋斗历程以及英勇战斗的故事，吟诵着豪迈的毛主席诗篇，回味着战火纷飞的年代。在烈士纪念堂大厅的六面墙上，密密麻麻地刻满了烈士的名字，还有一块代表无名先烈的汉白玉无字碑安放在正上方。党员们在这里向千千万万的烈士敬献花圈、默哀，表达对先烈的无限敬仰和悼念，并深切感受到是烈士的鲜血和生命换来今天的美好生活。在纪念堂前，大家重温入党誓词，隆重宣誓，坚定了共产主义崇高理想信念。

铭记革命历史，缅怀革命先烈，井冈山之行给大家上了一堂生动的党史课。“坚定信念、艰苦奋斗、实事求是、敢闯新路、依靠群众、勇于胜利”，伟大的井冈山精神永远激励着大家，让我们牢记历史，继承革命先烈的遗志，珍惜来之不易的幸福生活，为建设和谐社会尽责尽力。

2）贯彻执行“八项规定”

2012 年 12 月 4 日，中共中央政治局召开会议，审议通过了中央政治局关于改进工作作风、密切联系群众的八项规定。其主要内容是：①要改进调查研究；②要精简会议活动，切实改进会风；③要精简文件简报，切实改进文风；④要规范出访活动；⑤要改进警卫工作；⑥要改进新闻报道；⑦要严格文稿发表；⑧要厉行勤俭节约。

2013 年 3 月，学校党委常委会暨校长办公会研究通过《中国农业大学贯彻落实中央关于改进工作作风、密切联系群众的八项规定的实施办法》。学校每年围绕作风建设相关内容进行专项检查、专题汇报，针对经费使用情况进行专项审计，落实本办法成效纳入干部个人考核、党风廉政建设责任制考核内容，对违反规定的单位和个人进行严肃处理。

图书馆对照党中央的指示精神和学校的相关规定，结合自身情况，对照检查，严格开展自查整改，规范了公务用车的管理，严格按照规定标准调整了馆领导的办公用房，严格执行公务接待规定，改进工作作风，密切联系群众，取得了良好效果。

2016 年 4 月，根据《中国农业大学关于开展中央八项规定精神落实情况回头检查工作的通知》（中农大党政办发〔2016〕12号），图书馆对贯彻落实中央八项规定精神情况，特别是2015年11月以来的公务用车、办公用房、公务接待、公款出国等落实情况开展了回头检查，并向学校做了汇报。

（1）公务用车　图书馆配有一辆11座东南得利卡用于东、西两校区图书馆之间的图书运输，根据学校《从严治校，开展自查自纠工作实施方案》要求，重新修订了《图书馆车辆管理规定》，修订后的管理规定和车辆现况已经按照学校要求报国有资产管理处。

2015年11月以来，公车使用执行了《图书馆车辆管理规定》，未违规新增公务用车，未有违反规定借用、占用其他车辆的行为。

（2）办公用房　图书馆领导和行政办公用房严格按照教育部规定的使用面积标准进行整改。整改后的情况完全限制在标准以内。

（3）公务接待　重点检查了国内公务接待情况，2015年11月以来，不存在违规安排工作餐情况；不存在赠送礼金、有价证券、纪念品和土特产情况；不存在承担被接待单位住宿费情况；不存在组织旅游和与公务无关的参观等情况；不存在组织到营利性娱乐、健身场所活动，使用私人会所、高档消费场所等情况。

（4）公款出国　重点检查了本单位公款出国情况，2015年11月以来，不存在未履行出国（境）审批手续情况；不存在持因私护照出国执行公务情况；不存在次数、天数、国家、人数等超限制情况。

（5）未见违反中央八项规定精神的其他突出问题。

3）党的群众路线教育实践活动

2013年4月19日，中国共产党中央政治局决定从2013年下半年开始，用一年左右的时间，在全党自上而下分批开展党的群众路线教育实践活动。这是新形势下坚持党要管党、从严治党的重大决策。

按照中央统一部署和上级有关要求，中国农业大学以"改进工作作风，密切联系群众，推动事业发展"为主题，从7月开始，在全校党员中集中开展党的群众路线教育实践活动。7月19日，学校制定了《中共中国农业大学委员会关于深入开展党的群众路线教育实践活动的实施方案》（中农大党发〔2013〕20号），经学校第2013–18次党委常委会暨校长办公会讨论通过，并于同日下发文件，要求学校各级党组织贯彻执行。

实施方案要求，学校的教育实践活动从2013年7月开始，到11月底结束，其中有效时间不少于3个月。活动主要包括学习教育、听取意见，查摆问题、开展批评，整改落实、建章立制三个环节。

图书馆党总支积极响应党的号召，根据学校的总体安排，经历了三个环节的活动。第一阶段学习教育、听取意见，认真学习党的文件、提高对马克思主义群众观点和党的群众路线的认识、提高自身修养，准确领会活动精神和目的、增强主动服务师生的意识，组织了不同层次和范围的会议来听取群众意见。第二阶段查摆问题、开展批评，根据群众意见和党员干部自查问题，积极向党汇报自身工作生活情况，找准找实突出问题，认真撰写对照检查材料，开好专题民主生活会和组织生活会，对自己和别人展开批评和自我批评。第三阶段整改落实、建章立制。把作风建设放在突出位置，发扬理论联系实际、密切联系群众、艰苦奋斗等优良作风。以贯彻落实中央关于改进工作作风、密切联系群众的八项规定和学校的实施办法为切入点，深入调查研究，以切实有效措施解决突出问题。按照"照镜子、正衣冠、洗洗澡、治治病"的要求把准自身修养和工作中的不足，明确整改问题、规定整改时间和主要责任人，按要求完成了整改任务。

4）"三严三实"主题教育活动

2014年3月9日习近平总书记在中华人民共和国第十二届全国人民代表大会第二次会议安徽代表团参加审议时提到的"既严以修身、严以用权、严以律己，又谋事要实、创业要实、做人要实"（简称为"三严三实"）的要求深刻对照和反思了自己的领导工作作风。

2015年7月，学校制定了《中国农业大学"三严三实"专题学习研讨方案》（中农大党发〔2015〕49号），全校各单位逐阶段深化开展"三严三实"主题教育学习。学习研讨的参加对象是处级及以上领导干部，鼓励其他党员干部参与。

按照学校部署，图书馆党总支及所属各党支部，组织党员全面、深入地学习了习近平总书记的系列讲话。教职工党员参加“践行‘三严三实’ 争做新时期的好党员”党课。大家一起回顾了井冈山精神以及谷文昌、焦裕禄等优秀共产党员的先进事迹；共同缅怀李大钊等先烈；深入了解了“三严三实”提出的背景、内涵以及深入开展“三严三实”教育的深刻意义；学习了《中国共产党第十八届中央委员会第五次全体会议公报》和习近平总书记所作《关于 < 中共中央关于制定国民经济和社会发展第十三个五年规划的建议 > 的说明》的主要精神；学习了《中国共产党廉洁自律准则》《中国共产党纪律处分条例》，提高了广大党员干部的思想认识和严以修身、严以用权、严于律己的自觉性。

5）“两学一做”学习教育

为深入学习贯彻习近平总书记系列重要讲话精神，推动全面从严治党向基层延伸，巩固拓展党的群众路线教育实践活动和“三严三实”专题教育成果，进一步解决党员队伍在思想、组织、作风、纪律等方面存在的问题，保持党的先进性和纯洁性，根据中央的统一部署和上级党委的通知精神，2016年4月，学校制定了《关于在中国农业大学全体党员中开展“学党章党规、学系列讲话，做合格党员”学习教育实施方案》（中农大党发〔2016〕13号）。

图书馆党总支根据实施方案要求，组织全体党员认真学习《中国共产党章程》，学习《中国共产党廉洁自律准则》《中国共产党纪律处分条例》等党内法规，引导党员牢记党规党纪，牢记党的优良传统和作风，树立崇高道德追求；认真学习习近平总书记系列重要讲话，深入领会系列重要讲话的丰富内涵和核心要义，坚定中国特色社会主义道路自信、理论自信、制度自信；引导党员做“讲政治、有信念，讲规矩、有纪律，讲道德、有品行，讲奉献、有作为”的“四讲四有”合格党员。全体党员要牢记全心全意为人民服务的宗旨，在工作岗位上要讲党性、顾大局，爱岗敬业、开拓进取。

通过专题学习、讲党课、召开专题组织生活会、民主评议党员等多种方式对党员开展教育活动。通过广泛征求群众意见、开展批评与自我批评，找出差距，改进工作，提高认识，坚定信念，全心全意为师生做好服务工作，做一名合格的共产党员。

2017年5月，根据党中央、教育部党组、北京市委和市委教育工委的要求，扎实推进“两学一做”学习教育常态化制度化，着力解决基层党建存在的问题，推动党内教育从集中性教育向经常性教育延伸，学校制定了《中国农业大学“两学一做”学习教育常态化制度化实施方案》（中农大党发〔2017〕31号），使“两学一做”教育活动常态化、制度化，不断推向深入。

图书馆党总支遵照学校的要求，不断开展各种形式的主题教育。2017年5月25日，组织全体党员在北京会议中心聆听了由中国侨联主办的“黄大年同志先进事迹报告会”。黄大年教授是著名地球物理学家，生前担任吉林大学国家“千人计划”特聘教授，新兴交叉学科学部部长，吉林大学地球探测科学与技术学院教授、博士生导师。2009年，黄大年毅然放弃国外优越条件回到祖国，刻苦钻研、勇于创新，取得了一系列重大科技成果，填补了多项国内技术空白。2017年1月8日不幸因病去世，年仅58岁。黄大年同志秉持科技报国理想，把为祖国富强、民族振兴、人民幸福贡献力量作为毕生追求，为我国教育科研事业作出了突出贡献。习近平总书记作出重要指示，强调要以黄大年同志为榜样，学习他的爱国情怀、敬业精神和高尚情操。党员同志们听完报告后表示，黄大年教授先进事迹感人肺腑，他的精神是我们学习的精神财富，更是鼓励我们前行的不竭动力。大家将按照习近平总书记的指示，以黄大年同志为榜样，“学习他心有大我、至诚报国的爱国情怀；学习他教书育人、敢为人先的敬业精神；学习他淡泊名利、甘于奉献的高尚情操，把爱国之情、报国之志融入祖国改革发展的伟大事业之中，融入人民创造历史的伟大奋斗之中”，从自身做起，从本职岗位做起，为学校的发展，为实现中华民族伟大复兴的中国梦贡献智慧和力量。

6）中央专项巡视和学校巡察工作

根据中共中央统一部署，2017年3月1日至4月28日，中央第一巡视组对中国农业大学党委进行了巡视。6月12日，中央巡视组向中国农业大学党委反馈了巡视意见。8月26日，中共中国农业大学委员会关于巡视整改情况进行了通报和布置了整改安排。

中央专项巡视工作，站在新起点上对图书馆的各项工作有了新的更高的要求。全体馆员共同努力，坚持“传播知识、服务育人”的宗旨，进一步优化服务，强化自身建设，在各项工作中找问题，按照中央巡视工作组要求开展整改工作，不断发展。

2018年1月25日上午，图书馆、档案与校史馆召开2017年度党员领导干部民主生活会，副校长王涛出席会议并讲话。图书馆、档案与校史馆党政联席会成员参加会议，党总支书记孙德昊主持会议。

本次民主生活会主题是：认真学习领会习近平新时代中国特色社会主义思想，坚决维护以习近平同志为核心的党中央权威和集中统一领导，全面贯彻落实党的十九大各项决策部署。班子成员围绕民主生活会的主题和基本要求，开展了学习研讨。通过设立意见箱、党内外征求意见、谈心谈话等方式，广泛征求党员和师生的意见，共收集意见建议27条。

孙德昊代表领导班子对照《中国共产党章程》《中共中央政治局关于加强和维护党中央集中统一领导的若干规定》和《中共中央政治局贯彻落实中央八项规定实施细则》的规定和要求，从学习贯彻习近平新时代中国特色社会主义思想，自觉在思想上政治上行动上同以习近平同志为核心的党中央保持高度一致方面；认真执行党中央、上级党委决策部署和决议决定，带头坚持请示报告制度方面；对党忠诚老实，对党组织讲实话、讲真话方面；担当负责，攻坚克难，履行全面从严治党责任，严格执行党的政策方面；纠正“四风”不止步，带头转变作风方面；严格执行廉洁自律准则，带头落实中央八项规定和实施细则精神等六个方面深入查摆了领导班子存在的问题，聚焦理想信念、党性修养、担当作为、规矩意识4个方面深刻剖析了问题根源，有针对性地提出了努力方向和整改措施，并对上年整改措施落实情况进行了总结。党员领导干部结合工作查摆自身问题并进行了自我批评，其他与会同志结合其发言对相关问题进行深入剖析，并针对性地提出意见和建议。

王涛指出，领导班子成员通过认真开展批评与自我批评，不断增加党性锻炼，不断巩固理想信念和宗旨意识，对自身进行深刻分析，增强了纪律意识与规矩意识。民主生活会是我党的优良传统，是从严治党制度性的体现，也是遵守党内制度、党内法规的重要体现，今后一定要利用和发挥好这个法宝，进一步严肃政治生活，建设良好的政治生态，推进全面从严治党。图书馆党总支要进一步学好习近平新时代中国特色社会主义思想，增强组织力与战斗力，积极谋划图书馆、档案与校史馆发展，不断针对师生需求，创新服务方式，为学校的“双一流”建设做出更大贡献。

2019年6月10日，学校党委巡察组向图书馆总支委员、两馆中层以上干部反馈了巡察意见，并对总支落实运用巡察成果提出了建议；学校党委常委、副校长王涛就图书馆总支及两馆党政落实整改提出了明确要求，强调围绕履行服务育人职责和创建一流大学图书馆目标，把整改任务落实到岗、整改要求落实到位。

随后图书馆和档案与校史馆党政班子举行联席会议，学习和对照意见和要求，逐一讨论提出整改措施，在征询意见基础上完善形成方案。在聚焦问题、征询意见基础上形成整改落实的基本方案。针对聚焦党组织政治核心作用的发挥、将理论学习成果运用于指导和推动事业发展、党组织规范化建设和功能作用发挥、党政领导班子持续改进作风、落实党风廉政建设责任制等5方面存在的不足或问题，馆总支形成15个方面的整改任务单，分析提出31项具体措施，逐一明确负责人和整改期限，完成整改工作。

7）“不忘初心、牢记使命”主题教育活动

2017年10月，习近平总书记在十九大报告中指出，在全党开展“不忘初心、牢记使命”主题教育，用党的创新理论武装党员头脑，推动全党更加自觉地为实现新时代党的历史使命不懈奋斗。此后，各级党组织开展了多种形式的主题教育活动。

（1）组织参观大型主题展览　2018年是马克思诞辰200周年，是我国改革开放40周年；2019年是新中国成立70周年。在这几个重要的纪念日，中央有关部门都在京布置了相应的主体展览，图书馆积极组织党员群众观看展览，缅怀伟人，回顾历史，坚定信念，围绕“不忘初心，牢记使命”的主题展开教育活动。

2018年7月11日下午，图书馆党总支组织馆内的党员、民主党派成员和部分群众到国家博物馆参观“真理的力量——纪念马克思诞辰200周年主题展览”，缅怀伟人功绩、坚定前行信念，开展主题党日活动。通过此次活动，广大党员和群众进一步了解了马克思的革命实践理论贡献和精神境界，以及马克思主义在中国传播运用和丰富发展的光辉历程。大家纷纷表示，要不忘初心，牢记使命，以更强的使命感和更昂扬的斗志，投身工作中，热情服务广大师生，立足本职，努力做好图书馆工作，为学校“双一流”建设作出更大贡献。

2018年是改革开放40周年，12月15日，图书馆党员集体前往国家博物馆参观“伟大的变革——改革开放40周年”大型主题展览。展览回顾从1978年以来，党作出改革开放这一决定当代中国命运的战略抉择、开创中国特色社会主义以来，在经济建设、政治建设、文化建设、社会建设和生态文明建设各方面取得的伟大变革和历史成就。经过这40年的实践，大家对于党的领导、对改革开放事业、对两个百年奋斗目标和中华民族伟大复兴中国梦，更加充满信心。

2019年10月29日，图书馆总支组织党员赴北京展览馆参观“伟大历程 辉煌成就——庆祝中华人民共和国成立70周年大型成就展”，开展“不忘初心、牢记使命”主题教育现场学习。这次观展对大家是一次印象深刻的现场学习。展览充分运用声光电等多媒体科技展示手段，全方位立体化向大家呈现了新中国成立70年里党领导中国人民奋发图强、艰苦奋斗实现的伟大跨越；同时从70年发展中精心选择的150个“新中国第一”，众多英模人物，让大家从耳熟能详的记忆中感知发展的印记、思索发展的源泉，更加深入了解70年来党团结带领全国各族人民探索和奋斗的历程，认识中国特色社会主义思想引领中华民族从站起来、富起来到强起来的伟大飞跃。党员们表示，在今后工作中，要不忘初心、牢记使命，更加深入地学习领悟践行习近平新时代中国特色社会主义思想，为不断加快推进中国特色、农业特色世界一流大学建设步伐贡献自己的力量。

（2）举办主题讲座　围绕“不忘初心，牢记使命”的主题，举办专题讲座，提高党员群众的认识水平和投身民族伟大复兴的自觉性。

2018年7月13日，图书馆党总支开展以“永远铭记——追忆农大光荣革命传统”为主题的党课理论学习活动。党总支副书记、档案与校史馆副馆长师桂芳以农大校史、组织史和革命史为内容进行了宣讲。历经百年风雨沧桑的农大始终与中国人民争取民族独立、人民解放和国家富强的历史紧密相连，农大师生在中国近代革命史中写下了灿烂一页。师桂芳在介绍农大校史沿革的基础上，向参加学习的党员讲述了农大在五四运动中的积极参与和突出表现，马克思主义在农大的传播，学校早期党组织的孕育和萌发，大革命运动中农大师生与反动政府的坚决斗争，延安自然科学院中走出的农大红色血脉，农大人在南泥湾开发与陕甘宁边区生产建设中作出的卓越贡献，农大师生积极重建党组织，全力护校迎接北平解放等不同革命历史时期的重要事件。师桂芳还详细介绍了那些不畏强敌、英勇奋斗、挥洒热血献出宝贵生命的农大师生的光荣事迹，通过缅怀革命先烈，帮助党员进一步了解学校的光荣革命传统。

10月25日，图书馆总支和农学、生物、园艺、植保、动科等5个学院党委，联合举办教职工政治理论学习，邀请专家作了以习近平新时代中国特色社会主义思想为主题的辅导报告。报告由中央党校科学社会主义教研部副教授、该校习近平新时代中国特色社会主义思想研究中心研究员郇雷主讲。郇雷对如何深入学习领会习近平新时代中国特色社会主义思想进行了三方面阐述：一是从新的历史方位、新的奋斗目标、新的社会矛盾、新的国际环境，深刻认识这一思想的社会背景；二是注重从六个方面，即坚持和发展社会主义这个根本主题、实现中华民族伟大复兴“中国梦”这个目标愿景、“四个全面”这个战略布局、坚持和加强党的全面领导这个领导力量、坚持以人民为中心这个根本立场和推动构建人类命运共同体这个世界意义，深入把握习近平新时代中国特色社会主义思想的丰富内涵；三是着眼“21世纪的马克思主义”，进一步深化对习近平新时代中国特色社会主义思想历史地位的认识。

12月12日下午，图书馆围绕全面依法治国主题组织教职工理论学习，特邀学校宣讲团成员、人文发展学院副教授李玉梅作了《依法治国与法治思维养成》的辅导报告。报告梳理了我国宪法及历次修正案，阐述弘扬宪法精神、维护宪法权威的意义和实质，即维护社会最高共识和共同意志、维护国家治理体系的基础；介绍了中国特色社会主义依法治国方略的形成过程，重点解读了习近平治国理政思想体系中“全面依法治国”重要思想。辅导报告还分析了新时代养成法治思维的意义，提出法治思维的基本内涵。

紧接着，李玉梅给全体党员就《中国共产党纪律处分条例》（以下简称《条例》）作辅导报告。李玉梅梳理了《条例》的历次修订过程，分析最新修订《条例》突出政治性、彰显时代性、增强针对性的特点。在对《条例》原文主要内容解读的基础上，逐一介绍了六大纪律内容和负面清单，并结合真实案例归纳六大纪律的鲜明要求，提醒党员同志讲政治、守底线，在生活、工作和学习各方面严以律己。

2019年1月2日，图书馆举行全体馆员大会，集中学习全国教育大会精神，总结回顾2018年度工作。总支书记孙德昊主持大会。

会议邀请学校党校原副校长李桦教授作了以“坚持中国特色社会主义教育道路，培养德智体美劳全面发展的建设者和接班人”为题的全国教育大会精神学习辅导。李桦回顾了新中国成立以来我国教育发展道路，梳理了近70年特别是改革开放40年来教育方针的变化，对党和国家关于教育和学习、教师队伍建设、全党全社会尊师重教三个层面的部署要求和习近平同志有关重要论述进行了系统解读，分析了新时代党和国家对教育的定位、新部署和新要求。

（3）联系实际，统一部署和推进主题教育活动　2019年，根据中央的统一部署，学校党委决定，2019年下半年统一推进“不忘初心、牢记使命”主题教育活动。学校要求，把主题教育专项整治与中央巡视、学校巡察反馈意见整改及民主生活会查摆出的问题整改结合起来，立查立改、即知即改。

9月新学期开学后，图书馆领导班子就扎实开展“不忘初心、牢记使命”主题教育活动，聚焦“与中国特色、农业特色的一流大学相适应的图书馆”的建设目标，充分利用全馆大会、部主任工作研讨、馆员代表座谈等场合交流思考，形成思想共识和工作思路。

9月9日下午，图书馆党总支举行理论学习中心组集中学习会。党总支书记孙德昊主持，与会人员重温习近平总书记给全国涉农高校的书记校长和专家代表的回信内容，认真领会学校“不忘初心、牢记使命”动员会精神与要求。

9月19日至10月11日，图书馆党总支组织图书馆、档案与校史馆处级干部，统筹安排12个半天，开展“不忘初心、牢记使命”主题教育的集中学习研讨，用两个单元集中学习研讨了《习近平新时代中国特色社会主义思想学习纲要》。此后，分别聚焦习近平关于“不忘初心、牢记使命”重要论述、习近平关于教育重要论述、总书记近期讲话与回信及“双一流”大学建设、习近平关于“三农”工作重要论述等五个专题，每个专题采取半天学习、半天研讨的方式，对照原文原著进行学习。

学习研讨期间，学校党委常委、副校长王涛到场督导，并结合工作对两馆发展、党员干部学习与实践提出要求；学校纪委委员、财务处处长张树彦参加了“不忘初心、牢记使命”重要论述专题的研讨会。图书馆总支书记潘志华主持了历次学习。

10月9日，中共中国农业大学委员会发出通知，根据中央“不忘初心、牢记使命”主题教育领导小组《关于在“不忘初心、牢记使命”主题教育中加强爱国主义教育、弘扬爱国主义精神的通知》精神，对各分党委和校属各单位做出要求，在学习教育中引导党员干部和师生员工把爱党爱国爱社会主义统一起来；在学习党史、新中国史和庆祝新中国成立70周年系列活动中培养党员干部和师生员工爱国之情、砥砺强国之志；把党员干部和师生员工的爱国热情转化为加快推进“双一流”建设的实际行动。

10月25日，图书馆党总支组织全体党员参观了“立德树人、强农兴农——中国农业大学‘不忘初心、牢记使命’主题教育展”。主题教育展分为“不忘初心、爱党爱国、强农兴农”“牢记使命、立德树人、知农爱农”“永远奋斗、新思想引领新征程”三个篇章。展览呈现了在党的领导下，农大人强农爱农情怀由自发到自觉的历程，展示了办学历程中特别是新中国成立以来数代农大人牢记使命，以立德树人为根本、以强农兴农为己任，为“三农”事业不断努力的实践成果；同时也展示了新征程上以习近平新时代中国特色社会主义思想为引领、在服务乡村振兴战略中建设“双一流”大学的图景。通过细致观看图文、审视实物，同志们体会到，“不忘初心、牢记使命”是具体的、可感可学的，表示要传承学校百年发展中积淀的精神，学习前辈和身边榜样。

这次主题展览在新图书馆一层会展厅举办，是新图书馆启用以来会展厅的首展。党总支书记潘志华表示，图书馆迎来发展新起点，今后我们要更加注重发挥“传播知识、服务育人”功能，充分利用空间、馆藏等方面资源，全力支持和服务学校“立德树人、强农兴农”各方面工作。

10月30日，图书馆党总支举行“不忘初心、牢记使命”主题教育处级领导干部调研成果交流会。党总支书记潘志华主持会议。会上，潘志华、桂银生（档案与校史馆馆长）、王鲁燕、左文革、徐伟、陈卫国、蔡远渊（档案与校史馆副馆长）结合自身工作与调研主题，围绕一流大学现代图书馆管理模式、档案安全管理与服务体系的建设与探索、强化“三全育人（全员育人、全程育人、全方位育人）”与提升读者服务能力、支持“双一流”建设的图书馆服务创新、加强文献资源建设中的意识形态工作、基于公共平台的图书馆信息服务与文化传播体系、以文化育人为核心的校史工作新模式初探等为题分别交流调研工作进展，认识和剖析主要问题、确定整改方向和思路。

6. 馆舍及硬件设施建设

改善图书馆馆舍和其他硬件设施及手段是图书馆的重要目标和重要任务之一。没有良好的图书馆硬件，就无法向进馆读者提供舒适方便的阅读环境，无法有效地向读者提供现代图书馆服务手段。因此2007—2019年，图书馆一直在努力改善图书馆馆舍设施及硬件配置。在积极争取学校和行政部门的支持来迅速有效地大跨步改建的同时，积极挖掘自身潜力来进行积沙成塔式的局部改善。双管齐下，至2019年底，东、西校区两个图书馆的馆舍和内部设施及硬件手段都得到了脱胎换骨的变化。

1）东区新图书馆建设

东区新图书馆建设从2008年5月开始提出动议，到2019年9月，一座崭新的现代化馆舍落成开馆，历经11年时间，理想终于变成了现实。新馆建筑继承了1990年西馆建筑的大开间、全开架的格局，读者阅览区和藏书区连为一体、完全通透，读者可以随心所欲地选择图书；新馆实现了电源、照明上桌，灯光实现了单个座位独立控制，并为每位读者提供电源插座；新馆设计了大量的研讨区、休闲区、声像欣赏区、多功能阅览区、会展区等，加之许多现代化新技术的采用，极大地丰富了读者的学习体验，成为学校开展学术交流和文化活动的中心。

（1）呼吁建设新馆　何秀荣馆长上任伊始就认为东校区图书馆的条件与建设世界一流农业大学的目标极不相称，要求图书馆全体领导和馆员利用各种机会向各位校领导和处室部门呼吁在东校区建设新图书馆，即使目前不具备立项可能性了，也要在理念上取得共识。在图书馆提交的“211工程”三期建设项目规划中，图书馆以附件形式正式向学校提交了新馆建设报告。

报告指出，按照学校每年新招本科生3500人计算，“十一五”期间，在校本科生为1.4万人，而研究生将超过0.8万人，则全日制在校生将超过2.2万人。

根据教育部《普通高等学校图书馆评估指标（征求意见稿）》的要求，图书馆生均建筑面积为2 m^2，则图书馆面积应当在4.4万 m^2 以上，目前图书馆面积至少缺2万 m^2。

《评估指标》中对阅览座位数的要求是，与学生数之比为1∶4，即5000多个座位。目前图书馆只有2700个座位，缺口至少达2300个。阅览座位数是与馆舍面积紧密相关的，如果建筑面积能达到指标要求，那么阅览座位不足的问题也会随之解决。

解决图书馆面积不足问题，许多高校采取的办法首先是建造新馆，彻底改变图书馆的落后面貌，一步跨入现代化图书馆的行列。其次是在旧馆基础上进行扩建，并对旧馆进行现代化改造，使之适应现代化管理的需要。由于扩建所受到的制约因素较多，所以，扩建效果往往要受到一些影响。

鉴于学校图书馆面积缺口较大，扩建旧馆受到诸多因素的制约，以及东校区图书馆馆舍建筑结构严重不适合现代图书馆需求，建议学校在“十一五”期间将在东校区建造一座现代化新图书馆列入“211工程”三期建设项目规划，为师生创造一个更加美好的读书学习环境。同时，在新馆内配套设计多种形式的展厅、演示厅、报告厅、会议室、多功能厅等，使图书馆不仅成为学校的文献信息中心，而且成为学校的文化和学术活动中心，营造出浓厚的学术氛围和文化底蕴，以充分体现学校建设世界一流农业大学的办学水平。

（2）新馆立项　2009 年 3 月 31 日，时任校长柯炳生教授到图书馆东馆调研。他到各个部门及各个阅览室进行了实地查看，并与图书馆馆长何秀荣、常务副馆长刘清水及相关工作人员进行了座谈。座谈中，柯校长指出，图书馆目前硬件确实与“985”高校、首都高校的地位不相称，与学校快速发展的教学、科研要求不相称，这一点，学校领导班子已经有了共识，必须加以解决。从调研的情况看，图书馆东馆已经不是简单维修扩建就能解决的问题，应该把建设新的图书馆纳入学校发展规划。柯校长要求图书馆在学习实践科学发展观活动中，认真与北京市“985”高校、农口“211”高校进行对比，找出差距，学习经验，做好图书馆今后的总体发展规划。

2009 年 5 月 2 日，时任中共中央总书记、国家主席胡锦涛到中国农业大学视察。在深入开展科学发展观的学习实践活动中，学校从科学发展的角度，分析了学校“加快建设世界一流农业大学步伐”的现实基础和面临的困难，向国家提出了迫切期待支持的四项具体建议，其中就包括新图书馆的建设。建议得到了国家有关领导人的高度重视。

由此，学校正式启动了东校区新图书馆建设项目的申报工作，学校为此成立了新馆建设办公室，并任命后勤基建处副处长兼新馆建设办公室主任。建设过程由学校基建部门负责，图书馆则抽调人员成立了由何秀荣馆长担任组长、党总支书记兼副馆长韩明杰担任副组长的新馆建设工作小组，主要负责开展新馆建设调研，设计任务书的起草，提出新馆建设要求的总体框架，并参与设计建设的全过程，全力推进新馆建设工作。

9 月，国家发展和改革委员会及有关部门来校进行实际考察和调研，新馆建设项目列入了日程；后又经过北京市、教育部等相关部门具体考察和落实，该项目取得了实质性进展，起动了正式立项程序。图书馆配合校基建处进行编制可行性报告、建设规划立项等工作，完成了校园总体规划审批、项目规划条件、环境影响评价及批复、用地预审和教育部立项的审批等一系列程序。2010 年 5 月，新图书馆立项获批。

2011 年 4 月，确定新馆址在工学院之东、三号学生公寓楼西北侧、奥运场馆正北的位置，占地面积约 2 万 m^2，建设面积 4.9 万 m^2，藏书规模为 200 万册，设计座位 3000 席，土建工程总投资约 2.9 亿元。

为了借鉴和吸收兄弟院校新图书馆建设方面的经验，2010 年 1 月 11—18 日，由总支书记、副馆长韩明杰带队，黄兴建、王永进、师丽娟一行四人组成的考察小组赴南京、上海、镇江等地，先后对南京农业大学、东南大学、南京大学、南京师范大学、华东师范大学、上海交通大学、同济大学、江苏大学等八所高校图书馆和一家公共图书馆——南京市图书馆进行了考察调研，从各个新馆的外观、风格、布局、材料、造价、管理等方方面面以及他们在新馆建设和使用过程中的问题和经验都进行了详细的考察和了解。

2010—2015 年，多批次调研了北京市的一大批高校新图书馆。通过实地考察调研，进一步开阔了视野、受到了启发，学到了许多值得借鉴的新馆建设的宝贵经验。

现代图书馆的理念和功能，不仅图书馆人应当了解和具备，也需要让相关方面同样了解和具备，以便在设计和建设过程中取得共识和支持。因此，外出考察调研新馆时，应尽量邀请设计、基建、财务等相关方派员一同参加调研。这种主张得到了时任分管学校基建工作的张建华副校长和基建处李培景处长的大力支持。他们不仅派出了基建处相关人员参加了多次考察调研，而且自己也抽出时间来亲自参加考察调研。张建华副校长还先后二次结合学校的对外交流工作带队去中国香港和英国考察调研了部分高校和公共图书馆。

（3）新馆设计 2012 年 3 月 14 日上午，学校邀请校外建筑设计、图书馆管理方面的专家以及校内师生代表座谈，就新图书馆建设的设计理念、功能需求与注意问题广泛听取意见。校长柯炳生亲临会议听取建议并讲话，他说，学校十分重视新图书馆的建设，将它列为学校的一号工程。各个部门要加强沟通与协调，新馆建设要用发展的眼光从长远考虑。柯校长对新馆建设提出了两点基本要求：一要“好用”，在功能上要满足现代大学师生对图书馆的需求，使用要方便、高效，要站在广大师生的使用角度去考虑问题；二要“好看”，外观设计要与周围环境、建筑协调搭配，成为学校一个标志性建筑。

设计院的专家介绍了图书馆设计发展的几个阶段和现代图书馆设计的新理念。大学图书馆是大学的心脏，是文献信息中心，是学术研究机构，是教学科研的重要组成部分。现代大学图书馆设计开始注重以人为本，向人本主义理念回归，开放、公共、交往成为新的特点。图书馆正在从一个传授知识的场所演变为创造知识的场所，读者在这里可以分享、讨论、创新。读者对图书馆的需求既希望加强开放与交流，同时又希望强化学习空间的私密性，减少相互干扰。研讨室、研究厢以及自助服务设施等正在逐步流行起来。另外，采用适宜的技术，考虑可持续发展，也是设计时要处理好的问题。

兄弟院校图书馆的专家介绍了他们的建新馆经验。他们认为，学校领导高度重视，图书馆、基建处、设计以及施工单位等几方面的密切配合是一条基本经验；充足的经费可以确保结构施工与内部装饰以及家具配置协调一致；本着宁缺毋滥的原则，一时没有能力做到或尚未确定的事情，宁可少做，不盲目追求数量的齐全，但要保证已确定项目的高水平、高质量。在建馆前一定要充分考虑长期的使用功能和服务功能，在土建、装修、家具、软实力等几个方面都要很好地落实到服务功能上。

师生代表也在会上反映了他们的心声。他们希望新馆能保证有充足的座位；大开间、小空间搭配得当，个性与开放相结合，环境典雅、舒适，满足阅览、研讨、聊天、独立研究等多种不同层次的需要；配套较为齐全的生活服务内容，长时间在馆内学习，疲劳时有放松、休闲和补充能量的场所；希望建筑要有特色，外形要追求美学价值，有生命气息，争取做到有山、有水、有绿化，营造一个宁静、典雅的周边环境。

在柯炳生校长提出的新馆建设“好用”“好看”基本要求的基础上，图书馆又进行了讨论，考虑到图书馆未来运营成本，大家认为应该尽量考虑自然光、自然通风等因素。此外，建新馆也是一个“百年大计”的工程，在未来几十年内，图书馆的内部摆设布局一定会发生变化，新馆建筑应当预先考虑到这种未来可能的变化。何秀荣馆长因此提出，新馆建设的基本要求在柯炳生校长“好用、好看”后面，再加上“低碳、前瞻”4 个字。最后，大家一致赞同将“好用、好看、低碳、前瞻”作为新馆建设基本要求，后来也得到了基建处和学校领导的认同，作为对新馆设计方案的设计原则。

“好用”，即符合高校图书馆的功能流程和功能服务要求，方便师生在图书馆内的各项活动，方便图书馆运营管理和馆员业务活动；“好看”，即图书馆建筑应体现校园建筑高雅的文化特色，与周边环境相协调；“低碳”，即凸显生态理念和讲求绿色环保效果，充分利用自然采光、自然通风、自然控温等生态友好手段，节水节能，降低图书馆运营和管理费用；“前瞻”，即图书馆的建筑设计应顺应图书馆未来发展趋势及特点，为运行先进管理方式和现代服务手段提供灵活性强、适应性高的空间，对目前不可预测的因素要有较强的应变能力，为未来发展保留一定的空间。

2012 年 4 月 25 日，张建华副校长邀请部分学校及图书馆退休老领导座谈，征求他们对新建图书馆项目的设想和建议。应邀参加座谈的老领导有：原北京农业大学副校长吴汝焯，原图书馆前后几任馆长杨直民、杨秉芳、张权，原图书馆直属党支部书记阎殿衡等。这些领导都经历过上世纪 80 年代末原北京农业大学新图书馆的建设。座谈会上，老领导们畅所欲言，将自己在任时期对图书馆当年的立项过程、建设经历、施工情况等进行了详细介绍，并从各自角度提出了一些中肯的意见和建议。时任基建处长李培景、图书馆馆长何秀荣、图书馆副馆长韩明杰以及基建处和图书馆的一些同志参加了座谈会。

为了设计出师生满意的最佳图书馆，也为了在更大范围上吸引建筑设计部门，鼓励建筑设计部门更认真地设计新馆方案，学校决定引进竞争机制，向社会公开征集设计方案，先启动一个图书馆概念设计方案竞赛，选竞赛入围的作品，再进一步细化设计。

有 43 家国内知名设计院、联合体（其中联合体 13 家）报名参加了概念设计方案竞赛。2012 年 7 月 24 日，学校组织专家对参赛设计方案进行了评审，确定清华大学建筑设计研究院有限公司、浙江大学建筑设计研究院、中国建筑设计研究院、Leo A Daly（德理公司）与北京清城华筑设计研究院有限公司联合体、华南理工大学建筑设计研究院、同济大学建筑设计研究院（集团）有限公司和天津大学建筑设计研究院共 7 家设计院（联合体）入围。这 7 家设计院（联合体）入围后进行了进一步的建筑方案设计。

2012 年 12 月 25 日至 2013 年 1 月 6 日，学校将 7 家的图书馆方案展板及模型在校奥运馆内的文化艺术馆进行了集中展示和网上展示，向广大师生征集意见和建议。师生在网上对各方案进行公开投票。

2012 年 12 月 29 日，学校邀请专家召开评审预备会。来自中国电子工程设计院、北京市弘都城市规划建筑设计院、北京建筑设计院、武汉大学、中国人民大学、北京工业大学等单位的专家评委。对应征方案进行评审论证。与会专家评委参阅了技术初审工作组对应征设计方案的技术初步审核报告，查阅了应征设计方案文册，观看了展板和模型，经过设计单位现场讲解、答疑，进行了认真审核和论证，提出了预审参考意见。

校基建处对这 7 个设计方案采用综合评审法，由专家评审、教师代表、学生代表进行评审，同时结合学校师生网上投票意见，评选出 3 个优秀设计方案，连同网上师生投票结果，报送学校常委会确定最终方案。校党委常委会根据师生代表的评选、专家论证预选，最终决定，选取同济大学建筑设计院提交的设计方案。

此后，图书馆新馆工作小组就新馆功能需求、远期发展和细节问题举行了几十次细致讨论；在内部取得主流意见后，就与校基建处和设计承担方同济大学建筑设计院当面进行沟通讨论以及递交文字材料。在三方磨合中最大限度地把图书馆的想法反映出来，便于设计方采纳或考虑。

（4）新馆开工建设　2015 年 10 月 16 日，新图书馆正式奠基开工，进入施工阶段。学校领导柯炳生、张东军、秦世成、王涛、李召虎、宁秋娅，党委常委、党政办公室主任李培景，学校老领导瞿振元、艾荫谦等出席奠基仪式，图书馆馆长何秀荣、总支书记刘清水、副馆长韩明杰以及馆员代表、师生代表和施工方人员参加了奠基开工仪式。主管基建的副校长龚元石主持了奠基开工仪式。校长柯炳生在开工仪式上致辞。

柯炳生表示，图书馆是一所大学文化的重要象征，是蕴藏知识的宝库，也是学子汲取知识和精神力量的重要场所，相信新图书馆将成为校园的又一标志性建筑。随后，柯炳生郑重宣布：新图书馆项目开工（图 6–7）。

新图书馆建筑面积 48575 m^2，土建总投资 2.89 亿元，地上 7 层，地下 1 层，可藏书 200 万册，阅览座位 3000 个，同时具备藏阅结合、个人研习、学术探讨、共享交流、服务自助等多种功能。

2016 年，新馆建设主体工程封顶。

2017 年，新馆建设进入后期内部装修、家具设备、窗帘等采购筹划阶段。图书馆新馆建设工作小组积极与后勤基建部门协调沟通，围绕“好看、好用、低碳、前瞻”的建设目标，不断细化完善内部装修设计方案，推进新馆建设。

图 6-7 校领导在开工仪式上（自左至右柯炳生、龚元石、王涛、秦世成、艾荫谦、瞿振元、张东军、李召虎、宁秋娅。汪群 摄）

新馆小组对新馆建成后所需购置的设备、家具等进行了较为充分的前期调研论证，多次对新馆各功能区进行研讨，形成了较为成熟的采购方案。经过努力申请争取，获得 2018 年度教育部改善办学条件专项经费支持，首期设备购置费 1835 万元，家具购置费 1920 万元。

2018 年 1 月 9 日，新馆建设小组赴北京化工大学新图书馆、昌平家具厂考察。

1 月 29 日，新馆阅览桌椅、书架采购认证会在西馆会议室召开，认证会由国资处主持，新馆建设专家组成员及馆内相关人士出席了会议。

2 月 2 日，新馆建设小组赴上海考察家具厂商。

4 月 10 日、11 日，图书馆在全校范围对师生进行新馆阅览桌椅、书架采集方案的投票。

4 月 16—19 日，新馆建设小组先后赴浙江宁波、江西樟树考察书架，随后到武汉大学图书馆考察 RFID 及盘点机器人使用情况。

5 月 2 日，由国资处主持的新馆 RFID 设备采购认证会在西馆会议室召开，张建华副校长、新馆建设专家组成员及馆内相关人士出席了会议。

2018 年设备和家具陆续开始到位，新馆建设进入设备与家具安装和调试阶段。由于设备和家具数量庞大、种类复杂，必须十分认真小心地对待，总支书记孙德昊专门负责领导具体工作，带领新馆建设工作小组一班人不分昼夜、放弃周末，全力做好新馆建设最后冲刺工作。

新馆建设期间，学校领导对新图书馆建设给予了极大的重视和关注，不仅多次召开和出席专门讨论图书馆新馆建设的各种会议，还多次亲临新馆建设现场视察和鼓励。

2017 年 5 月 9 日下午，校长柯炳生、党委副书记兼副校长张东军、党委常委兼党政办主任李培景到新图书馆建设工地现场办公。

柯炳生实地考察了新图书馆工程进度、建设情况。他表示，新图书馆作为学校新的标志性建筑，要进一步优化设计，既要美观，更要强化功能。他要求，继续把安全工作作为完成施工的重要内容，始终把工程质量放在重要位置，切实把各项工作做精做细，不留瑕疵和遗憾，学校各相关部门、施工单位要统筹考虑功能区规划、配套系统布局，加强沟通和协作，确保高标准、高质量、高效率地完成各项任务（图 6-8）。

图 6-8 柯炳生校长（右 2）在新图书馆工地现场办公（郝琦伟摄，来源：校园网）

2018 年 11 月 21 日上午，孙其信校长带队前往新图书馆施工工地检查工作。孙其信一行先后检查了新图书馆前广场、新图书馆内部设计装修的施工情况，对新图书馆功能分区、结构布局、精装设计、施工进度等进行了深入了解。

新图书馆前广场是目前学校面积最大的一块广场，孙其信提出，广场景观设计一定要体现出农大的元素、农大的特色、农大的文化，同时还要兼顾到师生们的日常活动，让大家一进入广场，就能感受到浓郁的农大风、浓郁的文化氛围。

孙其信校长对新图书馆后续的装修设计提出要求。他指出，新图书馆是广大师生翘首以盼、倍感振奋的大工程，也是学校最大的公共建筑，在精装的细节上一定要做到精益求精，装修设计要更加有特色、有现代感，既要能体现出当代大学发展的文化，也要满足师生多元化的需求。他要求，各部门工作一定要到位，责任到位，抓落实到位；要进一步解放思想，创新工作方式、方法，加快推进相关工作，确保新图书馆早日投入使用（图 6–9）。

2019 年 6 月 3 日上午，校党委书记姜沛民在党委常委、副校长王涛等人陪同下来到新图书馆视察，并与前来参观、拍照的毕业生、离退休教师等亲切交谈，合影留念。

图书馆党总支书记孙德昊向校领导一行详细介绍了新馆各层功能布局、设施配套等情况。校领导要求以新的理念把新图书馆办好，通过完善多样化服务、精细化管理为学校发展与人才培养贡献力量，助力学校加快推进“双一流”建设（图 6–10、图 6–11）。

图 6–9 孙其信校长（中）在新图书馆工地现场办公（来源：校园网）

图 6–10 学校党委书记姜沛民（中）视察图书馆（汪群 摄）

图 6–11 建设中的新图书馆外景（汪群 摄）

（5）搬迁新馆　图书馆的搬迁是一项技术性很强的工程，图书的排列顺序不能打乱，要确保搬迁后图书按照原有顺序归架，合理分配架位。图书馆提前对新馆做好了布局规划，兼顾长远发展，制定了排架方案，并由具有图书馆搬迁经验的专业公司承担搬迁任务。

学校统一工作部署，要求图书馆于 2019 年 3 月底前清空旧图书馆一层空间，所以，图书馆于 3 月 8 日，提前启动了旧馆一层的搬迁工作。

6 月 10 日正式开始旧馆二层以上藏书的搬迁。此时学校尚未进入暑假，教学活动在正常进行。为减少对阅览、学习的影响，图书馆采取分时、分层、分区域关闭不同书库和相应阅览区的办法，先从利用率低的藏书开始搬迁。

按照计划，新馆的藏书管理采用 RFID 系统。之前，图书馆已于 2018 年 12 月完成了藏书添加 RFID 和 EMID 标签的工作。搬入新馆后需要进行标签定位，2019 年 7 月 3 日，开始由科晶公司进行标签定位，图书馆随时抽检，把控质量。

7 月 8 日起，利用暑期全面闭馆，工作人员进行内部整理，并开始设备、人员的搬迁。

新馆为 7 层建筑，一层主要是会展区、多媒体室和智能教室；二层是电子阅览区和多功能交流体验区；三至六层为纸质文献资源藏储和阅览区；七层是馆内办公区以及图书馆以外的单位占用区。总体布局特点是自下而上形成由动到静的安排，降低了进馆读者各类活动的相互影响，也减少读者垂直方向的流动量。

原本新馆建筑是作为整体专为图书馆设计建造的。由于学校教学科研用房紧张，故将新馆 7 层的阅览区域暂时改作办公用房，进驻了马克思主义学院、中国南南农业合作学院、“一带一路”农业合作学院以及教师教学发展中心、高等教育研究中心、中国农业大学课程咨询中心等单位。

（6）新馆开馆试运行　新学期开始，全校师生企盼已久的东区新图书馆于 2019 年 8 月 21 日正式开始试运行，吸引了无数目光，前来参观的老师和同学络绎不绝，获得了阵阵惊叹和赞赏，立即成为当时的网红图书馆。

8 月 30 日，是新生开学报到的日子，校党委书记姜沛民、校长孙其信一行也在这天来到新图书馆看望同学们。他们与大家亲切交谈，勉励新生珍惜校园时光，珍惜图书馆优美的阅读环境，积极利用图书馆文献资源不断充实自己，不辜负父母和学校的期望（图 6–12）。

新馆建设发展是图书馆人最欣慰的事。8 月 26 日，西馆教工支部联合图书馆离退休教工开展“感知新馆，认知新使命”活动。他们当中，既有耄耋之年的老一辈领导，又有从图书馆各个岗位退下来的普通职工，大家无不为新馆高大上的建筑、优美清静的阅读环境，以及先进的设施和服务而欢欣鼓舞（图 6–13）。

图 6–12　校党委书记姜沛民（右 2），
校长孙其信（右 1）在新图书馆与读者交谈（汪群摄）

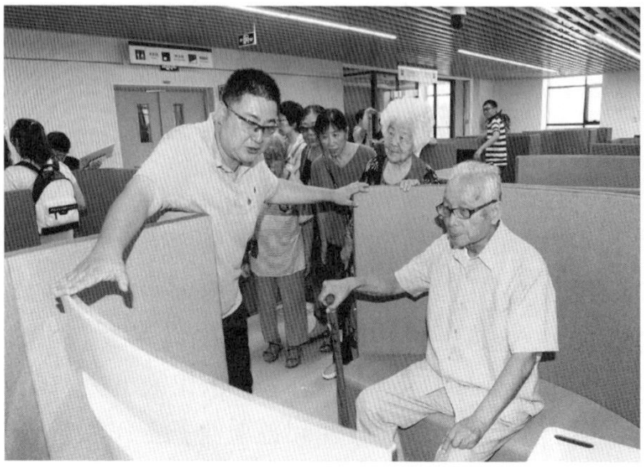

图 6–13　图书馆老同志参观新图书馆
（左：图书馆总支书记孙德昊，
右：图书馆老馆长杨直民，汪群摄）

（7）新馆楼宇管理　新馆启用之前，图书馆的保安、保洁、维护等日常管理是由馆办公室负责的。图书馆聘用保安、保洁人员，签订劳动合同，承担其社保的缴纳等。后来经与学校保卫处协商，保安工作由保卫处统一派遣学校聘用的保安公司承担，图书馆支付保卫处相应的费用。

新馆建成后，建筑面积约 4 万 m^2，体量是东馆旧馆的 4 倍，建筑设施、设备的增加也与以前不可同日而语，馆舍的日常管理必须专业化、规范化，才能确保安全高效地运行。

经过图书馆努力争取，学校最终拨付专项经费，聘用物业管理公司，将图书馆新馆馆舍实行专业的物业化管理。图书馆门卫、24 小时值班、监控、消防、地库管理、保洁卫生、设施设备运行与维护，以及图书馆的图书上架整理等工作均由物业公司负责。图书馆进行监管抽查，从而可以把主要精力投入业务工作上。

3）西区馆舍建筑大修工程

（1）大修工程立项　在积极争取新馆建设的同时，图书馆西馆馆舍也迫切需要进行大修维护。西馆建于 20 世纪 90 年代初，其结构布局和设备设施在当时都是国内一流，具有 20 世纪 90 年代现代化图书馆的示范作用。但是，自 1990 年启用后，20 年来一直没有得到大的修缮，水管锈蚀、电路老化、供电容量超负荷、网络点位不足等问题突出，存在许多安全隐患。同时，一些功能布局也需要根据发展的需要进行改善和改布。

2009 年，图书馆向学校提出了西馆进行大修的立项申请。6 月 23 日，学校有关部门负责人听取何秀荣馆长关于“中国农业大学图书馆西馆馆舍大修专项基金项目申请”的汇报。

何馆长向与会专家、领导系统地介绍了西区图书馆在馆舍建筑物、消防水管系统、配电箱柜及照明系统、设施设备配套状况等主要方面呈现出的老化失修问题和触目惊心的安全隐患，详细阐述了西馆馆舍大修的必要性和紧迫性、大修内容、经费预算以及大修后的预期效果。与会人员还实地考察了西馆。

经过专家考察论证，学校同意将西馆大修工程列入 2010 年计划，并争取到教育部改善办学条件专项资金约 2000 万元。

（2）工程实施　西馆大修工程立项后，立即进入了招标和施工阶段。从 2010 年 1 月 22 日开始，图书馆先后配合后勤基建处和学校招标办公室完成了设计招标、大修方案设计、搬家招标、监理招标、施工招标等一系列工作。

经学校第 2010–7 次党委常委会暨校长办公会讨论决定，图书馆西馆自 2010 年 5 月 1 日起暂停借阅服务，开始启动馆舍维修工程。

2010 年 5 月 1 日起，西馆开始闭馆。6 月 14 日，搬家公司员工进驻西馆，将所有的图书及办公家具陆续拆卸、打包，开始了第一阶段的搬迁工作。在认真做好家具、设备、图书的统计情况下，完成了全部图书、家具、设备的搬运工作，西馆完全腾空。图书、家具存放到学校生命科学大楼地下车库后，安排人员 24 小时值班，实行上岗登记制度，确保安全。

施工队于12月24日进入西馆，正式开始进场施工。2011年1—8月是图书馆西馆大修工程的实施期，主要是完成工程施工，设备招标、采购、安装。

西馆闭馆期间，为了将大修影响降到最低，图书馆积极采取多种措施切实保障西校区教学和科研服务工作。西馆信息咨询部在西校区新教学楼设立办公室开展科技查新和咨询服务，流通部门设立临时还书处，方便西区师生还书。他们克服空间拥挤、条件艰苦的困难，坚持工作。采访、编目、数字化等部门则临时迁到东馆办公，东馆人员大力配合，克服困难，挤出房间，各部门和馆员们想方设法、相互配合，确保了大修期间各项业务工作顺利开展。

（3）大修竣工　2011 年 8 月 16 日，后勤基建处将大修后焕然一新的馆舍移交给图书馆，图书馆开始了图书、家具和设备的回迁工作。

2011 年 10 月 8 日，西馆大修工程竣工，重新开馆迎接读者，“新”馆受到了师生的一致称赞。

图书馆内外焕然一新，完成了水管线等设施、强弱电设施、消防设施、网络管线等更换铺设工程和内外部土建修缮工程，楼体外观变为厚重的棕红色。同时，根据业务发展的需要，对内部空间结构重新进行了划分，并设置了工作区域门禁系统。走进图书馆，映入眼帘的是锃亮的瓷砖，洁白的墙壁，柔和的灯光，舒适的桌椅，新式的饮水机……

在空间格局变化的同时，积极开展自助服务试点，既方便了读者，也减少了服务人工，提高了服务质量。

在图书馆入口处设置了电子验证通道系统，读者凭校园一卡通刷卡入馆，快捷、方便。在明亮宽敞的二层大厅，新添了图书自助借还设备，同学们只需在机器扫描处刷入书刊的条形码，上方的显示屏就会自动显示图书的借还状态。有了这台人性化的机器，即使在没有图书管理员的时间段里，同学们也能按照显示屏上的语音提示实现自助借还。

二层开辟了约 400 m^2 的信息共享空间——电子资源服务区，向读者提供 98 个电子阅览座位，设有 15 个 4 人座研讨包厢；新设了 7 个研讨室，每间研讨室可提供 10 人规模的学术研讨空间，可容纳 63 人的信息检索技术教室 1 个，形成了个人研修、4 人商讨和培训教育为一体的电子信息学习与利用的共享空间区域。

在图书馆三、四层入口处位置，从前的电脑也被新的更加快捷的书目检索系统所取代，与检索设备相邻的，是一台自助式复印机，读者需要复印的资料，只需刷一下校园卡，机器就会自动开启，读者便可选择相应的规格进行自助复印，遇有疑难，也可以随时向旁边服务台工作人员咨询。

在图书馆一层东北区域，分别配置了一个 110 个座位的学术报告厅，一个 50 人的中型会议室和一个 20 人的小型会议室，以便于不同规模的学术交流及各种会议的举行。

为了向读者提供一个学习与休闲相结合的宽松环境，在一层南侧平台下改造了休闲阅览区，设有舒适的软座椅、若干 4 人位包厢、4 个小型交流室和咖啡服务区。读者在紧张的学习之余，可以在这里小憩、品茗，翻翻报纸和文艺刊物。休闲阅览区于 2012 年 3 月正式对读者开放，舒适优雅的阅览环境，在学生中得到极大反响，纷纷在各自朋友圈中点赞，同时也得到了学校领导的肯定。

这次大修，还解决了原建筑使用不便的问题。原建筑正门是由室外平台直接进入图书馆，在东南角的楼梯一、二层之间是没有通道的，为方便读者，同时也解决消防快速疏散的问题，这次大修打通了楼板，增设了楼梯，大大方便了读者使用。

这次大修，安装了红外感应摄像头，更新了安防监控系统，将安防中控室改设在紧靠西门的位置，并进行了扩建，兼管西门门卫。在中控室可遥控操作摄像头，通过大屏幕监视全馆重要部位。同时，对部分门禁改装了电磁锁控制，更加便于管理，在紧急情况下对外楼门可自动开启以疏散人员。

10 月 8 日下午，校长柯炳生，副校长张建华、王涛在有关部门负责人的陪同下来到图书馆现场考察。柯校长一行仔细察看了各层的设备配置和运行，向学生询问了对新西馆的感受和新设备的使用情况，现场解决了遗留的细节问题。校领导要求图书馆要把工作做得更加细致，进一步提高管理水平，使图书馆新环境、新设备与丰富的文献资料真正充分发挥作用；希望同学们有效利用好图书馆条件，爱护设备，共创图书馆良好环境，获取更多的知识，享受到更多的读书乐趣。

同时，西区图书馆工作人员也在“十一”长假之后第一个工作日迎来一个由东至西的回迁高峰。根据大修工程的要求，西馆于 2010 年“五一”之后临时闭馆，将图书资料、机器设备、桌椅书架等全部搬离出馆，所有办公人员也相继撤离，除少部分留守在西区新教学楼，继续开展咨询服务和接受读者还书外，其余大部分移至东区图书馆临时办公。重新开馆后，除资源建设部因业务原因推迟回迁外，所有在东馆临时办公的西馆各个部门及人员均已搬回西校区，全部按照聘岗调整后的设置到位工作。

（4）自助管理模式的探索　大修改造后，在二层开辟了电子信息学习与利用的共享空间区域。其中设有个人电子信息研修桌 98 个、4 人电子信息研讨位 15 组、10 人学术研讨室 7 个，形成了个人研修、多人研讨的学习共享空间。

这些资源全部面向学校师生免费开放。为了科学管理、合理使用与分配资源，图书馆组织系统与数字化部的开发人员，自主研发出一套管理软件。每个个人电子阅览座位均配有电源插座、网线插口，方便使用个人笔记本电脑。座位采取网上预约制，为了减少占座不用的座位空置状况，每日中午 12 点和傍晚 17 点清场前 30 分钟，预约下一时间段座位，预约成功后，用户须在上一场清场后 10 分钟内凭校园卡到现场在刷卡机上取号，方可自动实现电源插座的供电。学习完毕后在刷卡机上注销后离开。

多人研讨室位于西区图书馆二层电子阅览区内，一共 7 间，适用于小型研讨及会议，内有电脑主机及大屏显示设备，可用于 PPT 等演示。

研讨室同样采取网上预约制，每个研讨室每天分三个时段提供预约（8：00—12：00；12：00—17：00；17：00—22：00），一个研讨时段必须有 5 人以上组团预约方可有效，以免个别人占用却未用于研讨使用。研讨室的第一个预约者为该场次研讨的主持人，参与研讨者必须输入研讨主持人提供的邀请码才能预约该场次研讨。

研讨室安装有电磁门锁，研讨主持及参加人必须在所预约的时间段内到电子阅览区内的刷卡机上用校园卡刷卡签到后，门才能自动开启，如果签到人少于 4 人，门不开启。

通过电子预约系统，对以上区域实现了全自助管理。图书馆不必进行人工干预，完全由读者自助预约、自动通电、自动开门。一方面减少了图书馆的值班人员，节省了人力；同时也锻炼了学生自助管理的能力。

通过技术手段实现自助管理是一种发展趋势，这次成功尝试与试验给图书馆全面普及自助性管理和未来新馆建成后的管理改革积累了实践经验。

4）电梯更新

电梯在图书馆属于大型设施，是政府安全监管部门特殊管理的特种设备，电梯运行往往关系到人的生命安全。东馆旧馆和西馆建筑在建造时均装有电梯，但迫于资金落实不到位，近 20 年一直没有更新，均处于超龄状态。

（1）西馆电梯更新　西区图书馆电梯从 1990 年馆舍启用至 2008 年，使用了近 20 年，已经超期服役，需要更新。

2008 年 3 月 25 日，馆务会决定从自有创收资金中出资予以更新，并确定了改造方案。这次电梯更新改造，将原来只能抵达四层的旧电梯改造为能够上升到五层的新电梯，以便于五层房间的开发利用，提高电梯的使用效率，这涉及机房加高改建工程。改造工程经过招标、旧电梯拆除、土建改造、新电梯安装调试、质检部门验收等 5 个环节，在 8 月底开学前夕告竣，保证了暑假之后图书馆工作的正常运转。

（2）东馆电梯更新　东馆馆舍在 1987 年新建时，设计安装了一部运送图书的货运电梯。因支持电梯运行除消耗电力外，每年需要一笔维护保养费用，当时图书馆运转经费十分有限，难以支撑，故电梯长期处于闲置废弃状态。

早年，图书馆的管理模式还是闭架方式，读者借还书分别到各层借还台办理，图书垂直运送的矛盾还不太突出。

2003 年以来，东馆实行了全开架集中借还书方式，所有图书的借还都集中到二层总借还台。再加上每年新购进的图书和东、西两校区之间通借通还回馆的图书，每天都有大量的图书需要人工在一层到四层之间搬运。据 2011 年统计，东馆全年还回图书（不包括期刊）共 20 余万册。偌大一个图书馆没有电梯，图书搬运压力相当大。另外，还有不定期的阅览桌、书架等物件的上下搬运、装订期刊以及设备的楼层间搬运，由于电梯停用，完全依靠人力，十分不便，致使一些馆藏布局的调整难以及时进行，进而影响到布局的合理性和资源的利用效率，也给广大师生充分利用馆藏资源带来诸多不便，读者意见颇多，亟须对电梯更新、恢复使用。

为了从根本上解决问题，图书馆决定自筹经费 20 万余元，进行电梯更新，经学校同意，于 2011 年底到 2012 年初，拆除报废了旧电梯，采购安装了新电梯，改善了东馆的工作条件。

5）西馆中央空调更新

图书馆西馆中央空调是大型设备，贯穿整个建筑大楼的主体，一旦开动，耗能巨大。自2002年安装启用至2016年，西馆中央空调已使用了14年，设备老化、效率降低。2016年，图书馆就更新西馆中央空调申请到教育部改善办学条件专项经费90万元，对西馆中央空调主机和末端风机盘管进行了更新改造，将2台约克主机更换为2台开利机组，更换了100余个风机盘管，并对局部管道进行了改造，根据需要增加了部分盘管。新机组可以根据负载大小，选择低负荷或满负荷模式，并实现自动切换运行，减少了能源消耗，降低了设备噪音，改善了西馆整体环境。

6）西馆创新空间改造

为适应大众创新、万众创业的新形势，进一步拓展图书馆服务内容，配合学校有关部门开展对学生素质和能力的教育与训练，图书馆决定将西馆一层的部分利用率较低的区域改建成众创空间和人文素质训练区，用于技术创意交流与体验实践，包括创意交流、创意设计、创意实践、创意信息发布、作品展示等空间；文化创意空间，包括摄影摄像创作、录音制作、影音体验、影视后期制作等空间。同时也希望通过西馆众创空间和人文素质训练区的建设为新馆功能区建设积累经验。2016年，图书馆向教育部申请改善办学条件专项经费150万元，用于900余 m^2 的工程改造和相应设备购置，最终获批72万元。由于改造经费未能达到预期，2016年先期进行工程改建，计划翌年再申请配置设备设施。后因故追加设备没有如期通过学校审核立项，故原有设计功能未能实现。其中部分房间用作了图书馆研究生的实验工作场所。

2018年，为了进一步发挥空间利用率，同时为新图书馆声像区建设积累经验，图书馆自筹资金投入音像设备，建起了一个KTV室，在馆内职工中试用，大家普遍反映其功能效果良好。

7）西馆局部改造项目

局部改造是图书馆依靠自身力量改善硬件环境的做法，由于东馆已经有了建设新馆的规划，届时可以得到一个崭新的现代化图书馆，因此，用自身力量进行的图书馆硬件改善重点就放在了西馆，对东馆基本上是一个维持运作的策略。

（1）西馆旋转门改建　西馆自建成以来，一直存在大厅冬季温度过低的问题。因为西馆大厅的门是自动平开门，冬季门一开，冷风就直灌大厅，图书馆大门进出人流不息，所以整个大厅冬季寒冷。大厅内借还处的工作人员和门口保安人员在室内穿大衣上班，依旧难以御寒。每逢冬季，图书馆只能在门口悬挂棉门帘。进出人员掀门帘非常不便，也导致图书馆大门总体形象有碍观瞻。

2007年初，图书馆决定采取措施解决大厅冬季保暖问题。大家集思广益，提出了种种办法，经过现场反复对比，决定采用中间旋转门与两旁平开门结合的方式，冬季启用旋转门，其他季节启用平开门。当年即利用暑期动工，将西馆大门改造为中间旋转门与两旁平开门结合的布局，从根本上解决了西馆大厅冬季温度过低的问题，改善了读者学习条件和工作人员的办公环境。

（2）更新多媒体教室设备　2007年1月11日，图书馆分别向教务处和研究生院提交了一个“关于更新图书馆多媒体计算机辅助教学系统的报告（附：多媒体教室建设方案）”，希望教务处和研究生院在教学设施更新改造建设费用中给予支持。当时图书馆有一个多媒体教室承担学校的信息检索类课程、数据库使用培训、教学公开课和网上课程直播以及网络课程录制等任务，但现有的主要教学设备是50台微型计算机和一台投影机，这些设备已使用多年，在速度、容量、课件及多媒体教学环境等方面已不能满足教学需求，亟须对微型计算机、投影机及相关配套设施进行更新，以便有效发挥多媒体计算机辅助教学系统的作用。故图书馆向研究生院申请在教学设施更新改造建设中给予50万～59万元的支持。由于种种原因，当时未能得到批准。2007年9月12日，图书馆再次向研究生院呈文，进一步修改了多媒体教室的建设方案，暂缓了其中局部建设，申请费用44.2万元，使设备得到更新。

（3）营造休闲阅览环境　2007年9月，图书馆曾自筹资金完成了西馆文艺报刊阅览室和咖啡休闲区的改建装修，大大增强了图书馆的人文气息，也给师生增添了一个研讨、会客的场所，休闲式阅览布局很受学生的欢迎。2012年，作为西馆大修的后续工程，进一步调整完善了内部布局，增加了4个研讨间，增设了卫生间，更新了舒适的桌椅、书架，营造了休闲阅读的良好环境。

8）图书管理集成系统更新

2010年以前，图书馆使用的图书管理集成系统是ILAS系统，其功能已经不适合管理需求。图书馆一直在考虑是系统升级还是更换新系统。为此，图书馆成立了包括采访部、编目部、流通阅览部、自动化部人员在内的集成系统调研工作组，群策群力、充分论证。经过多次外出调研、邀请公司上门讲解及对软件的测试，小组成员以“无记名”投票方式，最终选择采购“汇文”图书管理集成系统取代原有的ILAS管理系统。

2011年，在“985三期工程”的支持下，落实了购置经费。当年4月完成了“汇文”图书管理集成系统取代原有的ILAS管理系统的软件置换工作。系统更新后，更加安全、方便，读者检索与显示内容更加丰富，提高了服务水平和业务管理水平。这项工作也与学校校园卡对接做好了准备。

9）“EM+RFID图书智能管理系统项目”的实施

RFID（Radio Frequency Identification）射频识别技术，是一种无线通信技术，通过射频无线信号识别实现非接触式自动识别目标对象。RFID技术在许多领域均有应用，在图书馆可用在图书盘点、自助借还、门禁及防盗管理等方面，能大大提高工作效率。对于全开架管理的图书馆而言，RFID技术对于图书馆盘点、整架，快速寻找图书具有无比优越的优势。进入21世纪后，许多图书馆纷纷引进使用RFID系统作为现代图书馆管理的手段。

但是对于馆藏量庞大的图书馆来说，全部更新图书识别系统不仅需要一笔数量可观的经费，而且还是一项巨大的系统工程。RFID技术不仅需要给每一册图书添加RFID标签，还需要有一系列与其配套的识别、监测设备，才能组成完整的系统；而标签添加过程需要临时停止服务，进行内部加工，会对图书馆的正常服务工作造成很大影响。所以，中国农业大学图书馆一直在寻找最佳的引进RFID的时机。

随着图书馆新馆落成，东馆所有图书将全部下架迁入新馆舍，给图书馆带来了更换图书RFID识别标签的良好机遇，同时RFID经过10余年在图书馆界的应用，技术进一步成熟完善，图书馆决定将图书原条形码更换为RFID标签。由于图书馆东、西两馆是一体化统一管理、图书统一调配、通借通还，所以RFID标签的更换是面向全馆的工作，必须统筹安排，一步到位。

2018年，图书馆预算了730万元，用于对图书更换RFID标签。除期刊、资料、学位论文和未入数据库的少量旧书不做置换外，在用流通图书全部置换。

9月中旬开始实施“EM+RFID图书智能管理系统”项目。通过此项工程建设，图书馆将实现纸质资源的精准定位，同时计划增加一批升级换代的先进设备，使用机器人对馆藏资源的盘点。困扰了多年的“图书在馆，读者却找不到”的问题将得到解决，极大地提升文献资源的利用率和服务管理的智能化程度。

为了保证项目的顺利完成，图书馆制定了“EM+RFID图书智能管理系统”项目实施工作方案。设立了以图书馆长、党总支书记为组长的RFID工作领导小组，下设以系统部主任、流通部主任、资源建设部主任、办公室主任及主要工作人员组成的RFID工作小组。

在项目实施的过程中，明确各部门的任务、职责及工作要求，强化分工合作；制定操作性强的全过程质量抽检工作方案，确保工程质量；建立每日、每周项目进展报告机制，有效推进施工进度。

标签置换工作和相关设备的更新调试先从西馆展开。在保证开馆的情况下，采取分区域封闭加工的措施，由施工方做围挡，最大限度地减少对读者的影响。共完成51万册图书的加工和定位。随后，东馆图书在迁入新馆之前，下架加工，然后打包，直接到新馆定位、上架。

10月1日至11月19日，完成西馆55万余册纸质资源RFID标签加贴及数据转换定位工作。

11月20日至12月21日，完成东馆85万余册纸质资源的RFID标签加贴工作。数据转换及图书定位工作是在2019年搬入新馆后进行的。

另外，对借阅在外的所有归还图书进行逐一检测，对没有RFID标签的图书补贴标签，至2019年3月4日，完成4000余册图书RFID标签补贴工作。

与此同时，完成近22万册文献的书目数据恢复、修改及新增工作，其中包括原东、西馆下架图书118836册，经济管理学院、中国农业科学院原子能研究所和中国农业机械化科学研究院赠书90432册，水利水电出版社赠书810册，新书9249册，同时对回溯赠书及新书进行了5次编目质量抽检工作。

10）其他硬件设施项目的改进

除了以上投资较大的馆舍和硬件设施投入外，图书馆日常还有很多小工程和设施改进。以2019年为例，2019年1月，西区图书馆投入使用的“书舒•朗读亭”，是一款以朗读体验方式为主，集朗读练习、录制、演讲训练、阅读为一体，并可通过微信分享读者自己朗读内容的物联网设备。该设备不仅隔音，而且内含紫外线消毒功能，可防止细菌滋生。朗读亭的资源涵盖诗歌、散文、传记、小说等，每半年更新1500篇文章，可满足大部分读者的朗读需求。走进“朗读亭”朗读名篇经典片段，一个人，或者与朋友、同学一起，用简单的方式呈现心中最想表达的情愫，用发自心灵的声音朗读自己的人生梦想，在这里安静地读出对人生、对生命、对朋友或是亲人的感悟，感受文字的力量、展现声音的魅力。朗读完毕后可通过微信扫描二维码获取音频材料，也可在微信朋友圈分享朗读音频。

还有新型自助还书机投入使用，基于RFID和EMID的图书自助借还机可实现5本图书同时借阅，省去翻开图书寻找二维码和逐本借阅的麻烦。将校园卡放在读卡处，输入密码，点击借书或还书键，将图书（5本内）批量放入规定区域，待系统读取信息，点击确认即完成借书或者还书流程。

图书杀菌机投入使用。可提供图书杀菌服务，30秒内将书籍里里外外清理干净，摆脱病菌对人体健康的威胁，远离过敏源，让读物干净而不留任何刮伤痕迹。

7. 资源建设

历史上图书馆的存在是因为拥有丰富的文献资源，所以被称为“知识宝库”。纸质文献的出版和常规获取往往只在一段时期内，学术价值高的图书一旦过了新书出版期后，往往需要溢价购买。早期没有印刷术，纸质文献基本上是手抄本，存世稀少；后来虽然出现了印刷术，印刷用的泥版、石版、木版制作不易，容许的印数很有限；再后来出现了活字印刷术，但因为印刷技术和能力较低，纸质图书的印数也很少。随着岁月流逝，很多书就成了绝版书，成了珍本、善本、孤本。在相当的时期内，评价一家图书馆在图书馆界的地位如何，一个重要的指标就是看它的藏书量和藏书品种。历史悠久的图书馆藏有的图书往往藏书量大，年代久远，即知识宝库的底蕴深厚。所以，近代以来，采买新书就是图书馆最重要传统工作之一。

1）资源建设理念与原则的调整

高校图书馆与一般的私人或公共图书馆在采买图书上不同，高校图书馆同一专业的读者多，所以高校图书馆买书需要有复本，同一本书不是买一本，而是买几本，否则一本书是难以满足阅读需求的，所以高校图书馆都会在图书流通速度、读者量和复本量三者间作平衡。在电子文献资源盛起之前，很多高校图书馆购买图书一般至少5个复本。

如果一个图书馆经费充足、空间充裕，多买点书和多买几个复本是没有问题的。但多数图书馆经费有限，甚至囊中羞涩，如何提高有限经费的使用效率就是一个问题了。在资源建设上，何秀荣馆长制止了为“本科迎评”大量增加复本采购数的做法，认为不能为了迎评而采买不合理的复本量。如果仅仅是为了形式上满足迎评的图书量指标，完全可以用更小的代价来满足，比如“用最廉价的书补足缺口量以满足指标要求”，因为指标只是一个数量，并没有其他具体规定，这样用几万元作为代价，也比糟蹋几十万甚至上百万元要合算，但问题是没有必要去明知浪费还要去做。可以通过购买电子图书、呼吁赠书、加强院系资料室的统计工作来补充学校整体的图书数量。

何馆长提出，要改变以前的一些观念。第一，一个图书馆的藏书如何不应当看它有多少册书，而应当看它有多少种书。假设一个图书馆有上千万本书，但只有一种，怎么可能是好图书馆呢？好图书馆的藏书应当是读者能在你这里找到他想看的书，而不在乎多少总量。人无我有，这才是骄傲的资本。第二，中国农业大学是以农业科学、生命科学、农业工程学科为特色的，图书馆必须围绕学校办学特色来服务和来打造，图书馆的经费也只能支持做一个特色图书馆，以特色傲立图书馆之林。同时，中国农业大学图书馆是 CALIS 农学中心承建单位，负有向全国农科高校图书馆辐射和保障文献资源的责任和义务。所以，凡是大农科类的图书文献我们就应该尽量购买，做到图书品种齐全。第三，合理决定复本数，总体原则上每本不超过 3 本；具体采购上，对每本书进行复本评估，有些书，比如对读者使用很少的非大宗语言的词典，“千年翻一回”，有一本就够，没必要复本。第四，负责采购的人员对图书学术价值的评估要精通，买好书是购书人员的责任，图书馆应该起到学术价值导向，好书可以给读者好的教育，否则只会误导读者，浪费读者的时间。以往由于经费问题对于高价书不敢买，但高价书往往也是学术价值比较高的，经得住历史检验，也往往成为馆藏的宝贝，所以对于这样的书要舍得买，可以不买复本。第五，信息时代到来，要跟得上时代，电子资源使用起来有迅捷、方便、可多人同时使用、可打破时空限制等好处，也是时代趋势，所以在经费使用上要加大电子资源的建设。

2）纸质文献资源建设

在电子文献资源出现前和发展初期，纸质文献资源是基本的文献形式；即使在电子文献资源普遍时，纸质文献资源依然是主要的文献形式，因为电子文献并不能覆盖或替代所有文献资源，尤其是电子图书占图书出版总量的比重很低，目前电子文献资源主要还是替代期刊论文。

纸质文献主要包括 4 大类：中文图书、中文期刊、外文图书、外文期刊，另外还有少量的报纸。

（1）中文图书　中文图书资源建设方面，在 2007 年前，图书馆每年采购的中文图书大体在 11000 ～ 15000 种、25000 ～ 50000 册的范围，复本数大体在 3.0 ～ 3.5，如 2006 年图书馆采购了 10626 种、35484 册中文图书，复本数为 3.34。2007 年因为迎接本科教学水平评估的特殊原因，大大增加了中文图书采购量，达到了 21152 种、108478 册，复本数高达 5.13。后来由于采购理念和原则的调整，2008 年后的中文图书复本数明显降低，一般在 2.1 左右；每年采购的中文图书基本上在 11000 ～ 15500 种、23000 ～ 25000 册的范围。2019 年采购了 18340 种、37309 册中文图书，复本数为 2.03。由于复本数大体稳定，所以每年中文图书的采购数量基本取决于购书种数。2007—2019 年共增加了新购中文图书 176803 种、529800 册。此外，由于有意识地强化接收赠书，2007—2019 年还获得中文赠书约 25 万册，合计增加了 76 万余册中文图书，这意味着 2007—2019 年增加的中文图书约占 2019 年底馆藏中文图书总量的 1/3。如果再加上采购的电子图书，大大丰富了师生的中文图书阅读资源。

2007 年 5 月至 7 月，图书馆首次采取外包加工的方式，对西馆密排书库 20914 册西文图书进行了为期 42 天回溯编目工作。由于前期调研工作充分，项目完成过程本馆工作人员全程跟踪进行质量监控，及时发现问题、解决问题，使得项目按时、保质、保量完成。这是一次有益的尝试，积累了经验。

（2）中文期刊　2007 年前，每年图书馆订购的中文期刊大体在 1760 ～ 1780 种、2700 ～ 2750 份的范围，复本数 1.5 上下。如 2006 年图书馆采购了 1766 种、2736 份中文期刊，复本数为 1.55。由于采购观念和原则的调整，以及电子文献资源的发展，2007 年开始中文期刊的采购量逐年减少，被电子期刊替代；中文期刊种数和份数的采购量从 2006 年的 1758 种、2716 份，到 2019 年减少为 1381 种、1573 份；种数减少了 21.4%、份数减少了 42.1%，复本数从 1.54 下降到 1.14。但同期的电子数据库增加了 66 个，其中的中文电子期刊种类超过 12000 种，是 2007 年中文期刊种数的 6 倍以上。用现代文献手段大大扩张了中文期刊对师生教学和科研的数量支持程度和使用快捷程度。

（3）外文图书　进口原版外文图书（主要是发达国家的英文图书）价格比较贵，由于 2000 年以前中国经济发展水平与发达国家差距很大，而图书价格差价尤其巨大，2003—2009 年，中外图书价差在 30 ～ 50 倍，即使到了 2016—2019 年的中外图书价差还在 8 ～ 10 倍。所以，外文图书被国内绝大多数高校图书馆视为“奢侈品”，每年购买的数量不多。2007 年以前，中国农业大学图书馆每年只采购 120 ～ 240 本外文图书，这个采购量里面还包括农科外国教材中心的外文教材购买量。由于外文图书价格贵，读者相对也少，所以外文图书采购没有复本。随着中国社会经济的快速发展，高校图书经费也在增长，中外图书价差逐步缩小，外文图书的采购量逐渐增加，2013 年起每年外文图书采购量稳定在 500 种（册）以上。2007—2019 年，新购增加的外文图书达到 12671 种（册）。

由于外文图书昂贵，所以获得外文图书捐赠就变得很重要，尽管外文图书赠书在内容上相对陈旧一些，但依然可以发挥大量的非前沿性学术参考作用。2007—2019 年，图书馆共获得外文赠书 4700 多册。

（4）外文期刊　在电子文献资源未发展起来之前，纸质外文期刊是获取科学前沿进展的基本来源，所以，重视科研的“211”和“985”院校对外文期刊都极其重视，外文图书可以少买一些，但外文期刊往往都是学科必需和急需的，为此，这些高校对外文期刊投入了大量经费。

自 2000 年以来，图书馆外文期刊的纸本采购量基本保持在 350 ～ 450 种，并且由于期刊具有连续性而采购量相对稳定。随着期刊数字化和电子资源的打包采购，纸本外文期刊也开始渐渐减少，2007 年采购外文期刊 399 种，到 2019 年只购买了 283 种。

减少纸质外文期刊采购量的同时，电子外文期刊的数据库采购力度在加大。2019 年电子数据库达到了 89 个，其中有电子外文期刊种数由 2007 年的 13000 多种增加大 2019 年的 17000 多种，有效保障了师生获取科学研究前沿性文献信息。

此外，图书馆还订阅一些纸质报纸。早期报纸是重要的信息来源，也是图书馆向读者提供信息的主要途径或手段之一。但随着信息网络的兴起和普及，报纸的作用在不断减弱，图书馆也开始裁减报纸订购，2006 年图书馆订阅了 129 种报纸，到 2019 年只订阅了 49 种报纸，裁减了 62%。

总体上看，2007—2019 年，尽管文献电子化的普及时代来临了，但图书馆没有放松纸质文献建设，纸质文献经费支出额从 2006 年底的 641.57 万元增加到 2019 年底的 999.32 万元，纸质文献馆藏量从 165 万册增加到 2019 年的 216.3 万册，平均每年增加 3.9 万余册；与此同时图书馆也审时度势，提高经费使用效率，将可以电子化的文献尽量替代纸质文献。

3）电子资源建设

电子文献资源，有时简称电子资源，又称数字文献资源，通过出版形式的电子文献也称电子出版物。后来网络数据库的兴起就不一定是出版的形式了，所以现在的电子资源包括了非出版的电子文献产品。电子文献资源大体上指以数字代码方式将图、文、声、像等信息存储在磁光电介质上或网络数据库中，通过计算机或具有类似功能的设备阅读使用，用以传递信息、表达思想、普及知识、积累文化等信息资源，并可复制传播。电子文件的产生，是计算机技术与通信技术在办公和管理领域的运用。电子文件的科技进步性体现为两方面：一方面是数字化生存，另一方面是网络化传递。

20 世纪 90 年代，电子文献开始兴起。我国新闻出版署在 1996 年就颁发了《电子出版物管理暂行规定》。此后电子文献的发展更为迅猛和普及，电子文献的形式也大大超出了电子出版物的范畴，目前在教学和科学界的电子文献资源更多地是使用厂商和机构的电子数据库。

中国农业大学图书馆在 20 世纪 90 年代就开始电子文献资源的积累和使用。到 2006 年初，图书馆购买电子文献资源的支出已经占到总文献经费的 1/4。电子资源建设的主要内容是数据库，其次是电子图书。

（1）电子数据库资源建设　电子数据库资源庞大，建设、维护成本高，需要巨大的人力物力的投入，是一项规模浩大的工程。图书馆的数据资源主要是以采购和租用商业数据库为主；同时，为了满足特殊需求，图书馆也投入了部分力量自建了一些特色数据库，如机构知识库、专题数据库等，在数字化资源建设的道路上不断探索。

（a）采购与租用数据库。2007 年和 2009 年，图书馆在对各学院广泛调研的基础上，仔细比较分析了各个数据库的功能特色和性价比后，新增了一些电子数据库，同时也调整了个别数据库。这一期间的数据库建设大大加强了对科研和教学的支持力度，获得了师生的称赞（表 6–5）。

表 6-5　2006—2009 年数据库增订调整统计

时间	状态	电子资源名称	资源类型	资源内容、特点
2006	新增	书生之家电子图书（17700 册）	电子图书	包含农业、生物、文学、计算机、通信等学科范围
2007	停订	CSA(剑桥科学文摘)	文摘型数据库	经详细比对内容与价格，报馆务会批准，2007 年 12 月 31 日停订，改由 scopus 数据取代
2008	新增	scopus 数据库	文摘型数据库	scopus 数据库是全球最大的引文数据库，其科学、医学和技术信息等学术刊物出版量占全球出版物的 1/4 以上。其中生命科学 >3400 种，医学 >5300 种（100% 覆盖 Medline），自然科学 >5500 种，社会科学 >2850 种
2008	新增	scifinder 数据库	文摘型数据库	美国化学学会（ACS）旗下的化学文摘服务社 CAS（chemical abstract service）所出版的化学资料电子数据库学术版。其中的 CAPLUS 是 CA 的网络版
				SciFinder Scholar，整合了 Medline 医学数据库、欧洲和美国等 30 几家专利机构的全文专利资料、“化学文摘”1907 年以来的所有期刊文献和专利摘要，以及四千多万的化学物质记录和 CAS 注册号
2008	新增	scopus 数据库	文摘型数据库	Scopus 数据库是全球最大的引文数据库，其科学、医学和技术信息等学术刊物出版量占全球出版物的 1/4 以上。其中生命科学 >3400 种，医学 >5300 种（100% 覆盖 Medline），自然科学 >5500 种，社会科学 >2850 种
2008	新增	NoteExpress 工具软件	文献管理软件	主要用于参考文献的管理。
2009	新增	ACS 全文电子期刊	全文电子期刊	美国化学学会（American chemical society，ACS）出版的电子期刊，被 ISI 的 journal citation report（JCR）评为：化学领域中被引用次数最多之化学期刊。
				目前包括 35 种期刊，内容涵盖以下领域：生化研究方法、药物化学、有机化学、普通化学、环境科学、材料学、植物学、毒物学、食品科学、物理化学、环境工程学、工程化学、应用化学、分子生物化学、分析化学、无机与原子能化学、资料系统计算机科学、学科应用、科学训练、燃料与能源、药理与制药学、微生物应用生物科技、聚合物、农业学
2009	新增	EBSCO 环境科学全文数据库	全文数据库	该数据库除收录 1700 多种美国及国际性期刊的题录文摘信息外，还收录 680 多种期刊全文及 120 种专著
				该数据库涵盖领域包括：农业、环境科技、生态系统学、能源、再生能源、自然资源、海水与淡水科学、地质学、污染与废弃资源管理、环境保护法律、公共环境政策、社会影响、都市环境规划等
2009	新增	EBSCO 园林园艺学文献数据库	文摘型数据库	该数据库收录超过 450 种期刊的索引和文摘，许多收录的期刊回溯年限超过十年。数据库涵盖领域包括：园艺、植物学、花木栽培、园林设计及历史、生态学、植物和园林保护、园林管理和园艺治疗
2009	新增	银符考试模拟题库	考试题库	在线考试模拟系统，内容主要包括 9 个专辑：语言类考试专辑、计算机类考试专辑、经济类考试专辑、研究生类考试专辑、公务员类考试专辑、法律类考试专辑、工程类考试专辑、综合类考试专辑、医学类考试专辑
2009	新增	CNKI 中国博士学位论文全文数据库	全文数据库	收录全国 381 家博士培养单位的博士学位论文，1999 年至今，并部分收录 1999 年以前的论文

2007年以来，图书馆根据学校科研事业的发展和广大教师的迫切需求，一直想购买汤森路透科技与医疗集团（Thomson Reuters）的ISI Web of Knowledge（SCI/SSCI）系列数据库。但该数据库价格昂贵，必须有一笔一次性初始购买经费，以后每年还有数额不菲的年度使用费。所以，图书馆经过与公司接触，了解该数据库的详细情况和公司的营销策略，同时向已经购买了该数据库的其他学校了解购买和使用情况。在深入调研的基础上，2008年，图书馆正式呈文向学校提出了采购ISI Web of Knowledge（SCI/SSCI）系列数据库的建议。

2009年4月18日，图书馆接到学校的反馈通知：学校第2009-10次党委常委会暨校长办公会决定，"同意图书馆购置SCI数据库，从'985'工程三期建设经费中安排"。

2010年"985"工程三期正式启动，图书馆及时向校领导提供了2010年SCI及平台数据库的最新报价，并且鉴于文献数据库的涨价情况，建议学校在"985"工程三期经费中尽快优先安排落实SCI数据库引进经费，以将涨价因素影响降至最小。

2010年11月3日，何秀荣馆长与汤森路透科技与医疗集团（Thomson Reuters）中国区总裁刘煜博士分别代表用方和供方签署了ISI Web of Knowledge（SCI/SSCI）系列数据库订购协议。SCI和SSCI文献分别回溯到1900年。

12月2日下午，在中国农业大学国际会议中心举行了数据库开通仪式。根据订购协议，此次开通的系列数据库包括ISI Web of Knowledge平台上的SCIE（science citation index expanded）、SSCI（social science citation index）、CPCI（会议录引文索引，原ISTP）等，其中SCIE、CPCI与学校原有的EI数据库合称为国际三大检索系统。SCI数据库覆盖了生命科学、临床医学、物理化学、农业、生物、兽医学、工程技术等方面的综合性刊物，尤以生命科学及医学、化学、物理所占比例最大；它的引文索引表现出了独特的科学参考价值，在学术界占有重要地位，尤其能反映自然科学研究的学术水平。

此次ISI Web of Knowledge平台数据库的引进，大大提高了图书馆对师生科研和教学的文献资源支持力，因此获得了师生极大的点赞，也大大提高了图书馆在全国高校图书馆界的地位。

2010年在努力引进ISI Web of Knowledge平台数据库的同时，图书馆也积极开展了电子资源的评估分析工作，争取更多电子资源的试用，2010年共试用各种数据库30余次。在使用和馆藏资源优化调整的基础上，利用学校专项经费新引进了PQDT学位论文全文数据库、万方会议库、维普（全文）社科类全文、Annual Review电子期刊、CUP电子期刊（cambridge university press）、Emerald全文电子期刊、超星电子资源、IEL全文电子期刊、Manson电子图书等。

2015年图书馆继续了解师生对数据库的需求，同时比较类似数据库的功能和性价比，向其他高校询问使用情况，当年又新增了4个数据库，数据库总量达到74个。

2016年共试用各种数据库50余次，2016年新增电子资源有JOVE视频期刊数据库。图书馆和BioMed Central保持合作，所有学校科研人员、全校师生在IP范围内向BioMed Central及Springer Open期刊投稿文章处理费即可享受85折。

2015年、2016年在对一些新数据库试用的基础上，资源建设部在2017—2019年分别新增了4个、9个和4个新数据库，图书馆的数据库总量分别达到78个、87个和91个。

总体上说，图书馆在电子文献资源建设方面成效显著，但投入的经费也比较巨大，用于电子资源的经费从2007年的240.12万元增加到2019年的1129.57万元，增加了3.7倍。电子资源支出占图书馆文献资源经费总额的比重从23.67%渐渐增长到53.02%。也正因为有这样的投入，对中国农业大学的教学科研起到了强有力的文献保障作用（表6-6）。

表6-6　2011—2013年新增引进数字资源量以及累计量统计

引进数字资源类型	新增平台数/个	累计平台数/个
英文全文电子期刊数据库	7（含994种期刊、5种丛书）	25

续表 6-6

引进数字资源类型	新增平台数 / 个	累计平台数 / 个
中文全文电子期刊数据库	0	15
英文电子图书数据库	2（含 549 种电子图书）	4
中文电子图书数据库	0	2
合计	9	46
英文文摘数据库	0	18
中文文摘数据库	1	2
视频数据库	3	3
多媒体资源库	1	1
合计	5	24

（b）自建数据库资源。2011—2013 年，在前几年电子资源建设的基础上，图书馆再接再厉，进一步优化和丰富电子文献资源，同时也进一步加强自建数据库的建设（表 6–7）。

表 6–7 2011—2013 年新增自建数字资源量以及累计量统计

自建数字资源类型	新增数据量		累计数据量	
	元数据 / 条	对象数据 /（册 / 件）	元数据 / 条	对象数据 /（册 / 件）
博硕士学位论文全文	7677	15354	27676	55587
中国农业大学机构知识库	32422	51296	170949	94757
农业工程专题数据库	14667	9832	117038	24248
CALIS 农学中心学位论文库	71000	/	103200	/
CALIS 农学中心专家学者库	11745	/	11745	/
中国农业学科特色数据库	144221	1756	144221	1756
馆藏图书书目数据（新增 + 回溯）	16978	/	476315	/
合计	298710	78238	1051144	176348

（2）签署《数字文献资源长期保存共同声明》 2015 年 9 月 23 日，国家科技图书文献中心（NSTL）举办了《数字文献资源长期保存共同声明》发布会，国家科技图书文献中心、国家图书馆、中国科学院文献情报中心、中国科学技术信息研究所、中国农业科学院农业信息研究所、中国医学科学院医学信息研究所、中国社会科学院图书馆、中国人民解放军医学图书馆等 50 多个图书馆及文献信息机构作为发起机构签署了《共同声明》，中国农业大学图书馆参与了第一批签署。

签署机构在《共同声明》中明确宣示：图书馆拥有对所采购的数字文献资源进行本土长期保存的权利；为切实保障这些资源的长期保存：图书馆拥有对所采购数字文献资源的合理的存档权、处理权和服务权；所有利用公共资金采购数字文献资源的图书馆，都有义务推动所采购的资源在中国本土实现长期保存，并将这种保存作为采购的重要条件。签署机构共同表示，图书馆充分承认和保护出版社在数字文献资源长期保存中的合法权益，将承担诚信尽责保护出版社合法权益的义务。签署机构还公开宣布，图书馆支持国家建立数字文献资源长期保存系统，将委托国家长期保存系统长期保存自己所采购的数字文献资源；同时要求国家有关部门将数字文献资源长期保存系统作为重要的国家公共基础设施，予以长期稳定的支持和规范可靠的管理。

4）各界赠书

接受捐赠图书是图书馆补充馆藏的一个重要渠道。在通过系统地正规途径采购纸质文献和电子资源的同时，接受学校广大师生和社会力量积极向图书馆的图书捐赠，发挥闲置图书的作用、互通有无，以满足读者的图书需求，是图书馆的一项常规业务。为此，图书馆还专门制印了一批精美大方的捐赠证书。2007—2019 年，图书馆接受捐赠图书总计 25 万余册，极大地丰富了图书馆资源。

（1）倡议广大师生捐书　2007 年 3 月 5 日，为迎接“本科教学评估”充实图书数量，图书馆向全校师生发出了捐赠图书的倡议，开始了有计划有组织地接受图书捐赠，倡议广大师生将自己编写的图书、收藏的图书、暂时闲置的图书捐赠出来与广大读者一起分享，以便唤醒藏书、物尽其用，涓涓细流、汇聚成海。活动受到大家的积极响应，仅仅 2 个月时间，就收到 220 余人、29 个单位（集体）的捐书共计 25700 余册，其中光华科技基金会捐赠图书 1 万余册。截至当年 9 月底共获得赠书 5 万余册。

（2）水利与土木工程学院赠书　2008 年 10 月 31 日，学校水利与土木工程学院将水利部赠予该院的图书转赠图书馆。为庆贺水利与土木工程学院建院 50 周年，水利部、水利水电出版社精选了 402 种共 2008 册图书赠送该院，内容涉及水利各个相关学科的最新研究进展。水利与土木工程学院王福军院长表示，为了让这批书发挥其最大的效益，将这批图书转赠图书馆，供全校师生使用，使得更多关心水利事业的人能够从中了解知识信息。

2018 年 10 月，水利与土木工程学院建院 60 周年，水利出版社赠送了一批价值 10 万元的图书，水院再次转赠给图书馆，让更多的师生阅读。

（3）许健丰老人捐赠民国初期农大教材　2011 年 10 月 18 日上午，图书馆迎来一位远道而来的客人——长沙理工大学的许健丰老师。许老师此次专程来京是特意向图书馆捐赠其祖父的遗物——59 册民国初期的农业教学用书和农业试验报告。这些文献资料对研究我国早期农业科学和农业教育发展具有重要的文献价值（图 6–14）。

图 6–14　许健丰捐赠的民国初期北京农专的农业教学用书和农业试验报告

这些书是许健丰老人在浙江诸暨老家的祖屋发现的。从书籍签章到眉批及受赠留言判断，这些书为其祖父许兆恺先生的用书。

许兆恺，字子恺，1922 年 2 月曾在胡子昂校友等发起的《新农业》1 卷 1 号发表论文《关于熏韭业的调查》。

这些珍贵藏书是许健丰夫人朱艳华老师首先发现的。朱老师退休前在长沙理工大学图书馆工作，她的第一反应便是：我们无力保存，也无资格保存，应该捐赠给图书馆。获悉许家发现历史藏书，文物经营者很快找上门来，但不等开价便被许健丰一家回绝。考虑到老人当年在北京农专就读，许家一致决定将这批书无偿捐赠给母校图书馆。许健丰致信何秀荣馆长，表示愿意将这批书无偿捐给中国农大图书馆收藏，这些书回归母校能更好地在中国农业大学图书馆对近代农业科学史、农业教育史研究有所贡献，这既是这批历经几十年风雨而得以幸存的书籍的最好归宿，也是许家的幸事。何秀荣馆长迅速手书回信许健丰先生，感谢许家将这批宝贵的历史书籍无偿捐赠中国农大图书馆，图书馆将悉心收藏保存，发挥其史学研究作用和文化展示价值；同时邀请许健丰先生及夫人在方便的时候亲莅学校捐赠，以便我们当面致谢和颁发捐赠证书，往来旅费等由图书馆承担。许健丰先生欣然应允来馆，但坚持费用自付。10 月 18 日上午许健丰先生“千里走单骑”亲自携书莅馆。

（4）经管学院赠书　2014 年，学校经管学院决定对其资料室进行重新规划，缩小资料室规模只藏最常用资料。为使其原有图书资料发挥应有的作用，决定将它们赠予图书馆。图书主要是社会经济文献，其中很多是校图书馆没有或复本不足的，共计 3.8 万余册文献，包含：1552 种，8827 册中文期刊；

1326种，1736册西文书；390种，2419册西文期刊。2015年初，这些文献资料全部转移到图书馆。

（5）获赠全国精品教材全部参评教材 2014年6月，中国高等教育学会、教育部高等教育司向图书馆捐赠近5000种、6000余册高等院校教材。此次捐赠的图书全部是2011—2012年出版的高等院校教材，系各大出版社参加全国精品教材评选的提交教材，涵盖社会科学与自然科学的各个领域，学科齐全、内容新颖、质量上乘。

此批全国精品教材获赠，时任中国高教学会会长、原中国农业大学党委书记瞿振元居功至伟。首先是瞿书记向何秀荣馆长传递了此批精品教材评选后将被处置的信息，何馆长立即向瞿书记表达了极其想获捐收藏这批精品教材；其次是当时中国高教学会和教育部高教司的想法是根据教材的专业分类将这批教材分别捐赠给相应的专业院校。何馆长向瞿书记反映，这批教材依专业分给各个专业院校虽然是一个处置方案，但事实上专业院校都已经有了这些专业性教材，并不缺乏这些教材，只是多个复本而已。建议将这批精品教材全部捐赠中国农大图书馆收藏，形成一个反映这一时期的、较完整的精品教材库，可供全国高校查询利用；并且中国农大新图书馆即将落成，有条件有库容来统一收藏这批教材。这一建议得到了瞿书记的高度赞同。后来，瞿书记在中国高教学会和教育部高教司关于处置这批精品教材的会议上，极力主张由中国农大全部收藏，其他与会人员也被形成一个精品教材库的方案所吸引，最终“花”落中国农大图书馆。这批精品教材极大地丰富了中国农大图书馆的教材馆藏。

（6）毕业季活动捐书 在2014届毕业生离校之际，为了表达对毕业生们的祝福，同时也为毕业生提供一个抒发对母校、对图书馆、对师生情感的平台，图书馆于6月9—22日举办了“2014年毕业季”系列活动，内容包括“毕业生留言板”和“毕业生赠书”活动，活动得到了毕业生的点赞。毕业留言板上共收集到学生1070条留言，很多毕业生留下了极其感人的留言。其间，时任校长柯炳生来图书馆仔细阅读了留言板上部分毕业生留言纸条，感慨地说，留言充满了对母校的感情和祝福，作为校长、作为老师这是最欣慰的。活动期间接收到毕业生捐赠图书2665册，丰富了图书馆藏书。

（7）姜春云副委员长捐赠图书 2016年10月13日，中共中央原政治局委员、国务院原副总理、九届全国人大常委会副委员长姜春云同志来校将自己珍藏的图书共684种、1064册，其中有他本人编著图书13种、100册捐赠给图书馆，还欣然应邀在自己的专著上签名，并亲笔题“农耕书屋”4字赠图书馆，图书馆制作了“农耕书屋”牌匾。学校党委书记姜沛民向姜春云同志颁发了图书馆赠书的“捐赠证书”。图书馆对赠书进行了布展，制作了捐赠图书展示的相册回赠姜春云同志（图6–15）。

图6–15 姜春云副委员长题字“农耕书屋”

姜春云同志参加工作70年，一直发奋读书学习，并注意把读书学习与工作实践、调查研究、动手写作结合起来，留下了一些学习、实践、研究成果。这批捐赠的图书中，有姜春云同志亲自编著的《姜春云调研文集》《姜春云调研文集读后感文章汇编》《科学世界观——新时期简明哲学读本》《中华魂丛书》（一套12本）、《社会主义市场经济简明读本》《中国农业实践概论》《现代中国的农业政策（中国农业实践概论日文版）》《桥和船：新时期领导方法18篇》《中国生态演变与治理方略》《偿还生态欠债——人与自然和谐探索》《拯救地球生物圈——论人类文明转型》《拯救地球生物圈——论人类文明转型（英文版）》《生态新论》等13部图书。内容涉及马克思主义世界观和方法论、中国社会主义市场经济、中国农村和农业发展、生态环境、领导方法等诸多方面，是姜春云同志对自己毕生所奋斗事业的经验总结、调研分析和深入思考，对我们具有深刻的启迪和指导作用。

姜春云同志同时还向学校捐赠了自己的书稿费200万元，设立了“春雨教育基金”，用于推动学校教育事业的发展，激励学生刻苦钻研、奋发成才。

（8）红旗出版社赠书　2017年1月6日，在中国农业大学举行了红旗出版社红旗大讲堂“读红旗书、走长征路、圆中国梦”主题读书报告会暨中国农大党建书屋、红旗书架揭牌仪式。红旗出版社向中国农大图书馆赠送了123种425册图书，用于在中国农大图书馆党建书屋设立红旗书架。5月，东馆建成党建与思想政治阅览室；11月，在西馆建成党建书屋，为开展党员学习与党建活动提供了良好的场所。

2018年4月23日，第23个“世界读书日”，由中国农业大学图书馆和红旗出版社再次联合主办了“阅读新时代·引航新征程”——红旗出版社赠书暨“稼穑书香”启动仪式。此次红旗出版社捐赠图书262种，是继上年赠书并设立红旗书架后，再度向学校捐赠图书。《求是》杂志社原总编辑、云南省委原副书记王天玺捐赠了自己的新著《飞龙在天——中国超越美国》，作了题为《中华民族发展的黄金时代》的专题报告。王天玺在报告中指出，中华民族已经迎来千载难逢的战略机遇期，或说是民族发展的黄金时代，他运用大量的数据和情况来阐明中国今天已经在一些方面和未来将在多方面超越美国。

（9）中国农业机械化科学研究院赠书　中国农业机械化科学研究院成立于1956年，隶属于世界500强中国机械工业集团有限公司。为配合农机研发，中国农机院自建院以来就开始收藏农机文献资源，在不同时期分别建立有专业的图书室、图书馆、档案馆等资料中心，是农机行业中最大的文献中心。

中国农业大学在农业工程领域与其在教学科研上高度契合，又互为邻居。长期以来，双方的教学科研人员都保持着密切的合作，中国农机院的图书室、图书馆和档案馆一直以来都对学校师生员工保持着全开放的状态；中国农机院的科研人员，多年来也一直利用中国农业大学图书馆的文献资源服务。

2018年，中国农机院进行机构改革，撤并图书馆。为使其农机文献继续发挥作用，也为了感谢中国农业大学图书馆多年来在文献资源上对中国农机院的帮助，中国农机院图书馆决定将所收藏的大部分图书、期刊资料无偿赠送给农大图书馆。其中，中文书35000册，中文期刊12865册，西文书8171册，西文刊8884册，日文书1507册，日文刊1507册，共计67934册书刊。10月，这批书刊全部转移到中国农业大学图书馆。这批捐赠的农机专业书刊与中国农业大学图书馆原有的农机文献合在一起，使中国农业大学图书馆成为国内农机文献藏量最丰富和完整的单位，尤其是其中有关国内外农业机械设计、制造、使用、维修和设计蓝图等资料具有国内唯一性。

（10）北京崇学文化发展有限公司赠书　2019年4月23日是世界读书日。当天下午，学校举行《习近平谈治国理政》多语种图书赠书仪式，北京崇学文化发展有限公司向学校图书馆捐赠了《习近平谈治国理政》多语种外文版图书，共计7个语种220册。图书馆总支书记孙德昊主持了捐赠仪式。

校党委常委、副校长王涛出席活动，代表学校感谢并高度评价北京崇学文化发展有限公司慷慨赠予学校时代著作的举动，不仅丰富了学校图书馆藏和师生阅读资源，更重要的是对我们全面领会和广泛传播习近平新时代中国特色社会主义思想，对于学校课程建设、人才培养提供了好读本和好教材。他还勉励同学们珍惜时光多读书、读好书，把阅读作为终生的事情，因读书而收获、在阅读中享受乐趣，在阅读中深化认识规律和规则。

公司负责人余富文介绍，《习近平谈治国理政》外文版发行以来，成为当代对外传播中国思想的重要文献。党的十八大以来，公司致力于广泛传播新时代思想，积极支持高校师生深入全面学习新理念新思想新战略。他代表公司表示，希望与学校一道，在对“一带一路”沿线国家科研与教育合作交流中，共同讲好中国故事。

图书馆馆长何秀荣教授代表学校接受赠书，并向公司颁发图书捐赠证书。

（11）校友捐书　2019年11月初，曾在校就读MBA的28位校友携手向学校捐赠图书。14日，图书馆在新馆为校友举行了简朴的赠书仪式。图书馆副馆长徐伟主持仪式，图书馆党总支副书记、副馆长王鲁燕代表图书馆接受赠书，感谢校友对母校及母校图书馆的厚爱，并向校友逐一颁发捐赠纪念证书。赠书校友代表王东华、王俊海等表示，因为有在图书馆的学习经历，才有了今天的事业和成就，工作以来时时关注着母校的发展，当了解到学校新图书馆建成并投入使用，遂结合从业体会精心挑选出一批书籍，作为祝贺母校图书馆启用的一份礼物。赠书活动的促成者——学校校友会办公室骆骢、经管学院 MBA 中心支部书记王军说，赠书承载深深的爱，既有对母校的热爱，更有对师弟师妹的关爱，希望爱的种子一样在校园生根、发芽。校友们的关爱，也是对大家努力做好自己工作的激励。校友会和老师们希望并祝愿所有校友在各方面都有更好的发展，在将来向母校图书馆捐赠自己的代表作。

5）农科外国教材中心

1979年，教育部在高等教育出版社、南开大学、吉林大学、复旦大学、东南大学、武汉大学、重庆大学、华南理工大学、西安交通大学 9 个单位成立了理科、工科基础课程外国教材中心图书室。1985 年，又增设了四个外教中心图书室（清华大学、北京农业大学、北京医科大学、南京大学）。至此全国共设有 13 个外国教材中心图书室，学科面覆盖了理、工、农、医、管理等各门类。教育部每年向各中心核拨一定数额的购书专款，用于订购分工承担的各专业类的外国教材。各中心开展外国教材的引进、积累、流通、使用、评介研究等工作，面向全国高校提供教学和科研服务的作用。

农科外国教材中心当时的全称是“北京农业大学外国教材中心”，1995 年北京农业大学与北京农业工程大学合并为中国农业大学，外国教材中心改称“中国农业大学外国教材中心”。

农科外国教材中心从建立之日起，就肩负着我国高校农业类原版教材的引进、宣传与推广重任。教育部每年对中心拨专项经费用于原版教材的引进，从开始的每年 5 万元逐渐增加，2007 年达到 20 万元，2019 年达 30 万元。同时，图书馆还配套经费采购原版教材。经过 30 多年的积累，至 2019 年底，农科外国教材中心收藏原版教材和专著达 2 万余册。

2006 年，在教育部高教司的直接领导和支持下，由清华大学、北京大学医学部、中国农业大学组成管理小组，全国 13 家外教中心所在院校共同参与，根据院校学科的优势，建立了面向全国高校的科技外文教学信息与资源服务系统，向全国高校师生提供更加便捷、快速、高效的相关信息服务。2007 年“教育部外国教材中心”正式上线。该系统平台的功能有：①全国 13 家外教中心外文教参馆藏信息（含书目、书评、封面图等），可查询、浏览，以及提交、发表书评，并可通过馆藏地点链接到相应馆的“馆际互借服务”页面，提交申请。②国内、外相关教学信息，可查询 13 个外教中心所在高校使用外国教材的课程及教参书；国外相关学科著名大学的部分课程及教参信息。③国内、外出版信息，提供最新出版的外国教材（含原版和影印版）的书目信息浏览、查询，并可向所在学校图书馆推荐或联系个人购买。

随着我国改革开放以及高等教育事业的迅猛发展，特别是在国内高校进一步推进双语教学的形势下，迫切需要外教中心在原有工作的基础上，提高专项经费的使用效益。从 2013 年开始，在原有印刷版引进教材的基础上，教育部每年追拨经费用户用于 12 家高校外国教材中心联合引进原版电子教材，现已累计引进原版电子教材 8000 余种；所有引进电子教材可通过“爱教材”统一检索查询并阅读。

从 2006 年开始，教育部启动原版教材的立项研究工作，2 ～ 3 年为一个周期。中国农业大学图书馆外国教材中心积极响应教育部要求，围绕我国农科类原版教材的引进与推广，开展了系列的研究工作，并撰写相关的研究报告，研究专题如下：

国内外农业学科精品教材调研（2008 年结题）；

农学动物科学专业国内外相关教材比较研究（2010 年结题）；

国内农业高校原版教材应用现状研究（2012 年结题）；

农业高校原版电子图书 / 教材建设研究（2016 年结题）；

引进农科原版教材对我国高校教材建设的促进方式与效果研究（2017 年结题）。

8. 图书馆服务

图书馆的服务工作如果根据是否直接接触师生来划分，大体上可以分为台前和幕后两类：一类是台前直接与师生打交道的，主要是流通部和咨询服务部，但随着网络使用越来越普遍，与服务人员不见面的网络服务也成为师生直接打交道的重要渠道了。在一定意义上，他们的服务态度和质量会给师生留下直接印象。另一类是基本不与师生直接打交道，在幕后保障图书馆服务正常运转的，如资源建设部主要是采购文献资源和对文献进行编目，保障文献质量、数量和能进入流通利用状态；系统与自动化部主要是保障全馆网络与自动化系统正常运转、纸质文献的数字化；情报中心主要是产出高校与学科分析报告和保证杂志的正常出版，以及做好学科建设工作；综合部主要是做好创收工作；办公室则是综合部门，主要是对外做好与学校各个部门的对接和来人接待工作、对内做好行政保障和协调工作。因此，师生通常是见不到也不清楚图书馆的幕后服务工作的，而主要以流通部和咨询服务部的工作展现在师生面前。

1）流通服务与阅读推广

图书馆践行“传播知识、服务育人”的宗旨，以读者第一、服务育人贯穿服务全过程，健全服务体系，完成了大量的日常读者服务工作。同时，积极听取读者的意见和建议，不断完善和改进服务。对校长信箱和馆长信箱反映的读者服务方面的问题，及时作出回复和改进；对于一时无法解决的问题，组织进行调研，找出问题所在，采取积极措施改进工作。

（1）图书借还与阅览服务　图书馆实行藏阅一体的全开架服务，在藏书区周边为阅览区，藏书与阅览有机地融为一体，读者利用馆藏资源十分方便。每周 7 天全区域开放，每天开馆时间为 7：30—22：30；根据学校总体安排，自 2008 年 3 月 24 日起，调整为 7：30—22：30，每周开放 101.5 小时，均高于教育部教高〔2002〕3 号文件《普通高等学校图书馆规程（修订）》要求的每周书刊阅览服务应达到 70 小时以上，以及 2015 年新颁布的《普通高等学校图书馆规程》（教高〔2015〕14 号）要求图书馆在学校教学时间内开馆每周应不低于 90 小时的规定。寒暑假期间则采取间歇性开放的方式服务读者，国家法定节假日闭馆。网上资源确保全年全天 24 小时开放。

2007 年，为更好地配合教学和科研工作，图书馆把向读者提供增量化和个性化服务作为一个服务特色。自 9 月起，读者的借书量由每人 5 册扩大到 10 册。同时，借期由 30 天延长到 60 天，图书到期如无人预约，可续借 30 天。以此，最大限度地满足读者需求，提高馆藏资源的利用率。

2007 年，编制完成了西馆西文期刊馆藏目录。西馆中西文期刊实现全部上网查询，为读者查询馆藏期刊提供了便捷的途径。

同时，进一步优化了馆藏布局，为读者更方便地利用文献资源提供了条件。西馆对三、四层书库区的 20 万册书刊进行了大规模的调架；在三层开设特色展室，向读者展出再造善本 440 种，827 函，5156 册以及部分馆藏珍品古籍善本。

东馆二楼抽旧书 6 万多册上三、四楼，三楼抽书 1 万多册上四楼，对二楼 19 万册进行优化重组，三楼 6 万册倒架，调整馆藏布局；四楼组建了一个 15 万册的闭架书库，用于存放利用率低的旧书。将二楼阅览区利用率低的 8100 册过刊调整到一层过刊库，给阅览区减压。

2008 年，东馆在服务育人方面大胆实践，在图书管理工作上加强了与勤工俭学学生和志愿者的互动。对新到图书馆工作的勤工俭学学生及志愿者进行图书馆规章制度、工作要求及图书分类与排架等工作技能培训达 200 多人次。对于志愿者的工作安排，进行了新的尝试，将小说类图书独立出来，全部由志愿者自主管理，工作人员只负责培训和检查。实践证明学生管理比较到位，取得了良好的效果。这种管理方式使学生志愿者对图书馆工作有了更深的了解和体会，增加了自身的责任感，也把传播知识、服务育人的宗旨贯彻到图书馆日常工作中。2013 年，学生来图书馆志愿服务达 700 多人次。东馆组织志愿者召开了经验交流会，并对表现好的志愿者进行了表彰，收到良好效果。

2009 年，西区图书馆在阅览服务方面大胆开展创新，结合西馆平台咖茗屋的建设，紧邻其西侧设立了休闲阅览室。“五一”过后，西馆休闲式文艺书刊阅览室正式面向读者开放，为读者更方便、舒适地利用馆藏文艺资源提供了便利条件。

2010 年，西馆进行大修工程，所有图书、家具、设备临时迁出馆舍，集中存放在生物学院地下室等地。

5月1日起，西馆闭馆，暂停开放借阅服务。西馆图书资源暂时封存期间不能外借，为尽量满足读者对图书的需求，图书馆在封存前针对西馆藏书增加读者限借图书册数和延长外借期限。自4月16日起，图书馆增加了学生的普通图书借书总量，从原每人10册，增至每人30册。凡西馆藏书应于2010年5月1日（含）之后归还的图书，归还期限自动延至工程结束后，开始恢复借阅服务后的第15个自然日。

2011年10月，西馆大修工程竣工，国庆节后开始以崭新的面貌开门迎接读者。在二层开辟出100个座位的电子阅览区，读者通过刷卡分配座位，使用电源和网线，进行网络资源共享；另设15个4人位半敞开式研讨包厢，供大家开展小型研讨；增设了7个研讨室，每间研讨室配备大显示屏和研讨桌椅，供6～10人开展小组讨论；利用图书馆配置的自助借还设备，读者可以完全实现自助办理借书和还书手续。这些设计给图书馆服务增加了新内容，给读者带来了方便新颖的体验。

作为大修工程的延续，一层休闲阅览室和咖茗屋改造工程于2012年3月竣工，开门迎接读者。改造后的阅览室突出了休闲特色，陈列文艺报刊，配有沙发、小桌、研讨包间，与咖茗屋成为有机的整体。读者在此可以使紧张的学习神经得以放松，在享受咖啡、茶点的同时，进行学术研讨、社团交流、休闲小憩、补充能量、接待来访等活动，使图书馆的学习和学术交流氛围得到了极大的改善。

2012年，东馆进一步挖掘空间潜力，调整藏书布局，改善读者服务条件与环境。为了解决书库紧张的局面，东馆上半年把207室利用率较低的古籍、特藏、资料等暂停流通，移入208库房，腾出近百平方米的空间，增加了120个书架，扩充了可容纳近4万册图书的空间，将二层中文图书A类到D类调整到该区域，一定程度上缓解了常用书库读者取书难和工作人员上书难的问题；将三楼书库及小说库进行全面倒架，合理使用空间。

2013年，鉴于二层电子阅览区内座位紧张，而4人位研讨包厢利用率不高的实际情况，西馆把4人位研讨包厢全部改为单人电子阅览位，缓解了电子阅览的紧张状况。

为了考研学生更好地备考，自2013年起，每年在考前1个月左右开始，推迟每天的闭馆时间。2013年11月25日至2014年1月5日，闭馆时间由原来的22：00延长至23：00，延长开馆时间内，可在馆阅览学习和办理自助借还业务。根据学校统一的学生管理规定，自2014年起，延长期的闭馆时间调整为22：30，并成为一项每年坚持的例行动作。

2013年，西馆完成三、四层中外文图书、期刊倒架工作，30余万册的书刊进行了重新排架。国际交换资料、学位论文等10万余册资料也进行了重新排架。通过书刊调架，馆藏书刊布局更加合理规范，极大地方便了读者对文献资源的利用。

2017年1月，图书馆接受红旗出版社捐赠的红旗书架，在网上、网下建设党建书屋。5月，东馆建成党建与思想政治阅览室；西馆4层的个人研究间已经不适应时下的管理模式，11月，将其改为党建书屋，为党员学习与党建活动的开展提供了良好的场所。

2019年新馆落成，从根本上改变了读者学习环境。宽敞明亮的阅览区，电源、照明连接到每个座位，沙发、软座、阅览椅等不同类型的舒适座位供读者随意选择，电子图书、报刊等多种电子阅读资源和设备应有尽有，无线网络覆盖全馆。8月21日，新建图书馆开始试运行迎接读者。到同年底，来新馆学习的读者达75.4万人次，是同年上半年东馆旧馆进馆18万人次的4倍多。其中本科生占68%，研究生占27%。新馆试运行后至同年底的图书外借量达2.9万册次，高于同年1—7月旧馆外借量（2.5万册次）。其中本科生借书量占58%，研究生占34%。

（2）入选“服务之星”与“微笑之星”　为提高校园基础服务质量，表彰校园服务楷模，增强校园服务人员劳动积极性，校学生会联合有关部门对学校基础服务人员进行“服务之星”评选活动。学生、教职工通过校园网于2011年5月3—6日进入投票网站进行投票。图书馆西馆张玉兰获得“服务之星”、东馆郭渝碚获得“微笑之星”称号。

张玉兰从1982年开始在图书馆工作，一直用微笑来服务广大读者。她的座右铭是“想读者之所想，急读者之所急，一心一意做好读者服务”。正是因为有这种服务理念，张玉兰对工作认真负责，长期工作在总服务台，耐心帮助读者解决各种问题，荣获了2011年度“服务之星”的荣誉称号。

郭渝碚自1996年开始，在图书馆任外文书刊管理员。抱着为读者优质服务的理念，多年来，她在工作岗位上一直勤勤恳恳，帮助读者借还书、查找资料、整理书刊，从点滴做起，为服务读者尽自己的绵薄之力。其热情服务、温柔和善的工作态度深得人心，郭渝碚这次当选2011年度“微笑之星”。

图书馆众多馆员在各自的岗位上，在台前在幕后辛勤地为广大师生服务，为教学、科研和行政管理提供支持，她们的当选代表了师生对图书馆服务的认可。

（3）文献传递与馆际互借　一家图书馆的文献资料总是有限的，各家图书馆联合起来，互相提供文献资源互通共享支持，若读者在本单位图书馆不能满足文献需求时，可以请求其他有此文献资源的图书馆提供，这就需要文献传递和馆际互借业务。

为了弥补本馆馆藏的不足，最大限度地满足读者对文献的需求，图书馆与北京兄弟高校图书馆之间通过馆际互借，互通有无，实现资源共享。

2007年图书馆与115个兄弟馆建立了馆际互借关系。

从2007年12月开始，北京市高校文献保障体系（BALIS）开展了馆际互借和原文传递活动，极大地方便了读者。通过BALIS的馆际互借系统，读者在网上提交申请，由快递人员及时送到其手上，免去了以往凭馆际互借证人工往返奔波的不便。通过原文传递实现全文获取，读者可以十分方便快捷地获得北京地区BALIS成员馆和全国CALIS成员馆收藏的文章（献）复印件或扫描电子版。

中国农业大学图书馆借助这一平台，积极参与文献传递和馆际互借工作，通过宣传、培训与指导相结合的方式，大力宣传推广。例如：①结合BALIS原文传递系统举办专题讲座并走进课堂进行讲解；②在校内举办BALIS原文传递现场咨询；③发放纸质宣传资料；④在图书馆和校园网发布通知；⑤招募并培训宣传大使；⑥制作BALIS原文传递系统使用指南并发布在图书馆主页供读者参阅；⑦通过电子邮箱、微信、QQ等推送免费通知和BALIS使用指南；⑧在图书馆采用展板的形式宣传BALIS，并由工作人员现场为读者讲解BALIS系统的各项服务功能，如何使用等问题；⑨在学生聚集的地方张贴宣传广告，放置大型展板，在学生宿舍放置楼宇展板；⑩将文献传递办公室房间号、电话号码、工作人员电子邮箱发布在图书馆和校园网主页，欢迎读者随时到馆、来电以及通过邮箱进行咨询；⑪深入院系、走进实验室进行宣传；⑫学科馆员通过多种形式宣传；⑬请校学生会、研究生会、学校信息中心帮助宣传。

在用户服务方面随时关注本校读者需求，及时查看读者通过BALIS原文传递系统发出的文献传递申请，对于本馆有馆藏或者可以通过网络免费获取的资源，通过电话或邮箱告知读者原文文献获取方法并及时把文献传递给读者；对于个别暂时没有满足的文献，再次进行查找，尽量满足读者需求，以进一步提高用户对BALIS原文传递系统的信任度，提高用户使用系统的积极性。

对于外馆用户通过BALIS原文传递系统发到本馆的申请，进行及时有效的处理。想尽办法高效率高质量地满足用户的文献需求，使得用户高度认可本馆的原文传递服务，从而使图书馆在BALIS成员馆中发挥了重要的作用。

原文传递与馆际互借充分满足了读者的文献需求，取得了骄人的成绩。2008年图书馆荣获“BALIS原文传递服务优秀团队奖”以及多个个人奖项。2009年12月17日，在北京邮电大学举行的“2009年度BALIS原文传递及馆际互借工作总结大会”，将优质服务一等奖和最佳宣传奖授予了中国农业大学图书馆。史丽文、吴群获得BALIS原文传递先进个人一等奖，王利萍获得BALIS馆际互借服务先进个人奖。史丽文还在会上代表先进集体做了题为“以用户需求为中心全力做好原文传递工作”的发言。

2010年，全年利用馆际互借证176人次，借阅图书120册；为校内外读者获取全文4353篇，其中为校内读者提供全文1375篇。荣获2010 BALIS原文传递一等奖、BALIS馆际互借二等奖；先进个人一等奖3人次。

2018年图书馆共完成文献传递2900余篇，馆际互借图书739册次；获得“BALIS原文传递先进集体奖”，1 人获得“BALIS 原文传递服务先进个人奖”。

2007—2017 十年间，图书馆 BALIS 原文传递服务工作年年荣获先进集体奖。2018 年 1 月又荣获 BALIS 管理中心颁发的 BALIS 2007—2017 年先进集体奖。该奖项旨在表彰十年中为 BALIS 原文传递建设作出突出贡献的成员馆，有 5 家图书馆获此殊荣。史丽文荣获 BALIS 2007—2017 年先进个人奖（图 6-16）。

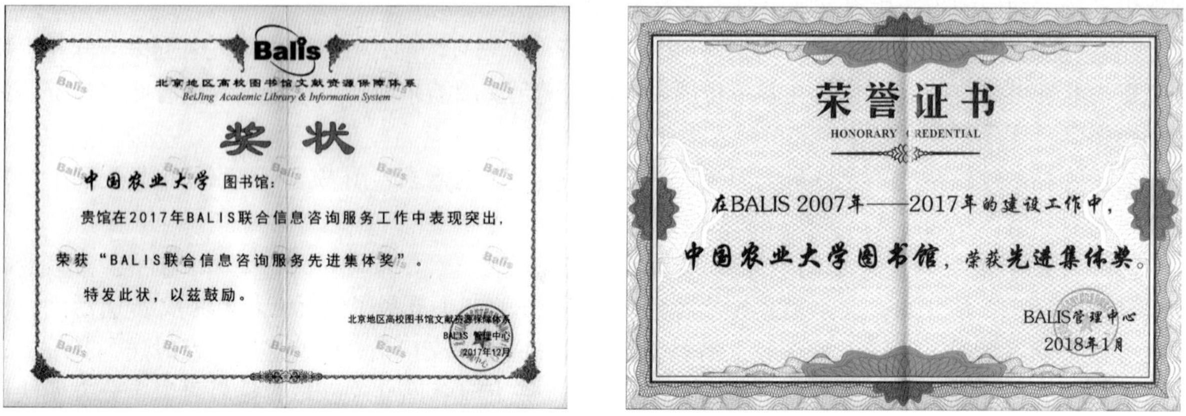

图 6-16 BALIS 中心颁发的奖状和荣誉证书

2008—2018 年，BALIS 中心每年都进行馆际互借和文献传递工作先进表彰。图书馆还有赵耀莺、尚文娟、周雪伟等人先后获得先进个人奖项。

从近 10 年的统计数据来看，由于网络和电子资源的普及发展，图书馆数字化发展趋势明显。读者进馆的人次和借书数量呈逐年下降的趋势，而利用“全文获取”服务的数据则保持在每年 4000 ~ 5000 篇的一个较为平稳水平。

表 6-8 为图书馆综合服务相关数据统计。

表 6-8 读者服务相关数据统计

年份	进馆人数/万人次	外借总量/万册次	还书总量/万册次	利用馆际互借证/人次	馆际互借图书/册	文献传递/篇	周开馆时间/小时
2007	248	48.3866	45.5881	618	417	4489	105
2008	149	45	38	462	260	4791	101.5
2009	152	41	36	315	252	4970	
2010	114	48	42	176	343	4315	
2011	15	16	15	199	200	5143	
2012	73	22	22	77	539	4699	
2013	101	17	18	69	574	4791	
2014	97	16	16	45	254	3791	
2015	85	15	16	32	159	3939	
2016	90	12	13	34	623	3058	
2017	79	11	11	50	641	3304	
2018	86	8.55	9	27	773	4058	
2019	140	9.2	9	25	618	3520	
合计				2129	5653	54868	

注：1. 表中数据为东馆和西馆的合计数据。其中 2010 年 5 月—2011 年 9 月西馆大修闭馆期间只接受还书，馆内阅览和图书外借暂停。

2. 表中“馆际互借图书”包括利用馆际互借证以及 CALIS、BALIS 系统从外馆借入和本馆外借的图书。

3. 表中“文献传递篇数”指通过 CALIS、BALIS 系统和国家科技图书文献中心以及读者在系统外直接向图书馆申请的全文传递的总篇数，包括从外馆获取和向外馆全文传递的篇数。

（4）阅读推广　阅读推广是图书馆一项传统工作，旨在激发师生阅读兴趣，丰富师生阅读资源，在校园内营造“全民读书”的良好读书氛围。因此，图书馆每年开展新书推荐、读书交流、好书荐读等活动，尤其在每年4月23日的“世界读书日”以及纪念日等特殊日期开展一系列阅读推广活动。同时，依托学生社团，积极开展阅读分享活动。先后组织“读红旗书、走长征路、圆中国梦”主题读书报告会、“塘约道路”阅读分享会、共读“西行漫记”等阅读分享活动。与青年马克思主义者协会、恰同学少年读书会、1905读书会等阅读类社团建立了合作关系。

2015年开始，利用每年4月23日的“世界读书日”，图书馆组织开展系列活动，积极开展阅读推广，旨在宣传和推广全民阅读、多读书、读好书的理念，进一步激发广大师生的读书热情。

2015年，图书馆以中国农业大学教师安玉发、郑培爱夫妇捐赠自己的学术著作和文学作品为契机，组织策划了“从《走过》的平凡旅途中感悟人生——追逐梦想不停歇”的读书交流会。本次活动获得“首届全国高校图书馆阅读推广案例大赛”北京赛区优秀奖。

2016年世界读书日，图书馆组织了“阅读，从图书馆出发”活动。活动当天图书馆赠予读者图书121本，与读者互换图书51本，图书馆收到读者捐赠图书65本。在4月18日—5月15日，图书馆携手CALIS农学中心，共同举办了“好书荐读”活动。邀请读者共同参与“为好书寻找读者，为读者寻找好书”，推荐的图书必须为本人真实阅读过的图书；国内图书要求为2000—2015年出版，国外图书出版时间不限。全国共有20所农业高校图书馆参加。共收到5625条推荐书目，推荐次数最多的8本中文图书为《三体》《从你的全世界路过》《天才在左，疯子在右》《狼图腾》《谁的青春不迷茫》《乖，摸摸头》《明朝那些事》《目送》；8本外版图书为《百年孤独》《追风筝的人》《解忧杂货店》《小王子》《偷影子的人》《寂静的春天》《如何阅读一本书》《瓦尔登湖》。

在中国图书馆学会开展的2016年全民阅读工作评选表彰中，图书馆获得2016年度全国“全民阅读先进单位”荣誉（图6-17）。

2017年第22个“世界读书日”之际，4月17—24日图书馆举办了以“阅读丰富人生、共享书香农大”为主题的阅读推广系列活动。

图书馆组织了3场专题讲座，其中，由中央音乐学院张紫薇博士主讲的“电影中的古典音乐”讲座吸引了几百位听众。张紫薇博士从古典音乐的概念、特点和作用等方面，结合典型的古典音乐衬托电影画面的实例，为同学们做了详细的讲解。讲座加深了大家对古典音乐的理解，那些熟悉的故事情节与古典音乐的完美结合，吸引了在场的每一位听众。

本次活动周还联合了党委宣传部和各学院发起了一个16个学院的党委书记、院长推荐阅读书单的“稼穑书香”活动。4月19日，学校党委宣传部长陈明海将“稼穑书香”所荐书单上的8套232册图书赠送给图书馆，图书馆党总支书记孙德昊接收了赠书。

为进一步鼓励读者利用图书馆馆藏资源，将读书作为一种生活方式，爱读书、勤读书、读好书、善读书，本次活动周还安排了一个发布2016年图书馆“阅读之星”的活动。根据2016年4月以来图书借阅流通统计数据，发布了借阅量前10名的在校生“阅读之星”年度排行榜。

4月20日，中国农业大学党校副校长李桦向农大师生推荐当代著名文学家王宏甲的最新报告文学《塘约道路》，并与大家一起分享阅读后的思考与感悟。他从《塘约道路》感受一个村庄里的“中国力量”，希望农大学子认真学习习近平总书记关于全面建成小康社会的重要论述，理解中国道路的深刻意义，走进乡村、深入基层。图书馆党总支为每位党员购买了原著，许多党员参加了阅读分享活动。

在中国图书馆学会开展的2017年全民阅读工作评选表彰中，图书馆所策划开展的活动，内容丰富、效果明显，经高等学校图书馆分会推荐，入选为2017年度全国58家“全民阅读先进单位”之一。其主要活动包括：在学校党政领导和各部门支持下，参与举办“读红旗书、走长征路、圆中国梦”主题报告会；开辟党建书屋和红旗书架，有效提升党建类图书的利用率；精选并集中馆藏的党建与政治思想教育类图书，建立“党建与政治思想教育阅览室”，实时扩充完善文献资源。与此同时，抓住读书日等时间节点举办读书分享、好书荐读、精品书展、以书会友、阅读之星评选等主题鲜明的阅读推广活动。日常工作中围绕学生需求，举行一系列针对性强的专题讲座，提高学生信息素养和利用文献能力。全年举办十几次活动、近 30 场次讲座，吸引校内数以千计师生的积极参与，得到图书馆同行的充分认可（图 6–17）。

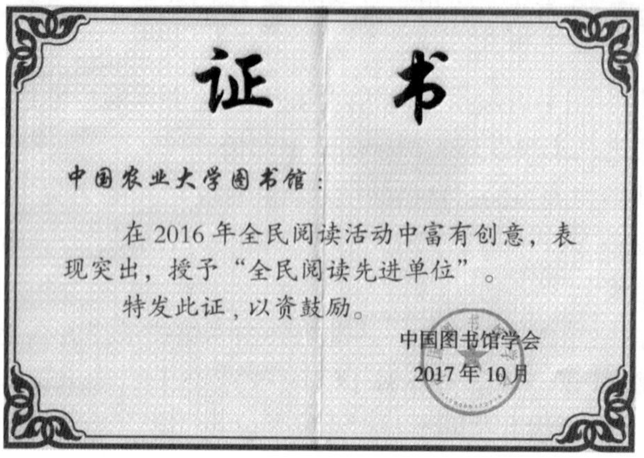

证 书

中国农业大学图书馆：

在 2016 年全民阅读活动中富有创意，表现突出，授予“全民阅读先进单位”。

特发此证，以资鼓励。

中国图书馆学会

2017 年 10 月

证 书

中国农业大学图书馆：

经研议，贵单位在 2017 年全民阅读活动中富有创意，表现突出，进入“全民阅读先进单位”名单。

特发此证。

中国图书馆学会

二〇一八年十二月

图 6–17 “全民阅读先进单位”证书

2018 年 4 月 23 日，第 23 个“世界读书日”，中国农业大学和红旗出版社联合主办了“阅读新时代·引航新征程”——红旗出版社赠书暨“稼穑书香”启动仪式。此次红旗出版社捐赠图书 262 种，是继上年赠书并设立红旗书架后，再度向学校捐赠图书。《求是》杂志社原总编辑、云南省委原副书记王天玺作了题为《中华民族发展的黄金时代》的专题报告。

王天玺捐赠了其新著《飞龙在天——中国超越美国》。王天玺在报告中指出，中华民族已经迎来千载难逢的战略机遇期，或者说是民族发展的黄金时代。中共十八届六中全会确定习近平同志为党中央的核心、全党的核心是完全符合党心、民心和军心的，这一核心的确立将直接有利于创造中华民族发展的黄金时代。在当今复杂的国际形势下，具有特别重大的意义。

以第 23 个世界读书日为契机，学校宣传部和图书馆联合学工部、研工部和各学院组织了以“阅读新时代，引航新征程”为主题的“稼穑书香”系列活动。此次活动的重要内容之一是请包括国家级教学名师在内的 15 位富有经验和经历的学院教师向全校师生推荐经典书籍。在当天的仪式上，国家“万人计划”教学名师、国家杰出青年基金获得者、学校植保学院教授彩万志代表名师们向图书馆捐赠了推荐书目中所列的图书。活动期间，图书馆特别开展了主题为“我与阅读有个约会”摄影作品征集、评比活动，该活动旨在鼓励读者记录阅读故事，丰富阅读分享形式，增进与读者的交流。征集作品自 4 月 20 日启动，4 月 30 日截止，期间共收到摄影作品 36 份，经过一周的网络投票及专家评审，最终决出一等奖 1 名，二等奖 5 名，三等奖 10 名，这些作者均获得我馆颁发的精美奖品。

4 月 25 日，图书馆邀请彩万志教授以“农桑之光——中华农业文明拾英”为主题进行了读书分享。他从自己的名字与农业的渊源讲起，向同学们介绍了中国农业文明的魅力，并希望同学们深入了解中华农业文明，努力学习农业知识，为农业发展做出农大人的贡献。

2019 年 4 月 23 日世界读书日，图书馆以“悦读·名师引路”为主题开展了系列活动。学校举行《习近平谈治国理政》多语种图书赠书仪式，北京崇学文化发展有限公司将多语种的《习近平谈治国理政》共计 7 个语种，220 册图书捐赠给图书馆。这进一步丰富了图书馆藏书和师生阅读资源，为全面领会和广泛传播习近平新时代中国特色社会主义思想以及学校课程建设、人才培养提供了好读本和好教材。

随后，图书馆邀请国家“万人计划”教学名师、北京市教学名师、宝钢优秀教师周志强教授与师生畅谈阅读改变人生。周志强教授 20 世纪 60 年代出生，在草原长大。他为大家讲述了自己的读书与成长以及在人生不同阶段，渴求、困顿、抑郁……种种不同人生体验情境中，阅读如何帮助自己认识世界、了解自己。“如果不是阅读，我的人生一定是另外的样子。”他说。

学校党委常委、副校长王涛出席活动，勉励同学们珍惜时光多读书、读好书，并把阅读作为终生的事情，因读书而有收获、在阅读中享受乐趣。

2019 年 8 月，中国图书馆学会授予图书馆“全民阅读示范基地”称号。这是图书馆 2016 年和 2017 年连续两度入选全国“全民阅读先进单位”后获得的又一重要荣誉。“全民阅读示范基地”是对单位在推动全民阅读工作中所作贡献的高度认可。获得两次及以上全国“全民阅读先进单位（组织）”称号的机构或组织，方可作为候选人参加“全民阅读示范基地”申报评选。本年度，全国 34 家图书馆进入“全民阅读示范基地”名单，其中高校图书馆 8 家。

图书馆将推进全民阅读列为管理运行重点工作，形成党政工协力推进、一把手带头参与、分管领导牵头负责的安排，积极争取校内部门支持，积极与学院师生联合，以读书日、纪念日等节点为契机，面向校园师生需求，聚焦主题开展活动。2015 年起，每年开展主题活动如图书捐赠、读书交流、好书荐读等 10 次以上，参与人数以千人计；同时，图书馆还注重将全民阅读的要求融入资源建设、咨询服务、素养教育、业务培训等工作实践中。中国图书馆学会肯定我校全民阅读活动“富有创意、深入持久、表现突出”。两次获得全国“全民阅读先进单位”称号和入选“全民阅读示范基地”也是对图书馆全民阅读工作的充分肯定（图 6–18）。

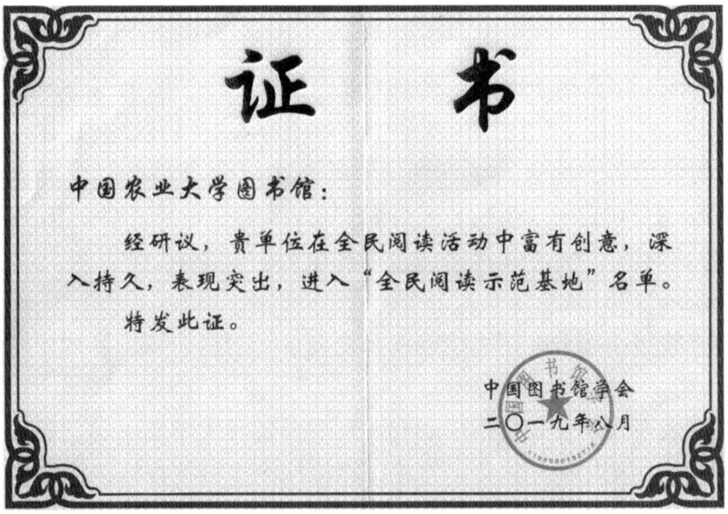

图 6–18 “全民阅读示范基地”证书

2019 年 10 月 22 日，以“新起点、新气象、新作为”为题的献礼新中国 70 华诞图书馆系列活动在图书馆东馆学术报告厅启动，容纳 180 人的学术报告厅坐满了师生，增加的 30 多把备用椅供不应求，还有十几位同学站着听到终场。

图书馆总支书记潘志华在启动仪式上说，图书馆联合学校团委、学生组织举行系列活动，一是希望吸引更多师生更多了解、更好使用图书馆，发挥图书馆在人才培养、科学研究、社会服务、文化传承、国际交流等各方面的作用；二是通过举办系列活动，传播新时代思想和阅读传承经典，向新中国 70 年致敬；三是作为图书馆“不忘初心，牢记使命”为师生服务的一些实事。当前图书馆上下正在思考以“资源为先，用户为本，服务至上”的办馆理念，不断改进工作，以业务提升为支撑，促进一流人才培养；以学科需求为牵引，助力“双一流”建设，把图书馆建成一流的现代化图书馆。

当天上午，全球知名信息服务企业——科睿唯安的专家带来首场“激励发现，推动创新”专题讲座，这是今年图书馆系列活动中“服务师生”主题的 8 场专题讲座之一。这次讲座围绕全球知名的科技文献检索平台 Web of Science 及相关软件展开，对照科研人员的需求，介绍了平台在文献检索、分析与管理，以及论文写作与投稿等方面的功能、实现策略（方法技巧）。

在专题讲座开讲的同时，致敬新中国 70 年主题书展也在学术报告厅大厅展出。负责图书采访的图书馆员们精心遴选近 200 种、300 余册图书，包括马克思主义的经典著作、习近平新时代中国特色社会主义思想的重要著述，以及中国特色社会主义发展成就的系统论述及最新学术研究等。

图书馆献礼新中国 70 华诞系列活动持续一个月，活动还包括红色主题读书会与阅读分享、资源试用、寻找“阅读之星”、检索大赛、图书馆使用攻略系列宣传等内容。

2）咨询服务

图书馆在东、西馆均设有信息服务部，开展日常读者咨询、查新服务、查收查引服务、信息素养的培训教学等，与流通、资源建设等部门一起做好资源的宣传与推广等工作。

（1）日常咨询工作　日常咨询主要是通过接待上门读者开展面对面的信息咨询，或利用电话、邮件、答复读者留言、虚拟咨询（QQ、MSN）等多种方式耐心细致解答读者在图书馆资源利用中的各种问题，为读者提供一站式服务。图书馆充分发挥学科馆员的作用，采取多途径与各院系教师、学生沟通，经常保持联系，通过 Email、电话、实地走访等多渠道对资源、服务进行宣传，并针对院系师生的需要，举办专题讲座，普及文献情报知识，培训情报利用技能。

2007 年图书馆开发了“学科馆员信息服务系统”，于 11 月 8 日在 12 个学院的主页上建立了“图院之窗”，通过此窗口为院系师生推送相关信息，强化图书馆与各学院的联系。

2009 年增设了虚拟咨询，读者可以通过 QQ、MSN 等系统向图书馆员提出咨询问题，得到实时解答。当年虚拟咨询 172 人次。

从 2017 年至 2019 年，为了更有针对性地解决学生论文写作、图书馆资源利用等方面的问题，图书馆参加学校组织的学业“一对一”咨询，就学生学习中存在的科技论文写作、论文投稿、专业信息获取、文献管理软件的使用等方面进行了详细地解答。2017 年开展 21 次，2018 年开展 59 次，2019 年开展了 51 次面对面咨询，获得了学生的普遍好评。

2007 年至 2019 年 13 年间，接待读者来访咨询和电话咨询累计 12 万余人次，通过网络答复咨询累计 9 万余人次（表 6–9）。

（2）科技查新与查收查引服务　图书馆面向师生开展针对科研立项、成果鉴定、技术引进等项目的科技查新。

早在 1995 年，北京农业大学文献情报中心和北京农业工程大学图书馆就是农业部首批部级定点科技查新检索单位。2003 年中国农业大学又成为教育部首批设立科技查新工作站的高校。多年来，图书馆为学校及其他兄弟农业高校科研课题的立项、成果鉴定等工作发挥了重要作用。

2005 年，为使广大教师、科研人员对查新工作相关问题有所了解，图书馆建立了专门的教育部科技查新工作站网站。网站主要内容包括：查新简介、查新委托、查新程序、查新质量、规章制度、查新委托书下载、教育部科技查新服务平台栏目等。通过此网站，用户可了解查新的基本问题、查新站可受理的查新项目专业范围、联系方式、查新委托、查新规章制度、查新委托书的填写、教育部科技部有关政策法规等，极大地方便了与读者的沟通与互动。

2010 年在馆内项目的资助下，图书馆对查新数据库进行了改进。2011 年改进后的数据库实现了查新项目的自动取号、检索、统计、导出等功能，解决了以往一馆两址、人工分配查新编号造成的不便和重号。

从 2007 年至 2019 年，查新工作站累计面向各界读者用户完成科技查新 2983 项，出具收录、引用证明 7358 份，专业涉及农业、生物、园艺、环境、动物科学、动物医学、水产、食品、经济、工程技术等领域（表 6–9）。

根据学校管理部门的需要，图书馆一直坚持每月向学校通报本校教师论文被 SCI、EI、CPCI（原 ISTP）的收录情况，使学校职能部门及时掌握全校的科研产出情况。

向校内外用户提供出具 SCI、EI 收录、引用证明。2015 年首次利用 Balis 联合信息咨询中心开发的“论文收录引用”系统实现网上提交、接受及分配工作任务。从 2007 年至 2019 年，出具收录、引用证明 7358 份。

（3）为学科建设和学科评估提供数据支持　从 2011 年开始，根据学校的需求，图书馆认真做好学科的基础数据及分析，每两个月向学校提交基于 ESI 的学科发展报告，并对我校有可能进入 ESI 前 1% 的学科领域进行预测。

2015 年，图书馆利用学科分析工具，完成了中国农业大学 14 个一级学科的基于 InCites 的学科分析报告。2016 年、2017 年、2018 年，对学校 15 个一级学科开展基于 InCites 学科分析报告的调研与撰写，分别从学科论文产出、学科规范化引文影响力、国际合作论文、高被引论文、高产作者等角度进行分析，明确我校相关学科在国际及国内的科研水平及所处的地位。

2011 年起，对 ESI 论文的学院和一级学科贡献进行分析，为学校相关领导部门提供参考。自 2017 年，对自然指数我校的排名进行跟踪分析，完成自然指数的分析报告及学院、一级学科及主要人员的贡献分析报告。

2018 年，为配合学校人才引进工作，图书馆利用专业学科分析工具，针对各学院推荐的候选人，设计了人才评价指标，分别从论文的 SCI 收录、被引次数、引文影响力、期刊影响因子、期刊中科院 JCR 分区、ESI 学科 TOP 10% 期刊的论文数量、高被引论文数量、论文 CNCI（均值）等多项评价指标对每一个人进行综合评价，为学校人才引进提供参考。

2019 年，在利用专业学科分析工具继续参与学校人才引进工作的基础上，针对各一级学科的划分与多学科期刊的归属问题，构建农业生物领域全球华人人才库，为学校人才的筛选、引进提供更有针对性的参考。同时，基于人才办提出的政策相关需求，对营养与健康领域进行了文献计量学分析，针对研究团队、人才分布和领域分布等方面进行了统计分析。

（4）信息素养培训讲座　普及图书情报知识，培养读者的信息素养是图书馆的一项重要职能。从新生入校开始，图书馆就开始对他们展开如何利用图书馆的教育培训，此后各种普及情报信息知识讲座经常性地展开。

对新生进行培训是常年坚持开展的工作。每学年新生入学后，图书馆坚持对本科生全部进行如何利用图书馆的培训，旨在提高学生信息素养和信息获取能力。图书馆员工克服工作量大、时间紧、任务重的困难，加班加点对每个班进行培训，使新生对图书馆有个全面的认识和了解。通过普及基本的文献信息知识，引导新生培养信息意识，为开始大学的学习生活奠定基础。通过培训，新生对图书馆的资源、服务、规章制度、文献信息检索与利用方法都有了进一步了解，初步掌握了获取文献信息资源的能力。对新入校研究生，则根据实际需求，针对性地开展信息素养和技能的培训。

2019 年 8 月，新生培训引进北京扮客信息技术有限公司的“晓图”新生入馆培训数据库。该数据库包括了图书馆的馆藏资源、借阅流程、规章制度、电子资源、服务等各方面的内容，并以任务闯关、情景式讲解以及互动小游戏等趣味的形式予以展现。新生通过培训系统完成闯关任务，得 80 分以上即可自动开通图书馆的借书权限。新生在电脑端可以远程登录或用移动端通过扫码进入图书馆新生入馆培训系统。

开展公共讲座是图书馆常年坚持的一项工作。根据用户利用信息资源的常见问题，就有关科技论文写作、数据库利用、原文获取、专题文献检索、文献管理软件使用及图书馆服务等方面，为教师、本科生和研究生举办各种专题讲座，普及文献检索知识。在举办本馆馆员讲座的同时，还邀请行业专家和数据库提供商进行专题介绍宣传。在每年教学期内，几乎每周都举办专题讲座。2007 年至 2019 年累计举办讲座 316 场，有力地普及了文献情报知识，提高了用户利用图书馆获取知识信息的技能（表 6-8）。

2018 年，针对大一本科新生在科技论文写作中存在的问题，举办 2 次“论文写作入门”讲座，参加学生 520 余人；为提高本科毕业生毕业论文写作质量，举办 4 次“本科毕业论文的规范写作”讲座，参加学生 900 余人。

2019 年，继续针对大一本科新生开出两个讲座，参加人数分别达 500 人和 520 人。应食品学院的要求，针对大四学生开展了“文献检索、管理与论文写作”，参加人数达 200 人。

（5）深入学院展开调研，增强与用户的联系　为了及时了解学院老师对图书馆的服务需求，也为了让教师们能够及时了解图书馆的服务项目、新增添的教学和科研工具，尤其是新增数据库，协助图书馆做好资源建设，图书馆实行学科馆员制度。图书馆选择馆员自身所学专业与所联系学院对口或接近的作为学科馆员，一个学科馆员负责联系一个或几个学院，学科馆员能够起到很好的信息双向沟通作用。

2010 年 6 月，图书馆走访了全校 11 个学院，与主管科研副院长、教师和研究生代表分别就资源建设需求、信息服务等进行了座谈交流。这个活动，既让师生了解了图书馆经费、资源建设、信息服务等情况，也让图书馆了解了师生对资源、信息服务、用户培训等方面的需求。

2011 年，学科馆员工作得到强化，多途径与院系教师、学生沟通，与各学院的图情教授及教师、学生经常保持联系，通过 Email、电话实地走访等途径对资源、服务进行宣传。针对院系师生的需要，开展有针对性的专题讲座，其中针对学科的专题讲座 10 次。

学科馆员出面，组织对口院系老师和研究生采购图书及其他文献资源（如 PQDT 博硕士论文全文订购提交）；通过课题研究（如重点学科教材、教参调研），对学校重点学科开展文献资源需求调研。

（6）资源与服务的宣传推广　在资源与服务的推介方面，图书馆积极主动开展宣传与推广，做了大量工作和努力。针对图书馆采购的数据库资源，常年利用图书馆主页、校园网、图书馆通讯等多种途径宣传报道信息资源，包括试用数据库和网上免费资源等；同时，积极与数据库商联系，请他们为全校师生开办数据库使用讲座和数据库开通试用。

通过不定期组织开展“图书馆资源与服务”宣传周或宣传月，开展丰富多彩的活动，集中推介图书馆服务项目，加深广大读者对图书馆的全面认识，帮助读者更好地获取图书馆信息资源。与此同时，图书馆对读者的需求也有了更为实际、更为深入的了解，进一步改进服务工作，提高服务质量。

2007 年 10 月 19 日至 11 月 19 日，图书馆举办了首届“图书馆资源与服务宣传月”活动。在宣传月期间，图书馆为全校师生举办 11 场专题讲座，近 1500 名师生参加；传递原文 432 篇。学科馆员针对广大师生在教学科研中的专题资料检索等问题开展了深层次的“一对一”咨询服务。

2009 年 10 月 16 日至 11 月 16 日，图书馆举办了第三届“图书馆资源与服务”宣传月活动。在宣传月活动期间，开展了以下工作。

①数据库试用。为全校师生免费开放 SCI，CSCI，IEL，INSPEC 等数据库的试用，这些数据库均是学校师生有强烈需求而图书馆因经费原因暂时无法购买的数据库。试用活动给读者带来了实际切身体验，满足了读者的部分需求。②文献传递免费服务。宣传月期间为全校读者提供免费全文传递服务，其中向 BALIS 申请 53 篇，向 CASHL 申请 14 篇，其他形式申请 104 篇。③举办专题讲座。开展了有关科技论文写作、数据库利用、文献管理软件使用及图书馆服务等方面的系列讲座。共举办专题讲座 18 次，其中馆内人员讲座 5 次。参加讲座的师生达 1313 人次。④读者问卷调查。为了进一步提高服务质量，改进工作，分别就资源建设、资源宣传与利用、读者服务等方面进行问卷调查，共发放纸本问卷 4000 份，回收 3200 份，其中有效问卷（问卷题全部回答完毕）近 2000 份，并对问卷进行了统计分析，供馆领导决策参考。⑤开展“我与图书馆”征文活动。作品分为文章、书法、绘画三大类。要求文章内容以与读书有关的心得、体会，及与图书馆发生的故事为主题或线索，主题明确、思想健康、观点新颖、文笔优美。题目自拟，题材可以是札记、随笔、散文、读后感、议论文。书法、绘画主题不限，内容以励志向上或生活感悟为主。活动得到了师生的热烈响应，共收到文章 76 篇，书法作品 13 件。收到的作品风格迥异、精彩纷呈，抒发了大学生对图书馆的厚爱，是作者思想、才华、品味、心路的集中展示，是农大校园文化与人文精神的充分彰显。经过 3 轮严格评审，评出文章作品一等奖

2名，二等奖5名，三等奖8名；书法作品一等奖空缺，二等奖2名，三等奖2名。

在2014年“图书馆资源与服务”宣传月活动期间，邀请数据库商来馆开展有关数据库使用讲座11次，内容涉及移动图书馆、资源利用和文献管理软件等方面。

（7）图书馆宣传片　为了加强外部对图书馆的认知，除了2007年“本科评估”时做了图书馆宣传画册之后，图书馆主要是对网页作了改版和及时更新，2014年，图书馆再次进行了网页改版，丰富了主页内容，对栏目作了重新划分和调整，增加了动态推介显示项目，提高了可读性和时代感。对各栏目内容的及时更新明确了责任人，分配了修改权限，使主页能及时反映图书馆的动态变化。

为了更好地推进图书馆文化建设和加强外部对图书馆的认知，需要采用现代技术手段来系统、形象地做好图书馆的宣传推广，2018年图书馆组织力量制作“中国农业大学图书馆”视频宣传片。

宣传片解说词经过馆领导和各部门负责人反复推敲、修改，多次召开会议进行研讨，前后历时3个多月，才制作出全面推介图书馆的视频宣传。

宣传片时长10分17秒，对图书馆进行了全面介绍，内容包括学校发展历史、早期图书馆溯源、合并发展历程、资源建设特色、学科建设情况、国际往来交流、信息化建设、读者服务工作、学术研究成果、馆舍建筑、各级领导关怀等。

表6-9　图书馆咨询服务统计表

年份	读者来访咨询/人次	电话咨询/人次	邮件咨询/次	答复读者留言/条	虚拟咨询/人次	科技查新/项	出具收录、引用证明/份	举办专题讲座/次
2007	7560		2560	155	–	255	432	19
2008	6558		2606	140	22	302	444	21
2009	2863	4332	3944	214	172	286	348	37
2010	2045	8110	7120	222	282	393	337	37
2011	1916	7749	6671	133	2917	331	700	35
2012	3209	10153	9140	60	1659	343	600+	27
2013	3327	9392	8524	20	880	286	430	25
2014	1703	8389	8506	–	854	178	403	15
2015	1140	6132	5362	–	650	154	657	11
2016	1982	10206	10006	–	320	138	789	11
2017	1329	6596	6634	–	54	106	640	28
2018	1386	6982	6547	–	538	121	776	36
2019	1106	6780	6142	–	843	90	802	14
合计	22006（2009—2019）	84821（2009—2019）	83762	944	9191	2983	7358	316

注：1. 表中“虚拟咨询”主要包括通过QQ和MSN的咨询等，2014年起包括答复读者留言在内。
2. 表中“科技查新”指科研立项、成果鉴定、技术引进等项目的查新，包括对校内和校外用户的查新项目。

3）决策支持服务

针对学校的行政决策和管理需求开展信息分析服务，向学校领导层提供学科建设和发展的决策信息参考，向相关职能部门提供信息分析支持，是图书馆拓展服务领域的一个重要方面。随着社会信息化程度的提高，大数据分析工具的逐步完善，利用数据分析追踪科研热点、预测学科发展趋势成为一种可能。在这方面，图书馆的信息情报研究具有得天独厚的优势。

中国农业大学图书馆利用丰富的信息资源和数据开发分析工具，积极开拓信息服务领域，针对学校不同层面的信息需求，向学校领导和职能部门开展情报信息分析服务，提出信息数据分析报告，取得了显著效果。

（1）学位论文学术不端行为检测　在当今社会竞争激烈的态势下，有少数科研人员违背科学精神和道德，投机取巧、弄虚作假，采取抄袭、剽窃等手段将他人的科研成果据为己有，败坏了学术风气。社会上把这种行为称为学术不端。他们虽然人数不多，但是造成的影响恶劣，高校和社会谴责激烈。从2013年9月1日开始，图书馆受学校研究生院委托使用清华同方"学位论文学术不端行为检测系统"对申请博士和硕士学位的研究生学位论文进行重复率检测，借以督促研究生遵守学术规范，恪守学术道德。

2014年，图书馆正式承担了全校毕业研究生的学位论文检测工作，共完成1063篇学位论文的检测，同时制定了《用"学位论文学术不端行为检测系统"对研究生学位论文进行检测暂行规定》。

起初，学校层面没有强制要求对每个毕业研究生的学位论文进行检测，各学院按实际情况对研究生的学位论文提出检测要求，由学院汇总后将需要检测的论文提交到图书馆进行检测。2014年到2017年间，主要是经济管理学院、人文与发展学院、信息与电气工程学院、农学院等院系要求对研究生学位论文进行重复率检测；以工程学科为主的院系要求对工程硕士和在职博士生的学位论文进行检测，其他全日制研究生的学位论文基本不进行检测。2018年以后，研究生院要求所有毕业的研究生都要进行学位论文的重复率检测，图书馆对学位论文重复率检测的工作量大幅增加。

每篇学位论文原则上检测一次，但如果一次检测重复率高，也会进行二次检测甚至三次检测。2014年至2018年的检测数据反映出，检测数量呈增长的趋势，而最终的文献复制比则呈下降趋势。对检测结果，只提供《文本复制检测报告单》简洁版，不提供重复的文字部分。

研究生学位论文的重复率检测结果，使导师和学院在研究生答辩前对学位论文情况有一个较为明确的了解，以便指导学生进一步修改论文；同时也大大增强了研究生对知识产权的尊重和保护意识，促进了论文的原创意识，提高了论文规范写作水平。图书馆开展学位论文重复率检测服务，拓展了图书馆为学校教学和科研服务的功能，特别是为学校对研究生的学位论文质量控制提供了依据（表6-10）。

表6-10　2014—2019年学位论文检测数及重复比

年份	检测数量 / 篇	去除本人已发表的文献复制比 /%
2014	1042	11.0
2015	1512	10.9
2016	1860	10.6
2017	2268	10.2
2018	2808	10.0
2019	4323	9.2
合计	13813	–

（2）ESI系列报告服务　为了更好地让校领导和研究生院等部门及时了解和掌握学校学科在我国和世界学科中的动态地位，2009年起，图书馆咨询服务部开始动态追踪世界著名学术信息出版机构美国科技信息所（ISI）的基本科学指标数据（essential science indicators，ESI）。该数据库基于汤森路透Web of Knowledge（SCI/SSCI）数据库所收录的全球11000多种学术期刊的1000多万条文献记录而建立，利用其数据来分析全球主要科学研究机构的科研绩效和跟踪科学发展趋势。该分析将所有高校及科研机构的SCIE、SSCI库中近11年的论文数据进行统计，按被引频次的高低确定出衡量研究绩效的阈值，分别排出居世界前1%的研究机构、科学家、研究论文，居世界前50%的国家 / 地区和居前0.1%的热点论文。ESI针对22个专业领域，通过论文数、论文被引频次、论文篇均被引频次、高被引论文、热

点论文和前沿论文等6大指标，从各个角度对国家/地区科研水平、机构学术声誉、科学家学术影响力以及期刊学术水平进行全面衡量。在此基础上确定各个主要研究机构的排名，学界称之为ESI学科排名。现在ESI已成为当今世界范围内普遍用以评价高校、学术机构、国家/地区国际学术水平及影响力的重要评价指标工具之一。

从2009年至2019年的11年中，图书馆主管咨询服务部的副馆长左文革全程领导了这项工作，根据该数据库两个月更新一次数据的同步频率，每两个月向学校提交基于ESI的学科发展最新报告。利用学科分析工具，对15个一级学科开展基于InCites学科分析报告的调研与撰写，分别从学科论文产出、学科规范化引文影响力、国际合作论文、高被引论文、高产作者等角度进行分析，明确相关学科在国际及国内的科研水平及所处地位。

这项工作对校领导和科研院、研究生院等部门及时了解动态以及从ESI学科排名变动中引发思考起到了重要的作用。时任校长柯炳生经常询问最新ESI报告。

2016年由“中央高校基金科研业务费”和“大北农教育基金”出版资助的《基于ESI的中国农业大学学科发展研究》一书由中国农业大学出版社出版，本书由图书馆与学校发展规划处、科研院共同组织完成，左文革、李茂茂、李冬梅等著。

该书运用文献计量评价研究方法，以ESI数据库为基础数据，以中国农业大学进入ESI前1%的农业科学、植物学与动物科学、环境与生态学、生物学与生物化学、化学、微生物学、工程学和分子生物学与遗传学8个学科领域为主要研究对象，梳理了2010年至2015年在ESI学科分类体系下中国农业大学的学科发展脉络，研究了中国农业大学优势学科和潜势学科的发展轨迹，特别是比较分析了中国农业大学与国内外以农业与生命科学相关学科为优势特色的部分高水平大学的科研表现，为中国农业大学探索创建一流大学和一流学科路径提供了较为翔实的数据支持。

（3）校情分析与服务　自图书馆发展战略中将服务范围从教学和科研拓展到对学校行政决策提供支持后，图书馆根据学校发展的当前任务寻找合适的研究分析课题，主动联系相关行政部门合作开展问题分析，受到了相关校领导和部门的称赞。从图书馆“加大对高质量科技成果激励力度的建议”和“促进ESI前1%学科的建议”这两个例子可以看出图书馆对行政科学决策的支持作用。

进入21世纪后，各高校和研究机构加强了对SCI/SSCI收录论文量的重视程度，纷纷推出了不同的奖励措施。在这种全国性的导向政策激励下，各校的SCI/SSCI收录论文量迅速增长，中国农业大学也发生着同样的变化。2002年至2006年，中国农业大学的SCI/SSCI/EI论文从149篇迅速增加到746篇，增加了5.1倍。2006年至2012年SCI/SSCI/EI论文从746篇增加到1682篇，其中SCI论文量从613篇增加到1211篇，同期SCI论文的年增加量从2006年的176篇减少到2012年的155篇，年度增速更是从2006年的40.3%下降到2012年的14.7%（上年是负增长）。高质量（影响因子IF>5）SCI论文2006年为15篇，2012年为51篇，分别只占当年SCI收录论文的2.45%和4.21%。

在此背景下，图书馆情报研究中心主动进行了情况调研和数据分析，得出判断：①短期内在新人没有大量增加的情况下，SCI论文数量的高增速将转入常规增速，因此，论文的年数量增长将下降；随着新人的增加，年论文量会上升，但随着基数扩大，增速依然不会再提高了。②传统发文大户，如生物、农学、动科、兽医、资源、食品等学院的师均发文量已经较高，未来的增长需要化学、工程等专业更多发力，从师均发文量看，这些专业更有潜力。③在数量转入常规增长的情况下，学校应狠抓论文质量，建议在对发表论文实施数量奖励的同时，应加大对高质量论文的激励力度。图书馆及时将这些分析结果和建议呈报给校领导和有关处室，这一分析结果和主动考虑学校发展全局问题的精神得到时任校长柯炳生的赞扬。2012年学校修订中国农业大学科技成果奖励办法时吸取了图书馆的建议，更大力度鼓励高质量论文。2012年5月30日，学校党委常委会暨校长办公会研究通过了《中国农业大学科技成果奖励办法》（中农大研字〔2012〕28号。随着对高质量成果的进一步追求和鼓励，学校很快再次修订了新的科技成果奖励办法。2013年10月15日，学校党委常委会暨校长办公会研究通过了新的《中国农业大学科技成果奖励办法》（研字〔2013〕19号），进一步提高了对高水平成果的奖励力度。

在实施有效的针对性政策后，学校的科研上了新台阶。以SCI为例，SCI论文数量从2012年的1211篇上升到2018年的1899篇，年均增速7.78%，高质量（影响因子IF>5）SCI论文从2012年的51篇增加到2018年的287篇，占当年SCI收录论文的比重从2012年的4.21%提高到2018年的15.11%。

促进学校ESI前1%学科的增加是图书馆支持行政科学决策的另一个典型例子。

2010年前，中国农业大学进入ESI前1%的学科只有农业科学、植物学与动物学这两大学科。2010年3月，环境与生态学首次进入该领域ESI前1%。2010年11月，生物学与生物化学首次进入该领域ESI前1%。

图书馆咨询服务部从2009年开始提供ESI信息。2010年底，馆长何秀荣在仔细查看咨询服务部提供的ESI数据中发现，有些校内公认的强势学科在ESI学科排名中，距离前1%的学科排名比较远，进入前1%行列可能需要较长时期的建设，而一些在校内并不觉得强势的学科，比如当时学校的化学、工程学等学科反倒与进入前1%学科的距离不远。这说明以前的观念要改变，即不能完全用一些校内以往常用的绝对优势指标（比如学科间的SCI发文数量比较）来评价一个学科。在全球化比拼中，更需要用在全球中的相对优势指标来考虑问题和安排资源、人力等投入。平时学校在资金安排、人才引进、硬件投入等方面更愿意投给强势学科，但如果优先投给那些助力一把就能进入ESI前1%的“校内非强势”学科，投入效果可能更明显。何秀荣馆长立即将这想法和分析依据提供给了时任校长柯炳生，供领导在科研政策中参考。

2012年1月，化学首次进入该领域ESI前1%排名；2012年5月，微生物学首次进入（2014年2月退出，2014年3月重新进入）；2012年9月，工程学首次进入；2013年11月，分子生物学与遗传学（2014年5月因ESI体系调整一度退出1%学科，后于2015年9月再次进入）、临床医学（2014年5月退出）两个学科首次进入；2016年底，社会科学总论首次进入ESI前1%；2017年5月11日，药理学与毒理学首次进入ESI前1%；2018年3月15日，临床医学首次进入全球前1%。至此，全校进入ESI世界前1%的学科数达到11个。

类似的校情研究和建议，图书馆还有很多。如图书馆主动与人事处接洽，双方合作对学校多年引进人才进行详细分析，时任人事处处长孟超英教授十分支持，专门指定时任人事处副处长张远帆与图书馆情报研究中心密切合作，研究结果及时上报校领导决策参考。

图书馆关于“双一流”建设的思考和研究还引发了校学术委员会主席武维华院士提议学术委员会专门就“双一流”建设专题开会研讨。2019年5月25日，校学术委员会（扩大会议）举行了学校学科发展研讨会。

图书馆还与发展规划处、研究生院、科研院等部门开展了一系列的校情研究。这些工作不仅大大发挥了图书馆的服务功能，为校领导和行政部门决策提供科学依据，与此同时，也极大地提高了图书馆在学校的地位。

2019年3月20日，为更好贯彻落实学校工作会议精神，加快落实学校《2019年党政工作要点》和《2019年“双一流奋进共建行动方案”》中确定的“构建人才动态库”的任务，人才工作办公室与图书馆在东馆召开人才库建设工作研讨会。

人才办主任刘竹青介绍了构建人才工作库的总体结构，指出这是学校深入推进“人才强校”工程的创新举措，是不断提升人才引进质量、努力实现人才精准引进、更好支撑学科可持续发展的重要抓手。根据学校的学科总体布局，借助文献信息挖掘和情报分析的方法，通过与学院学科的深入对接，进一步明确各学科今后重点引进人才的学科方向，进一步拓展人才招聘的宣传渠道，使传统优势学科的人才优势得到持续加强，基础和支撑学科的人才力量得到扶持补充，交叉和新型学科的人才储备得到提前布局，更好地为学院学科做好支撑服务，推动学院集中精力更好发挥人才引进的主体作用。

图书馆党总支书记孙德昊表示作为学校重要文献支撑保障部门，图书馆将积极主动配合学校人才强校战略的实施，密切围绕“5+1”工程，开展支持与服务工作，利用专业学科分析工具参与学校人才引进工作，针对各学院推荐的候选人，设计人才评价指标进行综合评价，为学校人才引进提供参考，努力将图书馆图情学科点建设和人才培养与学校“双一流”建设需求有机结合，发挥优势，作出更大的贡献。

人才工作办公室副主任张远帆和与会图书馆馆员们从各自的工作业务角度以及前期工作基础对人才库的基础架构、数据来源、系统研发等方面提出了具体的意见和建议。通过研讨，进一步明确了建设思路，初步确定了人才动态库的建设方案和时间节点，并成立了人才动态库工作小组，积极推进落实人才库建设工作。

4）社会服务

中国农业大学图书馆不仅为本校师生服务，同时也面向农村、面向中小学，努力向社会提供服务。

（1）海淀农业图书馆　发挥中国农业大学图书馆的农科文献作用是服务“三农”的具体表现。1997年11月17日，学校与海淀区政府签订了“关于中国农业大学和海淀区政府共建海淀农业图书馆的协议书”。海淀农业图书馆挂靠学校图书馆，其宗旨是促进海淀区农业及农村的经济发展、促进海淀农村精神文明建设。针对读者分布区域广，来馆借阅难的实际情况，图书馆采取走出去，服务上门，并针对读者类型多，需求差别大的特点，开展不同层次、不同方式、有针对性的特色服务，充分发挥高等农业院校的技术优势、人才优势和资源优势，做好信息咨询服务。

海淀农业图书馆自成立以来，始终把为海淀区农业、农村、农民服务放在首位，很好地发挥了高等院校教学、科研与农业生产第一线的桥梁和纽带作用，并积极致力于把中国农业大学的科研成果向农村推广。时任校党委书记瞿振元在调研时了解到图书馆在为“三农”服务中所做的工作时说，图书馆能够在为“三农”服务中做大量的工作，这是值得称道的。

（2）图书馆开放日　2015年3月，为培育和弘扬社会主义核心价值观，积极开展全民阅读活动，推进北京高校服务中小学进程，提高北京高校图书馆服务社会能力，北京市教委、北京地区高校图书馆工作委员会联合倡议北京高校图书馆面向北京中小学设立参观开放日。设立开放日的目的是为了践行社会主义核心价值观，弘扬中华优秀传统文化，在北京中小学倡导阅读推广活动。设立图书馆开放日还可以充分发挥北京高校众多，图书馆资源丰富的优势，加强高校与中小学联系，引领青少年走进阅读殿堂，感受大学文化，激发中小学生学习和探索兴趣，营造书香校园氛围。

开放日分平时开放日和主题开放日。平时开放日以周开放日为主。图书馆安排相关部门专人负责预约、接待、引导、讲解等工作。主题开放日以年度形式呈现，根据图书馆自身情况自行设定。

开放日是加强高校与社会联系、提升高校社会影响力的重要举措。学校主管副校长王涛对此项活动批示：请图书馆按照要求，并重点安排好共建中小学开放工作。图书馆积极响应北京市教委和北京地区高校图书馆工作委员会的倡议，面向北京中小学设立参观开放日，时间为每周三下午，接受集体预约。事实上，对于集体来馆参观，原则上天天都是开放日，无论是中小学还是社会其他单位只要事先联系，图书馆都随时安排接待。

每年暑期，有中学生夏令营（尤其是京外的）来校参观，图书馆是学校必到的参观场所之一，即使遇上图书馆暑期闭馆之日，图书馆也会安排专人认真负责地接待和讲解，因为这关系到学校的社会公共形象，希望参观者对农大、对农大图书馆有一个好印象，更希望能影响到他们报考中国农业大学。

2017年4月，图书馆荣获北京高校图工委颁发的“2016年北京高校图书馆面向中小学开放日”优秀奖。

9. 馆员队伍建设

建设研究服务型图书馆的最大障碍是馆员队伍素质一时难以胜任。据2006年11月底统计，全馆共有正式职工 117 人。其中，研究馆员 3 人，副研究馆员 33 人、馆员 54 人、初级及以下 17 人；男性 19.7%、女性 80.3%；博士 0 人，硕士 18 人、本科 81 人、大专 11 人、其他 7 人。从这些数据看，提升馆员队伍素质的重点应是提高学历层次，其次是增加研究馆员人数。

馆员队伍建设方面，何馆长到任后提出必须多条腿走路，一是鼓励年轻馆员在职攻读高一级学位，必须提高现有存量的水平；二是招收应届研究生输入新鲜血液，改善队伍的成分构成；三是从校内其他部门发掘人才调入。

1）在职攻读学位

2006 年 12 月，何秀荣馆长上任不久，就召集全馆 35 岁以下馆员开会，会议只有一个内容：号召年轻馆员在职攻读高一级学位。他说，传统图书馆转型到研究型图书馆需要新理念、新思路、新手段以及资金等一系列要素，但最重要的是要有高素质的馆员队伍；我们需要引进新员工，但更重要的是一定要提升现有人员的素质。图书馆会采用请进来、走出去、馆内研讨、自设研究课题等方式来提供学术进步的机会，希望年轻馆员一定要有进取精神，要在职攻读上一级学位，把学士学位变成硕士学位，把硕士学位变成博士学位，不仅有利于大家个人的发展，也有利于图书馆的长远发展。图书馆一时拿不出经费资助大家出去学习，但可以在时间上给予方便，在图书馆力所能及的方面尽量提供便利。会后，何馆长不断对年轻馆员鼓励甚至敦促报考，并亲自给报考博士和博士后的馆员撰写报考推荐信。后来有应届博士进馆工作，图书馆依旧鼓励他们去国内外著名图情研究单位做图情学专业的在职博士后，以此提高自己图情研究能力，同时也鼓励他们积极融入图情届、积攒人脉，奠定发展基础。

2006 年，贺玢、周丽英考入中国农业大学攻读硕士学位（情报学）。

2007 年，陈仕吉考入中国科学院文献情报中心在职攻读博士学位（图书馆学）、巢国正赴日本东北大学攻读博士学位（应用生命科学）；杜璟考入中国农业大学在职攻读博士学位（农业机械化工程）。

2008 年孙会军考入中国农业大学在职攻读博士学位（蔬菜学）；李雪原、尚文娟、孙树娇考入中国农业大学在职攻读硕士学位（农业推广）。

2010 年师丽娟考入中国农业大学在职攻读博士学位（农业机械化工程）。

2011 年周丽英考入中国科学院大学在职攻读博士学位（情报学）。

2013 年 4 月至 2014 年 6 月陈仕吉去加拿大蒙特利尔大学图书情报学院从事博士后研究。

2014 年，赵勇博士进科技部中国科学技术信息研究所在职从事博士后研究工作，师从武夷山研究员，2017 年出站。2014 年，段文凯考入中国农业大学在职攻读博士学位（土地资源管理）。

2015 年，周群博士进中国科学院文献情报中心在职从事博士后研究工作，师从冷伏海研究员，2019 年出站。

图书馆在职人才培养工作，渐渐获得了丰厚回报。

2009 年至 2019 年，有 7 位馆员在职获得博士学位：

2009 年王雅晶获得加拿大圭尔夫大学博士学位（动物营养专业），学成回馆。

2010 年陈仕吉获得中国科学院博士学位（图书馆学）。

2011 年巢国正获得日本东北大学博士学位（应用生命科学），学成回馆。

2011 年孙会军获得中国农业大学博士学位（蔬菜学）、杜璟获得中国农业大学博士学位（农业机械化工程）。

2016 年师丽娟获得中国农业大学博士学位（农业机械化工程）。

2017 年周丽英获得中国科学院大学博士学位（情报学）。

2008 年至 2019 年，有 8 位馆员在职获得硕士学位：

2008 年贺玢、周丽英获得中国农业大学硕士学位（情报学）。

2010 年雒庆生获得中国农业大学硕士学位（农业机械化）、李雪原、尚文娟、孙树娇获得中国农业大学硕士学位（农业推广）。

2011 年王玉虹获得中国农业大学硕士学位（农业推广）。

2012 年喻浩获得中国农业大学硕士学位（农业推广）。

2）社会公开招聘

招收应届毕业的研究生入馆是最为快捷地增强馆员队伍的途径，但由于图书馆在学校归属非教学和研究系列，所以，每年给予图书馆的进人名额很少，一般每年 1 ～ 2 人，有的年份甚至没有。2007 年至 2019 年，图书馆通过对全社会招聘（主要是面向应届毕业研究生）入职人员有：

赵勇，男，中国农业大学农村发展与管理应届博士，2010 年 7 月入职。

段文凯，男，中国农业大学情报学应届硕士，2011 年 6 月入职。

周群，男，中国农业大学生物学应届博士，2012 年 2 月入职。

王群，女，北京师范大学图书馆学应届硕士，2012 年 7 月入职。

胡文慧，女，中国农业大学农业水土工程应届博士，2013 年 7 月入职（2015 年离职去美国）。

相润，女，中国农业大学物流工程硕士，2018 年 7 月社会招聘，从中国农业大学学生辅导员入职。

曹元，女，日本东京大学应用生命化学（营养与免疫）博士，2019 年 3 月社会招聘，从北京科技情报所调入。

盛怡瑾，女，中国科学院大学文献情报中心图书馆学应届博士，2019 年 7 月入职。

3）校内员工调入

学校每年给予图书馆的招聘名额少，但图书馆每年退休的人多，2007 年 1 月至 2019 年 12 月图书馆共减员 51 人，其中退休馆员 45 人，5 人离职或调出，1 人病逝；而新招聘入职的只有 8 人。图书馆所面临的形势，一方面是长时期的馆员入不敷出，另一方面是图书馆功能拓展后工作量在不断扩大，使得图书馆连日常运作都非常吃紧，多次要求学校增加招聘名额，但始终未能的到满足。在这种情况下，图书馆只能在校内单位物色人才。

图书馆要求调入人员必须满足 2 个条件，一是能踏实工作，不取巧耍滑；二是年龄上能在图书馆工作 5 年以上。何馆长将目光瞄向了校内管理部门的年轻博士，他们基础好，有分析研究能力，图书馆作为业务部门，可以向他们提供施展才能的机会，同时也充实了图书馆的长期研究力量，一举两得。

2007 年至 2019 年图书馆从校内调入了 13 位员工：

陈胜林，男，学士，六级职员，2007 年 5 月从校继续教育学院调入。

范意娟，女，学士，六级职员，2008 年 3 月从校内农学院调入。

隋永刚，男，硕士，六级职员，2008 年 6 月从校国际交流中心调入。

肖晓华，女，学士，七级职员，2010 年 6 月从校神内中心调入（会计）。

刘秀，女，学士，七级职员，2011 年 3 月校财务处调入（会计）。

胡菊，女，硕士，副高，2015 年 1 月从校内动物科技学院调入。

张红伟，男，博士，七级职员，2015 年 6 月从校科研院社科处调入。

刘子瑜，男，博士，中级职称，2016 年 12 月从校高教中心调入。

王苑，女，硕士，七级职员，2017 年 11 月从校工会调入（会计）。

李红军，男，博士，六级职员，2019 年 4 月从校科研院社科处调入。

冯雪梅，女，硕士，副编审，2019 年 4 月从校出版社调入。

王艳欣，女，硕士，中级职称，2019 年 2 月从校出版社调入。

朱引洁，女，硕士，副高，2019 年 10 月从动物医学院调入。

孙德昊，男，博士，2018 年 2 月，生物学院调入（干部工作调动，任党总支书记）。

4）学习与考察

外出学习和考察是开拓馆员眼界、启迪思维冲击、映照自身工作，从而有助于改善自身工作的有效途径之一，同时也是向外界传递中国农业大学图书馆声音和形象的机会。所以，图书馆把外出学习和考察作为建设高水平馆员队伍的内容，在力所能及的范围内支持馆员外出学习和考察。

（1）普惠性外出考察学习　图书馆领导班子认为，不能让职工一直呆在馆内坐井观天，不了解外面的世界。一定要创造机会，让职工走出去，开阔视野，学习和借鉴兄弟图书馆的工作经验，借此激发职工的工作热情和聪明才智。馆员外出考察学习和开会历来就有，但往往是图书馆领导、部门干部和少数馆员能有这种机会，大部分馆员缺乏考察学习的机会，而恰恰是普通馆员特别需要开拓视野、更新观念。派普通馆员外出考察学习从 2005 年就开始尝试了，考察一般采取设定一个主题，组团外出的方式，馆员回馆后提交考察报告和举办考察汇报会，交流考察的收获，一般 3 年为一个周期。

2010—2011 年，图书馆分别组织了赴云南农业大学、广西大学、湖南大学、四川农业大学和厦门大学图书馆的考察学习活动，多数馆员参加了考察。通过考察和交流，开拓馆员视野，更新其理念，取长补短。

在此基础上，2012 年 9 月图书馆决定将此制度化，普惠性、有计划、有目的地组织馆员外出考察交流，开拓馆员视野，有效地借鉴兄弟馆管理工作经验，提高图书馆的服务和管理水平。每 3 年为一个轮流周期，期间每位馆员至少有一次外出考察学习机会，期望通过考察学习使图书馆员工的业务见识有一个普遍提升。

考察经费从图书馆创收收入中支出。2011 年图书馆职工业绩津贴改由学校承担后，图书馆可以将创收收入用于图书馆事业发展和提高馆员素质等活动上。

为使考察活动更加规范、高效，图书馆制定了《中国农业大学图书馆关于组织馆员培训考察的试行办法》，经图书馆 2012 年第 3 次党政联席会议讨论通过，公布实行。该办法对考察团的组建、考察计划、时间与经费、申报与备案、考察总结等相关方面都作出了详细规定。

业务考察与交流活动取得了明显成效。馆员们以业务部门为主，拟定考察主题和考察对象，组成考察团，有针对性地参观考察外馆各项业务工作。考察结束后，以考察团为单位，撰写考察报告，在馆内进行汇报交流。通过这种形式，促进了员工对本职工作的思考、改进和提高。

在 2012—2014 年的第一轮考察学习期内，除个别馆员自愿放弃考察学习外，全馆大多数员工都参加了考察学习，共计考察了内蒙古、吉林、河南、上海、江苏、浙江、福建、广西、云南、海南、山西、陕西、四川、湖南、广东等地的几十所高校图书馆及公共图书馆。通过对兄弟高校图书馆工作的考察调研，馆员们开阔了视野，看到了自己的不足，学到了许多先进管理经验，促进了工作和服务水平的提高，达到了预期的目的。

2015 年以后，由于国家财务规定变动，此种大规模、普惠性的考察学习活动终止。

（2）参加专业会议和培训　通过参加各种学术交流会、研讨会、学术年会、主题论坛等，馆员可以了解学术前沿动态、相互启迪思维、交流工作经验。图书馆每年都派出多人参加交流，让馆员“走出去”，如参加数字图书馆、图书编目、资源共享、图书馆服务创新等主题论坛，或是作为论文作者参会出席，或是作为一般听众参会交流，从而提高了整个队伍的业务工作水平。这类学术交流会在业内经常举办，图书馆鼓励和支持馆员结合自己的工作性质，选择相关主题参加，鼓励馆员参加行业主管部门（教育部、CALIS、BALIS 等）举办的业务培训，获得认证资格。这些培训往往是开展工作所必须的，馆员培训合格获得相应的资格证书，持证上岗。如科技查新资格认证，图书馆查新站多次派人参加查新员及审核员培训，2007 年教育部第一次举办查新审核人员培训时，图书馆左文革、袁永翠就参加了培训。据统计，至 2019 年底图书馆有 21 位馆员获得查新员资格证书，8 位馆员具有教育部颁发的审核员资格证书。查新站也具有了较强的文献资源保障能力，拥有了一支经验丰富、专业背景齐全的查新队伍，具备了健全的管理制度和规范的工作流程。

2015 年以后，图书馆根据形势发展的需要，注重培养知识产权和专利信息服务的业务力量，先后派 10 人次参加知识产权的相关培训。至 2019 年，派员外出参加知识产权、专利信息分析、专利信息检索与服务、高等学校知识产权专员培训等相关培训达 40 余人次。

（3）赴境外考察　图书馆还尽量争取机会，安排馆员参加国际培训及访问交流。

2007 年 3 月 28 日至 9 月 28 日，孙彩霞申请去美国 Texas A&M University、Cornell University、Auburn University 学术休假六个月。在休假期间，她就国外科学基金信息咨询进行了调研工作，完成了两篇报告：《高校图书馆开展科学研究基金信息咨询服务模式研究》《因特网上科学研究基金信息资源的开发与利用》。

2009 年 4 月，CALIS 全国农学中心组织交流考察团（以涉农高校图书馆馆长为主）赴台湾参加“海峡两岸农学图书馆学术交流座谈会”。图书馆派出刘清水、潘薇、左文革、徐伟参加了考察。研讨会围绕数字图书馆建设、网络环境下大学图书馆服务模式的创新、资源共享等主题展开。副馆长潘薇和副馆长左文革分别作了《建立合作机制，促进图书馆的资源建设与业务发展》和《中国农业大学图书馆的咨询服务与发展》的报告；期间他们参观了台湾大学图书馆和校史馆、中兴大学图书馆、东海大学图书馆和试验场、暨南国际大学图书馆和中台禅寺图书馆。在参观过程中，大家了解了台湾地区大学图书馆的概况，如图书馆组织架构、馆长与馆员的身份学历背景、服务特色等。由于台湾图书馆馆员的入门门槛高，整体素质高，在大学中也普遍受到尊敬。大家感觉台湾的大学图书馆同仁主动服务意识非常强，在细微处尽显以人为本，如详细、周到的标识系统，温馨的提示，舒适的休闲阅览区，丰富多彩的多媒体阅读资源以及统一有效的合作服务机制等，所有这些都给大家留下了深刻的印象。刘清水副馆长在回馆后的汇报中说到，这次去台湾交流考察真的受到了观念冲击，有些情况或做法，以前在大陆是不去思考的，因为历来都是这么干的，各高校图书馆也都是这么干的，在台湾看到人家干的不一样了，就使我们打破了固有观念，去重新思考了。此次出访增进了海峡两岸高校图书馆的了解与沟通，也学习到了台湾高校图书馆管理方面的新观念和好经验，对于自己拓展管理视野和提高管理水平起到了很好的作用。

2011 年 10 月至 2012 年 3 月，赵锦辉在学校组织部项目的支持下，赴悉尼大学图书馆进行了 6 个月的交流与学习。悉尼大学图书馆是由设置在 8 个校区的 17 个分馆、专业馆组成的“图书馆群”。所有图书馆通过网络进行管理以及数据库建设、文献采集分编。其核心价值为“用户至上、高品质服务、追求卓越”。赵锦辉作为一个编外全日制馆员，在悉尼大学图书馆主馆、科学与技术图书馆和农业图书馆参与教学培训、日常咨询、通借通还等工作。他还参加了新洲高校资源协调采购的会议以及多校馆际互借联盟的年会。通过交流，了解了悉尼大学图书馆群的内部运作及外部协作的工作方式。归国后分别在馆内和组织部进行了交流汇报，提交了报告《悉尼大学图书馆学习交流体会》。

2013 年 5 月 12 日至 8 月 9 日，图书馆派出潘薇和张红萍两位馆员去美国康奈尔大学图书馆参加其举办的首期国际“图书馆文献保护与修复研修班”项目。通过项目培训，她们不仅增强了文献保护和修复的理论知识，也学到了文献保护与修复的具体方法、呆滞文献的特殊保存方式、文献保护教育培训及灾害预案的制定等内容，还引发很多思考。

2013 年 12 月至 2015 年 1 月，孙会军由国家留学基金管理委员会“青年骨干教师出国研修项目”资助，赴美国伊利诺伊大学香槟分校，在图书馆学与情报学研究生院、图书馆针对“图书馆服务评价”研修 1 年。该校图情学院的专业排名位居美国第 1 位。其间，他修了两门课程：Advanced Academic Writing（高级学术写作）、Advanced Academic Presentation（高级学术讲座），发表 SSCI 论文 1 篇：Embedded Librarianship in China：Based on a Survey of University Libraries。他还参观了美国多个图书馆和美国图书馆协会总部（ALA）。

2013 年 4 月陈仕吉获学校资助赴加拿大蒙特利尔大学图书情报学院作博士后研究半年；期满后，申请延长半年的在外留学，图书馆认为从长期看延长半年有助于人才培养和研究工作，经与校人事处协调，同意其延长半年在外留学。2014 年 6 月陈仕吉留学期满归国。

（4）举办图书馆情报专业英语培训班　为了提高高校图书馆馆员的英语能力，中国农业大学图书馆开始举办的是面向农口高校图书馆的图情专业英语培训班，后来与北京地区高校图书馆文献保障体系（BALIS）培训中心合作在中国农业大学图书馆举办了多期图书情报专业英语培训班。

2008年10月20日至11月9日，图书馆举办了全国农口院校“图书情报专业英语培训班”，邀请了加拿大圭尔夫大学图书馆资深馆员 Judy Wanner 女士任培训教师。培训班实行全程英语授课，培训内容以图书情报专业课程、国外大学图书馆的建设与发展、图书馆的信息服务与信息技术的应用等为主，采取小组讨论、案例分析、课下作业等形式，使参加培训的人员不仅提高了英语的听、说、读、写能力，而且有更多的机会学习和了解国外大学图书馆全新的工作理念、工作内容和发展目标，包括信息资源的组织与管理、数字图书馆建设、WEB2.0 在图书馆的应用、机构信息资源保存与利用、大学图书馆的学习中心建设、用户信息素质教育、图书馆馆员的继续教育等。

2010年7月5日至9日，图书馆与 BALIS 培训中心联合举办了“图书馆情报专业英语培训班”。此次培训主题为图书馆的绩效评估，由香港大学图书馆教授 Peter 担任培训教师。培训采取全程英语授课，以老师讲述与小组讨论相结合的方式进行。Peter 教授将相关工作经验和图书馆绩效评估研究结合，介绍了香港大学图书馆的现状和发展趋势，通过图书馆发展变化引入图书馆绩效评估主题，重点介绍了常用的评估方法、内容、指标等，生动展示了图书馆绩效评估的全过程。

2012年3月30日，图书馆与 BALIS 培训中心再次联合举办“图书情报专业知识英语培训”。本馆的馆员和全体研究生以及来自北京大学医学部、北京师范大学、首都师范大学等图书馆馆员共30多人参加了培训。此次培训历时1周，培训的主题为“Data Curation”，主讲人为澳大利亚悉尼大学图书馆 Sten Christensen 先生。数字化时代的到来，使管理和监控越来越多的数据资源成为图书馆未来发展的挑战之一。培训班从数据的创造、导入、存储、管理、长期保存及使用等方面给大家概述了数据管理的主要内容，同时也让学员们了解了悉尼大学图书馆在数字资源机构库建设方面的一些方法和经验，使大家收获很大。

5）馆员队伍建设成果和社会影响力

经过2007年至2019年长达13年持续不懈的馆员队伍建设，图书馆的馆员队伍素质得到了很大的改善，主要表现在学历、职称、称号和社会影响力几个方面。

（1）学历　2006年10月底的统计显示，全馆117人，没有博士，有硕士18人，本科81人，大专11人、其他7人；而2019年12月全馆87人中，拥有博士学位的馆员达到14人，硕士29人、本科41人，大专1人，其他2人（图6–19）。

从结构上看，2006年至2019年，图书馆馆员中，博士从0提高到16.09%，硕士从15.38%提高到33.33%，本科从69.23%减少到47.13%，大专9.40%降低到1.15%，其他5.98%降低到2.30%。也就是说，学位层次普遍提升，约一半馆员具有硕士以上学位了（图6–19）。

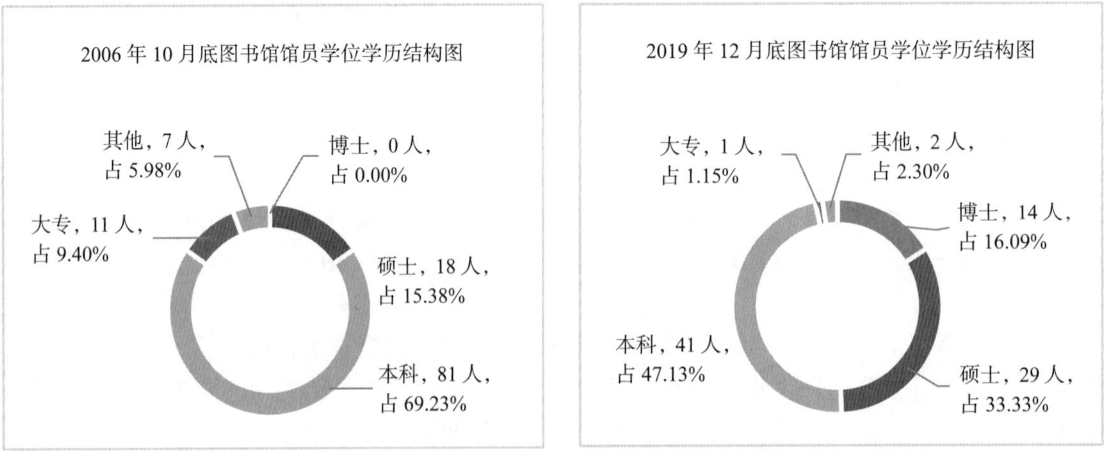

图6–19　2006年和2019年图书馆学位、学历对照

（2）职称　2006年10月底的统计显示全馆有117人，其中专业技术人员107人，职称结构为：正高职称3人、副高33人、馆员54人、初级17人；2019年12月底全馆87人，其中专业技术人员82人，正高职称8人、副高37人、馆员35人、初级及以下2人（图6–20）。

从结构上看，正高从2.80%提高到9.76%，副高从30.84%提高到45.12%，中级职称从50.47%减少到42.68%，初级及以下从15.89%降低到2.44%。也就是说，多半馆员具有高级职称了（图6–20）。

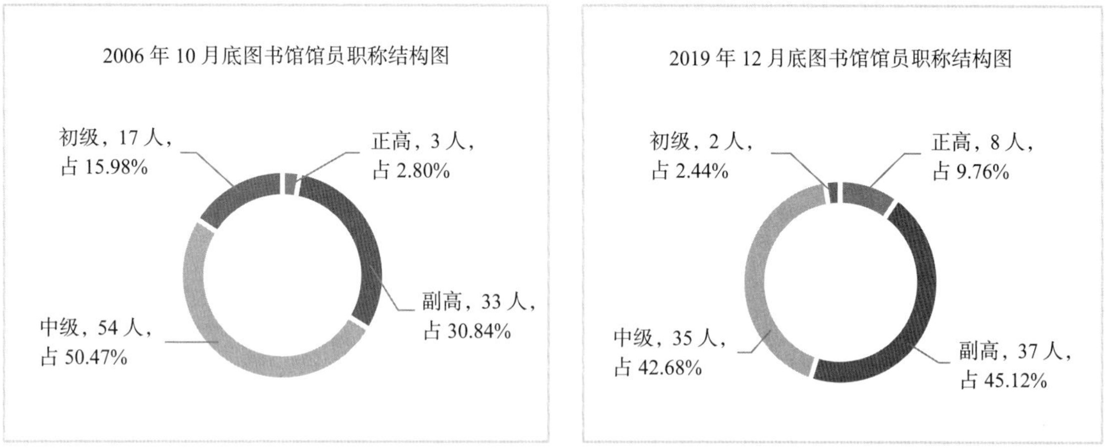

图6–20　2006年和2019年图书馆职称结构对照

（3）优秀代表　图书馆馆员队伍培养与建设中涌现出一些表现突出的人和事，他们的成长历程从一个侧面印证了图书馆人才队伍建设工作的成功。

对在职人员培养中陈仕吉为一典型人物。2007年，陈仕吉33岁在职考入中国科学院文献情报中心攻读博士学位，师从中国科学院文献情报中心主任、著名图情专家张晓林教授。在攻读博士学位期间他先后获得中国科学院“朱李月华优秀博士生奖”（2010年12月）、中国科学院国家科学图书馆馆长奖（2010年7月）和中国科学院国家科学图书馆“顾敏优秀学位论文奖”（2010年7月）。2010年他入选北京市优秀人才项目，2013年先后获教育部人文社科项目和“大北农青年学者研究计划”资助；2013年4月赴加拿大蒙特利尔大学图书情报学院作博士后研究半年。2014年6月陈仕吉留学期满归国。2015年，陈仕吉申请的国家社科基金项目“跨学科研究影响力的计量分析研究”获批立项；在情报学领域的国际科学计量学顶级杂志 *Scientometrics* 和 *Journal of Informetrics* 上分别发表了学术论文，2016年晋升研究馆员。

在应届毕业研究生入职图书馆的馆员中，赵勇作为其中的一个代表，其成长表现突出，迅速成为图书馆的学科中坚。2010年7月，赵勇获得中国农业大学管理学博士学位，通过招聘入职图书馆。2010—2011年在图书馆各部门轮岗熟悉期间，立足岗位工作撰写工作报告5篇，2010年7月入职至2013年12月底的两年半内以第一作者在图情专业领域发表CSSCI收录论文4篇和核心刊物论文1篇，主持行业学会课题和校级课题各1项，以前3名身份参加国家科技重点项目1项、环境保护部课题1项、农业部课题1项。2011年起兼任国家现代农业产业技术体系大豆产业经济研究室研究员，2013年9月获中国图书馆学会高校图书馆分会“2012年研究项目二等奖”，2013年11月获中国农学会科技情报分会“优秀学会工作者”。2013年底晋升副研究馆员。2016年，中国科协“高端科技创新智库青年项目”旨在面向全国范围选拔支持一批青年研究人员潜心开展科技政策及相关研究，打造中国科协科技创新智库后备人才队伍，首批智库青年人才库入选49人。赵勇成功入选中国科协首批“高端科技创新智库青年项目”，获得立项资助。2017年赵勇作为大豆经济专家进入农业农村部大宗农产品预测预警专家委员会。2017年起担任科技部科研诚信建设办公室项目咨询专家。2018年入选国家社会科学基金项目同行评议专家库和入选中国科学技术信息研究所专家信息库。2019年1月，赵勇被推荐为中国工程院战略咨询研究专家。

2014—2017年，赵勇以第一作者英文发表2篇SCI/SSCI双收录论文，其中一篇发表在情报学领域的国际科学计量学顶级杂志*Scientometrics*上，以第一作者发表CSSCI收录论文6篇，以及以学生为第一作者发表合作论文5篇；参编3本专著；主持科技部、农业部等部门课题4项，参加2项；独立指导研究生3名和合作指导研究生2名。其业绩明显超出学校对研究馆员的晋职条件，2017年12月31日，赵勇经中国农业大学学术委员会面试答辩破格晋升为研究馆员。图书馆职工破格晋升正高，这在学校历史上是没有的，在全国高校图书馆界也是罕见的。

（4）社会学术兼职　社会学术团体兼职代表着在专业领域内一定的学术影响，图书馆部分馆员在图情界的社会学术团体中兼任了一些职务，据不完全统计，2007年以来有：

- 刘清水，教育部高等学校图书情报工作指导委员会委员（2007年3月至2009年4月）；
- 刘清水，中国农业工程学会常务理事、农业工程情报信息专业委员会主任（2007年1月至2012年12月）；
- 刘清水，中国农业机械学会农业机械化分会副主任（2007年1月至2015年10月）；
- 刘清水，中国农学会科技情报分会副理事长（2008年10月至2019年6月）；
- 韩明杰，北京高教学会图书馆工作研究会数字图书馆专业委员会副主任（1994年9月至　）；
- 韩明杰，中国图书馆学会高校图书馆分会委员（2009年10月至　）；
- 潘薇，中国农学会农业图书馆分会常务理事（1998年8月至2019年8月）；
- 潘薇，北京高教学会图书馆工作研究会专业委员会（2009至2019）；
- 潘薇，高校图书馆数字资源采购联盟理事会成员（1999至2019）；
- 潘薇，北京科技情报学会理事（2010年1月至2019年6月）；
- 潘薇，国际农业图书馆员和文献工作者协会（IAALD）会员（2008至2019）；
- 王鲁燕，北京科技情报学会高等院校科技情报专业委员会委员；
- 王鲁燕，北京市海淀区图书馆理事会理事；
- 王鲁燕，CALIS工程中心谈判专家组成员；
- 左文革，北京市高校文献保障体系（BALIS）联合信息咨询委员；
- 黄兴建，北京地区高校图书馆工作委员会声像研究会理事长；
- 徐伟，中国农学会图情分会委员（2019年6月至）；
- 赵勇，国家社会科学基金项目同行评议专家库专家（2018至）；
- 赵勇，中国科学技术信息研究所专家信息库专家（2018至）；
- 何秀荣，中国农学会理事（2007年1月至）；
- 何秀荣，中国农学会农业图书馆分会副会长（2007年1月至2019年6月）；
- 何秀荣，中国农学会图情分会副会长（2019年6月至2020年11月）；
- 何秀荣，北京市图书情报工作指导委员会委员（2007年1月至2019年9月）；
- 周志强，北京市图书情报工作指导委员会委员（2019年10至）。
- 周志强，中国农学会图情分会副会长（2020年11月至）

（5）何秀荣馆长在中央政治局授课　2009年1月23日下午，图书馆馆长、经济管理学院教授何秀荣与时任国务院发展研究中心农村部部长韩俊研究员在中南海怀仁堂为第十七届中共中央政治局第十一次集体学习就中国特色农业现代化道路研究进行了主题讲解，并谈了他们对推进农村改革发展的意见和建议。

中共中央总书记胡锦涛主持了这次集体学习。他强调，必须从全面建设小康社会、发展中国特色社会主义的战略高度，全面贯彻党的十七届三中全会精神，坚持把解决好农业、农村、农民问题作为全党工作重中之重，坚定不移走中国特色农业现代化道路，加快推进社会主义新农村建设，更加扎实地做好农业、农村、农民工作（图 6-21）。

（6）何秀荣馆长受聘国务院参事　2016 年 8 月 17 日，中共中央政治局常委、国务院总理李克强在中南海紫光阁向新聘任的国务院参事何秀荣、石勇、何茂春、柯锦华、徐宪平、忽培元和中央文史研究馆馆员刘彭芝、葛剑雄、张胜友、王明明颁发聘书，向大家表示祝贺。聘任仪式结束后，李克强与全体参事、馆员座谈。李克强说，新形势下做好参事室和文史馆工作，是更好实现党的统一战线方针政策与加强国家政权建设相融合的重要抓手。广大参事馆员学养深厚、视野开阔，国务院各部门对他们的研究成果和政策建议要认真研究吸纳，更好改进政府工作，提高施政水平。李克强说，发展是执政兴国的第一要务，也是广大参事馆员履职建言的重点。广大参事馆员在文史研究中，要钩沉发凡、辨伪存真、提炼精华，在推动文明互鉴、涵养人文精神、简除施政繁苛、妥处效率公平、促进共同富裕等方面多献良策，在传播弘扬优秀传统文化、滋养社会道德力量、推动中华文明现代发展中积极作为。

中华人民共和国中央人民政府
www.GOV.cn
The Central People's Government of the People's Republic of China
网站首页 | 今日中国 | 中国概况 | 法律法规 | 公文公报 | 政务互动 | 政府建设 | 工作动态 | 人事任免 | 新闻发布
当前位置：首页>> 中国概况>> 中国简况

胡锦涛强调：全力保持农业农村经济持续稳定发展

中央政府门户网站　www.gov.cn　2009年02月25日　来源：新华社

【字体：大 中 小】 打印本页 关闭窗口

胡锦涛在中共中央政治局第十一次集体学习时强调
坚定不移走中国特色农业现代化道路全力保持农业农村经济持续稳定发展

新华社北京2009年1月24日电　中共中央政治局1月23日下午进行第十一次集体学习，中共中央总书记胡锦涛主持。他强调，必须从全面建设小康社会、发展中国特色社会主义的战略高度，全面贯彻党的十七届三中全会精神，坚持把解决好农业、农村、农民问题作为全党工作重中之重，坚定不移走中国特色农业现代化道路，加快推进社会主义新农村建设，更加扎实地做好农业、农村、农民工作。

中共中央政治局这次集体学习安排的内容是中国特色农业现代化道路研究。中国农业大学何秀荣教授、国务院发展研究中心韩俊研究员就这个问题进行讲解，并谈了他们对推进农村改革发展的意见和建议。

中共中央政治局各位同志认真听取了他们的讲解，并就有关问题进行了讨论。

胡锦涛在主持学习时发表了讲话。他指出，走中国特色农业现代化道路，是顺应世界农业发展普遍规律、立足我国国情的必然选择，是统筹城乡发展、协调推进工业化和城镇化的必然要求，是建设社会主义新农村、促进农业可持续发展的必由之路。各

下载

图 6-21　中央政府门户网站的报道
（图片来源：http：//www.gov.cn/test/2009-02/25/content_1241922.htm）

国务院参事室是中华人民共和国国务院直属的主管政府参事工作的机构，是政府决策的智力支持机构，是在毛泽东、周恩来等老一辈无产阶级革命家亲自倡议下，于 1949 年 11 月设立的。国务院参事室具有统战性和咨询性，主要职责是调查研究、建言献策、咨询国事。国务院参事由国务院总理聘任。自成立以来先后共有参事 191 位，2016 年 8 月有现任参事 41 位。他们大多是具有卓越专长的民主党派成员和无党派人士，也有中共的专家、学者和富有宏观管理经验的领导干部。

（7）何秀荣受聘中央农办农业农村部乡村振兴专家咨询委员会委员　2019 年 3 月 12 日，中央农办、农业农村部乡村振兴专家咨询委员会日前成立，此次受聘的委员共有 30 人，学校原校长柯炳生教授、副校长辛贤教授和国务院参事、图书馆馆长何秀荣被聘为委员。

加强专家咨询工作是实施乡村振兴战略、中央农办发挥好决策参谋作用和农业农村部履职尽责的迫切需要，中央农办主任、农业农村部部长韩长赋和副部长韩俊分别出任委员会主任与副主任。韩长赋在委员会成立大会暨第一次全体会议上提出，要紧紧围绕乡村振兴中的重大问题，加强调查研究，把乡村振兴专家咨询委员会打造成“三农”研究的一流智库，为服务党和国家决策作出贡献，推动乡村振兴战略更好落实落地。

10. 学术交流活动

积极开展学术交流活动，采取“走出去”的方式，开拓馆员眼界、启迪思维方式、映照自身工作，是改善自身工作的有效途径之一；采取“请进来”的方式，举办各种学术和业务会议也是开阔馆员视野、启迪创新思维、改进自身工作，从而有助于改善自身的另一条有效途径。同时，举办、参加各种学术和业务会议也是锻炼队伍和提高水平的重要途径。2007—2019 年，图书馆每年都举办一系列的学术和

业务活动。

1）纪念王毓瑚馆长100周年诞辰

王毓瑚先生是国内外知名的农史学家、经济史学家、农书目录专家。早年先后在德国慕尼黑大学和法国巴黎大学学习经济学与经济思想史，1934年归国后，先后任职于河北立法学院、西北农专、国立编译馆、复旦大学、北京大学。1949年北京农业大学组建后，开始了在农大的执教生涯，直至1980年病故。1953年起，兼任北京农业大学图书馆馆长达28年。王毓瑚先生在农业经济学界和农史界成就斐然，人称“北王”，与“东万（国鼎）、西石（声汉）、南梁（家勉）”并称为我国农史学科的开拓人之一。

2007年12月22日，中国农业大学图书馆与经济管理学院联合举办召开了“纪念王毓瑚先生诞辰100周年暨历史视角中的‘三农’学术研讨会”。来自中国科学院、中国社会科学院、北京师范大学、首都师范大学、人民出版社、中国农业出版社、中国农业博物馆、韩国釜山大学、陕西省社科院以及中国农业大学等单位的50余位专家学者，以及王毓瑚先生的亲属出席了研讨会。中国农业大学副校长郭大出席会议并致辞。

著名农史学家董凯忱教授，著名农史学家、原图书馆馆长杨直民教授，时任图书馆馆长何秀荣教授先后在会上介绍了王毓瑚先生的生平事迹、学术贡献及其人格风范。

2）组织CALIS农学中心和BALIS中心的学术交流

（1）CALIS农学中心　中国高等教育文献保障系统（China Academic Library & Information System，简称CALIS），是经国务院批准的我国高等教育“211工程”“九五”“十五”总体规划中3个公共服务体系之一。

作为CALIS中心的4大全国中心之一的农学中心设在中国农业大学图书馆。图书馆设有CALIS农学中心办公室，积极联络各成员馆，每年精心组织和举办学术年会和一些业务培训活动。举办这些活动不仅有助于中国农业大学图书馆馆员，而且有助于数十家高校成员图书馆馆员提高学术研究水平和业务水平。2007—2019年，CALIS农学中心举办了如下主题的学术年会：

2007年，“图书馆2.0”的发展及对图书馆的影响；

2008年，农学中心业务交流与学术研讨会；

2009年，高校图书馆业务建设与服务创新；

2010年，数字环境下高校图书馆资源与服务的推广与利用；

2011年，新技术推动下的图书馆服务环境与服务功能的变化；

2012年，文献信息资源协同、共享与发展；

2013年，变革与思考；

2014年，开放获取与知识服务；

2015年，交流促进学习，合作推动发展；

2016年，资源与服务，创新与发展；

2017年，务实合作，创新探索；

2018年，新时代、新起点、新方向；

2019年，开放融合的新时代图书馆建设。

CALIS农学中心除了举办学术年会外，为了扩大业务培训和传播范围，还展开了“培训大使”培训活动，2013年以前侧重于数据库了解和使用方面的培训，2013年后加强了研究分析手段的培训：

2008年，Dialog数据库应用；

2010年，Dialog、Taylor、ProQuest、OVID、EBSCO、银符数据库以及开放获取与BioMed Central；

2011年，OVID农学资源、EBSCO、Dialog、Scopus数据库、书生移动图书馆、百链新增功能简介及移动图书馆、Elsevier电子期刊；

2012 年，Dialog、Taylor、ProQuest、OVID、Springer、查尔斯沃思特色农业资源；

2013 年，Dialog、Note Express、End Note、Derwent Innovations Index、超星移动服务平台；

2014 年，WOK 资源、ESI 数据库、TDA 使用方法介绍，外文专利检索技巧；Pubmed 平台与 NCBI 资源介绍，文献分析软件 Bibexcel 使用；

2015 年，文献分析和科研实践，高校科研绩效分析方法与展示；

2017 年，“涉农联盟共享资源服务平台”使用，基于文献计量的学术评价与实践。

（2）BALIS 中心 CALIS 是全国范围的高校文献保障体系，各省市区也建立了地区层面的高校文献保障体系。经北京市教委批准，北京高校图工委成立了“北京地区高校图书馆文献资源保障体系”，英文名称为：Beijing Academic Library & Information System，简称 BALIS，是北京高校图工委领导下的北京地区高等教育公共服务体系之一。其宗旨是在北京市教委的领导下，把国家的投资、现代图书馆理念、先进的技术手段，以及高校丰富的文献资源和人力资源整合起来，建设北京高等教育文献联合保障体系，依托中国高等教育文献保障系统（CALIS），实现文献信息资源的共建、共知、共享，以发挥最大的社会效益和经济效益，为北京的高等教育服务，为北京的经济建设和社会发展服务。BALIS 管理中心设在中国人民大学图书馆，由图工委秘书处代行负责 BALIS 项目的实施和管理。

中国农业大学图书馆是 BALIS 成员馆之一。2007—2019 年期间，图书馆积极参加 BALIS 中心组织的各项活动，依托 BALIS 开展馆际互借和文献传递工作，取得了突出成绩，图书馆集体和个人多次获得 BALIS 管理中心嘉奖，2018 年获得“2007—2017 年先进集体奖”。

2018 年 11 月 16 日，中国农业大学图书承办了 BALIS（北京高等教育文献保障系统）联合信息咨询中心查收查引系统培训，中心成员单位的近 50 名馆员参加了学习培训。

随着查收查引工作的逐年增加，为了提高工作效率和质量，中心一直在调研查收查引系统。经过多次试用、实地考察等，最后，经专家评审并公开招标，中心为 6 个委员馆购买了 CALIS（中国高等教育文献保障系统）查收查引系统。北京大学、清华大学、浙江大学、武汉大学和复旦大学等图书馆都在使用 CALIS 的查收查引系统。为了在工作中更好地使用该系统，受中心委托，图书馆承办了 CALIS 查收查引系统平台使用培训。CALIS 技术中心项目经理陈金莉从“用户端”和“管理员端”介绍了如何在线提交需求，以及接收、处理、完成需求订单的业务流程和操作指南。培训人员根据工作实践，针对查收查引过程中出现的问题，进行了深入的交流与探讨。

2018 年 11 月初，北京知创大为科技有限公司与 BALIS 联合信息咨询中心达成合作协议，大为公司正式为 BALIS 中心各成员馆提供“大为 innojoy 专利搜索引擎”服务。11 月 26 日，由 BALIS 联合信息咨询中心主办的“高校知识产权信息服务中心”建设背景下的专利信息利用培训会在中国农业大学图书馆举办。

培训会由左文革副馆长主持，BALIS 联合信息咨询中心副主任、首都医科大学图书馆黄芳馆长到会并致辞。北京科技大学、中国农业大学、首都医科大学、北京师范大学、北京交通大学、北京化工大学等 11 所高校图书馆的 50 余名老师参与了此次培训。培训会上，大为公司董事长潘晓梅女士介绍了高校在国家创新体系以及 IP 信息服务中心的重要作用，并对大为公司的业务类型、产品与服务、服务团队、高校服务实践等内容进行了详细的介绍。大为公司的产品团队和咨询服务团队，从“大为 innojoy 专利搜索引擎”的使用、专利分析报告的编制、专利专题库促进一流学科建设以及高校“高价值专利培育实施路径”4 个方面进行了讲解。参加培训的馆员就专利检索与分析方面的问题进行了深入的研讨。

3）国际学术交流

馆员积极开展对外学术交流，是开阔国际视野、了解学术动态、促进理念更新的重要途径。长期以来，图书馆注重与国外高校图书馆之间的学术交流，通过参加国际会议、外出考察学习、邀请专家来访等多种方式，既走出去看、又请进来听，双管齐下，打开了一扇对外开放的窗口，同时也对外展示了中国农业大学图书馆的形象与风范。

2007 年 10 月 19 日，美国纽约州立大学石溪分校健康科学中心图书馆副研究馆员黄柏楼先生应邀来馆，向全体馆员就“信息学习中心（Information Commons）、信息咨询服务”相关主题向全体馆员作了报告。

2008 年 8 月 24—27 日，潘薇副馆长和技术部喻浩 2 人出席了在日本东京农业大学厚木分校举办的世界农业信息与技术会议。会议由国际农业信息专家协会、亚洲农业信息技术协会和世界计算机委员会联合举办，46 个国家的 250 名代表参加了此次会议。潘薇副馆长作为中国农业高校图书馆的代表，在图书馆、电子期刊、远程教育分主题会议上，作了题为“建立农业高校图书馆与乡镇图书馆信息服务的桥梁”的报告。

2010 年 1 月 14 日上午，西区图书馆党支部组织党员和入党积极分子赴美国驻华使馆新闻文化处信息咨询中心参观访问。

美国驻华使馆新闻文化处地区信息咨询官王瑟（Peg Walther）女士热情接待了访问团一行，并委托信息咨询中心主任顾红女士向大家详细介绍该中心的资源及服务。美国使馆新闻文化处信息咨询中心的宗旨是向中国读者提供有关美国政治、经济、法律及社会问题的资料及咨询，并就美中关系的重大问题向中国官员、学者、新闻工作者、研究人员和专业人士提供高质量、快速而客观的咨询服务。该中心除了藏有 3000 多种书籍、100 多种期刊外，还拥有一批重要的电子资源。其中，Factiva（新闻及商业）数据库、数字化美国国家安全档案（DNSA）、Lexis-Nexis（法律及新闻）数据库、ProQuest（综合性期刊）数据库、CIAO（哥伦比亚国际事务在线）、CQ Researcher 及关于美国历史和社会的录像资料是比较有特色的。近年来，中心一方面向希望了解美国的读者提供阅读和免费咨询服务，另一方面还向在京的中国高校捐赠美国国务院出版的涉及多学科的图书杂志、开展专业培训项目。

2010 年 3 月 15 日，日本科学协会“有效利用教育、科研图书项目推进委员会”委员长田中功教授与项目室负责人顾文君女士一行 4 人到访，同 CALIS 联合目录日文项目组就进一步提高日本科学协会赠书书目编制效率进行了会谈。CALIS 联合目录喻爽爽、刘春玥女士以及 CALIS 日文项目组主要人员——副馆长韩明杰、数字化部主任李晨英、自动化部主任康实参加了会谈。由于接受赠书的图书馆编目能力有别，该项目委员会专程派代表前来商谈，希望能充分发挥 CALIS 联合目录日文书目数据库建设项目的作用，进一步提高赠书的编目效率与利用率。会谈时，喻爽爽介绍了 CALIS 联合目录情况，李晨英介绍了我国高校图书馆开展日文文献书目数据库建设与服务现状，韩明杰针对提高科学协会赠书编目效率提出了详细的建议方案。

2010 年 6 月 23 日，美国康奈尔大学图书馆副馆长李欣女士、康奈尔大学东亚图书馆馆长郑力人博士应邀访问图书馆。双方就资源建设、学科服务、人事管理、图书馆的挑战与机遇、两校图书馆的合作等有关问题进行了深入的探讨。李欣女士、郑力人博士在西馆报告厅先后作了《康奈尔大学图书馆 2015 发展战略》和《北美和康奈尔大学的东亚图书馆》的专题报告。图书馆 50 多位馆员参加了这场报告会。报告结束后，围绕着资源采购方式、读者服务和新馆建设等话题，馆员们纷纷与两位来宾展开了讨论。在涉及图书馆新馆建设时，李欣副馆长表示，图书馆新馆建设应当充分调研读者使用行为，以使每个功能布局都能得到最大最有效的利用。

2011 年 3 月 30 日，加拿大圭尔夫大学图书馆馆长 Micheal Ridley 应邀来图书馆参观访问。Micheal Ridley 馆长先后参观了东、西两校区图书馆，详细了解图书馆的建设与发展情况。他还对正在进行的西馆改造工程和即将建设的东区新馆项目表现出极大关注，并仔细询问了新馆的建设目标、功能设计、主要方案等。

双方就可能的合作细节进行了深入探讨。Micheal Ridley 馆长认为，作为农业类大学图书馆，应当为农业的科学研究提供优质的资源与服务。他表示，中国农业大学图书馆与加拿大圭尔夫大学图书馆有着良好的合作历史，希望未来与中国农业大学图书馆在馆员交流、人员培训、学术研究等方面继续进行合作。

2011年4月26日，美国康奈尔大学图书馆馆长Anne Kenney女士和副馆长李欣应邀访问来访。潘薇副馆长接待了Anne Kenney女士一行并介绍了图书馆的基本情况。Anne Kenney和李欣介绍了康奈尔大学图书馆近年来在资源建设、学科服务、创新共享机制等方面的新举措。双方商讨了古籍昆虫学相关资源数字化合作建设的可行性，商讨了两馆合作进行古籍修复项目的相关事宜，并探讨了两馆在学术研究等其他方面的合作。

2013年1月8—10日，图书馆与美国康奈尔大学图书馆联合举办“特藏文献与保护基础知识讲座”。来自图书情报硕士点的研究生、北京地区高校图书馆相关人员以及馆内工作人员20余人参加了讲座。美国康奈尔大学图书馆文献保护部主任Barbara B. Eden女士，围绕“特藏文献保护与利用”这一主题进行宣讲，并介绍了美国大学图书馆文献保护的具体做法以及古籍文献数字化的情况。潘薇副馆长和图书情报硕士研究生王雪荻同学结合目前高校图书馆特藏文献保护与利用现状，对图书馆特藏文献与保护的重要意义、古籍文献的定义、特征、版本形式、分级、分类、保护方法等基础知识向大家进行了详细讲解。

2013年11月21日，美国康奈尔大学图书馆网络化研究信息、咨询及教学部主任Kathy女士来图书馆访问，并为全体馆员做了关于美国康奈尔大学图书馆学科馆员服务的专题报告。

学科馆员服务是图书馆界讨论的热点问题。随着高校教学和科研活动不断深入，图书馆也在思考如何以新的服务方式嵌入教学和科研之中，辅助提升教学和科研活动的效率，使图书馆的资源发挥最大作用。康奈尔图书馆学科馆员的目标是支持学校的教学和学术交流活动，了解用户的需求并研究如何满足用户需求。Kathy主任通过学科馆员面向院系的服务实例，展示了康奈尔大学图书馆学科馆员的具体服务方式和服务内容，特别是利用信息处理工具和信息网络，结合专业学术研究所进行的资源整合和资源开发、信息素养教育教学以及她个人对下一代学科馆员的看法，这些都使大家深受启发。

2014年3月24日，由美国康奈尔大学图书馆、中国农业大学图书馆、清华大学图书馆、北京大学图书馆和中国人民大学图书馆联合举办的“图书馆文献保护与修复研修班”在中国农业大学图书馆举办。来自全国高校图书馆、公共图书馆的34名馆员参加了研修班。美国康奈尔大学图书馆的资深文献保护专家Michele和Pat女士为全体研修班学员介绍了美国大学图书馆文献保护情况，并就文献保护的基础知识、文献修复方法以及如何制定图书馆的灾害预案进行了详细的讲解和操作指导。

多年来，文献保护与修复由于经费及人员等问题在图书馆界没有得到应有的重视。这次研修班，对于推动图书馆的文献保护与修复工作，更好地延长各类文献的使用寿命是一个极大的促进。

2015年4月30日，美国EBSCO公司公丕俭来馆作了主题为“如何利用Plumx协助研究人员发表研究成果，提升学术影响力和争取研究经费，重新思考下一代图书馆服务平台”的报告。

2015年11月10日，美国康奈尔大学图书馆IT专家John Allen Fereira，联合国粮农组织项目官员Johannes Keizer分别向全馆介绍了“VIVO国际”和“全球农业营养开放数据（GODAN）项目”的情况。

2017年5月14日，日本科学协会事业部部长顾文君与国际交流课课长宫内孝子一行来到图书馆，就图书馆申请日本科学协会“教育研究图书捐赠项目”受赠馆事项进行考察、评估。来宾首先与图书馆有关人士，以及人发学院的日语教师代表、留日归国教师代表举行了座谈，详细了解学校师生对日本出版文献的需求，随后对图书馆日文文献的馆藏实地考察，发现了一批20世纪90年代日本科学协会赠送给图书馆的日文专业书籍。

2017年9月22日，美国康奈尔大学图书馆副馆长李欣和美国蒙大拿大学图书馆馆长张沙丽分别以“美国研究型图书馆发展案例”和“用创新模式服务教学与科研——大学图书馆的新使命”为主题，向全体馆员作了学术报告。

2017年10月17日至20日，第16届国际科学计量学与信息计量学大会（International Conference on Scientometrics & Informetrics，简称ICSI）在武汉举行。本次会议由国际科学计量学与信息计量学学会、中国科学学与科学政策研究会以及武汉大学共同主办，是科学计量学与信息计量学领域最具权威性大会，在国际上具有重要学术影响力。大会吸引了来自 33 个国家和地区的近 200 名相关领域学者参加，会议涉及替代计量学、社会网络、科研合作、科研评价、科学政策、知识发现、跨学科研究、引文分析等多个热点主题。中国农业大学图书馆多名情报学导师和研究生参加了本次大会。

图书馆情报研究中心赵勇副研究馆员作了题为“Cross-boundary collaboration of highly-cited scientists: A bibliometric study on scientific publication in agricultural science”的报告，报告利用文献计量学方法对农业科学领域高被引科学家发表的上万篇 SCI 期刊论文进行了量化分析，从国际科技合作、跨学科合作和产学研合作三个维度揭示了高被引科学家的跨界合作特征，并对跨学科人才培养、学科组织结构建设、高校产学研合作提出了具体建议。

会上，图书馆硕士研究生陈雨展示了研究成果壁报“An Evolution Analysis of Research Integrity Based on Multidimensional Informetrics”，该研究基于中国农业大学图书馆自主研发的数据分析工具 BibStats，对科研诚信研究的主题演化情况进行系统分析，吸引了包括信息计量学家 RonaldRousseau 在内的国内外学者的广泛关注。硕士研究生崔晓彤在分会场汇报了“国内外同行评议专家信用管理模式的比较研究”，介绍了当前同行评议专家信用管理的理论基础与实践模式。

中国农业大学图书馆师生在本次国际会议中进行的口头报告和壁报交流，充分展现了该图书情报学学科点的科研能力、发展潜力和国际视野。在世界顶尖学术平台上展示最新研究成果，将有利于促进与相关领域国际专家学者的交流与合作，进一步提升校图书馆的科研服务与决策支撑能力。图书馆也将不断发挥科技情报优势，为学校的世界一流大学和一流学科建设添砖加瓦。

2018 年 9 月 14 日，图书馆在西馆报告厅举办专题讲座，邀请了美国卡内基梅隆大学副馆长 Erika C. Linke 和美国佐治亚南方大学图书馆副院长、亨德森图书馆馆长刘朱胜作主题演讲。

Erika C. Linke 教授为大家作了《美国研究型图书馆的发展趋势》主题报告。他首先从研究型图书馆的现状谈起，探讨了教学和教育、教师和学生、制度影响三个方面，同时对开放教育资源、开放科学框架、研究信息管理系统分别进行了详细的描述。刘朱胜副教授介绍了《美国高校图书馆的价值评估与投资回报》，主要阐述美国高校及图书馆面对的环境，美国高校行政管理层对图书馆的要求，校图书馆评估的研究，深入探讨了美国研究图书馆协会和美国大学与研究图书馆协会推动的高校图书馆评估项目，以实际案例向大家诠释了为何重视价值评估和投资回报及其相关应用和计算方法。

2018 年 10 月 23 日，康奈尔大学图书馆新任馆长杰拉尔德 · 比斯利先生访问图书馆，康奈尔大学图书馆副馆长李欣女士陪同访问。杰拉尔德·比斯利先生此次到访，主要考察由亨利·路斯基金会支持、康奈尔大学图书馆负责实施的“文献保护国际培训项目”在中国的后续发展情况。曾于 2013 年赴康奈尔大学参加该项目首期培训的潘薇副馆长和张红萍与到访客人进行了座谈。

潘薇介绍了该项目在国内图书馆界产生的积极影响，并展示了中国农业大学图书馆在文献保护具体工作、研究生教育、馆员培训及古籍文献保护等方面所做的工作。来访客人对中国农业大学图书馆牵头主办的国内高校图书馆界首次“图书馆文献保护与修复研修班”的巨大成功和广泛影响给予高度赞扬，该培训班为中国高校图书馆文献保护与修复工作的起步奠定了基础。培训班在业内产生了广泛影响，使得项目能够获得基金会的持续支持，第二、三和四期文献保护与修复培训班陆续在国内高校图书馆举行，影响不断扩大。基于研修班建立的社交网络平台，为高校学员之间知识和经验的交流提供了很好的渠道，为项目的可持续性发展提供了基础。康奈尔方面认为，两校合作的培训方式为其他国家和地区提供了良好的借鉴模式。

作为 CALIS 农学中心副主任，潘薇还向客人介绍了由 CALIS 农学中心开发的“涉农联盟共享资源服务平台”的构架及运行情况。杰拉尔德 · 比斯利先生对该平台的很多模块内容及服务方式表现出浓厚的兴趣，他认为今后两馆可以在更多领域展开积极广泛的合作。

2018 年 11 月 7 日，美国伊利诺伊大学香槟分校消防服务学院图书馆馆长阮炼博士来图书馆，为师生作了“美国图情研究热点及研究方法”的学术报告。报告讲述了2018年研究图书馆的主要趋势、新媒体联盟地平线报告的主要内容、信息领域的变革、美国高校图书馆联盟卓越战略规划、国际图联发展趋势、图情发展趋势带来的影响、面临的挑战等前沿热点内容。

阮炼博士在美国伊州消防服务培训学院图书馆从事28年管理工作并参与13年中美国际合作项目，任伊大伊州消防服务培训学院图书馆馆长和该院中国国际合作项目负责人，并任伊大图书信息学院兼职教授。阮博士在图书信息和消防的中美交流上作出了积极的贡献。她在美国图情领域担任多个委员会的职务，是美国华人图书馆员协会会长（2015—2016），美国华人图书馆员协会执行董事长（2016—2019），国际图联信息素养委员会成员（2017—2021），美国图情荣誉协会（Beta Phi Mu）分会会长（2018—2019）。在她的领导下，图书馆连续3年（2015—2017）获得美国国立博物馆和图书服务学院最佳博物馆和图书馆国家勋章提名，这是美国博物馆和图书馆获得的最高荣誉。2018年阮炼博士获伊利诺伊大学150周年150名历史上杰出女性奖，2018年获美国有色人种协会倡导奖。

2019年9月2日，第17届国际科学计量学与信息计量学大会（17th INTERNATIONAL CONFERENCE ON SCIENTOMETRICS & INFORMETRICS）在意大利罗马大学举行，会议为期4天，包括四场全体会议、七场平行会议，以及博士论坛、研讨会、海报展示等环节。图书馆赵勇及其研究生韩佳燕合作撰写的论文“Origin and impact of Henk F. Moed’s academic work: A citation analytical approach”被本次国际会议收录。9月5日，赵勇研究馆员在主题为“Evaluative informetrics - the art of metrics-based research assessment”的第三场全体会议上对论文进行了宣讲报告。

2007年至2019年间，图书馆接待国外来宾还有：

厄瓜多尔教育部代表团及各高校校长一行；英国朴茨茅斯大学校长John Craven一行；北京日本学研究中心日方主任竹内信夫教授、北京日本学研究中心资料室副主任苗华健、实建军一行；日本科学协会“有效利用教育、科研图书项目推进委员会”委员长田中功教授与项目室负责人顾文君女士一行；美国康奈尔大学图书馆资源保护部主任芭芭拉（Barbara）女士；康奈尔大学大学图书馆馆长杰拉尔德·比斯利先生等。

4）正高学术讲座

2015年下半年开始，为了加强馆员间的学习与交流，促进职工队伍业务素质的提高，充分发挥馆内具有正高级职称馆员的学术引领作用，图书馆开始举办馆内正高系列学术讲座。馆内所有具有正高职称的馆员根据个人的研究特长，每人自选一个主题作讲座。

副馆长潘薇研究馆员首开讲座，作了题为“国际视角下的开放获取与中国高校的现状及对策”的讲座。

馆长何秀荣教授2015年10月12日作第二讲时恰逢建校110周年之际，他从农业经济学科角度给馆员作了超越图情界视野、旨在介绍我国农业宏观情况的讲座“当前我国农业基本状况与主要问题”，围绕我国农业的现状和问题，从农业的生产、存储、贸易以及我国农业在世界经济一体化中的地位和影响、国家农业的政策措施等不同角度进行了深入浅出的讲解，使馆员们开阔了视野、增长了知识。

副馆长左文革研究馆员作了第三讲“基于文献计量学的科学评价”。

副馆长韩明杰研究馆员作了第四讲“我爱图书馆”。

副馆长刘清水研究馆员作了第五讲“图书情报工作回顾与思考”。

副馆长王鲁燕研究馆员作了第六讲“阅读，从图书馆出发”。

李晨英研究馆员作了第七讲“从未来看现在：图书馆下一个十年的脑洞”。

陈仕吉研究馆员作了第八讲“学科情报研究与服务”。

5）主题讲座交流

开展主题讲座，主要是邀请图情业界专家来图书馆举办主题讲座，开展学术交流，引进新思想和新思维；同时，请馆内员工报告研究学习进展，促进了相互之间的了解与沟通，在馆员之间及时地传递业务信息和工作心得，达到共同进步的目的。另外，也利用各种机会，在行业会议上作主题报告，宣传和推广自己的工作经验，展示本馆风采。

（1）请业内专家来馆交流　2007 年 10 月 19 日，浙江工业大学图书馆信息咨询部主任万跃华教授应邀到图书馆，围绕如何在竞争日益激烈的科研环境下开展信息服务作了精彩讲座。全馆 80 余人参加了此次培训。

2009 年 6 月 11 日下午，清华大学图书馆副馆长姜爱蓉应邀来馆作了题为"新技术环境下数字资源整合的实践与思考"和"开放获取（OA）期刊的进展和应用"的学术报告。60 多名馆员到场聆听。姜馆长从新技术环境对图书馆的影响、数字资源整合技术与方法、清华大学图书馆数字资源整合的实践，以及数字资源整合的未来发展进行了非常详细的讲解。随着数字资源的不断增加，用户面临着越来越广泛的信息资源的选择。但是，由于数据库的多样性和异构性，用户在检索电子资源时必须了解每个数据库的功能与检索特点，常常频繁在各个数据库中进行重复输入检索策略以及使用不同的平台功能，存在诸多不便，特别是在图书馆的数据库不断增多的情况下，用户获取资源的时间消耗也越来越多。数字资源整合正是在这种背景下产生的，它的目的就是通过先进的信息管理技术，将用户检索需要的信息从分散在不同的数据源中查找出来，并对用户获取资源和相关服务进行一站式指引。

清华大学图书馆的数字资源整合已达到了 95% 之多，整合后系统的日均访问量达到了 1.45 万人次，这说明数字资源整合得到了广大用户的欢迎，同时也大大加快了图书馆资源的利用。清华大学图书馆在数字资源整合方面的成功经验告诉我们，图书馆的服务工作要充分利用现代信息技术，把握数字资源发展趋势，将方便用户和服务用户作为我们工作的出发点，以数字资源的最大化利用为目的，为用户提供一个便捷的数字资源应用环境是十分重要的。在谈到开放获取（OA）电子期刊时，姜馆长认为 OA 期刊有许多很好的期刊，其中 OA 期刊最高的影响因子达到了 13.9。目前 OA 期刊已超过 15000 种，加上某些非全部文章都开放的期刊，总数超过了 20000 种。许多学校都收集整理了 OA 期刊，作为重要的电子资源推介给读者。在经费紧缺的今天，图书馆应更加重视 OA 期刊的开发利用，将 OA 期刊与馆藏数字资源整合在一起，使图书馆资源更加丰富，用户可选择的资源也更加广泛。

2010 年 4 月 28 日，为发挥高校科技支撑作用，进一步深入探讨科研成果及科技人才评价管理的方法，加强高校各科研管理部门之间的沟通，科研院、发展规划处和图书馆共同邀请汤森路透集团岳卫平博士在西区图书馆报告厅举办了"分析科研机构产出和影响力，客观评价人才研究绩效"的报告。岳卫平博士介绍了基于 Web of Science，ESI（essential science indicators），Incites 等提供的研究资源及分析工具，科研管理者如何针对科学与学术绩效进行实时、定量分析，从而对科研机构、科学家的研究绩效进行评价和分析。他还以中国农业大学为例，分析了近十年学校科研产出的绩效。校科研院科研项目处处长刘竹青、重大专项处处长段留生、发展规划处副处长李冬梅、生物学院分党委副书记张树川和图书馆副馆长左文革就利用 SCI、ESI 和 Incites 评价学校科研产出的相关问题与岳博士进行了探讨，并就规范学校师生发表 SCI 论文的地址问题进行了交流。

2014 年 11 月 17 日，图书馆邀请中国科学技术信息研究所副研究员赵筱媛博士和刘志辉博士作专题学术报告。本馆副研究馆员陈仕吉博士也在会上就加拿大访学情况作了报告。

赵筱媛博士的报告题目为《大数据环境下对产业竞争情报的思考与实践》。该报告从竞争情报研究的视角阐述了产业竞争情报产生的背景、理论研究及实践应用。报告指出，面向用户需求，产业竞争情报存在三大挑战，即获取数据的考验、数据分析方法与技术的考验、服务手段和模式的变化的考验。赵筱媛博士最后对高校图书馆开展竞争情报业务提出了很好的建议，认为高校图书馆在人员、学生、资源和方法方面存在 4 大优势，可以面向企业开展竞争情报服务，面向重点学科开展竞争情报业务，可依据竞争情报思维，构建重点学科资源、重点学科服务平台及资源库。

刘志辉博士以《面向产业竞争情报的情报分析方法研究与应用》为题，对国内外研究方法通过可视化图谱的方式作了介绍。刘志辉博士指出，比较显示，从数量上看，国外对研究方法的研究比国内多，通过方法与数据的组配、组合，可以解决单一方法无法解决的问题。他还详细介绍了情报分析的方法及应用。

陈仕吉博士的报告《加拿大蒙特利尔访学感思与启示》，对访学中的学习、生活和研究情况作了介绍和总结。

2018年4月18日，图书馆邀请中科院文献信息中心图情专家初景利教授作报告，报告题目是《图书馆从传统服务能力到新型服务能力》。初景利教授在报告中提出了许多新思想、新论断。在谈到资源、服务与技术三者的关系时，他指出：资源为基、服务为本、技术为翼。图书馆存在的价值在于能够给用户提供什么样的服务，图书馆的价值体现要由用户来评价；未来图书馆要根据用户需求提供更高层次的服务，即由信息服务向知识服务及智库服务转型；未来图书馆对图书管理人员的素质及水平提出了更高的要求。图书馆馆员及研究生90余人参加了报告会，大家对初教授的报告给予了很高的评价，对今后的努力方向有了更深刻的认识。

2018年8月29日，Orbit销售工程师赵燕霞来馆作“Orbit专利高级检索与分析”报告。Orbit专利系统由法国Questel公司开发，该系统收录了美国、欧洲、中国、日本等99个国家及组织的专利数据，22个国家及组织的全文专利数据，14个国家及组织的外观设计专利数据。在讲座过程中，大家就专利分析相关问题进行了深入的交流与研讨。在知识产权越来越受重视的今天，图书馆也应紧跟时代的步伐，加速服务方式和服务内容的转变。为了能满足客户知识产权方面的需要，图书馆多次派人参加知识产权培训，也积极引入知识产权专家和专利数据库商开展讲座和指导，争取能尽快开展知识产权信息服务。

9月4日，新学期开学伊始，图书馆邀请SciVal科研管理解决方案咨询顾问张丹丹博士进行培训讲座。图书馆副馆长左文革、陈卫国，发展规划处副处长王雯，科学技术发展研究院成果管理处处长牛爽、人文社科处处长钟占蓉参加了讲座。SciVal是一款可以访问及评价全球8500家科研机构及220个国家科研表现的工具，其基础数据来自摘要和引文数据库Scopus，可针对个人、研究团队、对标机构等进行近20个文献数据评价指标的对比分析，了解其研究能量、国际合作、竞争优势、研究趋势等，确定其研究优势及各学科领域研究成果；还可以通过对特定研究领域及独立研究课题的挖掘，拓展研究合作关系。

9月12日，图书馆和学校发展规划处组织召开了学科数据管理分析研讨会，邀请江苏宝和数据股份有限公司负责人介绍高校数据智能管理研究及应用情况。图书馆党总支书记孙德昊、发展规划处处长曲瑛德参加了研讨会。报告介绍了公司智能数据服务平台获取外部标准化数据、精细化数据清洗、关联模型数据存储等数据处理流程，重点展示了其平台通过数据智能处理为高校学科建设与战略规划、人才评价服务的应用场景。学校的学科建设和决策需要大数据的支持，需要依托数据管理与分析，面向国家重大战略需求。在学校进入“双一流”建设的历史机遇期，建设中国农业大学特色的综合数据平台，为推进学校“双一流”建设和重大战略规划提供强大的支撑和可靠的服务，宝和数据展示的数据服务平台对学校数据管理和学科分析具有较好的学习借鉴价值。图书馆领导及老师就学科数据分析、情报研究进行了深入探讨和充分交流，对学校学科数据分析与评价提出了建设性意见。

为进一步提升馆员的业务能力和服务水平，为学校“双一流”建设提供信息支持，图书馆于2019年5月31日举办了学科竞争力分析与专利分析研讨会，特邀了北京大学图书馆研究支持中心张春红主任和华中科技大学图书馆甘友斌副馆长，分别作了《学科竞争力分析的框架与方法》和《华中科技大学学科与知识产权信息服务的探索与实践》的报告。张春红主任系统地介绍了中心业务的服务内容和流程，并重点介绍了2018年系列学科报告。报告涉及理学部、信息与工程科学部、人文学部、社会科学学部、经济与管理学部的37个一级学科，分别从科研成果表现、科研基础实力、创新能力、国际影响力、院系贡献度与重点院系竞争力5个角度分析和展示了北京大学相关学科的竞争力。甘友斌副馆长从具体的工作内容和举措出发，围绕图书馆目前的知识服务内容，尤其是专利服务方面，详细阐述了图书馆通过服务学校、服务学科和服务人才等方面提升自身竞争力，并介绍了为重大项目进行学科分析和专利分析的经验。报告从不同角度呈现了图书馆重点业务的方向和拓展，充分体现了当前在助力“双一流”建设的背景下，学科服务对于学校的全面评估和战略性发展的作用。参会人员围绕多元化工具、多源数据和分析角度等方面进行了充分的沟通和交流，对今后工作的展开提供了新的思路和想法。

（2）馆内开展学术交流　馆员之间开展学术交流，互相促进、共同提高。

2009 年 10 月 14 日，为了加强馆员之间的相互沟通，及时传递业务信息和心得，图书馆在西馆报告厅举办全员业务交流会。会上，王雅晶、陈仕吉、喻浩、王玉虹 4 位同志先后就赴外留学、参加培训及会议交流等情况向大家作了详细汇报。信息部的王雅晶介绍了她对圭尔夫大学图书馆以及周边 5 所大学图书馆进行的仔细考察，讲述了自己在加拿大圭尔夫大学攻读博士学位期间的经历、感想与见闻。陈仕吉以“后图书馆时代的图书馆新业务”及“图书馆资源整合的思考与建议”为主题，阐述了自己的观点。自动化部的喻浩以“开源软件及其在图书馆的应用”为题，从开源软件的概念、起源、特点、存在的问题，以及开源软件与数字图书馆的关系等几个方面，向大家介绍了开源软件在 IT 业和图书情报界的重要作用。编目部的王玉虹向大家汇报了自己参加“CALIS 中文图书编目业务培训”的心得体会。

2018 年 5 月 10 日，图书馆举办馆员学习与交流会，陈仕吉研究馆员、张红萍副研究馆员在会上分别作了主题交流。陈仕吉的交流题目是“走向新型的信息服务”。随着数字图书馆及大数据技术的发展，图书馆的信息服务发生了明显变化，学科情报服务成为信息服务的重要内容。报告从学科计量评价、学科主题布局和跨学科研究 3 个方面阐述了中国农业大学图书馆的学科情报服务。学科计量评价主要介绍了 ESI 学科的发展和预测、基于 ESI 学科和 Web of Science 主题类的一级学科国际影响力和学科发展态势分析。但是，学科计量评价只能从总体上反映学科的学术影响力，并不能为学科建设和规划提供更深层的建议，而学科布局分析可以通过绘制学科知识结构图谱，明确科研机构所从事的研究在全球科学研究中是否处于前沿领域（或热点领域）以及机构在这些领域的研究地位如何，从而揭示机构研究的优势领域或空白领域。图书馆信息服务部还在跨学科研究方面展开了较为深入的研究，探索了科学研究中跨学科研究演化趋势、跨学科研究的学术影响力以及新兴跨学科领域探测，为学校跨学科研究的发展和科技规划提供了建议和支持。

张红萍的交流题目是“康奈尔大学图书馆的文献保护暨我们的思考”。她介绍了美国康奈尔大学图书馆馆藏总体概况、文献保护与修复的具体方法、呆滞文献的特殊保存方式、文献保护教育培训及灾害预案的制定等内容，重点指出了水患发生时，对不同载体文献应有不同的应急处理方式；普通文献在日常修复中也应严格遵守操作规范。她还比较了中国大陆文献保护事业与欧美国家的差距，以及康奈尔国际文献保护培训计划在国内产生的巨大影响和良好效果。

（3）馆员受邀外出交流　馆员外出作报告、开展学术交流，可以把本馆的工作经验和办馆理念介绍给兄弟图书馆，还可展示本馆形象，扩大本馆的社会影响力，提高本馆在业界的学术地位。

2010 年 4 月 23 日至 24 日，BALIS 培训中心和北京师范大学图书馆共同主办的“北京地区高校图书馆新馆建筑 / 建设研讨会”在昌平区九华山庄召开。中国图书馆学会高校分会、北京高校图工委及 BALIS 各中心负责人出席了会议。图书馆派出副馆长潘薇和馆长助理黄兴建参加。黄兴建在会上作了题为“图书馆建筑要适应并解决图书馆发展变化过程中管理与服务存在的不确定性”的发言。他结合 20 世纪 90 年代初落成的中国农业大学西馆，从图书馆建筑、图书馆噪声控制、图书馆建设构想与实践、图书馆建筑与功能变化、RFID 技术在图书馆中的应用、旧馆改造的经验与问题等多方面介绍了新图书馆建设中的经验以及值得借鉴的问题。

2017 年 10 月 24—27 日，CALIS 农学中心培训大使培训班在南京举办，图书馆周群在培训班作了“基于文献计量的学术评价与实践”的报告。

11 月 30 日，BALIS 联合信息咨询中心在北京科技大学举办了“双一流”建设背景下的专利信息服务学术交流会，图书馆周丽英在会上作了“基于专利组合评价高校专利质量的方法探索”的报告。

12 月 19 日，在华南理工大学举办了“2017 年广东高校图书馆学科服务交流研讨会”，图书馆左文革在会上作了“利用 ESI / InCites 学科分析助力‘双一流’学科建设”的报告。

此外，还有前已述及的本馆馆员在国际会议上作主题报告的学术交流，在国际上扩大了图书馆的影响力。

6）创办“图情百望论坛”

为了瞄准图书情报学科的前沿，在何秀荣馆长的建议下，图书馆决定创立中国农业大学图书馆图书情报与档案管理学科点、情报研究中心的品牌活动——“图情百望论坛”，开启了高端学术交流的窗口，成为图书馆持续开展高端学术交流的重头项目。

之所以取“图情百望论坛”之名，一是因为西校区图书馆附近是西山风景区的百望山，采用地名命名是常见手法，如“博鳌论坛”“达沃斯论坛”“华山论剑”等，更重要的是“百望”的谐意紧扣放眼全球、百家争鸣之义。

2018 年 4 月 18 日，由图书馆情报研究中心主办的“图情百望论坛”第一讲、第二讲在图书馆西馆报告厅举办。论坛邀请挪威“创新、科研与教育研究院”教授 Gunnar Sivertsen，以及武汉大学信息管理学院教授、国际知名期刊 *Scientometrics* 亚洲区主编张琳作主题报告。来自图书情报与档案管理学科点、北京理工大学、中国科技信息情报研究所、科睿唯安信息服务有限公司的师生、专家 50 余人参与了论坛。论坛由中国农业大学图书馆情报研究中心研究馆员赵勇主持。

Gunnar Siversten 教授报告题目为《欧洲科研评价与资助系统及其对文献计量数据源的利用》，主要介绍了荷兰、瑞典、英国、挪威等欧洲国家各自的科研评价系统和基于绩效的机构资助体系，以及不同模式的价值理念、实践目标和应用效果，重点介绍了当前挪威科研信息系统（Current Research Information System in Norway，Cristin）的设计原则、系统构架、数据融合，以及基于 Cristin 系统产出的学术成果和政策影响。

张琳教授报告题目为《研究成果学科交叉度之测量：殊途能否同归？》，主要介绍了国际图情学界测度科研论文中学科交叉度（diversity）的最新方法和未来趋势，重点谈及了学科交叉度的内涵、测量方法的演进、最新测量方法的设计思路，以及利用意大利相关数据进行测量所得到的实证结果。

6 月 4 日下午，“图情百望论坛”第三讲、第四讲在中国农业大学图书馆举办。本次论坛邀请了上海海事大学安全科技趋势研究中心常务副主任、科技情报研究所高级研究员李杰，以及中国医学科学院医学信息研究所助理研究员、中国科协青年人才托举工程入选者杜建作主题演讲。

李杰博士为大家作了题为《科学知识图谱理论、方法与实践》的主题报告。在面对科研大数据时代，知识爆炸、论文数量激增等情况下，可视化显得尤为重要。报告从科学知识图谱产生的背景和意义、含义和涉及领域、相关理论以及数据和工具实践进行了详细介绍，并分享了他在科学计量学和知识图谱领域的实践经验，以及即将完成的博士期间预定目标，出版的 8 本相关书籍，并鼓励博硕士同学们在求学期间大胆尝试和创新。

杜建博士给大家作了题为《睡美人文献对于前沿识别和科研评价的启示》的报告，他将文学中的睡美人故事与科学中的睡美人文献进行类比，分别从睡美人文献的识别方法、重要特征、唤醒机制和政策启示 4 个部分进行了介绍。他提出睡美人文献具有跨学科性、技术与应用属性以及突破性三大重要特征，并概括出“科学述评——技术交叉——学科交叉”的唤醒路径。

2018 年的“图情百望论坛”取得圆满成功，不仅参会者的演讲很有质量，而且演讲结束后参会师生与演讲嘉宾进行了深度交流。

2019 年 4 月 25 日，“图情百望论坛”第五讲在图书馆西馆报告厅举办。论坛邀请中国科学技术信息研究所的常春教授作了题为《知识组织生态系统研究进展》的报告。报告介绍了知识组织系统的定义和主要类型，重点讲述国内外叙词表的编制和应用情况。报告将生态学的理论和方法引入到知识组织系统的构建和应用中，提出知识组织生态系统概念，对应生态学的个体、种群、群落和生态系统，从实例、概念、词表、系统4个层次，说明知识组织生态系统的研究内容、具体研究成果以及应用前景。论坛由中国农业大学图书馆情报研究中心研究馆员李晨英主持。

2019年10月22日，“图情百望论坛”第六讲、第七讲在东校区新图书馆报告厅举办。论坛邀请中国人民大学信息资源管理学院博士生导师周晓英教授作了题为《中国情报学研究范式的冲突与思考》的报告。报告指出，中国情报学在发展过程中，逐步形成了面向决策服务的情报范式和面向社会服务的信息范式，两大范式各有特点。情报学应厘清概念之间的交融关系，明确学科基本体系构成，构筑不同研究范式的基本框架，融合更多关联学科的学术资源。

论坛还邀请美国伊利诺伊大学伊州消防服务培训学院图书馆阮炼馆长作了题为《伊大信息学院与美国高校图书馆创新发展现状》的报告，介绍了美国伊利诺伊大学信息学院的学科建设发展和美国高校图书馆的创新服务。

来自图书情报与档案管理学科点、北京理工大学、中国科技信息情报研究所、科睿唯安信息服务有限公司的师生、专家50余人参与了论坛。论坛由中国农业大学图书馆情报研究中心研究馆员赵勇主持。

7）举办首届涉农高校知识产权信息服务研讨会

2019年11月7—8日，第一届涉农高校知识产权信息服务交流研讨会在中国农业大学东区新图书馆举行，来自全国26所高校图书馆馆长和从事知识产权信息服务工作代表，学校科研院、社会服务处相关负责人等100多人聚焦“知识产权信息服务”主题，进行深入研讨与交流。

馆长周志强在开幕式上说，知识产权信息服务是图书馆适应创新发展需要的专业化服务，鲜明体现了大学图书馆“为人才培养和科学研究服务”的宗旨和教育职能、信息服务职能，在今天和未来图书馆工作中，都有着非常重要的地位。

教育部科技发展中心成果专利处副处长林烨、国家知识产权局公共服务司体系建设处副处长王波在会上作了报告，他们阐述了高校专利服务中心建设的背景和意义，并就“怎样建设”提出指导意见。林烨提出，高校专利服务中心的建设要依托科技查新站的队伍基础，以能力建设为重点，坚持需求导向，注重多部门协作，为创新人才培养、学科建设、科技布局、管理决策以及科技成果转移转化等提供高质量、有成效的信息服务。王波在报告中说，高校知识产权信息服务中心是知识产权公共服务体系的组成部分和重要网点，发挥作用的前景和空间巨大。高校知识产权信息服务中心的建设发展既需要自身练好内功，也需要所在高校给予人员队伍等方面充分的条件保障。

国家知识产权局知识产权发展研究中心主任韩秀成、中科院科技战略咨询研究院研究员宋河发两位资深专家的报告，共同聚焦“高价值专利”，前者通过案例解析专利布局组合和高价值专利培育布局战略，后者梳理高价值专利的价值体现方式和培育途径。

会议期间，同济大学知识产权信息服务中心，中科院文献情报中心，清华大学技术转移研究院，东北林业大学、中国海洋大学、南京农业大学、西北农林科技大学、华南农业大学、中国农业大学等6所大学图书馆，以及北京奥凯知识产权服务有限公司相关负责人带来的10场交流，分别介绍了所在机构知识产权信息服务工作的思路和进展，并通过实际案例分享了各自的经验与体会。

图书馆副馆长左文革介绍了中国农业大学信息服务工作，同时介绍了学校牵头组织会议的初衷，即涉农高校携起手来共同推进知识产权信息服务工作，倡议知识产权信息服务工作者发扬优良传统潜心钻研，不仅服务于本校的“双一流”建设，更应该服务于国家农业发展，不断创新服务，这些在会上引起广泛认同。

与会专家、代表分组进一步交流所在大学知识产权信息服务实践与思考，并提出了成立涉农高校知识产权信息服务联盟的动议。

图书馆党总支书记潘志华指出，把知识产权信息服务摆放在图书馆工作中的重要位置，努力发挥信息资源和人才资源优势，为知识产权创造、运用、保护、管理提供全流程服务，不断完善服务体系，丰富服务内容，促进协同创新和科技成果转移转化，服务学校发展，服务“以立德树人为根本、以强农兴农为己任”的共同目标。

11.“图书情报与档案管理”学科建设

中国农业大学图书馆于2000年开始筹备申请“情报学”二级学科硕士授权点；2003年9月，国务院学位委员会复函，学校获得“情报学”二级学科硕士学位授予权。学校确定，该学科点具体由图书馆举办，独立招生和培养。2004年10月发布2005年招收情报学硕士研究生信息。2005年5月，图书馆首次举行情报学硕士研究生招生考试，招生名额2名。同年9月，该学科点首次招收的2位情报学硕士研究生入学。2007年6月12日，首届情报学硕士研究生学位论文答辩在西馆举行，2名情报学硕士研究生都顺利通过学位论文答辩。

2007—2019年，在校研究生院的大力支持和学科点老师的辛勤努力下，图书馆硕士点得到了快速发展，突出表现为研究生规模逐步扩大，研究生培养质量日渐提高，成功获批“图书馆、情报与档案管理”硕士学位授权一级学科。

1）“图书情报与档案管理”硕士学位授权一级学科获批

2010年，图书馆经学校向国务院学位委员会办公室申报“图书馆、情报与档案管理”硕士学位授权一级学科。

2011年3月3日，国务院学位委员会印发《关于下达2010年审核增列的博士和硕士学位授权一级学科名单的通知》（学位〔2011〕8号），经国务院学位委员会第二十八次会议审议批准，学校新增5个博士学位授权一级学科、9个硕士学位授权一级学科。图书馆申报的“图书馆、情报与档案管理”硕士学位授权一级学科获得正式批准。这标志着从2011年起，图书馆的学科点建设从一个“情报学”二级学科的硕士学位授权扩大到“图书馆学”“情报学”和“档案管理”三个授权许可的二级学科，同时也为今后进一步申报“图书馆学”“情报学”和“档案管理”博士点取得了学科点申报资格。此外，拥有一级学科授权提高了图书馆学科点在校内的学科地位，进一步改善了该学科的发展环境。

虽然图书馆不仅可以招收情报学硕士生，还可以招收图书馆学和档案学两个二级学科的硕士生，但图书馆根据当时自己的客观条件，决定有所为、有所不为，做自己能做的并能做好的，只增加招收“图书馆学”硕士生，因为图书馆本身的特长就适合办“图书馆学”专业，并且能够达到研究和工作互促双赢的结果；暂不招收“档案管理”硕士生，努力把“情报学”和“图书馆学”两个学科办好。

2）招生规模

至2007年，图书馆每年只有2～3名研究生招生名额，事实上这很难使学科发展起来。学校规定的研究生开课最小规模都是5名选课人，情报学研究生都感觉无法产生集体感。

2007年，馆长何秀荣与研究生院沟通，努力争取对初创学科给予一定的支持。2008年研究生招生名额增加到了6名。2011年一级硕士点获批后，招生名额增加到7名，2012年增加到8名，2014年招收名额为9名，2018年和2019年增加到10个招生名额。图书馆硕士生培养年制是二年制，这样，在校研究生就有20人的规模，每级研究生也有了较好的集体感；教学活动和教学管理也有了一定的规模（表6-11）。

从表面上看起来，招生名额增加得不多，但当时国家和学校的硕士研究生招生政策已经开始转向控制甚至减少学术型硕士招生、更多地增加应用型的专业学位硕士招生，如MBA、MPA等。图书馆学科点增加的招生名额全部是学术型的，在这种学术型硕士指标紧张的形势下，增加图书馆学科点的招生名额，确实是学校对初创学科点的大力支持。研究生这股科研力量对图书馆的科研工作是一个很大的促进。

表 6-11　2005—2019 年图书馆“图情”研究生招生状况

年份	招生人数	获得学位人数	二级学科
2005	2	–	情报学
2006	3	–	情报学
2007	3	2	情报学
2008	6	3	情报学
2009	6	3	情报学
2010	6	6	情报学
2011	7	6	情报学
2012	5	6	情报学
	3	–	图书馆学
2013	6	7	情报学
	2	–	图书馆学
2014	6	5	情报学
	3	3	图书馆学
2015	6	6	情报学
	2	3	图书馆学
2016	6	6	情报学
	2	3	图书馆学
2017	6	6	情报学
	2	1	图书馆学
2018	9	6	情报学
		2	图书馆学
2019	12	6	情报学
		2	图书馆学

3）培养质量

图书馆开展学科建设，缺乏学院办学科的先天优势，加之又是初创办学，师资、经验等办学基础条件薄弱，所以图书馆深知必须严格抓好培养质量。一方面要建立一整套合理、规范的培养方案和工作流程，师资和经验薄弱可以依靠规范严格的培养方案和工作流程以及导师加倍的工作投入来部分得到弥补；另一方面必须有一些能够体现质量的具体要求，原则上要求硕士研究生公开发表文章方可申请学位论文答辩，这是今后学科评估时能体现培养质量的主要证据之一。

何馆长要求严格把控好学位论文选题和论文进展，如果这两关没有把控好，单靠严把论文送审或答辩这一关，实际上已经是于事无补了。严把开题关，开题不通过不是坏事，也不要把开题不通过与导师学术水平挂钩，对事不对人，一次不通过可以二次三次开题。磨刀不误砍柴工，开题好，后面论文就好做好改了。

据不完全统计，2007—2019 年，图书馆硕士研究生共发表论文 103 篇，其中以第一作者发表论文 83 篇。2017 年经中国农业大学第三届“研究生优秀学位论文评选专家组”评审，图书情报与档案管理学 2017 届硕士李冬的学位论文《干细胞领域的跨界合作态势及其学术成果影响力研究》荣获 2017 年“中国农业大学十佳硕士学位论文”；2018 年经中国农业大学第三届“研究生优秀学位论文评选专家组”

评审，图书情报与档案管理学2018届硕士陈雨的学位论文《WOS与Scopus学科分类对学科学术竞争力评价结果的影响研究》荣获2018年“中国农业大学十佳硕士学位论文”。有7位研究生获得国家奖学金。

为了增强研究生的实践动手能力，要求他们在校期间参与图书馆的部分工作，参与导师的科研课题，努力申请学校的科创项目；鼓励他们去中国科学院、中国科学技术信息研究所等校外单位实习，以提高自己在图书馆和情报领域的社会认知和实战能力。

图书馆硕士毕业生就业情况良好，约四成毕业生去了高校和科研单位，二成毕业生去了党政机关和事业单位，四成毕业生去了企业（其中多数去了国营企业）。九成毕业生在北京、上海、天津等东部发达地区工作，工作态度和业务能力受到用人单位好评。

2019年4月20日，“新时代图书馆学教育研讨会暨全国图书馆学博士生论坛”在武汉大学新图书馆召开。图书馆2018级硕士研究生袁子晗参与开幕式，并受邀作会议分论坛论文报告。袁子晗从选题背景、数据来源、研究发现和前景展望4个方面对其提交大会的论文《国内外掠夺性期刊研究综述》进行了汇报，重点展示了国外关于掠夺性期刊的研究进展，指出掠夺性期刊正在腐化开放存取运动和科研诚信，并有进一步扩大的趋势，需引起学界的关注和重视。袁子晗很好地展示了中国农业大学图情专业研究生的良好学术风貌，这也是持续推进“图书情报与档案管理”一级学科点建设，努力提高研究生培养质量的成果体现。

4）学科评估

对学科进行评估，可以得到国家权威部门和同行的评价，树立学科点在学界的地位。同时，以评促建，还可以找出学科建设中存在的不足，为学科的进一步发展明确努力方向，使学科建设不断完善。

（1）教育部第四轮学科评估　2016年，教育部学位与研究生教育发展中心组织开展第四轮学科评估，这是国家层面上的办学水平“大考”，对办学才10年的我校“图书情报与档案管理”学科来说更是巨大挑战。

在“图书情报与档案管理”一级学科中，全国有10所“博士授权点”高校和部分“硕士授权点”高校，共计35家高校参评。评估结果按照“精确计算、分档呈现”的原则，将排名前70%的学科点分为9档公布，后30%的学科点不进入公布榜单。

2017年12月，教育部公布了全国第四轮学科评估结果，图书馆主办的“图书情报与档案管理”一级学科硕士点进入公布榜单，被评为C^-，是该学科中由图书馆办学的唯一进入榜单的学科点。

（2）一级学科硕士学位授权点合格评估　2018年，图书馆学科点接受“图书情报与档案管理”一级学科硕士学位授权点合格评估。

评估专家组由我国图情界5位著名专家组成。

组长：

朱庆华教授，国务院学位委员会“图书情报与档案管理”学科评议组成员、南京大学信息管理学院副院长、长江学者。

成员：

初景利教授，中国科学院国家科学图书馆学位委员会主席、中国科学院大学经管学院图书情报与档案管理系主任；

王延飞教授，中国科技情报学会情报研究与咨询专业委员会副主任、北京大学信息管理系教授；

周晓英教授，中国人民大学信息资源管理学院图书情报教研室主任；

姜爱蓉研究馆员，北京高教学会图书馆工作研究会理事长、原清华大学图书馆副馆长。

5月24日，专家进行现场评估。专家们在审阅学科点评估纸质材料的基础上，入校后认真听取了学校的学科评估工作介绍、学位点汇报，并进行了提问、质询和讨论；分别与学位点的管理人员、教师代表、在校生代表和毕业生代表进行了深入的交谈和讨论，听取各方对学科点多方面的具体看法，全面充分地了解了本学位点的人才培养过程和人才培养质量情况。专家组充分肯定了学位点的建设成果，一致同意通过合格评估。

5）入围学科自主建设项目

2018年底，学校启动了2019—2020年度学院与学科自主建设项目，这是学校推动“双一流”建设的重要举措。能否入围学科自主建设项目关系到图书馆“图书情报与档案管理”学科的长远发展。因此，图书馆积极组织了申报。

2019年1月5日，学校召开2019—2020年度学院与学科自主建设项目实施方案论证会。

图书馆就“图书情报与档案管理”学科自主建设项目实施方案的项目目标、整体思路、建设内容、资金预算与进度安排、管理责任机制、预期建设成效及标志性成果等方面作了全面汇报。

1月14日，学校举行了专题研究“双一流”建设学院与学科自主项目的会议，图书馆“图书情报与档案管理”学科被批准进入学院与学科自主建设项目。

学校要求在项目实施方案修订和项目实施中加强师资队伍建设、与学校项目统筹建设、将情报学科的研究方向作为学科点主流方向加强建设。

12. 科学研究工作

科学研究工作所涉及的范围比较宽泛，图书馆从制定科研成果的评价办法，规范科研行为，到开展各级科研项目的立项研究，再到研究成果发布平台的创建等方面都作出了努力和尝试，并且取得了显著的成效。

1）制定“学术研究成果认定与评价办法”

2009年，一方面为了鼓励员工多出成果、出好成果，另一方面为了开展公平竞争、减少学术搭便车现象，为专业技术职称评定等“学术成果”认定工作提供客观公正的评价指标，图书馆组织力量制定了《中国农业大学图书馆学术研究成果认定与评价办法》，提高了衡量馆员学术业绩的客观性和全面性。

该评价办法由具有高级专业技术职称的部门馆员代表起草，经过充分讨论、形成征求意见案，在馆内公开征求意见，然后进一步讨论和完善细节，最后提交馆务会确定后公布实行。内容包括：公开出版物的认定与计分、科研与教研课题的认定与计分、科研与教研奖的认定与计分等。在当年的专业技术职务晋升中就使用了这些评价指标作为馆员晋职的学术成果参考。这一办法的制定及采用，大大减少了以往学术成果认定方面的争议，遏制了以往拿非图情领域或非本职工作领域的论文来申请图书馆系列技术职称的现象，也在后来的学术成果署名中有效减少了以往普遍存在的学术搭便车和送人情现象，因为送学术人情会因为计分值分摊而减少主要完成人的学术计分值，从制度设计上为端正学风提供了有力支持。

2）主持科研立项课题

2007—2019年，图书馆承担纵向研究项目和企事业单位的横向研究项目70余项，不完全统计的科研经费达到500万元；承担CALIS全国农学文献信息中心研究项目30余项，图书馆自设研究项目60余项。与以前图书馆承担的研究项目相比，出现了明显的变化：一是研究项目的数量多了，二是研究项目的经费多了，三是研究项目的层次开始提升了。图书馆承担国家各部委的研究项目明显增多，成功获批了多项国家哲学社会科学基金和教育部人文社会科学基金等竞争性研究项目。

2007年开始，由图书馆主持的CALIS农学中心面向全体成员馆启动了“CALIS全国农学文献信息中心研究项目立项”。到2019年共设立研究课题700余项，其中中国农业大学图书馆人员申报立项的课题达30余项。

2008年图书馆李晨英申请的“图书馆特色库构建与知识服务研究”项目获国家社会科学基金项目立项（08BTQ004），这是本馆成功申报国家社科基金研究项目的历史性突破。

2012 年，图书馆张红伟申请的“大学综合试验站孵化器基地建设与高校农技推广模式研究”项目获北京市科委研究项目立项（D131100000713003）。

2013 年，图书馆陈仕吉申请的“基于重叠结构的学科交叉演化研究”项目获教育部人文社会科学研究项目立项（13YJC870001）。

2015 年，图书馆陈仕吉申请的“跨学科研究影响力的计量分析研究”项目获国家社会科学基金项目立项。

2015 年，图书馆张红伟申请的“高等教育评估的网络治理机制研究”项目获全国教育科学“十二五”规划的教育部重点项目立项（13YJC870001）。

2018 年，图书馆赵勇申请的“引文内容分析视角下科学家的学术传承研究”项目获教育部人文社会科学研究项目立项（18YJC870027）。

此外，图书馆员工还承担了来自教育部、农业部、中国科学技术信息研究所、中国农业机械化科学研究院、教育部 CALIS 管理中心、北京高校图工委、中国农业大学等单位的多项研究课题。

3）自设馆内科研基金项目

长期以来，图书馆的服务以传统型图书服务为主，后来增加了一些科技信息编辑、咨询服务等，所开展的研究项目多数是工作性项目研究，科学意义上的研究很少。因此，向研究服务型图书馆转变所面临的首要问题是绝大多数馆员不知道如何进行科学研究，也没有多大动力去费神费时做研究，科研似乎只是图书馆少数人的事情。所以，图书馆很难获得外部的竞争性科研项目。如果只有个别馆员做研究，难以建成研究服务型图书馆，所以，必须有相当一批馆员善于开展科学研究，方能提高图书馆的整体学术水平。万事开头难，起步阶段首先要解决的是调动馆员科研积极性，其次是知道如何做研究，接下来是会做研究和做好研究。既然馆员一时难以从外面获得竞争性项目，图书馆就自设一些研究项目，针对本职工作的问题来研以致用，推动从无到有、从不会到会的起步，培养研究能力和经验，为馆员下一步从低到高的研究积累基础。

2009 年，图书馆依靠创收收入，有能力拿出一部分资金来资助自设科研项目。4 月 3 日，2009 年第 2 次馆务会决定，为了提高馆员的业务水平和学术研究能力，更好地适应研究型大学对图书馆信息服务的要求，启动馆内研究基金项目，争取每年都设立馆内研究立项。该活动得到全体馆员的积极响应，经过申报和评审，当年自设 10 个项目作为首届研究项目立项。

图书馆研究基金项目的立项原则有 4 点：应用性，鼓励馆员针对自身岗位工作中的问题展开调查研究，研以致用；小课题，以小而实的项目为主，因为经费有限和能力有限，重在积累研究经验，为今后申请大课题打基础；创新性，优先考虑改革创新促进图书馆向高水平迈进的研究项目；参与性，由于工作性质不同，部门间研究水平差异大，研究起步阶段重在鼓励参与，所以在立项中考虑部门因素。

立项项目分两类，一类是由图书馆学术委员会指定主题的招标项目；另一类是馆员个人自由申请项目，图书馆学术委员会对项目申请进行评审后立项。

同年 12 月 13 日，图书馆学术委员会对馆内 2009 年立项的 10 个研究项目进行了结题验收。学术委员会成员一致认为此次完成的研究项目有内容，有深度，理论联系实际，特别是大量的一手调研数据，对图书馆业务工作的改进和提高有着重要的参考价值。这样的学术活动图书馆应该继续下去，并鼓励更多的馆员参加，营造一个钻研业务，提升水平的学术氛围。

自 2009 年始，图书馆每年都有新的立项课题。这种从图书馆的实际工作出发，有针对性的立项，对解决图书馆工作存在的问题，促进图书馆发展以及鼓励馆员参与学术研究和锻炼研究队伍，都起到了较好的促进作用。同时，也对图书馆领导的工作决策提供了科学依据。2010 年，图书馆设立馆内科研项目 11 个。

2013 年 12 月，图书馆将 2009—2012 年 3 年图书馆立项并结题的研究成果进行了整理汇编，何馆长作序，以《转型发展中的大学图书馆研究》为书名由中国农业大学出版社正式出版。该书也是“中国农业大学图书馆图书情报学研究丛书”的第一本，收录了23篇研究报告，是馆内科研立项研究成果的集中展现，馆员见到自己的研究成果得到白纸黑字的正式出版大大增加了成就感。

2014年9月28日，图书馆馆内2013年研究项目验收评审会在西馆报告厅举行。这次图书馆的研究项目验收评审，特别邀请了5位外校图书馆专家作为评委，他们分别来自中国人民大学图书馆，北京大学图书馆，北京师范大学图书馆，北京邮电大学图书馆和首都医科大学图书馆。请馆外业界专家对馆内立项课题进行评价验收，是对馆内立项研究水平的检验和展示。评委对每个项目从研究内容、创新与推广价值、实证分析、语言表达4个方面分别进行打分评价，参加验收的13个研究项目顺利通过验收。评委根据得分，将前3个项目列为优秀项目。

2015年馆内9个研究项目全部通过验收，其中3项研究分获一、二等奖。

2017年12月，图书馆将2013—2014年馆内研究项目成果和2012—2015年中国农业大学图书馆承担的CALIS农学中心获奖项目成果汇合在一起，共27篇研究报告，以《高校图书馆创新发展研究》为书名，由中国农业大学出版社作为“中国农业大学图书馆图书情报学研究丛书”第二本正式出版。

2018年7月2日，图书馆项目验收评审邀请了清华大学图书馆邵敏副馆长、北京科技大学图书馆季淑娟馆长、北京大学图书馆张春红主任与图书馆领导和部门主任共13人组成评审专家组，对2016年馆内立项项目和图书馆参加全国CALIS农学中心立项的2个项目进行评审验收。8个研究项目全部通过。

4）发表科研成果

在上述多方位、持续性的队伍建设和学科建设的进程中，图书馆的科研开始获得了可喜的成果回报。研究成果除去上述通过验收的科研课题的研究报告之外，馆员们还将自己的研究成果通过期刊论文、会议论文、图书专著、教材等形式公开发表，取得了明显成绩。

（1）发表论文　一个研究服务型的图书馆，必须有一批馆员能够从事研究并发表论文。据不完全统计，2007—2019年图书馆馆员公开发表中文论文335篇，其中307篇是第一作者，第一作者发表率为91.6%。此外，还公开发表了英文论文15篇，其中国际会议论文8篇。

发表论文也由起步阶段的重数量逐步过渡到质量和数量并重的过程。2007—2019年期发表的论文质量明显提高，其间以第一作者或通信作者发表的论文有2篇被SCI收录、4篇被SSCI收录、5篇被EI收录、89篇被CSSCI收录。研究馆员赵勇与其指导的研究生李友轩2018年合作发表的一篇论文①被当年《新华文摘》第18期“篇目辑览”栏目编入。

发表英文期刊论文是一个可喜的进步，而且有3篇论文发表在国际情报学领域的科学计量学的顶级杂志*Scientometrics*和*Journal of Informetrics*上。这说明图书馆的学术研究水平开始被国内外学术界认可。

- Baoji, Wang; Jinnuo, Zhu; Ruiqing, Xu; Qingsheng, Luo; Qingshui, Liu. Innovation in agricultural digital library services based on Web 2.0. NEW ZEALAND JOURNAL OF AGRICULTURAL RESEARCH.2007 (50)5, 1255-1260. (SCI)
- Chenying Li, Mingjie Han, Chongyang Hong, Yan Wang, Yanqing Xu, and Chunning Cheng, Building a Sustainable Institutional Repository, 《D-Lib Magazine》, July 2011 (Open Access, ISSN: 1082-9873, http://www.dlib.org/dlib/july11/chenying/07chenying.html; doi: 10.1045/july2011-chenying)
- Shiji Chen, Xiaolin Zhang. Research on Overlapping Structures and Evolution Properties of Co-Citation Network. Chinese Journal of Library and Information Science, 2013 (1): 1-14
- Shiji Chen, Clément Arsenault, Yves Gingras, Vincent Larivière. Exploring the interdisciplinary evolution of a discipline: the case of Biochemistry and Molecular Biology [J]. Scientometrics, 2015, 102 (2): 1307-1323.（SCI&SSCI, 社会科学Top 10%～20%期刊）（SCI、SSCI）
- Shiji Chen, Clément Arsenault, Vincent Larivi è re. Are Top-Cited Papers More Interdisciplinary? [J].

① 李友轩，赵勇：“黄禹锡事件”后韩国科研诚信的治理特征与启示[J].科学与社会，2018，8（2）：18-32。

Journal of informetrics, 2015, 9(4)：1034–1046.（SSCI、EI, 社会科学 Top 10% 期刊）

● Zhao Y, Li D, Han M, et al. Characteristics of research collaboration in biotechnology in China: evidence from publications indexed in the SCIE [J]. Scientometrics, 2016, 107 (3)：1373–1387.(SSCI)

● Sun, Huijun; Liu, Yiru; Wang, Zhinan, et al., Embedded Librarianship in China： Based on a Survey of University Libraries, LIBRARY QUARTERLY, JAN 1 2019, Vol. 89 (1): 53–66.（SSCI）

● Luo, Changshou; Wei, Qingfeng; Zhou, Liying; Zhang, Junfeng; Sun, Sufen. Prediction of vegetable price based on neural network and genetic algorithm [C]. Computer and Computing Technologies in Agriculture IV – 4th IFIP TC 12 Conference, CCTA 2010, Selected Papers. IFIP Advances in Information and Communication Technology (346 AICT) PART 3, 672–681.

● Jing, Du; Gao, Xiang Rong; Yuan, Yong Cui. Application of web based knowledge management system in university libraries [C]. 2013 2nd International Conference on Measurement, Instrumentation and Automation, ICMIA 2013, Applied Mechanics and Materials (336–338) 2572–2576.

● Shiji Chen, Clément Arsenault, Yves Gingras, Vincent Larivi è re. Interdisciplinarity Patterns of Highly–Cited Papers: A Cross–Disciplinary Analysis [C]. The 77th ASIS&T (Association for Information Science and Technology) Annual Meeting, October 31– November 4, 2014, Seattle, WA, USA.（国际会议论文）

● Shiji Chen, Clément Arsenault, Yves Gingras, Vincent Larivi è re. Chronological distribution of emerging referenced disciplines in Biochemistry & Molecular Biology over the last 100 years. Ischool conference 2014, Berlin, Germany（国际会议论文）

● Yu, Chen; Chenying, Li; Yong, Zhao. An evolutionary analysis of research integrity based on multidimensional informetrics [C]. ISSI 2017 – 16th International Conference on Scientometrics and Informetrics, Conference Proceedings, 1608–1609.

● Zhao Yong*, Han Jiayan, Du Jian, Wu Yishan. Origin and impact of Henk F. Moed’s academic work： A citation analytical approach. The ISSI 2019 Conference, Rome, September 2019.

● Liu Ziyu, Zhang Hongwei, Zhao Yong. Research Misconduct in Doctoral Thesises in China: Types, Causes and Governance. the 6th World Conference on Research Integrity (6th WCRI) , Hong Kong, June 2019.

● Liu, Ziyu; Yang, Hehe. Revised DBLC model for Chinese word segmentation [C]. 2019 International Conference on Artificial Intelligence and Computer Science, ACM International Conference Proceeding Series, 202–207.

（2）出版著作与教材　著作和教材是高校图书馆界科研成果中普遍存在的薄弱环节，中国农业大学图书馆在转型发展的过程中，这方面有了显著突破。结合图书馆的图情学科点建设，2013 年图书馆开始着手建立“中国农业大学图书情报学科研究系列丛书”。2013—2019 年，先后出版了著作和教材 12 部。

1. 左文革、吴秀爽等，《农业信息检索与利用》第 2 版，中国农业大学出版社，2013
2. 何秀荣等，《转型发展中的大学图书馆研究》，中国农业大学出版社，2013
3. 张红伟，《中国高等教育评估管理机制研究》，北京师范大学出版社，2014
4. 李晨英，刘春玥等，《日文书刊联机合作编目教程》，知识产权出版社，2015
5. 左文革等，《基于 ESI 的中国农业大学学科发展研究》，中国农业大学出版社，2016
6. 师丽娟，《中外农业工程学科发展比较研究》，中国农业大学出版社，2017
7. 何秀荣等，《高校图书馆创新发展研究》，中国农业大学出版社，2017
8. 陈仕吉，《基于重叠结构的知识演化研究》，中国农业大学出版社，2018
9. 张红伟、王宝济、师丽娟等，《高校与学科发展中的大学建设》，中国农业大学出版社，2019
10. 赵勇、李晨英、张红伟等，《高校与学科发展中的人才与科研》，中国农业大学出版社，2019
11. 刘子瑜、师丽娟、张红伟等，《高校与学科发展中的教育与培养》，中国农业大学出版社，

2019

12. 李晨英等，《全球视角下的农业学科发展研究》，中国农业大学出版社，2019

图书馆馆员还参编了一些其他单位主编的书稿，其中包括英文书稿，如赵勇研究馆员参与了 Cinzia Daraio 和 Wolfgang Glanzel 主编的书：

Zhao Yong, Han Jiayan, Du Jian, Wu Yishan. Origin and Impact: A Study on the Intellectual Transfer of Professor Henk Moed by Using Referenced Publication Year Spectroscopy (RPYS). In book "Evaluative informetrics-the art of metrics-based research assessment. Festschrift in honour of Henk F. Moed" (edited by Cinzia Daraio and Wolfgang Glanzel).（预 Springer Nature，2020 正式出版）。

5）创办《高校与学科发展》电子季刊

图书馆领导敏锐地感觉到，2010 年前后，高校出现了两个抢占学术新高地的发展趋势：一是期刊成为机构单位的学术窗口，如 2008 年中国农业大学经济管理学院与国际著名出版集团 Emerald 共同创办 *China Agricultural Economic Review*，随后成为 SCI 和 SSCI 双收录杂志，使其成为世界了解中国农业经济的一个重要学术窗口；二是有实力的学校开始创立开放式研究数据平台，如 2014 北京大学建立开放研究数据平台。

开放研究数据平台需要长期巨额资金投入和一批专业人员，图书馆没有这样的实力，而根据自己的优势和专长创办一本反映自身研究成果的期刊是比较客观可行的。由于国家对文科刊物的刊号控制很严，图书馆只能创办一本无刊号电子刊物。何馆长认为，重要的不在于是否有正式刊号，而是能不能发表大家爱看的文章。"无冕亦可成王"，先把刊物办好，以后有机会时再争取成为正式刊物。在主题内容的选择上，将电子刊定位于侧重反映高校和学科发展情况。在读者对象上，刊物将以高校校领导及处室部门、学院领导以及学科负责人等为主要读者对象，向他们提供高校信息情况和深层次的分析参考，并逐步由校内推至校外；刊名为《高校与学科发展》，采用"高校"二字是从行政管理角度来强调，从总体来反映；同时采用"学科"是为了突出本刊的另一个侧重点，以求醒目。一般这类刊物基本都只是反映学科，本刊还希望将基金会、体育场馆、学生管理等平时人们忽视的高校方方面面也纳入关注视角，以便对学校管理发挥更大的参考作用。

2014 年 7 月 1 日，图书馆主编的《高校与学科发展》电子期刊创刊号问世，出版周期为季刊，稿件主要由本馆成员撰写。期刊致力于高校学科发展动态跟踪和大数据支持下的学科分析，在为高校行政管理职能部门提供信息参考和决策支持的同时，向广大高校人员提供学科动态信息以及学科分析成果。从 2014 年 7 月至 2019 年 12 月，共出版了 23 期。由于期刊内容紧扣高校发展的热点问题，深受高校领导和管理部门的重视，在图书馆情报分析与研究的同行中也引起了较大的反响。

期刊的出版及其文章的撰写，作为图书馆向研究服务型转型发展的标志，提供了一个发表情报分析研究成果的平台，成为图书馆开展情报分析和学术研究、从传统图书馆向研究型图书馆迈进的桥头堡。

2019 年，图书馆以《高校与学科发展》中的深度文章为基础，加上图书馆其他一些高校与学科发展方面的研究成果，分专题结集成 4 本高校与学科发展研究的著作：《高校与学科发展中的大学建设》《高校与学科发展中的人才与科研》《高校与学科发展中的教育与培养》《全球视角下农业学科发展研究》，由中国农业大学出版社正式出版发行（图 6-22）。

图 6-22　高校与学科发展研究著作

6）《中国农业文摘——农业工程》全新改版

《中国农业文摘——农业工程》1989 年

创刊，到2016年，编辑出版了27年，为我国农业工程领域科技文献的检索作出了不可磨灭的贡献。随着大型综合性文献资源数据库建设和搜索引擎的不断发展与完善，专业文摘检索刊物的优势逐渐被弱化。图书馆对于如何继续发挥刊物信息传播的作用，保持发展的生命力，进行了广泛的调研和论证，办刊思路逐渐明朗。2016年7月，《中国农业文摘——农业工程》（第4期）进行了全新改版，由检索类刊物改版为集原创论文与精选国内外文摘为一体的科技期刊（图6–23）。

图6–23 改版后的期刊（2016年no.4和2019年no.6）

改版后，期刊围绕农业学科和农业工程学科领域的理论探索、技术创新、成套技术系统集成和先进实用技术的推广示范，强化了原创论文的发表，与多个电子学术期刊数据库合作，扩大传播途径，强化了学术交流的地位。

13. 教学工作

中国农业大学图书馆开展的教学工作分为两大部分：一是面向全校本科生开讲的“文献检索”和面向全校研究生开讲的“电子资源检索与利用”公选课，与此同时，还根据课程教学需求和学校专业特色，展开了教材的编写与建设；二是针对图书馆主持的“图书情报与档案管理”硕士点研究生培养而开设的专业课程。

1）公选课教学

培养读者的信息素养是现代图书馆的一个重要职能，图书馆承担着全校本科生和研究生的信息素质教学任务，取得了显著成效。

多年来，图书馆致力于对学生信息素养的培养。从20世纪的80年代开始，图书馆就向全校学生开设了文献检索课程。文献检索课是培养学生的信息意识，掌握用计算机检索方法从大量的文献信息中获取知识和有用信息的一门科学方法技能课；是利用课堂授课和上机检索实习相结合的方式，利用现代多媒体等现代教学手段，使学生掌握各专业及相关学科的主要数据库及网络资源的使用，掌握如何获取与利用有用信息，增强自学能力和研究能力的一门课程。文献检索课程的主要教学内容包括：科技文献检索的基础知识、基本概念；综合性和专业性的主要中外文数据库的检索方法；专利基本知识及中外文专利文献信息的检索；特种文献的检索，以及电子资源的类型及获取方式、途径；文献管理软件的使用方法，论文写作基础等。

20世纪80年代，图书馆还没有什么数据库和电子资源，主要依赖工具书进行手工检索。到了20世纪90年代，图书馆陆续购买了一些数据库和电子资源，文献检索课的教学内容和教学方式也随之发生了转变。进入21世纪后，随着数据库和电子资源的普及，图书馆文献检索课必要性凸显。面对数字化时代和虚拟图书馆的到来，人们改变了对传统图书馆的认知，文献检索课不断面临新的机遇与挑战。

在教学内容上，从最初的手工检索到线上线下混合式教学，文献检索课经历了一系列的变迁。在这个过程中要应对两方面的问题：第一，在信息爆炸时代，网络已经渗透到人们生活的方方面面，信息无处不在，获取信息的方式也多种多样，各种信息真真假假鱼龙混杂，在这样的社会环境下，如何给学生正确的引导，是文献检索课要把握的方向。第二，文献检索课面对的是全校学生，学生来自不同专业、不同年级，他们的背景和需求不同，知识基础也有很大差别。文献检索课不仅要给学生有用可靠的信息，更重要的是让学生掌握获取和甄别信息的能力；还要兼顾不同专业学生的需要，既要给学生通用的知识，还要突出专业特色。

面对学生的需求，图书馆除了开设常规文献检索课之外，还开展了一系列的专题讲座，其中有针对各个专业的文献资源查询方式的讲座，有外语学习工具的讲座，有文献管理软件的讲座，还有专门针对本科生的毕业论文写作讲座。多种形式的信息素养教育的开展，完善了信息素养教育体系，得到了学生的好评，取得了很好的效果。

给本科生开设 24 学时的“文献检索”公选课、给研究生开设 32 学时的“INTERNET 资源与利用”公选课是图书馆常年例行的任务，每年正式列入学校教务处和研究生院的教学计划。2013 年，研究生课程名称改为“电子资源检索与利用”。

2007 年，本科生“文献检索”教学标准学时为 676 学时，研究生“INTERNET 资源与利用”教学标准学时达 694 学时。2010 年，全校本科生“文献检索”公选课教学学时为 530 个标准学时，研究生“INTERNET 资源与利用”公选课教学学时达到 404 个标准学时。2015 年，图书馆完成全校本科生“文献检索”公选课教学 340 个标准学时，完成研究生公选课“电子资源检索与利用”教学任务 422 标准学时。2019 年完成全校本科生“文献检索”公选课教学任务共 415 个标准学时，以及 85 个学时的 office hour 活动；研究生公选课 “电子资源检索与利用”（4 个班）全年完成教学任务 333.2 个标准学时；研究生公选课“人文社科类电子资源检索与利用” 全年完成教学任务 66.6 个标准学时。2019 年秋学期，为烟台专项研究生开设公选课“信息资源检索与利用”，选课人数 42 人；任课馆员赴烟台上课，并建立了题库，实现了在线考试。

2007 年至 2019 年，本科生选课人数累计 8650 人，研究生选课人数累计 3165 人。这些公选课对学生进行不同层次的文献信息知识的教学，培养学生的信息素养和信息检索利用技能，也是图书馆进行教书育人、服务育人的一项重要内容。

2016 年，本科生院启动了核心通识教育课程建设，图书馆参与了 2018 年启动的第三批申请，将文献检索课程申报了学校的核心通识课程。2018 年 7 月，以图书馆袁永翠副研究馆员为责任教师的“文献检索”课程参加申请答辩，通过专家评审，成为学校第三批确定的 5 门核心通识课程之一，正式列入学校核心通识教育课程建设，这是学校对图书馆多年来教学工作的肯定，也是图书馆长期努力的结果。面对文献检索课新的定位和要求，图书馆积极准备，尝试多种形式的教学方式，进行了文献检索的创新和改革，确定了线上线下混合式的教学方式，相关的老师精心准备了线上和线下的课件，以及网络互动系统和考试题库。

自 2012 年起，图书馆信息部针对人文与发展学院留学生开展数据库使用培训，2016 年起开设 20 学时信息素养素质课程。2019 年，图书馆针对人文与发展学院留学生开设的全英文信息素养素质教育课程结课。43 名分别来自马拉维、津巴布韦、哥伦比亚、冈比亚、坦桑尼亚、南苏丹、塞拉利昂、汤加、莱索托、塔吉克斯坦、博茨瓦纳、加纳、巴基斯坦等国家的留学生完成了课程学习。截至 2019 年，共有国家留学基金委、商务部、北京市政府“一带一路”“丝绸之路”等项目 176 名留学生选修了该课程。

2007 年至 2019 年，本科生和研究生公选课教学统计见表 6–12。

表 6–12　2007—2019 年公选课教学统计

年份	本科公选课人数	研究生公选课人数
2007	1076	458
2008	818	234
2009	918	238
2010	881	192
2011	881	171
2012	580	190

续表 6-12

年份	本科公选课人数	研究生公选课人数
2013	554	221
2014	595	260
2015	546	285
2016	500	249
2017	403	229
2018	376	248
2019	522	190
合计	8650	3165

2）教材建设

图书馆承担学校大学生和研究生的文献检索教学任务，因此，信息素质教育课程的教材编写和优质课程建设一直都是图书馆的重要工作和努力目标。2006 年，以中国农业大学图书馆副馆长左文革研究馆员和河北农业大学图书馆吴秀爽为主编的全国高等农林院校“十一五”规划教材《农业信息检索与利用》第 1 版出版。

进入 2010 年后，信息化发展速度加快，中国农业大学图书馆牵头，联合了河北农业大学、西北农林科技大学、东北农业大学、新疆农业大学、青岛农业大学等高校的参编人员，对《农业信息检索与利用》进行大幅度修订。2012 年 10 月 31 日至 11 月 3 日，召开了《农业信息检索与利用》第二版定稿会议。此次修订包含了信息检索的基础知识与基本技能、国内外主要农业及相关学科文献信息资源和检索方法、事实与数据信息检索、原始文献获取及其利用、个人文献管理软件及其使用方法、信息资源收集、整理与分析，以及科技论文写作、投稿与评价、科技查新等有关知识。2013 年 5 月，由中国农业大学图书馆副馆长左文革研究馆员和河北农业大学图书馆吴秀爽为主编的《农业信息检索与利用》第 2 版作为普通高等教育农业部“十二五”规划教材、全国高等农林院校“十二五”规划教材由中国农业出版社正式出版，并被中华农业科教基金会评选为“2014 年度全国农业教育优秀教材”（图 6-24）。

2015 年，知识产权出版社出版了中国农业大学图书馆李晨英研究馆员和北京大学图书馆刘春玥副研究馆员等编著的《日文书刊联机合作编目教程》，该教材是日文项目建设的重要成果之一，作为 CALIS 联合目录日文数据库建设的重要参考工具书之一和日文编目培训教材，是我国第一本关于日文联机编目的正式出版物。该书的核心内容立足于已作为手册使用了 10 年的《CALIS 联合目录日文联机编目工作手册》（图 6-24）。

由左文革研究馆员主持的《农业信息资源检索与利用》以子项目被纳入“面向‘三农’的数字教育资源与平台建设项目”，作为全国高等农业教育精品课程资源建设成果，该建设项目为教育部及农业部下达中国农业出版社的中央文化产业发展专项资金资助项目，2016 年 12 月 25 日该项目验收合格。

图 6-24 《农业信息检索与利用》和《日文书刊联机合作编目教程》图书封面

3）教学成果奖

图书馆一直号召和鼓励馆员加强业务研究、提高教学水平、开展教学改革，力争产生数量更多、水平更高的优秀教学和教学研究成果。

为鼓励教师和教育工作者从事教育教学研究，提高教学水平和教育质量，根据国务院颁布的《教学成果奖励条例》及北京市教委有关文件精神，中国农业大学组织开展了2008年校级教学成果评奖工作，2008年11月12日，中国农业大学文件（中农大教字〔2008〕23号）公布获奖名单，图书馆潘薇、左文革、陈仕吉、袁永翠、赵锦辉、焦艳平、史丽文、黄庆共同完成的教学研究课题“国外高等农业教育本科专业设置和课程体系信息平台建设”荣获校级教学成果二等奖。

2012年，根据《关于开展2012年教学成果奖评选表彰工作的通知》精神，学校组织了2012年校级教学成果奖的评选工作。10月24日，中国农业大学文件（中农大教字〔2012〕10号），由吴文良（教务处）、潘薇、刘为民（教务处）、左文革、陈仕吉、袁永翠、孙彩霞、王淑凤、史丽文完成的“国内外高等农业教育本科专业和课程体系比较研究”项目，获得校级一等奖。

4）硕士点研究生教学

图书馆硕士点研究生教学方面，除了前面提到的的面向全校研究的信息素质教育的公选课外，还承担着“图书情报与档案管理”硕士生的专业课程。图书馆承办的“图情”硕士一级学科点，其研究生专业课程教学任务全部由图书馆导师及部分非导师馆员承担。2019—2020学年图书馆共开设19门研究生课程，包括专业学位课4门和专业及跨学科选修课9门。其中13门核心课程都是由副高以上职称或具有博士学位的馆员担任（表6-13）。

表6-13 2019—2020学年图书馆开出的研究生课程

课程编码	课程名称	类别	负责人	总学时	学分
71800001	初级汉语	留学生公共学位课	隋永刚	48.0	3.0
71800002	中国概况		隋永刚	48.0	3.0
72800002	知识产权保护与利用	公共选修课	王利萍	16.0	1.0
72800003	电子资源检索与利用		周群	32.0	2.0
72800004	人文社科类电子资源检索与利用		赵锦辉	16.0	1.0
72800005	信息资源检索与利用		左文革	16.0	1.0
73803506	图书馆学情报学概论	专业学位课	袁永翠	32.0	2.0
73803507	信息系统技术与应用		王宝济	32.0	2.0
73803508	情报学方法与技术		周丽英	32.0	2.0
73803509	研究方法与论文写作		赵勇	32.0	2.0
74803502	竞争情报	专业及跨学科选修课	贺玢	16.0	1.0
74803508	信息组织		李晨英	16.0	1.0
74803509	信息咨询		左文革	16.0	1.0
74803510	图书馆建设与服务		徐伟	16.0	1.0
74803511	数据分析与可视化技术		刘子瑜	16.0	1.0
74803512	专利信息挖掘		师丽娟	16.0	1.0
74803513	科技政策分析与评价		张红伟	16.0	1.0
74803514	经典文献阅读（含专业英语）		盛怡瑾	16.0	1.0
74803515	图书馆情报学科前沿		徐伟	16.0	1.0

（资料来源：中国农业大学研究生院网站 http：//gradinfo.cau.edu.cn/portalcourse/courseFrame.do?course）

14. 组织对外汉语培训项目

长期以来，对外汉语教学在中国农业大学一直处于空白状况，特别是自2003年学校获得教育部批复可以成规模地招收中国政府奖学金外国留学生资格以来，学校招收录取的中国政府奖学金外国留学生在进入专业学习前都要委托到北京语言大学进行为期一年的汉语培训。由于国家没有要求中国政府奖学金生必须参加国家汉语水平考试（HSK）的硬性规定，因此这些学生在北京语言大学习学习汉语期间没有学习压力且缺乏与中国学生交流的环境，第二年多数学生来学校后因汉语水平很低只能用外语和师生进行交流。在这种情况下，提高留学生汉语水平成为学校的一个难题。

2008年，图书馆主动与学校国际合作与交流处协调，希望承担起校内留学生汉语培训工作，此议获得了支持。2009年6月4日图书馆2009年第3次馆务会研究决定，启动图书馆对外汉语教学项目，并将长期在学校国际合作与交流处做留学生管理工作的隋永刚的工作关系转到图书馆，由隋永刚任项目主任，并将项目申请报告报送学校国际合作与交流处。6月11日，国际合作与交流处以国际呈〔2009〕060《关于我校图书馆开展外国留学生汉语培训项目的请求》函报送主管外事的校领导，张林逸副校长（教育部挂职干部）于6月15日作出指示“留学生汉培工作很重要，有利于提高留学生的学习质量。建议先试行一年，探讨适宜的方式，总结经验，逐步扩大规模”。自此，经校领导批准，全脱产对外汉语培训项目在图书馆正式启动。

根据留学生汉语水平的不同，分为初级班和中级班，针对性地制订了教学计划，采用北京语言大学和高等教育出版社的经典教材，为学生开设的课程有精读、阅读、听力、口语、HSK技巧、中国文化与历史以及农业汉语课。每学期教学周不少于17周，每周汉语课程不少于22个课时。此外，还为学生开设书法课、太极拳等传播中国文化的兴趣课程。

项目聘请具有多年对外汉语教学经验的校内外教师讲授汉语课程，其中多名任课教师曾赴国外学习培训，教学经验丰富，有高级职称。

2009年图书馆投入7万余元在西区图书馆建立了3个汉语教室并购置了必要的教学设备，2010年3月，国际合作与交流处向图书馆拨付了项目补助10万元。

2009年9月项目第一期来自12个国家的19名留学生开始了为期一年的汉语学习，其中大多数是中国政府奖学金生，少部分是社会招收的学生。从此，项目填补了中国政府奖学金生入专业前在本校学习汉语的空白。图书馆为了提高培训质量和获取良好声誉，给教师、学生及项目主任压力，项目规定凡是享有中国政府奖学金的留学生都要参加HSK考试（国家汉语水平考试）。最后，这期学生（含1名自费生）都参加了HSK等级考试，其中12人获得了三级至七级的初级或中级水平合格证书（相当于后来新HSK等级的第4和第5级）。这一通过率获得了校领导和国际合作与交流处的好评。

2010年9月，继续举办项目第二期，翌年6月，经过9个月的汉语培训，结业时有22名留学生参加了HSK考试，20名学生获得HSK等级三级至七级的初级或中级水平合格证书。此外，本期留学生还于6月在东区图书馆报告厅进行了文艺汇报演出，用汉语说相声、唱歌和表演小品，受到了馆员和国际处老师们的好评。

2011年，国际合作与交流处将所属的东区留学生公寓楼五层的留学生多功能活动厅改造为两个汉语教室，投入50余万元进行改造，并购置投影仪、复印机、办公电脑和功放设备等。图书馆配备了课桌、椅子、书柜和教室电脑。自此，对外汉语教学项目全脱产汉语班有了相对稳定的教学场所。

从2013年9月开始，图书馆对外汉语教学项目又接手了原由人文与发展学院承担的研究生院和本科生院留学生的“初级汉语”（3学分/研究生；4学分/本科生）和“中国概况”（3学分/研究生；4学分/本科生）两门学位课的教学任务。截至2019年6月，已完成6学年的教学任务，选修这两门课程的留学生累计达700余人。

2014—2015学年，图书馆为9名留学生本科预科生班开设了数学、物理和化学课程，师资来自校理学院。为使他们能够尽快适应农业高校的专业学习，还为留学生开设了农业汉语教程。

2015、2017 和 2019 年的 5 月份，图书馆对外汉语教学项目配合国际合作与交流处，承办了由北京市教委主办的北京市高校外国留学生汉语之星大赛设在中国农业大学海选分赛区的选拔工作，圆满完成海选工作。

2018 年 10 月，对外汉语教学项目组承办了北京市教委主办、设在中国农业大学的书法海选分赛区选拔工作。

从 2009 年至 2019 年，对外汉语教学项目全脱产汉语培训共举办了 10 期，共有 247 名留学生结业，为他们在校进行专业学习打下了不错的汉语基础，同时也向他们传播了中国文化（表 6–14、表 6–15）。

表 6–14 2009—2019 年对外汉语培训项目学员人数

学年	学生人数	学年	学生人数
2009—2010 年	19	2015—2016 年	24
2010—2011 年	25	2016—2017 年	8
2011—2012 年	28	2017—2018 年	13
2012—2013 年	38	2018—2019 年	28
2013—2014 年	33	总数	247
2014—2015 年	31		

表 6–15 留学生参加国家汉语水平考试（HSK）人数及通过率

年份	参加 HSK 考试留学生数	通过 HSK 考试四级或五级人数	通过率
2009—2010 年	17	12	71%
2010—2011 年	22	20	91%
2011—2012 年	25	23	92%
2012—2013 年	30	24	80%
2013—2014 年	31	29	94%
2014—2015 年	31	26	84%
2015—2016 年	24	24	100%
2016—2017 年	8	8	100%
2017—2018 年	12	12	100%
2018—2019 年	25	20	80%

为了让留学生有更多的机会了解中国文化和人文，图书馆对外汉语教学项目每年还定期多次组织汉语留学生参加各种课外活动，如参观国家博物馆、中国农业博物馆，浏览长城、龙庆峡、古崖居、植物园和天津市区等，还到京郊农户家访问交流。

此外，项目组还组织汉语生到中国戏剧学院和国家大剧院欣赏音乐节目。每年积极联系学校大学生“向日葵爱心社”等学生社团和汉语生进行汉语交流活动。中国大学生和汉语生结成学习小组，每周都举行两次或三次汉语交流活动，不仅提高了留学生的汉语听说水平，还丰富了留学生们的课外生活。与人文与农村发展学院外语系合作，带领留学生进入中国大学生课堂“跨文化交流课程”，中外学生进行文化交流互动活动等。

15. 教代会、工会活动丰富多彩

根据《中国农业大学二级教职工代表大会工作规程》和《中国农业大学工会工作细则》的规定，图书馆设二级教代会和分工会。二级教代会和工会每5年进行一次换届，届内实行年会制度。

二级教代会是馆务公开的基本形式，是二级单位管理体制的重要组成部分，也是二级单位领导广泛听取教职工意见、促进决策科学化、民主化的重要渠道。二级工会是二级教代会的工作机构，在同级党组织的领导和学校教代会指导下做好二级教代会日常工作。

图书馆分工会在组织开展文化、体育等各项活动中，发挥了重要作用；在关心职工生活方面向全体职工及时送上组织的关怀；也使广大职工生活在一个融洽温馨的大家庭当中，激发出积极向上的工作热情。根据上级总体部署和要求，图书馆分别在东馆和西馆建设了“教职工之家”，为开展各项丰富多彩的文体活动提供了场所。在工会系统的“教职工之家”评比中，多年来不断晋级，由2014年的“先进教职工之家”晋级为“优秀教职工之家”，2012年经过逐项评审，图书馆获得学校“模范教职工之家”称号。

1）落实民主管理，维护职工权益

图书馆认真落实民主管理，开好每一年的教代会，积极支持分工会的各项活动。通过二级教代会和分工会这个渠道，广泛听取馆员对图书馆工作的的意见和建议，实现民主管理；通过工会组织维护职工利益和福利，落实组织对职工的关怀。

2007年4月3日，图书馆召开中国农业大学图书馆第二届教职工暨工会会员代表大会并进行换届改选工作。教职工代表大会的召开，充分体现了其民主管理、民主监督的基本职能，同时建立了有效的上情下达 、下情上递的信息管理机制。以职代会为载体，职工民主参与渠道得到了拓宽，职工心声得到了有效反馈,职工的积极性和创造性得到了充分调动,为馆领导及时了解本馆情况提供了有效途径，真正体现了职代会对加强图书馆民主管理的作用。

2008年1月，图书馆教代会二届二次会议通过部门领导与教职工代表座谈会的形式，广开言路，虚心听取职工意见，及时解决和沟通教职工普遍关心的问题。代表们分组就图书馆工作和《图书馆考勤管理办法》等议题展开了热烈的讨论，会议通过了《图书馆考勤管理办法》，会后形成了多个提案并得到图书馆行政及时反馈和落实。

2）建家晋级

根据上级工会组织的要求，分工会要建立“教职工之家”。教职工之家建设分为4个级别：模范教职工之家、优秀教职工之家、合格（先进）教职工之家、不合格教职工之家。模范教职工之家控制在30%左右。教职工之家的评审工作每3年进行一次。

图书馆分工会十分重视建家工作，行政方面也给予了很大的支持。开辟出专门的房间，为体育活动添置了乒乓球台和各种健身器械，配备了球拍、各种棋牌；为方便职工生活陆续添置了热水器、洗衣机、冰箱、微波炉、电磁炉、炊具等。在这里可以进行体育锻炼、文艺活动、祝贺职工生日等，为职工开展各项丰富的业余活动创造了良好的环境。

2008年校工会为进一步加强二级教代会制度建设和工会组织建设，增强部门工会活力，发挥二级教代会和工会组织在学校改革和建设中的作用，推动基层民主政治建设，根据北京市教育工会《关于开展建家升级活动的意见》和《中国农业大学教职工之家评审办法》，于11月初正式开展了部门工会的教职工之家建设升级评审和复验工作。图书馆工会在维护职能、参与职能、教育职能、建设职能、自身建设、部门活动等六方面表现突出，图书馆工会作为多年的“先进教职工之家”，晋级为“优秀教职工之家”。

2012年12月19日，学校工会从单位党政重视工会、教代会工作，注重对工会、教代会工作的领导，党政工积极推动单位的民主政治建设，依法维护教职工合法权益，加强“四有”教职工队伍建设，充分发动广大教职工更好地参与学校教育教学改革，工会组织建设，女工工作等方面对申报单位的相关工作进行综合评定。图书馆获得“模范教职工之家”称号。

2018 年图书馆又开辟出舞蹈活动区、瑜伽健身区，在声像室配备了 KTV 设备，使图书馆教职工之家的功能进一步完善。

3）关心职工生活

图书馆分工会主动为职工排忧解难，特别对那些生病住院和生活处于困难的员工，工会及时伸出援助之手。对员工生病住院的（包括离退休工作人员），工会亲自上门探望，送去慰问品，同时在精神上给予安慰，将组织的关怀送到职工心坎，使他们真正感受到了图书馆大家庭的温暖。

图书馆女职工占有较大的比例，图书馆分工会给予了特别关注，在女职工健康保障方面，图书馆分工会承担了相关保险的费用，积极配合校工会每年组织女职工按期进行体检，对怀孕、生育的女职工及时送上慰问和关怀。

4）体育活动

丰富多彩的体育活动的开展，可以增强职工体质，锻炼坚强意志，强化团队精神。图书馆分工会利用各种机会组织员工积极参加体育活动和竞赛，取得了良好效果。开展体育活动重在参与，学校每年举办的春季运动会，每 3 年一次的北京地区高校图书馆运动会，校工会每年举办的乒乓球比赛，以及日常坚持开展的工间操、健步走、扑克牌等项目，图书馆分工会都积极组织会员参与。尤其是乒乓球项目取得了令人骄傲的成绩，多次夺得全校冠军。

2007 年 4 月 21 日，北京地区高校图书馆第七届田径运动会在北京邮电大学举行，图书馆 100 多人参加，获体育道德风尚奖。

2007 年 11 月 25 日，中国农业大学教职工乒乓球比赛圆满结束，以刘元科、贾尧风、喻浩、唐向军组成的男队荣获团体第二名，以刘龙献、焦艳平、史丽文组成的女队获第五名，刘元科获男单第四名，喻浩获第五名，刘龙献获女子单打第六名。

2008 年 3 月 7 日，为庆祝“三八”妇女节，学校工会分别于东、西校区举行了“庆三八 迎奥运”健身活动，由东、西区图书馆姐妹组成的两个代表队均获跳绳第一名，东馆队同时获得踢毽比赛第一名。

2008 年 11 月 23 日，“北京移动杯”暨中国农业大学教职工 2008 年乒乓球比赛在东区教职工活动中心圆满落幕，图书馆西馆男队获“北京移动杯”暨中国农业大学教职工 2008 年乒乓球比赛团体冠军；女队获季军。喻浩获男单亚军，刘元科获第五名。

2010 年，图书馆积极响应学校号召，在全馆员工中树立“工间做操三十分，健康工作五十年，幸福生活一辈子”的理念，在馆内坚持课间操活动的开展，得到了会员的积极支持与响应。

2010 年 11 月 20 至 21 日，学校工会在西区绿苑教工活动中心举办了年度乒乓球大赛，刘元科、贾尧风、唐向军、肖晓华、刘龙献、杨学红 6 位选手参加了比赛。此次比赛共有 22 个球队 73 人参与角逐。经过两天激烈争夺，刘元科摘取男子单打桂冠，贾尧风、唐向军分获男子单打第三名和第七名；肖晓华夺得女子单打桂冠，刘龙献获得女子单打第七名，男子团体和女子团体均为第二名。

2012 年 4 月 21 日，刘元科在学校运动会上获男子丙组跳高亚军，雒庆生、贾尧风分获男子丙组铅球第四名和第六名。

2012 年 11 月 17 日，由校工会举办的中国农业大学 2012 年教职工乒乓球（男女）混合团体赛在西区绿苑教职工活动中心顺利结束，图书馆队夺得冠军。

2013 年 11 月 16 日由校工会举办的 2013 年教职工乒乓球（男女）混合团体赛在西区绿苑职工活动中心落下帷幕，图书馆队蝉联冠军。

2014 年 11 月 16 日，经过一整天紧张激烈的比赛，学校 2014 年教职工乒乓球男、女团体赛在西区绿苑教职工活动中心落下帷幕，图书馆一队、信电学院队分获男、女团体冠军。

2016 年 11 月 12 日，中国农业大学举行教职工中国象棋比赛，共有 25 名教职工象棋爱好者参赛。

经过一天5轮的积分循环赛，决出了最终排名：人发学院李建华夺得冠军，图书馆汪群获得亚军。

一年一度的教职工象棋比赛，深受广大教职工象棋爱好者的欢迎和称赞。比赛不仅为大家提供了同场竞技、切磋棋艺、展示自我的机会，也为活跃教职工的业余文化生活、加强学校棋友之间的联谊搭建了一个良好的平台。

12月3日，由校工会举办、图书馆工会与校乒乓球协会承办的2016年教职工“吉普腾杯”乒乓球男女混合团体比赛，在东校区体育馆顺利结束。图书馆队继去年拔得头筹，再次夺冠。共有13支代表队70余名教职工参加了本次比赛。比赛精彩场面不断，决赛更是紧张激烈，扣人心弦，观众为选手的球技连连喝彩，场上场下不时欢声笑语，充满了快乐比赛的气氛。图书馆队凭借实力及稳定的发挥，战胜所有对手，一举夺冠。

5）文艺活动

2012年11月29日，一场精彩纷呈的文艺汇演在北京交通大学天佑会堂展开。本次文艺汇演由北京高校图工委主办，北京交通大学图书馆承办。汇演旨在展示北京高校图书馆馆员的精神风采，增强北京地区高校图书馆之间的交流与合作。此次汇演共有38所北京地区高校图书馆踊跃参加，演出节目有歌唱、舞蹈、朗诵、情景剧等多种形式。中国农业大学图书馆表演的集体舞蹈《春江花月夜》，主题鲜明，风格突出，具有极强的欣赏性和感染力，获优秀组织奖。

2016年，为纪念中国共产党建党95周年、中国工农红军长征胜利80周年，10月21日下午，由学校工会组织的“颂歌献给党教职工诗歌朗诵比赛”在东校区国际学院一层报告厅举行。图书馆馆员积极参加，派出雒庆生、王宝济、贺玢、师丽娟、范意娟、孔建铭组成的阵容出场，获最佳组织奖和朗诵三等奖。比赛中队员们服装整齐，仪表端庄，精神饱满地朗诵诗词《我的祖国》，充分表达了对党、对祖国的一片热爱，并祝祖国永远充满希望，祖国永远朝气蓬勃！这场诗词朗诵会，使馆员们既陶冶了艺术情操，又提升了自己的诗词朗诵水平，获益匪浅。

2018年为纪念改革开放四十周年，丰富教职工的校园文化生活，共筑和谐向上的工作和生活氛围，校工会于5月启动了“最美瞬间”教职工摄影比赛。比赛受到了广大教职工积极关注及热情参与，截至8月31日，共计收到作品50余件，照片200余张。参赛作品题材广泛，主题内容健康向上，形式感强，充满正能量，充分展现了美丽学校建设和工作生活中所发生的人和事件。图书馆汪群的《美丽校园》获得一等奖。

2018年11月6日下午，为纪念改革开放四十周年，讴歌改革开放伟大成就，校工会举办的“筑梦美好新时代”诗歌朗诵比赛，在东校区公主楼三层就业指导大厅正式拉开帷幕。共有16个学院代表队参加了诗歌朗诵赛。图书馆工会原创的“回望与梦想的礼赞”获得比赛二等奖。图书馆代表队站在舞台的聚光灯下尽情展现自己的风采。抒情的诗歌朗诵，配以图书馆40年发展变化的图片切换，结合完美的背景音乐，选手们在舞台上精彩地绽放，让图书馆成为梦想开始的地方，也成为我们更美好的家园。

第二篇 专题篇

中国农业大学图书馆在发展和建设过程中，经过几代人的艰苦奋斗，继承和发展了不屈不挠的精神，牢记使命，勇于创新，作出了突出的成绩，成为高校图书馆界的一面旗帜。尤其是改革开放后，图书馆抓住机遇，开拓进取，在许多方面的工作，比如在基础业务领域，在读者服务领域，在学科建设领域，在行业协作发展领域，在现代图书馆建筑与管理领域都有突出的表现，作出了令人瞩目的成绩。这些都是中国农业大学图书馆的宝贵经验，是其经过长期努力和积累获得的成果，这里围绕不同专题分别加以全面系统的叙述，以反映事件的全貌。

本篇包括以下专题：

专题一　新时代、新理念、新作为，合作共赢，携手并进

专题二　国家社会科学基金研究成果

专题三　图书情报学科建设及硕士人才培养

专题四　以用户为基础，以质量求发展

专题五　勇闯科技情报工作的创新之路

专题六　《中国农业文摘—农业工程》发展历程

专题七　现代高校图书馆建筑与管理模式的典范

专题八　外国教材中心建设

专题九　多语种联机编目技术开创了我国日文文献计算机管理和利用新模式

专题十　海淀农业图书馆面向“三农”显身手

专题十一　众志成城，抗击“非典”

专题一 新时代、新理念、新作为，合作共赢，携手并进

——CALIS 农学文献信息中心 20 年发展历程

中国高等教育文献保障系统（China Academic Library & Information System，简称 CALIS），是经国务院批准的我国高等教育“211 工程”“九五”“十五”总体规划中 3 个公共服务体系之一。CALIS 中心成立于 1998 年。

CALIS 的宗旨是：在教育部的领导下，把国家的投资、现代图书馆理念、先进的技术手段、高校丰富的文献资源和人力资源整合起来，建设以中国高等教育数字图书馆为核心的教育文献联合保障体系，实现信息资源共建、共知、共享，以发挥最大的社会效益和经济效益，为中国的高等教育服务。

CALIS 管理中心设在北京大学，下设文理、工程、农学、医学 4 个全国文献信息服务中心，华东北、华东南、华中、华南、西北、西南、东北 7 个地区文献信息服务中心和一个东北地区国防文献信息服务中心。其中“CALIS 全国农学文献信息中心”设在中国农业大学，由图书馆负责承建，简称：CALIS 农学中心。1998 年至 2012 年，CALIS 农学中心经过了三期建设，2013 年后，走上了常态化发展阶段。

CALIS 农学中心成立后，认真履行职责，围绕着保障性资源建设、信息共享平台建设，组织成员馆开展联合数据库建设，进行业务交流与培训、开展学术研究以及国际合作等方面做了大量工作，充分发挥了我国高等教育农业文献保障系统的作用，取得了良好的效果，多次受到全国 CALIS 管理中心的肯定与赞扬。

中心运作 20 年，汇聚了全国涉农高校图书情报机构，进行协调、交流、研究，共同提高发展；甚至吸引了一些非涉农高校的图书情报机构也纷纷要求加入到中心中来。农学中心成员馆成立初期只有十几家，2018 年发展到 59 家，涵盖了全国农业、林业、水产、综合性大学及相关职业技术学校。

2018 年 12 月 4 日，教育部“中国高等教育文献保障系统成立二十周年暨从共建共享走向融合开放——2018 年 CALIS 年会”在北京大学隆重举行。教育部有关领导、北京大学校长及来自 CALIS 全国中心、地区中心及省中心的代表 430 多人出席了会议。

大会全面回顾、总结了 CALIS 走过的 20 年建设历程及所取得的成绩，对 20 年来在中心建设中作出贡献的单位进行了表彰。大会共颁发 3 个奖项：①中国高等教育文献保障系统项目建设二十周年杰出贡献奖；②中国高等教育文献保障系统项目建设二十周年突出贡献奖；③中国高等教育文献保障系统项目建设二十周年专项贡献奖。

中国农业大学图书馆领导的 CALIS 全国农学文献信息中心荣获中国高等教育文献保障系统项目建设二十周年杰出贡献奖。这充分证明了中国农业大学图书馆作为全国农学文献信息中心的承建馆 20 年来在组织、协调、合作、引领等各个方面所做的工作得到了 CALIS 中心及全体成员馆的高度认可（图专 1–1）。

图专 1–1 “杰出贡献奖”奖牌

一、组织机构的建立与完善

1998 年 10 月，以中国农业大学与 CALIS 管理中心签署协议为标志，在学校设立“全国农林学科文献信息中心”开启了“CALIS 全国农学文献信息中心”的建设历程。这是 CALIS“九五”期间“自动化时代印本资源共享体系”的建设阶段。

12 月 22 日，学校召开 CALIS 农学中心筹备会，参会人员有：主管图书馆工作的副校长谭向勇、馆长沈佐锐、常务副馆长张权、副馆长韩明杰、潘薇等。

会议决定：

（1）成立“CALIS 全国农学文献信息中心”管理委员会，主任：谭向勇，副主任：沈佐锐，秘书：张权；

（2）成立专家咨询委员会，主任：程极益（南京农业大学图书馆馆长），秘书：韩明杰；

（3）农学中心机构设置：主任为沈佐锐，副主任为张权、韩明杰，另设工作人员 5 人，负责系统管理、数据库管理、中心日常工作管理、文献服务和资源建设协调。1999 年 7 月，管理委员会进行了调整，主任为谭向勇，副主任为张权，秘书为韩明杰。农学中心主任为张权，副主任为韩明杰，秘书为宋姬芳。

2000 年 5 月，CALIS 全国农学文献信息中心正式挂牌（图专 1–2）。

图专 1–2　CALIS 中心牌匾

2004 年 11 月 5 日，中国农业大学与 CALIS 管理中心签订了《中国高等教育文献保障系统（CALIS）“十五”建设子项目承建协议书》，进入 CALIS“十五”期间“分布式高等教育数字图书馆”的建设阶段。

2005 年 2 月，农学中心的组织机构进一步完善。根据实际工作需要，调整了部分负责人员，增设了几个工作组。

（1）管理委员会

主　任：谭向勇（中国农业大学副校长）

副主任：张　权（中国农业大学图书馆馆长）

委　员：李吉祥（中国农业大学网络中心主任）

王　涛（中国农业大学研究生院常务副院长）

龚元石（中国农业大学科研处处长）

吴文良（中国农业大学教务处处长）

各重点学科代表

秘　书：韩明杰、潘薇（中国农业大学图书馆副馆长）

（2）专家咨询委员会

主　任：高荣华（南京农业大学图书馆馆长）

副主任：刘清水（中国农业大学图书馆常务副馆长）

委　员：叶静华（华南农业大学图书馆馆长）

张先岐（山东农业大学图书馆馆长）

王明学（华中农业大学图书馆馆长）

胥耀平（西北农林科技大学图书馆馆长）

吴海峰（河南农业大学图书馆馆长）

商　奎（河北农业大学图书馆馆长）

夏建明（四川农业大学图书馆馆长）
袁晓东（东北农业大学图书馆馆长）
亢成业（山西农业大学图书馆馆长）
梅方权（中国农业科学院信息中心顾问）
许世卫（中国农业科学院信息中心主任）
秘　书：韩明杰（中国农业大学图书馆副馆长）
潘　薇（中国农业大学图书馆副馆长）

（3）中心办公室

主　任：张　权（中国农业大学图书馆馆长）
副主任：韩明杰（中国农业大学图书馆副馆长）
潘　薇（中国农业大学图书馆副馆长）
秘　书：左文革、李晨英

（4）中心门户网站建设工作组

组长：潘薇、左文革

成员：康实（负责网站建设技术工作，掌握 JAVA 技术）；喻浩（负责网站内容、功能设计，熟悉 CALIS 资源体系、服务内容与网站建设）；陈仕吉（专职人员，负责统一检索系统中各类异构数字资源的日常配置更新工作）；朱艳梅（负责网站维护工作）

（5）馆际互借与文献服务工作组

组长：潘薇、左文革

成员：吴群、王利萍、赵耀莺（专职人员，负责馆际互借 / 文献传递业务工作）；喻浩（负责系统运行维护）

（6）虚拟参考咨询服务工作组

组长：左文革

成员：袁永翠、孙彩霞、王淑凤、焦艳平、乔春晓、王晓兰、吴群、王利萍、赵锦辉、姜雪琴（经过认证或培训的咨询馆员、学科馆员）；喻浩、陈仕吉（本地咨询系统管理员）

（7）引进资源工作组

组长：潘薇、徐伟

成员： 采访部、咨询部相关人员

（8）日文联机编目工作组

组长：韩明杰

成员：李晨英（负责日常事务处理，联合目录日文数据质量控制）；康实（系统软件开发及其完善）

（9）数字存储体系建设研究工作组

组长：康实

成员：喻浩

（10）CALIS 建设其他工作配合组

组长：潘薇

成员：重点学科导航库建设：左文革
研究生学位论文数据库建设：王雁
特色专题数据库建设：李晨英
教学参考信息库建设：许岩青
联合目录数据库建设：李晨英

2006 年 11 月，为了加强全国农业院校图书馆间的交流与合作，促进图书馆业务工作的提高，进一步加强全国农业院校图书馆的交流与合作，组建了CALIS全国农学文献信息中心工作委员会。由每个成员馆推荐一名馆长参加委员会工作。2013年该委员会调整变更为理事会。

委员会的宗旨：

共同参与、共同建设、共同发展；积极参与CALIS全国农业院校图书馆的文献资源共建共享和组织协调，积极推动和组织全国农业院校图书馆的业务建设与学术交流。

委员会的职责：

（1）参与CALIS农学中心组织的业务交流与学术研讨会，并对会议主题与内容等提出意见和建议；

（2）参与CALIS农学中心组织的研究项目立项、评审等工作并提出意见和建议；

（3）参与CALIS农学中心资源建设工作，对引进资源提出意见和建议，参与引进资源的调研与评价工作；

（4）参与CALIS农学中心组织的馆际互借与文献传递工作并提出意见和建议；

（5）参与CALIS农学中心组织的相关调查研究，协助CALIS全国农学文献信息中心制定相关的发展规划和工作方案。

为了加强与相关单位的交流与合作，CALIS农学中心特聘请中国农科院文献信息中心主任许世卫和副主任孟宪学为工作委员会特邀专家，对中心工作进行指导。

2007年，组织机构再次调整：

CALIS全国农学文献信息中心管理委员会

主　任：江树人（中国农业大学常务副校长）

副主任：何秀荣（中国农业大学图书馆馆长）

委　员：于嘉林（中国农业大学研究生院常务副院长）

　　　　龚元石（中国农业大学科研处处长）

　　　　吴文良（中国农业大学教务处处长）

　　　　李吉祥（中国农业大学网络中心主任）

秘　书：潘　薇（中国农业大学图书馆副馆长）

CALIS全国农学文献信息中心（执行机构）

主　任：何秀荣

副主任：潘薇

委　员：王永进、左文革、徐伟

CALIS全国农学文献信息中心工作委员会常务委员会

主　任：何秀荣

副主任：潘　薇

常务委员：

　　　　林希森（东北林业大学图书馆馆长）

　　　　商　奎（河北农业大学图书馆馆长）

　　　　胥耀平（西北农林科技大学图书馆常务副馆长）

　　　　王国平（华中农业大学图书馆馆长）

　　　　包　平（南京农业大学图书馆常务副馆长）

　　　　杨长平（四川农业大学图书馆馆长）

　　　　刘　锋（华南农业大学图书馆馆长）

　　　　魏　毅（江西农业大学图书馆副馆长）

阮建海（西南大学图书馆馆长）

委　员：

何秀荣（中国农业大学图书馆馆长）
潘　薇（中国农业大学图书馆副馆长）
吴文革（安徽农业大学图书馆副馆长）
缪小燕（北京农学院图书馆馆长）
苏　华（北京农业职业学院图书馆馆长）
邵　勇（北京林业大学图书馆副馆长）
袁晓东（东北农业大学图书馆馆长）
林希森（东北林业大学图书馆馆长）
房文革（大连水产学院图书馆副馆长）
郑崇慧（福建农林大学图书馆馆长）
刘　喜（甘肃农业大学图书馆馆长）
陈燕霞（广西大学图书馆副馆长）
吴海峰（河南农业大学图书馆馆长）
魏秀娟（河南郑州牧业工程高等专科学校图书馆馆长）
商　奎（河北农业大学图书馆馆长）
王国平（华中农业大学图书馆馆长）
刘　锋（华南农业大学图书馆馆长）
顾江洪（华南热带农业大学图书馆馆长）
陶栋材（湖南农业大学图书馆馆长）
张树新（黑龙江农业经济职业学院图书馆馆长）
刘艳波（黑龙江八一农垦大学图书馆副馆长）
付兴奎（吉林农业大学图书馆馆长）
郑　瑜（江西农业大学图书馆副馆长）
张乐萃（莱阳农学院图书馆馆长）
丁其祥（南京林业大学图书馆副馆长）
乌　恩（内蒙古农业大学图书馆馆长）
包　平（南京农业大学图书馆常务副馆长）
王勇山（青海大学农牧学院图书馆馆长）
段玉玺（沈阳农业大学图书馆馆长）
王琏嘉（上海交通大学图书馆七宝校区副馆长）
陈毓生（上海水产大学图书馆馆长）
杨长平（四川农业大学图书馆馆长）
高景昌（山东农业大学图书馆副馆长）
亢成业（山西农业大学图书馆馆长）
吴宝华（天津农学院图书馆馆长）
胥耀平（西北农林科技大学图书馆常务副馆长）
杨　玲（新疆农业大学图书馆副馆长）
阮建海（西南大学图书馆馆长）
王放虎（杨陵职业技术学院图书馆馆长）
赖　毅（云南农业大学图书馆馆长）

章云兰（浙江大学图书馆农业分馆副馆长）
潘继进（浙江林学院图书馆馆长）
关庆利（中国海洋大学图书馆馆长）

CALIS 全国农学文献信息中心工作委员会特邀专家：
许世卫（中国农业科学院文献信息中心主任）
孟宪学（中国农业科学院文献信息中心副主任）

2010 年，农学中心三期建设启动，负责组织与协调“农业大学科”领域的工作，成为面向全国各级各类高校服务的相关“大学科”资源保障与整合中心、信息咨询与服务中心。

2012 年全国农学文献信息中心组织机构调整为：

CALIS 全国农学文献信息中心管理委员会
主　任：王　涛（中国农业大学副校长）
副主任：何秀荣（中国农业大学图书馆馆长）
委　员：龚元石（中国农业大学副校长）
于嘉林（中国农业大学研究生院常务副院长）
吴文良（中国农业大学教务处处长）
李吉祥（中国农业大学网络中心主任）
秘　书：潘　薇（中国农业大学图书馆副馆长）

CALIS 全国农学文献信息中心常设机构（执行机构）
主　任：何秀荣（中国农业大学图书馆馆长）
副主任：潘　薇（中国农业大学图书馆副馆长）
常务委员：何秀荣（中国农业大学图书馆馆长）
潘　薇（中国农业大学图书馆副馆长）
王世富（沈阳农业大学图书馆馆长）
商　奎（河北农业大学图书馆书记）
周东晓（西北农林科技大学图书馆常务副馆长）
王国平（华中农业大学图书馆馆长）
刘　锋（华南农业大学图书馆馆长）
包　平（南京农业大学图书馆馆长）
杨长平（四川农业大学图书馆馆长）
郑　喻（江西农业大学图书馆馆长）
李　森（西南大学图书馆馆长）
邵　勇（北京林业大学图书馆副馆长）
张乐萃（青岛农业大学图书馆馆长）
魏秀娟（郑州牧业专科高等专科学校图书馆馆长）
秘　书：徐　伟、李雪原

2013 年 4 月 1 日，图书馆馆长办公会研究决定，图书馆成立“CALIS 全国农学文献信息中心办公室”，负责 CALIS 农学中心有关事宜及业务，包括文献传递、馆际互借、研究项目管理、年会及培训、日常事务等。办公室主任由徐伟兼任，成员包括：吴群、史丽文、尚文娟、张淑洁、李雪原（兼秘书）、周雪伟。

2013 年，CALIS 农学中心经过 15 年的合作运行，汇聚了全国涉农高校图书情报机构，在资源建设、共建共享、学术研究、协作发展等方面发挥着巨大的作用。为了进一步增加成员馆之间的凝聚力，简化机构层次，增强执行力，充分发挥成员馆民主管理的权力和义务，农学中心组建了“涉农高校图书馆联盟”。联盟的机构宗旨、工作内容等，与农学中心是一致的，只是在组织机构形式和运作程序上作了简化，委员改称理事，更加便于工作的开展。该联盟是由农、林、水高校以及职业技术院校图书馆共同参与的资源共享与信息服务联盟。

CALIS 全国农学文献信息中心（涉农高校图书馆联盟）成员由涉农高校自愿组成，各馆推荐一名馆长作为联盟理事参与该联盟的各项活动。

成员馆的权利：共享 CALIS 全国农学文献信息中心的文献资源，共享中心成员馆馆际互借和文献传递服务，参加由中心组织的各种活动；监督并参与中心的有关工作，为中心的建设和发展献计献策。

成员馆的义务：积极参加由中心组织的文献资源建设、人员培训、各种业务交流和学术会议以及相关项目研究，为中心的发展出谋划策。

CALIS 全国农学文献信息中心（涉农高校图书馆联盟）组织机构

主　任：何秀荣

副主任：潘薇

办公室主任：徐伟

秘　书：李雪原

理　事：

艾力·斯木吐拉（新疆农业大学馆长）
巴　桑（西藏农牧学院馆长）
包　平（南京农业大学馆长）
曹志敏（中国海洋大学馆长）
陈文勇（吉林农业大学副馆长）
陈　炜（甘肃农业大学副馆长）
陈国秀（河南农业大学副馆长）
丁其祥（南京林业大学副馆长）
樊怡箐（广东海洋大学副馆长）
房文革（大连海洋大学副馆长）
范雪荣（江南大学馆长）
赖　毅（云南农业大学馆长）
顾江洪（海南大学书记）
李　森（西南大学馆长）
李永峰（中南林业科技大学副馆长）
梁国杰（塔里木大学馆长）
林　葵（广西大学副馆长）
龙　方（湖南农业大学馆长）
刘　峰（华南农业大学馆长）
刘凤侠（沈阳农业大学副馆长）
刘世英（东北农业大学馆长）
刘艳波（黑龙江八一农垦大学馆长）
商　奎（河北农业大学书记）
邵　勇（北京林业大学副馆长）
苏　丽（北华大学馆长）
王长金（浙江农林大学馆长）
王　敏（北京农业职业学院馆长）

王树迎（山东农业大学馆长）
王国平（华中农业大学馆长）
魏秀娟（河南牧业经济学院馆长）
乌　恩（内蒙古农业大学馆长）
吴宝华（天津农学院馆长）
肖　艳（仲恺农业工程学院馆长）
徐　谦（上海海洋大学副馆长）
许　新（扬州大学副馆长）
杨长平（四川农业大学馆长）
杨剑平（北京农学院馆长）
俞红杰（浙江海洋学院副馆长）
张凤斌（东北林业大学副馆长）
张乐萃（青岛农业大学馆长）
张树新（黑龙江农业经济职业学院馆长）
张田林（江苏农林职业技术学院馆长）
张玉娥（山西农业大学副馆长）
郑江平（浙江大学分馆长）
郑美玉（福建农林科技大学书记）
郑　瑜（江西农业大学书记）
周东晓（西北农林科技大学副馆长）
周葆生（安徽农业大学馆长）

随着联盟成员的增加，理事队伍在不断扩大。

2019 年 CALIS 全国农学文献信息中心（涉农高校图书馆联盟）组织机构：

理事长 / 理事长单位：周志强 / 中国农业大学图书馆

秘书长 / 秘书长单位：徐伟 / 中国农业大学图书馆

CALIS 全国农学文献信息中心（涉农高校图书馆联盟）理事会：

联盟理事会由自愿参加的高校图书馆各推荐一名馆长作为联盟理事会理事。

常务理事会理事：（由各组组长及资深专家担任）周志强、徐伟、甘霖、刘峰、吕晶、倪峰、商奎、汤兴华、吴迪、吴开军、相建业、杨长平、张凤斌、郑江平、钟新春。

2019 年 CALIS 全国农学文献信息中心（涉农高校图书馆联盟）理事会见表专 1–1。

表专 1–1　2019 年 CALIS 全国农学文献信息中心（涉农高校图书馆联盟）理事会

区域	序号	成员馆名称	理事姓名	职务	备注
一、东北区（黑龙江、吉林、辽宁）	1	北华大学图书馆	王毅军	馆长	
	2	大连海洋大学图书馆	张菁	副馆长	
	3	东北林业大学图书馆	张凤斌	馆长	
	4	东北农业大学图书馆	吕晶	馆长	组长
	5	黑龙江八一农垦大学图书馆	刘凤军	馆长	
	6	黑龙江农业经济职业学院图书馆	徐军	馆长	
	7	吉林大学农学部图书馆	霍速	馆长	

续表专 1–1

区域	序号	成员馆名称	理事姓名	职务	备注
一、东北区（黑龙江、吉林、辽宁）	8	吉林农业大学图书馆	陈文勇	副馆长	
	9	沈阳农业大学图书馆	刘文奎	馆长	副组长
			刘凤侠	副馆长	
二、华北区（北京、天津、河北、山西、内蒙古）	10	北京工商大学图书馆	马春晖	馆长	
	11	北京林业大学图书馆	钟新春	书记	副组长
	12	北京农学院图书馆	杨为民	馆长	
	13	北京农业职业学院图书馆	张清华	馆长	
	14	河北农业大学图书馆	商奎	书记	组长
	15	内蒙古农业大学图书馆	付学良	馆长	
	16	山西农业大学图书馆	张玉娥	副馆长	
	17	天津农学院图书馆	吴宝华	馆长	
	18	中国农业大学图书馆	周志强	馆长	
			徐伟	副馆长	
三、华东一区（山东、江苏）	19	江苏大学图书馆	袁润	书记	
	20	江南大学图书馆	卢立新	馆长	
	21	江苏农林职业技术学院图书馆	张田林	馆长	
	22	南京林业大学图书馆	刘应安	馆长	
	23	南京农业大学图书馆	倪峰	馆长	组长
	24	青岛农业大学图书馆	牟肖光	副馆长	
	25	山东畜牧兽医职业学院图书馆	王连晨	馆长	
	26	山东农业大学图书馆	盖会全	馆 长	
	27	扬州大学图书馆	许新	副馆长	
	28	中国海洋大学图书馆	吴迪	副馆长	副组长
四、华东二区（安徽、上海、浙江、江西、福建）	29	安徽农业大学图书馆	吴文革	馆长	
	30	福建农林大学图书馆	罗志雄	书记	
	31	江西农业大学图书馆	郑瑜	馆 长	
	32	上海海洋大学图书馆	吴开军	馆长	组　长
	33	浙江大学图书馆	郑江平	分馆长	副组长
	34	浙江海洋大学图书馆	韩伟表	馆长	
	35	浙江农林大学图书馆	徐光辉	馆长	
五、华南区（广东、广西、海南）	36	广东培正学院图书馆	陈雨杏	馆长	
	37	广东海洋大学图书馆	詹衍玲	馆长	
	38	广西大学图书馆	林葵	副馆长	
	39	广西生态工程职业技术学院图书馆	刘虹	馆长	
	40	广州城建职业学院图书馆	姜新春	馆长	
	41	海南大学图书馆	王小会	副馆长	副组长
	42	海南热带海洋学院图书馆	石焕玉	馆长	
	43	华南农业大学图书馆	刘 峰	馆长	组长

续表专 1-1

区域	序号	成员馆名称	理事姓名	职务	备注
五、华南区（广东、广西、海南）	44	仲恺农业工程学院图书馆	肖 艳	馆长	
	45	广东体育职业技术学院图书馆	叶云飞	副馆长	
六、华中区（河南、湖北、湖南）	46	河南牧业经济学院图书馆	李明	馆长	
	47	河南农业大学图书馆	陈国秀	副馆长	
	48	河南农业职业学院图书馆	陈会丽	馆长	
	49	信阳农林学院图书馆	张燕	副馆长	
	50	湖南农业大学图书馆	赵佳荣	馆 长	副组长
	51	华中农业大学图书馆	甘霖	馆长	组长
	52	中南林业科技大学图书馆	李永峰	副馆长	
七、西北区（新疆、甘肃、宁夏、青海、陕西）	53	甘肃农业大学图书馆	史兆国	馆长	
	54	塔里木大学图书馆	袁守亮	馆长	
	55	西北农林科技大学图书馆	相建业	副馆长	组长
	56	新疆石河子大学图书馆	张建华	馆长	
	57	新疆农业大学图书馆	秦 伟	馆长	副组长
八、西南区（重庆、四川、贵州、云南、西藏）	58	四川农业大学图书馆	付体华	馆长	副组长
			杨长平	调研员	
	59	西昌学院图书馆	耿德英	馆长	
	60	西藏农牧学院图书馆	张宏伟	馆长	
	61	西南大学图书馆	汤兴华	馆长	组长
	62	西南林业大学图书馆	赵 杰	副馆长	
	63	云南农业大学图书馆	资谷生	馆长	

二、农学中心的宗旨和建设目标

CALIS 中心的宗旨是：在教育部的领导下，把国家的投资、现代图书馆理念、先进的技术手段、高校丰富的文献资源和人力资源整合起来，建设以中国高等教育数字图书馆为核心的教育文献联合保障体系，实现信息资源共建、共知、共享，以发挥最大的社会效益和经济效益，为中国的高等教育服务。

作为 CALIS 中心下属的全国农学文献信息中心，其宗旨和总体目标与 CALIS 中心是一致的。在不同的历史发展阶段，其重点和具体内涵又根据 CALIS 中心的总体规划各有侧重，随着工作的进展和合作的深入不断深化和完善。

1998 年创建之初，设定的目标是：在“九五”期间建成以中国教育与科研计算机网（CERNET）为依托的网上信息资源共享系统，使信息资源网与通信网协调发展，真正为高校的教学、科研人员营造一个与国际接轨的信息网络环境，为“211 工程”立项高校和其他院校提供丰富的文献信息资源、先进的技术手段和便利的服务体系。

2004 年“十五”期间建设目标是：依托中心所在图书馆——中国农业大学图书馆，完善服务基础设施，提高专业队伍水平，丰富大农学类文献收藏，增强服务能力，加强在 CALIS 三级保障体系中的主导作用，将全国农学文献信息服务中心建成为全国高校服务的资源中心、文献信息服务中心、培训中心和宣传中心。

2010 年，农学中心三期建设目标定位为：CALIS 全国农学文献信息服务中心是我国高等教育文献保障体系（CALIS）的重要组成部分，是“农业大学科”文献共享体系建设的牵头单位，负责组织与协调该“大学科”领域的工作，成为面向全国各级各类高校服务的相关“大学科”资源保障与整合中心、信息咨询与服务中心。结合 CALIS 三期建设目标及已有的建设成果，依托中心所在的中国农业大学图书馆，搭建面向全国农业院校用户的文献信息服务平台，提高面向农业“大学科”用户的信息服务能力。

三、主要建设内容和发展历程

1. 各阶段建设内容

按照 CALIS 管理中心对发展阶段的划分，CALIS 经历了 4 个阶段的建设，每个阶段都有不同的建设重点。

“九五”建设（1998 年至 2001 年）：自动化时代印本资源共享体系。建设联机编目与联合目录服务体系（OPAC 系统），开创数字资源集团采购模式，建成“全国中心—地区中心—成员馆”三级文献保障体系。

“十五”建设（2004 年至 2006 年）：分布式高等教育数字图书馆。CALIS 主要侧重于“对分布式高等教育数字图书馆”的建设，以构建完整的中国高等教育数字图书馆（CADLIS）服务体系。作为高校图书馆共享与公共服务基础设施，CALIS 要建成开放的、分布式的、多馆协作的平台。CALIS 管理中心主持编撰了《中国高等教育数字图书馆技术标准与规范》，并应用于 CALIS“十五”所有子项目建设。数字图书馆标准与规范的具体工作包括 CADLIS 技术标准与规范的编制和 CALIS 体系软件产品兼容性认证两部分。同时还要建成分布式文献传递网，共同面向全国高校读者提供馆际互借与文献传递服务。

“三期”建设（2010 年至 2012 年）：“云上的”信息服务协作网络。CALIS 以“普遍服务”为指导方针，以“云计算”为技术手段，以“多级保障体系”为服务骨干队伍，建成覆盖全国各类高校的图书馆信息服务协作网络，成为真正意义上的“高等教育公共服务设施”之一。

CALIS 运维与创新（2013 年以后）：新时代的高校图书馆建设。从 2013 年开始，CALIS 在教育部高教司领导下开始进行管理架构、运行机制与发展模式的优化调整，从项目建设为主的发展阶段转向以持续运维服务和新一代图书馆服务平台研发为主的发展阶段。

由此可见，CALIS 建设是分阶段进行的，每个阶段的建设重点不同，而且每个建设阶段在时间的衔接上也不是连续的。但是 CALIS 在运行服务上则是连续不断的。

CALIS 农学中心围绕 CALIS 中心不同阶段的建设重点，根据 CALIS 中心下达的建设任务，确定自己的阶段建设内容。

1998 年 10 月，中国农业大学与 CALIS 管理中心签署协议，在学校设立“全国农林学科文献信息中心”作为全国“211 工程”农林重点学科建设所需文献的最终保障基地，西校区图书馆作为该中心的承办单位，开始了“九五”期间的建设。在中心创建之初，主要是侧重于条件和设施建设，以及成员的组织与合作，为进一步深化合作奠定基础。

2004 年 11 月 5 日，中国农业大学与 CALIS 管理中心签订了《中国高等教育文献保障系统（CALIS）“十五”建设子项目承建协议书》，子项目名称为“CALIS 全国农学文献信息中心”，由此进入“十五”期间的建设阶段。

“十五”期间 CALIS 农学中心的建设，建成了 CALIS 农学中心门户网站，面向全国高校，以提供“农业大学科”相关文献资源查询、服务、宣传以及培训为特色的信息服务平台开始运行。

建立了以农业高校图书馆为核心的馆际互借与文献传递服务网络：为了协调全国农林高校图书馆文献资源的共建共享，做好电子资源的引进工作，促进全国农林高校图书馆文献资源建设，配合 CALIS 全国中心 2004 年 6 月份启动的“馆际互借 / 文献传递服务网”，2004 年 11 月 1 日，在中国农业大学图书馆举办了“CALIS 农学中心文献资源建设、馆际互借与文献传递协调会”，宣传和推广馆际互借与文献传递服务。有21家农业院校图书馆通过CALIS馆际互借系统网关注册成为用户馆。截至2005年2月，已有19家成员，通过馆际互借与文献传递系统提交文献申请290多条。2005年4月组织14家农林高校图书馆集体加入全国期刊联合目录，提高了农林高校图书馆文献资源的共知程度。

组织了农业类数据库的联合采购并进行了相关的培训和宣传工作：针对农业院校文献需求特点，组织农林院校联合引进了涵盖大农业学科中各分支领域的期刊、论文、专著、报告、成果、专利等多种文献信息的Agris、Agricola农业文摘数据库，将文献资源建设费用补贴到34家图书馆，覆盖了70%的农林高校图书馆。还组织农林院校图书馆集团采购了5个具有农业特色的数据库。通过CALIS农学中心经费补贴以及集团采购，很多农业院校首次接触到了电子型外文文献资源，使49所农林高校图书馆的外文电子资源拥有率从2002年的24%提高到2005年的90%，在农业高校的外文文献资源建设工作中起到了极大的推动和促进作用。

建立了适用的数据资源存储体系，面向全国高校提供数据库镜像服务和数字资源长期保存服务。农学中心的各项服务能灵活地部署在各个服务器上，而且SAT、SCSI和FC的统一应用为农学中心各项数据服务的分级存储提供可能，体现了适用、高效存储系统的特质。此外，农学中心引入了业界知名的VERITASBE备份软件，为农学中心各项数据服务及数字资源的长期保存提供备份保障。

自主研制开发了虚拟咨询系统，实现了实时在线咨询。

为高校提供高质量、符合学科需求的代检代查、课题咨询、科技查新服务：2004—2006年完成科技查新380余项，其中有50%的项目来自校外用户委托。

承担日文联合目录数据库建设工作，完成了CALIS日文书目数据库建设的有关技术研究工作，制定了有关工作标准与规范，截至2006年4月30日，日文书目数据已达94561条。

“十五”期间CALIS项目建设，全面促进了全国农业高校图书馆的文献建设力度，提高了农业高校图书馆的文献资源共建共享水平，进一步强化了农业高校图书馆馆员的业务能力以及读者的信息素养，带动了全国农业高校图书馆的业务发展。

2006年6月，进行了CALIS农学中心“十五”建设子项目总结验收，项目实际总投资233.5万元，其中中央专项资金96.5万元，学校配套资金107万元。资金使用上，187万元用于引进资源，30万元用于数据存储、培训用机和平台建设，15万元用于日文编目，1.5万元用于文献传递。

2006年9月28日，“CALIS第十次中心负责人联系会议暨CADAL项目第十次工作会议”在浙江大学科技园召开。会上，CALIS管理中心及CADAL项目管理中心分别表彰了先进集体，CALIS全国农学文献信息中心获“全国和地区中心建设奖”二等奖、“引进资源建设奖”二等奖。

2010年，农学中心三期建设启动。中心定位为：CALIS全国农学文献信息服务中心是我国高等教育文献保障体系（CALIS）的重要组成部分，是“农业大学科”文献共享体系建设的牵头单位，负责组织与协调该“大学科”领域的工作，成为面向全国各级各类高校服务的相关“大学科”资源保障与整合中心、信息咨询与服务中心。

在三期建设中，进一步引进学科资源，增加文献资源的数量和品种，对分散在各农业院校的文献资源及特色资源进行全面的整合与揭示，实现学科资源的共知、共用与共享，建设具有“农业大学科”（农、林、水）特色的“资源保障与整合中心”。

加强农学中心在CALIS三级保障体系中的核心作用，在自身基础设施建设和人员队伍建设的基础上，扩大信息咨询与服务范围，联合成员馆共同建设“农业大学科”信息咨询与服务中心，面向全国各级各类农业院校用户提供服务。

加强与高校及其他文献服务系统的合作，共同构建面向社会的资源与信息服务网络。

2013年以后，CALIS农学中心进入常规运行模式：坚持持续建设，完善支撑高校图书馆发展的公共服务体系；建设支撑新时代图书馆建设的新业态、新模态，掌握未来发展的自主权、主动权和发言权。

CALIS全国农学文献信息中心成立20年来，坚持共建共享、合作共赢的方针，重点围绕以下几个方面的内容组织开展活动：

（1）保障性资源建设　根据项目的经费投入情况，重点引进一批国内外农林水相关文献数据库，通过馆际互借和文献传递为联盟用户提供服务；

（2）联盟信息共享平台建设　建立连接农、林、水及涉农高校以及职业技术院校图书馆的网络系统，开展资源共享和信息咨询服务；

（3）信息资源组织与开发利用　配合 CALIS 全国管理中心，进行馆藏文献资源的开发，建立农、林、水特色资源学科数据库，服务高校的教学和科研；

（4）资源与服务的宣传与培训　建立宣传与培训队伍，采取多种形式宣传图书馆的资源和服务，使图书馆的各类资源和各项服务为用户共知、共享；

（5）开展学术研究活动　积极组织联盟成员馆根据图书情报工作的理论与实践问题开展学术研究，提高图书馆馆员队伍的业务学术水平。

经过 20 年的建设，农学中心成员规模不断扩大，影响力日益加强。

中心创建之初，成员馆只有 18 个，经过 20 年的发展已扩展到 59 个。成员馆类型也从单一的以农为主发展到包括农、林、水产和综合性大学的多种类型。成员馆中，农业院校 29 所、林业院校 6 所、水产类院校 5 所、职业院校 7 所、综合性大学有 10 所、非农林水专业类院校 2 所。

2018 年 12 月 4 日，教育部“中国高等教育文献保障系统成立 20 周年暨从共建共享走向融合开放——2018 年 CALIS 年会”，全面回顾、总结了 CALIS 走过的 20 年建设历程及建设所取得的成绩，对 20 年来在中心建设中作出贡献的单位进行了表彰。中国农业大学图书馆领导的 CALIS 全国农学文献信息中心荣获中国高等教育文献保障系统项目建设 20 周年杰出贡献奖。

图专 1–3 展示了 CALIS 全国农学文献信息中心发展 20 年的历程。

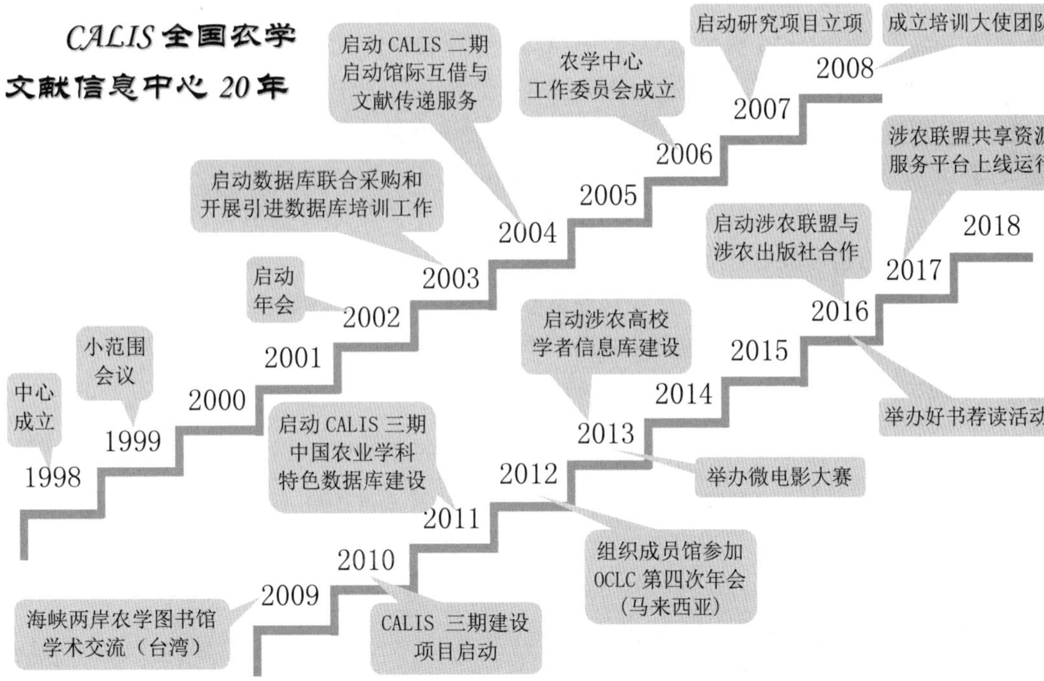

图专 1–3　CALIS 全国农学文献信息中心 20 年发展历程图

2. CALIS 农学中心组织的主要活动

CALIS 农学中心在完成各阶段建设目标的过程中，坚持为成员馆办实事，常年组织交流活动，坚持共建共享、合作共赢；在多项业务上开展协作，组织了多个项目的联合开发和建设，促进了图书馆学术水平的提高，不断地将全国农业大学科相关高校图书馆的资源建设与利用水平向前推进。

1）基础建设与保障性资源建设

在 CALIS 项目一期建设过程中，CALIS 管理中心向农学中心投入 145 万元的硬件设备，使承建农学中心的中国农业大学图书馆的自动化基础设施建设得到了进一步的补充和发展，为实现文献信息资源共建、共享与共知提供了坚实的物质基础。中国农业大学作为农学中心承建馆的上级单位，对农学中心建设给予了极大地支持。在以主管副校长为主任、以相关职能部门负责人与各个重点学科学术带头人为成员的农学中心领导小组的积极倡议下，学校对农学中心的资源建设进行了重点投入，形成了以中国农业大学图书馆文献信息资源为主、以教育部属农业高校图书馆文献信息资源为辅、以国内外图书馆文献传递服务为补充的 3 个层次的农业类文献信息资源保障体系，使文献资源相对较为缺乏的农业类高校的文献资源保障率得到了大幅度提升。

文献资源保障是图书馆满足学校教学和科研活动的重要基础。图书馆作为农学中心的承建馆与牵头馆，肩负着面向全国涉农院校图书馆提供文献信息资源保障服务的重任。农学中心的保障性资源建设始于 2002 年，也是数字资源的起步阶段。为了做好这项工作，中心坚持以共建共享为保障性资源建设的基本原则，以数字资源为建设重点，采取联合引进模式，坚持从大农业的视角和全学科范围进行建设规划，以保证引进资源能够充分满足需求并发挥作用。为此，农学中心成立了引进资源谈判小组对引进资源进行集体把关，充分发挥有关专家的作用，并坚持做好用户需求和学科发展调研，坚持做好引进资源的试用和评估，同时做好与全国高校数字资源采购联盟（DRAA）引进资源组的协调。

通过联合采购不断提升资源保障能力。在 CALIS 二期建设子项目中，CALIS 管理中心向农学中心投入了 80 万元的文献资源建设经费，农学中心组织农林院校图书馆集团采购了银盘、ProQuest 等具有农业特色的 8 个数据库，其中世界著名的农业三大数据库中的两个数据库 AGRICOLA 和 AGRIS 是由 CALIS 补贴经费所购买的数据库。这些数据库深受广大师生的欢迎，点击率都名列前茅。例如，在中国农业大学图书馆引进的十几个外文数据库中，CAB 系列数据库在外文数据库中排第一，ProQuest 农业期刊全文数据库排第二；在北京林业大学图书馆 7 个外文数据库中，ProQuest 农业期刊全文数据库排第三、CAB 系列数据库在外文数据库中排第四；在南京农业大学图书馆 10 个外文数据库中，CAB 系列数据库排第三，ProQuest 农业期刊全文数据库排第四。

自 2003 年至 2018 年，中心共组织集团引进数据库 16 个。集团成员覆盖了全国 40 余所农业及相关院校，引进数据库的累计数量达到 3600 个馆库次。其中利用 CALIS 二期经费 80 万元补贴购买数据库 63 个馆库次，CALIS 三期经费 150 万元补贴购买数据库 71 个馆库次。2009 年起争取 NSTL（国家科技图书文献中心）经费补贴购买数据库 684 个馆库次。

表专 1–2 反映了农学中心部分数字资源的联合引进情况。

表专 1–2　农学中心部分数字资源联合引进情况汇总

序号	数据库名称	引进时间 / 年	用户数
1	EBSCO 环境科学全文库	2009	10
2	EBSCO 园林园艺文摘库	2009	6
3	EBSCO 食品科学全文库	2011	18
4	ProQuest 生物全文库	2003	42
5	ProQuest 农业期刊全文库	2003	34
6	美国科学院院报（PNAS）	2010	68
7	IFIS 食品科学文摘库	2003	14
8	CABI 文摘数据库	2002	30
9	美国微生物学会（ASM）全文期刊库	2011	28

续表专 1-2

序号	数据库名称	引进时间 / 年	用户数
10	AGRICOLA 文摘数据库	2003	29
11	AGRIS 文摘数据库	2003	30
12	JOVE 视频期刊库	2016	36
13	CABI 电子书	2011	35
合计			380

2）组织开展应用培训

为了充分发挥引进资源的效益，农学中心非常重视数据库使用培训工作，从 2004 年开始组织数据库应用培训工作，2008 年成立了培训大使团队。先后有 5 家成员馆承办了 9 次培训活动，有 341 人次参加了培训，为确保引进资源的正常高效运行提供了基本保障。与此同时，为了保证引进电子资源的质量，CALIS 农学中心还就引进数据库的评价问题专门召开了研讨会，对电子资源的评价标准和电子资源的利用等关键问题进行了广泛的研讨。

2004 年 4 月 1—2 日，CALIS 全国农学文献信息中心在中国农业大学图书馆举办“全国农业院校图书馆联合采购数据库应用培训班”。来自南京农业大学图书馆、南京林业大学图书馆、华南农业大学图书馆、北京林业大学图书馆、西南农业大学图书馆、福建农林大学图书馆、甘肃农业大学图书馆、山西农业大学图书馆等 18 所高校图书馆的 30 多位从事信息服务的老师参加了培训。

为了更好地提高引进数据库的利用效率，2005 年 10 月 20 日开始，CALIS 农学中心与 OVID 数据库商联合组织了“OVID 新平台”使用培训。图书馆先后派出 7 位咨询馆员分别赴中国海洋大学、莱阳农学院、山东农业大学、西南大学、西南林学院、甘肃农业大学、西北农林科技大学、山西农业大学、湖南农业大学、华中农业大学、东北林业大学、东北农业大学、沈阳农业大学、天津农学院、安徽农业大学、南京林业大学、江西农业大学、北京林业大学和北京农学院等 19 所高校图书馆，对农学中心成员馆馆员进行讲座培训，深得各成员馆欢迎。

2008 年 3 月 12 日，由 CALIS 农学中心组织的 Dialog 数据库应用培训历时两天结束。Dialog 数据库是科技查新不可缺少的数据库之一，也是教育部科技查新工作要求必备的数据库。为了提高科技查新工作的质量和效率，提高文献的查全率，降低数据库采购成本，CALIS 农学中心牵头组织了该数据库的集团采购。参加本次培训的有包括中国农业大学图书馆人员在内的共 25 人。广州奥凯信息咨询有限公司培训专家们就 Dialog 数据库的平台功能、检索方法与技巧进行了详细讲解，并针对如何在科技查新中制定检索策略，提高检索效率，降低检索成本进行了重点培训。

2011 年 4 月 27 日，在中国农业大学图书馆东馆举行了“CALIS 全国农学文献信息中心培训大使培训会”。来自国内 31 家图书馆的 40 名培训大使参加了此次培训会。

CALIS 全国农学文献信息中心培训大使项目 2010 年启动，每个图书馆有一名培训大使负责本馆的用户培训。

本次大会总结了上年培训大使的工作，表彰了优秀培训大使，进行了经验介绍，大家共同讨论了 2011 年的工作计划及相关问题。会议对相关电子资源进行了应用培训。

2012 年 5 月 15 日，“2012 数字资源规范化利用研讨会暨 CALIS 第十届国外引进数据库培训周活动”在湖南长沙中南大学图书馆举行。本次培训周恰逢 CALIS 引进资源培训周举办十周年，在十周年的庆典大会上，图书馆荣获“高校引进资源集团采购组织贡献奖”。

通过培训的方式带动成员馆把引进数据库资源利用的培训工作不断向前推进。此项工作得到了成员馆的热烈响应。培训大使的培训内容最初只针对引进数据库的利用，后来在需求调研中发现大家对相关分析工具的培训需求不断增加，因此从 2013 年起，培训内容扩展到了分析工具的利用培训。在农学中心的倡议下，各馆培训大使还积极发展本馆的培训大使队伍，包括图书馆员和学生，建立本馆的培训大使团队，在引进资源的宣传和利用方面发挥了重要作用（表专 1–3）。

表专 1–3　农学中心培训大使培训情况

时间	培训地点	培训内容	参加人数
2004	中国农业大学图书馆	ProQuest、OVID 公司产品	30
2008	中国农业大学图书馆	Dialog 数据库培训	25
2010	中国农业大学图书馆	Dialog、Taylor、ProQuest、OVID、EBSCO、银符数据库以及开放获取与 BIoMed Central	39
2011	中国农业大学图书馆	OVID 农学资源、EBSCO、Dialog、SCOPUS 数据库、书生移动图书馆、百链新增功能简介及移动图书馆、ELSEVIER 电子期刊	40
2012	中国农业大学图书馆	Dialog、Taylor、ProQuest、OVID、EBSCO、Springer、查尔斯沃斯特色农业资源	33
2013	河北农业大学图书馆	Dialog、Note express、End Note、Derwent Innovations Index、超星移动服务平台	30
2014	四川农业大学图书馆	WOK 资源介绍、ESI 数据库介绍、TDA 使用方法介绍、外文专利检索技巧、Pubmet 平台与 NCBI 资源介绍，以及文献分析软件 bibexcel 使用培训	40
2015	西南大学图书馆	文献分析和科研实践；高校科研绩效分析方法与展示	48
2017	东南大学图书馆	“涉农联盟共享资源服务平台”使用培训及基于文献计量的学术评价与实践	56

3）大力推进资源共享

尽管农学中心各成员馆的馆藏资源都在不断增加，但有些资源还是无法满足读者的需求，各馆都需要借助于馆际互借与文献传递提升本馆的文献信息资源保障能力。农学中心依靠自身的馆藏资源，并借助 CALIS、BALIS、NSTL 等文献传递中心开展为中心成员馆的馆际互借与文献传递服务。农学中心积累了宝贵的用户需求信息，通过馆际互借与文献传递，对补充馆藏，满足学科发展需求起到了重要的保障作用。

CALIS 全国农学文献信息中心建立的宗旨就是发挥全国高校农学文献信息的保障作用，实现资源共享。农学中心建立后，一直在追求实现资源共享的目标，为国内农业院校图书馆提供文献传递服务。为了提高文献信息资源利用率，CALIS 农学中心积极组织全国农业院校图书馆建立资源共享机制。2003 年 3 月向农业院校发出馆际互借文献传递协议 66 份，有南京农业大学、华中农业大学、华南农业大学、西北农林科技大学等 35 所农业院校图书馆与农学中心签订了文献传递服务协议书。

为了协调全国农林高校图书馆文献资源的共建共享，做好电子资源的引进工作，促进全国农林高校图书馆文献资源建设，在 CALIS 全国中心 2004 年 6 月份启动并于 9 月份开通的“CALIS 馆际互借 / 文献传递服务网”系统的基础上，于 2004 年 11 月 1 日，在中国农业大学图书馆举办了“CALIS 农学中心文献资源建设、馆际互借与文献传递协调会”，宣传和推广馆际互借与文献传递服务，为中心成员之间开展馆际互借和文献传递工作进行规范和协调。CALIS 全国农学文献信息中心遵照《CALIS 馆际互借与文献传递网服务手册》，并根据农口高校实际情况，制定了《全国农学文献信息中心文献传递服务手册》，内容包括收费标准、服务时限、经费补贴等。

为了广泛宣传和利用“CALIS 馆际互借、文献传递服务网”，会上，南京农业大学图书馆、华中农业大学图书馆、华南农业大学图书馆、西北农林科技大学图书馆等 30 几所高校图书馆与农学中心签订了《CALIS 文献传递服务协议书》。

2005 年 4 月组织 14 家农林高校图书馆集体加入全国期刊联合目录，提高了农林高校图书馆文献资源的共知程度。

“CALIS 馆际互借 / 文献传递网”的开通为各高校读者提供了方便、快速的全文文献服务，文献传递服务水平有了很大提高，业务量逐年上升，覆盖范围也越来越大。通过“CALIS 馆际互借 / 文献传递网”，图书馆与全国各地 70 多家高校图书馆建立了文献传递关系。还有 20 多家农业院校图书馆成为农学中心的用户馆，这在很大程度上提高了各馆的文献保障率，更好地满足了师生教学、科研对文献的需求。有些农业院校还依托该系统开展了本单位的文献传递服务工作。

2013 年 4 月 15—16 日，CALIS 全国农学文献信息中心在中国农业大学图书馆召开了资源建设与文献传递研讨会，来自全国 20 多所农业高校图书馆的 50 余位有关负责人参加了此次议会。会议旨在加强全国各农业高校图书馆间的业务交流，探讨相关问题及解决方案，进一步做好文献资源的保障与服务工作。会议分数据库引进和文献传递两个主题同时进行，中心负责人分别总结了现有工作取得的成绩以及存在问题。参会代表就如何拓宽数据库引进工作的渠道，改善数据库引进方法以及提高文献传递工作的效率和服务水平等议题进行了热烈的讨论。

自 2004 年开始馆际互借与文献传递服务，截至 2018 年底，文献请求量为 66271 篇，满足量为 59569 篇，平均保障率为 90%（表专 1–4）。

表专 1–4　农学中心历届文献传递服务情况汇总

统计时间 / 年	申请总量 / 篇	满足总量 / 篇	保障率 /%
2004	3200	2835	89
2005	3627	3074	85
2006	4850	4098	84
2007	4969	4489	90
2008	5372	4791	89
2009	5771	4970	86
2010	4887	4315	88
2011	5855	5143	88
2012	5252	4699	89
2013	5037	4791	95
2014	4060	3791	93
2015	4217	3939	93
2016	3272	3058	93
2017	3021	2810	93
2018	2881	2766	96
总计	66271	59569	90（平均）

4）建立与完善服务平台

通过“十五”期间 CALIS 农学中心的建设，CALIS 农学中心有了自己的门户网站，从而面向全国高校，以提供“农业大学科”相关文献资源查询、服务、宣传以及培训为特色的信息服务平台开始运行。在此基础上，2018 年“涉农联盟共享资源服务平台”建成并开通运行，该平台将中心自有资源、共建资源、免费资源整合在一起并增添学科服务内容，实现了图书馆资源与服务的深度融合，为成员馆开展相关服务提供了强有力的支持与帮助（图专 1–4）。

图专 1-4　CALIS 涉农联盟共享资源服务平台网站主页

5）重视学术交流，促进业务发展

作为涉农高校图书馆业务与学术交流的平台，CALIS 农学中心极其重视学术交流。自 1998 年成立以来，中心每年都召开一次工作会议，研究活动内容，开展工作协调。2002 年起，这种会议形成了年会制度，每次会议选定一个主题，进行重点交流。年会聘请国内外图情专家作主题学术报告，介绍行业最新动态，探讨业务创新，把握图书馆的发展脉络，探讨解决问题的思路，促进成员馆之间的经验交流，以交流增进了解、开阔思路、促进合作、促进发展。中心曾先后多次聘请了日本、美国、新加坡等国家以及联合国粮农组织等机构的知名专家学者进行交流。年会活动举办得有声有色，内容丰富多彩，选题紧扣发展脉搏。经过十多年的努力，农学中心的年会已经成为涉农高校图书馆联盟的一个品牌，吸引了越来越多的业界人士积极参与，影响广泛，其凝聚力可见一斑。

随着信息资源与信息需求的迅猛增长，大多数高校农业图书馆都面临着文献信息资源需求旺盛、书刊价格上涨、经费日益紧张所造成的供给严重不足的局面。文献信息资源的共建共享已经成为社会发展和进步的必然需求，现代计算机自动化技术与通信技术的发展为文献信息资源共建共享提供了前所未有的便利条件。为了冲破图书馆界条块分割的管理体制和观念上的重重束缚，本着优势互补、互惠互利、自愿参加的基本原则，在“全国高校农业图书馆协作委员会”的大力支持下，“CALIS 全国农学文献信息中心”发起了“全国农业高校图书馆文献资源共建共享行动”，于 2001 年 12 月 10—12 日在中国农业大学西校区图书馆召开了“全国农业高校图书馆文献资源共建共享协调会”。

来自全国 29 个农业院校图书馆的馆长以及有关负责人共 50 多人参加了会议。谭向勇副校长致开幕词；中国农学会农业图书馆分会潘淑春秘书长到会并发表了讲话；在中国访问的日本农山渔村文化协会专务理事、学校客座教授坂本尚先生专程到会介绍了中日合作项目“河北省鹿泉市农业、农村发展规划”；CALIS 管理中心副主任朱强教授作了题为《大学图书馆在校园信息化中的地位和作用》的大会报告。

会议期间，成立了以西校区图书馆张权馆长为指导委员会主任的指导委员会，以西校区图书馆韩明杰副馆长为执行委员会主任的执行委员会；讨论通过了“全国农业高校图书馆文献资源共建共享行动实施方案”。指导委员会和执行委员会委托 CALIS 农学中心作为共建共享行动的管理机构，参加馆与 CALIS 农学中心签订了共建共享协议书；进行了外文资源共建的第一轮协调，以及银盘公司数据库集团购买的具体商谈，达成了初步协同采购意向。

2003 年 7 月 7 日，CALIS 全国农学文献信息中心在西馆报告厅召开了“CALIS 全国农学文献信息中心资源建设协调会”。会议主要议题是讨论确定文献资源共建共享协议及 CALIS 二期资源建设经费补贴方案。

图书馆馆长张权，常务副馆长刘清水以及来自全国农业院校图书馆的 36 位馆长参加了会议。

谭向勇副校长、教育部高教司教学条件处李晓明处长、CALIS 管理中心领导到会并作了重要讲话。

李晓明着重提到教育部高教司和高校图工委在当前图书馆建设与发展方面的工作重点：①继续宣传、贯彻普通高等学校图书馆规程；②协调、促进 CALIS 二期的建设，希望通过 CALIS 二期的建设，巩固和扩大受益面，为 1000 所以上的高校提供文献保障。

张权介绍了图书馆作为 CALIS 全国农学文献信息中心承建单位在文献共建共享方面工作的进展，

图书馆5位部主任就数字化资源建设、期刊采购、情报信息资源整合与开发、自动化建设与探索等方面作了汇报。

南京农大、西北农林科技大学、西南农大等兄弟院校图书馆馆长就图书馆建设等方面的问题作了交流发言。与会代表一致认为网络环境下实施文献资源共建共享、实现馆际互借和文献传递是文献保障的必要手段和重要途径。

2004年11月1—3日，CALIS农学中心文献资源建设、馆际互借与文献传递协调会在中国农业大学召开。

为了协调全国农林高校图书馆文献资源的共建共享，做好电子资源的引进工作，促进全国农林高校图书馆文献资源建设，配合CALIS全国中心启动馆际互借与文献传递服务，CALIS农学中心文献资源建设、馆际互借与文献传递工作交流会在西馆召开。来自全国50余所农林高校的近90名代表就文献资源建设、馆际互借与文献传递协调进行了为期三天的交流讨论。

常务副校长江树人，教育部高教司教学条件处处长李晓明，CALIS管理中心副主任、北京大学图书馆副馆长陈凌，中国教育图书进出口公司总经理周思参加了开幕式。开幕式由CALIS农学中心副主任、图书馆馆长张权主持。

江树人在致欢迎词时说，一个学校图书馆的建设规模是检验学校综合水平的重要指标，其藏书的数量质量都是学校历史的证明，如何使图书馆打破传统、更快地发展是我们共同讨论的话题。他希望借助这次交流会加强联系，增强交流，实现资源的更有效利用，寻求进一步发展。

李晓明、陈凌、周思都从不同的方面强调了数字化发展的重要性和文献资源共建、馆际互借以及文献传递是图书馆发展的趋势。他们表示，馆际互借、二次文献资源的开发利用等资源共知共享共建形式是目前各高校提高资源的利用率、解决经费不足等问题的有效方式，加强各高校图书馆的交流，实现共同协调发展，是迫切所需。

代表们就CALIS农学中心文献建设情况，下一步联合采购计划，馆际互借与文献传递补贴方案，以及CALIS农学中心下一步工作计划与安排等具体问题，以及农业大学图书馆改革、创新与发展业务交流等相关问题展开了研讨。

2005年4月11日，CALIS全国农学中心在南京大学图书馆召开“全国农业高校图书馆文献信息资源评价与利用工作会议”。会议主题是“全国农业高校图书馆文献信息资源评价与利用”。会上，围绕“电子资源评价标准探索与实践”的主题，南京农业大学包平、华南农业大学刘锋、中国农业大学徐伟等分别就电子文献的评价与分析、电子资源的利用与培训等专题作了报告。

2006年11月14日，“全国农业院校图书馆业务建设与服务创新学术研讨会”在华中农业大学图书馆召开。来自全国各地农林院校图书馆的90多位代表（其中40位馆长）参加了本次会议。会议期间，武汉大学信息管理学院博士生导师詹德优教授应邀作了题为《图书馆集成化信息服务》的学术报告，带来了图书馆信息服务发展研究的新进展，使大家受益匪浅。此外，华中农业大学图书馆、四川农业大学图书馆及华南农业大学图书馆馆长分别就相关主题进行了学术交流，赢得与会代表的好评。在本次会议上成立了CALIS全国农学文献信息中心工作委员会。

会议分3个小组进行了讨论。代表们围绕CALIS农学中心工作委员会章程、启动农林院校图书馆科研立项工作以及进一步做好农口院校图书馆馆际互借与文献传递等工作展开了热烈讨论，提出了许多建议。大家一致认为CALIS农学中心在组织协调全国农业院校图书馆资源共享、业务交流及学术研究方面做了许多扎扎实实的工作，使农林院校图书馆更具凝聚力。

2007年7月2—3日，CALIS全国农学文献信息中心工作委员会暨学术报告会在中国农业大学图书馆举行。教育部科技发展中心副主任周静介绍了教育部科技查新工作站的申报、评审、年检以及如何提高科技查新质量等有关问题；上海图书馆数字图书馆研究所所长刘炜作了图书馆当前的热点问题，即《图书馆2.0的发展及对图书馆的影响》的报告；中国科学院国家科学图书馆信息服务部查新组组长郑菲作了《网络环境下图书馆信息服务的新变化》的报告；何秀荣馆长作了《关于网络环境下高校图书馆间的合作与发展》的报告。来自全国 20 多所高校图书馆及数据库公司的代表 50 多人出席了会议。

2008 年 9 月 22—26 日，CALIS 全国农学文献信息中心业务交流暨学术报告会在四川雅安四川农业大学图书馆举行。会上，原四川大学图书馆馆长李秉严教授作了《以用户的期望和感知评价图书馆服务——LibQual》的专题报告；天津农学院图书馆馆长吴宝华教授作了《天津高校数字图书馆联盟建设实践与展望》的报告。CALIS 农学文献信息中心副主任、中国农业大学图书馆副馆长潘薇教授介绍了“CALIS 三期建设方案及农学中心三期建设计划”；中国农业大学图书馆副馆长左文革介绍了“CALIS 农学文献信息中心学位论文共建共享平台”建设方案，并总结了近两年 CALIS 农学文献信息中心的文献传递工作；中国农业大学图书馆采访部主任徐伟介绍了“CALIS 农学文献信息中心外国教材共享平台”建设方案以及联合采购工作总结。与会代表们就农业高校图书馆建设与发展、资源共建共享以及图书馆的其他热点问题进行了研讨。

会议期间，代表们参观了位于地震灾区的四川农业大学都江堰分校及图书馆，听取了主持分校行政工作的副校长王刚及分校图书馆馆长杨键介绍他们抗震救灾、重建家园的感人事迹。大家感同身受，当场自发捐款 6800 元。

2009 年 9 月 15—17 日，图书馆与北京高校图书馆工作研究会信息素质教育专业委员会联合举办、由新疆农业大学图书馆承办的 CALIS 全国农学文献信息中心年会暨学术研讨会在新疆农业大学召开，年会主题为“高校图书馆业务建设与服务创新”。有 8 家新闻媒体对大会进行了报道。这次会议旨在加强全国高校图书馆同行的学术交流，推进高校图书馆的业务建设。各高校图书馆的馆长和专家在与会的三天时间里对高校图书馆文献资源建设的可持续发展、高校图书馆信息素质教育创新研究、高校图书馆管理与服务理念创新以及 CALIS 农学中心的工作等大会议题进行充分的讨论，并就进一步开展农业高校图书馆的资源共建共享、用户信息素质教育、学术研究等达成了广泛共识。

2010 年 9 月 27—29 日，CALIS 全国农学文献信息中心 2010 年学术报告暨业务交流会在青岛农业大学图书馆举行。会议主题为“数字环境下高校图书馆资源与服务的推广与利用”。本次会议特别邀请了新加坡南洋理工大学图书馆的林春兰作《高校图书馆资源与服务的宣传与推广》报告；中国科学出版社研究院孙卫作“数据、信息、知识、工具、专家五位一体的信息服务模式”讲座；香港大学图书馆副馆长 Peter Edward Sidorko 作《Creating academic library futures through ‘Value’的报告；CALIS 管理中心副主任、北京大学图书馆副馆长陈凌为大家介绍了 CALIS 三期建设、服务与展望等相关内容。

参会代表围绕“专家报告与图书馆的自身建设”“农学中心三期建设内容”“农学中心相关工作”三个议题进行探讨和交流。会议对 2008—2010 年馆际互借与文献传递工作先进单位和个人、2009 年农学中心研究项目获奖人员进行了表彰。本次会议参会代表共计 126 人，来自全国 42 家农业高校图书馆。

2011 年 10 月 18 日上午，2011 年 CALIS 全国农学文献信息中心业务交流暨学术报告会在福建农林大学图书馆召开，来自海峡两岸共计 37 个高校图书馆的 91 位代表和 30 位网络集成商、数据库商代表出席了大会。

本次会议为期 3 天，代表们围绕“新技术推动下的图书馆服务环境与服务功能的变化”这一主题进行了业务和学术交流。各馆的代表结合各自特色，分别在学科化服务、资源共建共享、服务教学、馆际服务合作、文献信息保障体系建设情况等方面展开研讨。

2012 年 11 月 20—23 日，由 CALIS 全国农学文献信息中心主办，海南大学图书馆承办的“2012 年 CALIS 全国农学文献信息中心业务交流暨学术报告会”在海南大学举行。来自全国各地 40 余所农、林、水院校图书馆以及浙江大学、北京工业大学、广西大学、北华大学、西南大学、塔里木大学、贵州大学、江南大学、海南大学、台湾大学、香港科技大学等综合性大学的 50 位图书馆领导，以及相关业务人员和数据库商代表共计 120 余人参加了此次会议。

此次会议主题为“走进读者，服务读者”。台湾大学图书馆童敏惠女士、香港科技大学图书馆黄家慧女士、北京工业大学图书馆魏育辉馆长分别以《寓教于乐，新时代图书馆推广服务的几个新尝试》《共享空间在香港科技大学图书馆的发展》《众包：图书馆服务创新的新路径》为题作了主旨报告。

2013 年 10 月 15—17 日，“2013 年 CALIS 全国农学文献信息中心业务交流暨学术报告会”在安徽农业大学图书馆。来自全国 48 所高校 53 位图书馆馆长、100 余位数据库商代表共 130 人参加了会议。

围绕会议主题“变革与思考”，台湾师范大学图书馆馆长柯浩仁博士、中国科学院国家科学图书馆编辑出版中心主任初景利博士、浙江大学宁波理工学院馆长赵继海博士分别作了题为《变动环境下的学术图书馆发展趋势》《学科服务的难点与突破》《关于高校图书馆转型与服务创新的若干思考》的精彩报告。

在这次年会上，为了更确切地表达 CALIS 农学中心的工作性质，在 CALIS 农学中心的主持下，组建了“涉农高校图书馆联盟”，成为农、林、水高校以及涉农高校图书馆共同参与的资源共建、共享与信息服务联盟。此后，这个名称开始伴随着 CALIS 农学中心出现在大家的视野中。

2014 年 9 月 15 日，CALIS 全国农学文献信息中心业务交流暨学术报告会在东北农业大学图书馆举行。来自全国各地 46 所涉农高校的 90 余位图书馆代表和数据库商代表共计 100 余人参加了会议。

会议主题为“开放获取与知识服务”。中国农业大学图书馆情报研究中心赵勇在会上作了题为《走向知识服务：高校学科情报研究的探索之路》的报告，引起广泛共鸣和好评。

图书馆副馆长潘薇就“教育部农科外国教材中心工作”“全国农科学者信息库”进展情况作了相关汇报。代表们分组就“专家报告的启发与思考”“涉农图书馆联盟的建设与发展”以及工作中涉及的其他问题进行了讨论，并在大会上作了总结汇报。代表们一致认可 CALIS 农学中心这些年来的工作，认为该学术会议为他们提供了一个良好的学术交流平台，促进了各馆具体工作的开展，在图书馆事业变革与转型时期发挥了重要作用。

2015 年 11 月 18—19 日，CALIS 全国农学文献信息中心（涉农高校图书馆联盟）业务交流暨学术研讨会在重庆西南大学图书馆举行。来自全国 50 所农、林、水高校图书馆的 130 余位馆长、专家学者、馆员代表，以及 30 余位数据库商代表参加了本次会议。

特邀嘉宾——联合国粮农组织（FAO）信息管理专家 Johannes Keizer 博士、北京师范大学信息管理系主任刘晓娟博士、武汉大学图书馆副馆长张洪元教授分别作了《全球农业与营养开放数据（GODAN）介绍》《Altmetrics 的实践及研究进展》《当前高校图书馆文献资源建设操作实践解析》专题报告，受到与会者的热烈欢迎。

在会上，中心对获得 2014 年度 CALIS 农学中心研究项目一、二、三等奖举行了颁奖。期间对各馆培训大使进行了有关业务培训。

2016年7月8日，以“资源与服务，创新与发展”为主题的2016年CALIS全国农业文献信息中心（涉农高校图书馆联盟）业务交流暨学术报告会在内蒙古农业大学图书馆举行。来自全国 53 所高校的 130 人和 40 位数据商参与其中。

会议采取专家报告、成员馆交流以及数据商代表共同参与的形式进行。朱强、黄镝、朱启臻、张学福四位专家分别以《高校图书馆数字阅读现状及发展》《图书馆资源利用评估》《互联网图书馆功能定位》《农业科技信息共享发展与实践》为题作了报告。

2017 年 9 月 25—28 日，CALIS 全国农学文献信息中心主办的 2017 年业务交流暨学术报告会在浙江海洋大学举行，来自海内外近 160 位图书馆界专家、学者参加了会议。

会议期间，美国康奈尔大学图书馆副馆长李欣、蒙大拿州立大学图书馆馆长张沙丽、中国管理科学院研究员张世平、浙江海洋大学教授潘洪军分别作了《美国研究型图书馆发展方向》《用创新模式服务教学与科研——大学图书馆的新使命》《从“一带一路”到雄安新区建设看图书馆情报工作创新发展》及《工业 4.0 战略对智慧图书馆建设与服务的启示》主题报告。南京农业大学图书馆副馆长唐惠燕、新疆农业大学图书馆馆长布娲鹣等以“‘双一流’背景下的图书馆学科服务与创新”“图书馆改革与实践探索”为主题作了经验交流。

CALIS 全国农学文献信息中心副主任、图书馆副馆长潘薇向大会报告了“涉农联盟共享云资源与服务平台”建设情况，并总结了 2016 年度中心研究项目进展。

2018 年 9 月 18 日，“2018 年 CALIS 全国农学文献信息中心（涉农高校图书馆联盟）业务交流暨学术报告会”在云南农业大学图书馆召开。来自海内外 46 所高校的 120 余位图书馆代表和 19 家图书或数据库供应单位代表参加了本次会议。

围绕会议主题“新时代、新起点、新方向”，美国卡内基梅隆大学图书馆副馆长 Erika C. Linke 研究馆员、美国佐治亚南方大学亨德森图书馆馆长刘朱胜分别就“美国研究型图书馆的发展趋势”“美国高校图书馆的价值评估与投资回报”作了专题学术报告。会议还进行了业务培训、分组讨论、评比表彰等一系列活动。

针对西藏农牧学院文献资源严重匮乏的情况，中心在此次会议举办前号召成员馆为西藏农牧学院图书馆捐建爱心书屋，在短短的一个月内，就有 21 家农林院校图书馆及出版社参与其中，捐赠的图书资料达到 26000 余册，码洋 100 多万元。西藏农牧学院图书馆馆长张宏伟发表了致谢感言，同时为 21 家捐赠单位颁发了捐赠证书，为 CALIS 全国农学文献信息中心赠送了锦旗。

2018 年是 CALIS 全国农学文献信息中心成立 20 周年。20 年来，CALIS 全国农学文献信息中心为全国农林院校图书馆提供了一个良好的交流平台，促进了农业院校图书馆事业的繁荣与发展。在本次年会上，播放了 20 周年回顾视频，并为“庆祝 CALIS 全国农学文献信息中心成立 20 周年征文活动”获奖者颁发了证书与奖品，与会的 100 多位代表共同回顾了中心 20 年来的发展历程，大家共祝中心发展得更加辉煌。

2019 年 11 月 25—27 日，CALIS 全国农学文献信息中心（涉农高校图书馆联盟）业务暨学术交流年会在湖南农业大学举行。来自全国 55 所涉农高校及 19 家数据库商的 190 余位代表参加会议。本次会议由 CALIS 全国农学文献信息中心主办，湖南农业大学承办。CALIS 全国农学文献信息中心（涉农高校图书馆联盟）主任周志强教授，国务院参事、中国农业大学经济管理学院何秀荣教授，湖南农业大学党委书记陈弘教授，湖南省高校图工委秘书长郑章飞出席开幕式。

中国农业大学何秀荣教授、香港科技大学图书馆馆长陈丽霞女士、南京农业大学信息科技学院党委书记郑德俊教授等分别作了题为《关于高校图书馆发展若干问题的思考》《图书馆校园服务的创新与价值体现》《图书馆服务的用户体验与创新期待》的大会主题报告。华南农业大学图书馆馆长刘锋、安徽农业大学图书馆馆长吴文革、湖南农业大学图书馆馆长赵佳荣、中国农业大学图书馆相润等 16 个联盟馆和数据库商分别在大会上进行经验交流。

会议历时 3 天，主题报告内容丰富，有基础理论知识学习，有创新案例分享，也有对未来发展的思考和探讨，加深了各联盟馆之间的交流，为以后的工作实践提供了发展方向。

在历次年会上部分专家与报告主题如下：

1. 日本农林水产省研究所坂本尚：“河北省鹿泉市农业、农村发展规划”；
2. 上海图书馆数字图书馆研究所所长刘炜：“图书馆 2.0”的发展及对图书馆的影响；
3. 国家科技文献信息中心主任袁海波：“NSTL 在新形势下的发展策略”；
4. 新加坡南洋理工大学图书馆林春兰：“高校图书馆资源与服务的宣传与推广”；
5. 香港大学图书馆副馆长 Peter Edward Sidorko：“Creating academic library futures through ‘Value’”；
6. 中国科学出版社研究院孙卫：“数据、信息、知识、工具、专家五位一体的信息服务模式”；
7. 台湾大学图书馆童敏惠：“寓教于乐，新时代图书馆推广服务的几个新尝试”；
8. 香港科技大学图书馆黄家慧：“共享空间在香港科技大学图书馆的发展”；
9. 台湾师范大学图书馆馆长柯浩仁：“变动环境下的学术图书馆发展趋势”；

10. 中国科学院国家科学图书馆编辑出版中心主任初景利：“学科服务的难点与突破”；
11. 联合国粮农组织（FAO）Johannes Keizer：“全球农业与营养开放数据（GODAN）”；
12. 北京师范大学信息管理系主任刘晓娟：“Altmetrics 的实践及研究进展”；
13. 美国康奈尔大学图书馆副馆长李欣：“美国研究型图书馆发展方向案例”；
14. 美国蒙大拿州立大学图书馆馆长张沙丽：“用创新模式服务教学与科研——大学图书馆的新使命”；
15. 中国管理科学院研究员张世平：“从‘一带一路’到雄安新区建设看图书馆情报工作创新发展”；
16. 浙江海洋大学教授潘洪军：“工业 4.0 战略对智慧图书馆建设与服务的启示”；
17. 美国卡内基梅隆大学副馆长 Erika C. Linke：“美国研究型图书馆的发展趋势”；
18. 美国佐治亚南方大学图书馆馆长刘朱胜：“美国高校图书馆的价值评估与投资回报”。

表专 1–5 是农学中心历届年会情况汇总。

表专 1–5　农学中心历届年会情况汇总

举办时间	会议主题	承办单位	参会人数	特邀专家人数
1999	农学中心建设	中国农业大学	18	
2000	农学中心工作推进	中国农业大学	20	
2001	文献资源保障	中国农业大学	56	
2002	文献资源共建	中国农业大学	40	
2003	文献资源数字化建设	中国农业大学	36	
2004	图书馆文献资源共建共享	中国农业大学图书馆	86	
2005	全国农林高校图书馆 文献资源利用与评价	南京农业大学图书馆	55	
2006	图书馆业务建设与服务创新	华中农业大学图书馆	90	
2007	“图书馆 2.0”的发展 及对图书馆的影响	中国农业大学图书馆	56	
2008	农学中心业务交流与学术研讨会	四川农业大学图书馆	83	
2009	高校图书馆业务建设与服务创新	新疆农业大学图书馆	86	
2010	数字环境下高校图书馆资源与服务的推广与利用	青岛农业大学图书馆	126	4
2011	新技术推动下的图书馆服务环境与服务功能的变化	福建农林大学图书馆	91	3
2012	走进读者，服务读者	海南大学图书馆	120	3
2013	变革与思考	安徽农业大学图书馆	53	3
2014	开放获取与知识服务	东北农业大学图书馆	90	3
2015	交流促进学习，合作推动发展	西南大学图书馆	137	3
2016	资源与服务，创新与发展	内蒙古农大图书馆	136	4
2017	务实合作，创新探索	浙江海洋大学	160	3
2018	新时代、新起点、新方向	云南农业大学	120	2
2019	创新与发展	湖南农业大学	190	3
合　计			1849	31

6）注重学术研究，促进队伍建设

为了广泛开展业务研究，提高高等农业院校图书馆工作人员的学术能力和研究水平，不断探索高等农业院校图书馆业务工作的创新与发展，激发图书情报专业人员对图书情报专业的理论研究，农学中心于 2007 年启动了“CALIS 全国农学文献信息中心研究项目立项”工作。

研究项目需经所在馆同意，重在促进大家开展学术研究，研究项目经费自筹，研究项目期限一般为一年，项目完成后中心组织有关专家进行项目验收，并评出一、二、三等奖进行奖励。

研究活动得到了成员馆的积极响应，项目紧密结合图书馆业务，理论联系实际，具有良好的实践参考价值。自 2007 年至 2019 年，申报课题的累计有 331 个馆次，共完成了 770 个研究项目，其中有 46 个项目获得一等奖（表专 1–6、表专 1–7）。

表专 1–6 历次研究项目情况汇总

申报时间 / 年	申报馆数 / 个	立项数量 / 个	专家评审结果		
			一等奖 / 个	二等奖 / 个	三等奖 / 个
2007	18	50	2	3	7
2008	22	46	3	6	11
2009	17	44	3	6	9
2010	27	75	7	12	16
2011	21	57	4	7	7
2012	27	85	5	8	14
2013	27	53	3	6	12
2014	26	62	3	6	9
2015	22	55	3	6	9
2016	30	71	4	6	10
2017	27	66	3	7	10
2018	23	55	2	5	8
2019	31	69	4	6	10
合计：	318	788	46	84	132

表专 1–7 获得一等奖的研究项目

编号	项目名称	年度	主持单位	主持人
70006	图书馆危机管理体系的构建	2007	东北林业大学图书馆	林希森
70028	湖南农业大学图书馆特色数据库建设研究	2007	湖南农业大学图书馆	苏帕沙
80006	枣特色文献数据库建设	2008	河北农业大学图书馆	王亚秋
80030	基于顾客价值理论的高校图书馆读者服务创新研究——以天津农学院图书馆为例	2008	天津农学院图书馆	王洁慧
80044	基于用户满意度的数字资源评价体系研究	2008	东北林业大学图书馆	肖荣荣
90014	高校学科建设的网络计量学研究	2009	华南农业大学图书馆	吴茵茵
90018	基于模糊理论的电子资源绩效综合评价模型的研究	2009	华中农业大学图书馆	吴天吉
90039	本科生科研训练计划（URP）与图书馆信息素养教育合作模式研究及实践探索	2009	中国农业大学图书馆	师丽娟
2010002	基于 OA 资源构建学科化资源检索服务平台	2010	云南农业大学图书馆	刘敏惠
2010020	农业高校图书馆学科书评数据库建设研究	2010	河北农业大学图书馆	刘艳苏
2010044	泛在知识环境下的学科服务与用户需求	2010	江西农业大学图书馆	郭韫丽
2010052	环塔里木西域文献库品牌塑造与营销战略研究	2010	塔里木大学图书馆	石咏梅
2010055	我国高校图书馆投入产出计量模式研究	2010	北京林业大学图书馆	袁明英
2010066	社会网络分析在科学家研究领域分析中的应用研究——以中国农业大学科研人员为例	2010	中国农业大学图书馆	周丽英

续表专 1-7

编号	项目名称	年度	主持单位	主持人
2010069	中美大学生信息素养教育比较研究	2010	东北农业大学图书馆	杜春光
2010071	PBL 教学模式在信息素质教育中的应用研究	2010	东北农业大学图书馆	乔颖
2011006	3G 环境下手机图书馆网站构建模式的研究	2011	东北农业大学图书馆	王丹
2011010	面向岗位科学家进行的图书馆资源与服务推广实践研究	2011	河北农业大学图书馆	桂秀梅
2011054	文献传递分析与馆藏建设研究——以中国农业大学图书馆为例	2011	中国农业大学图书馆	尚文娟
2012003	图书馆开放获取资源发布现状与用户利用现状研究	2012	北京林业大学图书馆	李锐
2012021	基于读者需求的馆际合作共赢模式研究	2012	东北农业大学图书馆	乔颖
2012026	基于 Human library 的地方高校图书馆读者服务模式研究	2012	河北农业大学图书馆	朱立红
2012072	农林院校图书馆数字资源利用现状及策略研究	2012	郑州牧业工程高等专科学校图书馆	魏秀娟
2012074	国内外大学生信息素质教育案例研究	2012	中国农业大学图书馆	赵锦辉
2013011	基于微信的高校图书馆新型信息服务平台构建与研究	2013	东北农业大学图书馆	王玉龙
2013028	外国留学生的信息获取行为与图书馆信息服务对策研究——以南京农业大学为例	2013	南京农业大学图书馆	倪峰
2013056	中外图书馆法律法规比较研究	2013	中国农业大学图书馆	李雪原
2014019	高校图书馆外文电子图书采购与服务模式研究	2014	华南农业大学图书馆	王中海
2014030	基于 ClimateQUALTM 的图书馆制度创新实证研究	2014	南京农业大学图书馆	倪峰
2014039	新媒体时代少数民族大学生阅读价值取向与民族院校阅读文化建设	2014	塔里木大学图书馆	周春宏
2015015	高校信息素养课程 HMOOCs 实证研究	2015	华南农业大学图书馆	欧群
2015019	大数据背景下馆藏资源的深度整合和推送研究	2015	吉林农业大学图书馆	张青松
2015033	高校图书馆嵌入式学科服务研究——以塔里木大学为例	2015	塔里木大学图书馆	陈兰兰
2016013	科学数据管理平台建设研究——以黑龙江省林业经济数据为例	2016	东北农业大学图书馆	王丹
2016016	特色农业数据库建设实践、问题与对策研究	2016	甘肃农业大学图书馆	陈炜
2016032	libQUAL 用于图书馆文献传递服务质量评价	2016	南京农业大学图书馆	席庆奎
2016068	基于用户行为分析的图书馆服务导向研究	2016	中国海洋大学图书馆	昝栋
2017045	新技术环境下编目员综合素质培养与继续教育实践研究——以石河子大学图书馆为例	2017	石河子大学图书馆	张瑞娥
2017020	基于 WOS 数据库的学科情报分析模式及实证研究	2017	华南农业大学图书馆	刘炼
2017018	双创背景下高校图书馆创客空间构建与服务创新研究	2017	广州城建职业学院图书馆	梁荣贤
2018006	基于数字图书馆知识发现系统中的用户画像研究	2018	北京农学院图书馆	宁璐
2018053	基于知识图谱分析的国内外图书馆信息素养教育研究——以西南林业大学为例	2018	西南林业大学图书馆	田凯琳
2019069	“双一流”建设背景下高校图书馆的角色与定位	2019	中国农业大学图书馆	王群
2019024	基于文献分析的精准学科服务助力一流学科建设的应用研究——以华南农业大学为例	2019	华南农业大学图书馆	张雪
2019032	以食品学科信息需求匹配为视角的高校图书馆资源保障体系研究——以江南大学图书馆为例	2019	江南大学图书馆	张路路
2019050	iSchool 联盟高校图书馆数据素养教育体系与实践模式研究	2019	西北农林科技大学图书馆	王博雅

7）组织开展两岸学术交流活动

随着国家对高等教育的重视，大学图书馆的建设与发展已经成为学校的重要组成部分。农业院校图书馆为抓住新的发展机遇，学习和借鉴好的经验及做法，改革创新，挖掘自身潜力，通过走出去请进来的方式，进一步提高自身的管理水平和业务水平。

2009 年 4 月 5—14 日，由 CALIS 农学中心、台湾世新大学、世新大学图书馆、世新大学信息传播学系共同主办的“海峡两岸农学图书馆学术交流座谈会”在台湾世新大学举办。CALIS 农学中心组织了中国农业大学、浙江大学、西北农林大学、南京农业大学、华南农业大学、北京林业大学、东北林业大学、四川农业大学、青岛农业大学、福建农林大学和黑龙江八一农垦大学图书馆的 14 位馆长和世新大学的 20 多位研究人员参加了此次研讨会。

会议研讨和考察的主要内容有：

（1）数字图书馆建设：数据库的评估，电子资源与纸本资源如何协调，二者的选择比例；集团采购；采访人员的设置与分工，不同文献资源的采购流程，各馆的特色馆藏，采访细则（最好能索取完整文件），各馆在文献资源建设中面临的主要问题；

（2）网络环境下大学图书馆为学校和社会服务的创新做法，OA 环境下高校图书馆服务；

（3）数字资源建设与共享；

（4）图书馆 2.0 与图书馆服务；

（5）大学图书馆为教学科研服务的特色工作；

（6）学科馆员的继续教育、培训与绩效评估，馆员职业化，图书馆员的培养机制和激励机制；

（7）馆员技能培训与考核；

（8）联机编目量化管理，数字化建设方面的新做法，自动化系统；

（9）图书馆联盟 /（行业）学会的主要职能与工作；

（10）两岸业界的交流与合作。

研讨会上，世新大学资讯传播学系阮明淑副教授作了《农学资讯服务的过去、现在与未来》的专题报告；CALIS 农学中心副主任、中国农业大学图书馆副馆长潘薇作了《建立合作机制，促进图书馆的资源建设与业务发展》的报告；四川农业大学图书馆馆长杨长平就信息素养教育作了《信息检索与利用：精品课程的建设》的专题报告；浙江大学图书馆副馆长章云兰作了《大学图书馆的发展现状与发展思路》的报告；中国农业大学图书馆副馆长左文革作了《中国农业大学图书馆的咨询服务与发展》的报告；南京农业大学图书馆副馆长查贵庭作了《高校图书馆与校园资讯化融合之探讨》的报告；飞资得信息公司李绍迪女士作了《农学资源在 Ovid & CABi》的报告。

会议结束后，来自大陆的全体与会者参观了台湾几所大学图书馆和公共图书馆，受到了东道主馆长们的热情接待。在参观过程中，大家了解了台湾地区大学图书馆的概况，如图书馆组织架构、馆长与馆员的身份、学历背景、服务特色等。大家普遍感觉台湾大学图书馆同仁的主动服务意识强，尽显以人为本服务读者意识，如馆内详细、周到的标识系统，温馨的提示，舒适的休闲阅览区，丰富多彩的多媒体阅读资源以及统一有效的合作服务机制等，所有这些都给大家留下了深刻的印象。

8）积极参与 CALIS 三期项目建设

CALIS 农学中心配合 CALIS 三期总体建设工作，共设了 6 个子项目，分别是：农科资源共享与采选平台、引进教材整合与共享、学科专家信息导航平台、特色资源整合与共享、农科古籍资源整合与共享、联合咨询服务平台建设。全国共有 31 所大学图书馆加入了该项目，数据资源涉及的学科范围广、数据量大。

项目由中国农业大学图书馆牵头，并与各参建馆签署了合作协议，研讨建设方案。2012 年 4 月 25 日，CALIS 全国农学文献信息中心在西馆召开三期建设项目验收会。中心副主任、中国农业大学图书馆副馆长潘薇主持验收会，何秀荣馆长出席，13 家中心成员馆的代表参加了会议。

三期建设中的各个项目属于独立建设。随着 CALIS 农学中心工作的逐年发展以及系统保障技术的提升，一些项目成果后来又经过了重新组织与整合，由“涉农联盟共享资源服务平台”统一发布，为联盟成员提供服务。

1）中国农业学科特色数据库项目建设

随着各类数据库的增加，图书馆的文献资源保障体系已经有了较好的基础。但是相关学科特色资源并不理想，多数分散在各个图书馆，导致用户不能共知共享。面对这种局面，CALIS 农学中心借 CALIS 三期建设之契机，联合成员馆共同建设“中国农业学科特色数据库”，为农科特色资源的共建共知和共享提供保障。

“中国农业学科特色数据库”建设项目集中了各种文献类型，将同一学科不同类型的文献资源搜集在一起并保证了一定的规模，为读者提供了多种类型的特色资源的获取途径，在特色库建设中是难得的。数据库中收录了图书、期刊论文、会议论文、科研项目、科研成果、专利信息、地方志以及图片数据。“中国农业学科特色数据库”建设项目由农学中心统一牵头，多馆参与，统一规划和组织，并采取项目负责制，收到了良好的建设效果。

“中国农业学科特色数据库”通过多个农业高校图书馆的合作共建，实现了农业特色资源的全面揭示与共知共享，改变了多年来特色资源各自所有，不成规模，缺乏标准，无法共享的局面，使更多的特色资源得到广泛传播，为科研人员了解和掌握相关信息，促进新的科研成果产出提供了较大方便。

农学中心“中国农业学科特色数据库”项目共有 13 个图书馆参与，截至 2012 年 3 月，系统已有数据 143245 条。农学中心利用中国农业大学图书馆的 TPI 系统进行数据的整理和发布工作，用户可通过农学中心主页进行访问。

2）农科学位论文资源共建共享项目建设

为了促进农业、生命科学等学科的学位论文在农业类高校用户群体中的共享，在建设农学中心学位论文数据库的基础上，农学中心网站提供农学中心学位论文查询和文摘浏览，通过成员馆文献传递的方式实现农学类高校学位论文资源共享。

项目建设以来，成员馆积极开展数据提交，农学中心负责数据审核、入库，参建单位有 26 家，数据库的数据量累计达到 99437 条。2010 年 9 月正式向各成员单位提供数据库的访问权限。

3）农科古籍资源整合与共享项目建设

本项目联合并组织农学中心成员馆，搭建“大农科”资源整合与共享平台，建立农业院校图书馆农科古籍联合目录，揭示各农业院校图书馆的农科古籍馆藏资源，将各馆古籍资源进行有机整合，统一检索、无缝链接，实现资源共建、共享，有效地揭示各农业高校图书馆农科古籍文献资源，可直接通过农学中心平台为用户提供馆际互借与文献传递服务。

该项目的成果统一在 CALIS 农学中心的主页上进行揭示，为全国农业高校提供农科古籍文献资源无偿服务。

项目参建单位有：北京林业大学、东北农业大学、青岛农业大学、西南大学、中国农业大学、沈阳农业大学、华南农业大学共 7 家单位，2824 条记录。

4）学科专家信息导航平台项目建设

学科专家是高校教学科研的宝贵财富，在一定程度上反映着学校的教学和科研能力，体现着学校的办学水平，同时也是宝贵的信息资源。

“全国农科专家学者信息库”建设项目是中国农业大学图书馆组织全国农业高校图书馆联合建设的，旨在促进学科专家间的交流、学生遴选导师以及图书馆面向学科专家开展个性化的学科服务提供便利，并在此基础上寻求与国外相关学者网络的联合，最终实现国内外农科领域专家学者的信息共享。

为了向社会展示各学校专家队伍的总体情况，CALIS 农学中心组织成员高校创建了学科专家信息导航平台。参与该项目建设的共有 40 家农业高校图书馆，分别承担各学校农科专家学者信息收集、汇总及整理工作，共收集数据 12600 余条。

5）引进教材整合与共享项目建设

本项目依托教育部农学外国教材中心，在自身原版教材资源保障建设的基础上，整合全国各主要农业院校图书馆的原版教材（教参）资源，建立统一发布与检索平台；同时收集国内外农业学科原版教材的使用信息，课程开设信息、学科信息，为教师选择教材提供参考依据；同时也可以为农业高校图书馆在引进原版教材时提供参考依据。

子项目建设的主要任务如下：

（1）依托教育部农学外国教材中心现有的原版教材（教参），搭建统一检索与发布平台；

（2）收集各成员馆农业及相关学科原版教材（教参）的馆藏数据，整合后统一发布；

（3）组织并调研国内外农业及相关学科原版教材的使用信息，与专业信息、课程开设信息进行匹配对应；

（4）组织专家分别对不同学科的经典原版教材深入评价与研究。

6）农科资源共享与采选平台项目建设

本项目在收集农业高校图书馆中文外文图书 MARC 及馆藏数据基础上，建立了农业院校图书馆联合目录，揭示了各农业院校图书馆的馆藏资源，可以有效地协调各农业高校图书馆资源采购工作；各馆短缺资源可直接通过该平台为用户提供馆际互借与文献传递服务。

通过本项目建设，组织农学中心成员馆，搭建“大农科”资源共享与采选平台，建立农业院校图书馆联合目录，揭示各农业院校图书馆的馆藏资源，并将各类文献的出版信息、订购信息及各馆馆藏信息进行有机整合，实现统一检索、无缝链接。同时以涉农各学科为统计调研对象，充分揭示国外相关大学学科教学资源和国内重点学科的教学资源，最终为农业院校图书馆采选国内外农科相关文献提供基本信息保障与决策参考，也为农业院校图书馆之间开展协调采购工作提供依据。

本课题成果可以在 3 个平台进行展示：

农科核心文献采选平台：由 CALIS 农学中心与中国教育图书进出口公司联合开发；

全国农业院校资源整合平台：由 CALIS 农学中心与超星公司联合开发；

全国农业院校图书馆联合目录：由中国高等教育文献保障系统（CALIS）技术中心开发。

参建单位有：北京林业大学、北京农学院、大连海洋大学、东北林业大学、东北农业大学、福建农林大学、黑龙江八一农垦大学、华南农大图书馆、华中农业大学、吉林农业大学、江西农大图书馆、南京农业大学、内蒙古农业大学、青岛农业大学、山东农业大学、山西农业大学、沈阳农业大学、四川农业大学、塔里木大学、西北农林科技大学、西南大学、新疆农业大学、云南农业大学、浙江大学图书馆农业分馆、浙江农林大学、中国海洋大学图书馆、中国农业大学、仲恺农业工程学院图书馆。

7）联合咨询服务项目建设

利用 CALIS 联合咨询系统，依靠农学中心所在馆（中国农大馆）的人力资源以及相关成员馆的业务骨干的配合共同完成面向全国农业院校图书馆的用户咨询及信息服务。建立农科联合信息咨询队伍，开展在线信息咨询、合作查新、馆际互借与文献传递、代查代检与查收查引、相关业务培训等，加强各馆的资源宣传与推广利用，提高用户的资源获取与利用能力，全面提升为“大农科”用户服务的能力和服务水平。

联合咨询服务主要开展以下几方面的工作：

科技查新协作：利用中国农业大学图书馆“教育部科技查新工作站”的资质，帮助没有取得查新业务资质的农业高校图书馆开展科技查新业务，对各图书馆完成的查新课题进行审核把关，利用查新实践对相关单位人员进行查新业务培训。

文献传递：利用 CALIS 文献传递系统开展农学中心成员馆的原文传递服务，2010 年 11 月—2012 年 2 月，CALIS 系统中完成申请 2110 篇，系统外完成申请 415 篇，完成北京农学院申请 1109 篇（通过 BALIS 系统），完成本校读者申请 2215 篇。满足原文传递的资源除中国农大图书馆馆藏外，还有通过 NSTL、BALIS 等系统所获得的资源。

代查代检与查收查引：内蒙古农业大学（共检索 12 次，出具证明 10 份）、河北农业大学（共检索 7 次，出具证明4份）、青岛农大（共检索14次，出具证明13份）、云南农业大学（检索1次，出具证明1份）。

业务培训：2011年4月举办了“培训大使”培训班二期，来自全国30家图书馆的42名培训大使参加了培训。培训班邀请了ProQuest、OVID、Elsevier、EBSCO等公司对相关数据库进行了培训，并要求各图书馆培训大使回校后积极开展本校“学生培训大使”的发展和培训，加强各馆的电子资源宣传与推广利用，提高用户的资源获取与利用能力。

8）涉农联盟共享资源服务平台项目建设

2017年9月，由CALIS全国农学文献信息中心（涉农高校图书馆联盟）开发构建的“涉农联盟共享资源服务平台”正式上线，免费面向联盟成员使用。平台基于云计算、大数据技术，应用互联网、移动互联网、O2O三大服务体系，将资源与服务融为一体，建立了涉农高校图书馆具有实质性的合作共享机制，在全国高校图书馆联盟的合作与发展上起到了积极的示范作用。

服务平台分为九个模块：

①联合目录：可以查询58家涉农高校图书馆的馆藏目录，包括纸质和电子资源；

②联盟特色资源：联盟多年积累和开放的相关资源；

③涉农学者信息库：检索涉农高校学者相关信息，包括其研究成果，研究方向等；

④出版信息：可检索5家涉农出版社的出版信息，并进行推荐；

⑤开放获取资源：检索国内外免费电子资源；

⑥原版教材：检索农学外国教材中心所购买的原版教材信息；

⑦科研绩效：了解本校科研情况，学科排名等并获得相关报告；

⑧查收查引：检索论文发表和引用情况；

⑨投稿指南：了解各学科出版物，核心期刊情况等，为教师学生发表高水平论文提供帮助；

⑩组织微电影大赛和好书推荐活动。

2013年组织了宣传图书馆资源与服务的“微电影大赛”，共有22个馆参加，收到参赛作品30个。评出一等奖6名，二等奖6名，其余为三等奖。其中华南农业大学、青岛农业大学、南京农业大学、甘肃农业大学、江西农业大学和湖南农业大学等校图书馆提交的作品获得一等奖。

为了充分发挥图书馆的传播功能，增强校园阅读氛围，增加学生的阅读兴趣，促使学生有目的、高效快捷地接触到好书、获取到好书，2016年中心举办了“好书荐读”活动，有20个成员馆参加了此次活动，活动共收集到5000多条数据，经过整理，得到各馆推荐的中文好书13种，外文好书11种。

9）积极参加CALIS中心活动

2007年12月6—7日，“CALIS重点学科导航库建设总结会”在西安交通大学召开，有40多个参建馆的60多位代表参加了会议。图书馆副馆长潘薇、馆长助理左文革出席了会议。在此次会议上，图书馆参建的作物学、植物保护、农业工程三个一级学科导航库获得导航库项目建设二等奖。

2012年7月初，CALIS三期建设咨询服务项目总结暨表彰大会在上海交通大学图书馆召开。该项目于2010年3月启动，119家高校图书馆的1500名馆员参加了项目建设，建了53549条知识库问答记录、1528个信息素养课件。

中国农业大学图书馆作为15家审核馆之一参加了此项目建设，完成了106个课件的制作与审核、3630条知识库问答记录；其中10个课件被评为精品课件，20个课件被评为优秀课件，194条知识库问答记录被评为精品记录，342条知识库问答记录被评为优秀记录。中国农业大学图书馆还审核了西北农林科技大学、华中农业大学、华南农业大学、四川农业大学、内蒙古农业大学和仲恺农业工程学院6个兄弟馆的23个课件。

图书馆陈仕吉、乔春晓、王利萍、巢国正被评为“CALIS三期咨询服务项目优秀内容建设者”，左文革、袁永翠被评为“CALIS三期咨询服务项目优秀贡献馆员”。

2012年11月16日，CALIS三期学位论文项目数据库建设经验交流会在云南师范大学图书馆召开。

图书馆获“CALIS 学位论文项目数据库建设三等奖”，王雁获“CALIS 学位论文项目数据库建设优秀个人奖”并在会上作了报告。

CALIS 农学中心紧紧围绕 CALIS 中心的宗旨，把现代图书馆管理理念、先进的信息技术手段引进和运用到办馆实践中，整合农口高校图书馆丰富的文献资源和人力资源，积极开展学术研究，努力实现信息资源共建、共知、共享；建成了高校农业文献联合保障体系，为全国农口高校图书馆共建共享，协作发展作出了杰出贡献。

附：全国农业高校图书馆文献资源共建共享行动实施方案

为了保障共建共享行动的顺利实施，特此制订本方案。本方案将根据具体实施情况在指导委员会指导下进一步补充和修改。

一、共建共享组织机构

1. 指导委员会

负责研究和制订共建共享行动所涉及的原则与方案，定期讨论和解决共建共享过程中出现的原则性问题，保障共建共享行动的顺利实施。

主任委员：张权（中国农业大学西区图书馆馆长，CALIS 全国农学文献信息中心主任）

副主任委员：包平（南京农业大学图书馆副馆长）
陈英（华中农业大学图书馆副馆长）
张桂兰（北京林业大学图书馆副馆长）
段玉玺（沈阳农业大学图书馆馆长）
刘清水（中国农业大学东区图书馆馆长）

委员：所有参加馆馆长

秘书：潘薇（中国农业大学西区图书馆副馆长）

2. 执行委员会

所有参加馆均为执行委员会委员馆，负责共建共享行动的具体实施。实施内容包括：组织资源协同采购、数据制作、建立文献传递服务体系。CALIS 全国农学文献信息中心作为常设管理机构，负责处理日常事务。下设资源协调组、软件开发组、数据库建设组、文献传递服务组。

主任委员：韩明杰（中国农业大学西区图书馆副馆长，CALIS 农学中心副主任）

副主任委员：徐同（浙江大学农业分馆馆长）
苏延科（西南农业大学图书馆副馆长）
邢永华（西北农林科技大学图书馆馆长）
叶静华（华南农业大学图书馆馆长）
张桂兰（北京林业大学图书馆副馆长）
王滨铸（东北农业大学图书馆馆长）
王琏嘉（上海交通大学图书馆馆长助理）

委员：所有参加馆相关负责人

秘书：李晨英（CALIS 农学中心秘书）

● 资源协调工作组：

负责人：潘薇（中国农业大学西区图书馆副馆长）
徐伟（中国农业大学西区图书馆采编部副主任）

成员：所有参加馆负责文献资源建设的馆长与采访部主任

● 软件开发工作小组

负责人：康实（中国农业大学西区图书馆自动化部主任）

成员：王宝济（中国农业大学东区图书馆自动化部主任）

● 数据库建设工作组：

负责人：李晨英（中国农业大学西区图书馆数字化部主任）

成员：原则上采取自愿参加的方式，希望有条件的馆参与数据库建设。

● 文献传递服务组：

负责人：左文革（中国农业大学西区图书馆信息服务部主任）

成员：所有参加馆负责文献传递服务工作的有关人员。

二、共建共享原则

1. 优势互补、资源共建

参加馆发挥各自优势，首先保障他无我有的文献资源；在此基础上进行共有资源的合理调配，保障资源建设的合法化；利用集团优势，力争扩大品种范围，增加资源数量。

2. 各尽所能、信息共知

参加馆积极配合、各负其责地参与各类数据库共建，并高效、快速地建立本地相关数据库，全面保障信息共知。

3. 互惠互利、服务共享

参加馆积极参与服务体系共建，遵守共同的服务规则，提供快速、周到的文献传递服务，为资源共建提供根本保障。

三、共建共享内容

1. 资源协同采购

进行农业、生物类以及相关学科外文期刊（印刷版、电子版）与数据库资源的协同采购，达到优势互补、互惠互利的共享目的。

2. 信息共建共知

进行外文期刊书目数据库与现刊目次数据库的共建，达到信息共知与共享的目的。

3. 服务共建共享

进行文献传递服务体系共建，达到共享服务的目的，真正保障资源与信息的共建共享。

四、共建共享服务细则

1. 共建共享范围

参加馆所藏的文献资源（包括期刊、图书、数据库及网络资源）（注：图书不能整本复印）。

2. 文献传递方式

尽可能采用电子文档（jpg、tif、PDF 等通用格式）传递。条件不具备的馆也可以采用传真、复印后邮寄等方式传递。

3. 收费标准

电子文档：0.2 元 / 页；传真：2 元 / 页（A4 纸）

复印：A4 纸 0.2 元 / 页，A3 纸 0.4 元 / 页，B4 纸 0.3 元 / 页。

4. 费用结算与支付方法

农学中心只负责电子文档传递的费用结算。参加馆需交纳一定额度的押金，由农学中心统一管理，按年度结算。其他方式的传递均由馆际互借馆之间独立结算。

五、共建共享实施步骤

1. 成立共建共享组织机构，制订实施原则与方案：2001 年 12 月

● CALIS 农学中心进行“农业图书馆外国文献信息资源共建共享协调会”的前期准备工作。

● 召开会议，成立组织机构，制订共建共享行动的实施方案，达成共建共享共识。

2. 协同采购：2001 年 12 月——

● CALIS 农学中心进行部分图书馆的馆藏外国文献信息资源调查。

● CALIS 农学中心向参加馆提供农业和生物类及其相关学科的外文期刊与数据库资源目录，以及部分馆的外文资源馆藏调查统计结果。

● 参加馆参与协同采购，签署协同采购意向书。

3. 系统开发与数据制作：2001 年 1 月——

● CALIS 农学中心开发外文期刊联合目录数据库、现刊目次数据库数据制作与发布系统。

● CALIS 农学中心开发文献传递服务与管理软件系统

● CALIS 农学中心制作外文期刊联合目录的书目数据，以及现刊目次数据。

4. 培训：视软件系统开发情况而定

● CALIS 农学中心在软件系统开发工作完成的基础上，举办系统使用培训班。

5. 正式运行：视软件系统开发情况而定

● CALIS 农学中心向参加馆开放联合目录，参加馆提交馆藏数据。同时，参加馆得到 CALIS 农学中心提供的馆藏文献的书目裸数据。

● CALIS 农学中心开放现刊目次数据库，并向参加馆提供裸数据。

● 参加馆根据馆际互借协议与请求，进行文献传递服务。

六、参加馆的责任与权利

1. 参加馆应该承担的责任和义务

● 参加馆有责任参与资源共建，负责本馆独有的外文文献资源品种的订购，并且在力所能及的范围内积极认购共有的外文文献资源品种、参与数据库的集团购买。

● 参加馆有责任向协调工作组及时提交全部外文文献资源的馆藏数据。

● 参加馆有责任接受协调组的请求，快速提供本馆独有文献资源品种的书目数据与现刊目次数据。

● 参加馆有责任进行被请求传递文献的数字化工作，并且按照协议提供快速、准确的数字化文献传递服务。

● 参加馆有责任按照文献传递服务规定，交付相应的服务费用。

2. 参加馆享有的权利

● 参加馆享有免费获得协调组提供的农业和生物类及其相关学科的外文期刊（印刷版、电子版）与数据库资源目录的权利。

● 参加馆享有免费使用协调组开发的外文期刊联合目录数据库、现刊目次数据库的权利，以及免费获得文献传递服务系统软件的权利；并且有权利享受协调组提供的系统使用培训和维护。

● 参加馆享有免费获得协调组制作的、本馆认购的外文期刊书目与现刊目次裸数据的权力。

● 参加馆享有享受其他参加馆提供的文献传递服务的权利。

● 参加馆享有按照文献传递服务规定，收取相应服务费用的权利。

CALIS 全国农学文献信息中心

2001 年 12 月 10 日

（本专题由潘薇、张权、徐伟、王永进、李雪原执笔）

专题二 国家社会科学基金研究成果

图书馆在做好日常工作的同时，对于图书情报学的理论研究，始终是图书馆关注的课题，尤其是进入 21 世纪以来，大学图书馆处于一个从传统图书馆向现代图书馆发展的战略转型时期。一方面，信息技术的进步为图书馆的转型发展奠定了坚实的基础；另一方面，高校建设乃至整个社会发展对图书馆的工作内容、服务方式提出了更高的要求。这就要求图书馆在图书情报学科的学术研究上进行创新和提升。图书馆敏锐地感觉到，只有在学科发展的理论研究和工作实践上不断探索创新，才能使图书馆事业不断进步，实现可持续发展。

图书馆大力支持职工对图书情报学开展理论研究，积极鼓励馆员通过多种渠道，积极申报各种研究课题，借以提高职工队伍的理论水平，取得了喜人的成果。2008 年至 2018 年间，图书馆有 2 个研究项目获得国家社会科学发展研究基金的支持。

一、图书馆特色知识库构建与知识服务实证研究

中国农业大学图书馆自 20 世纪 90 年代后期就开始致力于特色数字资源建设，是我国最早开展机构知识库建设的高校之一。2008 年李晨英副研究馆员申请的国家社科基金项目“图书馆特色知识库构建与知识服务研究”获得立项（社科基金项目批准号：08BTQ004），2014 年 8 月结题合格。该项目主要围绕以下 3 方面开展了研究：

1. 开展机构知识库建设中的瓶颈性问题研究

他山之石，可以攻玉。全面准确了解国内外机构知识库建设与服务现状，是开展机构知识库构建方法研究的基础。项目研究初期，首先对国内外机构知识库的建设状况进行了初步调研，发现国外机构知识库建设正步入推广发展阶段，而国内机构知识库构建数量远远少于国外，尚处于研究探索阶段。特别值得关注的是，内容建设是国内外机构知识库建设中共同面临的瓶颈问题。在此基础上，又通过对机构知识库相关研究发表的论文调研和详细研读，进一步分析了在机构知识库建设过程中，建设者或研究者关注的主要问题，发现影响机构知识库建设的因素众多，其中系统软件、学者对机构知识库的认同、知识产权处理方式等是关注的主要焦点，适用的机构知识库构建方法体系是推动区域内机构知识库建设发展的重要基础。软件平台是机构知识库建设的必备工具，该项目又对机构知识库建设中选用最多的开源软件 DSpace 系统的最新版本——Manakin 进行了技术层面的剖析，发现通过多主题或多角度揭示机构知识库内容开始引起关注，软件平台已经解决了主要技术层面的问题。

2. 以知识服务为目标的机构知识库构建方法

提供知识服务是开展机构知识库建设的重要目标之一。2008 年的项目研究初期，已有机构知识库提供的知识服务功能绝大多数都是常见的检索功能，以及按照文献类型、机构组织结构的浏览等传统功能，直到 2012 年才逐步出现了荷兰的 NARCIS、美国康奈尔大学的 VIVO 等多种形式的学术成果展示方式。因此，机构知识库的构建方法研究，首先要明晰机构知识库能提供哪些知识服务功能，再进一步研究实现这些知识服务功能需要在构建过程中考虑哪些基本要素，如何实现这些知识服务功能。

该项目采用网络调研方法，根据系统软件、国家、数据量筛选出具有一定代表性的机构知识库作为调研对象，通过对每个机构知识库的实际访问，获取和记录所见的系统服务功能及其相关要素，并对相关要素进行了汇总分析。调研结果发现，机构知识库构建涉及众多要素，而且要素之间相互关联，难于梳理。为此，该研究又采用信息系统建模的方法，从功能、流程和任务 3 个角度，对前期调研获取的要素进行了梳理，构建了机构知识库的功能、任务与流程模型。通过 3 个不同视角的模型对机构知识库进行了全面的剖析，展示了机构知识库的各项功能，明晰了机构知识库建设过程中的各项流程，明确了机构知识库构建中的组织模式，使复杂的机构知识库系统变得简单、易懂，为后期构建机构知识库方法体系奠定了基础。

机构知识库构建工作是一个复杂的系统工程，需要分多个阶段逐步开展；也涉及多个任务流程与诸多因素，并且各种因素之间相互关联和制约。该项目研究应用生命周期阶段模型，将机构知识库建设划分为若干阶段，并针对可行性分析、规划设计以及实施方案研制等机构知识库构建中最重要的 3 个研究阶段，进一步深入探讨了各阶段的研究方法以及具体研究内容，从宏观层面勾画出机构知识库建设工作的主要任务框架，并提出了具体的实施方法建议。

软件系统功能是决定机构知识库系统平台功能的重要因素。机构知识库的服务功能需要建立在软件系统平台功能支持的基础之上。该项目通过对机构知识库系统功能需求分析以及构建软件工具的调研，选择了最常用开源软件工具 DSpace、具有发展潜力的开源软件工具 Drupal 进行了探索性实验。从评估机构知识库软件工具需要关注的重要功能入手，对 DSpace、Drupal 和本机构用商业软件工具 CDI CM 系统进行了比较研究。针对机构知识库内容建设中最常见的数据处理问题，通过大量实践总结归纳了多种格式元数据的处理技巧。

3. 机构知识库构建与知识服务实践

实证研究工作建立在本单位机构知识库建设的探索与实践基础上，主要针对机构知识库的内容建设和内容利用效率不高的问题，提出了构建以资源采集、内容组织、内容服务和资源加工为核心的技术体系，以及在知识服务方案设计中注重“内容推荐”、建立“内容关联”、重视“数据重用”，并从多角度进行内容服务专题设计的创新性观点和方法。通过将机构知识库内容嵌入机构内其他信息服务平台，摸索出促进机构知识库内容高效利用、实现机构知识库可持续发展的切实有效措施。另外，针对著作权问题，提出了解决期刊论文涉及著作权处理的具体方法。特别是开创的“以研究者为核心”的教师学术成果展示方法，不仅使本机构教师的学术成果得以全面集中展现，而且进一步促进了机构知识库内容的高效利用，该方法得到同行的广泛认可。该项目研究与实践并行，构建的“中国农业大学机构知识库”自 2008 年开始上线服务以来，一直发挥着本校学术成果的收集、管理和服务功能，平均每天访问用户量保持在 5000 人次左右，已成为宣传中国农业大学学术成果的重要窗口。

截至撰写项目结题报告时，该项目研究发表学术论文 7 篇，其中 3 篇 CSSCI 收录论文已被引用 12 次，引证文献中，有 8 篇被 CSSCI 收录，特别是有 1 篇在 CSSCI 收录当年发表的关于机构知识库的研究论文中他引次数位居首位。1 篇英文论文发表在国外开放获取的学术期刊上，向全世界介绍该项目研究的主要成果。系列成果如下：

1）发表论文

李晨英，杨国栋，臧琳，韩明杰 . 机构知识库收录期刊论文涉及著作权问题的解决途径探讨 [J]. 大学图书馆学报，2010，v.28；No.1：74–79.（CSSCI 收录）

杨国栋，李晨英，韩明杰，臧琳 .Dspace 新一代 WEB 界面 Manakin 的研究与实现 [J]. 图书情报工作，2010，v.54；No.01：113–116.（CSSCI 收录）

臧琳，韩明杰，杨国栋，李晨英 . 我国机构知识库研究现状分析 [J]. 图书馆工作与研究，2010，No.4：16–20.（CSSCI 收录）

洪重阳，李晨英．巧用多系统数据处理功能实现不同系统间数据转换的实用技巧 [J]. 农业图书情报学刊，2010，v.22；No.5：9–13.

王雁，李晨英．以研究生为目标用户的信息资源组织与服务 [J]. 农业图书情报学刊，2011， v.23；No.9：5–7.

Chenying Li， Mingjie Han， Chongyang Hong， Yan Wang， Yanqing Xu， and Chunning Cheng. Building a Sustainable Institutional Repository. D-Lib Magazine，July/August 2011， Volume 17， Number 7/8. doi：10.1045/july2011 –chenying

李晨英，韩明杰，洪重阳，王雁，许岩青，程春宁．建立服务可扩展型机构知识库方法探索——中国农业大学机构知识库构建与服务实践 [J]. 现代图书情报技术，2014（03）：19–25.（CSSCI 收录）

2）会议报告

李晨英．机构知识库构建与思考．北京高校图书馆“信息服务与技术的新进展、新应用”学术研讨会大会报告，2008.11.20.（获大会优秀论文一等奖）

李晨英．机构知识库内容服务形式变革的探索与实践．北京高校图书馆“技术变革与服务创新”学术研讨会报告，2009.12.12.（获优秀应用案例二等奖）

3）培养硕士研究生论文

杨国栋．基于 DSpace 的机构知识库系统设计与实现——以中国农业大学为例．北京：2010 夏

臧琳．以内容为导向的机构知识库构建方法体系研究．北京：2010 夏

4）研究报告

李晨英．机构知识库构建与知识服务实证研究．2013.10.

李晨英．中国农业大学知识库系统元数据规范设计指南．中国农业大学机构知识库工作规范，2009.3

李晨英．中国农业大学知识库系统教师信息元数据规范与著录规则．中国农业大学机构知识库工作规范，2009.6

王雁．中国农业大学知识库系统学位论文元数据规范与著录规则．中国农业大学机构知识库工作规范，2009.6

许岩青．中国农业大学知识库系统图书元数据规范与著录规则．中国农业大学机构知识库工作规范，2009.6

王雁．中国农业大学知识库系统期刊元数据规范与著录规则．中国农业大学机构知识库工作规范，2009.6

王雁， 程春宁．中国农业大学知识库系统中文期刊论文元数据规范与著录规则．中国农业大学机构知识库工作规范，2009.6

程春宁，洪重阳．中国农业大学知识库系统 SCI 收录学术论文元数据规范与著录规则．中国农业大学机构知识库工作规范，2009.6

程春宁．中国农业大学知识库系统外文学术论文元数据规范与著录规则．中国农业大学机构知识库工作规范，2009.6

许岩青．中国农业大学知识库课程信息元数据规范与著录规则．中国农业大学机构知识库工作规范，2009.6

许岩青．中国农业大学知识库系统科研项目元数据规范与著录规则．中国农业大学机构知识库工作规范，2009.6

许岩青．中国农业大学知识库系统科研成果元数据规范与著录规则．中国农业大学机构知识库工作规范，2009.6

许岩青．中国农业大学知识库系统专利成果元数据规范与著录规则．中国农业大学机构知识库工作

规范，2009.6

二、跨学科研究影响力的计量分析研究

项目名称：跨学科研究影响力的计量分析研究

项目负责人：陈仕吉

项目编号：15BTQ070

单位：中国农业大学

项目组主要成员：Vincent Lariviere，Clé ment Arsenault，陈晨，关智远

成果形式：论文集和研究报告

论文 1：Are Top-Cited Papers More Interdisciplinary? Journal of Informetrics， 2015， 9（4）：1034-1046

论文 2：跨学科研究在科学研究中越来越重要？科学学研究，2018，36（07）：1153-1160+1195

论文 3：Exploring the interdisciplinary patterns of highly cited papers [J]. Journal of informetrics，2019（已按评审意见修改返回）

论文 4：Interdisciplinary components and their relationship with scientific impact [J].（修改后拟再投 Scientometrics）

专著：基于重叠结构的知识演化研究 . 中国农业大学出版社，北京，2018-12

研究报告：跨学科研究影响力的计量分析研究（近 10 万字）

立项时间：2015 年 6 月

结题时间：2019 年 7 月

成果等级：合格

1. 研究目的和意义

该研究用定量数据分析和验证跨学科研究在科学发展中的地位和作用，特别是高被引论文在跨学科研究在科学研究的地位和作用，为跨学科研究的重要性提供定量数据证明，对促进跨学科研究的健康发展和科技政策的制定具有重要的理论和现实意义。

2. 研究成果的主要内容和重要观点或对策建议

高被引论文被认为是科学研究中的重要论文，在科学发展过程起着至关重要的作用，项目研究内容首先探讨了跨学科研究是否在高被引论文中占据重要地位。由于基于算术平均的相对引用指标受到质疑，本研究以百分位数指标为基础，把论文按被引频次归入 6 个百分位等级，通过分析百分位等级的跨学科水平（Simpson 指数）验证跨学科研究的学术影响力。研究表明大多数学科（或专业）在高百分位等级表现更高的跨学科水平，即高被引论文总体上表现出更高的跨学科性，这也表明跨学科研究在产生高影响力知识方面发挥着更重要的作用。此外，从学科多样性来看，不同的跨学科属性对学术影响力的作用是不同的。因此，我们进一步在考虑丰富性、均衡性和差异性相关性的基础上分析了高被引论文的跨学科表现。研究结果表明高被引论文表现为高丰富性和低均衡性、与差异性并未表现出明显的关系，进一步从三种属性的效应量来看，丰富性对学术影响力最为明显，差异性对学术影响力的积极作用有可能是因为丰富性对差异性的影响造成的。

由于高被引论文的重要性，基于高被引论文的跨学科演化分析可以更深入地揭示跨学科研究在科学研究中的重要作用。项目以 Web of Science 数据库 1961—2015 年的高被引论文（top 1%）为基础，利用第三代生物多样性指标 Leinster-Cobbold 多样性指数（LCDiv）和单项跨学科指标（丰富性、均衡性和差异度）分析跨学科研究的发展趋势。研究表明，跨学科研究对科学研究越来越重要，跨学科研

究的丰富性呈现出明显的上升趋势，均衡性呈现下降趋势，大多数学科的差异度呈现上升趋势，同时也表明高被引论文的高丰富性、低均衡性和高差异度的跨学科特性正变得越来越明显。

跨学科研究的影响力及知识交流可能受到学科成分、合作、学科距离等因素的影响。这部分研究主要有：①以 Web of Science 数据库 2000 年发表的所有论文为基础分析了学科组分对跨学科研究学术影响力的影响。研究结果表明，跨学科研究中引用引文关系稀疏的学科会对跨学科研究的学术影响力产生消极影响，而引用引文关系稠密的学科则分两种情况。一种情况是引文关系稠密的学科组分越高则学术影响力就越高，另一种情况是一定程度地引用引文关系稠密的学科能为学术影响力带来积极影响，但过多地引用则可能降低跨学科研究的学术影响力。②在跨学科环境下，社会与人文科学领域，作者、机构数量均随跨学科性的增大而增加，篇均被引频次的表现也如此；自然科学与工程领域，机构数量随跨学科性的增大而增加的同时，作者数量却出现不同的变化趋势，但篇均被引频次仍呈增长趋势。③跨学科研究与合作存在密切联系，国内合作论文比例随跨学科性的增大而增加，而国际合作论文比例随跨学科性的增加呈倒 U 形分布。④以图书情报学 1985—2014 年 SCI/SSCI 论文和 JCR2014 期刊引证报告为基础，分别对从跨学科引用程度、时间分布和空间分布 3 个方面探索学科距离对跨学科知识交流的影响。研究结果表明：（a）跨学科知识引用程度与学科距离呈显著负相关，学科距离对跨学科知识引用程度存在阻碍；（b）远距离学科在知识被引上存在明显的时间滞后，学科知识交流中倾向于引用近距离学科较新的知识，远距离学科在贡献较旧的知识上占较大比例；（c）学科距离对跨学科知识交流的空间分布特点存在一定程度的影响，但并未表现出显著的线性相关关系。

从研究内容上来看，项目在两个方面取得进展，有一定的创新性和特色。

（1）定量地分析和验证跨学科研究在现代科学研究中的重要地位和影响，揭示了无论跨学科研究对整个学科整体上的贡献如何，但对大多数学科而言，跨学科研究在高被引论文中（即高水平研究）占有重要地位，并且这种重要性随现代科学的发展变得越来越重要。

（2）跨学科研究学术影响力受学科组分的影响。引用引文关系稀疏的学科会对跨学科研究的学术影响力产生消极影响，而引用引文关系稠密的学科对跨学科研究学术影响通常有积极的影响，但过多地引用则可能降低跨学科研究的学术影响力。

在研究方法上有以下两个特点：

（1）项目提出跨学科分布指标　以往的研究在分析学科或专业的跨学科通常都是利用算术平均值，实质上论文的跨学科性（Simpson 指数）具有偏态分布特性，因此基于算术平均计算学科或专业的跨学科性是不合适的。项目借鉴评测计量学中的基于百分位数的引用频次分布指标 PRS（Percentile Rank Score）定义了跨学科分布指标来描述学科或专业的跨学科水平。

（2）项目采用一个新的角度研究跨学科研究的学术影响力　以往的研究在分析跨学科研究的学术影响力时一般都是分析不同跨学科性的论文的学术影响力差异，跨学科性是自变量，学术影响力（被引频次）是因变量。该项目的研究则是考虑不同学术影响力论文的跨学科性，而且学术影响力的区分不是简单基于被引频次，而是把论文被引频次归入相应百分位等级来分析，克服被引频次偏态分布的缺陷。从学术影响力的角度分析跨学科研究学术影响力的好处是比较方便确认跨学科研究在高水平研究中的地位。

3. 成果的学术价值、应用价值，以及社会影响和效益

成果的学术价值首先体现揭示了无论跨学科研究对整个学科整体上的贡献如何，但对大多数学科而言，跨学科研究在高被引论文中（即高水平研究）占有重要地位，并且这种重要性随现代科学的发展变得越来越重要；其次，研究成果验证了跨学科研究学术影响力受学科组分的影响，引用引文关系稀疏的学科会对跨学科研究的学术影响力产生消极影响，而引用引文关系稠密的学科对跨学科研究学术影响通常有积极的影响，但过多地引用则可能降低跨学科研究的学术影响力。

项目的研究成果为跨学科研究的科学发展和规划提供了决策依据和参考。从目前的研究来看，虽然有研究表明跨学科研究可能表现出更高的影响力，但也有研究表明跨学科研究并没有表现出更高的影响力，甚至有可能比学科研究的影响力更低。从另一方面来看，跨学科研究经常与科技突破、重大发现以及科技创新联系在一起，目前的研究结论与当前跨学科研究发展态势并不一致。我们的研究表明跨学科研究在高被引论文中（即高水平研究）占有重要地位，并且这种重要性随现代科学的发展变得越来越重要。这个研究结论也表明跨学科研究可能有成功，也有失败，但其在高水平的研究中跨学科研究占据了重要比例。

研究成果“Are top-cited papers more interdisciplinary?”（Journal of Informetrics，2015）在 SCI/SSCI 数据库被引用 11 次。论文《跨学科研究在科学研究中越来越重要？》被选为《科学学研究》（2018）封面文章，在《科学学研究》2018 年所有论文中网络点击排行榜列第 7（383 次）；由于在跨学科研究方面的影响，作者受邀为 CSSCI 期刊《图书情报知识》撰写了 2018 年第 6 期卷首语《跨学科研究更容易获得高学术影响力？》。

问鼎国家社科研究基金，是中国农业大学图书馆学术研究的历史性突破。自 2008 年至 2015 年，7 年时间内，图书馆有 2 项研究课题获得国家社科研究基金的立项支持，标志着图书馆的科研水平已经达到了国家级高度。这是对图书馆馆员多年来孜孜不倦地潜心研究、脚踏实地地勤奋实践的收获与回报，是图书馆人不断提高自身建设的成果，是迸发潜能、超越自我、勇攀高峰的成功范例。从此，图书馆的学术研究有了更高的起点和坐标，学术氛围日渐浓厚。在学术探讨的道路上奋发努力，不断进取，追求卓越成为一种自觉。

（本专题由李晨英、陈仕吉执笔）

专题三 图书情报学科建设及硕士人才培养

一、学科概况

中国农业大学图书馆于2000年开始筹备申请“情报学”二级学科硕士授权点，2003年获批，2005年开始招收情报学硕士研究生。2010年获“图书情报与档案管理”一级学科硕士授予权。经过10余年建设，在2016年至2017年第四次全国学科评估中，成为唯一由图书馆承担学科建设入榜的学位点。本学位点的特色是依托本校强大的农业与生命科学学科群、农业工程学科群和经济管理学科群，运用情报学、图书馆学、管理学和信息技术等多学科理论和方法，重点解决学科发展与农业高校的知识管理服务和情报分析研究问题。

1. 硕士点申请回顾

1）情报学二级学科硕士授予权申请

（1）国内情报学研究生教育　自新中国成立至20世纪末，我国情报学教育的主体一直是本科生培养，教学点已达到较大规模，全国共有177个本科教学点。从未来发展及信息社会和知识经济发展的需要来看，提高办学层次，扩大研究生招生规模是大势所趋。

1984年，武汉大学和中国科技信息研究所首批开始招收情报学硕士研究生。截至2000年底，我国共建立了28个情报学专业硕士学位授权点。其中，2000年新增8个硕士点，比原来的20个增长40%，全国每年招收硕士研究生300人左右。情报学研究生教育正从面向情报业务部门和专业机构的模式，向面向全社会的开放性模式转化，以宽口径、厚基础的情报学高层次人才培养体系正在形成。调查显示，到2002年底，国家和地方83.3%的重点企业设立了副总裁、副总经理级的信息主管，比2001年提高了近14个百分点（人民日报，2003-1-31）。2002年末，劳动和社会保障部颁布了第四批国家职业标准，其中包括了企业信息管理师。企业信息管理师定义为“从事企业信息化建设，并承担信息技术应用和信息系统开发、维护、管理以及信息资源开发利用工作的复合型人员”（人民日报，2003-2-12）。

1990年，中国农业科学院文献信息中心获得国务院学位委员会批准，建立了情报学专业硕士学位授权点，但因多年没有正常招生而被自动取消了。2000年，南京农业大学信息管理系获准授予硕士学位，是当时国内农业高校中仅有的情报学硕士点。

（2）农业情报研究生培养的必要性　21世纪的前20年，要建设一个惠及十几亿人口的，更高水平、更全面、发展比较均衡的小康社会，重点和难点均在农村。农业是国民经济和社会发展的基础。改革开放以来，农业发生了巨大变化，主要农产品供给实现了由长期短缺到总量基本平衡、丰年有余的历史性转变。但由于种种原因，农业问题的解决还远未达到理想的程度，调整农业发展战略，促进市场机制和宏观调控的有机结合，提高农业整体素质和生产要素配置效率，提高结构优化效益、规模经济效益和科技进步效益，都需要更准确、更快捷、更全面的信息和信息服务。信息保障在我国发展战略调整的实施中起着重要的作用。尽管我国农业情报事业取得了较大发展，但总体来说，研究手段相对落后，活动开展不广泛，亟需农业情报研究与咨询人员。仅靠南京农业大学培养农业情报研究与咨询高级人才是远远不够的。中国农业科学院文献信息中心主任梅方权教授认为，中国要想使农业效率跃居世界先进水平，就要加快培养农业信息化科技人才，在大专院校设置农业信息化专业，选择重点单位设置硕士、博士学位点，同时要吸引国外信息科技人才回国工作。以农业信息化推动农业现代化，是符合我国实际的选择（人民日报，2002-12-15）。

图书情报学科硕士点的建设，可以更加深入地开展农业情报研究与咨询的理论和应用研究，培养一批具备农林及相关学科知识基础、掌握农业情报研究与咨询理论和系统专业知识、能独立开展农业情报研究与咨询活动的高层次专业人才，对中国的农业发展具有重要的现实意义。

2）图书馆培养研究生之优势

中国农业大学图书馆是我国高校图书馆界实行现代化管理的先行者，在文献编目、自动化管理、数据库建设、农业情报研究与咨询等方面一直位于图书馆界先进行列。全国高等教育文献保障系统农学文献信息中心、教育部农科外国教材中心都设在图书馆。从 1998 年以来承担和参与了 CALIS 的 10 余项数据库建设和服务工作。发起和承担了农林院校图书馆资源共建共享行动。图书馆是农业部认定的科技查新站之一，是中国农业工程学会情报信息专业委员会挂靠单位。

（1）图书馆从事农业情报研究与咨询的学术队伍水平高，结构合理，团结协作，学术思想端正。截至 2003 年，馆内有研究馆员 2 人，副研究馆员 30 余人，馆员 60 多人，其中一位副研究馆员在读博士学位。学术带头人承担着全国高校图书馆工作指导委员会委员、中国农学会农业图书馆分会副理事长、北京地区高校图工委委员、国际农业信息专家协会中国分会主席等社会兼职。

（2）从事本专业研究的人员已取得多项高水平的理论研究、应用研究成果，有些项目在国内居于前列，获得多项省部级奖励，并承担了一定量的国家和省部级课题，科研经费充足。截至 2003 年，已完成有关研究项目 48 项，在研项目 6 项；编著图书、教材 16 部，共计近 1200 万字，编印内部资料 10 种，约 200 余万字。

（3）图书馆教学和科研基础条件好，建立了专门培养研究生的实验室。图书馆从 1986 年开始利用计算机管理图书馆业务，1997 年，在“211 工程”建设中，将局域网升级与校园网采用 ATM 联接以太网。十余年的建设与管理，积累了丰富的建设与管理经验。1986 年自行开发了在 PC 机上运行的中文编目、西文编目软件，1993 年开发了分布式图书馆集成系统软件，1998 年开发了办公自动化系统，1999 年开发了日文联机编目系统。

3）情报学二级学科硕士授予权申请历程

2000 年，中国农业大学图书馆开始筹备申请情报学二级硕士学位点授予工作。图书馆依托采编部、流通阅览部、参考咨询部、科技情报部、自动化部及文献检索教研室相关教师为学科专业队伍，以图书馆早期情报研究及文献资源建设所积累经验为基础，凝练出农业情报研究、农业文献资源建设两个学科专业方向，开始情报学二级学科硕士授予权的申报工作。

在农业情报研究方向，筹备拟定了以刘清水、杨敏丽为学科带头人，袁永翠、焦艳平、左文革为主要学术骨干的学术团队。在农业文献资源建设研究方向，筹备拟定张权为该方向学术带头人，沈佐锐、刘凤娟、刘风辰、韩明杰、王鲁燕、张永彤、李晨英与黄兴建为主要学术骨干的学术团队。本次申请虽未获通过，但为后续的申请提供了积极和宝贵的经验。

2003 年，图书馆启动新一轮的硕士点申请工作。本次申请进一步扩大了学科团队成员，整合了全馆多个业务部门的业务骨干，结合工作与科研实践，将学科方向凝练为农业信息资源组织与管理、农业情报研究与咨询、信息管理技术及其应用 3 个方向。确立农业信息资源组织与管理方向以张权、潘薇、李晨英和王建仑为学术骨干团队；农业情报研究与咨询方向以刘清水、王鲁燕、左文革、杨敏丽、焦艳平、袁永翠、王淑凤和孙彩霞为学术骨干团队；信息管理技术及其应用方向建立了以韩明杰、洪重阳、朱金诺、王宝济和康实为学术骨干团队，整合成新的学术队伍和学科建设体系。

2003 年，经国务院学位委员会审核批准，中国农业大学获得了情报学硕士学位授予权。主要研究领域涉及信息资源组织与管理、情报研究与信息咨询、信息管理技术极其应用3个方面。

2005年，图书馆招收第一届情报学硕士研究生2名：赵荣和介凤。图书馆为其创造了良好的培养环境与学习条件，经过两年的努力，两名研究生按照培养方案规定，顺利完成了各个阶段的教学及学位论文写作，于2007年6月12日，在西区图书馆报告厅顺利通过论文答辩。赵荣论文题目为《基与竞争情报的企业危机预警机制研究》，导师为潘薇；介凤论文题目为《图书馆数字资源整合研究——以中国农业大学图书馆为例》，导师为左文革。

4）情报学二级学科方向

情报学是一门应用科学，它是基本实践的理论性总结提高，主要以国内的情报研究与信息服务工作为研究基础和实践环境，借鉴国外的情报研究与信息服务理论，提出农业信息资源组织与管理、农业情报研究与咨询、信息技术及其应用的理论和技术研究3个研究方向。

（1）农业信息资源组织与管理　农业信息资源组织与管理是以促进农业领域的知识管理研究和应用为目标，以农业知识资源管理和资源共建共享为重点，进行农业及其相关领域的知识资源收集、知识资源组织与分析、知识资源管理系统功能等系统化研究与实践。

图书馆通过硕士点建设，并结合自身建设，进一步深化、开拓研究领域，培养了一批既具备农业及其相关领域的专业知识，又具备利用信息技术，进行知识资源的收集、组织、分析与管理，促进知识流通、使用和创新的复合型人才。

图书馆在文献编目、数据库建设等信息组织与管理方面一直处于图书馆界先进行列。全国高等教育文献保障系统农学文献信息中心（CALIS）、教育部农科外国教材中心、海淀区农业图书馆都设在图书馆。从1998年以来承担和参与了CALIS的10余项数据库建设和服务工作，发起和承担了农林院校图书馆资源共建共享行动。学术带头人承担着全国高校图书馆工作指导委员会委员、中国农学会农业图书馆分会副理事长、北京地区高校图工委委员、国际农业信息专家协会中国分会主席等社会兼职，主持CALIS项目5项。在知识资源收集与利用方面，开设了研究生文献检索课“Internet资源与利用”，编写了《农业信息资源与利用教程》；在数据库建设方面，日文联合书目数据库建设研究被CALIS联合目录授予“杰出贡献奖”，担任“CALIS联合目录质量控制组”日文组长之职。学术梯队中有两人多年来一直处于领导岗位，从事图书馆管理工作，积累了丰富的知识管理基础经验。学术梯队共发表与本研究方向相关的论文近90篇，其中在国际刊物上发表3篇，在国际会议上发表6篇，在国内核心刊物上发表17篇；主编出版图书2种。

（2）农业情报研究与咨询　情报研究与咨询是根据用户的特定需求，以现代信息技术和科学研究方法为主要手段，以信息选择、评价、分析和综合等系列化加工为基本过程的信息服务活动。通过大量的文献调研和实际调研，对各种文献、数据、事实进行分析研究，形成新的、增值的情报产品，为不同层次的科学决策服务。

中国农业大学图书馆的农业情报研究在国内高校中处于先进地位，在农业高校和科研领域处于领先地位。早期研究成果中，由图书馆主持完成的“八十年代国内外农机化新技术”项目获农业部科技进步二等奖，“农业机械化发展环境与条件的情报研究”获农业部科技进步三等奖，《旱地农业工程的理论与实践》一书被出版部门评为农业领域当代重要科技著作，《当代中国的农业机械化》和《中华农器图谱》两部历史性著作的编辑部曾设于本馆。《中华农器图谱》出版后，获得学术界广泛好评，《光明日报》联合中国农业出版社、中国农业博物馆、中国农业机械学会召开了“加强中国农器发展史研究——《中华农器图谱》座谈会”，设专版进行报道。图书馆还参加了全国农业机械化“十五”发展规划、农业机械化促进法的调研和起草工作。图书馆利用馆藏文献信息资源开展科技项目查新、信息咨询服务，针对校内重点科研项目开展定题跟踪服务，正在进行的定题跟踪服务包括“十五”重点科技攻关课题、博士点基金项目、948引进项目等，为这些科研项目的顺利进行提供信息支撑和保障，受到有关专家的好评。自1989年起编辑出版了《中国农业文摘——农业工程》，该刊多次获奖。

在农业情报研究与咨询应用研究方面，首先，学科以现代的信息技术和情报学研究方法为主要手段，针对农业领域用户需求和信息服务的特点，发挥在农业情报研究与咨询应用研究方面的优势，加强研究，出成果，出人才。其次，加强农业情报研究与咨询理论研究。现代管理与管理科学的发展对情报学提出了一系列有待解决的新课题，诸如管理的信息组织机制、决策中的信息不对称现象、基于知识管理的信息序化等，都要求理论的充实和创新。再次，积极开展农业情报研究与咨询技术与方法研究。计算机信息处理技术、通信技术与网络技术的发展不仅改变着信息组织与服务的结构，而且改变着信息组织与服务模式。因此，开展农业情报研究与咨询技术与方法研究，不仅包含现代信息技术的应用，也包括信息组织与服务方面的技术创新内容，以适应信息化时代对情报学研究生实践与技术创新能力的要求。

（3）信息管理技术及其应用　21 世纪初期，国内图书馆情报学科领域的硕士点几乎都设有与本研究方向相同或类似的研究方向，是现代图书情报学领域的基础研究之一。其主要根据信息 / 知识资源管理的特点，围绕图书馆数字图书馆建设，对与之相关的计算机基础网络结构、数据库管理技术与数据结构、开放数据库互连、Web 系统开发、数字信息资源的系统化建设、数字图书馆标准规范、分布系统互操作、开放系统结构、分布服务机制、元数据和元数据互操作等进行应用研究。

信息技术是现代信息资源收集、管理与服务工作的基础。由于计算机、网络、存贮技术的飞速发展，信息资源的收集方式、渠道与手段都在不断地发生变化；信息资源的存贮介质、存贮标准、存在形式呈多样化；服务时间延长，传递的手段多样、改变了必须面对面服务的方式。认真研究信息技术并充分利用信息技术，为信息资源的收集、管理与服务提供良好的系统平台，是文献信息工作者的重要课题之一。

图书馆在 1986 年开始利用计算机管理图书馆业务。1997 年，在“211 工程”建设中，将局域网升级与校园网采用 ATM 联接以太网。在近十余年的建设与管理中，积累了丰富的建设与管理经验。1986 年自行开发了在 PC 机上运行的中文编目、西文编目软件，1993 年开发了分布式图书馆集成系统软件，1998 年开发了办公自动化系统，1999 年开发了日文联机编目系统。学术带头人韩明杰是图书馆计算机网络的主要设计规划者和执行者，对计算机网络如何适用于文献信息管理有深入的研究；主持建设的计算机网络，在北京市教委组织的“自动化网络化评估”中被评为 A 级优秀；开发的中文编目、西文编目软件在图书馆应用十余年，是图书馆界最早的同类软件之一，在图书馆图书编目自动化工作中起了关键性作用；主持开发的日文联机编目系统已在清华、北大、上海交大等全国二十余家著名大学图书馆和三个其他系统的图书馆使用，该系统解决了中、日文同平台显示、MARC 格式规范、通信格式标准、数据存贮、源数据的获取、与各类集成系统的数据交换等技术难题，系统中采用了 Client/Server 和广域网数据传递相结合的模式，使用了 UNICODE 字符集、Z39.50 检索技术，遵守 HTTP 和 CAT 协议，被图书馆界专家誉为开创性工作。他担任北京地区高校图工委数字图书馆研究会副理事长，是“北京地区高校自动化网络化评估体系”主要起草人之一。他也是全国高校文献保障体系特色数据库评审专家组成员，是全国高校文献保障体系全国中心和地区中心主任联席会议成员，参与其重大事项决策。他共负责 CALIS 项目 9 项，参加 CALIS 项目 3 项。

5）图书情报与档案管理一级学科硕士授予权申请

自 2005 年开始招收第一届学生，到 2010 年，积累了 5 年的培养经验。期间，图书馆在支持学校的教学、科研以及“建设世界一流农业大学”的过程中，逐渐形成了农业信息资源管理、数字图书馆建设、农业情报研究、学科服务与信息咨询等几个稳定又具有鲜明特色的图书馆学和情报学研究领域，学科体系建设取得显著成效。在办学经验、队伍建设、学科成果等方面均有了一定的积聚，学科建设实力和水平不断提升。

（1）学科申请之必要性　中国农业大学是一所以农学、生命科学和农业工程为特色的研究型大学，在农业科学和生命科学领域占有优势地位。在支持学校的教学、科研以及“建设世界一流农业大学”

的过程中，图书馆经过多年的建设和发展逐渐形成农业信息资源管理、数字图书馆建设、农业情报研究、学科服务与信息咨询几个稳定又具有鲜明特色的图书馆学和情报学研究领域。学科体系建设取得显著成效，具体表现在：

①研究队伍有序成长。截至 2010 年，已有研究馆员 5 名，副研究馆员 37 名，馆员 57 名，其中博士 5 名、硕士 20 名，还有在读博士研究生 2 人和在读硕士生 3 人即将毕业。年龄结构、学缘结构和知识背景结构优势明显，有利于开展学术攻关。

②学科研究优势显著。本学科经过多年的学术研究积淀，紧密结合农业及生物科学的研究实践，注重理论创新与应用对策研究相结合，从而形成了把图书馆学情报学与农业科技、生命科学紧密结合的学科研究优势。2005—2010 年间，共承担国家社科基金项目 1 项、国家科技支撑计划 1 项、省部级项目 24 项、其他项目 37 项。发表学术论文 211 篇，其中相当一部分发表在 SCI、CSSCI 和核心刊物上；出版著作和教材 7 部。获得各种教学和科研奖励 15 项，其中省部级科研二等奖 1 项。

③学科方向特色鲜明。a. 以农业信息资源、高校学科情报与分析、高校图书馆管理 3 大领域的研究为主；b. 学术研究和应用研究相结合，既注重图书馆学和情报学前沿领域的跟踪研究，又注重现实数字图书馆建设和农业情报问题的研究与解决，为图书馆、学校甚至国家农业的发展提供了有力的决策咨询服务。

基于上述理由，图书馆提出图书情报与档案管理一级学科硕士授予权申请是必要的。

①中国农业大学我国高等农业教育的最高学府，在信息技术迅速发展的时代，针对农业数字图书馆建设、信息服务模式和农业信息资源的开发利用方面的研究和实践做出表率，对我国农业高校和我国的农业情报研究、学科发展研究和农业数字图书馆研究与建设具有指导意义。本学科具有很强的实证性和操作性，其研究成果将大力推动农业数字图书馆建设，农业科技政策和农业情报研究，提高我国农业科技政策制定和科技规划的科学性和实效性，更好地服务于我国农业科技的发展。

②吻合学科设置与实际研究发展。本学科点现是二级的情报学硕士点，但目前大量的研究工作和部分硕士生从事的研究内容是图书馆学领域的，特别是数字图书馆和信息技术方面，因此，为了吻合学科设置与实际研究发展，更好地促进学科发展和研究工作，需要扩展现有学科领域。

2010 年，图书馆向国务院学位委员会办公室申报了“图书馆、情报与档案管理”一级学科硕士学位授予权。

国务院学位委员会印发《关于下达 2010 年审核增列的博士和硕士学位授权一级学科名单的通知》（学位〔2011〕8 号）：经国务院学位委员会第二十八次会议审议批准，中国农业大学新增 5 个博士学位授权一级学科、9 个硕士学位授权一级学科。图书馆申报的“图书馆、情报与档案管理”硕士学位授权一级学科获得正式批准。这标志着从 2011 年起，图书馆不仅可以招收情报学硕士生，还可以招收图书馆学和档案学两个二级学科的硕士生，同时也为今后进一步申请博士点取得了申报资格。

硕士点可培养高等学校、科研机构、国家机关、大型企业和信息服务业所需的高层次信息管理人才，重点突出数字信息资源开发与管理人才的培养。

（2）图书情报与档案管理一级学科方向　本次申请共确立数字图书馆研究与建设、文献资源组织与管理、农业情报与知识管理、学科情报与信息咨询 4 个学科方向。明确数字图书馆研究与建设以韩明杰为学术带头人，李晨英、陈仕吉为主要学术骨干；文献资源组织与管理以潘薇为学术带头人，徐伟、王雅晶为主要学术骨干；农业情报与知识管理以刘清水为学术带头人，王鲁燕、王宝济为主要学术骨干；学科情报与信息咨询以左文革为学术带头人，袁永翠、王卓为主要学术骨干。

①数字图书馆建设。本研究方向围绕数字图书馆建设，对与之相关的网络结构、安全机制、数据库管理技术与数据结构、Web 系统开发、数字信息资源的系统化建设、分布系统互操作、开放系统结构、分布服务机制、元数据和元数据互操作等进行应用性研究。本研究方向的特色：a. 了解数字图书馆研究的技术前沿，充分发挥学校教学与科研位于国内农业领域领先地位的优势，加强农业信息资源建设，

促进学校数字图书馆的建设，为学校的科学研究提供有力保障；b. 为图书馆及其他文献信息机构培养一批既具备农业及相关领域知识，又具备数字图书馆系统建设、管理和服务的复合型人才。

②文献资源组织与管理。本研究方向主要研究信息资源的组织、管理和开发利用，是图书情报学前沿方向——知识管理的基础。本研究方向的特色：a. 以信息资源管理和共建共享为重点，对农业及其相关领域的信息资源组织与分析、信息资源管理和利用、共建共享机制等进行系统化研究与实践。b. 对信息资源组织和建设的前沿问题进行跟踪研究，充分发挥学校教学与科研位于国内农业领域领先地位的优势，加强信息资源建设，促进农业领域的信息资源管理的研究和应用。

③农业情报与知识管理。本研究方向以情报学、知识管理等理论为基础，充分利用网络广泛采集、整理、分析农业领域的科技信息、经济和和社会科学信息，利用内容分析、归因分析、聚类分析等信息分析与预测方法，结合数据挖掘等现代信息技术手段，开展有针对性的信息分析与情报研究，尤其是针对农业领域的情报研究和知识管理。本研究方向的特色是把情报研究和知识管理理论、方法和技术应用到农业科技领域，为农业科技的发展和规划提供决策咨询服务。

通过在该方向的硕士点建设，学校图书馆在农业科技情报领域开展农业情报和知识管理研究，一方面可以探索情报研究与知识管理研究的发展趋势，推动情报研究与知识管理在实践中的应用；另一方面可以把情报研究和知识管理的理论、方法和技术扩展到农业科技情报领域，有助于推动我国农业科技的发展。

④学科情报与信息咨询。本研究方向主要是利用引文分析、知识图谱、网络分析、数据挖掘等先进的情报分析方法和技术，监测农业与生物科学各学科的发展动态，为农业科技规划建设的决策科学化提供可靠的依据，同时进行与情报研究相关的用户服务、决策咨询等研究。本研究方向着重开展学科领域的战略情报研究，为国家农业和学校的学科战略规划提供数据支持和决策咨询，具体的研究特色表现在：a. 农业科技的前沿和发展态势分析，包括科学前沿领域的识别、学科之间关系网络分析、学科认识地图等；b. 农业科技机构竞争力评价，包括科技竞争力的评价方法、农业科研机构竞争力评价和影响力评价等；c. 学科、专业、课题的专用数据库建设；d. 针对学校各学科用户需求和信息服务的特点，开展学科情报研究与咨询的理论、方法、技术及其应用研究。

2. 学科建设与发展

1）学科方向

经过 10 余年建设，学科点与时俱进，在学科交叉与汇聚中凝练形成了以下 3 个具有一定前沿性和较强应用性，与行业发展密切相关，且师资队伍稳定的研究方向。

（1）知识管理与服务　本研究方向是图情学科的核心领域，研究内容包括信息资源采集、信息组织管理、信息服务平台建设等图情学科核心方法技术，以及知识发现、知识表达、知识素养与知识服务等图情行业关键实践活动。本研究方向长期以来重点围绕特色知识库建设，开展了元数据、多源异构数据融合、知识库服务功能模式等知识组织和服务的方法技术应用研究，获得过国家社科基金项目资助，自 2000 年开始承担全国高校的日文书刊联合目录建设项目工作，发表相关论文 60 多篇，培养的硕士毕业生多数在高校和科研院所图书馆工作。

（2）数据分析与情报研究　本研究方向是在数据密集型科研范式兴起的大背景下图书情报学不断拓展与深化的重点研究领域，既着重于大数据环境下情报学理论、技术、方法的深入研究，也重视借助大数据和情报研究方法，发挥情报工作在各项决策中的支撑作用。对情报工作在数据管理、数据分析、数据使用及数据服务中呈现更高的职责要求。本研究方向将大数据管理技术与方法合理嵌入情报研究工作流程，一是开展了跟踪型情报研究，如国家科技重点项目“现代农业产业技术体系”中的《大豆生产与市场信息监测报告》，该报告已成为农业部中国农产品供需形势分析的重要参考数据来源；二是开展了评价型情报研究，如“中国农业大学引进人才的绩效贡献评估”，为学校引进人才的政策调整提供数据支持。

（3）科学计量与评价　本研究方向是情报学研究中一个重要和最为活跃的研究领域，研究内容主要涉及信息计量评价、知识结构及演化、网络计量、科学交流、科技政策等领域，其研究成果在人才筛选与评价、科技发展规划和科技政策制定中已广泛应用。本研究方向一直是图书馆的重点方向，在信息计量评价、跨学科研究计量分析以及科研合作 3 个方面已做了较为深入的研究，先后获国家社科基金项目、教育部人文社科项目、北京市优秀人才项目、中科院知识创新工程项目等资助。在 SSCI 和 CSSCI 期刊上发表论文 30 余篇，其中有 2 篇论文分别发表于国际权威计量学期刊 *Journal of Infometrics* 和 *Scientometrics* 上。

2）教学科研支撑

由于学科点设置在图书馆，导师又是各个业务部门的骨干力量，具有丰富的实践经验，为研究生的科研实践提供了良好的教学实习条件和参与具体科研项目的机会。尤其是图书馆所面临的业务发展问题，为研究生学位论文选题提供了丰富素材。图书馆不仅为本学科发展购置了丰富的文献资源，而且为学生配备了专用研究室（人均使用面积 4 m²）、个人用计算机、远程桌面等方便的硬件环境（图专 3–1），毕业生对专业文献需求的满意度达 100%，对学习与科研中获得技术支持满意度达 95%。

图专 3–1　本学位点教学科研支撑条件

二、导师队伍

1. 专任教师基本结构

2019 年，本学位点拥有硕士生导师 17 人，其中，拥有 1 名北京市优秀人才。教师队伍整体职称、年龄、海外学习经历等指标达到研究生院要求。但师资中具有博士学位人员比例尚待提高；个别研究方向中（如“知识管理与服务”）团队师资结构有待进一步优化。其他指标基本分布均匀（表专 3–1，表专 3–2）。

表专 3–1　专任教师基本构成

专业技术职务	人数合计	35 岁以下	36 至 45 岁	46 至 55 岁	56 至 60 岁	博士学位	海外经历	女性人数	硕导人数
正高级	7	0	2	3	2	2	4	4	7
副高级	9	0	4	5	0	5	2	6	9
中级	1	1	0	0	0	1	1	0	1
其他	0	0	0	0	0	0	0	0	0
总计	17	1	6	8	2	8	7	10	17

注：“具有海外经历人数”是指在境外高校 / 研究机构获得学位，或在境外高校 / 研究机构从事教学、科研工作时间连续超过 10 个月的专任教师人数。

表专 3-2 研究方向师资队伍人数、职称、留学经历以及年龄结构分布

培养方向	学术带头人	团队人数	正高占比	具有海外经历占比	45 岁以下占比
知识管理与服务	李晨英	7	57.1%	42.9%	14.3%
数据分析与情报研究	赵勇	5	20.0%	40.0%	40%
科学计量与评价	陈仕吉	5	40.0%	40.0%	80%

主要学术骨干中，主持并完成了 4 项国家社科基金等国家级项目；1 人是中国科协“高端科技创新智库”青年人才，4 人在国内外主要学术组织担任兼职。另外，本学位点所在图书馆经常邀请国内外专家学者来馆讲学，学位点对导师参加讲座提出了明确的出勤考核要求，有效促进了师资队伍各方面素养的提升。

2. 专任教师基本情况

专任教师基本情况见表专 3-3。

表专 3-3 专任教师基本情况

序号	教师姓名	性别	专业技术职务	最高学位	最高学位获得单位	学科方向	国内外主要学术兼职
1	潘薇	女	正高	学士	中国农业大学	知识管理与服务	教育部 CALIS 农学中心副主任；中国农学会农业图书馆分会常务理事
2	韩明杰	男	正高		北京农业大学	知识管理与服务	北京高教学会图书馆工作研究会数字图书馆专业委员会副主任；中国图书馆学会高等学校图书馆分会委员
3	李晨英	女	正高	学士	西北农学院	知识管理与服务	CALIS 联合目录日文质控组组长
4	王鲁燕	女	正高	硕士	中国农业大学	知识管理与服务	
5	左文革	女	正高	硕士	北京农业大学	科学计量与评价	教育部科技查新站培训专家和评审专家，BALIS 联合信息咨询委员
6	陈仕吉	男	正高	博士	中国科学院研究生院	科学计量与评价	北京市科技情报学会理事
7	赵勇	男	正高	博士	中国农业大学	数据分析与情报研究	中国科协“高端科技创新智库”青年人才
8	袁永翠	女	副高	学士	武汉大学	知识管理与服务	
9	王宝济	男	副高	硕士	中国农业大学	数据分析与情报研究	中国农业工程学会农业工程情报信息专业委员会秘书长
10	贺玢	女	副高	硕士	中国农业大学	数据分析与情报研究	
11	徐伟	女	副高	硕士	中国农业大学	知识管理与服务	
12	师丽娟	女	副高	博士	中国农业大学	数据分析与情报研究	
13	孙会军	女	副高	博士	中国农业大学	科学计量与评价	
14	张红伟	男	副高	博士	北京师范大学	数据分析与情报研究	
15	周丽英	女	副高	博士	中国科学院大学	科学计量与评价	
16	周群	男	副高	博士	中国农业大学	科学计量与评价	
17	刘子瑜	男	副高	博士	北京大学	知识管理与服务	

三、人才培养

1. 培养方案

学位点根据中国农业大学研究生培养工作规定，以及《一级学科博硕士学位基本要求（国务院学位委员会第六届学科评议组编）》中的“图书情报与档案管理”学科硕士学位基本要求，提出了本学位点硕士生培养目标和学位授予标准，制定了详细具体的培养方案，开设课程与学位授予目标和学生能力培养目标对照关系见表 7-11。同时，学位点注意收集研究生培养过程中师生反馈的问题，及时进行深入研究，定期对培养方案进行梳理和修订，重点针对开题与中期考核环节的要求、考核方式、学术规范能力训练进行了不断完善。特别是在学位论文的开题报告环节，明确聘请校内外 5 名相关学科专家，针对选题的科学性、可行性进行充分讨论、指导以及严格把关；同时增加了以学位论文进展中期考核为目的的学术交流报告环节，不仅对培养学生的科研能力、学术交流能力与学术素养发挥了重要作用，而且促进了学位论文质量的提升。

为了增强学生对社会责任感和使命感的认识与切身体会，培养方案在实践环节设计了详细具体的图书馆情报业务工作实践内容，力图在实践中培养研究生的专业情怀，提高实际业务问题的处理和解决能力以及团队合作能力。

2. 课程设置

具体学科课程和培养环节对照见表专 3-4。

表专 3-4　图书情报与档案管理学科课程和培养环节对照表

课程类别	课程 / 环节名称	教学方式与方法	学位授予标准										
			学科知识	基本素质		基本能力							
				学术素养	学术道德	获取知识能力	科学研究能力	实践能力	学术交流能力	团队合作能力和组织管理能力	开题与综述规范	写作规范	论文质量
专业学位课	研究设计与方法	A+B+E+F	√	√	√	√	√	√	√	√	√	√	
	图书馆情报学理论	A+D+F	√	√	√	√	√		√				
	信息系统技术与应用	A+D+F	√	√	√	√		√	√	√			
	情报学方法与技术	D	√	√	√	√	√	√	√	√			
专业及跨学科选修课	信息组织	A+D+E+F	√	√	√	√	√	√	√	√		√	
	竞争情报	D+E	√	√	√	√		√	√			√	
	信息咨询	A+B+E	√	√	√	√		√	√	√		√	
	图书馆建设与服务	B+D+E	√	√	√	√		√	√			√	
	数据分析与可视化	D+E+F	√	√	√	√		√	√			√	
	专利信息挖掘	D	√	√	√	√		√	√				
	科技政策分析与评价	A+B+E+F	√	√	√	√	√	√	√			√	
	经典文献阅读（含专业英语）	A+B+E+F	√	√	√	√	√		√	√	√		
	图书馆情报学前沿	G+A+E	√	√	√	√	√		√	√	√	√	√
培养环节	开题报告		√	√	√	√	√		√		√	√	√
	实践教育		√	√	√	√	√	√		√			
	中期考核		√	√	√	√	√		√			√	√
	进展汇报		√	√	√	√	√		√			√	√

说明：教学方式与方法：A—小组研讨，B—案例教学，C—团队学习，D—实践研究，E—撰写报告，F—线上自学，G—专家讲座。

3. 课程教学

1）本学位点开设的核心课程及主讲教师

2013—2017年间，学位点按照二级学科制定培养方案，开设了11门核心课程，其中4门专业学位课，7门专业选修课。从2018年开始按一级学科宽口径设置课程，根据数据时代本学科发展趋势，新增数据分析与可视化、科技政策分析与评价、专利信息挖掘等能力培养课程。核心课程主讲教师均为图书馆各个业务部门的骨干力量，具有丰富的行业实践经验，在培养研究生实践能力方面具有明显优势。开课教师中具有博士学位者仅占46%、低于学校对导师队伍要求的70%比例；具有海外留学经历的教师占46%，高于学校对导师队伍要求的30%的比例（表专3–5）。

表专3–5 核心课程与主讲教师情况

课程类型	课程名称	主讲教师			
		姓名	职称	学历	海外留学经历
专业学位课	研究设计与方法	赵勇	正高	博士	有
	图书馆情报学理论	袁永翠	副高	学士	
	信息系统技术与应用	韩明杰	正高	学士	
	情报学方法与技术	陈仕吉	正高	博士	有
专业及跨学科选修课	信息组织	李晨英	正高	学士	有
	竞争情报	贺玢	副高	硕士	
	信息咨询	左文革	正高	硕士	
	图书馆建设与服务	徐伟	副高	硕士	
	数据分析与可视化	刘子瑜	中级	博士	有
	专利信息挖掘	周丽英	副高	博士	
	科技政策分析与评价	张红伟	副高	博士	
	经典文献阅读（含专业英语）	赵勇	正高	博士	有
	图书馆情报学前沿	潘薇	正高	学士	有

2）课程教学质量和持续改进机制

学位点专门进行了毕业生满意度调查，针对课程重点关注了毕业生对“课程设置、课程师资队伍配备、课程对提升自主学习能力的作用、课程教学内容与科研结合程度、方法训练、课程考试规范程度、教学内容前沿性”等7个方面的满意度。调研样本中2013—2017年毕业生有37人、95%的毕业生（总数39人）提供了有效答卷。结果显示，本学科教学效果满意度总体评分为81分，虽然高出本校硕士专业课教学效果满意度平均分17分（依据研究生院提供的满意度调查数据），但尚有很大提升空间。为此，针对图书馆学与情报学两个二级学科研究内容趋于融合的发展态势，以及本学位点具有一级学科学位授予权的情况，从2018年开始按图书情报与档案管理一级学科培养，将图书馆学和情报学基础理论、方法与技术、前沿等按知识体系进行了整合，消除了重复内容，针对本学科新的发展方向，补充了信息组织、专利分析、数据分析与可视化等重要专业基础知识和技术的教学内容，丰富了研究生的知识建构。与此同时，大力推动教学团队化管理模式的实施，推行混合式教学方式，将课程相关的实践内容作为实践教育环节重点，充实了实践教育内容，加强了学生解决实际问题的能力。

十余年来学科的发展获得了学校的大力支持，但是在人才引进、师资培训方面未受到合理对待，存在主讲教师的理论水平偏弱，学术研究能力有待提升的问题。因此，学位点采取请进来走出去的方法，通过邀请国内外专家来馆讲学、教师参加学术会议等形式，提升师资水平、提高教学质量。重点围绕研究生培养质量提升，建立健全课程质量保障制度，通过采取教师之间互相听课、交流经验，结课后师生座谈等多种措施，进一步提升教学质量、促进教改研究，努力建设若干门校级优质课程。

四、招生就业

1. 招生情况

2005—2017 年硕士招生总体情况见表专 3–6，共计招生 82 人，其中男生 17 人，女生 65 人，男女招生比例接近 1/4。2012—2017 年，图书馆学专业共计招生 14 人，占同期学科点招生比重近 28.6%。

2012 年 9 月首届图书馆学专业硕士研究生入学。

根据中国农业大学 2013 年接受推荐优秀应届本科毕业生免试攻读硕士学位研究生工作进度的安排，2012 年 10 月 8 日，进行了 2013 年推荐免试研究生复试工作，刘清水副馆长主持复试。学校经济管理学院农林经济管理专业 2 名推荐免试生参加了复试。复试本着“公开、公平、公正”和“差额录取”的原则，对考生的身心健康状态、思维敏锐程度、语言表达能力、科学精神、创新意识、基础知识、试验技能、逻辑思维能力以及综合分析能力、解决实际问题能力等方面进行全方位考核。最终录取静发冲与王超 2 名考生为学术型硕士研究生。

2014 年，招收图书馆学埃及留学生 1 名，在国际化办学方向上迈进了一步。

2018 年 9 月起，入学硕士研究生开始按一级学科招生与培养。

表专 3–6　2005—2019 年硕士招生汇总表

姓名	导师	入学时间	学科
赵　荣	潘薇	2005	
介　凤	左文革	2005	
周丽英	韩明杰	2006	
贺　玢	刘清水	2006	
杨　杰	王鲁燕	2006	
唐德勇	刘清水	2007	
武德银	潘薇	2007	
赵　静	左文革	2007	
臧　琳	韩明杰（主）李晨英（副）	2008	
杨国栋	李晨英（主）韩明杰（副）	2008	
姜　红	刘清水	2008	
宫玉雯	王鲁燕	2008	情报学
原顺梅	徐伟	2008	
郑艳萍	袁永翠	2008	
段文凯	韩明杰（主）李晨英（副）	2009	
李春秋	李晨英（主）韩明杰（副）	2009	
于　尧	刘清水	2009	
李　妍	潘薇	2009	
毛定娟	王鲁燕	2009	
张子倩	左文革	2009	
钟　芸	韩明杰（主）李晨英（副）	2010	
芦　姗	李晨英（主）韩明杰（副）	2010	
侯文非	潘薇	2010	
刘雪君	王鲁燕	2010	

续表专 3–6

姓名	导师	入学时间	学科
王昭琦	袁永翠	2010	情报学
李茂茂	左文革	2010	
邱条明	韩明杰（主）李晨英（副）	2011	
柳苏芸	何秀荣	2011	情报学
徐伟伟	刘清水	2011	
樊夏红	潘薇	2011	
闫欣欣	王鲁燕	2011	
王　虹	徐伟	2011	
周金莉	袁永翠	2011	
李大量	韩明杰（主）李晨英（副）	2012	
夏天鹏	李晨英（主）韩明杰（副）	2012	
肖昌君	刘清水	2012	
王雪荻	潘薇	2012	图书馆学
陈必值	王鲁燕	2012	情报学
郭亚宁	徐伟	2012	图书馆学
姜萌萌	袁永翠	2012	
郑　芳	左文革	2012	情报学
李倩楠	陈仕吉	2013	
王　超	韩明杰（主）李晨英（副）	2013	
静发冲	李晨英（主）韩明杰（副）	2013	
曹丽慧	刘清水	2013	
陈丽萍	王鲁燕	2013	
杨茗溪	徐伟	2013	图书馆学
杨　杰	袁永翠	2013	
华　萌	左文革	2013	情报学
关智远	陈仕吉	2014	
张灵阁	韩明杰	2014	
万　坤	李晨英（主）韩明杰（副）	2014	
田子方	刘清水	2014	
Samaa Zafran	潘薇	2014	图书馆学
卫昕欣	潘薇	2014	
陈　曦	王鲁燕	2014	情报学
吴　珂	徐伟	2014	图书馆学
田二琴	左文革	2014	情报学
陈　晨	陈仕吉	2015	
李　冬	韩明杰	2015	
闫　宁	贺玢	2015	
魏一品	李晨英	2015	
封志广	潘薇	2015	图书馆学
朱　坚	袁永翠	2015	

续表专 3–6

姓名	导师	入学时间	学科
高思嘉	赵勇	2015	情报学
韩　桐	左文革	2015	
陈　雨	李晨英	2016	
崔晓彤	赵勇	2016	
崔遵康	左文革	2016	
贺　颖	贺玢	2016	
贾文吉	王宝济	2016	
雷天骄	王鲁燕	2016	
胡晓莉	徐伟	2016	图书馆学
张华阳	袁永翠	2016	
张茜晴	韩明杰	2017	
祝金晶	袁永翠	2017	
彭艳芳	陈仕吉	2017	情报学
宋东桓	李晨英	2017	
刘怡汝	孙会军	2017	
靳　彤	张红伟	2017	
李友轩	赵勇	2017	
何　枭	周群	2017	
柴嘉琪	陈仕吉	2018	图书情报与档案管理
郭丽娜	周群	2018	
韩佳燕	赵勇	2018	
黄　源	李晨英	2018	
刘　懿	周丽英	2018	
刘志斋	左文革	2018	
杨贺贺	刘子瑜	2018	
袁子晗	张红伟	2018	
周　彤	师丽娟	2018	
杜朋东	袁永翠	2019	
常镠镠	师丽娟	2019	
秦亚琪	王宝济	2019	
崔理华	张红伟	2019	
冯靖雯	赵勇	2019	
施栩婕	李晨英	2019	
罗　猛	刘子瑜	2019	
李晓敏	周丽英	2019	
张建东	左文革	2019	
秦　晴	孙会军	2019	
李星琛	周群	2019	
法　慧	左文革	2019	

2. 就业情况

1）毕业生整体就业情况良好

从毕业生的就业单位分布来看，有近 40% 的毕业生在高等教育单位工作，人数最多。在高等教育单位、党政机关、其他事业单位和科研设计单位就业的人数达到了 54%。另外，在国有企业就业人数占比为 25.93%。可以看出本学位点毕业生整体就业情况良好（图专 3–2）。

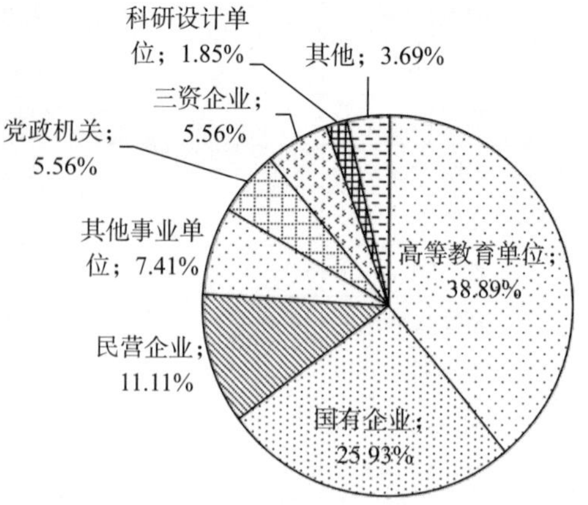

图专 3–2 毕业签约单位类型分布

2）北京就业接近 60%，北京和东部地区就业共计接近 90%

从毕业生就业单位地域分布来看，有接近 60% 的毕业生都留在了北京市，其次是东部地区，就业人数接近 30%。在北京市和东部地区就业的共计接近 90%（表专 3–7）。

3）毕业生对自己的就业比较满意

毕业后学生的工作基本保持稳定，其中有 72% 的学生没有更换过工作，有近 20% 的人更换了 1 次工作，在一定程度上说明毕业生对自己的就业比较满意，这也和后面的就业满意度调查的结果相吻合（表专 3–8）。

表专 3–7 毕业签约单位地域分布

毕业生就业地区	小计	比例
北京市	32	59.26%
东部地区（天津、河北、辽宁、上海、江苏、浙江、福建、山东、广东和海南）	16	29.63%
中部地区（山西、内蒙古、吉林、黑龙江、安徽、江西、河南、湖北、湖南和广西）	2	3.7%
西部地区（四川、贵州、云南、西藏、陕西、甘肃、青海、宁夏和新疆）	4	7.41%
有效调查人次	54	

表专 3–8 学生毕业后更换工作情况

选项	小计	比例
未更换	39	72.22%
1 次	10	18.52%
2 次	1	1.85%
2 次以上	4	7.41%
有效调查人次	54	

五、学术研究

1. 项目与成果

近年来，本学科点教师在研项目共计 51 项，项目来源于国家、部委以及校外科研机构或企业的委托课题。其中，国家级课题 2 项，省部级课题 7 项，累计到账经费 471.2 万元（省部级以上纵向课题经费 128.5 万元），本学位点教师人均承担课题经费 27.7 万元。每年度立项项目数量及其经费总额和平均项目经费数量分布见表专 3-9、图专 3-3。

表专 3-9 2013—2019 年科研项目及成果总体情况

类别	年度						
	2013	2014	2015	2016	2017	2018	2019
年度科研经费总额 / 万元	44	66.8	81.7	59.5	78.7	43	59.2
发表学术论文总数 / 篇	30	24	19	20	18	16	12
出版学术专著 / 部	2	2	2	1	0	0	4

2013—2019 年，主持国家社会科学基金项目 2 项，教育部人文社会科学研究课题 2 项；师均经费 20.94 万元，师均论文 5 篇，师均专著 0.44 部。科研项目清单见表专 3-10。

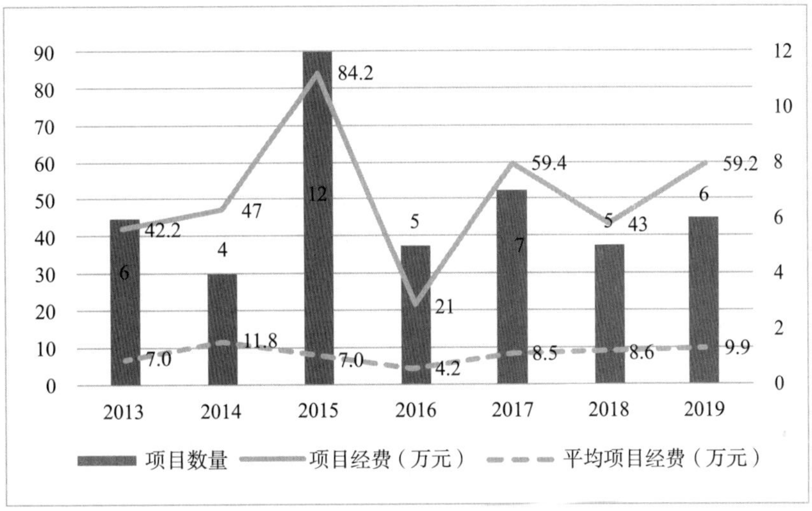

图专 3-3 2013—2019 年度立项科研项目数量、经费总额以及平均项目经费分布

表专 3-10 2013—2019 年科研项目清单

序号	项目来源	项目级别	项目、课题名称	项目负责人
1	国家社会科学基金	国家级	跨学科研究影响力的计量分析研究	陈仕吉
2	全国教育科学规划课题	国家级	高等教育评估的网络治理机制研究	张红伟
3	北京市	省部级	大学综合试验站孵化器基地建设与高校农技推广模式研究	赵勇
4	其他研究项目	省部级	油料作物市场、贸易及产业政策研究	赵勇
5	国家现代农业产业技术体系：大豆体系	省部级	国家现代农业产业技术体系——大豆产业经济	赵勇
6	教育部人文社会科学研究项目	省部级	基于重叠结构的学科交叉演化研究	陈仕吉
7	教育部	省部级	农业高校原版电子图书 / 教材建设研究	徐伟
8	教育部人文社会科学研究项目	省部级	引用内容分析视角下科学家的学术传承研究	赵勇
9	其他研究项目	省部级	中国主要农产品成本价格的国际竞争力研究	赵勇
10	国家外专局	横向	农业古籍资源保护与利用合作研究	潘薇
11	大北农教育基金	横向	《中国农业文摘：农业工程》刊库结合研究	刘清水

续表专 3–10

序号	项目来源	项目级别	项目、课题名称	项目负责人
12	中国农业科学院农业环境与可持续发展研究所	横向	农村生活垃圾处理状况数据调查研究	王宝济
13	北京市海淀区文化委员会	横向	高校图书馆为驻区服务及模式研究	王鲁燕
14	北京市农林科学院	横向	基于专利的分子育种领域国际发展态势分析	周丽英
15	山东种子总公司	横向	现代种业企业走出去战略研究	贺玢
16	农业部农业贸易促进中心	横向	主要生产国重要农产品生产成本比较	赵勇
17	中国农业机械化科学研究院	横向	农业机械化文献数据库建设研究	王宝济
18	大北农教育基金	横向	农业学科群中交叉领域探测及分析研究	陈仕吉
19	大北农教育基金	横向	基于 ESI 的中国农业大学学科发展研究	左文革
20	中国农业出版社	横向	《农业信息检索与利用》数字教育资源建设研究	左文革
21	大北农教育基金	横向	《中国农业文摘：农业工程》质量提升研究	刘清水
22	北京市农林科学院	横向	农业领域发展态势分析	周丽英
23	大北农教育基金	横向	全国农科专家学者信息库建设研究	徐伟
24	国家外专局	横向	农业高校学者信息库建设研究	潘薇
25	中国农业机械化科学研究院	横向	合作共建农业机械化文献数据库	王宝济
26	ISTIC–ELSEVIER 期刊评价研究中心	横向	跨学科领域合作研究态势和学术成果的影响力研究	赵勇
27	大北农教育基金	横向	《高校与学科发展》电子期刊建设研究	李晨英
28	中国农业机械化科学研究院	横向	合作共建农业机械化文献数据库	王宝济
29	科学技术部科技经费监管服务中心	横向	主要国家科研诚信治理的法律法规梳理与对比分析	赵勇
30	农业部农业贸易促进中心	横向	中国主要农产品国际竞争力研究	赵勇
31	中国科学技术信息研究所	横向	全球学术期刊出版信誉基础调查研究	赵勇
32	科学技术部科技经费监管服务中心	横向	中国与科技发达国家科研诚信分层治理策略比较研究	赵勇
33	中国农业机械化科学研究院	横向	合作共建农业机械化文献数据库 2018	王宝济
34	北京天辰云农场有限公司	横向	农机化大辞典编制研究	贺玢
35	教育部中国高等教育文献保障系统（CALIS）	横向	CALIS 联合目录日文书目数据库建设研究	韩明杰
36	中国科学技术信息研究所	横向	科研项目同行评议专家的信用评价与信用管理研究	赵勇
37	中国科学技术信息研究所	横向	基于科学计量的国家实验室评价与分析	周群等
38	其他研究项目	横向	国内外主要科研机构的科研诚信制度化建设研究	赵勇
39	其他研究项目	横向	颠覆性技术非常规评价研究	赵勇
40	中国科学技术信息研究所	横向	以专利计量为核心的技术创新人才多元识别方法研究——以生物医学领域为例	师丽娟
41	其他研究项目	横向	云南省高原草畜产业核心竞争力研究	曹元
42	中央高校基本科研业务费	校级	基于 WoS 的中国农业大学学科发展评价研究	周群
43	中央高校基本科研业务费	校级	基于 ESI Research Fronts 的一流学科前沿性评测	周群
44	中央高校基本科研业务费	校级	基于文献计量的中国农业大学学科评价与监测	孙会军
45	中央高校基本科研业务费	校级	我校大学战略规划监控方案研究	张红伟
46	中央高校基本科研业务费	校级	院校研究支持高校决策	张红伟

续表专 3-10

序号	项目来源	项目级别	项目、课题名称	项目负责人
47	中央高校基本科研业务费	校级	基于文献计量的中国农业大学学科评价研究	周群
48	中央高校基本科研业务费	校级	新时代背景下一流大学学科竞争力研究	周丽英
49	其他研究项目	校级	核心通识课“文献检索”建设	袁永翠
50	其他研究项目	校级	引导专项—学院建设—研究生	张红伟
51	中国农业大学基本科研业务费专项资金	校级	学校“十四五”科技发展情报研究	左文革

2. 发表的论文

学科点近年来在科研评价、机构合作与跨学科行为研究方面形成一定优势，2013—2019 年累计发表中英文学术论文 112 篇（师均 6.6 篇），他引次数累计 345 次、篇均 3.1 次。其中，学校科研院认定的 SCI、SSCI、EI、CSCD、CSSCI 等权威期刊论文 61 篇（师均 3.6 篇）；研究生以第一作者身份发表论文 52 篇、占发文总量的 46%，CSSCI 收录论文 19 篇，中文核心期刊论文 9 篇，每年度发表学术论文数量与类型分布见图专 3-4、表专 3-11。同时还出版了 11 部著作。

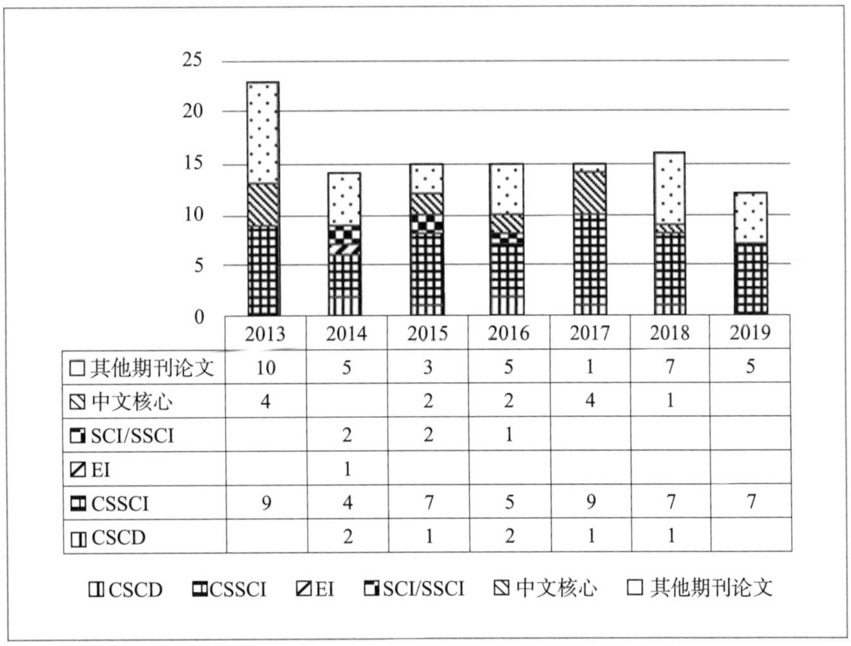

	2013	2014	2015	2016	2017	2018	2019
其他期刊论文	10	5	3	5	1	7	5
中文核心	4		2	2	4	1	
SCI/SSCI		2	2	1			
EI		1					
CSSCI	9	4	7	5	9	7	7
CSCD		2	1	2	1	1	

图专 3-4　2013-2019 年度导师与研究生发表学术论文数量与类型分布

本学科具有鲜明的实践导向，强调成果转化与实际应用。本学科点相关研究成果为全国图书馆的日文联机编目、中国农业大学机构知识库建设、学科咨询服务等工作奠定研究基础，起到了良好的成果转化作用。学位点长期以来为学校科研管理、行政决策提供信息分析服务，并积极配合学校与学科发展需求，提供学科分析与人才队伍评价等情报分析研究报告，为学校发展规划、行政管理、科研评价等决策参考提供了重要的支撑作用；主办的开放获取电子期刊《高校与学科发展》受到 50 多所高校领导和学科带头人的好评，主办的学术期刊《中国农业文摘—农业工程（ISSN 1002-5103）》质量正在稳步提升。经教育部第四轮学科评估，本学位点被评为 C^-，是由图书馆承担学科建设工作的学位点中唯一上榜的，本学科的整体学术水平和科研能力得到了同行的认可。

表专 3-11　2013—2019 年发表学术论文清单

序号	论文名称	第一作者	发表年份	发表刊物名称	收录
1	Telling data: The accountancy record of a Chinese farmer	Zhao，Yong	201403	*NJAS-WAGENINGEN JOURNAL OF LIFE SCIENCES*	SSCI 期刊影响因子 1.143
2	A comparison of disease severity measurements using image analysis and visual estimates using a category scale for genetic analysis of resistance to bacterial spot in tomato	Sun，Huijun	201405	*EUROPEANJOURNALOFPLANTPATHOLOGY*	SCI 期刊影响因子 1.49
3	Exploring the interdisciplinary evolution of a discipline: The case of biochemistry and molecular biology	Chen，Shiji	201502	*SCIENTOMETRICS*	SSCI 期刊影响因子 2.084
4	Are Top-Cited Papers More Interdisciplinary?	Chen，Shiji	201512	*JOURNALOFINFORMETRICS*	SSCI 期刊影响因子 2.373
5	Characteristics of research collaboration in biotechnology in China: evidence from publications indexed in the SCIE	Zhao，Yong	201606	*SCIENTOMETRICS*	SCI/SSCI 期刊影响因子 2.147
6	Research profiling of soil pollution from 2000 to 2013	Zhou，Liying	201404	*ADVANCESINENVIRONMENTALTECHNOLOGIESIII*	EI
7	国内外 6 所涉农高校的科研绩效研究——基于 WoS 论文视角的比较	孙会军	201402	中国农业大学学报	CSCD
8	基于主题共现的土壤学研究态势分析	周丽英	201404	中国农业大学学报	CSCD
9	基于共词与社会网络分析的国际植物营养学发展态势研究	周丽英	201512	中国农业科技导报	CSCD
10	基于科学计量的中国农业工程研究热点探析	师丽娟	201610	农业工程学报	CSCD
11	世界高水平涉农大学科研现状的信息计量分析	赵勇	201612	中国农业大学学报	CSCD
12	生物科学研究前沿演进时序分析	周群	201704	中国科学院院刊	CSCD
13	走向卓越：从国际顶尖期刊看中国生命科学研究的发展动态	李友轩	201903	中国农业大学学报	CSCD
14	高校重点学科学术影响力的计量评价研究	陈仕吉	201301	情报杂志	CSSCI
15	从高水平国际论文看我国前沿科技的自主创新能力	赵勇	201302	中国科技论坛	CSSCI
16	论高等教育评估的民主化策略	张红伟	201307	国家教育行政学院学报	CSSCI
17	基于百分位数的文献计量指标研究综述	周群	201307	现代图书情报技术	CSSCI
18	基于期刊的作者共现在学科用户研究中的应用	周丽英	201310	图书与情报	CSSCI
19	科技查新合同规范化研究	孙会军	201310	图书馆工作与研究	CSSCI
20	浅议 360 度反馈评价在学科馆员绩效考核中的应用	周群	201312	图书馆理论与实践	CSSCI
21	基于文献计量的国内外图书馆评价研究比较	赵勇	201403	图书馆建设	CSSCI
22	基于文本挖掘的美国 NSF 生物科学部新兴前沿项目主题分析	静发冲	201412	现代情报	CSSCI
23	中国农业工程学科之演化与转型	师丽娟	201505	中国农业大学学报（社科）	CSSCI

续表专 3-11

序号	论文名称	第一作者	发表年份	发表刊物名称	收录
24	期刊排名对跨学科研究评价的影响研究	李倩楠	201505	情报杂志	CSSCI
25	中外高水平涉农高校的学科结构特征比较	赵勇	201505	情报杂志	CSSCI
26	引文耦合增强的共词分析方法改进研究——以 ESI 农业科学研究主题划分为例	周丽英	201511	情报理论与实践	CSSCI
27	澳大利亚科研评价体系的演变、特点与启示	赵勇	201512	中国科技论坛	CSSCI
28	基于重叠结构的跨学科链接探测与分析	陈仕吉	201609	图书情报工作	CSSCI
29	基于政策文本计量的中小企业政策体系研究	赵勇	201611	中国科技论坛	CSSCI
30	基于创新团队的专利组合识别方法研究	周丽英	201611	情报理论与实践	CSSCI
31	英澳新三国高等学校科研评价体系的比较及启示	张灵阁	201701	中国科技论坛	CSSCI
32	从国家首批重点研发计划看高校的科研隐忧与发展策略	张红伟	201704	科学管理研究	CSSCI
33	我国卓越高校智库的人才结构、聚焦主题与传播渠道	赵勇	201704	情报杂志	CSSCI
34	见微知著：一位优秀科学计量学家采用的研究方法之分类编码分析	赵勇	201705	情报学报	CSSCI
35	追根溯源：优秀科学计量学家引用的重要文献识别及引用内容特征研究	赵勇	201711	情报学报	CSSCI
36	“十三五”期间我国一流高校国际化发展的应对策略	张红伟	201712	国家教育行政学院学报	CSSCI
37	跨学科知识交流研究综述	关智远	201603	情报杂志	CSSCI
38	建立服务可扩展型机构知识库方法探索	李晨英	201403	现代图书情报技术	CSSCI
39	瑞典 FOKUS 科研质量评价框架特征分析及启示	万坤	201610	科技管理研究	CSSCI
40	我国高校英文科技期刊国际传播影响因素研究——以部分重点高校为例	卫昕欣	201701	中国科技期刊研究	CSSCI
41	美国高校图书馆开展 MOOC 服务的实践及启示	杨杰	201410	图书馆学研究	CSSCI
42	美国公共图书馆 MOOC 服务实践及启示	杨杰	201501	图书馆建设	CSSCI
43	美国图书馆创客空间用户协议内容分析及启示	朱坚	201703	图书馆建设	CSSCI
44	基于 ESI 的学术影响力指标测度方法与实证	陈仕吉	201301	图书情报工作	CSSCI
45	基于百分位数指标的个人科研绩效评价研究	郑芳	201312	科研管理	CSSCI
46	多学科期刊论文学科划分方法研究	华萌	201505	情报杂志	CSSCI
47	国内外掠夺性期刊研究现状与展望	袁子晗	201911	中国科技期刊研究	CSSCI
48	主路径分析方法研究进展	刘懿	201910	数字图书馆论坛	CSSCI
49	转型中的科学、技术和创新指标——从 STI 2018 年会论文看科学计量学研究当前热点与动态	王群	201907	情报理论与实践	CSSCI
50	欧美高校图书馆空间规划演变及启示	师丽娟	201903	图书馆建设	CSSCI
51	我国 42 所大学科研诚信教育状况实证分析	袁子晗	201903	科学与社会	CSSCI

续表专 3-11

序号	论文名称	第一作者	发表年份	发表刊物名称	收录
52	美国高端智库的政策专家储备及其人才吸引机制研究——以兰德公司为例	韩佳燕	201903	情报杂志	CSSCI
53	42 所在建世界一流大学学科群布局及对接国家战略的分析	袁子晗	201812	科学管理研究	CSSCI
54	“一带一路”教育研究图景（2014—2017）——学者、机构、文献与主题	刘子瑜	201809	教育学术月刊	CSSCI
55	连接现实和虚拟世界中的人和信息——2017 年 ASIS&T 年会综述	周群	201807	图书情报知识	CSSCI
56	“黄禹锡事件”后韩国科研诚信的治理特征与启示	李友轩	201806	科学与社会	CSSCI
57	中美知名高校零被引学术论文特征的比较研究——以中国“C9 高校”和美国“常青藤高校”为例	李友轩	201805	情报杂志	CSSCI
58	基于学科前沿性视角的科研机构评测研究与实证	周群	2018	现代情报	CSSCI
59	基于科技媒体视角的研究前沿识别方法研究与实证	周群	201804	现代情报	CSSCI
60	论文被引频次标准化方法研究进展	周群	201802	情报科学	CSSCI
61	国内外科研诚信的内涵演进及其研究热点分析	陈雨	201707	中国科学基金	CSSCI/CSCD
62	简析我国网页归档项目对档案馆工作的启示	姜萌萌	201308	兰台世界	中文核心
63	清朝时期档案损毁与流失原因分析	姜萌萌	201325	兰台世界	中文核心
64	我国与国际园艺学科 SCI 论文数量与质量的比较	孙会军	201316	北方园艺	中文核心
65	我国园艺学领域研究热点与前沿可视化分析	孙会军	201324	北方园艺	中文核心
66	基于文献计量的国内外专利引文分析比较研究	王超	201502	数字图书馆论坛	中文核心
67	农业机械化术语数据库论坛功能的设计与实现	曹丽慧	201502	世界农业	中文核心
68	全球主要小麦研究机构的国际学术影响力比较分析	魏一品	201609	世界农业	中文核心
69	中国术语数据库研究进展与建立服务可扩展型机构知识库方法探索趋势分析	闫宁	201612	世界农业	中文核心
70	微博平台下公共图书馆与综合档案馆信息服务对比研究	雷天骄	201703	档案管理	中文核心
71	高校人文社会科学科研奖励办法比较	张红伟	201703	高教发展与评估	中文核心
72	全球主要水稻研究机构的国际学术影响力比较分析	魏一品	201705	世界农业	中文核心
73	国外高校图书馆参与数字出版的角色定位	张华阳	201712	数字图书馆论坛	中文核心
74	我国高等教育评估网络治理动力机制初探	张红伟	201812	内蒙古师范大学学报（教育科学版）	中文核心
75	图书馆传统文献的保存和保护问题分析及解决策略	潘薇	2013.11	知识管理论坛	其他期刊论文
76	面向知识组织的术语数据库词间关系构建研究——以农业机械化术语数据库为例	徐伟伟	201305	标准科学	其他期刊论文

续表专 3-11

序号	论文名称	第一作者	发表年份	发表刊物名称	收录
77	浅析高校图书馆人力资源管理	闫欣欣	201306	农业图书情报学刊	其他期刊论文
78	农业高校合作申请专利特征分析	樊夏红	201308	情报探索	其他期刊论文
79	基于 LibGuides 的信息素养教育平台调研分析	周金莉	201309	新世纪图书馆	其他期刊论文
80	高校图书馆与院系情报学研究方向与课程设置的比较	孙会军	201310	农业图书情报学刊	其他期刊论文
81	图书情报学领域博士生导师 h 指数分析	周金莉	201311	情报探索	其他期刊论文
82	“四库分类法”和“中图法”对古籍文献分类的局限与关联探讨	王雪荻	201401	四川图书馆学报	其他期刊论文
83	欧美发达国家农业工程学科发展规律与趋势	师丽娟	201402	中国农机化学报	其他期刊论文
84	B2C 电子商务网站品类管理实证研究	陈必值	201407	电子商务	其他期刊论文
85	微信在高校图书馆信息服务中的应用	肖昌君	201409	情报探索	其他期刊论文
86	中国网络信息计量学研究文献的定量分析	曹丽慧	201410	农业图书情报学刊	其他期刊论文
87	Web2.0 环境下文献管理软件的功能演进分析	周群	201508	兰台世界	其他期刊论文
88	国内外高校图书馆馆员学术影响力对比分析	田二琴	2015S2	图书情报工作	其他期刊论文
89	内外兼修：美国高校智库的发展特点及其话语权提升之策浅析高校图书馆人力资源管理	赵勇	201602	智库理论与实践	其他期刊论文
90	全球玉米相关研究机构的国际学术影响力比较分析	李晨英	201603	中国农业文摘—农业工程	其他期刊论文
91	基于 Web of Science 的农业工程学科研究影响力分析	王宝济	201606	中国农业文摘—农业工程	其他期刊论文
92	美国高校智库的发展特点及其话语权提升之策	赵勇	201607	社会科学文摘	其他期刊论文
93	中日一流大学人员结构比例的比较分析	张红伟	201612	大学（研究版）	其他期刊论文
94	2016 年农业工程学科学术论文统计分析	贾文吉	201702	中国农业文摘—农业工程	其他期刊论文
95	图书馆传统文献的保存和保护问题分析及解决策略	潘薇	201311	知识管理论坛	其他期刊论文
96	农业高校合作申请专利特征分析	樊夏红	201308	情报探索	其他期刊论文
97	2012 年中国互联网信息服务百强企业的专利分析	邱条明	201311	情报探索	其他期刊论文
98	我国图书馆学研究生培养机构的 h 指数评价研究	杨茗溪	201503	咸阳师范学院学报	其他期刊论文
99	“一带一路”倡议对中国与沿线国家科技合作的影响	李红军	201912	农业图书情报	其他期刊论文
100	非专利引文在“科学—技术”关联研究中的应用和方法研究综述	刘怡汝	201904	农业图书情报	其他期刊论文
101	基于科技文献的农业工程学科发展报告（2018）	王宝济	201903	中国农业文摘—农业工程	其他期刊论文
102	美国图书馆开展青少年性教育服务的实践与启示	祝金晶	201903	兰台内外	其他期刊论文
103	论“四位一体”大学战略规划制定模式的建构、实践解读及现实指引	张红伟	201902	大学（研究版）	其他期刊论文

续表专 3–11

序号	论文名称	第一作者	发表年份	发表刊物名称	收录
104	政策文本计量视角下我国科研诚信治理的特征与启示	靳彤	201812	情报工程	其他期刊论文
105	基于科技文献的农业工程学科发展报告（2017）	王宝济	2018	中国农业文摘—农业工程	其他期刊论文
106	基于专利的禾谷类作物种子技术创新分布结构研究	崔遵康	2018	中国农业文摘—农业工程	其他期刊论文
107	“双一流”建设关键问题政策文本分析	陈雨	201802	情报工程	其他期刊论文
108	我国查收查引服务研究可视化分析	贺颖	201802	电脑知识与技术	其他期刊论文
109	基于社群合作的图书馆服务新模式：FOLIO	胡晓莉	201802	电脑与电信	其他期刊论文
110	《中国农业文摘—农业工程》载文分析（2017 年）	王宝济	201803	中国农业文摘—农业工程	其他期刊论文

注：1. 本表数据为 2013 年 1 月 1 日至 2019 年 12 月 31 日期间发表的学术论文，且第一作者或通讯作者为学校教师或学生的论文。
2. “收录类型”分为：“SCI、EI、SSCI、CSCD、CSSCI”等，若某篇论文同时被多个数据库收录，“收录类型”栏中仅填写了其中一种。
3. “期刊影响因子”为文章发表年度，论文为 WoS（Web of Science）中的“期刊影响因子”。

六、学科特色

学位点在第四次学科评估中是由图书馆承担学科建设的唯一入榜学位点，在 10 余年间取得了一定的成绩，保持了良好的发展势头。

1）科学研究方面

本学科研究人员先后获得国家社会科学基金、教育部人文社会科学基金、北京市优秀人才等荣誉和奖励，参加了国家科技支撑计划在内的多个国家级重点科研项目。

2）人才培养方面

培养的研究生有 5 人获得国家奖学金，并有 2 人获得校级优秀硕士学位论文，毕业生 60.5% 就职于中国科学院、上海交通大学、南开大学等国内知名高校和科研机构以及党政机关等部门，90% 在北京、上海、天津等东部地区工作，工作态度和业务能力受到用人单位好评。此外，来华留学研究生教育推进了本学位点的国际化发展。

3）社会服务方面

创办了《高校与学科发展》季刊，拓展了学位点的信息服务范围，提升了学科点对科技决策支撑的能力，该刊信息和分析质量得到读者的普遍称赞。

4）国际合作方面

与加拿大蒙特利尔大学、荷兰瓦赫宁根大学建立了固定的合作关系，已在国际高水平期刊上合作发表 SCI/SSCI 论文 5 篇。同时，与美国康奈尔大学、加拿大圭尔夫大学、澳大利亚悉尼大学等多个国外知名大学图书馆保持长期的学术联系，多名教师进行了互访交流。

（本专题由师丽娟执笔）

专题四 以用户为基础，以质量求发展

——中国农业大学查新工作发展历程

一、查新工作的发展

我国科技查新工作始于1985年，在此之前，对科技成果的评价方法主要采取两种，即同行专家评议和实践检验。1985年《中华人民共和国专利法》的实施，对开展科技查新工作起到了积极引导和推动作用。从1987年开始，科技情报信息机构凭借着自己丰富的情报信息资源、现代化的检索手段，以及具有一定水平和经验的人员力量等优势，开展了大量的科技查新咨询工作，服务范围也在逐步扩大。

为使科技查新咨询工作健康发展，进一步加强对查新工作的宏观管理，不断提高查新工作的水平和质量，更好地适应科技立题和成果管理的要求，国家科委于1990年10月发出了（90）国科发情字800号文，即“关于推荐第一批查新咨询科技立题及成果管理的情报检索单位的通知”。通知发出后，受到科技情报信息界及科技管理部门的极大重视，科技查新咨询工作迈上了一个新台阶。可以说，800号文是科技查新咨询工作步入正规化的一个重要标志。

1990年原北京农业工程大学图书馆即开始科技查新工作，1990年12月完成了第一份查新报告，该查新项目由北京农业工程大学机械化博士点委托，项目名称是“谷物干燥仿真及工艺的研究”。

1995年，农业部发了农（科果）字第113号文件，把全国37个单位，包括农业大学及与农业相关的研究所确定为农业部第一批查新检索单位，北京农业工程大学图书馆和北京农业大学文献情报中心（隶属于北京农业大学图书馆）都位列其中。1995年9月，北京农业工程大学和北京农业大学合并成立中国农业大学，原北京农业工程大学图书馆和北京农业大学图书馆分别更名为中国农业大学东区图书馆和中国农业大学西区图书馆。作为农业部部级查新单位的东区图书馆和西区图书馆除可承担农业部系统内科研课题的查新外，还是国家一级查新单位——中国农科院文献信息中心（由国家科委授权认定，可承担任何学科领域课题的查新，加盖其查新专用章的查新报告在各大部委均得到承认）下设的查新点，可独立完成农业工程及相关学科课题的查新，由东区图书馆出具查新报告，经农科院信息中心审查合格后加盖信息中心的查新专用章生效。此外，还与北京科技经济信息联合中心（主管北京市科委系统科研课题查新工作的单位）建立了正式协作关系，可承担北京市科委系统科研课题的查新工作。

为充分发挥高校图书信息情报职能，发挥高校的科技信息咨询服务优势，为科学研究提供优质的情报服务，教育部于2003年11月开始了教育部部级科技查新工作站的认定工作，2002年东、西区图书馆已经实质性合并，合并后的中国农业大学图书馆成为教育部认定的首批教育部部级29所科技查新工作站之一，且成为全国第一个农学类教育部部级科技查新工作站，编号NO1，设立教育部部级科技查新工作站的通知（第一批）教技发函〔2003〕24号。至此，中国农业大学科技查新站查新工作在信息资源保障、查新队伍人才建设、信息化管理、质量控制等方面都有了飞跃性的发展。1990年查新工作开始之初查新检索以使用手工检索工具为主，10年后的2000年以手工工具、光盘数据库结合少量的网络文献数据库作为检索工具完成查新检索，发展到现在，已具备全面丰富的国内外农业及相关文献数据库资源，并在文献信息资源共建共享、馆际互借、文献传递方面取得长足的进展。

二、查新数据

近30年来，共完成国家级、省部级等科技查新项目4326项，课题专业涉及生物、农学、园艺、植保、畜牧、兽医、农业工程、轻工食品、林业、水产、机电等。1990—1994年是北京农业工程大学图书馆及北京农业大学文献情报中心科技查新工作的起步探索阶段，这一阶段北京农业工程大学图书馆探索性地完成查新项目28项，其中校内查新19项，占查新总量的68%，国内外查新26项，占查新总量的93%；北京农业大学文献情报中心完成查新项目71项。1995—2002年成为农业部正式授权的查新单位后，中国农业大学东区图书馆完成查新项目129项，其中校内查新61项，占查新总量的47%，国内外查新89项，占查新总量的69%；中国农业大学西区图书馆完成查新项目371项。2003—2018年作为教育部的首批科技查新工作站共完成查新项目3737项，其中校内查新1913项，占查新总量的51%，国内外查新2629项，占查新总量的70%。

查新项目综合统计情况见表专4–1、表专4–2、表专4–3。

表专4–1　1990—2002年查新数量列表

年份	数量	年份	数量
1990	1	1997	24
1991	21	1998	34
1992	17	1999	20
1993	17	2000	30
1994	33	2001	217
1995	37	2002	109
1996	29	合计	589

说明：1998年农业包括农业工程、农学、植保、园艺、林业、畜牧、兽医、水产。

表专4–2　1995—2002年查新项目分类表

类别	年份								
	1995	1996	1997	1998	1999	2000	2001	2002	合计
农业	22	13	13	13	11	13	160	56	301
生物	1	1	0	0	2	0	10	8	22
食品	2	2	1	2	0	7	21	24	59
机械	7	5	3	4	2	6	11	7	45
电气	3	2	0	2	1	0	2	4	14
水利工程	1	2	1	3	1	1	3	4	16
其他	1	4	6	10	3	3	10	6	43
合计	37	29	24	34	20	30	217	109	500

注：其中农业包括农业工程、农学、植保、园艺、林业、畜牧、兽医、水产

表专4–3　2003—2018年查新项目统计表

年度	查新总量	服务对象		查新类别	
		校内	校外	国内	国内外
2003	134	94	40	19	115
2004	119	71	48	21	98

续表专 4-3

年度	查新总量	服务对象		查新类别	
		校内	校外	国内	国内外
2005	180	94	86	48	132
2006	411	245	166	77	334
2007	255	150	105	66	189
2008	302	153	149	73	229
2009	286	157	129	68	218
2010	393	200	193	142	251
2011	331	155	176	125	206
2012	343	160	183	94	249
2013	286	140	146	85	201
2014	178	74	104	70	108
2015	154	70	84	48	106
2016	138	54	84	61	77
2017	106	40	66	53	53
2018	121	56	65	58	63
合计	3737	1913	1824	1108	2629

三、查新队伍

30 年来，信息服务人才队伍建设取得了较大进展，先后培养出 36 位各相关学科背景的查新人员，先后有 17 人参加教育部科技发展中心组织的科技查新培训，2 人参加国家科技查新人员业务培训，8 人参加教育部科技发展中心组织的查新审核员培训。刘清水、潘薇、左文革先后为教育部查新站的评审专家。1990 年仅有 7 人从事查新工作，2019 年有农业及相关学科背景的专职及兼职人员为 22 人。在此基础上，为做好专利信息分析，积极培训并储备专利分析人员。

北京农业工程大学图书馆第一任查新工作负责人是刘清水副馆长，第一份查新报告是由包玉英副教授完成。北京农业大学文献情报中心第一任查新工作负责人是魏和平主任，第一份查新报告由魏和平和王淑凤共同完成。2003 年批准的中国农业大学教育部部级科技查新工作站先后由张权、潘薇、左文革担任工作站的负责人。

查新队伍基本情况见表专 4-4、表专 4-5。

表 4-4 从事查新工作的专职及兼职人员

序号	姓名	学位	职称	专业	起始时间
1	左文革	硕士	研究馆员	果树学	2001—
2	袁永翠	学士	副研究馆员	图书情报	1991—
3	乔春晓	学士	副研究馆员	机械设计	2000—
4	王淑凤	学士	副研究馆员	果树学	1989—
5	焦艳平	硕士	副研究馆员	农学	1997—
6	陈仕吉	博士	研究馆员	图书馆学	2004—
7	王晓兰	学士	副研究馆员	林机设计与制造	1999—

续表专 4–4

序号	姓名	学位	职称	专业	起始时间
8	王利萍	学士	副研究馆员	食品工程	2002—
9	姜雪琴	硕士	副研究馆员	材料科学与工程	2002—
10	郜向荣	硕士	馆员	图书情报	2011—
11	杜璟	博士	副研究馆员	农业工程	2011—
12	孙会军	博士	副研究馆员	蔬菜学	2003—
13	赵锦辉	硕士	馆员	科技管理	2004—
14	周丽英	博士	副研究馆员	情报学	2003—
15	周群	博士	副研究馆员	生物学	2012—
16	赵勇	博士	研究馆员	农村发展与管理	2010—
17	师丽娟	博士	副研究馆员	农业机械化	2004—
18	赵耀莺	硕士	馆　员	管理学	2003—
19	徐伟	硕士	副研究馆员	动物遗传	2001—

表专 4–5　1990–2018 年间从事过查新工作的人员

序号	姓名	学位	职称	专业	起止时间
1	魏和平	学士	研究馆员	农学	1989—1992
2	包玉英	学士	副教授	机械	1990—1998
3	张永彤	学士	副研究馆员	农业建筑	1991—2005
4	刘钰	学士	馆员	英语	1993
5	曾英	学士	馆员	仪器仪表	1993—2002
6	朱隶	学士	馆员	动物学	1994—1996
7	黄庆	学士	馆员	机械	1995—2009
8	杨敏丽	博士	教授	农业机械化	1998—2002
9	罗颖敏	硕士	馆员	英语	1998—1999
10	凌毅	硕士	副研究馆员	生物学	1999
11	宋姬芳	硕士	副研究馆员	图书馆学	2001—2002
12	盖宝川	硕士	馆员	食品科学与工程	2004—2009
13	贺玢	硕士	副研究馆员	图书情报	2011—2018
14	胡文慧	博士	馆员	农业水土工程	2013—2014
15	潘薇	学士	研究馆员	农业推广	1993—2005
16	巢国正	博士	馆员	兽医学	2003—2018
17	孙彩霞	学士	副研究馆员	兽医学	1997—2018
18	王建仑	学士	副研究馆员	化学	1997—2003
19	吴群	学士	副研究馆员	电子技术	2001—2014
20	宋燕菊	学士	副研究馆员	图书情报	2000—2003
21	王雅晶	博士	馆员	畜牧学	2004—2013
22	史丽文	学士	副研究馆员	文学	2006—2010
23	尚文娟	硕士	馆员	蔬菜学	2006—2010

四、查新规范管理和质量控制

为贯彻落实科学技术部发布的《科技查新机构管理办法》《科技查新规范》及教育部有关文件精神，确保科技项目查新工作的严肃性、科学性、公正性，在统一认识的基础上规范具体行为，图书馆于 2004 年制定了《中国农业大学查新工作站科技查新实施细则》，在查新工作中严格按照该细则操作执行，同时实现了查新内部和外部的信息化管理。

查新内部信息化管理主要指对查新档案的管理。查新档案基本分为文书档案和项目档案两大类。文书档案包括上级下发给查新机构的各种有关查新的规定等，查新机构制定的各种有关查新的规章制度、查新机构的年检材料和查新工作总结、查新项目登记等。对于文书档案按年度归档，长期保存。项目档案包括查新委托书、查新报告。早在 2002 年，查新工作站组建时即开发了查新数据库，2011 年在馆内项目的资助下，对查新数据库进行了改进（图 7-10）。改进后的数据库实现了查新项目的自动取号、检索、统计、导出等功能。解决了以往一馆两址、人工分配查新编号造成的不便和重号。对于纸质查新委托书、查新报告，按年度装订，由专人负责管理。

在查新外部信息化、网络化管理方面，为扩大查新工作站的影响，使广大教师、科研人员对查新工作相关问题有所了解，建立了专门的教育部科技查新工作站网站，网站主要内容包括教育部科技查新工作站、查新简介、查新委托、查新程序、查新质量、规章制度、查新委托书下载、教育部科技查新服务平台栏目。通过此网站，可了解查新的基本问题、查新站可受理的查新项目专业范围、联系方式、查新委托、查新规章制度、查新委托书的填写、教育部科技部有关政策法规等（图专 4-1）。

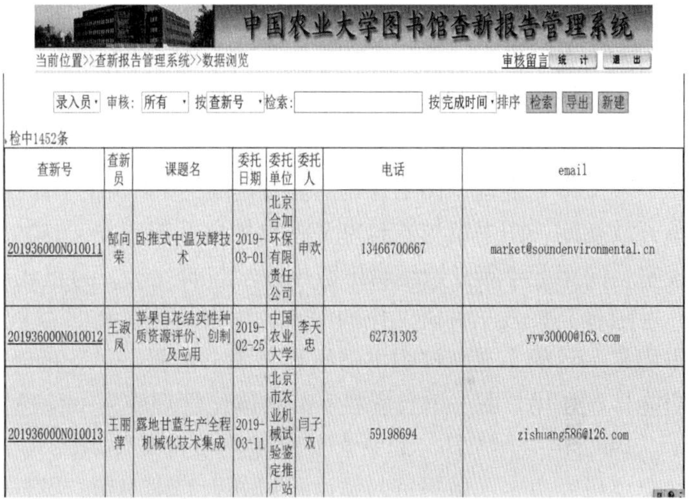

图专 4-1　中国农业大学图书馆查新报告管理系统

图书馆一直把科技查新质量放在第一位，严格执行教育部科技发展中心制定的《科技查新报告撰写规范》，从形式到内容全方位地提高查新质量。从接收委托项目开始，安排有相关学科背景的查新员负责查新，到检索策略的制订、数据库的选择及相关文献的对比分析、查新结论的撰写等全流程地控制查新质量。同时，严把查新报告的审核关，实行查新报告的二审制度。

五、查新协作及工作拓展

2004 年开始，为帮助其他图书馆取得教育部科技查新资质，为其培养查新人员及提高查新能力，规范查新工作，中国农业大学查新站为云南农业大学、湖南农业大学、四川农业大学等图书馆的查新报告进行审核，为其他农业院校申报查新资质发挥了作用，至今已经与 20 家图书馆签定了查新合作协议。

查新站积极拓展学科服务，为学校学科建设、学科发展和人才引进提供数据支持。根据学校的需求，近些年利用强大的数据信息资源，完成了多项学科分析报告。查新站还积极探索专利信息服务工作，成立了知识产权信息服务中心，组织申请并加入了“高校知识产权信息服务中心联盟”，完成了学校知名教授的专利分析报告和主要研究领域的专利分析报告。

（本专题由左文革执笔）

专题五 勇闯科技情报工作的创新之路

——北京农业工程大学图书馆的科技情报工作

高校图书与科技情报工作是教学与科研的重要保障。多年来，图书馆与情报室分分合合，工作内容既有分工侧重，又有交叉重叠。不同高校的图书情报工作各具特色，北京农业工程大学科技情报室以其独特的情报工作演绎出一曲具有高校特色的图书情报发展史。

学校在1985年前的校名为北京农业机械化学院，1985年改为北京农业工程大学，1995年与北京农业大学合并组建中国农业大学。起初，北京农业机械化学院图书馆隶属于教务系统，由教务长领导；资料室隶属于科研系统，由科委领导。图书馆注重正式出版发行的图书、期刊等文献的搜集、保管和利用；而资料室侧重于非正式出版发行的内部资料、小册子、产品样本、说明书等文献的搜集交换与利用，以及编译一些国内外科技发展动态，供研究人员参考。

“文革”期间，图书馆与资料室合为一体，称为图书资料组，共同开展工作。“文革”后期到改革开放初期，图书馆与资料室又各自独立开展工作。1979年3月，学校在资料室的基础上组建科技情报室，同年下半年开始编辑出版《教学与研究》，为正式出版《北京农业机械化学院学报》作准备。

随着高校教学科研工作的深入，图书情报工作日益重要。从本质上说，图书与情报工作的性质和作用是一致的。在高校图书情报界，图书情报一体化的呼声逐渐成为主流，图书馆的情报研究与服务职能日益强化，图书馆与资料室的一体化管理成为一种趋势。

1982年7月5日，北京农业机械化学院文件〔院人字（82）第95号〕，根据党委常委第七十六次会议研究决定，情报资料室由科研处划归图书馆，共同开展文献情报服务，学报的编辑工作仍留在科研处。此后，科技情报工作焕发了新的活力，图书馆的情报职能得到了充实和提高，开展了丰富多样的情报研究与服务，走出了一条科技情报工作的新路子，在农业高校图书情报界特色鲜明、独树一帜。

一、取得的成果

1982年，学校确定情报工作的具体服务方向与方针是：为校内教学、科研、推广和管理服务为主，同时努力面向社会、面向行业，实行校内外服务相结合，力争逐步成为农业工程学科的、行业性的图书资料情报中心。

20世纪80年代初，高校情报服务处于起步与探索阶段，行业中并没有成功的例子和经验可供借鉴。情报室从1982年开始进行情报研究工作的实践和探索，其基本目的就是探索图书馆在现代化建设中拓宽服务领域、提高服务层次，从而扩大其社会影响的必要性、可能性及方法途径。在20年的实践过程中，情报工作紧紧围绕我国农业机械化进程中的问题为主要研究方向开展了一系列的情报研究，取得了一批重要的研究成果和良好的社会效益，探索出一条图书馆在现代化建设中拓宽服务领域、提高服务层次、扩大社会影响的方法和路径。它表明，这种探索是有益的、成功的。

据1993年底统计，图书馆情报室主持、参与的研究和工作项目共22项，完成15项，尚在进行的7项。项目来源于学校主管上级机关（农业部）委托项目16项，横向委托项目3项，自选项目3项。其中属于农业工程技术方面的4项，属于农业现代化方面的10项，属于农业利用外资方面的2项，属于农村经济方面的6项。上级机关委托项目平均每个课题拨经费2万元左右。情报室每年平均可得课题费2万～4万元。

在已取得各种形式的研究成果的16个项中，向委托单位提交正式研究报告4份，均已通过部级鉴定，并认为已达到国内领先水平；出版图书7部，共约700余万字；编印内部资料5种，约10余万字；发表研究论文15篇。获部级科技进步奖二等奖2项，三等奖1项，获部（市）级科技情报奖8项。

情报工作大致经历了资料汇编与优化、知识普及与推广、情报定题跟踪与服务、情报分析与研究等几个不同的过程与发展阶段。

1. 资料汇编与优化

所谓“优化”，系指根据图书资料量大、质杂、分散，用户难以有效利用的情况，针对学校的主要专业、主要科研方向以及社会上用户的需求，将散于国内外报刊和图书中的资料搜集起来，按专业进行分类、加工、整理、综合、评价，使之成为某一专业、某一科研方向（或课题）或社会上某一用户群能以较少的时间和精力获得大量、浓缩、有用的情报。

这些优化工作项目，有的是上级或横向课题，有的是经过调研后确定的自选课题。

情报资料优化工作先后完成的项目中，编辑成册的有8种，42册，430余万字，约5万余份。除供校内用户使用外，还发行到全国29个省、市、自治区及2000多个县的有关部门、专业人员和农民。在这些项目中，获部级科学技术进步奖二等奖一项，获部级、局级科技情报成果奖三项，收到用户表扬信件20余封。

主要的完成项目有：

（1）编写《中国农业机械化发展概要》（1982年和1983年各一册），计50万字，发行13000册，获机械工业部农机局优秀科技成果奖二等奖。

（2）与《当代中国》丛书《当代中国的农业机械化》卷编写组合作译编《国外学者论中国农机化》，约20万字。发行1400册。

（3）与《当代中国》丛书《当代中国的农业机械化》卷编写组合作编写《中国农机化大事记》，约2万字，作为《当代中国的农业机械化》卷附录。

（4）组织本校农机教研室等单位编写《国外耕耘机械技术水平》，约10万字，发行2500册，获农机部重大科研成果三等奖。

（5）与本校农机教研室合作译编《农机工程技术资料》20期，共60万字，获机械工业部农机局优秀科技情报成果三等奖。

（6）从1985年起，与本校亚光农业工程开发研究公司、北京市农林科学院情报所、北京市农机所等单位合作，从新近出版的200多种报纸及数百种期刊中选摘编辑《农村技术与经济信息》24期，共约120万字。

（7）与本校农机化研究室合作，参加编写《技术经济手册（农业分册）》，约5万字。

（8）与上海内燃机研究所等单位合作，参加编写《内燃机节能手册》，约120万字。

（9）承担中国农科院组织的国外农村能源课题“中、苏、日等国农村能源政策”的调研工作，共约完成2万字。

（10）主编的《中国农业机械化重要文献资料汇编》，是一部集1840年至1987年近150年间形成的有关农机化方面的文献资料，达230万余字的巨著。该书获得北京情报学会优秀情报研究成果一等奖。

（11）创办我国农业工程学科的学术性检索刊物《中国农业文摘——农业工程》。这个刊物的内容基本上覆盖了农业工程学科内的各专业学科，也大体上覆盖了校内设置的主要专业和主要科研方向。

该刊物集国内外农业工程学科核心期刊（150余种）之精华，每年为校内外的农业工程学科专业技术人员提供该学科的研究动态、进展、前沿等方面的信息资料3000多条。同时也对馆藏文献资源进行了有效开发，提高了文献的利用率。该刊物在1990年中国图书馆学会组织的评比中被评为二次文献优秀成果奖。

（12）与中国科学技术信息研究所合办《中国学术会议文献通报》月刊，发行近1000份，获第五次全国科技检索期刊评比三等奖。

（13）《中华农器图谱》由农业部和机械工业部共同委托，由农业部农业机械化管理司、中国农业大学、中国农业博物馆、中国农业出版社、机械工业部农业装备司组成课题组承担编辑。情报室主要承担其中部分图片资料的收集及研究文字的整理、加工、核对、编辑与校对工作，特别是对原始农器、古代农器和近代农器部分内容的修改补充上，几易其稿，力求达到完善、全面、科学、正确。

该书是我国第一部全面、系统、科学记述中华农器历史轨迹的著作，内容主要包括农、林、牧、副、渔、加工各业生产中使用的器具、机械和设备，覆盖面大，种类齐全，基本上涵盖了中华民族在农器上发明创造的成果；涵盖中华农器一万年的发展，从约公元前8000年的原始农器时期开始，到古代农器（约公元前2100年—公元1840年）、近代农器（公元1840年—公元1949年）、当代农器（1949年至20世纪末）等不同发展时期的农业作业器具。

该书共分三卷，每卷以图为主，图文并茂，共3200多幅图样、70万字，2001年12月由中国农业出版社出版。

2. 知识普及与推广

随着农村经济体制改革的进行，户营拖拉机越来越多，农村动力机械拥有量大幅度增长。但其中的问题之一就是培训工作跟不上，致使许多机器使用效率低，死伤事故严重。针对这种情况，从1984年起，情报室利用学校农机技术力量比较雄厚的有利条件，编制了交通安全类、拖拉机类、汽车类、农机类、农业资源及区划类、建筑类等方面的教学彩色幻灯片系列共20余种，推广到全国1000多个县级农机校及部分高、中等专业学校、有关图书情报单位共约2000余部。幻灯片在全国范围内广泛推广使用，为改善全国县级农机校的教学条件，提高数以百万计的拖拉机驾驶员的培训质量作出了贡献。其中：《轮式拖拉机的构造、工作原理和使用调整》，每套200片，被300多个县农机培训班采用，培训拖拉机手4万人；《拖拉机和农机操作安全技术》，每套200片，推广到400多个县培训6万人次，在全国农机学会安全监理学术会议上受到表扬；《国外新型收获机械》，每套200片，介绍了美国、英国、西德、丹麦、奥地利、苏联、加拿大、澳大利亚和日本等国各类收获机具的结构、工作原理、工艺过程，推广30多部；另外还有《拖拉机故障分析与排除》《农机节油技术》等。

3. 情报定题跟踪与服务

本馆发挥在文献存贮与检索方面的优势，为某些课题研究提供专项的情报资料，包括题录、文摘、数据或一次文献。主要项目有：

（1）中国农机化预测文献题录。

（2）参加编写《技术经济手册》农业分册。

（3）受农牧渔业部南京农机化所的委托，为了给“中国农机化立法”课题提供背景、参考材料，组织搜集并译编国外农机化法规资料，包括美、苏、日、英、新西兰、民主德国等国的农机化法规资料，共20多万字。

（4）参加国务院中国农村发展研究中心下达的“全国粮食和经济作物发展”课题中“所需无机能投入”的情报服务。

（5）参加中国农科院组织的“国外农村能源政策”课题的调研工作，承担了部分国外资料的译编任务。

4. 情报分析与研究

本馆科技情报室围绕着农业工程各学科开展一系列的情报研究，20年间完成近30项情报研究课题，取得以下丰硕成果：

“八十年代国内外农机化新技术情报研究”项目获得了农业部科技进步二等奖；1984年出版的《八十年代国内外农机化新技术》，由南京农业机械化研究所、北京农业机械化学院和中国农业机械化科学研究院合作，组织了14个院校和研究所以及有关单位的400多名专家、学者参加编写。汇集了当时国内外农、林、牧、副、渔业机械化新情报资料和研究成果，介绍了20世纪70年代和80年代初国内外已经研制成功而在我国尚未普遍采用的农机化新技术800余项。全书分24个专业，160余万字。该书获1985年农牧渔业部科技进步二等奖。

“农业机械化环境与条件的情报研究”通过专家鉴定，被认为达到国内领先水平，获国家科委优秀情报研究成果三等奖，农业部科技进步三等奖。

作为该研究的成果之一，1991年由农业部农业机械化管理司和北京农业工程大学主编的《世界农业机械化发展要览》通过数据和事实客观介绍了25个国家（地区）农机化发展的历史、现状、水平及趋势，介绍了农业机械化的发展同各国自然资源及社会经济发展的关系，特别是农业机械化的发展同农村经济发展进程、城市发展及工业化进程的关系，以及若干国家政府在其农业机械化发展不同时期采取的政策、措施及效果。该书在全国农机化管理工作会议上受到很高评价，认为达到了农机化发展环境与条件研究的最新水平，获北京科技情报学会优秀情报研究成果一等奖。

“发展中国家农业利用外资研究”获国家科委优秀情报研究成果三等奖。项目完成后，受到有关部门的重视，又相继接受委托研究“中国农业利用外资宏观管理与决策研究”和中标“中国农业利用外资的现状与对策研究”项目。

《农业科学叙词表》与建立叙词库系统的研究获农业部科技进步二等奖。

此外，本馆科技情报室还参加了20余项其他情报研究项目。

由情报室主持编写，北京农业大学出版社1995年10月出版的《旱地农业工程的理论与实践》一书，受到了农业部领导的肯定，刘成果副部长在行业管理工作会议上亲自推荐该书，姜春云副总理在为该书所作的序中写道：“这本书坚持理论与实践相结合，旱地农业工程技术与旱地农艺技术相结合，比较系统地介绍了国际和国内旱地农业技术的经验和研究成果。它的出版，充实、丰富了旱地农业技术的实践与理论，是一项具有开创意义的工作。”

鉴于图书馆的情报工作取得了较好的社会效益和经济效益，新华社曾以《北京农业工程大学情报室一枝独秀》为题发了新闻稿，1993年图书馆科技情报室被国家教委图工委评为全国高校图书馆先进单位，科技情报室主任孙学权也被国家科委评为全国科技情报系统先进工作者，并获政府特殊津贴。

1999年参加农业部农机化司委托的“农业机械化评价指标体系及评价标准研究”课题。该课题的研究成果“农业机械化评价指标体系（征求意见稿）”“‘农业机械化发展水平评价指标体系’评价标准、计算方法实施细则（征求意见稿）”作为2000年1月在北京召开的中央农村工作会议的重要文献之一，在全国范围内征求意见。

主持完成科技部“国际可持续农业发展对策比较研究”课题。

完成中国农业机械化科学研究院委托的“农业结构调整对农机市场需求影响”的研究。

参与了《全国农机化发展“十五”计划和2015年规划》的组织与编写工作。

二、情报工作的做法与经验

情报人员要有强烈的情报意识，对社会的情报需求有敏锐、准确的观察力与判断力。社会的需求和情报室力量可能满足程度的结合，乃是形成具体情报项目的考虑依据。情报人员如果对社会的需求视而不见或缺乏分析，就不可能有具体的情报项目。

高校图书馆情报工作的方针，应该首先是为校内教学、科研、管理、技术推广和领导工作服务，同时也要努力为社会服务。

1. 项目的选定

情报服务工作项目的确定，既要根据用户的要求，又要考虑从自己的服务能力出发，准确选择“突破口”。在确定校内服务项目中，一个学校有那么多专业、教研室，那么多课程和科研课题，再加上各级领导对情报工作的需求，专业情报机构和专业情报人员不可能面面俱到，只能从中选择急需而又有能力承担的项目。例如博士点、新学科的建立或基本的科研方向等。

在我校，中国的农机化问题是主要的科研方向之一，也是博士点。因此，情报服务首先就是围绕这个问题进行。在面向社会的服务项目中，主要应根据行业的需求及本校的专业优势。

在选定项目时，要注意：

（1）一切为了用户，主动了解用户需求，主动为用户服务。

（2）既坚持搞一、二次文献服务，更要重视文献资料的开发与研究工作，搞三次文献服务。

（3）既重视社会公益性服务，也努力发展经营性服务。

（4）既重视服务的社会效益，也要注意经济效益，努力实现经费来源多样化。

（5）在情报服务项目的选择上，既不超越图书情报工作的范围，也不是从定义出发，而是强调适应商品经济条件下的社会需求规律。

2. 研究队伍的组织

情报工作要注重强调联合。在校内，与教学、科研人员的联合，把情报人员的研究工作与专业人员的情报工作结合起来。在校外，应不受行业和地区的界限，广泛发展联合。

情报研究课题，应依靠专职研究人员与相关专业人员兼职研究相结合的办法完成。情报室自身的研究力量是有限的，完成大的研究项目要广泛利用社会各种力量合作开展情报研究。既可以有单位之间的合作，也可以有专家个人参与的研究。先后参与情报室合作研究的单位 40 ～ 50 个，专家达 200 多人次。

高校图书馆情报工作的基本方法是与教师合作。每个教师、每个科研人员都要做情报工作。我们的任务，就是把他们的这种情报工作同图书馆的研究工作结合起来，即把专业工作优势与文献工作优势结合起来。

合作可以把情报人员具有的敏锐情报意识和利用文献能力强的优势与专业人员熟悉专业内容和专业技术水平高的优势结合起来，取长补短。合作的方式，要因项目、教师和图书馆力量状况等具体条件而异。

工作实践中可采取约稿、合编和邀请专家指导等方式，效果都比较好。合作的对象要选择对情报工作有兴趣、专业水平高、有写作能力、在时间上又安排得开的同志。

1984 年，学校作为主编单位之一，组织全国 14 个科研单位及他们所联系的 76 个单位、414 位专家、学者，编写了《八十年代国内外农机化新技术》一书，计 165 万字。该书集当时国内外农、林、牧、副、渔业机械化新的情报资料和研究成果之大成，被专家誉为“伟大的工程”。完成这类的大项目，不讲联合是根本不可能的。

三、情报工作的作用与意义

文献摆在那里，其中蕴含着知识与信息，要将其成为有价值的情报，需要有人去发现和挖掘。孤立存在的文献偶然间被某人发现并加以利用，则对某个个体发挥了情报的作用。这种利用方式自文字记载的文献出现以来就已经存在，并且目前仍在延续着。这是一种原始的、传统的、被动的、低效率的情报利用方式。文献经过整理、分类、汇编等处理，针对某些群体推介，增加情报传递的主动性，提高情报利用率，这是情报工作者的基本职能；在此基础上，对情报开展分析研究，得出新的见解和结论，这是情报工作者对情报的研究与提升。

高校图书馆和情报资料室的基础工作是建立起自己的馆藏体系，被动地满足读者对书刊资料需求。20世纪80年代，图书情报界开始认识到情报分析与研究的社会意义，开始发掘文献中蕴含的情报价值，变被动服务为主动推广，图书情报一体化逐步成为图书情报界乃至社会的共识。在组织机构上，各校纷纷把情报资料室合并到图书馆，强化图书馆的情报服务职能。

北京农业机械化学院情报资料室1982年合并到图书馆，开始从农业机械化领域汇编情报资料，面向业内高校、研究部门、管理部门发行，第一部汇编文献是《中国农业机械化发展概要》，取得了良好的效果。这种看似含金量不是很高的文献汇编，实际上是情报工作人员看准和抓住了适合当时技术条件下的需求热点，经过对分散的、凌乱的文献进行分类汇总，形成有秩序的文献，提供给特定的人群，满足了当时的社会需求，受到读者的欢迎。这为情报工作的进一步深入积累了经验，奠定了基础。

良好的开端，鼓舞了情报资料室人员的士气，也看到了情报工作的价值，增强了进一步扩大情报服务和情报研究范围的信心。接下来不只局限在国家政策和宏观管理领域的范围，在技术领域、技术经济领域，围绕农业机械化发展道路的主题，不断扩大情报分析与研究的范围，开辟了一条情报分析与研究的新路子，取得了系列研究成果。

情报研究成果推广应用的社会效果是多方面的， 有直接效果与间接效果、显性效果与潜在效果、当前效果与长远效果等。

（1）情报研究成果为政府有关部门进行科学决策和科学管理提供了参考和依据。情报室承担的研究课题中，80%以上为某一行业的政府主管部门所委托， 他们批准立项研究是基于某项工作决策或管理上的需要，针对性很强。所以，研究成果就必然能受到重视。

（2）情报研究成果为有关事业（学科）的管理、科研和教学单位提供了高质量、高层次的资料服务。

情报室取得的研究成果大多数为专业性技术经济类资料工具书，共达1000多万字，发行推广到全国2000多个县以上单位参考使用。

如《八十年代国内外农机化新技术》《内燃机节能手册》《国外耕耘机械技术水平》等项目集中反映了当时该业务领域国内外最新进展及精华，为有关单位进行推广项目与科研项目的选择确定及项目管理、教材编写等提供了重要参考依据。

（3）情报研究成果对校内教学、科研和技术推广工作的贡献主要是：情报研究项目及成果纳入了学校科研课题计划，成为科研工作的组成内容。

有些成果已成为学校申报相关的重点学科、博士点、硕士点的科研基础工作的内容。

这些成果又为校内一些专业的教学和科研工作提供了较系统的参考材料， 提供了较高层次的参考咨询服务。由于情报研究成果在全国范围内的推广发行，客观上增强了学校的知名度，增强了学校同社会的联系。

（4）对图书馆的影响。情报研究工作的开展提高了书刊利用率，促进了藏书结构的专业化发展，提高了读者服务的学术层次，增强了服务功能，提高了图书馆的形象和学术地位，使人们认识到图书馆不仅仅是买书、看书、藏书的场所，也是开展研究工作、出高层次学术成果的地方。同时，还活跃了馆内的学术气氛，对促进职工了解服务对象的专业内容，提高职工的业务水平也有重要作用。

（5）开展情报研究工作对图书馆情报室不断形成新的业务局面具有决定性的作用。

由于不断向社会推出新的研究成果而扩大了影响，获得新项目的机会不断增大。同时，由于有研究项目，必然有一定的研究经费，因而易于实现经费来源多样化。最重要的是通过开展情报研究，培养和提高了职工的业务素质。

为开展情报研究而必须进行的经常性的资料搜集、知识积累和认识深化等工作的过程，提出项目、进行论证、制订和组织实施研究计划、拟定研究报告等工作的过程，都是研究者本身在业务上不断充实、在认识上不断深化、在观念上不断更新的过程。

而情报研究成果被社会承认，又使职工的自我价值观念得到某种程度的满足。这几种因素合在一起，使情报室有了一定的吸引力和凝聚力。

四、情报工作的效益分析

1. 社会效益

1）情报工作把学校在农业工程学科方面所拥有的人才优势、学术优势以及图书资料优势部分地开发出来，服务于全行业、全社会乃至政府管理部门。

情报研究成果为政府有关部门进行科学决策和科学管理提供了参考和依据。图书馆承担的研究课题中，80% 以上为某一行业的政府主管部门所委托。他们批准立项一项研究是基于某项工作决策或管理上的需要，针对性很强，所以研究成果出来就必然地能受到重视。例如，农业部农业机械化管理司委托的“农业机械化发展环境条件的情报研究”课题，经专家们鉴定认为，这项研究居国内领先水平，对评价我国农业机械化事业的经验教训及制定今后的政策具有重要参考价值。农业部有关部门领导以此项研究成果为其依据之一，向党中央、国务院提出了《我国农业机械化之发展观状及政策》的报告，江泽民总书记在报告上批示：拟请有关部委领导讨论一次。又如，农业部课题《发展中国家农业利用外资研究》，其阶段性成果在农业部的“八五”农业利用外资研讨会和我国农业发展战略研讨会上均被应邀作专题介绍，受到重视。农业部、水利部、林业部和中国农业银行的外资管理部门鉴于此项研究成果又委托立项《中国农业利用外资的宏观管理与政策研究》。

情报研究成果为有关事业（学科）的管理、科研和教学单位提供了高质量、高层次的资料服务。图书馆取得的情报研究成果大多数为专业性技术经济类资料工具书，共达 1000 多万字，被广泛推广到全国 2000 多个县以上单位参考使用。如《八十年代国内外农业机械化新技术》《内燃机节能手册》《国外耕耘技术水平》等项目，为有关单位进行推广项目与科研项目的选择确定及项目管理、教材编写等提供了重要参考依据。又如，《中国农业机械化重要文献资料汇编》《世界农业机械化发展要览》等成果，均被专家们认为达到了国内领先水平。这为进一步研究农业机械化发展的一般规律，制定符合中国国情的农业机械化发展规划及其政策措施提供了翔实、充分的资料依据。

2）掌握需求，为农村培训服务。

科技情报室编制发行了拖拉机和农业机械基本原理及操作技术彩色幻灯片系列，包括《轮式拖拉机构造、工作原理、调整和使用》《拖拉机和农业机械操作安全技术》《拖拉机故障分析与排除》《农机节油技术》等 7 部，用于培训农机手达 10 万人次。

3）向广大农民传递了农村技术与经济信息，促进了农民致富和农村经济的发展。从 1985 年起，集国内外报刊农村技术与经济信息之精华，编辑出版了《农村技术与经济信息》，每月一期，发行到全国农村。许多农民从中受益，有的农民因利用该信息而成了专业户。

例如：甘肃省一农民根据信息中介绍的方法储藏蒜薹，到春节上市，获纯利 2000 余元。前后有 200 多位读者来信赞扬情报室的工作，说是为农民办了一件大好事。

2. 学校效益

情报工作加强了对教学和科研的服务工作，提高了服务的水平和质量。在情报工作成果中，有的本身就是独立的国家科研课题，有的是某些专业技术科研课题的组成部分，有的是学校教学和科研中的重要参考资料。

由于情报室注重图书资料的开发工作，所以向用户提供的就不再只是一、二次文献，而是含有经过优化的、系统的、经过评价的文献。这样，大大方便了教学与科研人员。

此外，情报室还改善了情报咨询服务工作。由于一些成果是综合性工具性资料，部分地改变了过去为答复咨询而临时查阅多种文献的情况，提高了咨询服务质量和效率。

3. 图书情报单位本身的效益

情报职能的加强，提高了图书资料的利用率，扩大了图书馆对校内和对社会的贡献，提高了图书馆的作用、地位和影响。图书情报工作的价值，由理论分析变成了客观存在。

在校内，不少教师的科研课题都愿意与情报室合作。在校外，农业工程部门及农民经常开展合作项目。中国农学会科技情报分科学会情报研究学组已选定本情报室为挂靠单位。

图书馆情报室的出色工作，得到了社会媒体的关注和报道：

1991 年 4 月 30 日，新华通讯社《新华社新闻稿》第 7746 期“国内新闻”中报道，“北京农业工程大学科技情报室一花独秀”：

> 新华社北京 4 月 29 日电（实习生陈寿章）北京农业工程大学科技情报室 8 年多来独立或协作承揽了部级（或自选的——编者加）的 20 余个科研课题，编辑出版了《世界农业机械化发展要览》《中国农业机械化重要文献资料汇编（1840—1987）》等 7 部计 800 万字的巨著。
>
> 近两年来，他们共获得部级科技进步二等奖、部（市）级情报奖 7 个。这个室编辑的业务刊物《农业工程文摘》还获国家教委、中国图书馆学会颁发的“二次文献优秀成果奖”。近年，全室有 20 多篇论文先后发表在有关专业刊物上。

1992 年 3 月 25 日《中国农机化报》第一版刊登文章，“北京农业工程大学科技情报室出成果”：

> 本报讯（记者程意平）北京农业工程大学科技情报室充分利用高校特有的人才和文献优势，研究开发蕴藏的情报资源，向社会推销情报产品。他们创办的我国农业学科第一个学术性检索性刊物《农业工程文摘》集国内外核心期刊及书籍之精华，每年提供农业工程研究动态、进展、前沿等方面的信息 3000 多条，受到国内外学者好评，并获得经国家教委、中国图书馆学会颁发的“二次文献优秀成果奖”。
>
> 该情报室在坚持做好常规性工作的同时，按照社会发展和用户群的需要对图书情报、信息、资料进行挖掘开发。他们主编的《中国农机化重要文献资料汇编》是一部集 1840 年鸦片战争到 1987 年近 150 年形成的资料，共 230 余万字的巨著。中顾委委员、原农机部副部长项南称“该书是中国农机化事业的见证人，是对中国农机化事业的贡献”。
>
> 去年该室还出版了《世界农机化发展要览》（130 余万字）。
>
> 这个只有 14 人的情报室，近年来主持或参与的研究项目有 4 项获部级科技进步奖，有 7 项获北京地区情报网、中国图书馆学会等情报奖。目前，他们正在研究或参与研究的课题有 4 项为部级项目。

（本专题由王永进执笔）

专题六 《中国农业文摘—农业工程》发展历程

一、产生背景

《中国农业文摘》创刊于1981年，由中国农业科学院科技文献信息中心主办。1985年，为满足广大读者对检索类期刊的需要，《中国农业文摘》按学科分支进行单册出版，《中国农业文摘》一本期刊分成6种期刊单独出版，分别为《中国农业文摘—畜牧》《中国农业文摘—水产》《中国农业文摘—土壤肥料》《中国农业文摘—植物保护》《中国农业文摘—园艺》《中国农业文摘—兽医》和《中国农业文摘—粮食经济作物》，每种期刊有独立的ISSN号和CN号。

1989年，随着我国改革开放的进一步深入，农业工程技术及学科发展取得了很大成就，特别是在工厂化养鸡、密集养鱼、农剂产品加工、喷灌和农机化定量研究等方面，对发展农业生产、繁荣农村经济发挥了重要作用。但与发达国家相比差距依然较大，理论水平低，农业工程科技信息不灵是导致这种结果的原因之一。当时国外出版的农业工程学科的检索刊物有10余种，我国出版的涉及了农业工程学科内容的检索刊物也有50余种，但没有一份专门介绍农业工程学科文献的检索类刊物，因此要检索到自己所需的农业工程学科文献比较困难。为满足读者对查询检索农业工程科技文献的需要，经过多年的努力，1988年，经农业部同意并报国家科委批准，《中国农业文摘》家族增加《中国农业文摘—农业工程》分册，填补了《中国农业文摘》体系中农业工程学科的空白。

《中国农业文摘—农业工程》的国内统一刊号：CN11-2531。根据有关部门的指示精神，《中国农业文摘—农业工程》由当时的北京农业工程大学（现中国农业大学）主办，图书馆承办。

二、发展历程

1. 组织机构和基本编辑规则的确定

根据原北京农业工程大学的要求，创刊于1989年的《中国农业文摘—农业工程》由图书馆负责编辑、出版、发行。为做好这项工作，图书馆在当时的科技情报室设立了《中国农业文摘—农业工程》编辑部，并成立了以张伟教授为主编的第一届编委会，成员包括：

主编：张伟

副主编：刘清水、孙学权

编委：王瑞敏、傅泽田、吕忠孝、孙金世、杜朋、张光杰、张森文、汪裕安、吴德让、李霭铿、俞国源、郭佩玉、顾瑊

同时成立了编辑部，成员包括：封治平（副主任）、王鲁燕、杨敏丽、包玉英（兼职）、张永彤（兼职）、白亚明、李红云。

制订了著录格式，规定：

本刊按《中华人民共和国国家标准（GB 3793-83）检索期刊条目著录规则》著录。

期刊论文著录格式

顺序号　中文题名［文种］/著者//刊名 .－年，卷（期）.－所在页码

提要。图 × 表 × 参 ×（文摘员）

会议论文著录格式

顺序号　中文题名［会，文种］/著者/会议录题名等/编者 .－出版地：出版者，出版日期 .－所在页码 .－国际书号

提要。图 × 表 × 参 ×（文摘员）

专著著录格式

顺序号　中文书名＝外文书名［著，文种］/著者或编者 .－出版地：出版者，出版日期 .－总页码 .－国际书号

提要。图 × 表 × 参 ×（文摘员）

说明

1. 文献文种为中文时，不著录。

2. 外文文献的著者或编者只著录第一著者；中文文献的著者只著录二人，并在圆括号内注明著者所在单位。

3. 刊期为合刊时，在二者之间用“，”号分开。例如：第 3 期与第 4 期合刊，写为（3，4）。

4. 所在页码不连续时，用“，”号分开。例如：.－35—40，28 表示此文章末尾转到了第 28 页。

5. 在总页码数字之后加有 p。例如：.－125p，表示共 125 页。（注意：.－125，则表示此文章不超过一页，在第 125 页）。

6. 对选自国外检索刊物翻译的文摘，均在“[　]”号内注明原检索刊物名称、年，卷、期、文摘号。

为便于读者使用本刊，制订了使用说明，内容如下：

使用说明

1. 本刊是《中国农业文摘》系列检索刊物之一，以报导性文摘、指示性文摘和题录 3 种形式，报导农业工程学科的中外文期刊、专著、会议录、科技报告、学位论文、标准及专利等文献。农业工程学科往往与传统的工程学科（机械、土木、电工、化工）、基础学科（数学、物理、化学、天文、地学、生物学）及经济管理学科交叉，所以凡在性质上以其他学科为主的并在其他学科的检索刊物中可以查到的文献，本刊一般不收入。

2. 本刊以类编排，设有：总论与技术基础理论、农业机械化、农业电气化与自动化、农业生物环境工程与建筑、农业水土资源开发利用、农业机械、农村能源工程、农产品加工工程、农业系统工程与管理工程等。最后另设一个栏目，专门报道国内外学术动态、新技术、新产品等科研成果信息，或刊登若干国内、外学术组织介绍、学科发展讨论等短文。

3. 本刊为读者提供原文复印服务（每页 0.30 元，免收邮寄费）及外文翻译服务（按国家译文稿费收费）。本刊报道的文献中除译自《AEA》的文摘外，均可办理复制。来信请寄：北京海淀区清华东路北京农业工程大学 183 信箱文摘编辑部（邮政编码：100083）。来信务请注明您所在地区的邮政编码。

2. 引用期刊的确定

经编委会讨论，确定了本刊主要引用期刊，包括中文期刊 71 种，英文期刊 9 种，日文期刊 4 种，俄文期刊 4 种和德文期刊 2 种。

中文期刊包括：

安徽工学院学报	广东农机	南京农业大学学报
北京农业大学学报	河北农业大学学报	农村电气化
北京农业工程大学学报	河海大学学报	农村机械化
村镇建设	华南农业大学学报	农村能源
电力技术	华中农业大学学报	农村实用工程技术
电气自动化	机械工程学报	农机试验与推广
东北农学院学报	吉林工业大学学报	农机维修
耕作与栽培	江苏工学院学报	农牧与食品机械
灌溉排水	节能	农田水利与小水电
广东粮油科技	今日科技	农业工程学报
农业机械化学报	食品机械	饲料工业
农业机械化与电气化	食品科学	饲料研究
农业机械学报	世界农业	太阳能
农业经济问题	水泵技术	太阳能学报
农业系统科学与综合研究	水力发电	拖拉机
农业现代化研究	水利工程管理技术	武汉粮食工业学院学报
喷灌技术	水利水电技术	西北农业大学学报
山地农机化	水利学报	西南农业大学学报
山东农业机械化学院学报	水文	系统工程
沈阳农业大学学报	四川农机	现代化农业
畜牧机械	中国农村经济	中国水利
渔业机械仪器	中国农机化	中国水土保持
浙江农业大学学报	中国蔬菜	资源开发与保护
中国家禽	中国水产	

英文期刊包括：

Agricultural Engineer 农业工程师

Agricultural Engineering 农业工程

Agricultural Engineering Abstracts 农业工程文摘

Agricultural Mechanization in Asia, Africa and Latin America 亚非拉农业机械化

Agricultural Water Management 农业水管理

Journal of Agricultural Engineering Research 农业工程研究

Journal of irrigation and Drainage Engineering 灌溉排水工程学报

Soil & Tillage Research 土壤耕作研究

Transactions of the ASAE 美国农业工程学报

日文期刊包括：

水と土

农业土木学会志

农业电化
农业机械学会志

俄文期刊包括：
Мелиорация и Водное Хозяйство 土壤改良和水管理
Механизация и Эпектификация Сельского Хозяйства 农业机械化与农机设计
Техника в Сельском Хозяйстве 农业机械
Тракторы и Сельскохозяйственные Машины 拖拉机和农业机械

德文期刊包括：
Agrartechnik 农业工程
Landtechnik 土地工程

3. 创刊号的出版

创刊号于1989年2月15日出版，共收录词条698条，分9大类，分别为总论与技术基础理论、农业机械化、农业电气化与自动化、农业生物环境工程与建筑、农业水土资源开发与利用、农业机械、农村能源工程、农产品加工工程、农业系统工程与管理工程等，目录如下：（括号内为词条编号）

中国农业文摘——农业工程（双月刊）1989年第1卷第1期目录
总论与技术基础理论（2～3）
　　总论（89010001～89010011）
　　技术基础理论（89010012～89010015）
农业机械化（3～12）
　　农业机械运用学（89010016～89010022）
　　农业生产过程机械化
　　　　种植业机械化（89010023～89010051）
　　　　养殖机械化（89010052～89010069）
　　　　农村运输（89010070～89010071）
　　农业机械化管理
　　　　战略与决策（89010072～89010086）
　　　　农业机械配备与机器系统（89010087～89010103）
　　　　技术经济与管理（89010104～89010114）
　　　　农业机械化比较研究（89010115～89010120）
　　农业机械修理（89010121～89010128）
　　安全技术与人机工程学（89010129～89010132）
　　农业生产过程建模与模拟（89010133～89010136）
农业电气化与自动化（12～15）
　　电能在农业生产中的应用（89010137～89010139）
　　农业信息检测与自动化技术（89010140～89010149）
　　农村发电站与农村电力系统（89010150～89010162）
　　农业电气化规划与管理（89010163～89010168）
农业生物环境工程与建筑（15～27）

畜禽及水产养殖环境工程（89010169 ~ 89010179）

牛舍（89010180 ~ 89010186）

猪舍（89010187 ~ 89010213）

鸡舍（89010214 ~ 89010217）

植物环境工程（89010218 ~ 89010231）

农产品贮藏、保鲜环境工程（89010232 ~ 890102531）

农村建筑材料（89010254 ~ 89010257）

乡镇规划与设计（89010258 ~ 89010267）

农业水土资源开发与利用（27 ~ 36）

水、土壤、植物、大气相互关系（89010268 ~ 89010291）

农田灌溉与排水（89010292 ~ 89010376）

土壤防浸蚀与土壤改良（89010377 ~ 89010386）

水工建筑（89010387 ~ 89010394）

农业机械（36 ~ 47）

土壤、机器、作物系统动力学（189010395 ~ 89010403）

车辆地面力学（89010404 ~ 89010411）

农业物料特性（89010412 ~ 89010421）

农业机械性能设计

土壤加工机械（89010422 ~ 89010437）

播种机械（89010438 ~ 89010441）

收获机械（8901442 ~ 89010452）

植保机械（89010453 ~ 89010454）

畜牧机械（89010455 ~ 89010464）

拖拉机与农用车辆（89010465 ~ 89010482）

人机工程学在农业机械设计中的应用（89010483 ~ 89010488）

测试（89010489 ~ 89010497）

其他（89010498 ~ 89010506）

农村能源工程（47 ~ 51）

可再生能源开发利用（89010507 ~ 89010561）

农村节能技术（89010562 ~ 89010568）

村能源经济及系统分析（89010569 ~ 89010579）

农产品加工工程（51 ~ 89）

农产品加工工艺与设备

干燥（89010580 ~ 89010616）

饲料工程（89010617 ~ 89010634）

食品工程（89010635 ~ 89010646）

其他（89010647 ~ 89010667）

农业系统工程与管理工程（59 ~ 61）

（89010668 ~ 89010698）

本刊第一条文摘为：

89010001 试论农业工程技术推广，张季高（中国农业工程研究设计院）// 农业工程学报 .– 1988，4（3）. 38—45

使用说明介绍了国际上常用的6种农业工程技术推广方法，总结了新中国成立后农业工程技术推广方面的做法，并指出农业工程技术推广的特点：在指导农民应用各种工程手段的同时，教农民采用相应的农、牧业产前、产中以及产后的生产工艺；在推广工业产品时，需采用各种方法传授该产品从安装、调试到运行、维修保养等全套技术予农民；监督工厂产品质量；并协助工厂解决原材料和制造工艺等问题；协调农民与工厂间的矛盾；等等。另外，还提出了对农业工程技术推广人员的要求，主要是要与农民一条心和有刻苦耐劳的精神（图专6–1）。

89010001　试论农业工程技术推广／张季高(中国农业工程研究设计院)／／农业工程学报.–1988, 4(3).–38～45

介绍了国际上常用的6种农业工程技术推广方法。总结了中国自1949年全国解放后农业工程技术推广方面的做法。并指出农业工程技术推广的特点：在指导农民应用各种工程手段的同时，教农民采用相应的农、牧业产前、产中以及产后的生产工艺；在推广工业产品时，需采用各种方法传授该产品从安装、调试到运行、维修保养等全套技术予农民；监督工厂产品质量；并协助工厂解决原材料和制造工艺等问题；协调农民与工厂间的矛盾等等。提出了对农业工程技术推广人员的要求，主要是要与农民一条心和有刻苦耐劳的精神。参8

图专6–1　文摘条目实例

主编张伟教授为创刊号撰写了创刊词：

“《中国农业文摘—农业工程》（双月刊）是《中国农业文摘》系列检索刊物之一。摘录范围是农业工程学科的中外文期刊、专著、会议录、科技报告、学位论文、标准、专利等文献。对于那些反映农业工程学科前沿、新的生长点及具有重要学术价值的文献，虽然目前还未见诸于公开的书刊，本刊将通过国内学者、出国访问及学习人员、国际交流等多种渠道搜集，及时收入本刊。由于农业工程学科的边缘性质，往往与传统的工程学科（机械、土木、电工、化工）、基础学科（数学、物理、化学、天文、地学、生物学）及经济管理学科交叉，限于本刊篇幅及便于读者查找利用本刊，凡在性质上以其他学科为主并在其他学科的检索刊物中可以查到的文献，本刊一般不收入。”

“本刊设总论与技术基础理论、农业机械化、农业电气化与自动化、农业生物环境工程与建筑、农业水土资源开发与利用、农业机械、农村能源工程、农产品加工工程、农业系统工程与管理工程9个分类栏目。最后另设一个栏目专门报道国内外学术动态、新技术、新产品等科研成果信息，并刊登若干国内、外学术组织介绍、学科发展讨论等短文。对内容集中于某一方面的一批文摘、题录，增设小标题，以便于提高读者的检索效率。”

“本刊以为农业工程科研、生产、教育、管理等部门的学者、专家、科技工作者、管理人员等服务为宗旨。力求选摘完备、及时、准确。凡近期的重要农业工程文献尽量不遗漏。”

“欢迎各位读者对本刊提出建议，对不妥之处批评指正。欢迎各位读者为本刊提供农业工程重要文献信息。”

本刊为双月刊，逢双月15号出版，64页。第6期为当年第1～5期全部文摘的年度主题索引。每条文摘用多个主题词标引。凡具有检索意义的主题词，一般均作标题词轮排。索引用的主题词表有：《汉语主题词表》《机械工程叙词表》（第2版）、《水利水电主题词典》。索引按标题词的汉语拼音音序排序。

文摘号的意义为：前2位表示年份，第3～4位表示期号，后4位为文摘顺序号。例如：89030012，表示1989年（89），第3期（03），第0012号文摘（0012）。如果读者想看标有89030012号的一组主题词所表示的文摘，从本刊1989年第3期上查编号89030012，即可找到。

每年的第6期包括标题词首字索引、主题索引、中国专利局授予发明专利权的专利（农业工程）和中国专利局授予实用新型专利权的专利（农业工程）等内容。

4. 纸质期刊发展阶段

1989—2016年，本刊一直以题录方式出版发行。这是国内唯一一种系统报道国内外农业工程科技文献的检索刊物，在全国期刊评比中，曾多次获奖。本刊文摘题录并存，中外文献兼收。一册在手，可总览国内外农业工程的发展状况。内容选自数百种国内外农业工程主要文献（报纸、刊物、会议录、专利等）精华，以简明准确的文摘及时反映农业工程学科的研究成果、发展趋势、动态、前沿及农业工程新技术。常设以下主要栏目：农业机械化、农业机械、农业副产品加工工程、农业建筑与生物环境工程、农业水土资源利用工程、农村能源工程、农业电气化及自动化、农业系统工程与管理工程。

本刊内容除具有一般文摘类刊物的特点外，还及时反映国内外农业工程实用技术信息，新产品信息和有关农业工程统计数据等技术资料。

本刊充分发挥高校图书馆信息资源的优势，最大限度地为农业工程科研和生产提供信息服务，是广大农业工程行业教学、科研、生产等方面人士的得力信息工具。

《中国农业文摘——农业工程》为大 16 开，彩色封面印刷，栏目内容涉及农业工程各学科。本刊为双月刊，国内外公开发行。至 2016 年第 2 期，共出版了 164 期，刊发文摘数据约 7 万条。

其间，历任主编有张伟教授（1989—1994 年）、吕忠孝教授（1994—2000 年）、黄之栋教授（2000—2009）、刘清水研究馆员（2009—2016）。历任编辑部成员有封治平、王鲁燕、杨敏丽、张永彤、黄庆、王丽红、王妍梅、曾英、李九霞、樊小玲、陈妍和徐瑞卿等。

本刊第二届编委会成员（1991 年）

主　编：张　伟

副主编：刘清水　孙学权

编　委：王瑞敏　包玉英（常务）　傅泽田　吕忠孝　孙宇瑞　孙金世　邹诚　张森文　汪裕安　吴卫华　吴德让　李霭铿　喻谷源　郭佩玉　顾 琙

本刊编辑部成员

封治平（主任）　王鲁燕（副主任）　杨敏丽　樊晓玲　白亚明　张永彤（兼）

创刊以来，多次获奖，所获奖项包括：

1990 年获中国图书馆学会主办的中华人民共和国成立 40 周年、中国图书馆学会成立 10 周年二次文献优秀成果奖（此次评奖分为优秀成果奖，成果奖和特别奖）。

1992 年 6 月获得国家科委科技情报司、中国科技情报编委会组织的第四次全国科技文献检索期刊评比三等奖。

1992 年获得北京市新闻出版局、北京科技期刊编辑学会组织的 1992 北京优秀科技期刊评先全优期刊奖。

1995 年获“第五次全国科技文献检索期刊评比”三等奖。

1998 年获“第六次全国科技文献检索期刊评比”三等奖。

2002 年获第三届全国优秀农业期刊奖（图专 6–2）。

2006 年获第五届全国农业期刊金犁奖检索类一等奖。同时，黄庆编辑获个人“编辑金犁奖”（图专 6–3）。

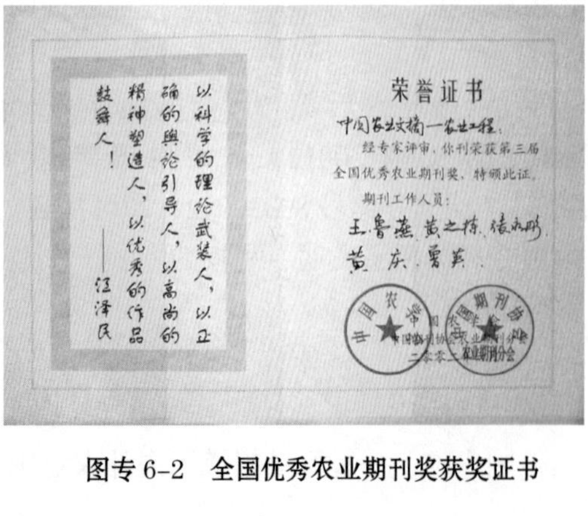

图专 6–2　全国优秀农业期刊奖获奖证书

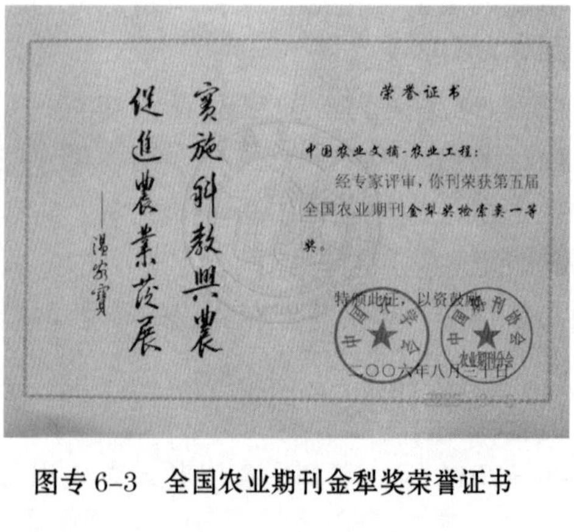

图专 6–3　全国农业期刊金犁奖荣誉证书

5. 线上线下同步出版

2002 年，随着网络信息技术的发展，通过网络查询检索逐渐成为读者获取文献信息资源的主要途径。为了便于读者更好地利用本刊的文摘信息，编辑部开启线上线下同步出版的运行模式。在清华同方专业数据库制作管理系统（TPI）的平台上，采用先进的 BS 与 CS 混合计算模式，三层体系结构实现数据实时动态 Web 发布。

《农业工程文摘》数据库设置了题名、作者、出处、摘要、主题词、顺序号、排序标识、数控号和文摘员等字段。按年卷期进行了分类。

数据库中收录了 1989 年至 2015 年的所有文摘数据，共 67845 条，其中 1989—1999 年 22101 条；2000 年 2425 条；2001 年 2890 条；2002 年 2856 条；2003 年 2894 条；2004 年 2817 条；2005 年 2825 条；2006 年 2687 条；2007 年 2735 条；2008 年 2660 条；2009 年 2655 条；2010 年 2583 条；2011 年 2477 条；2012 年 2429 条；2013 年 2385 条；2014 年 2232 条；2015 年 2397 条。

系统的检索界面设置有年卷期分类索引和题名、作者、出处、摘要和主题词等。

显示界面有题录显示和全字段显示，其中题录显示包括题名、作者和出处；全字段显示包括题名、作者、出处、摘要和主题词等（图专 6–4、图专 6–5）。

字段名称	类型	长度	索引	显示名称	检验规则	可选值	允许空	字段值类型
题名	TEXT	2147...	普通				√	HTML
作者	TEXT	2147...	普通				√	HTML
出处	TEXT	2147...	普通				√	HTML
摘要	TEXT	2147...	普通				√	HTML
主题词	TEXT	2147...	普通				√	HTML
顺序号	CHAR	15	普通				√	HTML
排序标识	CHAR	10	普通				√	HTML
数控号	CHAR	10	普通				√	HTML
文摘员	CHAR	10	普通				√	HTML
点击率	INTEG...	12	普通	点击率			√	TEXT

图专 6–4 《中国农业文摘—农业工程》数据库结构

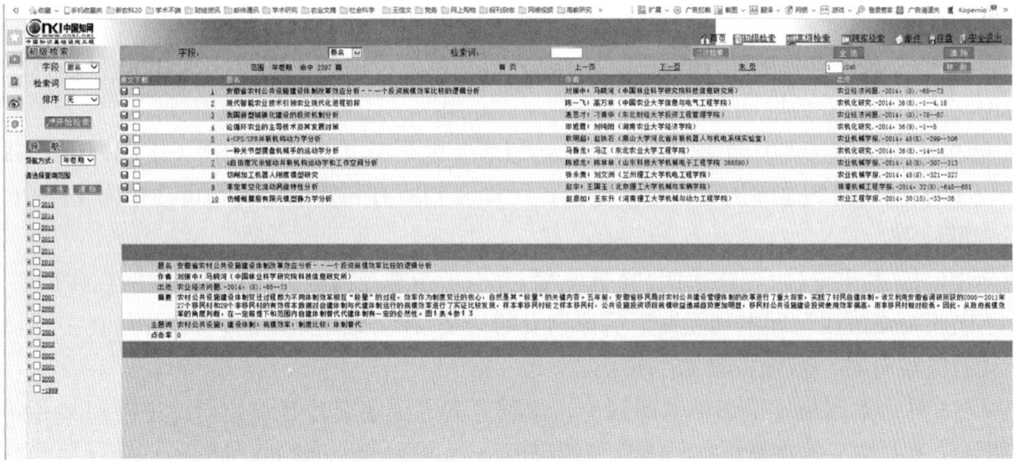

图专 6–5 《中国农业文摘——农业工程》数据库检索界面结构

2014 年，本刊获批国家新闻出版广电总局第一批认定学术期刊，成为全国 5756 种学术期刊之一。

6. 全面改版

随着综合性文献资源数据库建设的不断发展，文摘检索的优势已不复存在。为更好地满足读者的需要，2016 年 5 月，《中国农业文摘—农业工程》进行了全新改版，由检索类刊物改版为集原创论文与精选国内外文摘为一体的科技期刊。

改版后，本刊的办刊宗旨为聚焦农业学科和农业工程学科领域的理论探索、技术创新、成套技术系统集成和先进实用技术的推广示范，搭建农业学科和农业工程学科的产学研集成信息平台，推进技术创新与成果转化，更好地为“三农”服务。

读者对象为农业与农业工程领域各分支学科专业的政府管理部门、行业学会（协会）、科研院所、大专院校、生产企业的科研、教学、管理、决策、生产、技术、推广等人员，以及相关专业的在读学生等。

本刊征稿领域主要聚焦农业学科和农业工程学科，包括：装备与机械化、农学与生物技术、园艺、植保、水土工程、信息与电气化、生物环境与能源、食品科学与工程、农业生态、设计制造、农副产品加工与贮藏、土地资源管理、国外研究等。

改版后，由康绍忠院士担任本刊主编，韩鲁佳担任副主编，王宝济担任执行副主编。编辑部成员有王宝济、黄庆、张永彤和师丽娟等。

目前期刊设有栏目：政策解读、专家视点、论文编译、文献综述、研究报告、产业发展、环境保护、食品安全、水产养殖、水土工程、经济管理、农机装备、土壤肥料、信息技术、研究探讨、种植技术、技术创新、设施农业、植物保护、基层党建、农机管理、试验研究、植保技术、交流探讨、乡村发展、林业科技、博士论文摘要、报刊文萃、科技文摘等。

其中政策解读、专家视点、论文编译、文献综述、博士论文摘要、报刊文萃和科技文摘等属于摘编性文献，其他为原创性论文。

“政策解读”栏目刊发的主要是专家学者对当时国家有关“三农”政策的权威解读，属摘编性文章。

“专家视点”栏目刊发的主要是专家学者发表在相关学术期刊上与农业科学与农业工程学科相关的高水平论文，以综述性论文为主，属摘编性论文。

“论文编译”栏目刊发的是以非中文首发的农业科学与农业工程领域高水平学术论文，翻译成中文后以编译稿的形式刊发，以方便国内更多读者分享农业科学与农业工程领域高水平的研究成果，从中受益。

为便于读者从多渠道获取本刊学术论文，改版后，本刊与多家学术资源数据库签订了合作协议，包括：

2016 年 1 月，本刊与北京万方数据股份有限公司、万方数据电子出版社签订了合作协议，本刊所有刊发的论文均可在万方数据平台（http：//www.wanfangdata.com.cn）查询检索。

2016 年 9 月，本刊与《中国学术期刊（光盘版）》电子杂志社有限公司（中国知网 CNKI）签订了“中国学术期刊网络出版总库期刊许可使用协议”，即本刊所有刊发的论文均可在中国知网 CNKI（www.cnki.net）查询检索。

2016 年 10 月，本刊与《中国学术期刊（光盘版）》电子杂志社有限公司（中国知网 CNKI）签订了“期刊优先数字出版合作协议”，即本刊经编审后拟刊发的论文，在正式出版之前，可以先行在中国知网发布，缩短了论文的发布周期，提高了论文的使用效率。

2016 年 11 月，本刊与《中国学术期刊（光盘版）》电子杂志社有限公司（中国知网 CNKI）签订了“科技期刊学术不端文献检测系统（AMLC）使用申请”，可以对所有拟收录的稿件进行学术不端检测。本刊所刊发的论文重复率须低于 20%。

2016 年 10 月，本刊与《中国学术期刊（光盘版）》电子杂志社有限公司（中国知网 CNKI）签订了“期刊协同采编系统 3.0 使用申请”，通过该系统可以实现作者在线投稿，编辑在线办公，以及专家在线审稿。

2016 年 12 月，本刊与《中国学术期刊（光盘版）》电子杂志社有限公司国际 DOI 中国注册与服务中心签订了学术期刊论文的国际 DOI 注册服务，本刊所有刊发的学术论文都拥有国际 DOI 号。本刊的 DOI 前缀为：10.19518/j.cnki.cn11-2531/s。

2017 年 3 月，本刊与武汉鼎森世纪科技有限公司签订了“数字出版战略合作协议”，本刊所刊发的论文均可在博看网（http：//new.bookan.com.cn）查询检索。

2018 年 1 月，本刊与北京世纪超星信息技术发展有限责任公司签订了“学术期刊‘域出版’合作协议”，本刊所刊发的论文均可在超星期刊（http：//qikan.chaoxing.com/）查询检索。

2018 年 10 月，本刊与重庆维普资讯有限公司签订了“维普资讯——期刊资源期刊收录合作协议”，本刊所刊发的论文均可在维普网（http：//www.cqvip.com/）查询检索。

2019 年 1 月，本刊与龙源创新数字传媒（北京）股份有限公司签订了“期刊数字发行与销售合作协议”，本刊所刊发的论文均可在龙源期刊网（http：//www.qikan.com）查询检索。

2019 年 4 月，本刊与中国科学技术信息研究所签订了“国家科技学术期刊开放平台作品使用协议”，本刊所刊发的论文均可在国家科技学术期刊开放平台（http：//doaj.istic.ac.cn）查询检索。

7. 微信公众号的推出

本刊因应新媒体的环境，建立了账号主体为中国农业大学的官方认证微信公众号——中国农业文摘农业工程（zgnywz-nygc），设置有期刊内容、作者投稿和关于我们 3 个频道。其中期刊内容频道中有电子期刊、过刊浏览、本期内容和在线阅读等内容。进入“电子期刊”，可以在线阅读本刊在云展网（http：//www.yunzhan365.com/）上发布的适合于移动终端阅读的每一期电子期刊全文；进入“过刊浏览”，则可以在线直接阅读本刊官网所发布所有期刊内容，可以按年卷期和篇目分别阅读和下载（PDF）文件；进入“本期内容”，可以直接阅读本刊官网发布的最新一期期刊内容；进入“在线阅读”，可以直接进入超星学习通在线阅读本刊各期的每一篇基于 XML 格式的文章内容。

“作者投稿”频道设置有投稿须知、用户注册和最新录用等内容。作者通过移动终端即可完成在线注册和投稿。由于建立了移动终端与 PC 端服务器的关联，无论是移动还是 PC 端所调用的都是同一个数据库，实现了数据的共享。

“关于我们”频道设置有历史消息、期刊简介和联系我们等内容。通过这些栏目可以浏览本公众号发布的所有内容、本刊的介绍以及与我们联系的各种方式（图专 6–6）。

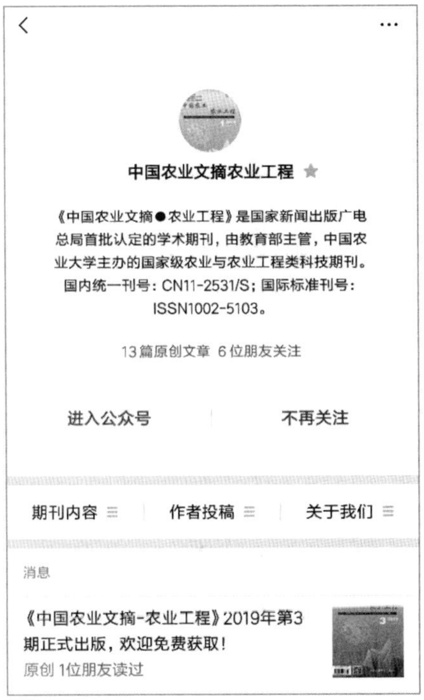

图专 6–6 《中国农业文摘——农业工程》官方微信公众号

8. 技术手段的完善

2016 年 9 月，本刊与北京勤云科技发展有限公司签订了《远程稿件处理系统 8.0》标准版软件购买合同，软件功能包括：基本模块和特色模块，其中基本模块的功能有远程投稿系统、远程审稿系统、采编管理系统、网刊发布系统、读者订阅系统、网站管理系统、排刊组稿、手机短信通知、网上在线支付、期刊中文网站等；特色模块功能有自动抽取文献、参考文献校对、未发表相似文献检测、已发表相似文献检测、自动推荐审稿人、万方全文数据库检测、本刊引证报告查询、引用本刊杂志查询、引文控制器、参考文献推荐和二维码发布等。

在勤云软件的基础上，本刊构建了网络自动化管理发布系统（http：//zgnywz.cnjournals.net/）。该系统既是本刊的官网和门户，也是作者投稿、读者阅读点评、专家审稿和编辑办公的管理信息系统（图专 6–7）。

系统采用基于 Ajax 无刷新技术架构，结合了拖拽式、标签式、Excel 式操作体验，在大幅提升办公效率的同时，提升了系统的易用性和人性化。

由于采用了 word 文档碎片化技术，作者在投稿时可以实现一键完成。系统会自动从作者上传的

word 文档中抽取出稿件的基本信息、作者信息和参考文献信息。同时编辑部也可以利用此技术完成一键网刊签发，大大节省了编辑部的工作量。

系统通过语义分析技术可以从海量的期刊论文中查询出相关文献，进而推荐与稿件相关的专家和同行，编辑部可以从中选择合适的审稿人。

2016 年，本刊刊发各类论文 184 篇；2017 年刊发 207 篇；2018 年刊发 180 篇。

2013—2018 年，本刊得到大北农教育基金资助（图专 6–8）。2019 年，本刊得到“双一流”建设项目资金资助。

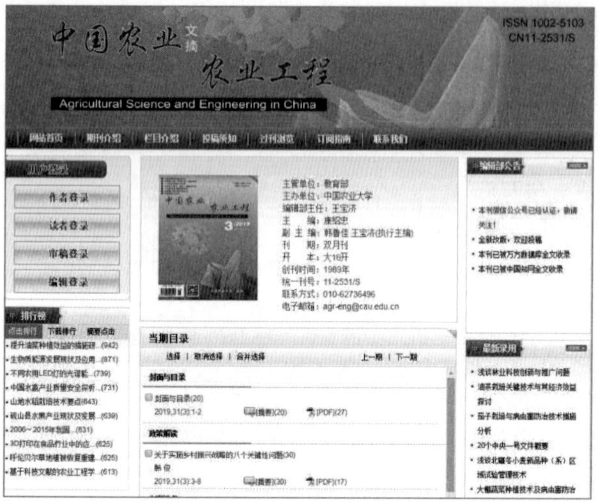

图专 6–7 《中国农业文摘—农业工程》官网主页

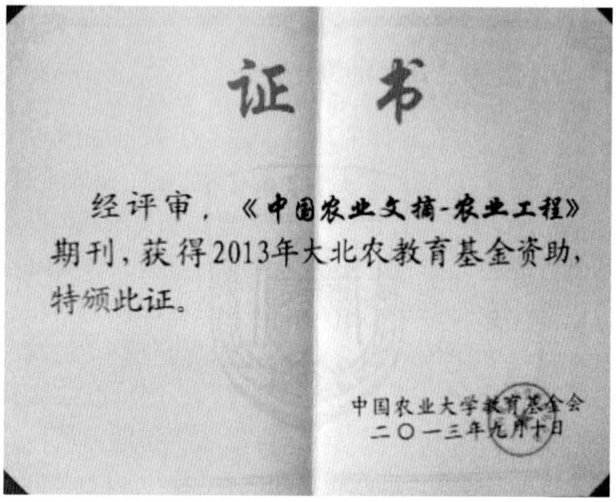

图专 6–8 大北农教育基金资助证书

（本专题由王宝济执笔）

专题七｜现代高校图书馆建筑与管理模式的典范

——北京农业大学图书馆建筑特色

北京农业大学图书馆的第一座独立馆舍于1937年在罗道庄校址开始兴建，动工不久即因抗日战争全面爆发而被迫搁置。抗战胜利后，北京大学复建农学院，得以继续建设，于1947年建成。占地（110平方丈）（约1200 m^2），为二层楼房，一层为书库、二层为阅览室，另附有容纳400余人的礼堂一座。

1958年学校从罗道庄迁到圆明园西路校址，1959年建成了一座3150 m^2的图书馆，位于现主楼后侧。建筑结构、内部布局及书刊借阅利用方式上是传统的藏书库、阅览室、工作区3大块结构。1963年，书库就已经饱和；到20世纪80年代，无论是其规模上，还是在结构上已经不能适应信息迅速发展的形势了，新图书馆建设成了广大师生的迫切需求。

一、建设过程

学校在北京原址复校后，图书馆新建馆舍已是每年必提的建设项目。1980年新图书馆建设列入学校发展建设计划，但因百废待举，经费无着落而延缓。

1983年，北京农业大学新图书馆建设获得农业部批准立项，这是北京农业大学图书馆第三个独立馆舍建设项目。

1984年3月，在校领导和农业部、教育司、部外资办的关切下，北京农业大学图书馆新馆建设取得世界银行农业科教第二期贷款的支持，项目的主要部分为新馆建筑，次年列入基建项目。

我国政府部门与世界银行贷款协议书上规定：

北京农业大学新图书馆要建成一幢现代型的、适合中国国情的、实用性强、能使多数读者受益的农科大学图书馆。

协议书明确规定，新图书馆要满足以下几方面需求：①建筑上要有突破，要体现方便师生查阅书刊文献，检索迅速，适应以开架服务为主的需要。②在管理上要采用计算机系统。③要考虑较全的收集资料的需要。④要考虑为农业院校、科研单位培养图书情报管理人才的需要。

按照学校当时发展规划，图书馆要为6000名学生和3000名教职工提供有效的文献信息服务。

按照当时定位，北京农业大学要办成既是农业教育中心，又是农业科研中心，并已被国家列为全国重点大学。而图书馆的目标则是要努力办成一流大学图书馆，实现现代化管理，提高服务水平。

经过上级主管部门、学校领导和馆内外专家的积极努力和反复论证，认识得到基本统一，明确新图书馆馆舍建筑要灵活性强、藏阅结合、适合采用现代化技术手段，并制定了设计思想和方针：①要在服务与管理思想上有重要突破；②新馆建设要使更多读者受益并符合国情、校情；③新馆要能适应未来的发展。

1984年学校提出了北京农业大学图书馆设计任务书，设计的指导思想和依据是：

北京农业大学是一所多科性的农业大学，为全国重点大学，又是列为国家十所重点建设的高等学校之一。农业部多次指示：北京农业大学图书馆要建成一个中国式、有特点、高效能、并具备现代化管理和服务的图书馆；

按北京农业大学发展规划，学校图书馆要全面履行教育和情报职能，新馆要能为6000名学生、

3000 名教职工提供有效阅览服务；批准图书馆建筑面积 12000 m^2，国内投资 600 万元人民币（后因涨价因素追加到 960 万元），世界银行贷款 253.7 万美元；

设计要求：便于读者使用和业务上的管理，使其功能具有灵活性、通用性，处理好读者活动路线、图书加工运送路线和图书馆工作人员活动路线，避免迂回曲折、相互交叉，并适应当前和今后科技不断发展的要求。

为此，图书馆设计变传统的闭架借阅为主的方式为以开架借阅管理为主的方式；采用电脑编目、检索及其他管理；添加声像载体资料，为读者提供使用上的方便；缩微复制；采用现代化通信、运输设备；创造舒适的阅览条件、适宜的工作条件与藏书保护条件，配置相应的空调设施，馆内家具采取成组配套、色调和谐；尽量避免西晒、处理好自然采光问题；要考虑校园在历史上曾被大雨所淹的事实，提出正负 O 线提高 50 cm；框架结构，抗 8 级地震；为方便读者，阅览室不超过五层；设计上要注意开展咨询服务。

在随后的几年时间里，学校组织力量进行了广泛的考察调研。由北京农业大学主管基建工作的副校长负责，图书馆、基建处组成考察组先后在北京及全国各地进行考察了解，在北京考察了几十所大学图书馆及社会上的专业图书馆，在全国考察了东北工学院、华中农大、深圳大学、南京农业大学、上海交通大学、四川大学、四川农业大学、西南医科大学等大学图书馆及专业图书馆。为了解决新建图书馆的通风、节能、采光、空间利用等问题，使之达到最佳效果，还考察了北京市的百货大楼、西单商场等公众场所。

1984 年 10 月，副校长吴汝焯、基建处长赵士杰、图书馆馆长杨直民等赴英国进行大学图书馆建筑与管理考察。

而后提出了第一个建筑方案。建筑形体采用四方形，建筑内部采用大平面、大开间、开放型、中间无隔挡布局方式。由于方案未采纳传统的利用自然光及自然通风的原则，因而设计上层高较低，窗子为封闭式。

当时，国家经济处于恢复时期，也是新旧思想交替时期，由于方案重点涉及消耗能源问题，新馆涉及的新的理念，一些人还难以接受，因此方案遭到了评审专家团否定。

方案被否定后，学校曾提出采用原旧馆的建筑风格，建成丁字形图书馆，正面一字建筑形体进深小，可充分利用自然光和自然通风，用于阅览区和业务用房，后面为书库的建筑布局。

经过前期筹备组的考察参观学习，现代化图书馆管理理念已深入到参与新馆建设筹建的每位成员。因而，学校提出的传统方案，受到基建处和图书馆的否定。为此，新馆建设进程搁浅。

1986 年 9 月，学校又派孙正权等 4 人赴美国进行图书馆管理方面的考察，重新启动新馆建设项目的工作。

1986 年 9 月至 1987 年 3 月，作为世界银行贷款图书馆建设项目的工作内容，图书馆馆长杨直民到加拿大圭尔夫大学图书馆进行访问研究，探讨图书馆现代化建设与管理。

1987 年，新的图书馆设计前后经过五年的酝酿、国内外调查、论证、比较，设计任务书几经修改，几起几落，终于确定了《北京农业大学图书馆初步设计说明书》，项目得到持续并发展起来。

新方案在充分考虑了专家评审团针对第一方案提出的意见的基础上，对原设计做了完善。

建筑主体变化：将原第一设计方案四方建筑形体消去一个角，作为正面读者入口，建筑后面去掉一块，建筑形体呈 L 形，建筑内部减小了进深，增加了自然采光面积。

建筑内部布局变化：主通道设置于建筑中间，书架沿通道两侧摆放，阅读区域沿窗布局，以最大限度利用自然光阅读。

窗户变化：由原封闭窗改为每两扇窗有一扇可以开启，在停电的紧急情况下，开窗自然通风，不影响读者阅读。该方案最终获得学校通过。

新图书馆建筑 1987 年定下方案后，北京设计院九室高级工程师制成工程图。

1988 年 6 月 6 日新馆开始动工建设。由北京三建三工区二队承担建设任务。

图书馆馆长杨直民担任项目主持人，在学校领导下，与直属党支部书记兼副馆长刘友文一起，协调各方面力量，最终使项目有序地执行。建设已见规模后，1987 年底，经学校同意由副馆长金培华担当项目负责人。金培华在新馆计算机等设备方面作出了有成效的工作。

1990 年 6 月新馆建成，12 月全面启用。其管理理念和管理模式，具有样板意义，成为我国高校图书馆事业发展的典范。

二、建筑特色

新馆在建筑设计上，借鉴了国际上先进的图书馆设计思想，采取了模数式图书馆设计的方法，既不受国内传统设计布局的束缚，又不生搬硬套国外的模式和方案，而是充分考虑国情、校情，把国外先进经验与本馆的具体实际结合起来，一层 2500 m^2 无内墙间隔，采取开敞连贯的室内大平面空间，统一柱网、荷载、层高，使得布局灵活性大为提高，从而对图书馆布局和管理带来了一系列新的变化，在我国图书馆建筑设计上有所突破和创新。

楼体造型呈 L 形，主体四层局部五层，建筑总高度 21.7 m，总建筑面积 12115 m^2，使用面积达 9810 m^2，平面利用系数 K=81%。现浇主体四层框架——剪力墙结构。楼面为现浇钢筋混凝土无梁楼盖，板厚 230mm，层高 3.9m，有吊顶，书架区净高为 2.8m，阅览室净高 3.2m；楼面荷载 q=650 kg/m^2，密排书库 q=1100 kg/m^2。局部 5 层为机房，与四层之间有一 2m 高的管道夹层，可起到减震与隔音的作用。

全馆可藏书 150 万册，有阅览座位 1200 个。

新馆一层为工作人员业务区，包括书刊采访用房、计算机中心用房、报告厅用房、配电室用房、约 500 m^2 的密排书库、创收用房等（图专 7–1）。

二层为读者主入口层，读者由外楼梯直接上到二层平台。布局分为业务用房及读者区两部分。入口处正面布置有大厅、借还台，卡片检索区；建筑东面布局为中外文书刊参考工具书架区、参考工具书阅览区及参考咨询部。西面设置为业务用房，包括书刊编目用房，馆长、办公室及财务用房。紧靠入口处左边设为外国教材中心阅览区，为新馆最好区域。为方便读者，入口右边设有专门复印间（图专 7–2）。

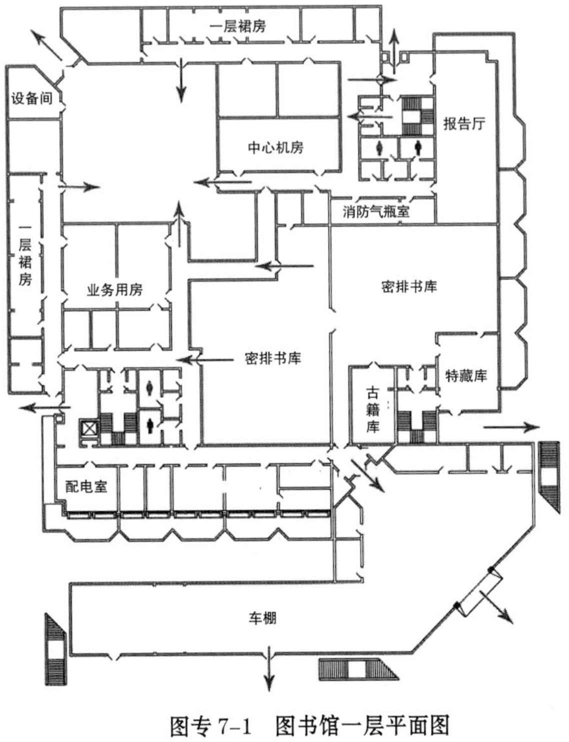

图专 7–1 图书馆一层平面图

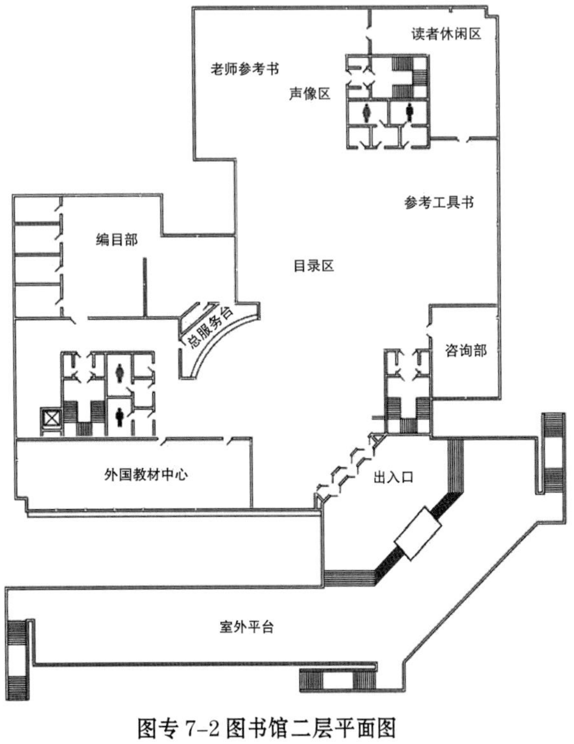

图专 7–2 图书馆二层平面图

三层与四层布局格式相同，均为大平面阅览层，阅览区内中间不设隔断墙，平面中部设为主通道和书架区，沿窗四周摆放阅览桌，以充分利用自然光。三层布局为中外文书刊阅览层，四层布局为外文书刊预览层。

该项工程荣获 1994 年建设部优秀工程二等奖，北京市优秀工程一等奖，1995 年度城乡建设部优秀建筑设计评选二等奖。

1）采用模数式柱网框架

模数式图书馆设计是按照一定的柱网框架组配起来的结构，室内不采用固定隔断，柱距与阅览桌椅和书架尺寸选取相对应的模数关系，具有空间大、使用灵活性强、平面利用率高等优点。

新馆馆舍建筑采用 6.6m×6.6m 柱网结构，主要是根据书架区按照 49cm 架厚 +83cm 架距，可以安装 5 排书架；或阅览区按照桌宽 1m+ 椅 1.2m×2，可以放置 3 排，这样一种最佳组合，同时兼顾了建筑施工的可行性。

2）统一层高

楼内四层，层高 3.9m，有吊顶，书架区净高为 2.8m，阅览室净高 3.2m。同层通行无障碍，便于读者活动和图书运输，适于现代化大面积开架管理模式。

3）统一荷载

除密排书库外，其他区域地面荷载相同。楼面荷载 q=650 kg/m^2，密排书库 q=1100 kg/m^2。馆内布局灵活性大，简洁紧凑，适应性强，可以根据发展的需要变更布局。

4）合理控制进深

模数式建筑平面方整，如果进深过大，完全依靠人工照明和空气更新，不适于国情。农大图书馆在整体造型的设计上没有采取方形，而是采用了 L 形。双面采光最大进深不超过 30m。周边沿窗摆放阅览桌，以采用自然光为主；中间区域排列书架，最远距窗不超过 15m，辅以人工照明。

5）楼梯核心设计

主楼层设计无间隔、无楼道，大平面通透。每层均布 3 个楼梯核心，采取剪力墙结构，具有稳定楼梯的作用。围绕核心有楼梯间、管道间、卫生间。这种设计可获得较大面积的无障碍空间，三、四层每层宽敞空间达 2500 m^2，增加了使用灵活性。

6）室内环境

为保障室内空气新鲜，防止室外灰尘、噪声的干扰，本馆采用机械式通风换气方式。按照每人 25m^3/ 小时设计，排风量略小于进风量，以保持室内正压。卫生间则按 30m^3/ 小时设计排风，防止气味外溢。春秋季则辅以开窗换气的方式。

7）消防与疏散

本馆配有消防报警系统。全楼主体部分设有膜盒感温、离子感烟探测器、区域报警和总报警装置，专用消防广播及电话，疏散指示照明等消防设施。

三个楼梯核心顶部有采光窗，底层都有紧急出入口，用于安全疏散。

三、管理模式的变革

新馆建筑模式带来的最大变化就是图书馆管理模式的变革。全馆大面积开架，藏阅结合，开创了我国高校图书馆现代管理模式的先河。

读者入馆后可任意到馆内任何地方借、阅书刊资料，体现了以用为主、方便读者的新的管理思想，破除了过去重藏轻用的旧观念，符合读者需求，且本、专科学生、研究生和教师同在一室阅览，有利于提高服务水平和效率，有利于文献的开发利用。

新的管理模式深受全校广大读者的欢迎，在读者中形成了良好的利用图书馆的习惯和风气，使图书馆的“服务育人”功能得到了很好的发挥。

1）开架管理

为最大程度地方便读者利用馆藏资源，图书馆设计为开架管理。二层设一个主入口，读者进馆只需在通过入口时出示一次借书证，即可在二、三、四楼各阅览区自由出入，自由选阅书刊，还可将所选择的书刊带到复印室复印，或带到研究厢进行学术研究，或到借阅处办理借阅手续以及到任何一个阅览区查阅。可以无障碍自由选取图书文献、选择座位。

开架阅览区的书刊依文种划分，不设教师阅览室，学生阅览室，师生共同利用同样的书刊资料，比较符合当前的实际与未来的发展趋势。由于科学技术高速发展，学科分化、交叉现象越来越多，边缘学科增多，藏书建设采购原则倾向于种类多复本少的趋势。师生共同利用同样的书刊资料，集中使用，经济合理，有效地调剂供求矛盾，也有利于教师改进教学方法，提高教学质量，加快教学改革的步伐，有利于培养学生的自学能力，判断与思考能力，对于高校人才的培养有着一定的促进作用。

为了方便读者，使大量馆藏文献直接和读者见面，图书馆将馆藏近15年的约20万册书刊实行开架借阅，包括1976年以后的中文刊、中外文图书，1970年以后的外文刊。这些书刊在每层为2500 m^2的阅览区内，采用藏阅合一的方式布局，书架区紧靠阅览区，各阅览区平均约100个座位，读者在此可借可阅。这种大面积藏阅结合布局方式，相比查目、书库取书的闭架借阅管理体制优越许多。

2）集中借还

本馆在二楼大厅只设一个总服务台，用计算机管理负责办理图书借还手续。读者在三、四层各个阅览区选好图书后，拿到二楼出纳台集中办理借书手续，每册书只需几秒钟。还书也很方便，读者将书放在出纳台即可。

3）动静分离布局

本馆一层为多功能层，根据需要分隔成几个不同区域。文艺书刊借阅处、可容纳藏书55万册图书的600 m^2的密排书库、以藏为主的线装书库和特藏库、计算机房、声像、缩微、装订以及附属服务用房等均设在一层。在一层东北角有100人规模的报告厅，可举办学术报告、会议、培训等，有直接通往馆外的出入口。

图书馆主入口设在二层，大厅有借还书服务台，周边是农科教材中心、目录区、声像视听区、工具书阅览区、参考咨询室、检索实习室等。各种服务性项目集中在二层，是图书馆读者相对比较多的区域，属于动区。

三层、四层是安静、宽敞、通透的主阅览区。开放的书架区和阅览区在同一层面结合，给读者利用馆藏资源提供了极大的方便。

4）新馆建筑对图书馆管理及业务的影响

随着新馆功能和服务方式的转变，图书馆管理体系随之也有所改变。原图书馆部门设置有采编部、流通部、阅览部、期刊部。在新馆的管理模式下，改为采、编、阅三个部，流通部、阅览部、期刊部合成一个流通阅览部。在流通阅览服务工作中，人员配备并未随面积和藏书数量的增加而增加，人力成本反而降低。

新馆以开架为主的阅览服务模式有如下特点：一是读者服务一线人员多，二是工作量大，且容易被忽视其重要性，三是工作弹性较大。因此要求统一组织、具体规划。对于直接面向读者的工作，经常组织各种形式的职业道德教育活动；对于工作量较大的工作，要精心筹划、具体安排；对于弹性较大的高层次工作，努力抓好调研工作，不断提高服务水平，不断提高工作人员的政治、文化、业务素质。

在现代型图书馆业务中，读者教育或称用户培训已是不可缺少的一个环节。每年给新入学的读者讲授如何利用图书馆、文献检索的方法和技能以及图书馆的各种服务项目、书刊布局、图书馆规章制度等，是图书馆的一项重要工作内容。图书馆安静、优雅的学习气氛，整洁、宽敞、明亮、舒适的阅览环境，是培养读者文明修养、思想情操的好场所。

由于新馆环境优美，各种服务设施完备，工作人员服务态度好、开馆时间长，每天开馆 11 小时，每天进馆人次约 2000，每天的书刊下架量一般约 5000 ～ 6000 册次，最大量为 7000 册次，书、刊、资料等文献的利用率明显得到提高。

读者和馆内工作人员对新的管理模式普遍反映良好。据学校有关部门 1991 年的问卷调查，学生认为图书馆在借阅服务方式上，十分满意和满意的占 95% 以上。读者认为新馆的设计和布局真正是为读者着想，普遍感到十分方便，真正体现了读者第一、读者至上的理念，

四、建设经验

20 世纪 70 年代末至 80 年代，我国图书馆界建新馆提出的原则是“有什么样的图书馆管理，就要有什么样的建筑与之相适应”。

英国图书馆建筑专家 H. 布朗先生在其图书馆建筑论著中提出 10 大图书馆建筑原则，1984 年布朗先生来馆时向其咨询，其更进一步提出了“现代图书馆建筑要解决的是图书馆未来管理的不确定性”，从而从另一角度诠释了图书馆建筑要适合图书馆管理需求这一原则。

在 20 世纪 80 年代，我国图书馆大部分实行藏阅分离的管理方式。书库采用三线藏书模式，阅览室多采用小开间，一半书架区一半阅览区管理模式。

北京农业大学新馆建设从立项开始,就摒弃了传统观念的束缚,始终坚持未来新图书馆实行全开架、广泛应用现代化技术与设备，实行以用为主的现代化管理模式观念。

从 1983 年北京农业大学着手筹建新馆开始，如何把新馆建成一个符合国情的现代型大学图书馆，就已成为大家所关心的重点课题。新馆建设明确要从战略发展高度作清晰考量， 在理论与实践上，要解决以下问题：

①新馆要在服务和管理理念上有所突破；②馆舍布局与管理要使更多读者受益；③新馆要能适应未来的发展；④“读者第一、服务至上”的理念要用具体指标体现出来。

在北京农业大学新馆建设项目协议中明确提出新馆要具备丰富的文献收藏、高效的检索服务、方便师生读者使用、实行开架式的借阅管理等内容。

1）设计方案的前期调研与论证

本项目的前期准备工作十分充分、有效。从 1983 年申请立项，学校就开始了系统的调研与论证，不断派人到国内外进行考察。

当时主管基建工作的副校长负责，图书馆、基建处组成考察组，在北京市内各主要相关图书馆学习取经，到外地参观学习达五、六次，先后参观取经的图书馆有 100 多所。另外，为了解决通风、节能、采光、空间利用等问题，还考察了北京市百货大楼、西单商场等公共场所建筑。

1983—1985 年，请外国专家到国内进行咨询，并得到了英国皇家建筑师协会会员、英国著名建筑设计师（国际图联图书馆建筑与设备组前主席）、图书馆设计专家亨利 · 布朗（Henry Fanlknen-Brown）和英国拉夫勃尔（Loughborough）技术大学图书馆馆长安东尼 · 约翰 · 伊文思（Anthony Jonny Evans）教授的亲临指导。1984 年由学校、农业部基建司、北京市建筑设计院设计人员组成 7 人组成考察组赴英进行了考察。吴汝焯、赵士杰、杨直民等人参加了考察。

1985 年布朗先生和伊文思教授专程来北京农业大学图书馆亲临指导并提出了一份新馆设计任务书，提供了一些参考材料。

1986 年 9 月，学校又派孙正权等 4 人赴美国进行图书馆管理方面的考察。杨直民馆长到加拿大圭尔夫大学图书馆进行访问研究，深入探讨图书馆现代化建设与管理。

从 1985 年到 1988 年项目咨询、论证、决策在国内专家间深入进行，为图书馆设计的科学决策打下了基础。在充分调研的基础上，参考专家们的意见，拟定修改出较好的设计任务书。从开始准备到施工虽然经历了较长时间（1983—1988 年），但吸取了国内外先进的设计思想和许多好意见建议，实

践证明这是一条成功的经验。

初步设计方案经过多次修改，反复研究论证，期间经历了5个年头，最终依据实用、经济、节能等原则，结合具体位置情况，确定了全楼采用L造型方案。一楼有部分裙房，主体为4层、局部5层。这既可以充分利用自然光线和自然通风，又可以尽多地安排阅览座位。

2）理念上的新突破

我国传统的图书馆延续了近百年，图书馆的管理模式和规章制度多是从如何管好藏书、以管为出发点而制定的，不是从如何方便读者出发，忽略了图书馆存在的最大意义是读者对馆藏资源的有效利用。书库和阅览区基本处于分离状态。读者难以进入书库自由选书，读者了解馆藏只能通过查询目录；阅览室的设置基本是根据不同文献种类或不同读者群体而设，阅览室与阅览室之间的资源不能互通。读者与文献之间存在着严重的隔阂，制约着资源的充分利用。

教育教学理念的变化与更新，对图书馆的功能和作用不断提出新的要求。为了适应高校教学与科研对文献信息服务的新需求，建设一个现代化的图书馆，必须冲破传统观念的束缚，解放思想，解决好藏与用的矛盾，在图书馆的本义上实现回归。

经过反复调研，认识到现代图书馆要充分利用各种技术手段，以图书情报利用为主，实现高效情报检索，提供各类文献载体，实现资源共享。图书馆建筑要满足不断变化的功能需求，要打破固有的条条框框。

新馆管理理念上的最大突破就是实行藏阅一体的全开架管理。书架藏书区周边布置阅览区，读者进馆后可以自由选书、选座，甚至可以在馆内将图书带到任何阅览区阅读，最大限度地为读者利用馆藏提供方便。实现了由传统图书馆以“管”为主的理念向以“用”为主理念的转变。

藏阅一体的管理模式，曾经是许多读者和图书馆工作者期待的愿景。但是在此之前，国内没有一个图书馆敢于做出这种尝试，主要原因是担心读者直接进入书架区会造成书库排架混乱，这是传统思维最大的顾虑。另外，传统的图书馆建筑结构往往形成许多小空间，在客观上形成了阻隔，不利于藏阅一体的开架管理。

3）与国际接轨大胆引进新技术

早在1981年，图书馆开始通过建工部情报所利用香港国际联机终端，后来又利用中国科技情报所的国际终端开展国际联机文献检索的研究与服务。

1987年加拿大圭尔夫大学图书馆馆长J. 布莱克博士来馆访问，赠送一台激光盘驱动器，数张激光盘，光盘中包括圭尔夫大学图书馆200万册藏书目录。1988年在学校外资办的支持下，引进几套光盘和一台驱动器，光盘内容包括农业文献检索、书目、科技百科等农业文献。

在新馆的设计和建设中，北京农业大学图书馆十分重视以计算机为核心的新技术的应用，使图书馆服务效能大大提高，逐步步入现代化图书馆的行列，大大缩短了与国际先进水平的差距。

北京农业大学图书馆项目从一开始就把现代化作为一项重要目标，在世界银行贷款253.7万美元中，用于配置计算机、声像、缩微等现代化技术设备的资金达143.9万美元，占贷款额的56.7%，这在中国图书馆建筑工程的投资安排上是罕见的。

新馆在主阅览层设置了一定空间、线路和设施，供新型文献载体使用。新馆投入使用后实现了计算机联网，采编、出纳、咨询、情报检索都用上了电脑，并可联机检索国际上的农业数据库。1990年，随着北京农业大学新图书馆的落成，新技术及设施得到了广泛应用。咨询工作得到了一步发展，馆里提出：①力求把为教学服务推进到当代世界水平；②加强文献检索；③发展参考咨询；④追求文献的利用效益；⑤形成图书管理借阅主体、农科外国教材中心、农业科技情报两翼密切配合的运行体制。

针对非书信息载体，图书馆成立了专门的声像部门，收集、整理非书资料，并服务于读者。非书资料包括录像带、缩微卡片、激光声盘、激光文字盘、录音带，声像同步幻灯片等。

1991年，为进一步服务于读者，二层卡片检索区目录柜全部撤掉，改为声像服务区，有60个座位。

五、建筑意义

新建筑的投入使用，对于图书馆的内部管理无疑是一次大的冲击和改革，由于有效地组织了对读者和管理人员的培训、教育，工作人员已从怕乱、怕不适应变为积极投身和维护新的管理形式，读者也因为感受到新馆带来许多好处而积极配合新的管理。现在走进图书馆开敞大空间，窗明几净，雅静有序，学习气氛浓郁，表明图书馆的管理达到了比较高的水平。图书馆在人力组织、管理制度、工作方式方面已逐步形成了一套新的办法，使之与新建筑相适应。新的布局还有利于节省管理人员，这也是设计和管理的成功之处。

此种格局在国内的尝试，体现了北京农业大学图书馆人大胆变革、勇于探索的创新精神。正是这种精神，使北京农业大学图书馆成为服务管理方式与建筑布局变革的先行者，为以后许多图书馆所仿效。

在 1993 年 9 月中国图书馆学会和中国建筑学会联合召开的全国图书馆建筑评估研讨会上，与会人员对北京农业大学图书馆建筑给出了很高的评估结论：

（1）北京农业大学图书馆建筑工程是我国对外开放政策和国际合作的一个范例，也是国内图书馆界许多专家贡献智慧的硕果。

（2）建筑设计是符合高校图书馆功能要求和发展趋势的，是符合国情的、先进的、是成功的。

（3）本馆的建成使用，使我国农业图书馆向现代化跨进了一大步，缩短了与国外农业图书馆的差距。

（4）本馆的成功，证明中国图书馆界和建筑界水平有了明显的突破和提高，有能力设计出适合中国国情的、高水平的图书馆。

（5）新图书馆的建成和使用，使北京农业大学在管理上发生了深刻的变化，现代技术得到广泛应用，由传统图书馆较快地向现代化图书馆推进。

（6）读者和图书馆工作者对这座图书馆都表示满意，认为方便、高效、舒畅，为读者考虑得周到。

（7）北京农业大学花大力气做好前期工作的经验，领导与图书馆及设计师密切配合协作的经验，以及考虑国情馆情，敢于创新的精神，值得图书馆界和建筑界学习借鉴。

（8）本工程在使用过程中发现尚有考虑不周、安排不当之处，应该继续加以调整和改进，特别是在通风、温度控制及防尘方面，宜采取必要的措施加以解决，以使图书馆更为完善地达到预想的效果和目标。

由此可见，北京农业大学图书馆新馆的建筑与管理模式，作为传统图书馆向现代图书馆转变的一个典范是当之无愧的。

（本专题由王永进、黄兴建执笔）

专题八 | 外国教材中心建设

为贯彻执行邓小平同志关于“教育要面向现代化，面向世界，面向未来”的指示精神，适应教育事业进一步发展和教学改革逐步深入的需要，教育部于1979年成立了9个高等院校理科、工科基础课程外国教材中心图书室。1985年，教育部针对引进教材科类不全（没有农、医科类），教材种数较少等问题，又增设了4个外教中心图书室。至此，全国共设有13个外教中心图书室，学科面覆盖了理、工、农、医、管理等各门类（表专8–1、图专8–1）。教育部每年向各中心核拨一定数额的购书专款，用于订购分工承担的各专业类的外国教材。

图专8–1　外国教材中心标牌

外国教材中心图书室的主要任务职责是：按照各自分工承担的专业类别，根据需要，通过多种渠道引进世界各国具有先进科学技术水平的理工农医各科教材。既要注意引进各种通用的、基本的教材，又要注意引进具有一定特色的、有独到见解的教材，并注意一些丛书、多卷书的系列性，从而在全国范围内逐步积累起理、工、农、医各科的各类专业的全面、系统、配套的外国教材体系。通过组织书展、阅览、流通、推荐介绍等多种方式，对各自引进的教材进行信息交流与宣传，并积极开展引进教材的评介研究工作。各中心要充分发挥外国教材中心图书室为教学、科研服务的作用，面向全国高校提供各种优质服务。40年来，在教育部高教司、有关高校领导的支持下以及通过中心全体工作人员的努力，各中心在外国教材的引进、积累、流通、使用、评介研究等方面作了许多工作。目前，全国十三个外教中心的总藏书量已达30多万册，读者服务面遍及全国。

表专8–1　全国外国教材中心布点分布

代码	布点院校名称	分工
ED1	高等教育出版社外国教材中心图书室	理工基础类
ED2	南开大学外国教材中心图书室	物理类
ED3	吉林大学外国教材中心图书室	化学类
ED4	复旦大学外国教材中心图书室	数学类
ED5	东南大学外国教材中心图书室	土木建筑、工程力学类
ED6	武汉大学外国教材中心图书室	生物类
ED7	重庆大学外国教材中心图书室	机械类
ED8	华南理工大学外国教材中心图书室	化工类
ED9	西安交通大学外国教材中心图书室	电子、电力类
ED10	清华大学外国教材中心图书室	理、工、管理学科类
ED11	中国农业大学外国教材中心图书室	农科类
ED12	北京医科大学外国教材中心图书室	医科类
ED13	南京大学外国教材中心图书室	地学、天文、气象类

一、纸本教材的引进

农科类外国教材中心建立之初的全称为“北京农业大学外国教材中心”，1995 年北京农业大学与北京农业工程大学合并为中国农业大学，外国教材中心也改名为“中国农业大学外国教材中心”。农科外国教材中心从建立之日起，就肩负着我国高校农业类原版教材的引进、宣传与推广重任。教育部每年对中心拨专项经费用于原版教材的引进，从开始的每年 5 万元逐渐增加至每年 30 万元，中国农业大学图书馆同时设有配套经费采购原版教材。经过 30 多年的积累，中国农业大学外国教材中心已收藏原版教材（专著）2 万余册。为了加强对引进教材的宣传与推广工作，为其他农业高校提供文献服务，外教中心最早是通过制作引进教材的印刷版目录，采用邮寄方式寄给各农业高校图书馆。随着信息技术与互联网技术的发展，各中心的馆藏目录逐渐可通过 OPAC 系统进行检索。

2006 年，在教育部高教司的直接领导和支持下，由清华大学、北京大学医学部、中国农业大学组成管理小组，全国 13 家外教中心所在院校共同参与，根据院校学科的优势，建立了面向全国高校的科技外文教学信息与资源服务系统，向全国高校师生提供更加便捷、快速、高效的相关信息服务。

2007 年“教育部外国教材中心”正式上线（http：//ftc.lib.tsinghua.edu.cn/）。该系统平台的功能有：①全国 13 家外教中心外文教参馆藏信息（含书目、书评、封面图等），可查询、浏览，以及提交、发表书评，还可通过馆藏地点链接到相应馆的“馆际互借服务”页面，提交申请；②国内、外相关教学信息，可查询 13 个外教中心所在高校使用外国教材的课程及教参书；国外相关学科著名大学的部分课程及教参信息；③国内、外出版信息，提供最新出版的外国教材（含原版和影印版）书目信息的浏览、查询，并可向所在学校图书馆推荐或联系个人购买（图专 8–2）。

图专 8–2 “教育部外国教材中心”网页

二、电子教材的引进

随着我国改革开放以及高等教育事业的迅猛发展，特别是在国内高校进一步推进双语教学的形势下，迫切需要外教中心在原有工作的基础上，提高专项经费的使用效益。2013 年开始，在原有印刷版引进教材的基础上，教育部每年追拨经费用户用于 12 家高校外国教材中心联合引进原版电子教材，现已累计引进原版电子教材8000余种；所有引进电子教材可通过“爱教材”统一检索查询并阅读（http://www.itextbook.cn/）（图专8-3）。

图专8-3　电子教材网页

三、工作分析研究

从2006年开始，教育部启动原版教材立项研究工作，2～3年为一个周期。期间，中国农业大学外国教材中心积极响应教育部要求，围绕我国农科类原版教材的引进与推广，开展了系列的研究工作，并撰写相关的研究报告，研究专题如下：

国内外农业学科精品教材调研（2008年结题）

农学动物科学专业国内外相关教材比较研究（2010年结题）

国内农业高校原版教材应用现状研究（2012年结题）

农业高校原版电子图书/教材建设研究（2016年结题）

引进农科原版教材对我国高校教材建设的促进方式与效果研究（2017年结题）

所有项目结题报告均在网上公开展示（http://www.lib.cau.edu.cn/wj/jcyj.html）（图专8-4、图专8-5）。

图专8-4　部分研究报告

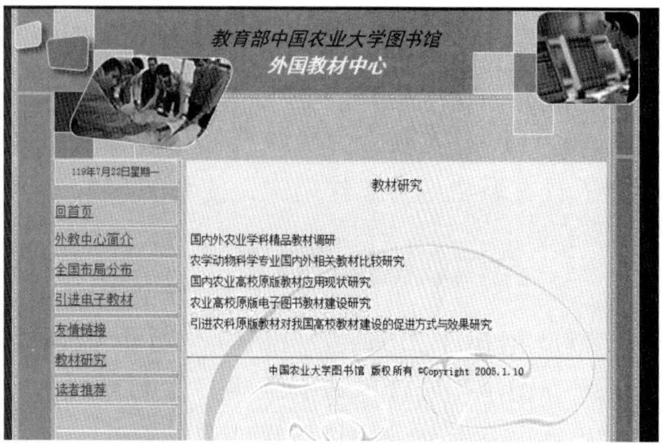

图专8-5　网页展示的研究报告

（本专题由徐伟执笔）

专题九 多语种联机编目技术开创了我国日文文献计算机管理和利用新模式

从图书馆馆藏数量和拥有的读者数量来看，日文文献在我国都是仅次于英文的重要外文文献。20世纪80年代末期，我国就开始了中英文计算机编目，而日文编目直到2000年，绝大多数图书馆仍然采用手工编目，用日文打字机打卡片已经属于比较先进了，更多的图书馆是手写卡片。日文编目一直未能进行计算机编目的原因很多，首当其冲的是中日文字符不能同平台显示。即在中文计算机平台下显示日文字符时，全部是乱码。随之带来的就是需要支持日文字符的计算机软件环境和图书馆集成系统，这个条件要求成本之高，我国难有图书馆能够达到。即使能达到，还有计算机编目规则、日文编目员要求的日语能力等瓶颈问题。因此，需要寻找系统全面的解决方案。

一、探索与起步

北京农业大学图书馆从1993年开始进行日文计算机编目探索，主要针对系统环境与编目软件的选取、数据格式以及基本编目规则进行了多方面的试验。采用在中文操作系统上补装“信通多语种文字处理软件”的方法，实现了本馆中文编目系统下的日语文字录入。同时，在比较了JAPAN/MARC和CNMARC的基础上，遵循ISBD和日本编目规则，利用CNMARC格式编制日文图书机读目录，使日文编目工作摆脱了手工编目，不仅实现了利用计算机打印日文馆藏的各种卡片和书本式目录，还可以进行计算机查重。但是当时由于中日两种文字不能在普通的计算机系统中同平台显示，日文数据仅能在编目工作环节中正确显示，不能用于流通等其他馆内工作环节，数据利用效率不高。

二、与集成管理系统的融合

1998年，中国农业大学西校区图书馆引进图书馆业务集成管理系统ILAS之后，通过与日本学术情报中心NACSIS交流，2000年成功研发了利用日本NACSIS-CAT数据源、在中文环境下建立不受字符集制约、不受系统环境和软件制约的日文书目数据库建设方法及其配套软件工具，使日文书目数据库建设摆脱了繁重的原始编目。同年，CALIS联机合作编目中心论证了图书馆提出的“关于建设日语文献馆藏联合书目数据库的一点想法”，组建了以图书馆韩明杰、李晨英和康实为核心的项目组，制定了“CALIS日文联合目录数据库建设项目实施方案”，彻底打破了我国传统日文编目的模式。由此创建了日文联机编目工作模式，使我国图书馆界的日文编目工作进入了新时代。

三、全国联机推广阶段

2000年6月20日，CALIS联合目录与中国农大西校区图书馆签订项目协议书，委托中国农大西校区图书馆承担CALIS联合目录日文书目数据库建设中的以下任务：①与套录数据有关的技术研究工作，并负责开发和维护日文联机编目软件工具；②负责日文书目数据库建设相关标准规范的研究与制定工作；③负责相关编目业务学术交流、培训以及日常咨询服务工作；④负责日文书目数据库的批量更新、书目数据审校等日常维护工作；⑤协助发展CALIS联机日文编目成员馆，并负责与日本国立情报学研究所申请资料的审核与联系工作；⑥负责与日本数据源提供方的技术交流，保障套录数据源的可持续发展。

在 CALIS 联合目录的指导和支持下，日文联机编目项目工作取得了以下 3 项重要成果。

首先是日文联机编目软件。它开创了中日文同平台计算机编目先河，扫除了我国图书馆日文文献计算机管理和服务的技术条件和环境障碍，开启了日文联机编目工作新模式，不仅大幅度降低了日文编目门槛，并且尽最大可能发挥了计算机软件控制书目数据质量的作用。随着计算机技术与环境发展、编目规则完善，软件操作与控制数据质量功能不断升级，大幅度提高了日文编目的质量和效率，有效推动了我国图书馆界的日文编目工作，为日文资源共建共享奠定了基础。日本著名图书馆情报学专家、国立情报学研究所宫泽彰教授评价说，中国的日文联机编目是日本国外众多利用日本数据源的最优秀的方法。用户除 120 家高校图书馆外，还有中国社科院系统图书馆、首都图书馆、上海图书馆、辽宁省图书馆等研究机构和公共图书馆 11 家。该软件已经成为我国图书馆开展日文计算机编目的重要工具。

其次是与日文联机编目软件工具配套的《日文书刊联机编目教程》。该教程是我国日文联机编目的第一本出版物，已成为业界遵循的标准。CALIS 联合目录创始人北京大学图书馆原副馆长谢琴芳研究馆员在为教程作的“序”中总结了本教程值得推崇的 4 个特色：①基于标准化的数据共享原则。它使我国的日文编目进入了国际化著录标准的时代，也为我国实现中、西、日文著录标准趋于一致奠定了基础。②基于源数据应用的数据共享原则。对“NACSIS-CAT”源数据的选择和应用，是一个相当成功的范例。③基于便利编目实践的共享原则。日文联机编目软件的设计理念充分体现了以编目员为本的软件开发境界，在共建共享日文编目资源中，起到了很重要的作用。④基于最大性价比的共享原则。日文联机编目不仅具有 1：10 以上的投入产出比，同时培养了一批优秀的编目员，彻底解决了联机合作编目成员馆日文文献的计算机管理与服务问题。

最后是面向全国乃至全球开放的 CALIS 联合目录日文数据库。截至 2019 年 6 月 30 日，我国 138 家日文馆藏较为丰富的高校图书馆的几百位编目员，已完成了 60 多万条日文书目数据的编制，在实现本馆日文馆藏计算机管理和服务的同时，CALIS 联合目录 1300 多家成员馆都可方便快捷地利用日文联合目录数据完成日文馆藏的计算机管理和服务。在此基础上，CALIS 联合目录日文书目数据库向国内外用户提供我国高校图书馆日文文献馆藏的统一检索服务，使我国日文读者查找和获取全国范围内图书馆的日文文献成为可能。

由于日文联机编目项目的突出贡献，项目组主要参加人李晨英获得 CALIS 一期建设杰出贡献个人奖，中国农业大学图书馆获得 CALIS 三期联合目录项目建设杰出贡献奖、CALIS 三期联合目录日文数据库项目卓越组织奖、CALIS 三期联合目录项目业务培训卓越组织奖。

（本专题由李晨英执笔）

专题十 海淀农业图书馆面向“三农”显身手

一、背景及成立原因

海淀农业图书馆（以下简称农图）是在中国农业大学、海淀区委区政府、海淀区文化文物局等有关部门领导的关心下，在中国农业大学图书馆和海淀区图书馆的共同努力下组建的，于 1997 年 11 月 17 日正式开馆。建立海淀农业图书馆的主要目的是发挥高校图书馆社区服务的功能，提高资源利用率，实现资源共享；补充部分办馆经费，丰富馆藏资源；借助中国农业大学在农业科技领域内的技术与人才优势，为海淀区农业、农村、农民服务，架设起高等农业院校与农业生产实践的桥梁。

高校和地方共建图书馆，在全国为数不多，从某种意义上讲，农图的建立是一种创新。怎样拓展服务领域、开辟服务范围，没有现成的模式，海淀农业图书馆在不断探索的过程中，走出了一条新路。

二、工作指导思想

建馆以来，农图始终坚持为海淀区“三农”服务为宗旨，以宣传社会主义精神文明和普及农业科技知识为己任。本着艰苦创业、求实进取的精神，在做好为来馆读者服务的同时，始终坚持走出去，主动登门服务。不仅与海淀区各级农业科技管理部门及科研部门建立了广泛的服务与合作关系，还遍及海淀区各个乡镇，甚至深入到村。

三、服务模式的探索与实践

办馆伊始，大家清醒地认识到，农图要发展，必须积极投身到海淀区的农村工作中去，了解农业，服务于农业。在冷静分析农图的读者需求特点及农图所具备的能力和优势后，制定了紧紧围绕一个中心、做好四项服务的发展思路。即以促进海淀农业及农村经济的发展、促进海淀农村精神文明建设为中心，加强农图资源建设，做好基础服务；针对读者分布区域广，来馆借阅困难的实际情况，走出去，做好延伸服务；针对读者类型多，需求差别大，做好分层次、方式灵活、有针对性的特色服务；发挥高等农业院校的技术与人才优势，架设高校与农业生产实践的桥梁，做好深层次服务。

农图人多次走访海淀区农委和农业管理局，并参加海淀区农村工作会议。同时深入各级农业行政主管部门、科研单位和基层乡镇进行调查研究，及时掌握海淀区农业的最新发展动向，及时了解和分析不同读者的需求，更好地提供服务。主要开展了下列工作：

（1）农图从建馆开始就创办了《海淀农业图书馆——读者之友》，架起了农图和读者的桥梁，每期都寄往海淀区农业主管部门、科研单位及各乡、村，受到广大读者的好评，已发行了 120 余期。

（2）为了解决农民看书难的问题，农图开展了送书上门服务，送书上门的范围已经覆盖到了海淀区最偏远乡的图书室，甚至还深入到一些村，真正做到“为书找人，为人找书”，使图书馆的藏书“活”起来，变成受读者欢迎的，能够产生经济效益和社会效益的好书。自建馆开始，截至 2019 年已上门服务近 40 次。

（3）利用本馆的文献资源优势，为海淀区农业管理部门、科研单位及农民等提供各种信息服务。

农图的具体做法是：对农业管理部门，以提供决策信息支持为主；对于科研部门，以提供科技信息咨询为主；对农民读者，以提供实用农业生产技术知识为主。

在 2003 年 5 月“非典”期间，海淀区植物组织培养技术实验室急需查找有关韭菜育种的文献。但当时正处“非典”传染病高发期，出去查找文献有困难。他们给农图打来了电话，农图很快就为他们查到了所需的文献，并及时给他们寄去。科研人员非常感谢海淀农业图书馆的鼎力协助，专门写来了感谢信，称赞农图是科研单位的好助手。截至 2019 年，农图累计为海淀区农业管理部门、科研单位及农民等提供各种信息服务近 80 次，中外文全文 600 余篇，中外文文献摘要 1140 余篇。

（4）开展和参加海淀区的各种科技下乡活动。

2001 年 9 月 26 日至 10 月 5 日参加了“北京市第三届农业博览会”，时任海淀区委书记朱善璐亲临海淀农业图书馆展位了解情况，海淀农业图书馆馆长王鲁燕向朱善璐书记汇报了农图的工作，得到了朱书记的肯定和赞扬。同时参加展会进一步提高了海淀农业图书馆的影响，随后就有相关单位和科研人员前来农图寻求帮助。

1999 年、2002 年、2003 年春节前夕分别参加了海淀区政府组织的海淀区科技、文化、卫生“三下乡”活动开幕式，联合有关院校并组织学校专家一起参加“三下乡”活动，带去了先进的农业科技成果、科普书籍及宣传材料，并为农民朋友做现场咨询，受到农民朋友们的欢迎。

2011 年新春前夕，海淀农业图书馆携同中国农业大学陈香久、马廷玺两位教授一起参加了上庄文化服务中心、李家坟榆河书画协会联合举办的“迎新春书画笔会”和“第八届迎新春文化节活动”，两位老教授挥毫泼墨，进行现场书画创作，为村民们送去新春最美好的祝福。截至 2019 年，累计组织相关活动 24 次。

（5）利用学校的人才资源优势，为海淀区科研单位及乡村开展农业科技等讲座 7 次。其中，2002 年，农图得知海淀区上庄乡八家村农民因缺乏科学管理技术，使新引种的芦笋遭受病虫灾害的消息后，立即联系了原园艺学院周维燕教授，于 9 月 5 日给村民们举办了以芦笋栽培、种植、病虫害防治以及贮藏保鲜等技术为主题的科技知识讲座。讲座结束后，村民们仍不肯散去，围着周教授请教，村民还跑到芦笋地里捉来虫子与周教授一起研究防治办法；有的村民索性拉着周教授到自家的芦笋地里进行现场指导。上庄乡领导和村民们都非常感谢农大为他们请老师、传技术、办实事，及时为他们排忧解难。

（6）利用图书馆科技查新工作站的资源和人才优势，组织完成海淀区有关科研单位的科研查新工作 17 项。

四、工作意义、影响和评价

海淀农业图书馆的建立深受广大读者，特别是农村读者欢迎。农图自开馆以来，还受到社会各界的关注，产生了一定的社会影响。1997 年开馆不久，北京人民广播电台“今日京郊”节目就对农图做了 30 分钟的直播采访；《北京晚报》和《中国文化报》也先后进行了报道。许多图书馆对“农图模式”也非常赞赏，有的图书馆还专程派人来了解农业图书馆情况，他们对这种地方与高校资源共享的“农图模式”给予高度评价。

1999 年 10 月 27 日，海淀区副区长赵建忠前来海淀农业图书馆视察，并与海淀农业图书馆的工作人员座谈。海淀区文化文物局副局长魏淑文、海淀区图书馆馆长姜建成等陪同前往，学校副校长傅泽田教授一同参加了座谈会。海淀农业图书馆馆长王鲁燕向领导汇报了农图开馆以来的工作，赵建忠和傅泽田在认真听取汇报后分别讲了话。赵区长说，“农图模式”是一种创新，走出了一条地方与高校共建图书馆的新路，这项工作不仅仅是办一个图书馆，它有多方面的意义，它将为海淀区与中国农大全方位的合作打下良好的基础。傅校长说，中国农业大学能为首都服务既是我们的责任，也是我们的光荣，为海淀区服务我们更是责无旁贷。傅校长代表校领导表示对农图工作的支持，也对农图今后的工作提出了希望，希望能通过双方共同努力，使海淀农业图书馆为海淀区农业的发展作出应有的贡献。

2000 年 3 月 16 日，海淀区政协委员一行 26 人前来海淀农业图书馆视察，委员们对这种地方与高校资源共享的“农图模式”给予高度评价。杨再春、易海云、杨福生、徐征等委员纷纷在留言簿上为农图题字。北京体育大学出版社社长、全国著名书法家杨再春委员为农图的题字是“不容易，海淀农业图书馆在夹缝中生存，干的是大事，得的是小利，可敬可贺也”。中国美术家协会会员、海淀区美术家协会副会长杨福生委员为农图的题字是“热诚可敬”。

这一切都证明农图的实践是符合社会需求的，农图的经验是成功的，“农图模式”开辟了高校图书馆为社区服务的新领域。

海淀农业图书馆通过积极主动的读者服务，对海淀区农业的了解不断加深，工作更加有的放矢、富有成效。由于工作出色，多次受到了海淀区各级领导表彰和广大读者的好评，2000 年被海淀区文化文物局评为图书情报工作先进单位。

（本专题由王鲁燕执笔）

专题十一｜众志成城，抗击“非典”

2003 年的春天是美好的，一场接一场的春雨普降在北方大地，人们憧憬着天公将给人间带来的丰收年景，作为农业院校的师生员工尤其感到格外地欣慰——农民的期盼莫过于风调雨顺、五谷丰登。随着党的“十六”大的胜利召开，3 月，新一届“人大”“政协”会议相继举行，产生了新一代党和国家领导人，我国的社会主义建设事业开始跨入一个新的发展阶段。正当人们鼓足干劲积极去实践“三个代表”、大力发展和推动经济建设的时候，一场突如其来的“自然灾害”——“非典”疫情降临了。广东告急！山西告急！北京告急！全国许多省市相继拉响了疫情警报！作为北京的高校图书馆，在这场“非典”疫情面前面临着严峻的考验！

一、严防死守、沉着应战

“非典”（英文名称后定名为 SARS）疫情在我们毫无思想准备、心理准备和物质准备的情况下，像洪水一样冲到了我们的家门口。4 月，周围一些院校不断传出发现“病例”的传闻；一些医护人员陆续遭受感染；没有特效治疗药物；人类对这一疾病没有抵抗力。以往在小说里、在影视剧中才能见到的“虚构”情节，现在却实实在在地降临到人间，摧残着人们脆弱的神经。

“非典”究竟是一种什么样的疾病？它的病原体是什么？它的传播途径有哪些？怎样进行预防？……一系列的问题急需找到答案。然而，人们却没有答案！媒体说疫情在控制之中，可范围在不断扩大；媒体说衣原体是病原体，可药物却没有效果！

肆虐的疫情引起了党中央、国务院的高度重视。20 日，党中央作出了重大的人事调整决定，调整了国家卫生部和北京市的主要领导。党和国家领导人亲临一线，慰问医护人员，精心指导抗击非典的斗争，极大地鼓舞了全国人民动员起来、抗击“非典”、战胜 SARS 的斗志！

根据上级的部署，4 月 17 日下午，学校召开了各单位领导参加的紧急会议，对学校抗击“非典”工作进行动员。

18 日上午，图书馆立即召开馆长办公会，认真传达了学校会议精神，研究制定了图书馆落实学校会议精神的具体措施，全面投入到了抗击“非典”的战斗中。

会上，张权馆长进行了图书馆抗击“非典”工作的动员。他说，“非典”目前已经影响到了人们的正常生活和国家的建设与发展，中央政治局常委开会研究防治“非典”问题，说明国家对这个问题的重视程度，也说明了问题的严重性。图书馆当前要把预防工作当作重中之重，要根据学校的总体部署，严加防范，做到防范在先，不要失误。“非典”的防治已经不仅仅是治病的问题，是涉及政治、经济和社会安定的大问题。要以对国家、对民族、对学校、对家庭负责的高度来认识。

同时，张权馆长也提醒大家，重视不等于害怕，在战略上要藐视它，在战术上要重视它。我们既要严加防范，也不要草木皆兵，制造恐慌。制造恐慌和不重视都是不对的。既要充分重视，又不要人心惶惶、乱了阵脚。要保持正常人的心态，正确对待。生命要珍惜，但过于紧张反而容易生病。

1）组织落实到位

图书馆成立了以馆长、总支书记为组长的图书馆“非典”防控领导小组。

组长：张权、刘清水

副组长：韩明杰、潘薇（兼图书馆信息员）、王鲁燕

组员：王永进、赵锦辉、刘元科、贾尧风、赵明芳

同时要求各部主任负责本部门的监控。

2）措施落实到位

图书馆是人员密集的场所，是重点防范区，要拿出具体措施进行预防。会议制定了“图书馆预防‘非典’具体措施”。

（1）严格执行学校各项有关预防“非典”的规定；

（2）家属在医院工作和最近有家属生病住院的同志要倍加注意预防；

（3）发现身体稍有不适，立即检查、就医、休息；

（4）每天晚21：30以后图书馆所有阅览区进行严格消毒；

（5）各办公室所有电话、门把手等地方都要进行严格消毒；

（6）暂时停止馆际互借、参观访问、接待来访等业务交流活动；

（7）开馆时要保持室内通风状况良好；

（8）所有卫生间都配备洗手卫生用品；

（9）给所有工作人员（包括临时职工）发放体温计、口罩、防护手套以及消毒人员作业防护用具；

（10）每天对新进书刊和报纸用紫外线灯进行消毒；

（11）要求工作人员注意饮食、注意卫生、注意天气变化、注意休息；

（12）各部门主任每天定时汇报情况，特殊情况随时汇报；

（13）失职者，纪律严处。

自18日下午起，图书馆各部门开始向馆办公室进行每天两次的情况汇报。紧接着开始的个人体温测报统计汇总制度一直坚持到6月底。两个多月期间，每日都有文字记录，节假日也毫不放松。

随着疫情的发展，图书馆不断调整预防措施，先后采购了消毒香皂600余块、预防口罩500个、橡胶手套200余副、体温计80支，发给每一位员工和临时工作人员。为了落实公共消毒措施，经多方联系，采购了背负式喷雾器2个，还有消毒药液、消毒防护眼罩和紫外线灯等物品。

为了阻断“非典”传播链，降低感染机会，图书馆果断决定凡家住校外乘坐公共交通工具上班的工作人员、可能与非典有过交叉接触的人员以及个人身体出现任何不适的人员一律安排在家里完成适当的工作，避免他们在上班途中受到感染，也避免他们与其他员工和读者接触形成交叉感染。虽然无法考证这些措施对于预防“非典”究竟起了多大作用，但到抗击“非典”胜利为止，图书馆没有出现一例感染却是毋庸置疑的事实！

3）布置动员到位

4月18日、4月21日、4月28日、4月29日、5月6日、5月7日、5月8日、5月9日、5月12日、5月15日、5月19日、5月20日、5月26日、5月27日、5月29日、6月3日，图书馆分别召开了馆长办公会、部主任会、“非典”防控领导小组扩大会、共产党员会、全体工作人员大会、临时职工大会总共近20次，动员、布置、检查预防非典工作的各项措施。

4）宣传到位

充分利用网络办公自动化系统、电子显示屏、橱窗等宣传温家宝总理5月4日来学校看望同学的新闻和有关预防“非典”的知识，通报相关情况和学校防“非典”办公室通告，使大家都能正确认识和对待“SARS”，做到既不麻痹大意，又不过分恐慌。

5）督促检查到位

自全国预防“非典”的战斗打响以来，图书馆领导班子非常重视，张权馆长几乎没有休息过一天，一直坚持战斗在抗击“非典”的第一线；其他领导班子成员也经常牺牲休息时间，节假日里常常可以在图书馆看到他们的身影。为了不留消毒死角，不留预防死角，图书馆不断组织力量，积极落实预防

措施，西馆由张权馆长负责，东馆由刘清水书记负责，分别对两馆组织了多次的全馆性检查。全馆上下，众志成城，决心将“非典”拒之门外。由于领导得力、措施具体，人们在开始时的恐慌心理逐步趋于平静，稳定了局面，为确保学校一片净土做出了自己的贡献。

二、坚持开馆，维持学校正常秩序

“非典”时期，学校提出了教师不停课、学生不停学的要求，图书馆责无旁贷地承担起接待读者、稳定大局的重任。在整个抗击“非典”时期，图书馆始终坚持开馆，没有一天关门，包括“五一国际劳动节”期间，图书馆也是根据学校的总体部署，照常开放！

这也是需要一点勇气的。图书馆是公共场所，人员密集，一旦发生疫情，后果不堪设想！“非典”时期，包括国家图书馆在内的许多公共图书馆为安全起见都相继闭馆。作为高校图书馆能够坚持开放，特别是当东区出现一例“非典”病例后，仍能从容自若，沉着应对，的确需要一点勇气！这勇气来自于校领导和馆领导的正确决策，来自于全体图书馆工作人员的可贵的敬业精神！

当大家在一起谈及某某院校出现病例时，某某宿舍被隔离的传闻时，似乎“非典”距离我们还不算太近。有人说，得“非典”的概率比中头彩的概率还低。但是当自己的校园发现病例时，当大家朝夕相处的师生也有几十人被隔离时，突然间会觉得危险就在身边。传染性强不强？应该被隔离的人有没有漏网？我会不会被传染？有谁能说自己没有想过这些问题？然而，图书馆全体员工也仅仅是想一想而已！他们知道自己肩负的责任，他们在思考过后，亦或闪念过后，毅然出现在自己的工作岗位上！

尤其值得一提的是图书馆借阅部的全体同志们。她们始终处在读者工作的最前沿，她们是读者服务的第一线，她们承担着最累、最危险的工作。由于“非典”期间学校关闭了公共机房和所有的娱乐场所，图书馆就成了同学们课余时间唯一可以逗留的地方。当人们已经认识到“非典”主要是近距离飞沫传染而最忌讳在一起扎堆聚集时，来图书馆阅览书刊杂志的学生依然有增无减，甚至比“非典”前还要多！据统计，东馆阅览区“非典”期间阅览人次最多时每天可达1500人次，比“非典”前增长近1倍。“非典”期间，图书馆晚上实行党员和部主任轮流带班制度，在带班巡视记录本上常常可以看到如下记载：

“阅览室满员，读者已无座位”

“阅览室人多，人员密度大，气味难闻”

学校督察组来检查时，也多次要求疏散读者，图书馆曾经在人员密集的区域撤掉一些座位，引导学生去四楼自习室学习。但学生依旧涌向阅览室，没有座位，他们宁愿站着、宁愿席地而坐。

在这样的恶劣环境下，借阅部的同志们没有一个人退缩！她们绝大多数是女同志，她们当中有的子女还小，也有子女当年要参加高考，她们也有许多家务需要照料。但她们克服了种种困难，硬是用自己纤弱的肩膀，撑起了一片蓝天！她们是图书馆的骄傲！

借阅部在做好日常工作的同时，还积极开展新的服务项目。由于“非典”的原因，许多老师和学生都不便再坐班车来往于两校区，这样一来，东校区的读者想借西馆的书或西校区的读者想借东馆的书就非常不方便。借阅部的同志们了解到这一情况后，立即开展了代借服务，读者想借什么书只要它在图书馆，则由图书馆工作人员负责为两校区的读者取送图书。“读者第一、服务第一”的思想，在“非典”时期得到了充分的体现。

三、非常时期、党员当先

可能会有人觉得，党的先进性、党员的先锋模范作用在平凡的工作中不容易得到体现。其实，平凡之中孕育着伟大，通过抗击“非典”的斗争，人们再一次看到，无论是战斗在抗击“非典”第一线的医护人员，还是在各个基层单位，冲在最前面的是共产党员，关键时刻能挺身而出的是共产党员。图书馆党总支在抗击“非典”战斗一开始，就要求全体党员要发挥先锋模范作用，关键时刻要体现出党员的先进性，每一个党员都要成为一面旗帜，与广大群众一道，和衷共济，战胜“非典”。

“五一”期间，东馆借阅部人员紧张，值班出现困难，东馆党支部的党员站了出来！他们纷纷报名参加一线值班；西馆党支部在“非典”期间组织全体党员义务劳动，整理贵阳医学院教授金大雄、李贵真夫妇捐赠给图书馆的个人多年收藏的有关昆虫分类学、寄生虫学书刊资料筹办展览。

共产党员、图书馆馆长张权深感图书馆防“非”责任的重大，频繁往返于东、西两馆，亲自检查落实各项措施。对他来说，没有休息日，五一、周末、晚上都能在图书馆看到他忙碌的身影。他家住西区，有时晚上还到东馆检查巡视，全部心血都扑在工作上。不仅每天亲自检查卫生、消毒工作，更走到了工作人员中间，了解他们的工作情况，解决他们的思想顾虑。他常说的一句话就是：相信共产党带领大家一定能取得这次防治“非典”的胜利。

总支书记刘清水也是经常不分节假日，坐镇图书馆检查工作。副馆长、西区支部书记潘薇，在整个抗击“非典”期间一直负责图书馆防范措施的落实与检查以及体温检测与汇报，牺牲了许多休息时间，经常带领防“非典”小组成员一起进行自检自查，深入到每一个角落，做到不留死角、不留隐患。

借阅部工作人员共产党员武德蓉始终工作在读者服务第一线，尤其在东校区出现“非典”病例的时候，面对疫情武德蓉同志不仅自己没有退缩，还主动关心阅览区的工作人员，使她们克服心理上的忧虑，在做好个人防护的基础上坚持工作。在学校封闭的时候，个别临时工因长时间不能回家看望家人，情绪有波动，她主动关心她们，打消了她们回家的念头。就这样，在她的影响和带动下，阅览区没有一个人缺勤，没有一个人退缩，她们克服了许多困难，始终坚守在自己的工作岗位上。

在学校纪念建党 82 周年暨表彰先进大会上，武德蓉同志被评为优秀共产党员，获得大会表彰。这也是借阅部的荣誉，是图书馆的荣誉！

在党员的感召和影响下，图书馆全体员工紧密地团结在党的周围，同心协力抗击“非典”。贾尧风同志是这一期间涌现的另一个亮点人物。他是图书馆后勤部主任，是管理和保障工作岗位的骨干。在全校团结一心抗击“非典”的日子里，图书馆一直坚持开馆，为在校师生提供服务。为了保证书刊正常流通，贾尧风仍如往常一样在东、西两馆之间往返运送图书。为了保障广大读者的安全，图书馆作为大型公共场所，消毒和卫生工作当属重中之重，贾尧风率领后勤部承担了购买防“非典”的物资、周密细致地布置消毒工作。由于图书馆消毒的空间大，需要的消毒用品多，消毒的工作每天要做，消毒物资要经常购买，贾尧风的工作量大大增加了，没有了上下班的界限，时常错过午饭和晚饭时间，但他从未退缩，坚持工作，并郑重向党组织递交了入党申请书。鉴于贾尧风同志平时的工作及在此次抗击“非典”斗争中以大无畏的精神，恪尽职守，工作在第一线，为图书馆维护日常工作，稳定校园正常秩序作出了突出的贡献，经图书馆西馆支部讨论，将其确定为入党积极分子。

四、决胜六月、班师凯旋

在抗击“非典”一开始，图书馆就提出了“同舟共济，众志成城，严防死守，抗击‘非典’，力争做到图书馆工作人员一个不倒、一个不少”的奋斗目标。经过两个多月的努力，终于迎来了北京抗击“非典”胜利的日子，图书馆这支队伍完整地从“非典”的阴影里走了出来！达到了包括读者在内在图书馆零感染的目标。

在整个抗击“非典”的过程中，图书馆各个部门的读者服务工作没有中断。信息部承担的文献检索课，按照学校的要求坚持教学，及时制作了教学课件供学生在网上学习查询；在一线读者服务工作的背后，有许多业务部门、技术部门在进行着支持，书刊的采购与编目、网络的运行与维护、文献资料的数字化、科研课题的申报与研究以及针对毕业生开展的一系列服务等等，在这些岗位上的每位员工一直在尽职尽责、兢兢业业地奉献着。

这一时期图书馆还新增了全文电子期刊，开通了“维普中文科技期刊全文数据库”，研发了一套虚拟咨询服务软件并正式开通，通过 INTERNET 网络，实时回答读者的问题，进行交互式、动态的信息咨询服务；向读者推荐“非典”专题情报服务网站和数据库，为学校科研人员进行“非典”病毒研究、开展科技攻关提供情报信息支持。

在学校的师生受到“非典”侵害，需要援助之时，图书馆全体工作人员积极响应，纷纷解囊，就连当天刚刚入馆工作的同志也奉献出了自己的一份爱心，其精神感人。仅一天多的时间，图书馆共捐款 7280 元。

抗击“非典”的战斗，证明了图书馆队伍是一支能打硬仗的队伍，能够在关键时刻挺身而出，迎接挑战！中国农大应该为拥有这样一支队伍而自豪！

（本专题由王永进执笔）

第三篇　资料篇

本篇是资料性文献汇编，但由于年度跨越较大，其中又经历了多次变迁，加之人事变动频繁和统计系统的不完善，所以资料的不完整和欠准确在所难免。目前集中汇编了以下主要内容：

资料一　图书馆大事记

资料二　图书馆部分获奖情况汇总

资料三　图书馆行政历任负责人

资料四　图书馆党组织历任负责人

资料五　2002—2019 年人员构成统计表

资料六　2002—2019 年图书馆历年在编人员专业技术职务、学位构成变动统计表

资料七　图书馆员工承担的部分科研项目汇总表

资料八　图书馆员工发表的部分论文题录

资料九　2002—2019 年馆藏统计表

资料一 图书馆大事记

一、北京农业大学图书馆及其溯源时期

1908 年 （清光绪三十四年）	
1908 年 （清光绪三十四年）	京师大学堂农科大学设立图书室。
1910 年 （清宣统二年）	
3 月 31 日	农科大学开学典礼。同年 8 月，《关于逐年开办经费的报告》中显示，第一至第三年书器分别为白银 1.5 万两，第四年为白银 2.5 万两。
1910 年	罗道庄的校舍于 1910 年开始筹建。在《筹办分科大学工程意见书》中，图书室列入建筑计划。
1911 年	
10 月 10 日	辛亥革命爆发。京师大学堂暂时停办，罗道庄在建农科大学校舍工程亦因此停工。
1912 年 （民国元年）	
5 月 3 日	京师大学堂改称北京大学校，农科大学仍为其分科大学之一。校舍建设继续。
11 月 11 日	罗道庄新校舍落成，农科大学迁入新校址，图书室随之迁入新校址。
1914 年	
2 月	北京大学校农科大学为北京农业专门学校，归教育部直辖。
5 月	图书室开放。非独立馆舍，设有图书室和阅报室。有藏书 300 余册。
1917 年	
1917 年	北京农业专门学校已颁布“图书室规则”“阅报室规则”。
1923 年	
2 月	北京农业专门学校改组为国立北京农业大学，下设图书部。
1927 年	
8 月 6 日	组建国立京师大学校，北京农业大学改为京师大学校农科。
1928 年	
7 月 14 日	恢复国立北京农业大学校名。
7 月 19 日	南京国民政府决定，北京国立各校合组为国立中华大学。
9 月 21 日	中华大学又改称国立北平大学。国立北京农业大学改为北平大学农学院，地址仍在罗道庄，图书馆仍非独立馆舍。
1929 年	
1929 年	馆长李绥垣；有馆员 3 人。图书分类采用杜威十进分类法。有特藏杂志 Sylloge Fungorum 全部。

续表

1931 年	
1931 年	馆藏文献逐渐增加，原有馆舍狭小拥挤，不堪承受。学校将图书馆迁到新办公地点，馆舍条件有所改善，设藏书室、办公室、参考室、杂志室、阅报室。
1936 年	
11 月 21 日	北平大学农学院第二次院务会议上正式提出报告，拟定于本年度内以 5 万元建设图书馆兼代礼堂。
12 月 3 日	北平大学农学院第四次院务会议讨论通过新建图书馆兼礼堂方案。
1937 年	
2 月	新馆舍开始招标，5 月 27 日行奠基礼。
7 月 7 日	发生"七七事变"，抗日战争全面爆发，学校被迫西迁。
9 月 10 日	国民政府教育部令，国立北平大学、国立北平师范大学、国立北洋工学院组成西安临时大学。大学下设教务处，教务处下设图书组。各学院没有设立图书机构。 农学院匆忙西迁，罗道庄新图书馆工程被迫搁置。
1938 年	
2 月 15 日	罗道庄校址被日本侵略军强行接管。
3 月	因战事吃紧，国民政府教育部令西安临时大学南迁汉中，农学院迁汉中勉县。
4 月 2 日	国民政府教育部电令，西安临时大学改称西北联合大学。在大学教务处下设图书组。
7 月 21 日	国民政府教育部部长陈立夫训令，国立西北联合大学农学院与国立西北农林专科学校合并改组为国立西北农学院。
11 月底	国立西北联合大学农学院由勉县迁往国立西北农林专科学校所在地武功。
1938 年	国立西北农林专科学校图书馆接收了西安临时大学移交的 87 册中文图书。
1939 年	
4 月 20 日	国民政府教育部训令，西北农学院在武功正式成立。图书馆亦随之更名为国立西北农学院图书馆。
1946 年	
7 月	北京大学复校，在北京罗道庄重建北京大学农学院。农学院重又回归北京大学旗下。植物病理学家俞大绂出任重建后的农学院院长。
10 月 18 日	复校后的北京大学农学院正式在罗道庄开学。仪器设备和图书从城内海运仓的伪北大农学院搬回。
1947 年	
5 月	罗道庄的农学院新图书馆落成投入使用。这是自 1905 年农科大学堂建立以来，中国农业大学历史上首个独立的图书馆馆舍。
1949 年	
1 月 31 日	北平宣告和平解放。2 月 7 日北大农学院复课。
7 月 28 日	辅仁大学与北京大学农学院签订协议书，辅仁大学农学系并入北京大学农学院。9 月 20 日辅仁大学农学系学生共 45 人正式在北大农学院注册。同时，相关设备、书籍一起并入。
9 月 16 日	华北人民政府高教会指示，将北京大学农学院、清华大学农学院和华北大学农学院合并为一所专科性的农业大学。
9 月	清华大学农学院开始向罗道庄搬迁，10 月 17 日搬迁完毕。11 月初，华北大学农学院 290 名学生迁入罗道庄。
1950 年	
4 月 8 日	教育部通知学校正式定名为北京农业大学。
1 月 24 日	校务委员会决定任命著名农业昆虫学家、农业教育家周明牂教授为北京农业大学图书出版委员会主任，兼北京农业大学图书馆首任馆长。

续表

1952 年	
1952 年	在北京卢沟桥农场设北京农业大学图书馆大一部图书室。
12 月	学校取消图书出版委员会。
1953 年	
2 月	学校任命著名经济思想史学家、农史学家、农业经济系教授王毓瑚先生接替周明牂教授兼任第二任图书馆长。
9 月	大一部迁入新建校园萧聚庄。
1955 年	
10 月	大一部迁回罗道庄，萧聚庄校园移交给北京林学院使用。
1956 年	
8 月	图书馆编制出版了一部中文图书书本目录。
12 月 5—14 日	教育部召开高等学校图书馆工作会议，王毓瑚馆长为农林院校第一组分组讨论的召集人。
1956 年	图书馆直属教务处，在图书委员会的指导下进行全校的书刊供应工作。
1957 年	
9 月	国家筹备成立中心图书馆和中心图书馆委员会。北京农业大学图书馆为全国第一中心图书馆成员。
1957 年	学校派出图书检查组对图书馆工作进行全面检查。对改进图书馆工作，提出了建议。
1958 年	
1958 年	上半年学校开始从罗道庄迁往马连洼新校址，11 月全部搬迁完毕。新馆舍尚未建成。图书馆在已建成的宿舍、植保楼和土化楼等建筑中临时分散安身。
1958 年	图书馆进行了图书清查工作。
8 月	图书馆 90% 以上的人员下到农村、基层参加生产劳动。
9 月	马连洼校址新图书馆开始兴建。
1959 年	
6 月	新建图书馆一期工程竣工。建筑面积 3150 m^2。
6 月	王毓瑚馆长出任全国第一中心图书馆委员会委员。
7 月 18 日	文艺书在新馆舍开放流通。
7 月	下放员工全部陆续返回图书馆。
1959 年下半年	图书馆改革管理方式，试行部分图书开架借阅，首先是文艺图书，后扩展到常用科技图书。
1959 年	北京农业大学图书馆参加编制图书分类法，是农业部分的主编馆。
1960 年	
4 月	中文图书大库开架借阅，师生凭证件可入库选书。
1960 年	北京农业大学图书馆被评为北京市首届文化教育单位先进集体。成为图书馆界首例获得市先进集体的单位。
1961 年	
6 月	开架入库改为以查目索书为主、入库选书为辅。
1962 年	
1962 年	学校任命杨直民为图书馆副馆长。
1965 年	
1965 年	在涿县分校设立了一个图书分馆。

续表

1966年	
1966年	“文化大革命”运动开始，图书馆的正常工作陷于停顿。
1969年	
1969年底至1970年初	“文革”期间，学校面临外迁，马连洼校舍由国防科委接管，图书馆部分馆舍也被国防科委占用。
1970年	
5月	国务院决定北京农业大学搬迁到陕西省。260余箱图书运往陕北，其余大部分馆藏仍留在原馆舍。
1971年	
9月	根据陕西省革委会文件，北京农业大学与延安大学合并。但实际操作中，两校原有馆藏保持未动，只是当年的北京农业大学购书经费归延安大学掌握。此保持了农大图书馆藏书体系的完整。
1973年	
4月	北京农业大学奉命迁往河北省涿县，校名改为华北农业大学。后来，学校又恢复了已办退休手续的王毓瑚图书馆馆长职务。
1978年	
11月29日	国务院下达国发〔1978〕248号文件《国务院关于华北农业大学搬回马连洼并恢复北京农业大学名称的通知》。
1979年	
1月1日	学校党政办事机构开始在马连洼原校址办公。
1979—1980年	图书馆主要工作是由河北省涿县农场搬回北京原校址，开箱整理随馆搬迁的书刊，准备开馆。
1980年	
4月	校党委和行政领导决定，恢复建立图书委员会。
11月	王毓瑚馆长逝世。杨直民副馆长主持图书馆工作。
1981年	
1981年	在城建部情报所和北京大学图书馆的支持下，在农业单位率先应用国际联机检索。
1982年	
5月	刘友文任图书馆直属党支部书记。
1982年底	开始办理借书证。
1983年	
1月	恢复为全校教职工借还书服务。
3月	调整第二届校图书委员会，朱振声为主任委员。
4月18日	学校任命杨直民为图书馆馆长。
4月20日	图书馆开始设文献检索课。
1983年	在北京市第二届文教先进单位评选中，图书馆再次被评为北京市教育系统先进集体。
1984年	
3月	北京农业大学图书馆新馆建设立项，取得世界银行农业科教第二期贷款的支持。
6月30日	图书馆增设一个中文科技图书阅览室。
1985年	
3月18日	增设一个外文新书阅览室。
9月	教育部外国教材中心（农科）落户北京农业大学图书馆。

续表

1986 年	
4 月 10 日	西文图书开始实行计算机编目，采用马克格式，实行标准著录。同日，图书馆增设一个文艺图书阅览室。
6 月	北京农业大学图书馆党支部被北京市委评为先进党支部。
1987 年	
8 月 6 日	中文图书开始实行计算机编目。
1988 年	
6 月 6 日	世界银行农业科教第二期贷款援建新图书馆建筑动工建设。
11 月初	图书馆对外开展激光盘检索农业文献服务。
1988 年	学校设立专业技术职务图书资料评议组，可评审副高级及以下专业技术职称。
1990 年	
1990 年	开通了公共检索系统，并开始利用计算机进行借还管理。
6 月	模数式、大平面、全开架管理的图书馆馆建成。11 月 30 日开始试运行。12 月 3 日，新馆剪彩正式启用。
11 月	北京农业大学图书馆第二任馆长王毓瑚逝世 10 周年纪念活动。
1990 年底	刘友文离休，闫殿衡接任直属党支部书记。
1991 年	
8 月	国务委员李铁映来馆视察。
1991 年	学校取得了“图书资料、出版、档案”学科的正高级专业技术职务审定资格。
1991 年底	杨直民馆长退休。
1992 年	
1 月	时任中共中央政治局常委宋平来学校视察工作，考察了图书馆。
2 月	学校任命杨秉芳为图书馆馆长。3 月，学校聘任杨直民为图书馆名誉馆长。
5 月	召开“农业图书馆未来与发展国际研讨会”。
8 月 14 日	农业部局发文件《关于北京农业大学图书馆挂文献情报中心牌子的批复》〔1992〕[人编]字第 21 号，批准图书馆挂“北京农业大学文献情报中心”的牌子。
10 月	原北京市副市长何鲁丽来馆视察。
1993 年	
1993 年	实现馆藏目录的计算机检索，结束了卡片目录时代。
1994 年	
4 月 7 日	国务院副总理李岚清来馆视察。
1995 年	
1995 年	北京农业大学文献情报中心被农业部认定为农业部查新检索单位。
【此后进入中国农业大学时期】	

二、北京农业工程大学图书馆及其溯源时期

1952 年	
10 月	北京机械化农业学院图书馆成立。在北京双桥校址，图书馆书库只有 60 m^2，阅览、出纳、办公都在一起，李以祉任首任馆长。

续表

1953 年	
1953 年	接收北京农业大学图书馆移交的图书数百册。
7 月	学校名称改为北京农业机械化学院。图书馆名称改为北京农业机械化学院图书馆。
10 月	学校在北京清华东路新校区完成第一期工程建设 23000 m^2。
11 月 26 日—30 日	学院全部由双桥迁入北京清华东路新校区。图书馆没有独立馆舍，将西教学楼一层西半部划归图书馆使用，面积 500 余 m^2。
1954 年	
7 月—10 月	图书馆对馆藏情况进行了一次清查。
9 月	学校对图书馆领导班子作了调整，张尚忠（女）任图书馆馆长，孟庆彭任第一副馆长，李以祉任第二副馆长。
1955 年	
1 月	图书馆开始全面彻底清查馆藏图书。3 月开始，完善图书目录，新进图书建立了每种图书 5 张卡片制度。
1955 年	图书馆陆续开设了 5 个参考室
1955 年	为使图书馆工作有章可循，学院制定了《北京农业机械化学院图书馆规程制度（草案）》。
1956 年	
12 月 5 日—14 日	高教部在京召开了全国高等学校图书馆工作会议，张尚忠馆长参加了会议。
1957 年	
5 月 10 日	学院组建了图书馆委员会。
12 月	张尚忠因病离岗，陈伯川兼任代理馆长。
1958 年	
8 月	职工开始下放劳动锻炼。
1959 年	
2 月	下放职工开始陆续返校。
2 月	徐香圃任馆长。
3 月	组织力量参与编制大型图书馆图书分类法的工作。
5 月 3 日	图书馆试行开架管理改革，文艺小说书籍开始实行开架借书
8 月	王瑞生任图书馆馆长
11 月 9 日	全库实行开架借阅
1959 年底	图书馆已经扩大到西教学楼一层的全部，馆舍面积增加到了 1004 m^2。
1960 年	
1960 年	图书馆馆舍扩大，扩大到西教学楼一层的全部和二层的东半部，面积达到 1500 m^2，有阅览室 7 个，座位 174 个；书库 6 个，藏书 17 万册。 王瑞生任馆长。
1960 年	学校主楼建设竣工，在主楼五楼设有学生阅览室 5 个，六楼大教室改为图书馆综合阅览室，1963 年暑假后调整到西教学楼二楼。
1962 年	
6 月	图书馆决定对所有馆藏图书进行了一次重新登录编目，给图书重新登账，重新分类。到 1963 年 8 月，完成了中文图书的改编。
1963 年	
5 月 22 日	图书馆书库恢复了闭架管理。

续表

1963 年暑假后	图书馆馆舍得到一些调整。教师参考室由西楼一楼调到二楼，面积由 300 m^2 扩大到 415 m^2，座位由 60 个增加到 90 个。
1964 年	
1 月	李巨川任馆长。
1965 年	
1 月	学院建设河南分院试点。在河南分院设图书分馆。本院图书馆在业务上对分院图书馆予以指导、帮助。
1966 年	
1966 年	丁秀玲任图书馆主任，履行馆长职责。
8 月	河南分院师生回京参加“文化大革命”运动，试点就此结束。
1967—1968 年	
1967—1968 年	开展“文化大革命”运动，业务工作基本停滞。
1969 年	
1969 年	图书馆人员合并到农业电气化系。
1970 年	
6—8 月	图书馆 25 万册图书资料，随学校搬迁到四川重庆。
1972 年	
4 月	学院开始招收工农兵学员。图书馆在机构上已经改作图书资料组，提供 3000 册图书和新购期刊上架借阅。大量图书仍堆放在仓库。
7 月	学校改名为四川农业机械学院。 薛枫任图书资料组组长。
9 月	学校改名为重庆农业机械学院。
1973 年	
1 月	图书资料组开始组织力量编印《农机资料》刊物，进行校内外交流。
1975 年	
6—7 月	学校迁至河北省邢台市，改名华北农业机械化学院。图书馆在邢台任县落脚。
1976 年	
	柏培思任图书资料组组长。
1979 年	
3 月	图书馆机构正式恢复。开辟临时书库，提供少量图书向读者开放。柏培思任馆长。
5 月	学校恢复北京农业机械化学院名称，开始迁京工作。
8 月	图书馆在北京原校址临建木板房中开辟 60 m^2，开架向读者提供急需图书的借阅。
1981 年	
1 月	马焰任图书馆馆长。
6 月	图书馆健全组一级机构。
9 月	图书馆恢复和制定了各项规章制度。
1981 年寒假	图书馆迁入 400 m^2 的新临时馆舍。
1981 年底	图书馆扩大了临时馆舍面积，总面积达到 719 m^2。
1981 年	开始筹建北京农业工程大学新图书馆。
1982 年	
3 月	开始面向本科生开展科技文献检索讲座。

续表

1982年上半年	图书馆所有藏书从邢台运回北京。但仍堆放在仓库（后曾迁出部分图书到学校大礼堂通道，打开书箱通风、检查，直至新馆建成方全部开箱启封）。
7月5日	科研处科技情报室划归图书馆统一管理。
1982年	天津设计院初步设计新馆舍出图，建筑面积7500 m^2。
12月	马焰馆长离休。
1983年	
1月	张秉仪任图书馆馆长。
1983年	全馆图书统一使用《中国图书馆图书分类法（第二版）》分类。
1983年	图书馆情报室承担了《当代中国的农机化》卷编辑部的工作，历时9年完成。
1983年	新馆设计改由北京建筑设计院承担。
1983年	图书馆得到世界银行贷款10万美元，其中5万美元用于购买设备，5万美元用于采购图书。
1984年	
4月	新馆建设改由北京建筑设计院设计方案，面积9500 m^2。
9月	图书馆成立了“文献检索与利用”教研组，开始面向83级各专业研究生开设了30学时的“科技文献检索课程”选修课。
10月	图书馆召开馆内首次图书馆与情报专业学术讨论会。
1985年	
1985年	完成馆藏中文期刊分类编目，印制了书本式《馆藏中文期刊目录》，收录馆藏中文期刊1212种。
8月1日	经农牧渔业部批准建立科技情报研究室，设在图书馆。
10月	学校改名为北京农业工程大学。图书馆名称改为北京农业工程大学图书馆。
10月	北京农业工程大学图书馆新馆动工兴建。项目招标299万元。
1986年	
1986年	图书馆在阅览组开展定题服务和专利查新工作，承担了5项专题的检索服务。
1986年	“科技文献检索课程的探索与实践”获学校首届教学成果一等奖。
12月17日	图书馆举办第二届学术讨论会。
1987年	
7月	北京农业工程大学图书馆新馆竣工。项目决算570万元。暑假组织全校师生义务劳动，图书馆迁入新馆舍。
8月5日	学校具有图书资料（出版、档案）等5个系列的专业技术中级职务评审权。
10月15日	新馆正式开馆，时任全国人大副委员长王任重、农业部部长何康亲临剪彩。
1988年	
7月	北京农业工程大学与中国农业机械总公司和中国科技情报研究所联合主办《农机市场》杂志创刊，图书馆承担编辑工作。
1988年	图书馆建立北京农业工程大学文库及赠书室，收集本校师生和校友个人的专著及各单位团体、各方人士的赠书。
1988年	《中国农机化重要文献资料汇编》获北京情报学会优秀情报研究成果一等奖。
1989年	
1989年	《中国农业文摘》分册——《中国农业文摘一农业工程》正式出版发行，图书馆承担编辑工作。
9月	图书馆成立学术委员会。王东海担任主任委员。
1990年	
3月	北京农业工程大学图书馆5万余册中外文过期期刊合订本由字顺笔画排序改为分类检索。

续表

4月1日	北京农业工程大学图书馆外文图书开始采用《西文文献著录条例》。
4月16—21日	北京农业工程大学图书馆举办“农业工程国外新书展览”。
5月	北京农业工程大学图书馆举办第三届学术讨论会。
6月2日	经图书馆学术委员会研究决定，首批馆内科研课题立项。
1991年	
1991年	图书馆开始组织并参与编辑《当代中国》丛书之《当代中国的农业机械化》。 图书馆主持，宋树友、孙学权主编的《世界农业机械化发展要览》正式出版发行。
1991年	本年开始，期刊和资料的采购统一由采编部负责。
9月	图书馆成立自动化室。
10月	北京农业工程大学图书馆由世界银行贷款购买8台计算机、带控制台的语音室设备一套（30座）7月份安装调试完毕，投入使用。
11月	图书馆编辑发行《图书馆与读者》不定期刊，宣传新书资料、介绍图书馆学、情报学知识。
1992年	
1月27日	北京农业工程大学图书情报委员会成立。
12月	《中国农业文摘—农业工程》在1992北京优秀科技期刊评比中荣获“全优期刊”奖。
1993年	
1月	张秉仪退休。
10月14—16日	图书馆举办了图书信息节。
1994年	
1月	北京农业工程大学与中国科技信息研究所共同主办《中国学术会议文献通报》（月刊），编辑部设在图书馆，黄天桂任校方主编。
7月8日	经学校党委常委研究决定，图书馆挂“北京农业工程大学文献信息中心”的牌子。
10月14—15日	图书馆举办了第二届图书信息节。
11月	北京农业工程大学聘任日本庆应义塾大学斋藤修一教授为图书馆名誉馆长。
1994年底	学校任命张森文为北京农业工程大学图书馆馆长。
1994年	开始采用计算机编目。
1995年	
1995年	北京农业工程大学图书馆被农业部正式批准为首批部级查新检索单位
【此后进入中国农业大学时期】	

三、中国农业大学图书馆时期

1995年	
1995年	北京农业大学与北京农业工程大学合并成立中国农业大学，图书馆更名为中国农业大学东校区图书馆和中国农业大学西校区图书馆。
1996年	
1996年	西校区图书馆外国教材中心编制农科高校博士论文数据库。
4月22日	沈佐锐任中国农业大学西校区图书馆馆长，兼任西校区图书馆直属党支部书记。
6月	张森文任中国农业大学东校区图书馆馆长，刘清水为中国农业大学东区图书馆常务副馆长（正处长级）。
10月29日	中国农业大学两校区合并设立“图书资料、出版、档案学科评议组”。

续表

12月	国务院副总理姜春云到西校区图书馆视察。
1997年	
4月28日	学校任命张权为西校区图书馆正处级常务副馆长。
10月	“211”工程西校区图书馆网络自动化建设项目实施。
11月	东校区图书馆“211工程”子项目建设启动。建设经费250万元。
11月17日	东校区图书馆与海淀图书馆合作，开办了海淀农业图书馆。
1997年	东校区图书馆与中国农业大学出版社合作，在东校区图书馆建立了中国农业大学出版社第三编辑室。
1998年	
8月21日	西校区图书馆引进了ILAS图书集成系统管理软件。
9月16日	西校区图书馆计算机网络系统正式开通运行。
10月	中国农业大学与CALIS管理中心签署协议，在学校设立“全国农林学科文献信息中心”作为全国“211工程”农林重点学科建设所需文献的最终保障基地。西校区图书馆是该中心的承办单位。
1998年	西校区图书馆开展了清理和剔除旧书工作。 东校区图书馆购置了图书集成管理软件ILAS系统。
1999年	
7月16日	刘清水、张权分别担任东区、西区图书馆馆长。
8月11日	教育部成立“教育部高等学校图书情报工作指导委员会”。沈佐锐出任“教育部高等学校图书情报工作指导委员会”委员。
9月	西校区图书馆制定了《关于1976年前馆藏图书的剔除原则》。
12月	国际农业信息专家协会—中国分会成立。张权馆长被推选为中国分会副主席。
1999年	西校区图书馆以PERL脚本开发了以CGI为技术的Web版办公系统，实现了无纸化办公。 东校区综合档案室迁至图书馆四层。
2000年	
5月	CALIS全国农学文献信息中心正式挂牌。
6月	西校区图书馆主持的“CALIS日文联合书目数据库建设子项目”正式启动。
2001年	
2001年春	西校区图书馆建立了“图书情报委员—学科馆员”制度。
3月	西校区图书馆推出《每周一讲》系列活动。
4月	西校区图书馆《图书馆通讯》第1期编辑出版。
4月11日	西校区图书馆增设数字化资源建设部。
7月	学校决定教材科、综合档案室合并到图书馆。
8月	西校区图书馆中央空调系统安装调试完毕。
9月	根据学校部署，图书馆实行全员聘任制。
10月	西校区图书馆成立图书馆图书情报工作委员会。
10月26日	中国农业大学校对口支援内蒙古农业大学签字仪式在西校区举行，两校校长签署了对口支援校级协议，西校区图书馆对口签署了部门协议。
12月29日	《光明日报》第三版刊文介绍“发展中的中国农业大学东校区图书馆”。
2002年	
3月	东校区图书馆成立农业工程科技查新中心，与图书馆情报部合署办公。
6月21日	成立两校区图书馆实质性融合工作领导小组，张权任组长，刘清水任副组长。

续表

6月	《中国农业文摘—农业工程》被中国农学会、中国期刊协会农业期刊分会评为“第三届全国优秀农业期刊奖（1997—2001）”。
7月	实现了图书馆主页统一，文献资源采购编目统一，部分规章制度的统一。
7–8月	西馆图书馆门厅、电子阅览区、报告厅等进行了调整改造。
7月18日至8月25日	东、西馆全体员工集中进行东馆图书数据改编加工，为两馆实质性合并实现通借通还做准备。
9月2日起	图书馆东、西馆间实现通借通还。图书馆开馆时间：7：30—22：30，周开放时间达105小时。
9月6日	党委常委会研究决定：成立图书馆党总支。刘清水为图书馆党总支书记；韩明杰为图书馆党总支副书记（兼）。
9月13日	挂靠在东、西校区图书馆的综合档案室与人事档案科合并成立中国农业大学档案馆。自此，综合档案室与图书馆分离。
9月16日	学校研究决定，将东校区图书馆和西校区图书馆合并成立中国农业大学图书馆。原东校区图书馆和西校区图书馆的独立建制相应撤销。新成立的中国农业大学图书馆，为学校直属机构，正处级单位。
9月17日	学校聘任张权为图书馆馆长，刘清水为图书馆常务副馆长（兼），韩明杰、潘薇、王鲁燕为图书馆副馆长。
10月17日	瞿振元书记、陈章良校长到图书馆西馆视察和现场指导工作。
10月24日	全国人大常委会副委员长布赫在农业部副部长齐景发、学校党委书记瞿振元、校长陈章良的陪同下，视察图书馆西馆，并为图书馆题词：“大力发展中国农业图书信息事业”。
12月8日	学校成立以谭向勇副校长为主任，相关部门领导、图书馆馆长、各院系教师和学生代表组成的“中国农业大学图书馆工作委员会”。
12月	图书馆购置了11座中型客车东南得利卡1辆，用于在东、西馆之间运送图书。
2002年	对东馆建筑内部结构做了适当的改造，打通了部分隔墙，按照藏阅结合的模式调整了资源布局，撤销了各阅览室的门禁管理，局部实现了开架服务，实现半开放式管理。
2002年底	东、西馆实现了人、财、物的统一调度与管理。
2003年	
1月	东馆把原有密封性能差的钢窗全部更换为密封性能较好的塑钢窗。
2003年	中国农业大学图书馆被教育部认定为教育部部级科技查新工作站。
3月26日	“十五”“211工程”“图书馆文献保障体系建设”子项目举行了启动仪式， 同日，原农业部副部长，第十届全国人大常委会委员，全国人大农委副主任，民进中央副主席路明教授，将其主编的《现代生态农业》一书赠给图书馆。
4—6月	全馆团结一致成功抗击非典。
5月16日	“图书馆虚拟咨询”正式开通，通过INTERNET网络，实时回答读者的问题，进行交互式、动态的信息咨询服务。
7月30日至8月31日	图书馆东馆进行大厅装修改造，增设电子阅览室。2003年暑假和2004年6月东馆分两批更换和新增暖气片。 同时，对内部的藏书结构布局进行了调整，设立总服务台，实行全开架管理。新开辟出约2000 m^2 阅览区，新增阅览座位近700个。新建了电子阅览室。
9月1日	中华人民共和国国务院学位委员会复函，同意学校行使情报学硕士学位授予权。由图书馆独立招生和培养。
11月17—23日	举办了“图书馆资源与服务宣传周”活动。
11月20日	中国农业大学图书馆被教育部认定为教育部部级科技查新工作站。
12月	图书馆对部门机构进行了重新整合，部门主任及全馆职工重新选岗、竞聘，优化组合。
2003底	东馆增设了防火烟感探头、应急灯、安全出口指示灯和红外防盗报警系统。
2004年	
1—2月	图书馆东馆全馆安装分体空调60台，改善环境条件。

续表

2月	张权被聘为“第二届教育部高等学校图书情报工作指导委员会”委员。
2004年寒假	东馆对中文图书资源进行了调整。原来的库存本阅览室和外借库合为“二层中文书库”。
3月25日	图书馆召开了中国农业大学图书馆第一届教职工代表大会。经全体代表选举产生了图书馆第一届教职工代表大会常设主席团。
3月29日	图书馆开始在东、西两馆大厅设置了“咨询台”，每天由信息服务部专业人员值班，解答读者各种问题。
4月22日	校党委书记瞿振元、副校长张东军、教务处处长吴文良等领导到图书馆进行考察调研并听取了图书馆领导的工作汇报。
6月28日	教育部科技发展中心副主任李志民、成果处周静处长等3人参观了图书馆。
7月31日	由北京大学图书馆和北京高校期刊研究会主持的《中文核心期刊要目总览》（2004版）正式出版。图书馆主持第六编农业科学类的八个类目的研究编写工作。
10月11日	联合国粮农组织在线目录（FAOBIB）中文镜像系统在图书馆正式开通。
10月22日	图书馆党总支召开党员大会，选举产生了新一届党总支委员会。图书馆总支的4个支部，图书馆东馆党支部、西馆党支部、体育部东区党支部、体育部西区党支部。新一届总支委员会由刘清水、韩明杰、武晓君、王鲁燕、张权、潘薇、陈新成组成；刘清水任图书馆党总支书记，韩明杰任副书记（兼）。
11月5日	中国农业大学与CALIS管理中心签订了《中国高等教育文献保障系统（CALIS）“十五”建设子项目承建协议书》，子项目名称：CALIS全国农学文献信息中心。
11月8日	国际农业生物与信息中心两位专家（英国）来图书馆洽谈资源建设与合作事宜。
11月10日	学校召开了2002—2003年档案工作总结、检查评比先进工作会议。图书馆被评为档案工作先进单位。
11月	图书馆与高等学校中英文图书数字化国际合作计划项目管理中心签署《高等学校中英文图书数字化国际合作计划项目（CADAL）子项目承建协议书》，正式加入CADAL项目建设。
12月3日	图书馆在西馆报告厅召开“图书馆工作委员会扩大会暨文献资源建设研讨会”
2004年	东馆过刊回溯、整理和调整，将1985年以后的中外文期刊回溯完毕。 图书馆开通了西文全文电子期刊导航系统。 图书馆工会被校工会评为“先进教职工之家”。
2005年	
1月6日	北京地区高校图书馆第三届编目研讨会在西区图书馆举行。
2005年寒假	西馆进行了西文过刊回溯建库工作。
3月	图书馆发布《图书馆业务工作考察与交流的相关规定》。
4月20日至6月20日	图书馆与学生处、研究生会、学生会联合举办了“我爱母校图书馆”大型有奖征文活动。
5月17—18日	教育部外国教材中心工作会议在中国农大图书馆召开。
5月	中国农业大学图书馆招收第一届情报学硕士研究生：介凤、赵荣。
6月12日	学校党委决定（党发12号文件），将原图书馆党总支体育教学部东校区党支部、体育教学部西校区党支部党员组织关系划转到体育教学部直属党支部。图书馆党总支下设2个党支部，即：图书馆东馆党支部、图书馆西馆党支部，图书馆硕士点的学生党员编入西馆党支部。
9月1日	图书馆举办为期1个月的“图书馆的资源与服务”宣传月活动。
9月14日	图书馆编辑的《中国农业大学图书馆年鉴（2002～2004）》于百年校庆前夕编纂完成并印发。这是首部以年鉴形式记录图书馆发展的综合性资料。收录时间范围从2002年东、西两馆正式合并开始，以2004年为主，兼顾一些重要历史活动的图片资料。
10月13日	中共中央政治局常委、全国人大常委会委员长吴邦国携夫人章瑞珍一行来学校视察。吴邦国一行视察了图书馆西馆，吴邦国委员长为图书馆题词：“传播知识，服务育人”。
10月15日	原中共中央政治局常委、国务院副总理李岚清同志向图书馆赠送自己的著作《李岚清音乐笔谈》《李岚清教育访谈录》和《为了13亿人的教育》。
2005年	西馆将1990年以前出版的利用率低的图书调整到密排书库，并做部分剔除；三层文艺书下架转移到平台下的文艺报刊阅览室。

续表

2006 年	
1月9日	张权馆长退休。
3月17日	图书馆启动了古籍整理与编目工作。
4月26日	图书馆“十五”“211 工程”建设子项目《图书馆文献保障体系建设》项目验收会在图书馆西馆会议室举行。
7月10日	图书馆邀请美国加州州立大学图书馆教授、参考咨询馆员左四藏女士为馆员作学术报告。
7月22日	图书馆党员与入党积极分子党员活动，赴共建合作单位中央警卫团基地参观并练习打靶。
2006年暑假	对东馆学术交流厅做了装修改造和设备升级。
9月26日	为配合做好中国农业大学 2007 年本科教学水平评估工作，图书馆召开迎评促建工作会。图书馆党总支书记兼常务副馆长刘清水介绍了图书馆已经完成的 211 工程验收工作和 CALIS 农学中心的验收工作；宣布了图书馆迎评促建工作领导小组和迎评工作办公室人员。
9月28日	CALIS 全国农学文献信息中心获“全国和地区中心建设奖”二等奖、“引进资源建设奖”二等奖。
9月28日	在中央警卫团培训基地举行“中央警卫团 2006 年军地两用人才计算机信息技术基础培训班”结业典礼，中央警卫团赠送图书馆一面锦旗，上书“知识拥军结硕果，情注军营育人才”。
11月1日	图书馆开始允许读者携带个人书包进馆。
11月14日	2006 年第 32 次学校党委常委会暨校长办公会研究决定：聘任农业经济学家、经济管理学院何秀荣教授为图书馆馆长。22 日，正式发布中国农业大学文件《关于何秀荣同志任职的通知》（中农大校字〔2006〕32 号）。
12月8日	图书馆召开部门主任会议欢迎新馆长到任。会议由图书馆总支书记、常务副馆长刘清水主持，组织部副部长赵竹村宣读任命文件，常务副校长江树人讲话。
12月26日	图书馆孙玉玲、王利平、塔娜、张淑洁被北京地区高等学校图书馆工作委员会和北京地区高教学会图书馆工作研究会评为“2005—2006 年度北京地区高等学校优秀图书馆工作者”。
2006	《中国农业文摘—农业工程》在中国农学会和中国期刊协会农业期刊分会主办的“全国农业期刊金犁奖”评选活动中被评为一等奖。
2007 年	
1月5日	由学校和中央警卫团等单位共同举办的“庆祝‘三方五家’军民共建 20 周年展览”在图书馆举行。
3月5日	图书馆向全校师生发出了捐赠图书的倡议。
4月3—4日	图书馆第二届教职工暨工会会员代表大会在西馆举行。
3月5日	图书馆向全校师生发出了捐赠图书的倡议，开始了有计划有组织地进行图书捐赠工作。
4月21日	北京地区高校图书馆第七届田径运动在北京邮电大学举行。图书馆共有 100 多人参加，其中参赛运动员 38 名。
4月21日	菲律宾圣何塞大学宿务表演艺术团访问学校期间，圣何塞大学副校长等 2 人来图书馆参观。
4月27日	图书馆被《中国知识资源总库》编委会评为“2006 年度北京市 CNKI 数据库最佳应用单位”。
5月24日	云南省教育、卫生、科研系统工会代表 83 人来图书馆参观访问。
6月10日	支持西部建设，新疆农业大学图书馆 2 名馆员来图书馆编目部学习。
6月12日	中国农业大学第一届情报学硕士研究生学位论文答辩在西馆举行。图书馆 2005 年招收的 2 名情报学硕士研究生介凤、赵荣顺利通过学位论文答辩。
6月26日	学校本科迎评办公室组织相关专家对图书馆迎评材料进行了检查，迎评组专家们对图书馆的迎评工作给予了充分肯定。
7月2—3日	CALIS 农学中心工作委员会暨学术报告会在图书馆举行。
7月9日	前农业部部长何康携夫人来图书馆查阅资料。
9月9日	西区图书馆文艺阅览室暨休闲“咖茗屋”正式开放。
9月13日	由各高校校长组成的厄瓜多尔教育部代表团一行 24 人来图书馆参观考察。

续表

9月18日	刘清水、王鲁燕副馆长在东区图书馆接待来访的英国朴次茅斯大学校长 John Graven 一行。
9月20日	潘薇副馆长率图书馆访问团赴四川农业大学图书馆考察学习。
9月30日	陈章良校长等学校党政领导来图书馆检查迎接教学评估的准备情况。
10月8日	图书馆在西馆设立特色展室，主要展出本馆最具特色的珍、善本农业古籍，其中500多部汇集了唐宋以来1300余种兼具文物和学术研究价值的古籍影印本《中华再造善本》，分为经、史、子、集4个部分进行了展示。
10月11日	教育部预评估专家组全体专家来图书馆考察。
10月19日	美国石溪大学健康科学图书馆副研究馆员黄柏楼先生应邀来馆，围绕如何开展信息服务作了精彩的讲演。全馆80余人聆听。
10月19日至11月20日	图书馆举办了“图书馆资源与服务”宣传月活动。
10月	图书馆在西馆开辟了约100 m^2 的“特色展室”，“特色展室”由善本古籍和再造善本两部分组成。
10月22日	图书馆陆续制作了一批随书光盘资源的网络镜像，正式开通启用。
10月25日	《中国农业大学图书馆》画册问世。该画册从历史沿革、领导关怀、馆藏珍品、资源建设、读者服务、网络系统、机构人员、学术研究、对外交流等几个方面系统地反映图书馆建馆以来所走过的历程及其辉煌成就，图文并茂、语据翔实，是图书馆第一部比较全面、充实的宣传画册，对广大读者和图书馆界人士了解图书馆、研究图书馆具有重要的参考价值。
11月12日	教育部本科教学工作水平评估专家组在学校党委书记瞿振元、校长陈章良等的陪同下来到图书馆考察和检查。
11月13日	教育部本科教学工作水平评估专家、南京农业大学副校长徐翔教授先后来到东、西两馆做详细考察和检查，对图书馆支持本科教育工作给予充分肯定。
11月25日	2007年中国农业大学教职工乒乓球比赛圆满结束。图书馆由刘元科、贾尧风、喻浩、唐向军组成的男子代表队荣获团体第二名；由刘龙献、焦艳平、史丽文组成的女子代表队获得团体第五名。
12月22日	中国农业大学经济管理学院与图书馆联合举办“纪念王毓瑚先生诞辰100周年暨历史视角中的‘三农’学术研讨会”在北京颐泉山庄宾馆召开。海内外50余位专家学者及王毓瑚先生的亲属出席了本次研讨会。
2007	“中国农业大学知识库”系统服务平台开通运行。
2007	开始在CALIS成员馆中组织开展关于图书与情报工作科研的立项研究。
2008年	
1月17日	通过公开竞聘，中国农业大学文件（中农大人字〔2008〕5号），经学校党委常委会暨校长办公会（2008-1次）研究决定，聘任韩明杰、潘薇为图书馆副馆长，免去王鲁燕图书馆副馆长职务。
6月	图书馆李晨英主持的“图书馆特色知识库构建与知识服务实证研究”项目获得国家社会科学基金资助。
7月8日	中国农业大学文件（中农大人字〔2008〕24号），经学校党委常委会暨校长办公会（2008-21次）研究决定，任命王鲁燕、左文革为图书馆副馆长。
2008年暑假	图书馆对西馆“咖茗屋”进行了改造扩建，面积达到150 m^2，提供文艺期刊和报纸阅览服务，开通了无线网络，每个座位旁安装了电源插座，改善了休闲阅览条件。
8月24—27日	潘薇副馆长和技术部喻浩2人出席了在日本东京农业大学厚木分校举办的世界农业信息与技术会议。潘薇副馆长作为中国农业高校图书馆的代表，在图书馆、电子期刊、远程教育分主题会议上，作了题为“建立农业高校图书馆与乡镇图书馆信息服务的桥梁”的报告。
8月	图书馆西馆次电梯更新，将原来只能抵达四层的旧电梯改造为能够上升到五层的新电梯。
10月20日至11月9日	图书馆举办了“图书情报人员专业英语培训班”。
10月31日	水利与土木工程学院将水利部赠予的图书402种共2008册转赠图书馆。
11月14日	图书馆工会被中国教育工会中国农业大学委员会批准由“先进教职工之家”晋级为“优秀教职工之家”。
11月28日	图书馆党总支召开党员大会，选举产生了新一届总支委员。韩明杰担任图书馆党总支书记。
2008年	《中国农业大学图书馆中文期刊资源导航库建设》结题正式投入运行。

续表

2009 年	
1 月 23 日	馆长何秀荣教授为中央政治局集体学习进行主题讲解。
9 月 27 日	图书馆资源建设小组成立。
10 月 16 日	图书馆第三届“图书馆资源与服务”宣传月活动启动。
11 月	图书馆与北京地区高校图书馆文献资源保障体系（BALIS）培训中心联合举办了“图书馆情报专业英语培训班”，历时 3 周。
2009 年	图书馆启动了馆内研究课题项目，以后按年度设立研究项目。
2010 年	
5 月	图书馆新馆建设立项获批。
5 月 1 日	图书馆西馆闭馆，进行大修工程，并重新进行功能布局。2011 年 10 月竣工开馆。
7 月 9 日	图书馆与北京地区高校图书馆文献资源保障体系（BALIS）培训中心联合举办了“图书馆情报专业英语培训班”。
2010 年	CALIS 农学中心三期建设启动。
11 月 3 日	何秀荣馆长与汤森路透科技与医疗集团（Thomson Reuters）中国区总裁刘煜博士分别代表用方和供方签署了 SCI 数据库订购协议。
11 月 15 日	图书馆行政领导换届。何秀荣为图书馆馆长，韩明杰（兼）、刘清水（正处长级）、潘薇、王鲁燕、左文革为图书馆副馆长。刘清水不再担任图书馆常务副馆长职务。
12 月 2 日	在中国农业大学国际会议中心举行了“中国农业大学 Web of Knowledge 系列数据库开通仪式”。
2010 年	图书馆申报的“图书馆、情报与档案管理”硕士学位授权一级学科获得国务院学位委员会正式批准。
2011 年	
4 月	“汇文”图书管理集成系统取代原有的 ILAS 管理系统，完成软件升级工作。
5 月 3—6 日	校学生会联合有关部门对学校基础服务人员进行“服务之星”评选活动。图书馆西馆张玉兰获得“服务之星”、东馆郭渝碚当选“微笑之星”。
9 月	图书馆进行内部岗位全员重新聘岗。
10 月 18 日	长沙理工大学的许健丰老师向图书馆捐赠其祖父的遗物——59 册民国初期的农业教学用书和农业试验报告。
12 月 29 日	图书馆第三届教职工暨工会会员代表大会第一次会议在西馆报告厅召开。
2011 年	图书馆设立了情报研究中心。 根据学校统一安排进行了专业技术职务分级聘任。
2012 年	
2012 年初	东馆拆除报废了旧电梯，采购安装了新电梯。
3 月 14 日	柯校长对新馆建设提出了两点基本要求：一是要“好用”，在功能上要满足现代大学师生对图书馆的需求，使用要方便、高效，要站在广大师生的角度去考虑问题；二是要“好看”，外观设计要与周围环境、建筑协调搭配，成为学校一个标志性建筑。在此基础上，经过听取多方意见，最终将新馆建设的指导思想定为“好用、好看、低碳、前瞻”。
3 月 30 日	图书馆与北京地区高校文献保障体系（BALIS）培训中心联合举办了“图书情报专业知识英语培训”。历时 1 周。
7 月 9 日	图书馆党总支召开党员大会，选举产生了新一届总支委员。刘清水担任图书馆党总支书记（兼）；潘薇为图书馆党总支副书记（兼）。
9 月	首届图书馆学专业硕士研究生入学。
11 月 9 日	图书馆设计方案征集现场说明会在体育馆媒体发布厅举行。
12 月 19 日	图书馆工会获得学校“模范教职工之家”称号。
12 月 29 日	学校邀请专家召开评审预备会，对应征方案进行评审论证。

续表

2013 年	
1 月 8—10 日	图书馆与美国康奈尔大学图书馆联合举办了“特藏文献与保护基础知识讲座”。
4 月 1 日	图书馆成立“CALIS 全国农学文献信息中心办公室”，负责 CALIS 农学中心有关事宜及业务。徐伟兼任主任。
5 月	普通高等教育农业部“十二五”规划教材、全国高等农林院校“十二五”规划教材《农业信息检索与利用》第二版由中国农业出版社出版。图书馆左文革和河北农业大学图书馆吴秀爽为主编
9 月 1 日开始	学校对拟申请博士和硕士学位研究生的学位论文提供学位论文重复率检测服务，经学校研究生院部署，确定由图书馆承担学位论文的检测工作。
2014 年	
3 月 24 日	由美国康奈尔大学图书馆、中国农业大学图书馆、清华大学图书馆、北京大学图书馆和中国人民大学图书馆联合举办的图书馆文献保护与修复研修班在西区图书馆举办。
6 月	中国高等教育学会、教育部高等教育司向图书馆捐赠近 5000 种、6000 余册高等院校教材。
7 月 1 日	图书馆创办电子期刊《高校与学科发展》（季刊）
10 月 15 日至 11 月 14 日	组织了“图书馆资源与服务”宣传月活动。
12 月 17 日	行政领导换届，学校任命何秀荣为图书馆馆长。
12 月 30 日	学校任命刘清水（兼）、韩明杰、潘薇、王鲁燕、左文革同志为图书馆副馆长
2015 年	
4 月 23 日	图书馆以“追逐梦想不停歇”为主题举行了《走过》读书交流会。本次活动获得“首届全国高校图书馆阅读推广案例大赛”北京赛区优秀奖。
4 月 26 日	图书馆联合学生志愿者总队在东馆举行了“书海寻书”和志愿者“上书比赛”两项有意义的活动。
6 月	图书馆陈仕吉主持的“跨学科研究影响力的计量分析研究” 获得国家社科基金年度项目立项。
10 月 16 日	新图书馆建设项目举行开工仪式。
10 月	建立了“中国农业大学图书馆发展基金”，以支持图书馆和图书情报学科发展、提升馆员和研究生素质，促进图书馆发展和图书情报学科发展的各项活动的开展。
2015—2018 年	图书馆组织举办了面向馆内全体职工开展的正高职务主讲的学术讲座。
2016 年	
8 月 17 日	馆长何秀荣被聘为国务院参事。
10 月 13 日	中共中央政治局原委员、国务院原副总理、第九届全国人大常委会副委员长姜春云同志将自己珍藏的 684 种、1064 册图书捐赠学校图书馆，其中有姜春云同志本人的著述 13 种、100 册。姜春云同志应邀签名留念并题字“农耕书屋”馈赠图书馆。
10 月 28 日	学校制定了《中国农业大学图书与数据库采购实施细则》并发布执行。
11 月	新图书馆建设工程完成主体工程封顶。
2016 年	中国科协公布了首批“高端科技创新智库青年项目”入选名单，图书馆情报研究中心副研究馆员赵勇博士后受中国科学技术情报学会推荐，成功获得该项目的立项资助。 西馆中央空调主机和终端盘管进行了更新。另外，对一层利用率较低的区域进行了改造，完成 900 余 m^2 的改造工程，设计了技术创新体验区和艺术修养体验区。
2017 年	
1 月 5 日	图书馆第四届教职工暨工会会员代表大会第一次会议在西馆报告厅召开。
1 月	接受红旗出版社捐赠的红旗书架，在网上、网下建设党建书屋。
2 月 21 日	学校任命孙德昊为图书馆党总支书记，刘清水因年龄原因不再担任图书馆党总支书记兼副馆长职务。
4 月	图书馆荣获北京高校图工委 2016 年北京高校图书馆面向中小学开放日“优秀奖”。
5 月	东馆建成党建与思想政治阅览室。

续表

6月6日	学校决定图书馆与档案馆合署办公，档案馆支部隶属于图书馆党总支。任命何秀荣为档案与校史馆馆长（兼）；师桂芳为图书馆党总支副书记（兼）。图书馆馆务会改为图书馆、档案与校史馆党政联席会。
9月	CALIS全国农学文献信息中心（涉农高校图书馆联盟）开发构建的“涉农联盟共享资源服务平台”正式上线。
10月17—20日	第16届国际科学计量学与信息计量学大会（International Conference on Scientometrics & Informetrics，简称ISSI）在武汉举行。图书馆情报研究中心赵勇副研究馆员做了题为“Cross-boundary collaboration of highly-cited scientists：A bibliometric study on scientific publication in agricultural science”的报告。图书馆在读硕士研究生陈雨展示了研究成果“An Evolution Analysis of Research Integrity Based on Multidimensional Informetrics”壁报。
10月	图书馆被中国图书馆学会授予2016年度“全民阅读先进单位”。
11月1日	图书馆党总支组织党员、民主党派和青年馆员赴天津滨海新区图书馆参观调研。
11月	在西馆建成党建书屋。
12月	教育部学位与研究生教育发展中心公布了全国第四轮学科评估结果，图书馆主办的“图书情报和档案管理”一级学科硕士点被评为C⁻，成为该学科中，由图书馆办学的唯一进入榜单的学科点。
12月31日	赵勇破格晋升为研究馆员。
2018年	
1月17日	图书馆党总支召开党员大会，选举产生了新一届总支委员。孙德昊为图书馆党总支书记，王鲁燕为图书馆党总支副书记。
1月	在BALIS 2007—2017年的建设工作中，中国农业大学图书馆荣获“先进集体奖”。
4月18日	图书馆创办“图情百望论坛”，交流研究成果、传播图书情报前沿学术动态、开展高端学术交流。
4月23日	第23个“世界读书日”，由中国农业大学和红旗出版社联合主办的“阅读新时代·引航新征程”——红旗出版社赠书暨“稼穑书香”启动仪式在图书馆举行。
6月26日	学校党委常委会审议通过了《中国农业大学新一届管理服务与直属机构设置方案》，图书馆被列为学校“直属机构”
7月16日	学校任命王鲁燕为图书馆副馆长（兼），左文革为图书馆副馆长；因年龄原因，韩明杰、潘薇不再担任图书馆副馆长职务，师桂芳不再担任档案与校史馆副馆长（正处长级）职务。
7月20日	学校任命陈卫国为图书馆副馆长。
7月	“文献检索”课程正式进入学校核心通识教育课程建设。
9月26日	新馆建设主体工程竣工。
9月	图书馆开始启动“EM+RFID图书智能管理系统”项目。10月1日至11月19日，完成西馆55万册纸质资源RFID加工，开始试运行。
12月1日	学校决定中国农业大学文献情报中心更名为中国农业大学情报研究中心。
12月4日	教育部“中国高等教育文献保障系统成立20周年暨从共建共享走向融合开放——2018年CALIS年会”在北京大学隆重举行。中国农业大学图书馆领导的CALIS全国农学文献信息中心荣获中国高等教育文献保障系统项目建设二十周年杰出贡献奖。
12月11日	学校成立中国农业大学知识产权信息服务中心。知识产权信息中心挂靠学校图书馆。
12月29日	国务院参事、图书馆馆长何秀荣应邀出席全国政协新年茶话会。
12月	图书馆被中国图书馆学会选为2017年度“全民阅读先进单位”。
2018年	学校对新馆内部主要区域作了精装修设计，年底前基本竣工。
2018年底	新馆建设进入家具进场与安装阶段，完成89类、近万件家具国资登记。
2019年	
3月12日	国务院参事、图书馆馆长何秀荣被中央农村工作领导小组办公室、农业农村部聘为乡村振兴专家咨询委员会委员。

续表

3月20日	图书馆分工会获得校工会颁发的工会宣传工作先进奖。
4月18日	校长孙其信到新图书馆现场办公。
4月23日	世界读书日。图书馆举办“悦读·名师引路”报告会，并获赠北京崇学文化发展有限公司捐赠的《习近平谈治国理政》7个语种外文版图书220册。
5月11日	图书馆组队参加第十一届北京高校图书馆运动会。
5月20日	2019届图书情报与档案管理学硕士研究生学位论文答辩会举行。
6月3日	学校党委书记姜沛民、副校长王涛视察新图书馆。
7月9日	校长办公会审议通过了《文献资源采购实施细则》（修订），并颁布实施。
8月21日	新图书馆开始试运行。
8月30日	学校党委书记姜沛民、校长孙其信到新图书馆视察，并看望同学。
8月	图书馆进入中国图书馆学会“全民阅读示范基地”名单。
9月17日	图书馆领导班子换届。 学校任命潘志华为图书馆党总支书记，免去孙德昊图书馆党总支书记职务。 学校任命周志强为图书馆馆长（兼），免去何秀荣图书馆馆长职务，同时免去何秀荣档案与校史馆馆长职务。

资料二 图书馆部分获奖情况汇总

一、集体荣誉奖项

获奖年份	获奖者	奖励名称	颁发机构
1960	北京农业大学图书馆	北京市首届文化教育单位先进集体	北京市
1983	北京农业大学图书馆	北京市第二届文教单位先进集体	北京市
1983	科技情报室	1982 年度先进集体	北京农业机械化学院
1986	北京农业大学图书馆直属党支部	先进党支部	中共北京市委
1986	北京农业工程大学图书馆	1985 先进部门工会	北京农业工程大学工会
1991	北京农业工程大学图书馆	1991 年档案工作先进单位	北京农业工程大学
1992	北京农业工程大学图书馆	1991—1992 学年教书育人服务育人管理育人先进集体	北京农业工程大学
1993	北京农业工程大学图书馆情报室	全国高校图书馆先进单位	国家教委高校图工委
2003	中国农业大学图书馆	华北地区高校“先进图书馆”	华北地区高校图书馆协会
2004	图书馆	档案工作先进单位	中国农业大学
2004	图书馆	先进教工之家	中国农业大学
2005	图书馆西馆党支部	优秀党支部	中国农业大学
2006	CALIS 全国农学文献信息中心（中国农业大学图书馆）	“全国和地区中心建设奖”二等奖、“引进资源建设奖”二等奖。	CALIS 管理中心
2007	中国农业大学图书馆	先进团体会员单位	中国农学会农业图书馆分会
2007	中国农业大学图书馆	“2006 年度北京市 CNKI 数据库最佳应用单位”	《中国知识资源总库》编委会
2007	图书馆工会	工会先进集体	中国农业大学
2008	中国农业大学图书馆	先进团体会员单位	中国农学会农业图书馆分会
2008	中国农业大学图书馆	BALIS 原文传递服务优秀团队奖	BALIS 中心
2008	图书馆	优秀教职工之家	中国农业大学
2009	中国农业大学图书馆	BALIS 原文传递优质服务一等奖和 BALIS 原文传递服务最佳宣传奖	BALIS 中心
2010	中国农业大学图书馆	BALIS 原文传递宣传月一等奖和 BALIS 馆际互借宣传月二等奖	BALIS 中心
2010	中国农业大学图书馆	BALIS 原文传递一等奖、BALIS 馆际互借二等奖	BALIS 中心
2010	中国农业大学图书馆	BALIS 联合信息咨询服务先进馆	BALIS 中心

续表

获奖年份	获奖者	奖励名称	颁发机构
2011	中国农业大学图书馆	BALIS 原文传递优质服务馆一等奖与 BALIS 馆际互借先进集体二等奖	BALIS 中心
2012	中国农业大学图书馆	高校引进资源集团采购组织贡献奖	CALIS 管理中心
2012	中国农业大学图书馆	CALIS 学位论文项目数据库建设三等奖	CALIS 管理中心
2012	中国农业大学图书馆	BALIS原文传递优质服务馆一等奖，馆际互借集体二等奖	BALIS 中心
2012	图书馆	模范教职工之家	中国农业大学
2013	中国农业大学图书馆	先进团体会员单位	中国农学会农业情报分会、图书馆分会
2013	中国农业大学图书馆	2013 年度优秀会员单位	北京科学技术情报学会
2013	中国农业大学图书馆	CALIS 三期项目建设业务培训卓越组织奖、联合目录建设杰出贡献奖、日文数据库项目卓越组织奖和名称规范数据库项目建设杰出贡献奖	CALIS 管理中心
2013	中国农业大学图书馆	BALIS 原文传递先进集体二等奖	BALIS 管理中心
2013	中国农业大学图书馆	BALIS 2013 年馆际互借服务先进集体三等奖	BALIS 管理中心
2013	中国农业大学图书馆	北京地区高校图书馆运动会优秀组织奖	北京高等学校图书馆工作委员会
2013	图书馆党总支	先进基层党总支	中国农业大学
2014	中国农业大学图书馆	CALIS 联合目录项目建设 2013—2014 年突出贡献奖	CALIS 管理中心
2014	中国农业大学图书馆	CALIS 联合目录馆藏数据建设 2013—2014 年度先进单位奖	CALIS 管理中心
2014	中国农业大学图书馆	BALIS 原文传递先进集体奖	BALIS 管理中心
2014	中国农业大学图书馆	BALIS 2014 年联合信息咨询服务先进集体奖	BALIS 管理中心
2014	中国农业大学图书馆	CALIS 全国农学文献信息中心 2013 年微电影大赛二等奖	CALIS 全国农学文献信息中心
2014	中国农业大学图书馆	2013 年度“关注科学、社馆同行”优秀图书馆	科学出版社
2015	中国农业大学图书馆	CALIS 联合目录馆藏数据建设 2014—2015 年度先进单位奖	CALIS 管理中心
2015	中国农业大学图书馆	BALIS 2015 年联合信息咨询服务先进集体奖	BALIS 管理中心
2015	图书馆党总支西馆党支部	先进基层党组织	中国农业大学
2015	图书馆	110 周年校庆优秀组织奖	中国农业大学
2015	中国农业大学图书馆	BALIS 原文传递先进集体奖	BALIS 管理中心
2015	中国农业大学图书馆	BALIS 2015 年馆际互借服务先进集体二等奖	BALIS 管理中心
2015	中国农业大学图书馆	“首届全国高校图书馆阅读推广案例大赛”北京赛区优秀奖。	
2016	中国农业大学图书馆	BALIS 2016 年联合信息咨询服务先进集体奖	BALIS 管理中心

续表

获奖年份	获奖者	奖励名称	颁发机构
2016	中国农业大学图书馆	CALIS联合目录馆藏数据建设2015—2016年度先进单位奖	CALIS管理中心
2016	中国农业大学图书馆	CALIS联合目录中文数据库建设2015—2016年度先进单位奖	CALIS管理中心
2016	中国农业大学图书馆	2016年度北京地区高校图书馆先进集体	北京地区高等学校图书馆工作委员会
2016	图书馆东校区党支部	先进基层党组织	中国农业大学
2016	中国农业大学图书馆	2016年度北京地区高校图书馆先进集体、2015—2016年度CALIS联合目录馆藏数据建设先进单位、2015—2016年度CALIS联合目录中文数据库建设先进单位	北京高等学校图书馆工作委员会
2016	中国农业大学图书馆	北京地区高校图书馆运动会组织奖	北京高等学校图书馆工作委员会
2016	中国农业大学图书馆	BALIS原文传递先进集体奖	BALIS管理中心
2016	中国农业大学图书馆	BALIS 2015年馆际互借服务先进集体二等奖	BALIS管理中心
2016	中国农业大学图书馆	CALIS全国农学文献信息中心2015年文献传递优秀集体奖	CALIS全国农学文献信息中心
2016	中国农业大学图书馆	CALIS全国农学文献信息中心2016年好书荐读活动优秀组织奖	CALIS全国农学文献信息中心
2016	图书馆工会	工会工作先进集体奖	中国农业大学
2017	中国农业大学图书馆	BALIS 2017年联合信息咨询服务先进集体奖	BALIS管理中心
2017	中国农业大学图书馆	BALIS原文传递先进集体奖	BALIS管理中心
2017	中国农业大学图书馆	BALIS 2015年馆际互借服务先进集体三等奖	BALIS管理中心
2017	中国农业大学图书馆	2016—2017年度CALIS联合目录馆藏数据建设先进单位奖、2013—2017年CALIS联合目录业务培训优秀组织奖	CALIS管理中心
2017	中国农业大学图书馆	2016年北京高校图书馆面向中小学开放日“优秀奖”	北京高校图工委
2017	中国农业大学图书馆	2016年“全民阅读先进单位”	中国图书馆学会
2017	图书馆党总支西校区图书馆党支部	先进基层党组织	中国农业大学
2018	CALIS全国农学文献信息中心（中国农业大学图书馆）	中国高等教育文献保障系统项目建设二十周年杰出贡献奖	CALIS管理中心
2018	中国农业大学图书馆	BALIS原文传递先进集体奖	BALIS管理中心
2018	中国农业大学图书馆	BALIS 2015年馆际互借服务先进集体三等奖	BALIS管理中心
2018	中国农业大学图书馆	BALIS 2007—2017年建设工作先进集体奖	BALIS管理中心
2018	图书馆	模范教职工之家	中国农业大学
2018	图书馆	工会宣传工作先进单位	中国农业大学

续表

获奖年份	获奖者	奖励名称	颁发机构
2018	中国农业大学图书馆	2017 年“全民阅读先进单位”	中国图书馆学会
2019	中国农业大学图书馆	全民阅读示范基地	中国图书馆学会
2019	中国农业大学图书馆	BALIS 原文传递先进集体奖	BALIS 管理中心
2019	中国农业大学图书馆	BALIS 馆际互借先进集体二等奖	BALIS 管理中心

二、课题、项目、成果奖项

获奖年份	获奖项目	奖励名称	颁发机构
1984	《中国农业机械化发展概要》	优秀农业科技情报成果二等奖	机械工业部农业机械工业局
1983	《农业工程技术资料》	情报成果三等奖	机械部情报网
1985	八十年代国内外农机化新技术研究	科学技术进步二等奖	农牧渔业部
1986	“科技文献检索课程的探索与实践”	教学成果一等奖	北京农业工程大学
1988	《中国农机化重要文献资料汇编》	优秀情报研究成果一等奖	北京情报学会
1990	《中国农业文摘—农业工程》	二次文献优秀成果奖	中国图书馆学会
1992	发展中国家农业利用外资研究	全国优秀科技情报成果三等奖	国家科学技术委员会
1992	发展中国家农业利用外资研究	1992 年优秀情报研究一等奖	北京科学技术情报学会
1992	《中国农业文摘—农业工程》	第四次全国科技文献检索期刊评比三等奖	国家科委科技情报司、中国科技情报编委会
1992	《中国农业文摘—农业工程》	1992 北京优秀科技期刊评比全优期刊奖	北京市新闻出版局、北京科技期刊编辑学会
1992	农业机械化发展环境与条件的情报研究	全国优秀科技情报成果三等奖	国家科学技术委员会
1993	农业机械化发展环境与条件的情报研究	科学技术进步三等奖	农业部
1995	《中国农业文摘—农业工程》	第五次全国科技文献检索期刊评比三等奖	国家科委科技情报司、中国科技情报编委会
1995	《中国学术会议文献通报》	第五次全国科技文献检索期刊评比三等奖	国家科委科技情报司、中国科技情报编委会
1998	《中国农业文摘—农业工程》	第六次全国科技文献检索期刊评比三等奖	国家科委科技情报司、中国科技情报编委会
2002	《中国农业文摘—农业工程》	第三届全国优秀农业期刊奖（1997—2001）	中国农学会、中国期刊协会农业期刊分会
2003	加快农业机械化发展与建设农业现代化农业研究	农业部软科学研究课题成果三等奖	农业部软科学研究项目
2004	我国农机服务产业化模式与机制问题研究	农业部软科学研究课题成果三等奖	农业部软科学研究项目
2006	《中国农业文摘—农业工程》	第五届全国农业期刊“金犁奖”检索类一等奖	中国农学会、中国期刊协会农业期刊分会
	《CALIS 日本語書誌作成と典拠コントロールの全面的実現》	“2004—2006 年度北京地区高校图书馆优秀学术论文一等奖”	北京地区高等学校图书馆工作委员会、北京地区高教学会图书馆工作研究会

续表

获奖年份	获奖项目	奖励名称	颁发机构
2006	《一种用于不同系统平台间xml格式元数据交换的实用方法》	“2004—2006年度北京地区高校图书馆优秀学术论文一等奖”	北京地区高等学校图书馆工作委员会、北京地区高教学会图书馆工作研究会
	《从我校博士生吸收国外文献的能力看我馆外刊馆藏建设》	“2004—2006年度北京地区高校图书馆优秀学术论文三等奖”	北京地区高等学校图书馆工作委员会、北京地区高教学会图书馆工作研究会
2007	作物学、植物保护、农业工程三个一级学科导航库	导航库项目建设二等奖	CALIS管理中心
2008	国外高等教育本科专业设置和课程体系信息平台建设	教学成果二等奖	中国农业大学
2010	基于ESI-SCI的中国农业大学学科发展评价研究	高教发展改革专项2010年优秀项目	中国农业大学
2012	国内外高等农业教育本科专业和课程体系比较研究	教学成果一等奖	中国农业大学
2014	《农业信息检索与利用》（第二版）	2014年度全国农业教育优秀教材	中华农业科教基金会

三、个人荣誉奖项

获奖年份	获奖者	奖励名称	颁发机构
1986	杨秉芳	“教书育人”先进工作者	北京市
1987	徐振良	“教书育人，服务育人”先进工作者	北京市
1989	刘友文	优秀党务工作者	中共北京市委
1991	黄天桂	1991年度先进工作者	中国农业工程学会
1991	隋荣瑜	“三育人”先进个人	北京农业工程大学
1991	王燕京	“三育人”先进个人	北京农业工程大学
1991	张秉仪	优秀党员	中共北京农业工程大学委员会
1992	孙学权	全国科学技术情报系统先进工作者	国家科学技术委员会
1992	袁永翠	1991—1992学年优秀教学质量奖	北京农业工程大学
1992	包玉英	1991—1992学年教书育人服务育人管理育人先进个人	北京农业工程大学
1994	闫殿衡	1994年度北京市教育系统德育工作先进工作者	中共北京市委教育工作委员会、北京市人民政府文教办公室和北京市人事局
2002	耿劲松	先进工作者	海淀区文化委员会
2003	袁永翠	先进工作者	华北地区高等学校图书馆协会
2003	潘薇	先进工作者	华北地区高等学校图书馆协会
2003	韩明杰	先进工作者	华北地区高等学校图书馆协会
2003	潘薇	优秀教育工作者	中国农业大学
2004	左文革	优秀教育工作者	中国农业大学
2004	杨直民	在国家中长期科学和技术发展规划（2006—2020）战略研究工作中做出的重要贡献	国家中长期科学和技术发展规划领导小组办公室
2004	王淑凤	优秀党务干部	中国致公党北京市海淀区委

续表

获奖年份	获奖者	奖励名称	颁发机构
2004	师丽娟	优秀工会干部	中国农业大学
2004	武德蓉	优秀党员	中国农业大学
2005	徐伟	华北地区高等学校图书资料先进工作者	华北地区高等学校图书馆协作委员会
2005	左文革	华北地区高等学校图书资料先进工作者	华北地区高等学校图书馆协作委员会
2005	张权	华北地区高等学校图书资料先进工作者	华北地区高等学校图书馆协作委员会
2005	王鲁燕	华北地区高等学校图书资料先进工作者	华北地区高等学校图书馆协作委员会
2005	左文革	2001-2004 年度优秀会员	中国图书馆学会
2005	王鲁燕	2001-2004 年度优秀会员	中国图书馆学会
2005	袁永翠	优秀教育工作者	中国农业大学
2005	王鲁燕	优秀党务干部	中国农业大学
2005	张权	优秀党员	中国农业大学
2005	贺玢	优秀党员	中国农业大学
2005	巢国正	百年校庆工作先进个人	中国农业大学
2005	孙会军	百年校庆工作先进个人	中国农业大学
2005	李雪原	优秀工会干部	中国农业大学
2006	黄庆	编辑金犁奖	中国农学会、中国期刊协会农业期刊分会
2006	孙玉玲	2005—2006 年度北京高校优秀图书馆工作者	北京高等学校图书馆工作委员会和北京高教学会图书馆工作研究会
2006	王利萍	2005—2006 年度北京高校优秀图书馆工作者	北京高等学校图书馆工作委员会和北京高教学会图书馆工作研究会
2006	塔娜	2005—2006 年度北京高校优秀图书馆工作者	北京高等学校图书馆工作委员会和北京高教学会图书馆工作研究会
2006	张淑洁	2005—2006 年度北京高校优秀图书馆工作者	北京高等学校图书馆工作委员会和北京高教学会图书馆工作研究会
2006	王鲁燕	优秀教育工作者	中国农业大学
2007	韩明杰	优秀教育工作者	中国农业大学
2007	王永进	优秀工会干部	中国农业大学
2007	贾尧凤	工会积极分子	中国农业大学
2007	盖宝川	工会积极分子	中国农业大学
2007	王永进	本科教学工作水平评估先进个人	中国农业大学
2007	李晨英	本科教学工作水平评估先进个人	中国农业大学
2007	耿劲松	先进个人	北京市海淀区图书馆
2008	史丽文	BALIS 原文传递服务先进个人奖	BALIS 管理中心
2008	刘清水	优秀学会干部	中国农学会农业图书馆分会
2008	潘薇	优秀学会干部	中国农学会农业图书馆分会
2008	王永进	学会先进工作者	中国农学会农业图书馆分会
2008	徐伟	学会先进工作者	中国农学会农业图书馆分会
2008	李雪原	奥运立功标兵	北京市教育工会
2008	潘薇	优秀学会干部	北京科学技术情报学会

续表

获奖年份	获奖者	奖励名称	颁发机构
2008	王淑凤	优秀学会干部	北京科学技术情报学会
2008	王永进	北京奥运会残奥会先进党员	中国农业大学
2008	陈胜林	北京奥运会残奥会先进党员	中国农业大学
2008	师丽娟	北京奥运会残奥会先进个人	中国农业大学
2008	李雪原	北京奥运会残奥会先进个人	中国农业大学
2009	黄兴建	中国图书馆学会优秀会员	中国图书馆学会
2009	史丽文	BALIS 原文传递服务先进个人一等奖	BALIS 中心
2009	吴群	BALIS 原文传递先进个人一等奖	BALIS 中心
2009	王利萍	BALIS 馆际互借服务先进个人奖	BALIS 中心
2010	刘清水	优秀教育工作者	中国农业大学
2010	史丽文	BALIS 原文传递宣传月先进个人一等奖	BALIS 中心
2010	赵耀莺	BALIS 馆际互借先进个人一等奖	BALIS 中心
2010	王利萍	BALIS 馆际互借先进个人一等奖	BALIS 中心
2010	袁永翠	联合信息咨询服务先进个人	BALIS 中心
2011	徐伟	中国图书馆学会优秀会员	中国图书馆学会
2011	朱金诺	优秀共产党员	中国农业大学
2011	董晓玲	优秀教育工作者	中国农业大学
2011	耿劲松	基层图书馆优秀信息员	海淀区文化委员会
2011	史丽文	先进个人一等奖	BALIS 中心
2011	赵耀莺	先进个人二等奖	BALIS 中心
2011	张玉兰	服务之星	中国农业大学
2011	郭渝碚	微笑之星	中国农业大学
2012	陈仕吉	CALIS 三期咨询服务项目优秀内容建设者	CALIS 中心
2012	乔春晓	CALIS 三期咨询服务项目优秀内容建设者	CALIS 中心
2012	王利萍	CALIS 三期咨询服务项目优秀内容建设者	CALIS 中心
2012	巢国正	CALIS 三期咨询服务项目优秀内容建设者	CALIS 中心
2012	左文革	CALIS 三期咨询服务项目优秀贡献馆员	CALIS 中心
2012	袁永翠	CALIS 三期咨询服务项目优秀贡献馆员	CALIS 中心
2012	王雁	CALIS 学位论文项目数据库建设优秀个人奖	CALIS 中心
2012	史丽文	先进个人一等奖	BALIS 中心
2012	尚文娟	馆际互借个人一等奖	BALIS 中心
2012	王永进	优秀教育工作者	中国农业大学
2013	何秀荣	优秀党外知识分子建言献策信息员	中央统战部
2013	赵勇	先进个人奖	中国农学会情报分会
2013	谢燕	优秀学会工作者	中国农学会图书馆分会
2013	康实	优秀学会工作者	中国农学会图书馆分会
2013	王淑凤	优秀学会干部奖	北京科学技术情报学会

续表

获奖年份	获奖者	奖励名称	颁发机构
2013	徐伟	CALIS 三期全国文献信息服务先进个人奖	CALIS 中心
2013	杨学红	优秀共产党员	中国农业大学
2013	刘凤娟	优秀教育工作者	中国农业大学
2013	师丽娟	优秀教育工作者	中国农业大学
2013	史丽文	先进个人一等奖	BALIS 管理中心
2013	吴群	先进个人一等奖	BALIS 管理中心
2014	郑学红	优秀教育工作者	中国农业大学
2014	陈胜林	优秀教育工作者	中国农业大学
2014	史丽文	先进个人奖	BALIS 管理中心
2015	吴群	先进个人奖	BALIS 管理中心
2015	尚文娟	先进个人奖	BALIS 管理中心
2015	周雪伟	先进个人奖	BALIS 管理中心
2015	徐伟	优秀共产党员	中国农业大学
2015	刘元科	优秀教育工作者	中国农业大学
2015	吴群	优秀教育工作者	中国农业大学
2015	师丽娟	110 周年校庆先进个人	中国农业大学
2016	史丽文	先进个人奖	BALIS 管理中心
2016	尚文娟	先进个人奖	BALIS 管理中心
2016	周雪伟	先进个人奖	BALIS 管理中心
2016	郜向荣	华北地区高校图协 2012—2016 年度先进个人	华北地区高等学校图书馆协作委员会
2016	黄兴建	华北地区高校图协 2012—2016 年度先进个人	华北地区高等学校图书馆协作委员会
2016	王永进	华北地区高校图协 2012—2016 年度先进个人	华北地区高等学校图书馆协作委员会
2016	张玉兰	华北地区高校图协 2012—2016 年度先进个人	华北地区高等学校图书馆协作委员会
2016	王宝济	北京地区高校图书馆 2016 年度先进个人	北京高等学校图书馆工作委员会
2016	段文凯	北京地区高校图书馆 2016 年度先进个人	北京高等学校图书馆工作委员会
2016	肖晓华	北京地区高校图书馆 2016 年度先进个人	北京高等学校图书馆工作委员会
2016	段文凯	优秀共产党员	中国农业大学
2016	左文革	优秀党务工作者	中国农业大学
2016	刘金梅	优秀教育工作者	中国农业大学
2016	张玉兰	优秀教育工作者	中国农业大学
2017	史丽文	先进个人奖	BALIS 管理中心
2017	周雪伟	先进个人奖	BALIS 管理中心
2017	王永进	优秀共产党员	中国农业大学
2017	赵杰	优秀教育工作者	中国农业大学
2017	黄兴建	优秀教育工作者	中国农业大学
2018	潘薇	优秀共产党员	中国农业大学
2018	陈兰贞	优秀教育工作者	中国农业大学

续表

获奖年份	获奖者	奖励名称	颁发机构
2018	张淑琴	优秀教育工作者	中国农业大学
2018	史丽文	2007—2017 年先进个人	BALIS 管理中心
2018	尚文娟	先进个人奖	BALIS 管理中心
2019	史丽文	BALIS 原文传递先进个人奖	BALIS 管理中心
2019	尚文娟	BALIS 馆际互借先进个人奖	BALIS 管理中心
2019	孙树娇	优秀教育工作者	中国农业大学
2019	王淑凤	优秀教育工作者	中国农业大学

四、竞赛荣誉奖项

获奖时间	获奖者	奖励名称	颁发机构
1985	汪群	黑板报评比全校第一名	中国农业大学
1985	汪群	美术书法作品一等奖	中国农业大学
1986	汪群	黑板报评比全校第一名	中国农业大学
2004	雒庆生	卡拉 OK 比赛三等奖	中国农业大学
2005	任保田	乒乓球比赛第三名	中国农业大学
2005	刘龙献	乒乓球比赛第五名	中国农业大学
2005	图书馆男子团体	乒乓球比赛第五名	中国农业大学
2005	张红萍	优秀奖	迎接百年校庆展教工风采歌友赛歌会
2007	图书馆	乒乓球比赛男子团体第二名	中国农业大学
2007	图书馆	乒乓球比赛女子团体第五名	中国农业大学
2007	刘元科	乒乓球比赛男子单打第四名	中国农业大学
2007	喻浩	乒乓球比赛男子单打第五名	中国农业大学
2007	刘龙献	乒乓球比赛女子单打第六名	中国农业大学
2008	图书馆西馆男队	乒乓球比赛男子团体冠军	中国农业大学
2008	图书馆东馆队	“庆三八 迎奥运”健身跳绳第一名	中国农业大学
2008	图书馆东馆队	“庆三八 迎奥运”健身踢毽第一名	中国农业大学
2008	图书馆西馆队	“庆三八 迎奥运”健身跳绳第一名	中国农业大学
2008	图书馆女队	乒乓球比赛女子团体第三名	中国农业大学
2008	图书馆西馆男队	乒乓球比赛男子团体冠军	中国农业大学
2008	刘元科	乒乓球比赛男子单打第二名	中国农业大学
2008	喻浩	乒乓球比赛男子单打第四名	中国农业大学
2010	刘元科	乒乓球比赛男子单打冠军	中国农业大学
2010	肖晓华	乒乓球比赛女子单打冠军	中国农业大学
2011	图书馆	“永远跟党走”——庆祝中国共产党成立 90 周年教职工歌咏比赛三等奖	中国农业大学
2011	图书馆	乒乓球比赛女子团体冠军	中国农业大学
2011	肖晓华	乒乓球比赛女子单打冠军	中国农业大学

续表

获奖时间	获奖者	奖励名称	颁发机构
2011	图书馆	乒乓球比赛男子团体第三名	中国农业大学
2011	汪群	中国象棋比赛第四名	
2012	舞蹈《春江花月夜》	优秀组织奖	北京高校图工委
2012	刘元科	春季运动会男子丙组跳高亚军	中国农业大学
2012	雒庆生	春季运动会男子丙组铅球第四名	中国农业大学
2012	贾尧风	春季运动会男子丙组铅球第六名	中国农业大学
2012	图书馆	乒乓球（男女）混合团体赛冠军	中国农业大学
2012	汪群	中国象棋比赛第四名	中国农业大学
2013	图书馆	乒乓球（男女）混合团体赛冠军	中国农业大学
2014	图书馆 1 队	乒乓球比赛男子团体冠军	中国农业大学
2014	图书馆 2 队	乒乓球比赛男子团体第四名	中国农业大学
2014	图书馆 1 队	乒乓球比赛女子团体亚军	中国农业大学
2014	图书馆 3 队	乒乓球比赛女子团体第六名	中国农业大学
2015	图书馆	乒乓球（男女）混合团体赛冠军	中国农业大学
2016	图书馆	乒乓球（男女）混合团体赛冠军	中国农业大学
2016	图书馆	“颂歌献给党教职工诗歌朗诵比赛”最佳组织奖	中国农业大学
2016	图书馆	“颂歌献给党教职工诗歌朗诵比赛”朗诵三等奖	中国农业大学
2016	汪群	中国象棋比赛亚军	中国农业大学
2018	汪群	“最美瞬间”摄影比赛一等奖	中国农业大学
2018	图书馆	乒乓球（男女）混合团体赛第四名	中国农业大学
2018	刘元科	乒乓球男子单打第二名	中国农业大学
2018	雒庆生	乒乓球男子单打第五名	中国农业大学
2018	贾尧风	乒乓球男子单打第六名	中国农业大学
2018	杨学红	乒乓球女子单打第三名	中国农业大学
2018	图书馆	“筑梦美好新时代”诗歌朗诵比赛二等奖	中国农业大学
2018	雒庆生、王永进	扑克牌双升扑克牌比赛三等奖	中国农业大学
2019	图书馆	“辉煌 70 载，唱响新时代——2019 中国农业大学教职工合唱比赛”三等奖	中国农业大学
2019	图书馆	乒乓球（男女）混合团体赛第三名	中国农业大学
2019	雒庆生	乒乓球男子单打第三名	中国农业大学
2019	贾尧风	乒乓球男子单打第五名	中国农业大学
2019	刘元科	乒乓球男子单打第六名	中国农业大学
2019	杨学红	乒乓球女子单打第三名	中国农业大学

资料三 | 图书馆行政历任负责人

一、中国农业大学西校区图书馆及其溯源时期

任期	馆长	副馆长	图书馆名称
1928 年以前	（资料暂缺）		
1929 年—?	李绥垣		北平大学农学院图书馆
1946—1949	陆式衡		北京大学农学院图书馆
1948—1949	杨滔		华北大学农学院图书馆
1950 年 2 月至 1953 年 2 月	周明牂	杨滔（图书馆秘书，相当于副馆长）	北京农业大学图书馆
1953 年 2 月至 1970 年 8 月?	王毓瑚	杨滔（图书馆秘书，至 1954 年） 杨直民（1954 起任图书馆秘书） 杨直民（1962 年 1 月—1966 年）	北京农业大学图书馆
1969 年		叶德先（指导员）、刘友文（组长）	北京农业大学图书馆
1970 年 8 月至 1973 年 4 日		刘友文（负责人）	北京农业大学图书馆
1973 年 4 月至 1978 年 12 月		杨直民、黄素痕、刘友文、闫殿衡（图书馆负责人）	华北农业大学图书馆
1979 年 1 月至 1980 年 11 月	王毓瑚	杨直民 刘友文	北京农业大学图书馆
1980 年 11 月至 1983 年		杨直民 刘友文	北京农业大学图书馆
1983 年 4 月—1988 年 1 月	杨直民	刘友文（兼，1986 年—1987 年 4 月） 杨秉芳（1984 年 6 月起） 金培华（1987 年 4 月起）	北京农业大学图书馆
1988 年 1 月至 1991 年 3 月	杨直民（续任）	杨秉芳（1988 年续任）	北京农业大学图书馆
1991 年 3 月至 1992 年 2 月	杨直民	杨秉芳 金培华	北京农业大学图书馆
1992 年 2 月至 1996 年 4 月	杨秉芳	张权（1994 年 9 月起） 韩明杰（1994 年 9 月起）	北京农业大学图书馆
1992 年 3 月	杨直民（名誉）		北京农业大学图书馆
1996 年 4 月至 1999 年 7 月	沈佐锐	张权（1997 年 4 月起，常务副馆长，正处级） 韩明杰（1996 年 7 月） 潘薇（1996 年 7 月）	中国农业大学西校区图书馆
1999 年 7 月至 2002 年 9 月	张　权	韩明杰 潘薇	中国农业大学西校区图书馆

二、中国农业大学东校区图书馆及其溯源时期

任期	馆长	副馆长	图书馆名称
1952 年 10 月至 1953 年 7 月	李以祉		北京机械化农业学院图书馆
1953 年 7 月至 1954 年 9 月	李以祉		北京农业机械化学院图书馆
1954 年 9 月至 1958 年	张尚忠	孟庆彭（第一副馆长，至 1956 年 2 月）	北京农业机械化学院图书馆
		李以祉（第二副馆长至 1955 年 3 月）	北京农业机械化学院图书馆
1957 年 12 月	陈伯川（主持工作）		北京农业机械化学院图书馆
1959 年 2 月至 1959 年 6 月	徐香圃		北京农业机械化学院图书馆
1959 年 8 月至 1964 年 2 月	王瑞生	李以祉（秘书 1959 年 9 月—1965 年 10 月） 薛文魁（秘书 1960 年） 温学增（秘书 1961 年）	北京农业机械化学院图书馆
1964 年 1 月至 1966 年	李巨川	崔光（处长级，至 1965 年） 温学增（秘书 1964 年 1 月起）	北京农业机械化学院图书馆
1966 年	丁秀玲（主任）		北京农业机械化学院图书馆
1972 年 1 月至 1973 年	薛枫（教务组图书资料组长）	王沛（教务组图书资料组副组长）	四川农业机械学院
			重庆农机学院
1973 年	柏培思（教务组下图书资料组长）	薛枫、王沛	重庆农机学院
1975 年 11 月至 1979 年 3 月	柏培思（教务组下图书资料组长）	薛枫、王沛	华北农业机械化学院图书馆
1979 年 3 月至 1981 年 8 月	柏培思	王沛；温学增（秘书 1980 年 5 月起）	北京农业机械化学院图书馆
1981 年 1 月至 1982 年 12 月	马焰	王沛	北京农业机械化学院图书馆
1981 年 8 月	柏培思（顾问）		北京农业机械化学院图书馆
1983 年 1 月至 1985 年 10 月	张秉仪	王沛、 王东海（1983 年 4 月起）	北京农业机械化学院图书馆
1985 年 10 月至 1993 年 1 月	张秉仪	王沛（至 1989 年 3 月）	北京农业工程大学图书馆
		王东海（至 1992 年 3 月）	
		刘清水（1988 年 7 月起）	
1993 年 1 月至 1994 年底		刘清水	北京农业工程大学图书馆
1994 年底至 1996 年 6 月	张森文	刘清水	北京农业工程大学图书馆
1996 年 6 月至 1999 年 3 月	张森文	刘清水（常务副馆长，正处级）	中国农业大学东校区图书馆
		王鲁燕（1996 年 12 月起）	
1999 年 7 月至 2002 年 9 月	刘清水	王鲁燕	中国农业大学东校区图书馆

三、中国农业大学图书馆时期

任期	馆长	副馆长	图书馆名称
2002 年 9 月至 2006 年 11 月	张权（至 2006 年 1 月）	刘清水（常务副馆长，2006 年 1—11 月主持工作）	中国农业大学图书馆
		韩明杰	
		潘薇	
		王鲁燕	

续表

任期	馆长	副馆长	图书馆名称
2006年11月至2010年11月	何秀荣	刘清水（常务副馆长）	中国农业大学图书馆
		韩明杰	
		潘薇	
		王鲁燕（2008年1月止。2008年7月起）	
		左文革（2008年7月起）	
2010年11月至2014年12月	何秀荣	韩明杰（兼）	中国农业大学图书馆
		刘清水（正处长级）	
		潘薇	
		王鲁燕	
		左文革	
2014年12月至2018年7月	何秀荣	刘清水（至2017年2月）	中国农业大学图书馆
		韩明杰	
		潘薇	
		王鲁燕	
		左文革	
2018年7月至2019年9月	何秀荣	王鲁燕（兼）	中国农业大学图书馆
		左文革	
		陈卫国	
		徐伟（2019年4月起）	
2019年9月—	周志强	王鲁燕（兼）	中国农业大学图书馆
		左文革	
		陈卫国	
		徐伟	

资料四 图书馆党组织历任负责人

一、中国农业大学西校区图书馆及其溯源时期（直属）党支部

时间	直属支部书记	直属支部副书记	直属支部委员	图书馆名称
1982 年 5 月至 1984 年 9 月	刘友文		于树桂、金培华	北京农业大学图书馆
1984 年 9 月至 1986 年 12 月	刘友文（支部书记）		于树桂	北京农业大学图书馆
1986 年 12 月至 1990 年 12 月	刘友文	金培华		北京农业大学图书馆
1991 年 2 月至 1993 年 12 月	闫殿衡	金培华		北京农业大学图书馆
1993 年 12 月至 1996 年 4 月	闫殿衡		刘元科、方燕京	北京农业大学图书馆
1997 年 7 月至 1999 年 7 月	沈佐锐（兼）	刘元科（1997 年 7 月—1999 年 11 月）		中国农业大学西校区图书馆
1999 年 7 月至 2002 年 9 月	韩明杰（支部书记）			中国农业大学西校区图书馆

二、中国农业大学东校区图书馆及其溯源时期党支部

时间	党支部书记		党支部委员	图书馆名称
1982—1985	温学增			北京农业机械化学院图书馆
1985 年至 1987 年 10 月	温学增			北京农业工程大学图书馆
1988—1993	刘清水			北京农业工程大学图书馆
1993 年 5 月	张华		赵军、王鲁燕	北京农业工程大学图书馆
1996 年 9 月	王鲁燕		王宝济、赵军	中国农业大学东校区图书馆

三、中国农业大学图书馆党总支

时间	党总支书记	党总支副书记	党总支委员	图书馆名称
2002 年 9 月至 2004 年 10 月	刘清水	韩明杰（兼）		中国农业大学图书馆
2004 年 10 月至 2008 年 12 月	刘清水	韩明杰（兼）	张权、潘薇、王鲁燕、陈新成、武晓君	中国农业大学图书馆
2008 年 12 月至 2012 年 7 月	韩明杰		刘清水、潘薇、王鲁燕、左文革	中国农业大学图书馆
2012 年 7 月至 2018 年 1 月	刘清水（至 2017 年 2 月）	潘薇	左文革、雒庆生	中国农业大学图书馆
	孙德昊（2017年2月起）	师桂芳（2016 年 6 月—2018 年 1 月）		中国农业大学图书馆
2018 年 1 月至 2019 年 9 月	孙德昊	王鲁燕	左文革、雒庆生、徐伟	中国农业大学图书馆
2019 年 9 月—	潘志华	王鲁燕	左文革、雒庆生、徐伟	中国农业大学图书馆

资料五 2002—2019 年人员构成统计表

年份	合并统计			分项统计						专业技术职务				学历学位	
	合计	男	女	东馆			西馆								
				小计	男	女	小计	男	女	正高	副高	中级	初级	博士	硕士
2002	128	29	99	57	13	44	71	16	55	2	30	51	29	0	10
2003	129	29	100	56	12	44	73	17	56	2	30	54	31	1	14
2004	118	25	93	50	11	39	68	14	54	4	31	52	22	0	14
2005	118	24	94	51	11	40	67	13	54	4	33	55	16	0	15
2006	118	24	94	51	11	40	67	13	54	6	33	57	14	1	18
2007	114	24	90	49	11	38	65	13	52	6	34	56	10	1	20
2008	115	25	90	49	10	39	66	15	51	6	35	59	5	1	23
2009	113	25	88	48	11	37	65	14	51	6	36	58	3	2	21
2010	112	26	86	48	10	38	64	16	48	7	35	57	3	4	24
2011	111	27	84	51	10	41	60	17	43	7	36	55	3	7	23
2012	109	28	81	50	11	39	59	17	42	7	37	52	3	8	25
2013	109	27	82	50	10	40	59	17	42	7	39	51	3	9	25
2014	105	26	79	49	9	40	56	17	39	7	40	47	2	8	25
2015	105	27	78	48	9	39	57	18	39	7	44	45	1	8	26
2016	99	26	79	50	10	40	55	16	39	8	41	42	1	10	25
2017	99	27	72	45	9	36	54	18	36	8	40	41	1	12	25
2018	91	25	66	38	8	30	53	17	36	8	37	37	2	12	27
2019	87	24	63	40	9	31	47	15	32	8	36	36	2	14	29

注：统计数据以当年 12 月 31 日为准。

资料六 2002—2019年图书馆历年在编人员专业技术职务、学位构成变动统计表

（以当年12月31日数据为准）

年份	职称					学位	
	初级	中级	副高	正高	其他	博士	硕士
2002	29人 陈仕吉 董晓玲 盖宝川 韩艳萍 胡翠蓉 胡桂兰 康实 李雪原 刘金梅 刘龙献 刘艳恒 刘颖芳 路军 尚文娟 沈慧 师丽娟 孙明 王爱娇 王雅晶 王玉虹 王争鸣 谢燕 辛志华 杨文丽 喻浩 张淑琴 赵耀莺 周丽英 周秀芹	51人 白亚明 曾英 陈兰贞 邓洪玲 方燕京 冯玛联 高剑波 耿劲松 郭葆京 郭锦蓉 郭渝碚 郭忠 贺玢 扈晓琳 黄庆 姜雪琴 孔建铭 李柏松 李启秀 李是 刘惠英 雒庆生 马杰 倪红华 任保田 宋淑凤 宋燕菊 孙凤录 塔娜 汪群 王惠云 王雁 王英芬 王卓 吴群	30人 白瑞雪 陈国民 陈妍 韩明杰 洪重阳 黄兴建 焦艳平 李晨英 刘凤辰 刘凤娟 刘元科 吕佳 潘薇 乔春晓 孙彩霞 孙玉玲 王宝济 王建仑 王利萍 王鲁燕 王淑凤 王晓兰 王永进 杨敏丽 袁永翠 张永彤 赵翠兰 赵军 朱金诺 左文革	2人 刘清水 张权	16人 董建农 高永才 侯文素 贾尧风 姜海辉 李红延 刘兴云 刘玉林 任卫平 王新华 王燕京 要柱 殷作明 张宝峰 张秀玲 赵明芳	0	10人 陈仕吉 盖宝川 姜雪琴 王鲁燕 徐伟 杨敏丽 张红萍 张淑洁 赵耀莺 左文革

续表

年份	职称					学位	
	初级	中级	副高	正高	其他	博士	硕士
2002		武德蓉 徐瑞清 徐伟 许岩青 杨晶 杨智全 游文莉 张红萍 张鹿 张平兰 张淑洁 张玉兰 赵锦辉 郑学红 周江英 周雪伟					
2003	31 人 **新增** 9 人 朱艳梅 巢国正 孙会军 杜璟 程春宁 刘小红 唐向军 闫慧玲 李智英 **调离** 1 人 闫慧玲 **晋升中级** 3 人 师丽娟 康实 张淑琴 **转职员** 3 人 董晓玲 刘艳恒 周秀芹	54 人 **新增** 6 人 师丽娟 张淑琴 康实 杨学红 赵杰 田彩琴 **晋升副高** 2 人 吴群 塔娜 **退休** 1 人： 方燕京	30 人 **新增** 2 人 吴群 塔娜 **退休** 1 人 赵翠兰 **调离** 1 人 王建仑	2 人 刘清水 张权	12 人 **新增** 3 人 董晓玲 周秀芹 刘艳恒 **调离** 5 人 任卫平 刘玉林 姜海辉 要柱 李红延 **退休** 1 人 张宝峰 **去世** 1 人 董建农	1 人 **新增** 1 人 杨敏丽	14 人 **新增** 5 人 巢国正 杜　璟 刘小红 孙会军 杨学红 **获博士** 1 人 杨敏丽
2004	22 人 **晋升中级** 7 人 巢国正 陈仕吉 喻浩 王雅晶 王玉虹 杨文丽 沈慧	52 人 **新增** 8 人 巢国正 陈仕吉 喻浩 王雅晶 王玉虹 杨文丽 沈慧	31 人 **新增** 4 人 徐伟 许岩清 宋燕菊 耿劲松 **晋升正高** 2 人： 韩明杰、 潘薇	4 人 **新增** 2 人 韩明杰、 潘薇	9 人 **退休** 2 人 张秀玲 刘兴云 **转馆员** 1 人 董晓玲	0 人 **调离** 1 人 杨敏丽	14 人 **新增** 1 人 王雅晶 **离职** 1 人 刘小红

续表

年份	职称					学位	
	初级	中级	副高	正高	其他	博士	硕士
2004	**离职 2 人** 刘小红 韩艳萍	董晓玲 **晋升副高 4 人** 徐伟 许岩清 宋燕菊 耿劲松 **退休 4 人** 王惠云 杨智全 李柏松 张鹿 **调离 1 人** 郭忠 **离职 1 人** 曾英	晋升 **调离 1 人** 杨敏丽				
2005	**16 人** **转职员 1 人** 刘金梅 **晋升中级 5 人** 盖宝川 赵耀莺 王爱姣 王争鸣 辛志华	**55 人** **新增 7 人** 盖宝川 赵耀莺 王爱姣 王争鸣 辛志华 周秀芹 孙树娇 **转职员 1 人** 张平兰 **晋升 2 人** 王雁 周雪伟 **调出 1 人** 郭葆京	**33 人** **新增 2 人** 王雁 周雪伟	**4 人**	**10 人** **新增 2 人** 刘金梅 张平兰 **转馆员 1 人** 周秀芹	0	**15 人** **新增 1 人** 王宝济
2006	**14 人** **新增 3 人** 郜向荣 刘艳恒 赵明芳 **晋升初级 5 人** 程春宁 尚文娟 朱艳梅 杜璟 孙会军	**57 人** **新增 6 人** 程春宁 尚文娟 朱艳梅 杜璟 孙会军 史丽文 **晋升副高 2 人** 姜雪琴 王卓 **退休 2 人** 宋淑凤 李启秀	**33 人** **新增 2 人** 姜雪琴 王卓 **晋升正高 2 人** 王鲁燕、 左文革	**6 人** **新增 3 人** 王鲁燕、 左文革 何秀荣 **退休 1 人** 张权	**8 人** **转助理馆员 2 人** 刘艳恒 赵明芳	**1 人** **新增 1 人** 何秀荣	**18 人** **新增 3 人** 郜向荣 焦艳平 师丽娟

续表

<table>
<tr><th rowspan="2">年份</th><th colspan="5">职称</th><th colspan="2">学位</th></tr>
<tr><th>初级</th><th>中级</th><th>副高</th><th>正高</th><th>其他</th><th>博士</th><th>硕士</th></tr>
<tr><td>2007</td><td>10人
晋升中级4人
胡翠荣
胡桂兰
刘颖芳
路军</td><td>56人
新增4人
胡翠荣
胡桂兰
刘颖芳
路军
晋升副高2人
雒庆生
杨　晶
退休3人
冯玛联
任保田
武德蓉</td><td>34人
新增2人
雒庆生
杨　晶
退休1人
赵军</td><td>6人</td><td>8人
新增1人
陈胜林
退休1人
王燕京</td><td>1</td><td>20人
新增2人
王英芬
赵锦辉</td></tr>
<tr><td>2008</td><td>5人
晋升中级4人
李雪原
刘艳恒
谢燕
周丽英
转职员1人
赵明芳</td><td>59人
新增5人
李雪原
刘艳恒
谢燕
周丽英
范意娟
晋升副高2人
倪红华
徐瑞清</td><td>35人
新增2人
倪红华
徐瑞清
退休1人
刘凤辰</td><td>6人</td><td>10人
新增2人
赵明芳
隋永刚</td><td>1</td><td>23人
新增3人
隋永刚
贺玢
周丽英</td></tr>
<tr><td>2009</td><td>3人
晋升中级2人
刘龙献
郜向荣</td><td>58人
新增2人
刘龙献
郜向荣
调离1人
盖宝川
晋升副高2人
陈仕吉
田彩琴</td><td>36人
新增2人
陈仕吉
田彩琴
退休1人
孙玉玲</td><td>6人</td><td>10人</td><td>2人
新增1人
王雅晶</td><td>21人
获博士1人
王雅晶
调离1人
盖宝川</td></tr>
<tr><td>2010</td><td>3人</td><td>57人
新增1人
赵勇
晋升副高1人
张红萍
退休1人
邓洪玲</td><td>35人
新增1人
张红萍
晋升正高1人
李晨英
调出1人
杨晶</td><td>7人
新增1人
李晨英</td><td>10人
新增1人
肖晓华
退休1人
张平兰</td><td>4人
新增2人
赵勇
陈仕吉</td><td>24人
新增4人
李雪原
尚文娟
孙树娇
雒庆生
获博士1人
陈仕吉</td></tr>
<tr><td>2011</td><td>3人
新增1人
段文凯
晋升初级1人
唐向军</td><td>55人
新增1人
唐向军
晋升副高2人
师丽娟
王英芬
退休1人
游文莉</td><td>36人
新增2人
师丽娟
王英芬
离职1人
王卓</td><td>7人</td><td>10人
新增1人
刘秀
退休1人
侯文素</td><td>7人
新增3人
巢国正
孙会军
杜璟</td><td>23人
新增2人
段文凯
王玉虹
获博士3人
巢国正
孙会军
杜璟</td></tr>
</table>

续表

年份	职称					学位	
	初级	中级	副高	正高	其他	博士	硕士
2012	3人 新增1人 王群（初聘） 晋升中级1人 李智英	52人 新增2人 李智英 周群 晋升副高1人 贺玢 退休4人 王争鸣 孙凤录 刘艳恒 董晓玲	37人 新增1人 贺　玢	7人	10人	8人 新增1人 周群	25人 新增2人 王群 喻浩
2013	3人	51人 新增1人 胡文慧 晋升副高2人 孙会军 赵 勇	39人 新增2人 孙会军 赵 勇	7人	9人 退休1人 高永才	9人 新增1人 胡文慧	25人
2014	2人 晋升中级1人 段文凯	47人 新增1人 段文凯 晋升副高3人 杜 璟 李雪原 史丽文 退休1人 扈晓琳 调出1人 王雅晶	40人 新增3人 杜 璟 李雪原 史丽文 退休2人 陈国民 刘凤娟	7人	9人	8人 博士后出站1人 陈仕吉 调出1人 王雅晶	25人
2015	1人 晋升中级1人 王　群	45人 新增2人 王　群 张红伟 晋升副高3人 张红伟 周丽英 周　群 离职1人 胡文慧	44人 新增4人 张红伟 周丽英 周 群 胡菊	7人	8人 退休1人 王新华	8人 新增1人 张红伟 离职1人 胡文慧	26人 新增1人 胡菊
2016	1人	42人 退休3人 郑学红 马杰 郭锦蓉	41人 晋升正高1人 陈仕吉 退休2人 吴群 朱金诺	8人 新增1人 陈仕吉	7人 退休1人 陈胜林	10人 新增2人 刘子瑜 师丽娟	25 获博士1人 师丽娟

续表

年份	职称					学位	
	初级	中级	副高	正高	其他	博士	硕士
2017	1人	41人 新增1人 刘子瑜 退休2人 周秀芹 张玉兰	40人 晋升正高1人 赵勇	8人 新增1人 赵勇 退休1人 刘清水	9人 新增2人 孙德昊 王苑	12人 新增2人 周丽英 孙德昊 博士后出站1人 赵勇	25人 新增1人 王苑 获博士1人 周丽英
2018	2人 新增1人 相润	37人 新增1人 陈卫国 退休4人 胡翠荣 刘惠英 刘颖芳 白亚明 去世1人 高剑波	37人 退休3人 黄兴建 孙彩霞 白瑞雪	8人	7人 退休2人 刘金梅 肖晓华	12人	27人 新增2人 相润 陈卫国
2019	2人	36人 新增4人 盛怡瑾 曹元 王艳欣 李红军 退休5人 赵杰 张淑琴 孔建铭 陈兰贞 张淑洁	36人 新增2人 冯雪梅 朱引洁 退休2人 王永进 陈妍 晋升1人 王宝济	8人 新增3人 周志强 潘志华 王宝济 调离2人 何秀荣 陈仕吉 退休1人 潘薇	5人 调离1人 孙德昊 退休1人 赵明芳	14人 新增5人 周志强 潘志华 曹元 盛怡瑾 李红军 博士后出站1人 周群 调离3人 何秀荣 陈仕吉 孙德昊	29人 新增3人 王艳欣 朱引洁 冯雪梅 退休1人 张淑洁

资料七 | 图书馆员工承担的部分科研项目汇总表

一、上级委托及横向协作项目

说明：收录项目以本馆工作人员主持项目为准

序号	项目名称及编号	项目来源\立项部门	经费/万元	主持人	立项年份
1	八十年代国内外农机化新技术研究	农业部农业机械化管理司		孙学权	1982
2	农业机械化发展环境条件的情报研究	农业部农业机械化管理司		孙学权	1991
3	发展中国家利用外资研究	农业部农业机械化管理司		孙学权	1992
4	中国农业利用外资的现状和对策研究	农业部、林业部、水利部、中国农业银行		孙学权	1994
5	“星火工程”国际化研究	科技部		孙学权	1998
6	农民科技培训机制与体制研究	科技部		孙学权	1999
7	农业科技情报转化为生产力的对策研究	中国农业科学院		孙学权	1999
8	入世后我国农业对策研究	中国农业科学院		孙学权	1999
9	棉花文献文摘数据库	CALIS	4.5	韩明杰	1999—2002
10	国际可持续农业发展对策比较研究	科技部		孙学权	2000
11	中国农业机械化重要文献选编	农业部	5	刘清水、王鲁燕	2009 年 3 月—2009 年 12 月
12	图书馆虚拟咨询系统开发研制	中国农业大学	4	孙彩霞	2001—2002
13	信息网络化对大学生思想行为的影响及其教育管理对策	中国农业大学	0.1	潘薇	2002
14	CALIS 日文联合目录书目数据库建设	教育部 CALIS 管理中心	40	韩明杰	2002 年 1 月—2009 年 12 月
15	农业机械化促进中国农业国际竞争力研究	农业部	3	杨敏丽	2002—2003
16	中国农业大学教师论文（英文）数据库建设	中国农业大学	2	潘薇	2002—2003
17	外语语音磁带数字化建设	中国农业大学教改项目		高剑波	2002—2003
18	国外原版教材调研、国外大学课程、教材、教参数据库调研	中国农业大学		左文革	2002—2003
19	农业科学核心期刊的研究	北京大学图书馆		刘元科	2002—2004
20	加快农业机械化发展与建设农业现代化农业研究	农业部软科学研究项目	2	杨敏丽	2003
21	国外知名高校研究生教育研究	中国农业大学	0.5	潘薇	2003
22	高校图书馆与公共图书馆图书馆资源共享模式研究	北京市海淀区	2	王鲁燕	2003 年 1 月—2005 年 12 月

续表

序号	项目名称及编号	项目来源\立项部门	经费/万元	主持人	立项年份
23	高校图书馆采访模式的构建及可行性研究	北京高校图工委	0.3	潘薇	2003—2004
24	个性化农业信息服务与农业信息素质教育的模式研究			焦艳平	2003—2004
25	北京市普通高等学校图书馆评估指标体系—农大课题组修订讨论稿（985高校调研组）	北京高校图工委		张权	2003—2005
26	农业工程学科数字图书馆的研究与实践	北京高校图书研究基金项目		王宝济	2003—2005
27	情报学学科建设	中国农业大学	3	张权、刘清水	2004
28	FAO虚拟信息角及FAOBIB中文镜像系统的研制	联合国粮农组织	8	王鲁燕、刘清水	2004
29	高等学校中英文图书数字化国际合作项目（CADAL）：数字资源制作	CADAL管理中心	30	张权	2004
30	国外高等农业院校本科相关专业及课程设置平台建设	中国农业大学教务处	3	潘薇	2004
31	我校本科教学参考书的网络化建设与研究	中国农业大学教务处	1	杨晶	2004
32	悉尼大学教学体制与研究生培养体系的调研与分析	中国农业大学	0.4	焦艳平	2004
33	中国农业大学校园文献信息资源共享机制研究	中国农业大学	2	潘薇	2004年1月—2005年12月
34	重点学科网络资源导航库	教育部CALIS管理中心	3.6	潘薇	2004年6月—2006年12月
35	国外高校农业教育本科专业设置及课程体系信息平台建设	中国农业大学	3	潘薇	2004年11月—2006年6月
36	社区图书馆在构建和谐社会中的发展模式研究	北京市海淀区	3	王鲁燕	2004年12月—2006年12月
37	中国农业大学教师论文统计与分析	中国农业大学科研处	1	王淑凤	2004—2005
38	中国农业大学教师论文统计与分析	中国农业大学	1	王淑凤、左文革	2005年1月—2006年12月
39	农作物专题文献信息数据库建设子项目（4401-2-020）	教育部CALIS管理中心	1.3	李晨英	2005年1月—2007年12月
40	和谐社区图书馆建设模式研究	教育部		王鲁燕	2006年1月—2008年12月
41	古农书虚拟电子阅览室研究	教育部CALIS管理中心	8	刘清水	2006年5月—2008年5月
42	“文献信息检索”课程教学模式的改革与实践	中国农业大学	0.3	左文革、袁永翠	2006年7月—2007年6月
43	国内外高等农业教育本科专业和课程体系比较研究	北京市教改项目	3	潘薇	2006年7月—2008年12月
44	中国农业大学重点学科外文文献保障与服务体系建设	中国农业大学	3	左文革	2006年7月—2008年12月
45	农业文献信息资源为社会主义新农村服务的模式研究（06BfZH010）	北京市哲学社会科学“十一五”规划项目	1	王宝济	2006年9月—2008年7月
46	国内外农业学科精品教材调研分析	教育部外国教材研究项目	3	潘薇、徐伟	2006年11月—2008年11月

续表

序号	项目名称及编号	项目来源\立项部门	经费/万元	主持人	立项年份
47	“Internet 资源与利用”教学方式和方法的改革与实践	中国农业大学	0.4	左文革	2006 年 12 月—2007 年 12 月
48	研究生招生信息服务平台建设模式研究（07YZ-05-2）	中国农业大学研究生院	1	李晨英	2007 年 1 月—2007 年 12 月
49	高校图书馆的知识管理与服务创新研究	北京市高校图工委	0.1	刘清水	2007 年 6 月—2009 年 9 月
50	农业机械样本专题数据库	北京市高校图工委	0.5	徐瑞清	2007 年 7 月—2009 年 6 月
51	国外博士论文质量调查与分析（JG-0727）	中国农业大学研究生院	1	李晨英	2007 年 10 月—2008 年 12 月
52	高校图书馆学科馆员制度研究及创新	北京高校图工会委		潘薇	2007—2008
53	几所大学 SCI 论文比较研究	中国农业大学	1	王淑凤、左文革	2008 年 1 月—2009 年 12 月
54	现代村镇服务业关键技术集成示范方案设计 2006BAJ07B09-10	国家科技支撑计划	2	贺玢	2008 年 1 月—2010 年 12 月
55	国外农机流通业发展现状与趋势	中国农业机械流通协会	1.5	师丽娟	2008 年 3 月—2008 年 5 月
56	图书馆特色库构建与知识服务研究（08BTQ004）	国家社科基金项目	6.4	李晨英	2008 年 6 月—2010 年 10 月
57	中国农业大学农学类重点学科发展状况分析	中国农业大学	2	左文革	2008 年 11 月—2009 年 12 月
58	CALIS IPv6 示范节点建设	教育部 CALIS 管理中心	1.5	韩明杰	2009 年 10 月—2010 年 12 月
59	农学动物科学专业国内外相关教材比较研究	教育部外国教材研究项目	7	潘薇、徐伟	2009 年 11 月—2010 年 12 月
60	基于 ESI-SCI 的中国农业大学学科发展评价研究	中国农业大学“高教发展改革研究专项”	5	左文革	2009 年 11 月—2011 年 12 月
61	国家现代农业产技术体系——大豆产业经济（CARS-004-PS26）	农业部	38.5	赵勇	2011 年 1 月—2015 年 12 月
62	高校图书馆为驻区服务及模式研究	北京市海淀区文化委员会	28	王鲁燕	2011 年 3 月—2015 年 6 月
63	CALIS 三期建设咨询服务项目：知识库和信息素养课件	教育部 CALIS 管理中心	7.3	左文革	2012
64	科学合作网络中节点合作影响力评价研究	中国科学技术信息研究所	0.8	左文革	2012
65	农业机械化文献数据库建设研究（29025005）	中国农业机械化科学研究院	3	王宝济	2012 年 1 月—2015 年 12 月
66	CALIS 联合目录日文书数据库建设研究（40031512）	教育部中国高等教育文献保障系统	28.7	韩明杰	2012 年 4 月—
67	农业古籍资源保护与利用合作研究（2012Z005）	中国农业大学	7	潘薇	2012 年 6 月—2013 年 6 月
68	《中国农业文摘—农业工程》刊库结合研究（14730521）	中国农业大学教育基金会	10	刘清水	2012 年 6 月—2014 年 6 月
69	基于 ESI 的中国农业大学学科发展研究	大北农教育基金出版专著	3	左文革	2012 年—2014 年
70	大学综合试验站孵化器基地建设与高校农技推广模式研究（D131100000713003）	北京市科委	20	张红伟	2013 年 1 月—2014 年 12 月

续表

序号	项目名称及编号	项目来源\立项部门	经费/万元	主持人	立项年份
71	基于重叠结构的学科交叉演化研究（13YJC870001）	教育部人文社会科学研究项目	8	陈仕吉	2013年1月—2015年12月
72	现代种业企业走出去战略研究（20130718）	山东种子总公司	3	贺玢	2013年3月—2015年7月
73	农村生活垃圾处理状况数据调查研究（201307238010623）	中国农业科学院环境与可持续发展研究所	3.2	王宝济	2013年7月—2014年12月
74	农业学科群中交叉领域探测及分析研究（3801-2413001）	中国农业大学教育基金会	5	陈仕吉	2013年9月—2015年12月
75	基于WoS的中国农业大学学科发展评价研究（2014QT007）	中国农业大学	10	周群	2014年1月—2014年12月
76	油料作物市场、贸易及产业政策研究（201501838010010）	农业部	6	赵勇	2014年1月—2014年12月
77	《中国农业文摘—农业工程》质量提升研究（3801-14730521）	中国农业大学教育基金会	10	刘清水	2014年6月—2016年6月
78	全国农科专家学者信息库建设研究（3801-2414001）	中国农业大学教育基金会	21	徐伟	2014年7月—2016年12月
79	高等教育评估的网络治理机制研究（DIA150311）	全国教育科学规划课题	3	张红伟	2015年8月
80	跨学科研究 影响力的计量分析研究（15BTQ070）	国家社会科学基金	20	陈仕吉	2015年9月
81	《农业信息检索与利用》数字教育资源建设研究（GDZY2015001）	中国农业出版社	3	左文革	2015年1月—2015年12月
82	基于ESI Research Fronts的一流学科前沿性评测（2015QC033）	中国农业大学	5	周群	2015年1月—2015年12月
83	农业高校学者信息库建设研究（2012Z005-2）	中国农业大学	4.2	潘薇	2015年1月—2016年12月
84	基于专利的分子育种领域国际发展态势分析（201507238010106）	北京市农林科学院	5	周丽英	2015年3月—2015年6月
85	主要生产国重要农产品生产成本比较（201507238010395）	农业部贸易促进中心	3	赵勇	2015年4月—2015年7月
86	农机化大辞典编制研究（201507238010441）	北京天辰云农场有限公司	5	贺玢	2015年6月—
87	《高校与学科发展》电子期刊建设研究（3801-14730522）	中国农业大学教育基金会	20	李晨英	2015年6月—2017年6月
88	农业高校原版电子图书/教材建设研究（40036504）	教育部高等司	5	徐伟	2015年7月—2016年4月
89	农业领域发展态势分析（201507238011191）	北京市农林科学院	10	周丽英	2015年11月—2016年10月
90	合作共建农业机械化文献数据库（201507238011176）	中国农业机械化科学研究院	1	王宝济	2015年12月—2016年12月
91	基于文献计量的中国农业大学学科评价与监测（2016RW010）	中国农业大学发展规划处	8	孙会军	2016年1月—2016年12月
92	我校大学战略规划监控方案研究（2016RW023）	中国农业大学发展规划处	5	张红伟	2016年1月—2016年12月
93	跨学科领域合作研究态势和学术成果的影响力研究(201607238010039）	中国科学技术信息研究所	3	赵勇	2016年3月—2016年12月

续表

序号	项目名称及编号	项目来源\立项部门	经费 / 万元	主持人	立项年份
94	科研项目同行评议专家的信用评价与信用管理研究（201607238010618）	中国科学技术信息研究所	4	赵勇	2016 年 6 月—2017 年 7 月
95	合作共建农业机械化文献数据库（201607238011285）	中国农业机械化科学研究院	1	王宝济	2016 年 12 月—2017 年 12 月
96	院校研究支持高校决策（150570005）	中国农业大学发展规划处	1.4	张红伟	2017 年 1 月—2017 年 12 月
97	基于文献计量的中国农业大学学科评价研究（2016RW009）	中国农业大学发展规划处	5	周群	2017 年 1 月—2018 年 1 月
98	主要国家科研诚信治理的法律法规梳理与对比分析（201707238011296）	科学技术部经费监管服务中心	15	赵勇	2017 年 5 月—2017 年 12 月
99	中国主要农产品国际竞争力研究（201707238010856）	农业部贸易促进中心	6	赵勇	2017 年 9 月—2018 年 1 月
100	中国与科技发达国家科研诚信分层治理策略比较研究（201707238011209）	科学技术部科技经费监管服务中心	15	赵勇	2017 年 9 月—2018 年 6 月
101	全球学术期刊出版信誉基础调查研究（201707238011470）	中国科学技术信息研究所	16	赵勇	2017 年 11 月—2018 年 5 月
102	合作共建农业机械化文献数据库 2018（201707238011082）	中国农业机械化科学研究院	1	王宝济	2017 年 12 月—2018 年 12 月

二、CALIS 全国农学文献信息中心立项科研项目（中国农业大学图书馆承担部分）

（资料来源：CALIS 涉农联盟共享资源服务平台）

项目编号	项目名称	年度	主持人	结题情况
70044	中国农业大学图书馆中文期刊资源导航库建设	2007	宋燕菊	正常结题
70045	大学图书馆学科馆员服务模式创新研究	2007	赵锦辉	二等奖
80042	开架管理模式下中文图书利用率统计研究	2008	张红萍	二等奖
80043	构建高校文献资源保障体系：中国农业大学图书馆与院系资料室资源整合与开发	2008	周雪伟	正常结题
90039	本科生科研训练计划（URP）与图书馆信息素养教育合作模式研究及实践探索	2009	师丽娟	一等奖
90040	复合模式下农业高校图书馆中文期刊采访对策研究	2009	贺玢	正常结题
90041	中国农业大学文库建设	2009	王英芬	正常结题
90042	图书馆机房管理体系的构建	2009	田彩琴	正常结题
90043	高校图书馆电子资源的评价——以中国农业大学图书馆为例	2009	袁永翠	三等奖
90044	图书加工外包管理与质量控制研究	2009	倪红华	正常结题
2010029	基于 Drupal 的 CALIS 农学中心门户建设研究	2010	喻浩	三等奖
2010037	CALIS 农学中心学位论文数据库建设研究	2010	王雁	三等奖
2010066	社会网络分析在科学家研究领域分析中的应用研究——以中国农业大学科研人员为例	2010	周丽英	一等奖
2010075	农业院校图书馆信息服务营销策略研究——以中国农业大学图书馆为例	2010	李雪原	三等奖
2011054	文献传递分析与馆藏建设研究——以中国农业大学图书馆为例	2011	尚文娟	一等奖
2011055	国内外图书馆联盟比较研究	2011	李雪原	二等奖

续表

项目编号	项目名称	年度	主持人	结题情况
2011056	高校图书馆资源与服务推广实践研究——以中国农业大学图书馆为例	2011	赵耀莺	正常结题
2012073	高校图书馆纸质资源建设效率评价研究	2012	赵勇	二等奖
2012074	国内外大学生信息素质教育案例研究	2012	赵锦辉	一等奖
2013051	高校图书馆读者教育培训模式的创新服务研究	2013	贺玢	二等奖
2013054	基于百分位指标在电子期刊评价体系中的应用和实证研究	2013	周群	三等奖
2013056	中外图书馆法律法规比较研究	2013	李雪原	一等奖
2014054	嵌入科研项目各阶段的学科服务模式探索——以中国农大水利学科为试点	2014	王利萍	正常结题
2014055	中国农业大学农业工程学科科研产出水平评估	2014	杜璟	三等奖
2014056	我国农业高校图书馆员继续教育实证研究	2014	郜向荣	二等奖
2014057	高校图书馆纸质文献利用问题与对策研究	2014	张淑洁	正常结题
2014058	文献传递与图书馆资源共建共享研究	2014	史丽文	正常结题
2014059	中文纸本期刊采访质量控制研究	2014	李雪原	正常结题
2015048	学科评价指标体系比较研究	2015	周群	三等奖
2015049	中国农业高校学者信息库本地化构建研究	2015	喻浩	
2016069	国外高校图书馆出版服务现状研究	2016	王群	正常结题
2017065	查收查引工作的自动化机制研究	2017	周丽英	正常结题

三、中国农业大学图书馆立项部分科研项目

序号	项目名称	主持人	年度	备注
1	农机化文献保障研究（北京农业工程大学图书馆立项）		1990	
2	农业工程图书读者指南（北京农业工程大学图书馆立项）		1990	
3	建立农业工程数据库的总体方案研究（北京农业工程大学图书馆立项）		1990	
4	LC 图书分类法与中图法（农业工程）的比较研究（北京农业工程大学图书馆立项）		1990	
5	图书馆统计指标体系研究	王永进	2009	
6	图书文献采访质量控制研究	张红萍	2009	
7	高校文献资源合理化配制研究	白瑞雪	2009	
8	图书馆发展动向及高校图书馆发展决策问题研究	王宝济	2009	
9	国内高校图书馆比较研究——以信息服务为例	师丽娟	2009	
10	编目业务外包现状的调研和分析	周雪伟	2009	
11	中国农业大学图书馆读者阅读状况和趋势研究（一）	刘元科	2009	
12	中国农业大学图书馆读者阅读状况和趋势研究（二）	杨学红	2009	
13	我校重点学科知识库构建研究与实现	许岩青	2009	
14	西文期刊资源整合研究	陈仕吉	2009	
15	农业工程重点学科的文献资源建设研究	贺玢	2010	
16	中国农业大学图书馆电子期刊编目	郜向荣	2010	
17	中国农业大学考研专业参考书馆藏与采访建设	刘凤娟	2010	

续表

序号	项目名称	主持人	年度	备注
18	纸质学位论文管理的研究	耿劲松	2010	
19	开放获取环境下的图书馆信息共享空间的构建研究	喻浩	2010	
20	中国农业大学图书馆局域网即时通信系统	杜璟	2010	
21	我馆非书资料收藏调研与分析	黄兴建	2010	
22	文献传递中累积资源的长期保存与再次开发	史丽文	2010	
23	情报学硕士研究生课程体系研究	孙会军	2010	
24	面向留学生的高校图书馆信息服务研究——以我校图书馆和留学生为研究对象	王雅晶	2010	
25	基于著者同被引的学科用户分类研究	周丽英	2010	
26	从 Web of Science 看农业工程学科的科研发展	王宝济	2011	
27	探析高校图书馆电子阅览室现状及其发展	张淑洁	2011	
28	科技查新数据库管理系统的设计与实现	赵锦辉	2011	
29	兽医科学发展态势的文献计量学分析	巢国正	2013	
30	基于社会网络的聚类分析方法在学科领域分析中的应用研究	段文凯	2013	优秀结题项目
31	国内查新业务管理系统考察与比较研究	杜璟	2013	
32	图书馆建筑空间规划的创新与发展研究	师丽娟	2013	
33	图书馆志愿者服务的现状、问题与发展对策研究	孙树娇	2013	
34	我馆古籍文献著录研究	宋燕菊	2013	
35	大学图书馆功能的演变趋势研究	王永进	2013	
36	嵌入式信息素养教育模式比较研究及我馆模式初探	王利萍	2013	
37	中外畜牧学科技知识图谱比较与实证研究	王雅晶	2013	
38	利用 SNS 拓展图书馆服务研究	王群	2013	
39	图书馆古籍资源整理、保护与利用研究	张红萍	2013	
40	基于时间和空间的学科发展路径分析方法探讨	赵勇	2013	优秀结题项目
41	主页中的中西方大学图书馆信息组织与价值观的研究 ——基于中美澳 30 所大学图书馆的比较分析	赵锦辉	2013	
42	学位论文的编目及管理研究	赵耀莺	2013	
43	基于百分位科学评价指标的机制和实证研究	周群	2013	优秀结题项目
44	基于文献计量和内容分析的学科态势分析方法研究	周丽英	2013	
45	NoSQL 数据库之 MongoDB 在图书馆的应用研究	喻浩	2013	
46	高校图书馆专利信息服务调查与研究	部向荣	2014	
47	高校图书馆调查问卷的设计与应用	焦艳平	2014	
48	涉农图书馆联盟虚拟共享空间建设	李雪原	2014	
49	基于用户需求的文献传递数据分析	尚文娟	2014	
50	基于文献和情报计量研究的学科研究影响力分析——以农业工程学科为例	王宝济	2014	
51	高校信息素质教育内容与模式创新案例研究	王晓兰	2014	
52	图书馆书刊剔旧方法及规范研究	杨学红	2014	
53	高校图书馆服务创新案例的比较研究	张淑洁	2014	
54	美国高校图书馆学科馆员制度及学科服务研究	胡文慧		

续表

序号	项目名称	主持人	年度	备注
55	图书馆书刊剔旧方法及规范研究	杨学红	2015	一等奖
56	高校图书馆专利信息服务现状及发展策略	郜向荣	2015	二等奖
57	基于文献计量和内容分析的学科态势分析方法研究	周丽英	2015	二等奖
58	利用汇文系统进行藏书清点研究与实践	雒庆生	2016	
59	西文电子期刊资源整合与揭示研究	谢燕	2016	
60	新生培训教学模式和咨询研究	袁永翠	2016	
61	老照片的数字化修复、整理及保存	高剑波	2016	
62	信息素养素质培育在线课堂的探索	赵锦辉	2016	
63	高校图书馆书目推荐工作探析	周群	2016	
64	图书馆异型图书的管理研究	孙淑娇	2016	
65	数据资源的深层次服务研究	贺玢	2016	优秀项目

资料八 | 图书馆员工发表的部分论文题录

说明：1. 本 833 篇题录是由网上数据库和机构知识库数据检索而来。

2. 论文类型以期刊论文为主，兼容一些会议论文、学位论文等。

3. 论文发表时作者为本馆职工或在读研究生。

4. 文章先以发表时间排序，再以作者姓名排序。

1. 杨直民 . 从几部农书的传承看中日两国人民间悠久的文化技术交流（上）. 世界农业，1980（10）：16–21.

2. 杨直民 . 从几部农书的传承看中日两国人民间悠久的文化技术交流（下）. 世界农业，1980（11）：30–33.

3. 张权，初本峰，韩明杰 . 在使用中改装 Se–5 型复印机的部分结构 . 高校图书馆工作，1981（4）：67–68.

4. 杨直民 . 中国农业图书馆协会筹委会副主任北京农业大学图书馆馆长杨直民同志关于中国农业图书馆协会筹备情况的报告 . 农业图书馆，1983（1）：18–20.

5. 张权，韩明杰 . 充分发挥进口复印机的作用 搞好现有复印设备的配套使用 . 高校图书馆工作，1983（3）：45–46.

6. 魏和平 . 我校利用香港终端进行国际联机情报检索取得初步效果 . 大学图书馆通讯，1983（6）：47.

7. 杨直民 . 北京农业大学图书馆 . 世界图书，1983（8）：29–30.

8. 张权，贾尧凤 . 复印机的使用保养应注意的几个问题 . 高校图书馆工作，1985（4）：57–58.

9. 刘清水，孙学权 . 情报优化的必要性及方法 . 北京农业工程大学学报，1986（2）：84–89.

10. 孙学权 . 科技情报机构的社会公益性服务和经营性服务 . 大学图书馆通讯，1986（5）：24–27.

11. 孙学权，刘清水 . 我校图书馆开展情报工作的实践和几点设想 . 农业图书馆，1987（4）：17–21.

12. 孙学权，刘清水，封治平 . 校内外服务相结合，开展情报工作 . 大学图书馆通讯，1987（6）：27–29+16.

13. 杨直民 . 大学图书馆现代化管理与建设 . 农业图书馆，1987（3）：48–55.

14. 杨直民 . 关于北京农业大学图书馆发展战略的构思 . 农业图书馆，1988（1）：2–7.

15. 袁永翠 . 效益原则应作为高校图书馆工作评估的一个重要标准 . 农业图书馆，1988（2）：11–12.

16. 林春芽 . 谈西文图书采编中的查重工作 . 农业图书馆，1988（4）：14–16.

17. 杨克琴 .《中国图书资料分类法》中“X–– 环境科学”类需调整增设新子目 . 农业图书馆，1988（4）：25–27.

18. 诸莲芳，黄琴凤 . 如何发挥科技期刊阅览室的教育职能和情报职能 . 农业图书馆，1988（4）：29–31.

19. 杨武 . 联机西文图书采购系统的实现 . 现代图书情报技术，1988（S1）：36–40.

20. 杨直民 . 构建符合国情的现代型农业文献信息服务体系 . 农业图书情报学刊，1989（1）：11–15.

21. 金培华 . 技术进步与情报资源的开发利用 . 农业图书情报学刊，1989（2）：5–9.

22. 黄琴凤，诸莲芳 . 发挥科技文献检索室的情报传递作用 . 农业图书情报学刊，1989（3）：39–42.

23. 韩晓军，杨敏丽 . 近几年来情报科学研究群体及核心研究群体的分析 . 情报学刊，1989（4）：58–61.

24. 孙学权 . 对情报研究工作如何投入经济建设主战场问题的探索 . 农业图书情报学刊，1989（4）：1–5.

25. 魏和平 .DIALOG 系统 CAB 数据库的结构及子文档字段的应用 . 农业图书情报学刊，1989（5）：57–60.

26. 于树桂 .CRIS——一个很有价值的农业科研情报数据库 . 农业图书情报学刊，1989（5）：61–64.

27. 诸莲芳 . 光盘科技文献检索途径探讨 . 农业图书情报学刊，1989（5）：52–56+23.

28. 杨直民 . 必须强化农科大学图书馆工作人员图书情报业务理论的学习研究与探讨 . 北京农业大学学报，1989，增刊：63–68.

29. 杨秉芳 . 文献检索与利用课的巩固与提高 . 农业图书情报学刊，1990（1）：51–53.
30. 邱立业 . 对兽医学科硕士论文的引文分析 . 农业图书情报学刊，1990（3）：26–29.
31. 孙学权，刘清水 . 开创农业情报研究工作的新局面 . 情报理论与实践，1990（3）：62–63.
32. 杨克琴 . 中文机编数据输入质量的控制 . 农业图书情报学刊，1990（3）：63–65.
33. 叶梅芬 . 农业工程学科与分类 . 农业图书情报学刊，1990（3）：45–48.
34. 金培华 . 我国农业图书馆计算机应用前景分析 . 农业图书情报学刊，1990（4）：10–13.
35. 孙学权 . 高校图书馆的情报职能与情报室工作发展机制 . 农业图书情报学刊，1990（4）：1–6.
36. 魏和平 . 生物及农业课题检索词选用与检索策略的建立 . 农业图书情报学刊，1990（4）：46–50.
37. 袁永翠 .《农业机械文摘》文献源分析 . 农业图书情报学刊，1990（4）：25–28.
38. 王鲁燕 . 编辑《中国农业文摘—农业工程》的体会 . 农业图书情报学刊，1990（5）：49–50.
39. 王建革 . 山东省棉花市场的历史发展 . 农业考古，1991（1）：334–337.
40. 张权 . 微型计算机在图书馆使用与管理中几项技术问题的探讨 . 高校图书馆工作，1991（2）：55–59.
41. 韩明杰 . 农业经济类核心期刊的研制 . 农业经济问题，1991（9）：60–62.
42. 闫殿衡 . 图书馆战线上的一位优秀工作者——记刘友文同志 . 北京高校图书馆，1991（4）：34–36+48.
43. 杨直民，金培华 . 关于大学图书馆建筑、设备咨询 . 北京高校图书馆，1991（4）：45–48.
44. 赵士杰，杨直民 . 农科大学图书馆建筑的新探索 . 北京农业大学学报，1991，增刊：85–90.
45. 孙学权 . 在面向校内外的服务中实现情报室工作的良性循环 . 大学图书馆学报，1992（1）：27–30.
46. 杨直民，黄兴建 . 农科大学图书馆非书信息载体的应用前景 . 农业图书情报学刊，199（1）：60–62.
47. 金培华 . 光盘网络技术的发展 . 现代图书情报技术，1992（2）：56–57+12.
48. 靳百根 . 我国农学类核心期刊的研究报告 . 种子，1992（2）：1–2.
49. 孙学权 . 开展面向校内外的情报服务 . 情报理论与实践，1992（3）：32–34.
50. 谭秋成 . 决定农业外资项目成败的几个因素——发展中国家的经验 . 农业技术经济，1992（3）：13–16.
51. 王淑凤 . 北京农业大学图书馆增添新光盘 . 农业图书情报学刊，1992（3）：24.
52. 潘薇 . 建立农业推广信息服务体系的必要性及相应对策 . 农业图书情报学刊，1992（4）：48–50+47.
53. 孙学权，谭秋成，袁永翠 . 发展中国家农业利用外资研究 . 北京农业工程大学学报，1992（4）：1–12.
54. 杨秀涵 . 论分级著录方法在中文图书计算机标准化编目中的应用 . 农业图书情报学刊，1992（5）：59–60.
55. 谭秋成 . 发展中国家农业利用外资的数量与形式 . 中国农村经济 .1992（9）：54–57.
56. 杨直民，赵士杰 . 北京农业大学图书馆建筑功能与造型分析 . 南方建筑，1992（1）：37–43.
57. 杨直民 . 难得的一本好书——《农业哲学基础》简评 . 农业图书情报学刊，1992（2）：49.
58. 魏和平 . 科研项目查新检索中查全范围及检索技术研究 . 农业图书情报学刊，1993（1）：52–55.
59. 杨直民 . 加强检索咨询 提高借阅服务水平 . 高校图书馆工作，1993（1）：38–42.
60. 高剑波 . 高校图书馆声像资料有偿服务的思考 . 农业图书情报学刊，1993（2）：42–45.
61. 韩明杰 . 分布式图书馆自动化系统中编目子系统的系统设计 . 图书馆界，1993（2）：58–60.
62. 黄庆，王文博 . 空间 RSSP 机构有曲柄条件及其压力角和传动角 . 北京服装学院学报，1993（2）：48–51.
63. 刘炳辉 . 密排书库分段固定架号法 . 农业图书情报学刊，1993（3）：43–44.
64. 孙风录 . 昆虫学类核心期刊的研制 . 昆虫知识，1993（3）：179–180.
65. 朱隶，黄琴凤 . 农业科学及有关生物科学、经济科学核心期刊的研究 . 农业图书情报学刊，1993（3）：18–21.
66. 刘（杨）敏丽，韩晓军 . 农业工程文献分布特征研究 . 农业图书情报学刊，1993（4）：20–23.
67. 孙学权 .“复关”与中国农业发展 . 农业图书情报学刊，1993（5）：24–26.
68. 于书洁 . 农业院校研究生文献需求特点及其服务工作 . 农业图书情报学刊，1993（5）：34–36.
69. 杨直民 . 图书馆的职称评审与业务建设 . 北京高校图书馆，1993（3）：20–22.

70. 杨直民 . 北京农业大学新建图书馆使用效益述要 . 北京高校图书馆，1993（4）：1–3.

71. 孙玉玲 . 推进以开架为主的图书借阅管理体制改革 . 北京农业大学学报，1993，19（增刊）：91–94.

72. 杨秀涵 . 书目数据标准化 . 农业图书情报学刊，1994（1）：54–57.

73. 孙玉玲 . 模数式图书馆建筑在以开架为主的管理体制下运转 . 农业图书情报学刊，1994（2）：60–63.

74. 闫殿衡 . 发挥图书馆的德育功能 . 北京高等教育，1994（3）：31.

75. 孙学权 . 关于情报研究工作的实践与探索 . 大学图书馆学报，1994（5）：42–44.

76. 杨直民 . 农业名人传、名人辞典、名人录的收集与利用 . 农业图书情报学刊，1994（1）：22–25.

77. 孙学权，贾敬敦，宋树友 . 农业机械化必须与社会经济协调发展 . 北京农业工程大学社会科学学报，1994（z1）：132–139.

78. 杨敏丽 . 市场经济下情报研究工作的探索与实践 . 农业图书情报学刊，1995（1）：53–55.

79. 黄庆，曹莉，王文博 . 鲍尔点的求解和近似直线机构的设计 . 北京服装学院学报，1995（2）：67–72.

80. 刘凤娟 . 对线性代数类核心教学参考书的调查 . 教学研究与实践，1995（2）：70–71.

81. 袁永翠，孙学权，钱法根 . 我国农业利用外资的现状与对策 . 北京农业工程大学学报，1995（2）：1–8.

82. 孙玉玲，刘凤娟 . 大面积开架的中文书刊借阅管理 . 高校图书馆工作，1995（4）：84–86.

83. 孙玉玲 . 图书监测系统在图书借阅流通中的应用 . 农业图书情报学刊，1995（5）：62–65.

84. 刘凤娟，孙凤录 . 加强开架书刊管理遏制人为损毁 . 农业图书情报学刊，1995（6）：29–30.

85. 孙玉玲 . 北京农业大学图书馆文献资源评估报告 . 农业图书情报学刊，1995（S1）：119–122.

86. 刘凤娟 . 加强新书导读 促进流通服务 . 图书馆论坛，1995，第 3 增刊：121+115.

87. 王淑凤，潘薇，朱力 . 农业光盘数据库检索技巧 . 北京农业大学学报，1995，21（增）：84–87.

88. 白瑞雪 . 大学生阅读特点研究与图书馆工作 . 北京农业大学学报，1995，21（增刊）：127–131.

89. 刘凤娟，孙玉玲 . 加强学位论文情报资源的开发和利用 . 北京农业大学学报，1995，21（增刊）：132–133.

90. 孙玉玲，刘凤娟，孙凤录 . 提高大学生利用图书馆的能力 . 北京农业大学学报，1995，21（增刊）：123–126.

91. 孙凤录，刘凤娟 . 试论图书馆流通工作者的职业道德修养 . 图书馆论坛，1995，第 4 增刊：170+168.

92. 陈妍 . 市场经济条件下图书馆情报工作的改革 . 信息时代与大学图书馆 . 北京：中国农业大学出版社，1996，196–200.

93. 刘凤娟，冯玛联 . 本校博士生学位论文引文统计与分析 . 北京高校图书馆学刊，1996（1）：30–33+20.

94. 杨秉芳 . 抓住机遇，加快发展 . 北京高校图书馆学刊，1996（1）：7+4.

95. 袁永翠 . 市场经济条件下情报研究的实践与探索 . 农业图书情报学刊，1996（1）：24–26.

96. 李晨英，韩明杰 . 套用 CNMARC 机编日文图书的可行性分析 . 现代图书情报技术，1996（2）：47–50.

97. 潘薇 . 大学图书馆的参与式定题服务 . 北京高校图书馆学刊，1996（2）：25–27+24.

98. 孙凤录 . 期刊变化的特点及其管理方法 . 农业图书情报学刊，1996（2）：30–31.

99. 刘清水，王鲁燕 .21 世纪图书馆面临的环境和发展对策 . 北京高校图书馆学刊，1996（3）：1–3+10.

100. 潘薇 . 信息高速公路与信息服务手段的变革 . 农业图书情报学刊，1996（3）：65–68.

101. 王建华 . 绿色饲料产业的发展及其在畜牧业现代化中的战略地位 . 草业科学，1996（4）：13.

102. 王建华 ."全国农业新技术产品传播网"的情报信息服务方式与启示 . 农业图书情报学刊，1996（4）：5.

103. 杨来宝，张桂兰 . 培养和提高自身素质 做好高校文献采访工作 . 津图学刊，1996（4）：110–114.

104. 孙玉玲 . 图书馆开架为主的藏书组织与管理 . 农业图书情报学刊，1996（5）：36–39.

105. 白瑞雪 . 采用大平面开架式布局对图书管理人员的作用与影响 . 农业图书情报学刊，1996（6）：16–18.

106. 刘凤娟 . 事实信息与高校图书馆信息资源建设 . 图书馆建设，1996（6）：9–10+14.

107. 刘凤娟 . 中文图书流通计量分析初探——以北京农业大学图书馆为例 . 图书情报工作，1996（6）：46–48+77.

108. 张永彤 . 高校"文献检索课"改革探讨 . 中国农业大学社会科学学报，1996（Z2）：85–88.

109. 刘凤娟，冯玛联 . 从引文分析看期刊的利用规律 . 期刊管理与利用研究 . 北京：中国科学技术出版社，

1996，：48–49.

110. 洪重阳 .FOBASE^ +数据库实现汉字语音排序的一种方法 . 微型计算机，1996，16（6）：77–78.

111. 杨敏丽 . 现阶段情报研究工作的发展策略 . 上海高校图书情报学刊，1996，6（3）：58–59.

112. 白瑞雪 . 高等农业院校图书馆为农村发展服务的几个问题 . 高校图书信息资料工作新探 . 北京：书目文献出版社，1996，169–177.

113. 刘清水，杨敏丽 . 强化图书馆情报职能的实践与认识 . 中国图书馆学报，1997（1）：34–37.

114. 刘凤娟，孙凤录，孙彩霞 .《北京农业大学学报》引文分析 . 农业图书情报学刊，1997（2）：19–22.

115. 王淑凤 . 农业科技查新工作的基础 . 图书馆工作与研究，1997（2）：47–49.

116. 徐瑞清 . 浅谈我馆学生借阅图书的规律及利用 . 北京高校图书馆学刊，1997（2）：33–34+14.

117. 张权 . 适应形势发展，搞好图书馆自身建设 . 北京高校图书馆学刊，1997（2）：15–17.

118. 黄琴凤，冯玛联，焦艳平 . 充分利用馆内外文献资源为读者服务 . 农业图书情报学刊，1997（4）：31–34.

119. 宋姬芳，杨秉芳 . 未来文献检索课教学的关键——教学实习 . 农业图书情报学刊，1997（5）：26–27.

120. 刘凤娟，孙玉玲 . 开架借阅的回顾与思考 . 图书情报工作，1997（11）：42–44.

121. 杨敏丽 . 我国信息市场的发展及政策——分析美国信息政策得到的启示 . 农业图书情报学刊，1997（S1）：96–98.

122. 袁永翠 . 农业信息为领导宏观决策服务的实践与思考 . 农业图书情报学刊，1997（S1）：98–100.

123. 焦艳平，黄琴凤 . 我馆文献代查服务的实践与探讨 . 大学图书馆学报，1997，15（1）：20–21.

124. 刘凤娟 . 大平面开架借阅的管理工作 . 大学图书馆学报，1997，15（1）：22–23+32.

125. 袁永翠 . 我校情报研究工作的实践 . 大学图书馆学报，1997，15（1）：15–17.

126. 林春芽 . 浅析《中图法》（三版）农业类修订中存在的问题 . 大学图书馆学报，1997，15（5）：48–49.

127. 耿劲松 . 新形势下高校图书馆的教育职能 . 中国教育研究论丛，1997，207–208.

128. 焦艳平，黄琴凤 . 浅析图书馆文献代查服务的作用 . 图书情报工作论坛 . 北京：中国科学技术出版社，1997，138–141.

129. 刘凤娟 . 市场经济下图书、情报工作的思考与实践 . 高校图书信息资料工作新探 . 北京：书目文献出版社，1997，178–184.

130. 刘凤娟 . 开架借阅下图书安全预警系统的管理 . 图书情报工作论坛 . 北京：中国科学技术出版社，1997，273–274.

131. 孙凤录 . 优化中文科技期刊管理初探 . 图书情报工作论坛 . 北京：中国科学技术出版社，1997，87–89.

132. 耿劲松 . 高校图书馆与文明校园建设 . 中国教育研究论丛，1998，1：00216–217.

133. 赵军 . 网络化图书馆组织机构的设置 . 走向 21 世纪的图书馆，1998，7171–176.

134. 焦艳平 . 关于建立农业系统文献信息服务体系的设想 . 农业图书情报学刊，1998（1）：31–33.

135. 徐瑞清 . 高校图书馆出纳台服务艺术 . 北京高校图书馆学刊，1998（1）：28–30.

136. 陈妍 . 从文摘刊物看论文摘要——农业工程类论文摘要规范程度调查 . 农业图书情报学刊 .1998（2）：32–35.

137. 刘凤娟，黄琴凤 . 开架借阅下的图书管理 . 北京高校图书馆学刊，1998（2）：35–37+44.

138. 孙玉玲，苗军 . 高校图书馆是加强大学生文化素质教育的重要基地 . 教学研究与实践，1998（2）：65–67.

139. 赵军 . 中国农大东区图书馆网络建设分析 . 北京高校图书馆学刊，1998（2）：13–18.

140. 孙学权，刘清水 . 应用竞争情报理论方法拓展农业情报研究工作 . 农业图书情报学刊，1998（3）：4–5.

141. 于书洁 . 浅谈建立图书馆回溯性书目数据库的方法 . 中国农业大学社会科学学报，1998（3）：3–5.

142. 孙玉玲，刘凤娟 . 谈开架图书馆的典藏工作 . 图书情报工作，1998（4）：41–42+9.

143. 洪重阳 .“在 UNIX 系统中报目录被占满”问题的解决 . 中国计算机报，1998（6）：

144. 苗军，孙玉玲 . 协调图书馆工作人员与读者的关系更好地为师生服务 . 教学研究与实践，1998（1）：68–69.

145. 李晨英，韩明杰，沈佐锐 . 中国での日本語農業書の利用状況報告 . 農村文化運動（日），1998（149/150）：

50–55.

146. 左文革．搞好图书馆数据库建设，为教学科研服务．教学研究与实践，1998（3–4）：75–77.

147. 徐瑞清．农业大学图书馆的发展态势与对策．农业图书情报学刊，1998（S1）：8–9.

148. 李晨英．私の図書館．つくばね，1998，24（4）：3–5.

149. 白瑞雪．关于图书馆在文献传播过程中的几个问题．网络时代的农业文献信息资源建设．北京：中国农业大学出版社，1998，201–204.

150. 黄兴建．浅谈大学图书馆声像工作．网络时代的农业文献信息资源建设．北京：中国农业大学出版社，1998，223–225.

151. 焦艳平．浅谈农业科技查新咨询．网络时代的农业文献信息资源建设．北京：中国农业大学出版社，1998，198–200.

152. 李晨英，刘元科．关于在我国建立日语农业文献虚拟图书馆的必要性和可行性分析．网络时代的农业文献信息资源建设．北京：中国农业大学出版社，1998，209–214.

153. 刘凤娟．图书馆与馆藏利用培训论纲．网络时代的农业文献信息资源建设．北京：中国农业大学出版社，1998，232–234.

154. 刘清水．面向新世纪高校图书馆工作思考．走向 21 世纪的图书馆．北京：北京图书馆出版社，1998，77–84.

155. 倪红华．浅谈加强图书全开架流通管理的几点措施．网络时代的农业文献信息资源建设．北京：中国农业大学出版社，1998，235–237.

156. 潘薇 .INTERNET 与图书馆的发展趋势．高校图书信息资料工作新探．北京：书目文献出版社，1998，16–25.

157. 潘薇．对图书馆资源利用趋势、问题和对策的思考．网络时代的农业文献信息资源建设．北京：中国农业大学出版社，1998，119–123.

158. 尚文娟．如何更好开展外国教材中心的服务工作．网络时代的农业文献信息资源建设．北京：中国农业大学出版社，1998，219–222.

159. 沈佐锐．面向 21 世纪，中国农业图书馆发展策略的思考．网络时代的农业文献信息资源建设．北京：中国农业大学出版社，1998，106–118.

160. 宋姬芳．农业信息的网络化与资源共享．网络时代的农业文献信息资源建设．北京：中国农业大学出版社，1998，23–26.

161. 孙凤录，刘元科．图书馆采访工作如何适应高校实施素质教育．网络时代的农业文献信息资源建设．北京：中国农业大学出版社，1998，230–231.

162. 孙玉玲，董晓玲．浅谈高校图书馆的藏书建设．网络时代的农业文献信息资源建设．北京：中国农业大学出版社，1998，226–229.

163. 王利萍，陈兰珍，胡翠荣．对高校图书馆网络化建设的几点思考．图书情报工作现代化，1998，52–54.

164. 吴群．浅谈信息社会对图书馆员的要求．网络时代的农业文献信息资源建设．北京：中国农业大学出版社，1998，265–267.

165. 徐伟．试谈外国教材中心的发展与未来．网络时代的农业文献信息资源建设．北京：中国农业大学出版社，1998，215–218.

166. 杨敏丽．现阶段情报研究工作的发展策略．北京科技情报学会第五届学术年会，1998，110–113.

167. 张权．搞好文献资源建设，促进在网络条件下的资源共享．网络时代的农业文献信息资源建设．北京：中国农业大学出版社，1998，6–9.

168. 左文革．试论农业图书馆书目数据资源共享与联机编目．网络时代的农业文献信息资源建设．北京：中国农业大学出版社，1998，205–208.

169. 徐瑞清．应用计算机管理流通工作常见问题的探讨．林业图书情报工作，1999（1）：29–31.

170. 贺玢．期刊信息资源开发过程中存在的问题．林业图书情报工作，1999（3）：23–25+30.

171. 左文革 . 论书目数据库的数据质量控制 . 农业图书情报学刊，1999（3）：27–29.

172. 陈妍 . 缩短报道时差已成为检索期刊生存和发展的关键 . 农业图书情报学刊，1999（4）：54–56.

173. 王利萍，黄锡兰 . 网络化条件下农业院校图书馆的建设 . 农业图书情报学刊，1999（4）：4–6.

174. 王晓兰 . 农村书刊市场几个问题的分析与思考 . 农业图书情报学刊，1999（5）：1–2+16.

175. 耿劲松 . 共建海淀农业图书馆 积极为“三农”服务 . 农业图书情报学刊，1999（6）：38–39.

176. 郭渝碚，贺玢，魏秀英 . 走资源共享之路——记与我校国际学院联合办馆 . 农业图书情报学刊，1999（6）：19–21.

177. 洪重阳，韩明杰 . 读者用机系统的一种安全设计方法 . 现代图书情报技术，1999（6）：65–65+67.

178. 吕佳 . 计算机在我馆期刊管理中的应用 . 农业图书情报学刊，1999（6）：17–18.

179. 王晓兰 . 对农村信息咨询商品化服务的几点看法——有感于两斤米看一年乡村露天电影 . 农业图书情报学刊，1999（6）：4–6.

180. 王利萍，张森文，刘清水，王鲁燕，刘风辰 . 大学图书馆采访工作要为学生素质教育作贡献——开展 50 种图书采访工作的体会 . 教学研究与实践，1999（1–2）：65–68.

181. 李晨英 . 中国の農業情報研究と利用について . 農業情報利用（日），1999（26）：31–34.

182. 张权 . 搞好文献资源建设 促进网络条件下的资源共享 . 农业图书情报学刊，1999（3）：33–35.

183. 叶梅芬 . 农业工程文献数据库建设的思考 . 农业图书情报学刊，1999（B08）：58–59+52.

184. 叶梅芬 . 再谈农业工程学科与分类 . 农业图书情报学刊，1999（B08）：53–55.

185. 刘惠英，徐瑞清 . 我馆回溯建库工作探析 . 农业图书情报学刊，1999（S1）：38–38+55.

186. 高颖 . 关于高校机构改革的几点初步思考 . 中国农业大学学报（社会科学版），1999（Z1）：94–97.

187. 洪重阳，由振国，李孙荣 . 杂草鉴别计算机专家系统 . 面向 21 世纪中国农田杂草可持续治理 . 南宁：广西民族出版社，1999，：62–64.

188. 徐瑞清 . 高校图书馆流通工作的研究与思考 . 农业图书情报学刊，1999，1999（增刊）：67–69+72.

189. 耿劲松 . 中国农业大学与地方共建海淀农业图书馆 . 图书情报工作研究，1999，409–411.

190. 孙玉玲 . 高校图书馆现代化管理的措施 . 高校图书信息资料工作新探 . 北京：书目文献出版社，1999，8–15.

191. 王利萍 . 从我馆馆藏建设谈现阶段高校图书馆的采访对策 . 图书情报工作回顾与展望，1999，160–162.

192. 周维燕，焦艳平 . 观赏植物生物技术的进展 . 中国花卉科技二十年 . 北京：科学出版社，2000，95–113.

193. 白瑞雪 . 网络环境下图书文献的社会控制 . 中国农业大学学报：社会科学版，2000（1）：90–92.

194. 陈妍，姜雪琴 . 农业检索期刊现阶段质量分析 . 农业图书情报学刊，2000（1）：52–55.

195. 潘薇，王建仑，孙彩霞 .21 世纪高等农业院校图书馆信息资源开发与利用研究 . 农业图书情报学刊，2000（1）：12–14+11.

196. 徐瑞清 . 知识经济呼唤高校图书馆的流通学术研究 . 中国农业大学学报（社会科学版），2000（1）：93–96.

197. 王建仑 . 网络科研信息资源的开发和利用 . 图书情报工作，2000（2）：37–39.

198. 张彩霞，焦艳平 . 因特网上的草坪信息资源与利用 . 农业图书情报学刊，2000（3）：27–28+32.

199. 孙彩霞，焦艳平，白瑞雪 . 国内食品科学外文期刊的调研、统计和分析 . 中国农业大学学报（社会科学版），2000（4）：100–104.

200. 徐瑞清 . 高校图书馆工作人员的心理状态探讨 . 农业图书情报学刊，2000（4）：51–52.

201. 杨敏丽，白人仆 . 我国农业（种植业）机械化发展的区域不平衡性研究 . 农业工程学报，2000（4）：68–72.

202. 杨敏丽 . 牧草生产机械化：西部农业机械化发展新的增长点 . 中国农机化，2000（4）：8–9.

203. 吕佳 . 多媒体阅览室的管理与效益 . 农业图书情报学刊，2000（5）：40–42.

204. 孙彩霞，焦艳平 . 网络环境下的食品科学文献信息资源与利用 . 食品科技，2000（5）：56–59.

205. 孙彩霞 .CALIS 中心引进数据库简介 . 中国科学基金，2000（5）：318–319.

206. 孙玉玲 . 满铁资料的整理与研究 . 农业图书情报学刊，2000（5）：32–33.

207. 杨敏丽 . 我国玉米生产机械化现状及发展对策 . 中国农机化，2000（5）：3-6.

208. 孙彩霞，焦艳平 . 互联网上的动物医学信息资源——国内部分 . 农业图书情报学刊，2000（6）：22-26+31.

209. 王建仑 . 免费的网络数据库资源的开发利用 . 农业图书情报学刊，2000（6）：27-31.

210. 张权，韩明杰 . 加强图书馆建设与管理 推动读者服务工作上新台阶 . 农业图书情报学刊，2000（6）：7-9.

211. 焦艳平 . 玉米面筋水解物在簇行草莓栽培中控制杂草的作用和氮肥效益 . 农业科技通讯，2000（10）：37.

212. 王建仑，王淑凤 . 网络数据库资源的收集与利用 . 农业图书情报学刊，2000（S1）：9-10+31.

213. 徐瑞清 . 图书馆流通部门信息服务的模式、走向与任务 . 现代图书情报技术，2000（S1）：11-12.

214. 焦艳平 .Internet 上的草坪信息资源与利用 . 草业科学，2000，17（5）：78-80+F003.

215. 黄庆，张永彤 . 知识经济时代检索刊物的生存与发展 . 情报学报，2000，19（增刊）：331-333+300.

216. 焦艳平，孙彩霞 .INTERNET 上的小麦信息资源及其检索应用 . 麦类作物学报，2000，20（4）：97-100.

217. 贺玢 . 搞好期刊信息资源开发的一些对策 . 情报理论与实践，2000，2000（增刊）：113-117.

218. 王雁 . 谈期刊编目工作 . 图书馆学研究，2000，2000（增刊）：85-86.

219. 周江英 . 提高读者工作水平 积极为素质教育服务 . 图书馆建设，2000，2000（增刊）：119-120.

220. 耿劲松 . 充分发挥高校图书馆的作用 培养 21 世纪的人才 . 图书情报工作，2000，2000（增刊 2）：22-24.

221. 孙彩霞，焦艳平 . 西文饲料信息资源及利用 . 中国畜牧杂志，2000，36（6）：48-49.

222. 耿劲松 . 创造性人才培养与高校图书馆 . 图书情报工作研究，2000，13-15.

223. 李晨英，关爱农，孙自然 . 中国园林花卉书刊出版发行二十年回顾与展望 . 中国花卉科技二十年 . 北京：科学出版社，2000，381-387.

224. 刘清水 . 知识经济时代的高校图书馆和图书馆员 . 知识经济与图书馆 . 北京：北京图书馆出版社，2000，30-36.

225. 潘薇，王建仑，孙彩霞 .21 世纪高等院校图书馆网络资源的开发与利用 . 知识经济与图书馆 . 北京：北京图书馆出版社，2000，91-97.

226. 徐瑞清 . 知识经济与高校图书馆流通部门的学术研究 . 知识经济与图书馆 . 北京：北京图书馆出版社，2000，204-208.

227. 杨敏丽 . 知识经济与高校情报研究产业化 . 知识经济与图书馆 . 北京：北京图书馆出版社，2000，154-159.

228. 朱金诺 . 高校图书馆管理与网络化建设的探讨 . 知识经济与图书馆 . 北京：北京图书馆出版社，2000，75-79.

229. 吕佳 . 多媒体阅览室的功能与综合性开发 . 农业图书情报学刊，2001（1）：60-61.

230. 孙彩霞，焦艳平 . 互联网上的动物医学信息资源——国外部分 . 农业图书情报学刊，2001（1）：33-35.

231. 孙玉玲，董晓玲 . 密排书库及其文献组织 . 农业图书情报学刊，2001（1）：48-49.

232. 杨敏丽 . 农业工程技术在旱作农业生产中的应用与发展 . 中国农机化，2001（1）：14-16.

233. 游承俐，孙学权 . 对我国可持续农业技术对策的探讨 . 中国农业大学学报（社会科学版），2001（1）：9-12.

234. 韩明杰，张权 . 高校重点学科导航库网页建设初探 . 图书情报知识，2001（2）：59-60.

235. 王淑凤 . 网络环境下农业信息资源共建与共享 . 农业图书情报学刊，2001（2）：45-46+48.

236. 张权，韩明杰 . 我校“211 工程”图书馆计算机网络项目建设及其意义 . 现代图书情报技术，2001（2）：74-76.

237. 白瑞雪，冯玛联，孙凤录 . 中国农业大学博士学位论文引文统计与分析 . 农业图书情报学刊，2001（3）：73-75.

238. 焦艳平，孙彩霞，白瑞雪 . 农产品加工与贮藏专业所需西文期刊的调研 . 中国科技期刊研究，2001（3）：188-189.

239. 宋姬芳 . 浅谈高等农业院校数字化图书馆建设 . 农业图书情报学刊，2001，（3）：19-20.

240. 耿劲松 . 农民的信息需求分析 . 农业图书情报学刊，2001（5）：52-53+58.

241. 焦艳平，孙彩霞 . 网络环境下的农业全文信息资源及其检索利用 . 中国农业信息快讯，2001（7）：14-16.

242. 洪重阳 . 图书馆开放环境中读者公共用机的安全保护设置 . 图书情报工作，2001（12）：57-58+84.

243. 王英芬 . 图书馆回溯性书目数据库建设 . 农业图书情报学刊，2001（3）：29-30.

244. 潘薇 . 利用英文网络检索工具开发农业信息资源 . 农业图书情报学刊，2001（5）：26-27+31.

245. 杨敏丽．借鉴发达国家经验 探讨中国农机化发展之路．中国农机化 2001（5）：5-8.

246. 张权，李晨英，韩明杰.CALIS 日本語資料共同目録作成における研究報告．大学图书馆研究（日），2001（77）：9-16.

247. 凌毅，赵武玲．豌豆肌动蛋白异型体基因的特异性表达．植物学通报，2001，18（1）：76-80.

248. 焦艳平．国际草坪信息中心（ITIC）简介及其利用．草业科学，2001，18（3）：71-72.

249. 焦艳平，孙彩霞.Internet 网上的农业期刊信息资源及其探索．情报学报，2001，20（增刊）：31-37.

250. 焦艳平，杨新玲，孙彩霞.INTERNET 网上的农药数据库信息资源．世界农药，2001，23（2）：39-43.

251. 孙彩霞，焦艳平.INTERNET 棉花网络信息资源及其检索应用．中国棉花，2001，28（1）：5-6.

252. 孙彩霞，焦艳平．中文饲料信息网络资源及利用．中国畜牧杂志，2001，37（4）：48-50.

253. 孙彩霞．冷饮与速冻食品信息资源导引．冷饮与速冻食品工业，2001，7（1）：40-44.

254. 韩明杰，左文革，焦艳平，张权，杨晶，王建仑．数字图书馆个性化信息服务模式探讨.Development of Agricultural Information Management Technology and Market in the 21st Century Nov.4-6, Beijing P.R.China, China Agricultural Scitech Press, 2001, 147-150.

255. 焦艳平，左文革，潘薇，韩明杰，张权．网络环境下农业高校信息服务模式的实践与展望.Development of Agricultural Information Management Technology and Market in the 21st Century Nov.4-6, Beijing P.R.China，China Agricultural Scitech Press, 2001, 234-237.

256. 潘薇，张权，韩明杰.Collaborating and Networking for More Efficient Use of Information Resources-Case Analysis on Operation Model of CALIS and NAIC.Development of Agricultural Information Management Technology and Market in the 21st Century Nov.4-6, Beijing P.R.China, China Agricultural Scitech Press, 2001，288-292.

257. 王宝济，朱金诺，雒庆生，刘清水.A STUDY ON AGRICULTURAL ENGINEERING KNOWLEDGE DATABASE. 国际农业科技大会论文集，2001.

258. 徐伟，吴群．网络环境下图书馆文献资源的建设.Development of Agricultural Information management & Information Technology China Agricultural Scitech Press, 2001, 143-146.

259. 张权，韩明杰，赵锦辉．China Agriculture Information Management: Challenges and Countermeasures. Development of Agricultural Information Management Technology and Market in the 21st Century Nov.4-6，Beijing P.R.China, 2001, 206-209.

260. 周强，徐瑞清.The action and analysis of magnetic field on the lubricants and wear products in the process of wearing. Science in China (Series A), 2001, 267-272.

261. 寇建平，刘颖芳．丰收计划为改变我国农产品供求关系做出了历史性贡献，新时期仍需加大推广计划投资实施力度．中国农技推广，2002（3）：24-26.

262. 李晨英，韩明杰，谢琴芳．我国高校图书馆日文文献书目数据库建设研究现状．图书情报工作，2002（3）：74-77.

263. 武德蓉，贺玢．改进中文期刊管理 服务高校教学科研．农业图书情报学刊，2002（3）：1-2+4.

264. 韩鲁佳，胡峥峥，阎巧娟，刘依，刘颖芳．畜禽粪便成分快速测定方法的比较研究．中国农业大学学报，2002（4）：104-112.

265. 刘凤娟，史长丽．关于高校研究生学位论文电子版提交工作漫议．现代图书情报技术，2002（4）：87-88.

266. 王建仑．从专业情报服务环境变化谈高校图书馆的知识管理．高校图书馆工作，2002（6）：50-51+65.

267. 赵军，周江英，王英芬．建立农业工程特色核心图书馆藏的实践．图书馆建设，2002（6）：49-51.

268. 孙玉玲，董晓玲，塔娜．现代化技术在保存农业古籍中的应用．教学研究与实践，2002（3-4）：67-72.

269. 师丽娟．饲草加工将成为投资新热点．中国农机化报，2002，-10-22，-40.

270. 王玉柱，王淑凤．李品种选育研究进展．果树学报，2002，19（5）：340-345.

271. 张淑琴．浅谈新形势下图书馆办公室工作．大学图书情报学刊，2002，2002（年刊）：76-77.

272. 李晨英．全文数据库建设与著作权．图书情报工作，2002，2002（增刊）：92-94.

273. 凌毅，李晨英，王雁，塔娜 . 中小型图书馆的数字化资源建设策略 . 图书情报工作，2002，2002（增刊）：68-71.

274. 王雁 . 新形势下图书馆之转型发展 . 图书情报工作，2002，2002（增刊）：202-203+207.

275. 张权，韩明杰，潘薇 . 新时期中小型图书馆创新人力资源的建设举措 . 图书馆论坛，2002，22（5）：147-148.

276. 白瑞雪 . 从"博士学位论文"引文分析看我馆期刊馆藏建设 . 数字化与图书馆 . 北京：中国农业科学技术出版社，2002，174-188.

277. 焦艳平，吴群，孙彩霞 . 网上农业信息用户的心理与行为分析及服务对策 . 数字化与图书馆 . 北京：中国农业科学技术出版社，2002，298-304.

278. 凌毅 . 科研立项查新之我见 . 数字化与图书馆 . 北京：中国农业科学技术出版社，2002，241-250.

279. 刘凤娟，刘元科 . 网络环境下高校图书馆信息资源建设 . 数字化与图书馆 . 北京：中国农业科学技术出版社，2002，66-72.

280. 倪红华 . 馆员素质 · 继续教育 · 岗位聘任制 . 数字化与图书馆 . 北京：中国农业科学技术出版社，2002，367-374.

281. 尚文娟 . 电子阅览室的管理与读者培训和导读工作 . 数字化与图书馆 . 北京：中国农业科学技术出版社，2002，271-278.

282. 尚文娟 . 网络环境下的参考咨询服务工作 . 数字化与图书馆 . 北京：中国农业科学技术出版社，2002，226-230.

283. 沈佐锐，刘元科 . 农业图书情报信息资源建设与农业软件的商品开发 . 数字化与图书馆 . 北京：中国农业科学技术出版社，2002，97-112.

284. 宋燕菊 . 网络环境下高校图书馆用户信息能力的培养 //. 数字化与图书馆 . 北京：中国农业科学技术出版社，2002，279-283.

285. 孙玉玲，董晓玲 .21 世纪高等院校图书馆读者服务的基本模式 . 数字化与图书馆 . 北京：中国农业科学技术出版社，2002，313-320.

286. 塔娜，李晨英，凌毅，王雁 . 谈我馆古农书数字化资源建设 . 数字化与图书馆 . 北京：中国农业科学技术出版社，2002，28-34.

287. 王宝济 . 网络环境下的农业工程文献信息资源建设 . 机遇 · 挑战 · 创新：2002 农业工程青年科技论坛论文集 . 北京：中国农业科学技术出版社，2002，103-107.

288. 王淑凤，左文革，王建仑 .《中国农业大学教师论文数据库》的建设 . 数字化与图书馆 . 北京：中国农业科学技术出版社，2002，195-202.

289. 王淑凤，左文革，吴群 . 高校图书馆应加强信息服务以适应网络时代的发展 . 数字化与图书馆 . 北京：中国农业科学技术出版社，2002，231-236.

290. 王雁 . 农业高校图书馆资源建设初探 . 数字化与图书馆 . 北京：中国农业科学技术出版社，2002，120-127.

291. 徐伟，王建仑 . 外国教材的引进与服务导向 . 数字化与图书馆 . 北京：中国农业科学技术出版社，2002，215-219.

292. 徐伟，吴群 . 试论我馆外文期刊馆藏建设的现状与发展 . 数字化与图书馆 . 北京：中国农业科学技术出版社，2002，203-208.

293. 张权，韩明杰，潘薇 . 新时期中小型图书馆人力资源创新能力的开发与培养 . 数字化与图书馆 . 北京：中国农业科学技术出版社，2002，321-327.

294. 赵锦辉，左文革 . 信息素质教育：高校图书馆传统用户教育的延伸 . 数字化与图书馆 . 北京：中国农业科学技术出版社，2002，305-312.

295. 朱春先，任宝田 . 信息时代图书馆的出路 . 数字化与图书馆 . 北京：中国农业科学技术出版社，2002，152-162.

296. 左文革，潘薇，王建仑，王淑凤，康实 . 科技查新数据库建设与跟踪服务 . 数字化与图书馆 . 北京：中国农业科学技术出版社，2002，251-257.

297. 常英，张永彤．素质教育中的人文背景．中国农业大学学报：社会科学版，2003（1）：91-93.

298. 王淑凤，李绍华．果树科学文献在 CAB 数据库中的统计分析．中国农业大学学报（社会科学版），2003（1）：97-100.

299. 师丽娟．农业院校数字图书馆建设思路．农业图书情报学刊，2003（2）：25-27.

300. 张永彤，黄庆．检索期刊在网络时代的发展．中国农业大学学报：社会科学版，2003（3）：96-100.

301. 宋燕菊，王淑凤．2002 年 SCI 收录中国农业大学论文统计与分析．中国农业大学学报：社会科学版，2003（4）：89-92.

302. 王雁，凌毅，李晨英，塔娜．学位论文全文数据库建设与探索．现代图书情报技术，2003（4）：70-73.

303. 赵军．数字化进程中高校图书馆文献采访决策．农业图书情报学刊，2003（4）：47-49+59.

304. 王宝济，刘清水，秦京光，吕佳，杨文丽，陈国民．基于 TPI 的农业工程学科数字图书馆的研究与实践．现代图书情报技术，2003（5）：11-14.

305. 徐瑞清．中国粮机企业分布规律．农业图书情报学刊，2003（5）：40-41+56.

306. 宋燕菊，吴群．SCI 核心版收录的园艺学科核心期刊简介．农业图书情报学刊，2003（6）：147-149.

307. 王利萍．合并后高校图书馆难点问题的解决．农业图书情报学刊，2003（6）：95-97.

308. 左文革，潘薇，张权．网络环境下农业高校图书馆的信息服务．农业图书情报学刊，2003（6）：56-58.

309. 韩明杰，康实．OPAC 调查分析．情报杂志，2003（11）：87-89.

310. 韩明杰，张权．数字图书馆中电子商务技术的应用．情报杂志，2003（12）：30-31.

311. 李法虎，郭锦蓉．利用计算机辅助手段改善大学工科教学效果．中国农业大学学报：社会科学版，2003（4）：68-73.

312. 韩明杰，康实．CNMARC 到 USMARC 数据自动转换系统．现代图书情报技术，2003（S2）：34-36.

313. 康实，韩明杰，李晨英．在 Visual C++6.0 开发中实现日文汉字编辑．计算机应用，2003（S2）：330-331+343.

314. 韩明杰，康实．CALIS 日文文献联合编目系统中 Z39.50 技术应用．图书馆建设，2003，2003（增刊）：85-87.

315. 塔娜，李晨英，王雁．农书古籍数字化建设探索．图书馆建设，2003，2003（增刊）：40-42.

316. 焦艳平，SuHanfling，孙彩霞．大学图书馆在专业信息素养教育与信息服务中的新模式 -- 悉尼大学图书馆兽医学教育与信息服务的模式分析．大学图书馆学报，2003，21（6）：85-87+91.

317. 侯书林，孔建铭．弹齿式收膜机构运动数学模型．农业机械学报，2003，34（2）：141-142+145.

318. 郭佩玉，刘清水．饲料机械制造工业概况．中国饲料工业年鉴（2003）．北京：中国农业出版社，2003，62-65.

319. 王宝济，刘清水，管小冬，王鲁燕，王英芬．利用现代高新技术发展农业工程学科．学科发展蓝皮书（2003 卷）．北京：中国科学技术出版社，2003，93-97.

320. 王宝济，徐瑞清，杨文丽，陈国民．DC 元数据在学位论文数据库建设中的应用．情报杂志，2004（增刊）：56-58.

321. 高剑波，汪群．谈高校图书馆语音磁带的数字化保存及应用．农业图书情报学刊，2004（1）：61-62.

322. 孙玉玲，董晓玲．如何做好农业古籍编目工作．农业图书情报学刊，2004（1）：101-103.

323. 王玉虹．同样的明月 多样的情怀．语文世界，2004（1）：18.

324. 赵军．采访模型的建立和应用．农业图书情报学刊，2004（1）：23-26.

325. 潘薇，左文革，张权．学习型社会大学图书馆的功能转变．中国农业大学学报（社会科学版），2004（2）：89-92.

326. 徐瑞清，张永彤，黄庆．基于 TPI 的"农机产品与技术专题数据库"建设．中国农业大学学报（社会科学版），2004（3）：94-96.

327. 韩明杰，康实．基于 Z39.50 的 CALIS 日文文献联合编目系统查重技术．现代图书情报技术，2004（4）：66-68+84.

328. 焦艳平，SuHanfling，孙彩霞，宋燕菊．EndNote 个人参考文献图书馆简介与基本使用方法．现代图书情报技术，

2004（4）：82–84.

329. 杨晶 . 发展数字图书与生态环境保护的关系初探 . 图书馆研究与工作，2004（4）：35–36.

330. 王雁，沈佐锐 . 昆虫学相关电子期刊资源简介 . 昆虫知识，2004（5）：495–497.

331. 申继忠，王卓 . 农药行业信息资源建设与信息服务初探 . 新农药，2004（6）：53–58.

332. 张红萍，张法瑞 . 中国设施园艺的历史回顾与思考 . 农业工程学报，2004（6）：291–295.

333. 徐瑞清，李晨英 . “农业机械产品图片专题数据库”建设实践 . 现代图书情报技术，2004（7）：78–79.

334. 徐瑞清，王宝济 . 我国畜牧机械生产企业分布分析 . 山东农机，2004（12）：10–12.

335. 陈国民 . 论数字化图书馆建设 . 情报资料工作，2004（S1）：215–252.

336. 王淑凤，徐正一，王虹 .SCI 数据库引用《农业生物技术学报》文章的统计 . 农业生物技术学报，2004，12（5）：618–619+567.

337. 徐瑞清，王宝济 . 由“农业机械产品与技术系列专题数据库”建设谈起 . 上海高校图书情报工作研究，2004，14（1）：28–31.

338. 焦艳平，吴群，孙彩霞，张芩 . 从被SCI引证分析看《植物保护学报》的国际影响 . 中国科技期刊研究，2004，15（1）：48–50.

339. 白瑞雪 . 从我校博士生吸收国外文献的能力看我馆外刊馆藏建设 . 农业图书情报学刊，2004，15（4）：102–105.

340. 张红萍，郑学红，孙玉玲 . 数字化技术在农业古籍中的应用 . 农业图书情报学刊，2004，16（10）：33–35.

341. 白瑞雪 . 中文期刊库的管理与维护 . 农业图书情报学刊，2004，16（11）：115–116.

342. 耿劲松，王争鸣，杨学红，刘凤辰 . 大学生信息素质教育与高校图书馆 . 农业图书情报学刊，2004，16（11）：171–173.

343. 刘凤娟，刘元科 . 知识经济与高校图书馆人力资源建设 . 农业图书情报学刊，2004，16（11）：142–143+147.

344. 耿劲松，王鲁燕 . 高校图书馆为中小企业服务初探 . 农业图书情报学刊，2004，16（12）：55–57.

345. 潘薇，徐伟，左文革 . 科技查新工作中的文献信息资源保障 . 农业图书情报学刊，2004，16（12）：29–31+42.

346. 沈慧 . 浅谈我校图书馆声像室的现状与未来 . 农业图书情报学刊，2004，16（12）：84–85.

347. 孙玉玲，董晓玲，张红萍 . 图书馆藏书剔除的探讨 . 农业图书情报学刊，2004，16（12）：39–42.

348. 徐伟，白瑞雪，程春宁，赵军 . 试论采访模型的构建及其应用 . 农业图书情报学刊，2004，16（12）：32–34.

349. 杨学红，耿劲松 . 论高校图书馆开架阅览管理 . 农业图书情报学刊，2004，16（12）：78–80.

350. 吕佳 . 谈我馆在通识教育模式下的馆藏建设 . 农业图书情报学刊，2004，16（8）：37–38+46.

351. 李法虎，郭锦蓉 . 土壤水蚀中关于化学因素的研究现状和展望 . 农业工程学报，2004，20（5）：32–37.

352. 潘薇，左文革，孙彩霞，张权 . 高校文献检索课的目标定位与文献检索课的全面建设 . 图书馆建设，2004，2004（增刊）：191–193.

353. 许岩青，李晨英，王雁，吴开华 . 高校教学资源信息发布现状分析 . 图书馆建设，2004，2004（增刊）：45–47.

354. 刘凤娟，齐孟文 . 相关分析在图书流通计量分析中的应用 . 情报科学，2004，22（增刊）：115–116.

355. 韩明杰 . 从 Dublin Core 看 MARC. 情报杂志，2004，23（10）：112–113.

356. 焦艳平，孙彩霞，王淑凤 . 中外大学图书馆课程教学参考资料服务的比较研究 . 高校图书馆工作，2004，24（5）：29–32.

357. 杨有刚，刘迎春，刘迎洲，边宽江，胡耀华，鞠建伟 . 仿生式开沟机出土过程的运动学分析 . 农业机械学报，2004，35（2）：55–58.

358. 吴群，宋燕菊 .SCI 核心版收录的农学期刊 . 中国农业科技导报，2004，6（2）：77–80.

359. 塔娜，李晨英，王雁，许岩青 . 利用 TPI–Bookshop 工具制作电子书 . 情报资料工作，2004，S1：185–186+168.

360. 白瑞雪 . 从我馆外刊种数急剧下降看文献资源共享的紧迫性 . 进口期刊的现状及趋势 . 北京：世界图书出版社，2004，60–61.

361. 洪重阳，由振国 .WIDS 6.0--A Practical Expert System For Quick Weed Identification.Proceedings of the 15th International Plant Protection Congress，2004，604.

362. 王宝济，朱金诺，刘清水，徐瑞清，贺玢，王鲁燕，王英芬，雒庆生 .A Study of Literatures on Chinese Agricultural Engineering.COLLECTION OF EXTENT ABSTRACTS，2004 CIGR International Conference，2004，10-11.

363. 王晓兰 . 网络环境下高校信息咨询服务理念和方式的转变 . 知识管理与图书馆 . 北京：北京图书馆出版社，2004，219-222.

364. 王争鸣 . 提高图书采访质量与读者服务 . 信息学术研究（2004 年）. 北京：中国科学技术出版社，2004，173-175.

365. 贺玢，郑学红，张红萍，徐伟 . 高校图书馆合并后中文期刊采访问题及对策 . 图书馆建设，2005（1）：40-42.

366. 徐瑞清，王宝济，胡翠荣，周强 . 全国省（直辖市）属农机科研院所情况分析 . 中国农机化，2005（1）：17-20.

367. 师丽娟，盖宝川 . 国外参考咨询服务模式综述 . 图书馆建设，2005（2）：49-51.

368. 杜璟 . 浅谈中国农业机械化的现状与发展趋势 . 农业机械，2005（4）：60-61.

369. 韩明杰，周雪伟 . 从 MARC 看 Dublin Core. 四川图书馆学报，2005（4）：6-8.

370. 刘颖芳，寇建平 . 高效多熟种植模式的推广普及对保障粮食安全意义重大 . 农业科技管理，2005（6）：79-80.

371. 左文革，陈仕吉，孙彩霞 . 基于 Java Web 程序的“轻量级”MVC 实现 . 现代图书情报技术，2005（6）：20-22+75.

372. 洪重阳，李晨英，王雁，许岩青，塔娜 . 一种用于不同系统平台间 XML 格式元数据交换的实用方法 . 现代图书情报技术，2005（8）：16-19.

373. 张淑洁，杨晶，李雪原 . 信息素养教育与导读 . 农业图书情报学刊，2005（8）：109-111+129.

374. 陈国民，杨素平 . 筒子楼改造工程的设计与施工 . 建筑工人，2005（10）：4-5.

375. 喻乒乒，康实 .CALIS 编目员资格认证考试系统评析 . 现代图书情报技术，2005（10）：77-79.

376. 王利萍，辛志华，刘金梅 . 图书馆信息服务工作的拓展与实践 . 农业图书情报学刊，2005（12）：47-49.

377. 周雪伟，王爱姣，宋燕菊 . 高校图书馆合并后书目数据库建设问题与对策 . 农业图书情报学刊，2005（12）：19-21.

378. 王宝济 . 在两用人才培训中计算机应用课程的教学实践 . 中国职业技术教育，2005（15）：41-43.

379. 李道亮，王宝济 .Artificial intelligence applications and innovations： IFIP TC12 WG12.5 - Second IFIP Conference on Artificial Intelligence Applications and Innovations （AIAI2005）， September 7-9， 2005， Beijing， China.IFIP Advances in Information and Communication Technology，2005.

380. 杨晶，张淑洁，田彩琴 . 基于调查的“个性化”教学用书信息服务 . 以人为本 服务创新 . 北京：北京图书馆出版社，2005，：255-259.

381. 左文革，袁永翠 . 中国农业大学图书馆“教育部科技查新工作站”. 中国农业大学学报，2005，10（4）：26-26.

382. 左文革，潘薇，张权，韩明杰，徐伟，康实，刘清水，王鲁燕，李晨英 . 发展中的中国农业大学图书馆 . 中国农业大学学报，2005，10（4）：19-25.

383. 喻浩，陈仕吉 . 基于 SNMP 的高校图书馆公共机房计费系统设计与实现 . 农业图书情报学刊，2005，17（3）：17-19.

384. 郭洋，刘清水 . 我国农业机械化工程文献收录现状分析 . 农业图书情报学刊，2005，17（1）：115-117.

385. 姜雪琴，乔春晓 . 图书馆信息咨询服务的实践与创新 . 农业图书情报学刊，2005，17（10）：41-43.

386. 孙彩霞，左文革，焦艳平 . 威斯康星大学系统调研报告 . 农业图书情报学刊，2005，17（10）：168-175.

387. 张淑洁，杨晶，李雪原，张权 . 图书馆教育与管理——如何对待图书馆中读者的违规行为 . 农业图书情报学刊，2005，17（10）：107-110.

388. 雒庆生，刘金梅 . 浅议高校图书馆办公室工作 . 农业图书情报学刊，2005，17（11）：84-85.

389. 王爱姣，周雪伟 . 高校图书馆藏书资源的来源及扩充途径 . 农业图书情报学刊，2005，17（11）：31-33.

390. 耿劲松，王争鸣，陈兰贞. 开展调查研究 坚持服务“三农”. 农业图书情报学刊，2005，17（12）：53–55.

391. 张淑洁，杨晶，田彩琴. 高校图书馆年鉴编辑体会. 农业图书情报学刊，2005，17（12）：166–167+170.

392. 郑广翠，王鲁燕，李道亮. 关于我国基层农业信息服务模式的几点思考. 农业图书情报学刊，2005，17（12）：194–197.

393. 潘薇，张权. 农业信息机构的核心竞争力与农业信息服务. 农业图书情报学刊，2005，17（2）：178–180.

394. 张权，李晨英. 新时期高校图书馆馆长职责探索. 农业图书情报学刊，2005，17（2）：124–126.

395. 吕佳，王宝济. 数字图书馆与高校学位论文资源的数字化应用. 农业图书情报学刊，2005，17（3）：34–35+64.

396. 杨学红，郭渝碚，刘凤辰. 高校图书馆组织机构改革. 农业图书情报学刊，2005，17（3）：76–78.

397. 焦艳平，孙彩霞，左文革，尚文娟. 澳大利亚国内大学排名及优势学科分布. 农业图书情报学刊，2005，17（4）：172–176.

398. 陈仕吉，喻浩，康实. 西文全文电子期刊导航系统的设计与实现. 农业图书情报学刊，2005，17（5）：20–22.

399. 王鲁燕，姜建城. 图书馆资源共享服务模式的探索与实践. 农业图书情报学刊，2005，17（5）：67–69.

400. 杨学红，郭渝碚，陈妍，刘凤辰. 高校电子阅览室应成为信息素质教育的重要课堂. 农业图书情报学刊，2005，17（6）：142–144.

401. 徐伟，潘薇，左文革，张权. 农业外文文献资源共建共享模式探讨. 农业图书情报学刊，2005，17（7）：14–16.

402. 杨学红，邓洪玲，郭渝碚. 中文期刊刊次号的编制. 农业图书情报学刊，2005，17（7）：162–164.

403. 王卓. CALIS 联合目录数据库重复数据产生的原因和对策. 农业图书情报学刊，2005，17（8）：142–144.

404. 徐瑞清，王宝济，杨文丽，陈国民. TPI 保障下的高校数字化图书馆建设. 农业图书情报学刊，2005，17（8）：28–29+33.

405. 左文革，巢国正，潘薇. 网络环境下高校图书馆员的信息素质教育. 农业图书情报学刊，2005，17（8）：122–123+152.

406. 郭渝碚，邓红玲，杨学红，刘凤辰. 库存本阅览室与外借库的合并管理. 农业图书情报学刊，2005，17（9）：47–49.

407. 雒庆生. 高校图书馆员的信息素质探讨. 农业图书情报学刊，2005，17（9）：114–115+119.

408. 周雪伟，韩明杰，倪红华. 影响中文期刊编目数据质量的若干因素及对策. 农业图书情报学刊，2005，17（9）：159–161+164.

409. 杨晶，张淑洁，徐伟，田彩琴. 如何做好高校图书馆教学参考文献保障工作. 烟台大学学报（哲学社会科学版），2005，18（增刊）：369–370.

410. 张淑洁，潘薇，杨晶，田彩琴. 对我国妇女在家庭中地位变迁的思考. 烟台大学学报（哲学社会科学版），2005，18（增刊）：202–203.

411. 田彩琴，张权，张淑洁. 高校图书馆管理创新. 当代生态农业，2005，2005（Z1）：140–142.

412. 陈国民，徐瑞清，王宝济，杨文丽. 数字图书馆的发展方向. 情报资料工作，2005，2005（年刊）：267–268.

413. 高剑波. 高校图书馆随书光盘管理和使用探析. 情报资料工作，2005，2005（年刊）：263–264.

414. 黄庆，张永彤. 高校图书馆学科馆员的工作职责及素养分析. 图书馆建设，2005，2005（年刊）：122–123.

415. 刘凤娟，齐孟文. 全开架图书馆图书丢失的统计调查方法. 情报资料工作，2005，2005（年刊）：362–362.

416. 王爱姣，程春宁. 图书馆经济效益探讨. 大学图书情报学刊，2005，2005（年刊）：6–7.

417. 王卓. 掌握 CNMARC 字段间的关系 提高书目数据质量. 情报杂志，2005，2005（年刊）：101–102.

418. 张红萍，孙玉玲. 馆藏文献建设中的采访与剔除工作. 大学图书情报学刊，2005，2005（年刊）：82–83.

419. 雒庆生，辛志华. 高校图书馆随书光盘的管理利用模式. 图书馆建设，2005，2005（增刊）：143–144.

420. 田彩琴，张淑洁，贾尧风. 图书馆在大学生个体社会化过程中的作用. 图书馆建设，2005，2005（增刊）：264–265.

421. 田彩琴，张淑洁，杨晶 . 高校图书馆设备维护与管理 . 图书馆建设，2005，2005（增刊）：170–172.

422. 张红萍，潘薇 . 数字化时代图书馆采访策略的转变 . 中国图书馆学报，2005，2005（增刊）：108+125.

423. 张淑洁，田彩琴，杨晶 . 西文书回溯编目与农业研究文献保障 . 图书馆建设，2005，2005（增刊）：143–144.

424. 周秀芹 . 浅议互联网对图书馆馆藏发展的影响 . 情报杂志，2005，2005（增刊）：123–124.

425. 周秀芹 . 网络信息时代的图书馆咨询服务 . 情报杂志，2005，2005（增刊）：139–140.

426. 周雪伟，黄兴建，孙凤录 . 中文图书分类标引的实际问题及对策 . 图书馆建设，2005，2005（增刊）：139–140.

427. 周雪伟，宋燕菊，倪红华 . 图书馆合并后的书目数据库建设 . 图书馆建设，2005，2005（增刊）：80–81.

428. 杨晶，田彩琴，张玉兰 . 数字图书与生态环境保护 . 当代生态农业，2005，2005（增刊 1）：17–19.

429. 张亚中，朱艳梅 . 中国农业科技创新体系建设思路与对策研究 . 中国农学通报，2005，21（11）：441–443.

430. 田彩琴 . 硬盘分区故障引起的数据安全解决策略 . 莱阳农学院学报，2005，22（增刊）：89–91.

431. 张淑洁，潘薇，杨晶，田彩琴，周圣坤 . 小规模农户对农业技术采用的经济学分析——来自河北的案例 . 莱阳农学院学报，2005，22（增刊）：106–108.

432. 刘颖芳，陈阜，寇建平，郭瑞华，徐哲 . 我国主要粮食产区农民技术推广培训状况研究 . 农业科技管理，2005，24（3）：17–19+24.

433. 罗长寿，周丽英 . 改进遗传算法的神经网络模型研究 . 情报杂志，2005，24（5）：65–66.

434. 杜璟，巢国正 . 做好剪报服务 支持高校发展 . 情报理论与实践，2005，28（年刊）：83–85.

435. 刘凤娟，刘元科，康实 . 读者借阅倾向的计量分析 . 情报理论与实践，2005，28（年刊）：61–63.

436. 杜璟，李道亮 . 基于 Web 的农业机械化发展决策支持系统 . 农业机械学报，2005，36（5）：53–56.

437. 徐瑞清，周强，王书茂 . 蝗虫灾害的机械化捕集治理技术发展 . 农业机械学报，2005，36（11）：165–167+180.

438. 雒庆生，周雪伟，朱金诺 . 高校数字图书馆的构想 . 华北高校图协二十年——第十九届学术年会论文（文章）选集 . 北京：机械工业出版社，2005，121–124.

439. 王宝济，徐瑞清，朱金诺，雒庆生，陈国民，杨文丽，辛志华，王鲁燕，刘清水 .STUDY ON APPLICATIONS OF WEB MINING TO DIGITAL LIBRARY.Artificial Intelligence Applications and Innovations Ⅱ，2005，777–787.

440. 贺玢，郑学红 . 关于使用 ILASII 连续出版物管理子系统对多版化期刊管理的几点建议 . 农业图书情报学刊，2006（1）：170–172.

441. 焦艳平，陈阜，唐衡，李奇峰，张海林 . 我国主要农作区粮食产量贡献率分析 . 作物杂志，2006（1）：17–20.

442. 刘凤娟，齐孟文 . 图书情报研究论文写作体会点滴 . 图书馆论坛，2006（1）：218–219.

443. 王晓兰，朱金诺，姜雪琴 . 浅谈有关产品研究开发课题科技查新中的文献检索途径 . 图书馆论坛，2006（1）：200–201.

444. 徐瑞清，李晨英，周强，辛志华 . 畜牧机械生产企业及其对农民收入影响的分析 . 农业装备与车辆工程，2006（1）：49–52.

445. 杜璟 . 发展农机合作组织 促进农民增收 . 农业机械，2006（2）：118–119.

446. 刘凤辰，朱金诺，陈兰珍 . 论图书馆统计分析的必要性 . 四川图书馆学报，2006（2）：35–36.

447. 王永进，刘金梅，辛志华 . 在不同校区图书馆之间建立动态典藏机制的探讨 . 大学图书馆学报，2006（2）：70–72+75.

448. 彭涛，卢凤君，刘清水 . 我国农业产业化龙头企业的发展趋势及其对策 . 中国科技论坛，2006（3）：92–94+123.

449. 沙淑欣，孙树娇 . 论复合图书馆时代分类语言的兼容性 . 图书馆理论与实践，2006（3）：28–30.

450. 刘利永，王鲁燕，李道亮 . 我国西部地区农业与农村信息化的建设策略 . 农业网络信息，2006（4）：4–6

451. 赵锦辉，焦艳平 . 普通高等学校图书馆用户参与式评估指标体系研究 . 中国农业大学学报（社会科学版），2006（4）：97–99.

452. 蒋振山，张利珍，刘凤辰 . 废旧轮胎的处理及综合利用 . 能源与环境，2006（5）：38–41.

453. 白亚明 . 探讨高校图书馆在接收与利用学生赠书工作中应起的作用 . 农业图书情报学刊，2006（6）：32–35.

454. 白亚明 . 当前农机市场的特点 . 现代农业装备，2006（6）：23–24.

455. 林中华，闫洪春，车广宇 . 谈网络环境下高校图书馆的教育职能 . 技术与创新管理，2006（6）：38–39.

456. 杨晶，张淑洁，田彩琴，方小勇 . 基于调查的“个性化”教学用书信息服务 . 图书馆理论与实践，2006（6）：116–118.

457. 白瑞雪，张淑琴，程春宁 . 论高校图书馆外文期刊的催询补缺 . 农业图书情报学刊，2006（7）：61–62.

458. 韩明杰，张淑洁 . 论科技图书在建设社会主义新农村中的作用 . 全国新书目，2006（7）：18–19.

459. 洪重阳，洪重光，田彩琴，程春宁 .MARC 数据转入 ODBC 可访问数据库中的通用转换系统 . 图书情报工作，2006（7）：99–101+41.

460. 张淑洁，刘元科，康实 . 高校图书馆建筑特色及其人文关怀 . 农业图书情报学刊，2006（7）：87–89.

461. 张淑洁，王永进，朱艳梅 . 浅析高校图书馆人力资源建设中的绩效考评工作 . 农业图书情报学刊，2006（8）：109–110.

462. 陈仕吉，张晓林，左文革 . 基于 OAI 的农业信息集成检索系统的设计与实现 . 现代图书情报技术，2006（10）：21–24.

463. 张宇，李海，孔建铭 . 蛋源无血清培养基培养鸡类囊胚和鸡、人成纤维细胞的研究 . 黑龙江畜牧兽医，2006（11）：16–18.

464. 王利萍，胡桂兰，辛志华，陈兰珍，赵明芳 . 国际三大检索系统收录分析与投稿指南 . 农业图书情报学刊，2006（12）：131–132+168.

465. 王卓 . 西文图书编目正题名选取的常见问题分析 . 农业图书情报学刊，2006（12）：187–190.

466. 杨晶，韩明杰，田彩琴 . 大力推进图书馆数字化建设 保护林木资源与生态环境 . 林业经济，2006（12）：65–66.

467. 李晨英，谢琴芳，喻爽爽，韩明杰 .CALIS 日本語書誌作成と典拠コントロールの全面的实现：CALIS 共同目録のオンライン典拠コントロールシステムについて . 大学图书馆研究（日），2006（77）：51–59.

468. 黄庆，张永彤，盖宝川，胡桂兰 . 由 CABI 文摘期刊历史谈《中国农业文摘》的现状与发展 . 情报学报，2006（S1）：256–257.

469. 孙会军，孙令强，王倩 . 苯甲酸、肉桂酸对西瓜幼根生长、显微及超微结构的影响 . 华北农学报，2006（S1）：77–80.

470. 张淑洁，杜杏叶 . 高校图书馆数字资源建设与共享 . 情报学报，2006（S1）：143–145.

471. 倪红华，潘薇，周雪伟 . 农业高校图书馆参与农业信息服务的策略 . 农业图书情报学刊，2006，18（3）：38–40.

472. 倪红华，周雪伟，宋燕菊 . 丛书的分类、著录与检索 . 农业图书情报学刊，2006，18（3）：167–169.

473. 杨学红，王鲁燕 . 高校图书馆流通统计指标 . 农业图书情报学刊，2006，18（8）：87–88.

474. 张淑洁，刘凤娟，蔡琦 . 图书馆统计标准化研究 . 情报理论与实践，2006，2006（年刊）：166–169.

475. 张淑洁，刘元科，蔡琦 . 高校图书馆教学参考文献保障模式探讨 . 图书馆建设，2006，2006（增刊）：47–48.

476. 程春宁，王新菊，朱艳梅 . 如何推进图书馆信息资源的共建共享 . 莱阳农学院学报（自然科学版），2006，23（增刊）：155–156+158.

477. 田彩琴，杨晶，朱艳梅 . 高校图书馆电子阅览室的管理与服务 . 莱阳农学院学报（自然科学版），2006，23（增刊）：159–160.

478. 杨晶，田彩琴，张淑琴 . 高校图书馆剪报服务的传播学意义及实践——记本馆校外媒体报道 . 莱阳农学院学报，2006，23（增刊）：157–158.

479. 张红萍，李雪原 . 关注农村阅读 构建和谐社会 . 图书馆建设，2006，增刊：3–4.

480. 张红萍，徐伟 . 从采访角度理解《关于网络环境下著作权问题的声明》. 中国图书馆学报，2006，增刊：129–130.

481. 张红萍 . 和谐社会与图书馆面向社会服务 . 图书馆建设，2006，增刊：15–17.

482. 左文革，巢国正，孙彩霞 . 高校教师信息素质的现状与对策 . 图书情报工作，2006，增刊：227–228.

483. 潘淑春，喻浩 . 数字图书馆建设及其运行模式研究 . 农业网络信息，2007，11：93–95.

484. 额尔敦木图，陈耀星，王子旭，李俊英，曹静，贾六军，巢国正 . 单色光对蛋鸡产蛋高峰期的影响 . 中国农业大学学报，2007（1）：56–60.

485. 刘颖芳，胡桂兰，寇建平 . 大力发展绿色证书培训 建立农民培训长效机制 . 农业科技管理，2007（2）：64–65.

486. 倪红华，谢燕，周雪伟 . 文献标引与读者检索心理现代情报，2007（2）：144–146.

487. 倪红华，周雪伟，宋燕菊 . 高校图书馆电子资源与印本资源的优化配置 . 图书馆工作与研究，2007（2）：31–33（CSSCI）.

488. 乔春晓，姜雪琴，胡桂兰 .Wurman 信息构建实践对图书馆信息服务的启示 . 图书馆论坛，2007（2）：142–143+48（CSSCI）.

489. 张淑洁，杜杏叶，汪群 . 科学中的问题、理论与数据——论析情报学研究中的几个原则 . 现代情报，2007（4）：32–34.

490. 倪红华，康实，刘凤娟 . 浅析网络环境下的编目工作四要素 . 兰台世界，2007（6）：69–71.

491. 孙会军，王倩 . 苯甲酸、肉桂酸对西瓜根细胞保护酶及膜透性的影响 . 西北农业学报，2007（6）：142–145.

492. 王鲁燕，刘清水，姜建城，郑广翠，刘利永，蒯慧 . 社会主义新农村建设中乡镇图书馆可持续发展对策 . 农业图书情报学刊，2007（6）：171–174.

493. 王淑凤 . 我校论文入选首届“中国百篇最具影响优秀国际、国内学术论文”. 中国农业大学学报，2007（6）：38.

494. 杨晶，介凤，史丽文 . 高校教学参考书调查及其信息库建设 . 图书馆理论与实践，2007（6）：96–97（CSSCI）.

495. 陈妍，胡桂兰，孙树娇 . 开展文献传递服务 提高外文期刊室工作水平 . 农业图书情报学刊，2007（9）：45–46.

496. 额尔敦木图，陈耀星，王子旭，李俊英，曹静，贾六军，巢国正 . 单色光对产蛋鸡血清中 LH 和 FSH 含量的影响 . 中国农业科学，2007（9）：2079–2083.

497. 李雪原，张红萍 . 和谐图书馆的内涵及构建策略 . 农业图书情报学刊，2007（9）：76–77.

498. 喻浩，潘薇（中国标准化研究院标准馆）. 数字图书馆支撑技术及其发展 . 农业网络信息，2007（9）：101–103+130.

499. 田彩琴 . 浅谈电子阅览室的功能拓展与优质服务 . 农业图书情报学刊，2007（10）：64–65+122.

500. 张宇（农业部畜禽遗传育种重点开放实验室），李海（农业部畜禽遗传育种重点开放实验室），孔建铭，韩登桥（黑龙江畜牧兽医职业技术学院），连正兴（农业部畜禽遗传育种重点开放实验室）. 肌肉发生相关基因的网络调控研究 . 黑龙江畜牧兽医，2007（10）：24–26.

501. 田彩琴 . 和谐社会构建进程中的图书馆：角色与对策 . 农业图书情报学刊，2007（11）：119–123.

502. 王英芬，刘清水 . 农业机械化学科网络信息资源组织模式研究 . 农业图书情报学刊，2007（11）：30–31+55.

503. 李静，刘龙献，孙海燕 . 高校人事档案系统服务满意度指标体系设计及服务改进方法分析 . 农业图书情报学刊，2007（12）：83–85+89.

504. 田彩琴 . 高校电子阅览室管理之我见 . 农业图书情报学刊，2007（12）：51–54.

505. 王英芬，刘清水 . 农业机械化学科网络信息资源研究 . 农业图书情报学刊，2007（12）：116–118.

506. 张晗，巢国正，滕可导 . 显微镜下的美丽新世界——动物组织胚胎学实验教带体会 . 科技咨询导报，2007（19）：4–5.

507. 焦艳平，赵锦辉，张玉兰 . 澳大利亚国家学位论文数据库建设与服务模式及对我们的启示 . 数字图书馆论坛，2007（8）：65–69.

508. 焦艳平，孙彩霞，左文革，尚文娟 . 澳大利亚教育体制和悉尼大学研究生教育给我们的启示 . 农业图书情报学刊，2007，19（1）：174–176+ 封 3.

509. 赵荣，潘薇 . 两级传播理论在情报用户研究中的引入 . 农业图书情报学刊，2007，19（2）：22–24.

510. 潘薇，左文革，袁永翠 . 中国农业大学校内文献资源共享机制研究 . 农业图书情报学刊，2007，19（11）：41–44+80.

511. 王宝济，朱金诺，徐瑞清，雒庆生，刘清水 .Innovation in agricultural digital library services based on Web 2.0.NEW ZEALAND JOURNAL OF AGRICULTURAL RESEARCH，2007，50（5）：1255–1260（SCI）.

512. 王卓，谢燕 . 利用 WorldCat 书目信息快速进行西文编目 . 农业图书情报学刊，2008，7：39–42.

513. 谢燕，王卓 . 西文回溯编目常见问题分析及对策 . 农业图书情报学刊，2008，10：67–69.

514. 路军 . 住房保障新政及各地实践 . 上海房地，2008（1）：22–24.

515. 杨直民 . 深情怀念王毓瑚先生诲人不倦、刻意求新的治学精神 . 农业考古，2008（1）：272–276.

516. 张淑洁，杜杏叶，陈胜林 . 图书馆服务理念及模式构建研究 . 四川图书馆学报，2008（1）：55–57.

517. 周丽英，左文革 . 我国信息咨询人才培养刍议 . 农业网络信息，2008（1）：4–6.

518. 涂志强，杨敏丽，师丽娟 . 不同区域农民购置农业机械能力的实证研究 . 中国农机化，2008（3）：3–9.

519. 王淑凤，郭霞，史丽文，徐正一 .《农业生物技术学报》论文被 SCI 引用分析 . 农业生物技术学报，2008（3）：545–546.

520. 夏凡，郜向荣 . 加拿大图书馆界为残疾人服务之现状及启示 . 图书馆建设，2008（3）：100–101.

521. 郜向荣，侯玮辰，王子舟 . 北京市农民工知识能力及对图书馆需求的调查报告 . 图书馆，2008（4）：4–10（CSSCI）.

522. 王永进，张淑洁，汪群，李雪原 . 用帕累托法则对读者留言的分析研究 . 图书馆工作与研究，2008（4）：78–81（CSSCI）.

523. 张红（研究生院），李晨英 . 我国高校研究生院招生信息发布现状探析 . 中国科教创新导刊，2008（4）：18–19.

524. 倪红华，黄兴建，周雪伟 . 优化管理：提高随书光盘资源利用率 . 农业图书情报学刊，2008（5）：175–177.

525. 孙会军，孙修堂 . 关于西葫芦病毒病的一些新观点 . 长江蔬菜，2008（5）：29–30.

526. 杨杰，王鲁燕，李道亮 . 提高我国农民信息素养水平的思考 . 农业网络信息，2008（6）：75–78.

527. 喻浩，潘薇（中国标准化研究院标准馆），王鹭飞 . 农业学科信息门户的发展特点及其模式研究 . 农业网络信息，2008（8）：38–41.

528. 宋燕菊，倪红华，周雪伟 . 我馆中文期刊回溯建库工作实践 . 兰台世界，2008（10）：65–66.

529. 白瑞雪 .ILAS 系统应用于外文期刊催询处理中的问题及对策 . 图书馆工作与研究，2008（12）：59–60（CSSCI）.

530. 喻浩，潘薇（中国标准化研究院国家标准馆）. 世界农业信息与技术发展及其对策——参加世界农业信息与技术大会的若干思考 . 农业网络信息，2008（12）：45–48.

531. 张晗，赵琪，王瑞玲，王磊，巢国正，滕可导 . 不同日龄仔猪小肠肌间神经元类型的研究 . 中国农业大学学报，2008，13（1）：67–70.

532. 贺玢，李晨英 . 基于实例的特色库建设比较研究 . 农业图书情报学刊，2008，20（2）：26–28+38.

533. 周丽英，韩明杰 . 高校竞争情报系统的分析与设计 . 农业图书情报学刊，2008，20（3）：91–93.

534. 贺玢，韩明杰 . 在期刊多版化的趋势下做好期刊编目工作的几点建议 . 农业图书情报学刊，2008，20（9）：50–53.

535. 李平，李青（浙江绍兴文理学院图书馆），叶梦琪 . 我国农林高等院校改名之探讨 . 中国农业大学学报（社会科学版），2008，25（2）：97–102.

536. 陈仕吉，袁永翠，左文革 . 基于网络信息环境的信息检索课教改实践与探索 . 图书馆杂志，2008，27（11）：67–71（CSSCI）.

537. 张红萍 .ILAS Ⅱ中服务于采访分析的统计功能探讨 . 情报资料工作，2008，增刊：41–43.

538. 黄庆 . 打造精品科技期刊对编辑工作者思维能力的要求 . 农业图书情报学刊，2009，08：145–147.

539. 陈仕吉，史丽文，左文革 .e-Science 环境下复合数字对象研究 . 现代图书情报技术，2009（2）：33–38（CSSCI）.

540. 何欣，左文革，陈仕吉 .HighWire 运营模式分析及对图书馆的启示 . 图书馆建设，2009（3）：36–39（CSSCI）.

541. 潘薇，武德银，刘志峰（秦皇岛职业技术学院经济系）. 基于生态位理论的信息生态系统研究 . 情报探索，2009（4）：3-6.

542. 倪红华，宋燕菊，喻浩，周雪伟 . 中文期刊资源导航系统的设计与实现 . 现代情报，2009（5）：107-110.

543. 陈仕吉，王小梅 . 基于 C-value 与 TF-IDF 的文献簇主题识别研究 . 情报学报，2009（6）：821-826.

544. 陈慧萍，王玉虹，王玉斌 . 发达国家兽药管理体制及其经验 . 世界农业，2009（7）：1-3.

545. 陈仕吉 . 科学研究前沿探测方法综述 . 现代图书情报技术，2009（9）：28-33（CSSCI）.

546. 喻浩，潘薇（国家标准化研究院）. 国际组织农业开放获取文献资源现状 . 农业网络信息，2009（10）：60-63.

547. 焦艳平，潘薇，左文革，孙彩霞 . 当前形势下高校图书馆科技查新服务的新特点与新对策——以中国农业大学图书馆为例 . 农业网络信息，2009，-1：72-74+77.

548. 朱艳梅 . 浅谈高校图书馆主页的制作 . 当代生态农业，2009，18（Z1）：211-212.

549. 孙彩霞，史丽文，焦艳平 . 高校图书馆开展科学研究基金信息咨询服务模式研究 . 图书馆建设，2009，2009（6）：48-51（CSSCI）.

550. 田彩琴，韩明杰 . 图书馆计算机资源的高效管理与合理利用 . 农业图书情报学刊，2009，21（1）：176-177+201.

551. 唐德勇，左文革，刘清水 . 参考咨询接谈技巧刍议 . 农业图书情报学刊，2009，21（2）：180-183.

552. 贺玢，刘清水，耿劲松，姜建城（海淀区图书馆），王鲁燕 . 北京农村社区图书馆发展现状分析 . 农业图书情报学刊，2009，21（9）：5-8.

553. 孙树娇，王翠芬，胡桂兰 . 现代远程教育中的协作学习设计 . 农业图书情报学刊，2009，21（9）：136-138.

554. 王英芬 .MARC 格式组织网络信息资源的优缺点研究 . 农业图书情报学刊，2009，21（9）：58-60.

555. 王英芬 . 我国农业机械化文献信息资源现状与发展趋势 . 农业图书情报学刊，2009，21（10）：22-24.

556. 许岩青 . 农业高等院校机构知识库构建初探 . 农业图书情报学刊，2009，21（10）：25-28.

557. 黄庆 . 高校图书馆数字参考咨询工作探析 . 农业图书情报学刊，2009，21（11）：85-87.

558. 王英芬 . 元数据模式组织网络信息资源研究 . 农业图书情报学刊，2009，21（11）：50-52.

559. 刘金梅 . 农科专业大学生阅读倾向分析及对策 . 农业图书情报学刊，2009，21（12）：7-10.

560. 王英芬 . 超文本 / 超媒体模式组织网络信息资源研究 . 农业图书情报学刊，2009，21（12）：43-45.

561. 李晨英，韩明杰 . 数字时代联合目录的发展方向——日本 NACSIS-CAT 发展研究报告简介 . 大学图书馆学报，2009，27（4）：67-70（CSSCI）.

562. 乔春晓，袁永翠 . 基于信息构建的我国网站建设研究 . 现代情报，2009，29（1）：49-51.

563. 倪红华，周雪伟，左文革 . 论高校图书馆与院系资料室资源的整合 . 现代情报，2009，29（7）：135-137+143

564. 潘薇（中国标准化研究院国家标准馆），喻浩 . 文献信息知识组织与内容揭示方法探究 . 江西图书馆学刊，2009，39（3）：46-48.

565. 王雅晶 .Effect of dry matter intake on visceral organ mass, cellularity, and the protein expression of ATP synthase, Na+/K+-ATPase, proliferating cell nuclear antigen and ubiquitin in feedlot steers.CANADIAN JOURNAL OF ANIMAL SCIENCE, 2009, 89 (2): 253-262.

566. 张红萍 . 开架管理模式下中文图书利用率统计研究 . 图书情报工作，2009，S2：58-60+66.

567.Luo, Changshou; Wei, Qingfeng; Zhou, Liying; Zhang, Junfeng; Sun, Sufen. Prediction of vegetable price based on neural network and genetic algorithm [C]. IFIP Advances in Information and Communication Technology, 2010, 3: 672-681 (EI).

568. 徐瑞清，王宝济，杨文丽，陈国民 ."农业机械样本专题数据库"建设 . 河北农机，2010（3）：15-16.

569. 臧琳，韩明杰，杨国栋，李晨英 . 我国机构知识库研究现状分析 . 图书馆工作与研究，2010（4）：16-20.

570. 田彩琴 . 浅谈高校图书馆馆员职业素养与优质服务 . 中国成人教育，2010（6）：58-59.

571. 师丽娟 . 贯彻新国标，规范高校图书馆统计工作 . 标准科学，2010（10）：48-51.

572. 贺玢，于尧 . 浅谈农业信息化推广的误区及对策措施 . 投资与合作，2010（11）：117+119.

573. 张红萍 . 基于长尾理论的按需出版浅谈 . 编辑之友，2010（12）：26–27.

574. 张红萍 . 中小型图书馆如何应对云计算环境的到来 . 教学与管理，2010（12）：26–27.

575. 赵红，郑殷恬，吕贻忠，袁丽伟，曾宪楠 . 免耕与常规耕作下黑土腐殖酸含量与结构的差异 . 生态环境学报，2010，19（5）：1238–1241.

576. 李智英 . 浅谈中文图书编目中常用的查重方法及实际应用 . 科技情报开发与经济，2010，20（17）：30–32.

577. 李智英 . 浅谈影响图书馆编目工作效率的因素 . 科技情报开发与经济，2010，20（21）：38–40.

578. 师丽娟 . 美国高校信息素养教育的发展与启示 . 科技情报开发与经济，2010，20（34）：113–116.

579. 焦艳平，左文革，赵锦辉，史丽文 . 中国农业大学研究型用户使用 Elsevier 全文数据库的行为特征分析 . 农业图书情报学刊，2010，22（2）：5–7+15.

580. 杜璟，李道亮，李洪文 . 我国农业信息网站评价体系研究 . 江西农业学报，2010，22（3）：191–193.

581. 原顺梅，徐伟，左文革 . 学校图书馆向学生提供心理咨询服务探析 . 农业图书情报学刊，2010，22（1）：207–210.

582. 唐向军 . 热心服务，做好图书馆的图书借阅工作 . 农业图书情报学刊，2010，22（10）：149–150.

583. 徐瑞清，王宝济，杨文丽，陈国民 . 高校机构知识库的构建与我馆的建设实践 . 农业图书情报学刊，2010，22（10）：35–37.

584. 喻浩 . 国外农业开放获取信息资源现状与发展概述 . 农业图书情报学刊，2010，22（3）：21–24.

585. 宫玉雯，王鲁燕 .2005—2008 年我国图书情报学 Web2.0 研究热点分析 . 农业图书情报学刊，2010，22（4）：56–59+72.

586. 贺玢，王英芬，唐德勇，雒庆生，刘清水 . 图书馆知识管理中隐性知识的流动和转化研究 . 农业图书情报学刊，2010，22（4）：217–221.

587. 洪重阳，李晨英 . 巧用多系统数据处理功能实现不同系统间数据转换的实用技巧 . 农业图书情报学刊，2010，22（5）：9–13.

588. 齐孟文，刘凤娟 . 关于学术期刊影响因子的本质意义、应用及其局限性评述 . 农业图书情报学刊，2010，22（5）：244–246.

589. 田彩琴 . 局域网病毒分析与安全体系的建立 . 农业图书情报学刊，2010，22（5）：67–68+78.

590. 田彩琴 . 网络环境下的信息化建设——信息化在新农村的地位和作用 . 农业图书情报学刊，2010，22（6）：56–57.

591. 唐向军，刘凤娟 . 中国农业大学图书馆图书预约服务中存在的问题及改进的思考 . 农业图书情报学刊，2010，22（7）：241–242.

592. 师丽娟 . 信息共享空间建设的影响因素及对策 . 甘肃科技，2010，26（20）：98–102.

593. 李晨英，杨国栋，臧琳，韩明杰 . 机构知识库收录期刊论文涉及著作权问题的解决途径探讨 . 大学图书馆学报，2010，28（1）：74–79（CSSCI）.

594. 杜璟，雒庆生 . 图书馆信息化支撑系统研究 . 图书馆学刊，2010，32（10）：9–11（CSSCI）.

595. 张红萍 . 农业古籍版本择用探析 . 安徽农业科学，2010，38（30）：17229–17230+17307.

596. 张红萍 . 农民信息素养教育之社会责任 . 安徽农业科学，2010，38（33）：19223–19224+19228.

597. 杨国栋，李晨英，韩明杰，臧琳 .Dspace 新一代 WEB 界面 Manakin 的研究与实现 . 图书情报工作，2010，54（1）113–116（CSSCI）.

598. 潘薇 ."长尾理论"与图书馆学术信息资源聚合 . 图书情报工作，2010，增刊（2）：82–85.

599. 杜璟，李道亮，李洪文 .Grey evaluation model of rural informatization level.2010 World Automation Congress, WAC 2010, 2010, 371–376.

600. Li Chenying; Han Mingjie; Hong Chongyang; Wang Yan; Xu Yanqing, and Cheng Chunning, Building a Sustainable Institutional Repository, D–Lib Magazine, 2011, 7.

601. 刘元科，刘凤娟，孙凤录．互联网环境下图书馆中文期刊建设的实际调查研究——以中国农业大学图书馆为例．四川图书馆学报，2011（1）：64–65.

602. 魏同洋，靳乐山，赵勇．区域经济与农民收入地区差距比较分析——基于 2000 年—2008 年面板数据．新疆农垦经济，2011（1）：42–46.

603. 师丽娟．我国高校图书馆队伍建设现状调查与分析．图书馆，2011（5）：107–117.

604. 张红萍．图书馆如何应对云计算环境的到来．图书馆理论与实践，2011（5）：25–26（CSSCI）.

605. 赵勇，郭占锋．从社会资本理论视角透视少数民族村庄的发展——基于一个东北赫哲族村庄的田野观察．西南民族大学学报（人文社会科学版），2011（5）：42–46.

606. 何秀荣，赵勇．当前国内大豆形势分析与思考．大豆科技，2011（6）：1–3.

607. 刘凤娟．基于 LibQUAL+TM 的我国图书馆服务质量评价体系和方法研究．图书馆建设，2011(6)：60–62(CSSCI).

608. 张红萍．基于长尾理论的文献资源建设和服务．图书馆理论与实践，2011（8）：82–83+87（CSSCI）.

609. 刘凤娟 .Folksonomy 的主要特性及其利用研究．情报探索，2011（9）：12–13.

610. 王雁，李晨英．以研究生为目标用户的信息资源组织与服务．农业图书情报学刊，2011（9）：5–7.

611. 侯文菲，潘薇．从《大学图书馆学报》论文关键词看图书馆学研究现状．图书情报工作网刊，2011（10）：37–42.

612. 侯文菲，潘薇．高校图书馆的移动信息咨询服务．图书馆学刊，2011（11）：89–91.

613. 赵勇，郭占锋，靳乐山．中国农业面源污染控制政策的现状、问题及对策．世界农业，2011（11）：79–83.

614. 李春秋．微博在档案开放利用中应用的探讨．兰台世界，2011（21）：55–56.

615. 张子倩，史丽文，李茂茂，陈仕吉，左文革．基于 ESI 的中国农业大学农业科学发展现状及趋势分析．安徽农业科学，2011（23）：14443–14445.

616. 王利萍．论高校图书馆学科馆员应具备的能力．科技情报开发与经济，2011（28）：16–17.

617. 孙会军，左文革．高校图书馆独立培养研究生的优势与挑战——以中国农业大学图书馆为例．情报杂志，2011（S1）：247–248+237（CSSCI）.

618. 李茂茂，史丽文，陈仕吉，左文革．基于 ESI 的国内外机构农业科学学科评价研究．图书情报工作，2011（S2）：280–283+309（CSSCI）.

619. 李妍，潘薇，侯文菲．高校图书馆价值评估的新标准——国外高校图书馆 ROI 理论应用实践案例述评．图书情报工作，2011（S2）：88–90+37（CSSCI）.

620. 毛定娟，王鲁燕．影响因子与 h 指数在期刊影响力评价中的比较分析．科技情报开发与经济，2011，21(28)：1–2.

621. 刘凤娟．中国农业大学图书馆馆藏结构及读者借阅状况和趋势关系的研究．农业图书情报学刊，2011，23(2)：23–26.

622. 于尧，王鲁燕，刘清水 .2004—2008 年《农机化研究》计量分析．农业图书情报学刊，2011，23（2）：73–77+86.

623. 段文凯，韩明杰，李晨英，李春秋．基于 Google Wave 技术的联机合作编目新模式的思考．情报杂志，2011，30（4）：143–147（CSSCI）.

624. 张红萍．图书馆知识传播营销的多角色参与．图书馆杂志，2011，30（5）：10–12（CSSCI）.

625. 刘凤娟．关于 Folksonomy 的基本架构及其功能模式的研究．现代情报，2011，31（3）：151–153.

626. 师丽娟，左文革．中国农业大学国际科技合作论文的科学计量研究．科技管理研究，2011，31（18）：17–20+35.

627. 师丽娟，左文革，袁永翠．基于科学计量的我国农业院校国际科技合作研究 -- 以中国农业大学为例．安徽农业科学，2011，39（21）：13122–13124.

628. 贺玢，白瑞雪，徐伟，郑学红，张红萍，沈慧．复合模式下农业高校图书馆中文期刊采访对策研究．安徽农业科学，2011，39（11）：6859–6862.

629. 李春秋 . 机构库建设中基于用户参与的知识组织研究 . 图书情报工作，2011，55（S2）：267–269+327.

630. 王英芬 .Tariff optimization models and system.Journal of Convergence Information Technology, 2011, 6 (2): 371–374.

631. 王 英 芬 .Classification mining model for early–warning system.Journal of Convergence Information Technology, 2011, 6(5):18–22.

632. 冷伏海，刘小平，李泽霞，黄龙光，王林，王海燕，周丽英 . 钍基核燃料循环国际发展态势分析 . 科学观察，2011，6（6）：1–18.

633. 王英芬 .Fuzzy optimization method in classification.Journal of Convergence Information Technology, 2011, 6 (6): 231–234.

634. 汤谷香，谢彦明 . 西汉京师长安的社会治安问题 . 唐山师范学院学报，2012（1）：65–68.

635. 贺玢 ."十二五"时期中国农业信息化发展前瞻 . 湖南农业大学学报（社会科学版），2012（2）：32–34.

636. 李春秋，李晨英，韩明杰，段文凯 . 科学网博文中的学术信息资源交流现状分析 . 图书馆论坛，2012（2）：5–8（CSSCI）.

637. 李雪原 . 国内外高校图书馆营销比较研究 . 图书馆工作与研究，2012（2）：20–23+29（CSSCI）.

638. 樊夏红，潘薇 . 农业高校专利发展现状分析 . 图书情报工作网刊，2012（3）：57–66.

639. 芦姗，李晨英，韩明杰，钟芸 . 国内图书馆信息咨询服务研究现状可视化分析 . 情报探索，2012（3）：21–24.

640. 赵勇 .《中国图书馆分类法》（第 5 版）农业科学类目修订探析 . 图书馆建设，2012（3）：55–57（CSSCI）.

641. 陈仕吉，史丽文，李冬梅，左文革 . 论文被引频次标准化方法述评 . 现代图书情报技术，2012(4): 54–60(CSSCI).

642. 宁岩，王群 . 国外图书馆基于 Second Life 的服务实践研究 . 图书与情报，2012（5）：70–74.

643. 王昭琦，袁永翠 . 国内学科服务研究现状与进展 . 新世纪图书馆，2012（5）：56–59+18+2.

644. 贺玢，孙咏华，苏晓宁，田志宏 . 印度的农机购置补贴政策研究 . 中国农机化，2012（6）：212–216.

645. 赵勇，李晨英 . 高校图书馆纸质资源建设效率评价方法研究——基于教育部高校图书馆事实数据库统计指标的实证分析 . 图书馆建设，2012（6）：26–30（CSSCI）.

646. 郭占锋，赵勇，李小云 ."差序格局"对国际农村发展干预的影响——以亚洲开发银行在赫哲族杨村的发展项目为例 . 西南民族大学学报（人文社会科学版），2012（8）：119–123.

647. 李茂茂，张子倩，陈仕吉，左文革 . 基于 ESI 的中国农业大学植物与动物科学学科竞争力分析 . 科技管理研究，2012（8）：128–132.

648. 李雪原，潘薇 . 基于图书馆业务工作构建营销体系 . 图书馆理论与实践，2012（10）：23–25（CSSCI）.

649. 钟芸，韩明杰，李晨英，芦姗 . 研究脉络梳理方法的计量分析 . 图书情报工作，2012（14）：98–103（CSSCI）.

650. 孙会军 . 我国高校园艺学科 SCI 论文产出力与影响力比较研究 . 北方园艺，2012（20）：194–197.

651. 王雅晶，田彩琴 . 加拿大高校图书馆介入新生转型期教育的模式研究——以加拿大圭尔夫大学图书馆为例 . 中国成人教育，2012（24）：131–133.

652. 史丽文 . 我国 4 所农业高校与欧美 5 所涉农高校的学科实力分析 . 中国农业大学学报，2012，17（3）：192–198（CSSCI）.

653. 刘雪君，王鲁燕，杨学红 . 有关搜索引擎的文献增长规律研究 . 农业图书情报学刊，2012，24（5）：45–48+64.

654. 赵勇，李晨英，韩明杰 . 基于 VOS 方法的农业经济学研究主题的可视化分析 . 中国农业大学学报（社会科学版），2012，29（3）：118–125.

655. 陈仕吉，史丽文，左文革 . 科研机构潜势学科的识别方法与实证分析——以中国农业大学为例 . 情报杂志，2012，31（2）：43–47（CSSCI）.

656. 王宝济，贺玢，耿劲松，徐瑞清，王鲁燕，刘清水 . 农业文献信息资源服务社会主义新农村建设模式研究 . 安徽农业科学，2012，40（10）：6276–6278.

657. 陈仕吉，史丽文，左文革 . 科学合作网络中节点合作效果评测与分析 . 图书情报工作，2012，56（10）：61–66+143（CSSCI）.

658. 赵勇，李晨英. 从高水平国际论文看我国前沿科技的自主创新能力. 中国科技论坛，2013（2）：15–21（CSSCI）.

659. 尚文娟. 农业高校图书馆馆藏现状与文献保障分析. 兰台世界，2013（5）：88–89.

660. 徐伟伟，贺玢，刘清水. 面向知识组织的术语数据库词间关系构建研究——以农业机械化术语数据库为例. 标准科学，2013（5）：89–92.

661. 周丽英，冷伏海. 基于期刊的作者共现在学科用户研究中的应用. 图书与情报，2013（5）：67–71（CSSCI）.

662. 樊夏红，潘薇. 农业高校合作申请专利特征分析. 情报探索，2013（8）：13–19.

663. 姜萌萌，袁永翠. 简析我国网页归档项目对档案馆工作的启示. 兰台世界，2013（8）：28–29.

664. 李雪原，徐伟. 国内外图书馆联盟比较研究. 图书馆工作与研究，2013（9）：14–17（CSSCI）.

665. 屈兴豫，周金莉，袁永翠. 基于 Web2.0 的国外信息素养教育平台应用分析. 图书馆学研究，2013（9）：19–22（CSSCI）.

666. 周金莉，袁永翠. 基于 LibGuides 的信息素养教育平台调研分析. 新世纪图书馆，2013（9）：21–25.

667. Chen Shiji, Zhang Xiaolin. Research on Overlapping Structures and Evolution Properties of Co–Citation Network. Chinese Journal of Library and Information Science, 2013 (1):1–14.

668. 孙会军，左文革，季淑娟. 科技查新合同规范化研究. 图书馆工作与研究，2013（10）：87–91（CSSCI）.

669. 孙会军，左文革. 高校图书馆与院系情报学研究方向与课程设置的比较. 农业图书情报学刊，2013（10）：118–122.

670. 王雅晶，李胜利，王雅春.《饲料研究》35 年刊载论文的知识图谱分析. 饲料研究，2013（10）：82–86.

671. 潘薇，王雪荻. 图书馆传统文献的保存和保护问题分析及解决策略. 知识管理论坛，2013（11）：1–7.

672. 邱条明，王乐 .2012 年中国互联网信息服务百强企业的专利分析. 情报探索，2013（11）：64–69+73.

673. 周金莉，袁永翠. 图书情报学领域博士生导师 h 指数分析. 情报探索，2013（11）：28–30.

674. 周群. 浅议 360 度反馈评价在学科馆员绩效考核中的应用. 图书馆理论与实践，2013（12）：11–12（CSSCI）

675. 孙会军. 我国与国际园艺学科 SCI 论文数量与质量的比较. 北方园艺，2013（16）：221–224.

676. 尚文娟，吴群. 制约农业高校图书馆文献传递因素及解决对策. 兰台世界，2013（23）：33–34.

677. 孙会军. 我国园艺学领域研究热点与前沿可视化分析. 北方园艺，2013（24）：215–219.

678. 姜萌萌，袁永翠. 清朝时期档案损毁与流失原因分析. 兰台世界，2013（25）：146–147.

679. Du Jing, Rong Gao Xiang; Cui Yuan Yong. Application of web based knowledge management system in university libraries[C].Applied Mechanics and Materials, 2013 (336–338) :2572–2576. (EI).

680. 周群，左文革，陈仕吉. 基于百分位数的文献计量指标研究综述. 现代图书情报技术，2013(7/8)：82–88(CSSCI).

681. 闫欣欣，王鲁燕. 浅析高校图书馆人力资源管理. 农业图书情报学刊，2013，25（6）：189–192.

682. 杜璟，李道亮，陈英义. 我国农村信息化影响因素的关系结构分析. 江西农业学报，2013，25（7）：125–130.

683. 王雅晶，李胜利，王雅春. 世界奶牛饲料与饲养研究的知识图谱分析. 动物营养学报，2013，25（10）：2183–2191.

684. 李雪原. 多媒体环境下高校图书馆信息服务中的问题与对策. 情报科学，2013，31（8）：108–110+124（CSSCI）.

685. 陈仕吉，喻浩，左文革. 高校重点学科学术影响力的计量评价研究. 情报杂志，2013，32（1）：81–85+110（CSSCI）.

686. 郑芳，周群，陈仕吉，左文革. 基于百分位数指标的个人科研绩效评价研究. 科研管理，2013，34（S1）：189–194.

687. 罗长寿，周丽英. 基于著者同被引的农业科研人员科技需求分析. 贵州农业科学，2013，41（10）：209–211.

688. 罗长寿，周丽英. 季节时间序列模型在平菇价格预测中的应用. 贵州农业科学，2013，41（11）：202–204+209.

689. 王雅晶，范慧霞，金艺鹏，左玉柱，王雅春. 国际人畜共患病研究的知识图谱分析. 中国兽医杂志，2013，49（12）：86–89.

690. 王雅晶，王雅春，张胜利，李胜利 . 国际奶牛遗传育种研究的知识图谱分析 . 中国畜牧杂志，2013，49（12）：42–49.

691. 王雅晶，李胜利，王雅春 .《中国畜牧杂志》2003—2013 年刊载论文的可视化分析 . 中国畜牧杂志，2013，49（14）：45–48.

692. 杜璟，左文革，王超，季淑娟 .《教育部科技查新工作站查新报告撰写规范》分析比较研究 . 图书情报工作，2013，57（16）：81–85（CSSCI）.

693. 陈仕吉，史丽文，左文革 . 基于 ESI 的学术影响力指标测度方法与实证 . 图书情报工作，2013，57（2）：97–102+123（CSSCI）.

694. 柳苏芸，徐锐钊，姜楠 . 中国及亚洲主要国家食用油消费研究 . 农业展望，2013，9（7）：72–75.

695. 王雪荻，潘薇 ."四库分类法"和《中图法》对古籍文献分类的局限与关联探讨 . 四川图书馆学报，2014（1）：80–83.

696. 郭亚宁，徐伟 . 高校网站评价应用研究——以国内 15 所农林类院校网站为例 . 农业图书情报学刊，2014（2）：45–49.

697. 李雪原 . 美英韩日图书馆法研究及其启示 . 图书馆，2014（2）：66–68（CSSCI）.

698. 杜璟，左文革，郜向荣，袁永翠 . 基于 ISM 的科技查新质量影响因素分析 . 图书馆理论与实践，2014（3）：59–62（CSSCI）.

699. 徐瑞清，胡桂兰，杨文丽，雒庆生，周强 . 从 2013 年《农业机械学报》载文看农机科研发展 . 农业工程，2014（3）：6–9.

700. 赵勇，李晨英，韩明杰 . 基于文献计量的国内外图书馆评价研究比较 . 图书馆建设，2014（3）：83–88（CSSCI）.

701. 周金莉，袁永翠，孙海波 . 对公共图书馆职能定位的反思——基于"图书馆是交流中心"的实证分析 . 四川图书馆学报，2014（5）：16–20.

702. 张淑洁，尚文娟 . 提高纸质期刊利用率的有效途径 . 知识管理论坛，2014（6）：13–19.

703. 陈必值，贺玢，王鲁燕 .B2C 电子商务网站品类管理实证研究 . 电子商务，2014（7）：16–17+27.

704. 肖昌君，贺玢，刘清水 . 微信在高校图书馆信息服务中的应用 . 情报探索，2014（9）：113–116+120.

705. 段文凯，韩明杰，康实，喻浩 . 基于 BYOD 模式的自助学习社区建设方法 . 图书馆论坛，2014（11）：62–67+80（CSSCI）.

706. 杜念美，张红萍 . 山东省农业结构的演变分析 . 北京农业，2014（12）：255–256.

707. 贺敦祥，张方，肖晓华 . 集团公司的财务风险控制策略分析 . 管理观察，2014（19）：128–130.

708. 杨杰（硕士生），袁永翠 . 美国高校图书馆开展 MOOC 服务的实践及启示 . 图书馆学研究，2014（19）：85–89+30（CSSCI）.

709. 周强，徐瑞清，徐淑彦 .Triboluminescent material for short wave emission effect and the tribological mechanism.Applied Mechanics and Materials, 2014 (610): 961–966.

710. 赵勇 .Telling data： The accountancy record of a Chinese farmer.NJAS–WAGENINGEN JOURNAL OF LIFE SCIENCES，2014（68）：21–28.

711. 孙会军，杨文才 . A comparison of disease severity measurements using image analysis and visual estimates using a category scale for genetic analysis of resistance to bacterial spot in tomato.EUROPEAN JOURNAL OF PLANT PATHOLOGY, 2014, 139 (1): 125–136.

712. 孙会军，周群，陈仕吉，巢国正，熊春文，左文革 . 国内外 6 所涉农高校的科研绩效研究——基于 WoS 论文视角的比较 . 中国农业大学学报，2014，19（1）：231–240.

713. 周丽英，左文革 . 基于主题共现的土壤学研究态势分析 . 中国农业大学学报，2014，19（4）：265–272.

714. 乔春晓，姜雪琴 . 从前网络时代信息构建实践看图书馆信息服务 . 农业图书情报学刊，2014，26（2）：158–161.

715. 张淑洁，潘薇 . 网络环境下高校图书馆面临的机遇和挑战 . 农业图书情报学刊，2014，26（2）：84–88.

716. 曹丽慧，贺玢，王鲁燕，刘清水．中国网络信息计量学研究文献的定量分析．农业图书情报学刊，2014，26(10)：50–55.

717. 史丽文 .SCI 引用《水土保持学报》论文的统计与分析．水土保持学报，2014，28（4）：334–336.

718. 史丽文，王淑凤 .SCI 期刊引用《干旱区资源与环境》论文分析．干旱区资源与环境，2014，28（11）：205–208.

719. 史丽文 .SCI 数据库引用《自然资源学报》论文分析．自然资源学报，2014，29（4）：726–730（CSSCI）.

720. 李晨英，韩明杰，洪重阳，王雁，许岩青，程春宁．建立服务可扩展型机构知识库方法探索——中国农业大学机构知识库构建与服务实践．现代图书情报技术，2014，30（3）：19–25（CSSCI）.

721. 旷宗仁，赵锦辉．乡土农业知识的现有保护方法探讨．云南民族大学学报（哲学社会科学版），2014，31（5）：77–83.

722. 静发冲，李晨英，韩明杰，赵勇．基于文本挖掘的美国 NSF 生物科学部新兴前沿项目主题分析．现代情报，2014，34（12）：107–112.

723. 师丽娟，杨敏丽．欧美发达国家农业工程学科发展规律与趋势．中国农机化学报，2014，35（2）：330–336.

724. 罗长寿，周丽英．基于主题共现的土壤学研究变化态势．贵州农业科学，2014，42（10）：258–263.

725. 张淑洁，潘薇．基于读者需求的图书馆服务模式创新．图书情报工作，2014，58（S2）：149–153.

726. 周丽英，左文革 .Research profiling of soil pollution from 2000 to 2013.Advanced Materials Research, 2014, 955–959: 3665–3670.

727. Chen Shiji, Clément Arsenault, Yves Gingras, Vincent Larivière. Interdisciplinarity Patterns of Highly–Cited Papers: A Cross–Disciplinary Analysis [C]. The 77th ASIS&T (Association for Information Science and Technology) Annual Meeting, 2014.

728. Chen Shiji, Clément Arsenault, Yves Gingras, Vincent Larivière. Chronological distribution of emerging referenced disciplines in Biochemistry & Molecular Biology over the last 100 years[C]. Ischool conference 2014, Berlin, Germany, 2014.

729. 杨杰，袁永翠．美国公共图书馆 MOOC 服务实践及启示．图书馆建设，2015（1）：97–100（CSSCI）.

730. 曹丽慧，贺玢，田子方，刘清水．农业机械化术语数据库论坛功能的设计与实现．世界农业，2015（2）：180–184.

731. 王超，韩明杰，李晨英，赵勇．基于文献计量的国内外专利引文分析比较研究．数字图书馆论坛，2015（2）：14–20.

732. 肖晓华，刘秀．对幸福度及经济学新定位的研究与探讨．管理观察，2015（2）：166–168.

733. 周玉婷，赵锦辉．断裂与整合：反思农业现代化背景下的农民知识系统．农村经济，2015（4）：88–92.

734. 赵勇，张灵阁，韩明杰，李晨英．澳大利亚科研评价体系的演变、特点与启示．中国科技论坛，2015（12）：149–155（CSSCI）.

735. 尚文娟．文献传递过程中制约文献满足的因素及解决对策．兰台世界，2015（17）：21–22.

736. 王群，王琼．美国图书馆电子书服务经验及对我国的启示．图书情报工作，2015（20）：94–99（CSSCI）.

737. 周群，陈仕吉，左文革 .Web2.0 环境下文献管理软件的功能演进分析．兰台世界，2015（23）：35–36.

738. 田彩琴，王雅晶．农业高校留学生的信息素养教育状况初探——基于北京 Z 高校的实证分析．中国成人教育，2015（24）：141–143.

739. 肖晓华，刘秀．关于“为我们服务”的管理学思辩．管理观察，2015（31）：188–190.

740. 张淑洁，潘薇．图书馆信息服务的创新与发展．图书情报工作，2015（S1）：94–98.

741. 田二琴，周群，左文革．国内外高校图书馆馆员学术影响力对比分析．图书情报工作，2015（S2）：162–165.

742. 陈仕吉 . Exploring the interdisciplinary evolution of a discipline: the case of Biochemistry and Molecular Biology. SCIENTOMETRICS, 2015, 102 (2): 1307–1323 (SCI、SSCI).

743. 徐婧婷，王云华，沈楠，赵杰．我国中小型食品企业安全生产管理现状与对策．保鲜与加工，2015，15（2）：73–76.

744. 周丽英，冷伏海，李冬梅，左文革．基于共词与社会网络分析的国际植物营养学发展态势研究．中国农业科技导报，2015，17（6）：142–149.

745. 史丽文 . 高校原文传递服务的用户信息需求分析——以中国农业大学图书馆 BALIS 原文传递为例 . 农业图书情报学刊，2015，27（6）：145–148.

746. 杨茗溪，徐伟 . 我国图书馆学研究生培养机构的 h 指数评价研究 . 咸阳师范学院学报，2015，30（2）：117–120.

747. 师丽娟，杨敏丽 . 中国农业工程学科之演化与转型 . 中国农业大学学报（社会科学版），2015，32（5）：120–127（CSSCI）.

748. 华萌（研究生），陈仕吉，周群，田二琴（研究生），左文革 . 多学科期刊论文学科划分方法研究 . 情报杂志，2015，34（5）：76–80+22（CSSCI）.

749. 李倩楠，陈仕吉 . 期刊排名对跨学科研究评价的影响研究 . 情报杂志，2015，34（5）：81–86（CSSCI）.

750. 赵勇，李晨英，韩明杰 . 中外高水平涉农高校的学科结构特征比较——基于 QS 世界大学农业学科排名的科学计量学分析 . 情报杂志，2015，34（5）：92–97（CSSCI）.

751. 孙树娇 . 面向用户需求的高校图书馆学科化服务体系构建 . 河南图书馆学刊，2015，35（9）：47–49+52.

752. 周丽英，冷伏海，左文革 . 引文耦合增强的共词分析方法改进研究——以 ESI 农业科学研究主题划分为例 . 情报理论与实践，2015，38（11）：120–125（CSSCI）.

753. 陈仕吉 .Are top-cited papers more interdisciplinary?.JOURNAL OF INFORMETRICS, 2015, 9 (4): 1034–1046 (SSCI、EI).

754. 尚文娟 . 我国农业学科外文文献资源高效共享途径探讨 . 黑龙江畜牧兽医，2016（7）：47–52.

755. 赵勇，高思嘉 . 美国高校智库的发展特点及其话语权提升之策 . 社会科学文摘，2016（7）：8–10.

756. 魏一品，李晨英，韩明杰，赵勇，张红伟 . 全球主要小麦研究机构的国际学术影响力比较分析 . 世界农业，2016（9）：63–72+149+258–259.

757. 赵勇，赵筱媛 . 基于政策文本计量的中小企业政策体系研究 . 中国科技论坛，2016（11）：37–42（CSSCI）.

758. 闫宁，贺玢，王宝济，刘清水 . 中国术语数据库研究进展与趋势分析 . 世界农业，2016（12）：154–160.

759. 张红伟，李晨英 . 中日一流大学人员结构比例的比较分析 . 大学（研究版），2016（12）：63–69+62.

760. 孙树娇，袁钢 . 面向新一代大学生的高校图书馆阅读引导 . 兰台世界，2016（16）：66–67.

761. 尚文娟 . 探究自媒体时代高校图书馆服务的变化 . 出版广角，2016（20）：64–65.

762. 尚文娟 . 浅谈高校图书馆馆藏图书剔除 . 黑龙江畜牧兽医，2016（24）：262–264.

763. 赵勇，高思嘉 . 内外兼修：美国高校智库的发展特点及其话语权提升之策 . 智库理论与实践，2016，1（2）：42–49.

764. 赵勇，韩明杰，李晨英 .Characteristics of research collaboration in biotechnology in China: evidence from publications indexed in the SCIE.SCIENTOMETRICS, 2016, 107 (3): 1373–1387 (SSCI).

765. 赵勇，李冬，高思嘉，韩明杰，李晨英 . 世界高水平涉农大学科研现状的信息计量分析 . 中国农业大学学报，2016，21（12）：163–172（CSSCI）.

766. 王宝济，闫宁，贺玢 . 基于 Web of Science 的农业工程学科研究影响力分析 . 中国农业文摘—农业工程，2016，28（6）：6–14.

767. 李晨英，静发冲（硕士生）. 全球玉米相关研究机构的国际学术影响力比较分析 . 中国农业文摘—农业工程，2016，28（3）：6–13.

768. 师丽娟，杨敏丽 . 基于科学计量的中国农业工程研究热点探析 . 农业工程学报，2016，32（z2）：430–438.

769. 关智远（硕士生），陈仕吉 . 跨学科知识交流研究综述 . 情报杂志，2016，35（3）：153–158（CSSCI）.

770. 万坤，李晨英，韩明杰，赵勇，张红伟 . 瑞典 FOKUS 科研质量评价框架特征分析及启示 . 科技管理研究，2016，36（19）：70–74+80（CSSCI）.

771. 周丽英，冷伏海，左文革 . 基于创新团队的专利组合识别方法研究 . 情报理论与实践，2016，39（11）：116–120（CSSCI）.

772. 徐瑞清，雒庆生，胡桂兰，杨文丽，周强 . 基于 1688 网的杀虫灯生产企业信息分析 . 农业装备技术，2016，42（3）：

28–31.

773. 郜向荣，贺玢．高校图书馆员继续教育实证研究——以农业院校图书馆为例．图书馆研究，2016，46（5）：47–51（CSSCI）.

774. 张志强，张太红，吴倩，于志敏．基于语言模型的一种音字转换高效解码算法．智能计算机与应用，2016，6（5）：38–41.

775. 陈仕吉，陈晨（研究生），韩涛，王小梅．基于重叠结构的跨学科链接探测与分析．图书情报工作，2016，60（15）：94–100（CSSCI）.

776. 郜向荣，王晓兰 .2000 年以来我国图书馆员继续教育研究综述．图书情报工作，2016，60（S1）：206–209.

777. 何秀荣．国际化背景下的我国农作物种植结构调整．民主与科学，2017（1）：19–21.

778. 何秀荣．关于我国农业经营规模的思考．中国农业文摘：农业工程，2017（1）：7–13.

779. 张灵阁，韩明杰，赵勇，李晨英．英澳新三国高等学校科研评价体系的比较及启示．中国科技论坛，2017（1）：179–185（CSSCI）.

780. 雷天骄，李姗姗，王鲁燕．微博平台下公共图书馆与综合档案馆信息服务对比研究．档案管理，2017（2）：40–42.

781. 朱坚，袁永翠，张华阳，段文凯．美国图书馆创客空间用户协议内容分析及启示．图书馆建设，2017（3）：61–65（CSSCI）.

782. 魏一品，李晨英，韩明杰，赵勇．全球主要水稻研究机构的国际学术影响力比较分析．世界农业，2017（5）：56–64.

783. 张红伟，李晨英，刘子瑜．“十三五”期间我国一流高校国际化发展的应对策略——基于 C9 高校“十三五”规划文本的量化分析．国家教育行政学院学报，2017（12）：72–79（CSSCI）.

784. 张华阳，袁永翠．国外高校图书馆参与数字出版的角色定位．数字图书馆论坛，2017（12）：32–38.

785. 崔晓彤，赵勇．国外同行评议专家信用管理模式的比较研究．评价与管理，2017，15（3）：48–51.

786. 卫昕欣，潘薇，王培凤．我国高校英文科技期刊国际传播影响因素研究——以部分重点高校为例．中国科技期刊研究，2017，28（1）：84–91（CSSCI）.

787. 贾文吉，王宝济，师丽娟 .2016 年农业工程学科学术论文统计分析．中国农业文摘一农业工程，2017，29(2)：6–8.

788. 陈雨，李晨英，赵勇．国内外科研诚信的内涵演进及其研究热点分析．中国科学基金，2017，31（4）：396–404.

789. 周群，周秋菊，冷伏海．生物科学研究前沿演进时序分析．中国科学院院刊，2017，32（4）：405–412.

790. 张红伟．高校人文社会科学科研奖励办法比较．高教发展与评估，2017，33（2）：10–16+106.

791. 张红伟，李红军，李晨英．从国家首批重点研发计划看高校的科研隐忧与发展策略．科学管理研究，2017，35（2）：26–30.

792. 赵勇，武夷山．追根溯源：优秀科学计量学家引用的重要文献识别及引用内容特征研究．情报学报，2017，36（11）：1099–1107（CSSCI）.

793. 赵勇，崔晓彤，高思嘉．我国卓越高校智库的人才结构、聚焦主题与传播渠道．情报杂志，2017，36（4）：54–60.

794. 赵勇，高思嘉，武夷山．见微知著：一位优秀科学计量学家采用的研究方法之分类编码分析．情报学报，2017，36（5）：443–451（CSSCI）.

795. 赵筱媛，赵勇，赵康．政策文本计量视角下中美两国中小企业政策对比研究．科学学与科学技术管理，2017，38（12）：3–11（CSSCI）.

796. 胡永强，赵锦辉．高校图书馆“培养型”阅读推广研究与践行——以沈阳师范大学图书馆为例．图书情报工作，2017，61（6）：32–36.

797. 赵锦辉，刘偲偲．“立体阅读”：多元融合的阅读推广新模式探析——以沈阳师范大学图书馆为例．图书情报工作，

2017，61（6）：16–20（CSSCI）.

798. Chen Yu; Li Chen ying; Zhao Yong.An evolutionary analysis of research integrity based on multidimensional informetrics [C]. ISSI 2017 – 16th International Conference on Scientometrics and Informetrics, Conference Proceedings, 2017, 1608–1609 (EI).

799. 张红伟．紧跟世界一流 塑造世界一流 [N]. 中国科学报，2018，–28（007）.

800. 周群，何枭．连接现实和虚拟世界中的人和信息——2017 年 ASIS&T 年会综述．图书情报知识，2018（4）：91–101（CSSCI）.

801. 胡晓莉，徐伟．基于社群合作的图书馆服务新模式：FOLIO. 电脑与电信，2018（Z1）：73–76.

802. 贺颖，贺玢．我国查收查引服务研究可视化分析．电脑知识与技术，2018，14（5）：9–12.

803. 王宝济，黄庆．《中国农业文摘—农业工程》载文分析（2017 年）. 中国农业文摘—农业工程，2018，30（1）：17–21.

804. 崔遵康，赵星，郜向荣，李丹阳，左文革．基于专利的禾谷类作物种子技术创新分布结构研究．中国农业文摘—农业工程，2018，30（2）：29–36.

805. 王宝济，黄庆．基于科技文献的农业工程学科发展报告（2017）. 中国农业文摘—农业工程，2018，30（2）：20–28+62.

806. 张红伟．我国高等教育评估网络治理动力机制初探．内蒙古师范大学学报（教育科学版），2018，31（12）：1–5.

807. 周群，左文革．论文被引频次标准化方法研究进展．情报科学，2018，36（2）：171–176（CSSCI）.

808. 袁子晗，张红伟.42 所在建世界一流大学学科群布局及对接国家战略的分析．科学管理研究，2018，36（6）：33–36（CSSCI）.

809. 陈仕吉，康温和，江文森．跨学科研究在科学研究中越来越重要 ?. 科学学研究，2018，36（7）：1153–1160+1195（CSSCI）.

810. 李友轩，赵勇．中美知名高校零被引学术论文特征的比较研究——以中国“C9 高校”和美国“常青藤高校”为例．情报杂志，2018，37（8）：139–144+106.

811. 周群，周秋菊，冷伏海．基于科技媒体视角的研究前沿识别方法研究与实证．现代情报，2018，38（2）：62–67+74（CSSCI）.

812. 周群，韩涛，左文革，陈仕吉．基于学科前沿性视角的科研机构评测研究与实证．现代情报，2018，38（4）：65–70+76（CSSCI）.

813. 靳彤，张红伟，赵勇．政策文本计量视角下我国科研诚信治理的特征与启示．情报工程，2018，4（5）：116–126.

814. 李友轩，赵勇．“黄禹锡事件”后韩国科研诚信的治理特征与启示．科学与社会，2018，8（2）：10–24.

815. 刘子瑜，李晨英．The Effectiveness of China National Doctoral Dissertations Quality Inspection.PROCEEDINGS OF THE 2ND INTERNATIONAL CONFERENCE ON COMPUTER SCIENCE AND APPLICATION ENGINEERING (CSAE2018), 2018,

816. 张红伟．高校应当好科研诚信教育的守门人．中国教育报，2018–06–04（5）.

817. 张红伟．论“四位一体”大学战略规划制定模式的建构、实践解读及现实指引．大学（研究版），2019（2）：32–38+22.

818. 彭艳芳．数据库垄断的成因及对策分析．电脑与电信，2019（3）：48–50.

819. 宋东桓．“学科竞争力”研究现状分析．电脑与电信，2019（3）：66–69.

820. 祝金晶，袁永翠．美国图书馆开展青少年性教育服务的实践与启示．兰台内外，2019（7）：41–42.

821. 刘懿，周丽英．主路径分析方法研究进展．数字图书馆论坛，2019（10）：8–15.

822. 李友轩，赵勇．走向卓越：从国际顶尖期刊看中国生命科学研究的发展动态．中国农业大学学报，2019，24（4）：239–246（CSSCI）.

823. 刘怡汝，孙会军．非专利引文在“科学——技术”关联研究中的应用和方法研究综述．农业图书情报，2019，

31（2）：11–19.

824. 王宝济，黄庆 . 基于科技文献的农业工程学科发展报告（2018）. 中国农业文摘—农业工程，2019，31（2）：25–33+48.

825. 韩佳燕，赵勇，赵筱媛 . 美国高端智库的政策专家储备及其人才吸引机制研究——以兰德公司为例 . 情报杂志，2019，38（4）：16–22.

826. 王群，赵勇 . 转型中的科学、技术和创新指标——从 STI 2018 年会论文看科学计量学研究当前热点与动态 . 情报理论与实践，2019，42（11）：164–170.

827. 袁子晗，靳彤，张红伟，赵勇 . 我国 42 所大学科研诚信教育状况实证分析 . 科学与社会，2019，9（1）：50–62.

828. 师丽娟，周彤 . 欧美高校图书馆空间规划演变及启示 . 图书馆建设，2019，网刊：16（CSSCI）.

829.Liu Ziyu, Zhang Hongwei, Zhao Yong. Research Misconduct in Doctoral Thesises in China: Types, Causes and Governance [C]. the 6th World Conference on Research Integrity (6th WCRI), 2019.

830. Liu Zi yu; Yang, HeheRevised DBLC model for Chinese word segmentation [C].ACM International Conference Proceeding Series2019, 202–207 (EI).

831. Zhao Yong, Han Jiayan, Du Jian, Wu Yishan. Origin and impact of Henk F. Moed's academic work: A citation analytical approach [C]. The ISSI 2019 Conference, 2019.

832. Sun Huijun; Liu, Yiru; Wang, Zhinan et al., Embedded Librarianship in China: Based on a Survey of University Libraries, LIBRARY QUARTERLY, 2019, 89 (1): 53–66 (CSSCI).

833. 张红伟 . 新技术呼唤"新农科". 中国教育报，2019–04–08（06）.

资料九 2002—2019年馆藏统计表

年份	文献总量/万册	中文图书/册	外文图书/册	中文现刊/种	外文现刊/种	电子图书/册	网上数据库/个	中文电子期刊/种	外文电子期刊/种
2002	144.7	1101015	131317	2396	401	13000	16	6000	2000
2003	149.4	1139013	131596	2220	457		19	10000	9000
2004	154.5	1189535	132152	1782	423	18500	21	10000	9000
2005	159	1232584	133045	1766	444	31500	25	12000	13000
2006	165	1290651	133555	1758	404	49200	25	12000	13000
2007	173.9	1246432	200197	1745	399	46236	25	12000	13000
2008	176.9	1267730	202131	1749	400	48206	26	12000	13000
2009	180.14	1292955	204020	1719	397	48332	30	12000	13000
2010	183.54	1322872	206075	1713	393	48416	39	12000	14000
2011	187.09	1356929	207518	1599	384	48664	47	12000	14000
2012	190.71	1379839	209300	1587	372	48953	47	12000	14000
2013	193.92	1410356	210873	1586	364	48965	70	12000	14000
2014	198.35	1448473	213002	1581	354	48965	70	12000	14000
2015	202.90	1480232	214214	1575	352	49103	74	12000	14000
2016	206.25	1510401	215308	1417	340	49103	74	12000	14000
2017	209.56	1538256	215962	1411	308	50878	78	12000	17000
2018	212.30	1560185	216395	1399	289	50878	87	12000	17000
2019	216.14	1597494	217436	1385	283	52020	91	12000	17000

注：表中数据包含接收的捐赠图书。

致　谢

每一个机构自成立起，就开始用行动书写着自己的历史。中国农业大学图书馆已经走过了一个多世纪，见证了百余年天翻地覆的社会变迁，历经了学校发展过程的兴衰曲折。回眸过往，她经历的是一条坎坷磨难、涅槃重生、迈向辉煌之路。

中国农业大学图书馆自筚路蓝缕起步，经过数代图书馆人脚踏实地、念兹在兹、无私奉献、自强不息，才有今天的局面，奠定在新时代腾飞的坚固基石。抚今追昔，我们对图书馆前辈们所作的奉献和建设肃然起敬！盛世修典。今天，我们有责任和义务编写中国农业大学图书馆史，记载下她苦难辉煌的发展史，以便能承前启后、继往开来。

编纂中国农业大学图书馆史，从提议到完成，历时 4 年。从跨越一个世纪的时空里，在大量浩如烟海却又不尽翔实的史料里梳理图书馆的百年发展脉络，不是一件容易的事。加之我们这群馆史编纂人员都只是胸怀责任、有满腔热忱但缺乏编史经验，也加重了编纂的难度。

幸在整个编纂过程中，许多相关部门和人士的大力支持和协助，才使得此项工作得以顺利进行和完成。在此，对上述相关部门和人士一并表示衷心的感谢和崇高的敬意！

特别要感谢中国农业大学档案与校史馆对此项工作给予的大力支持，他们为图书馆馆史编纂人员查阅资料提供了尽可能的方便，并且不厌其烦地一次又一次应编纂人员的要求帮助寻查档案资料。

馆史素材搜集中，得到了图书馆离退休老同志的大力鼓励和实质支持。编纂人员召开了部分离退休老同志座谈会，还登门采访了一些图书馆离退休老同志，如杨直民、刘友文、闫殿衡、马焰、王东海、李万里、夏大明、张月霞等，他们提供了许多珍贵的历史资料和线索，编纂组对他们表示深深的敬意和衷心的感谢！非常遗憾的是，个别老同志在我们预约登门拜访前离开了我们，还有人在馆史成稿过程中离开了我们，这令我们无比悲痛和怀念！也进一步使我们感到抢救历史的重要性和刻不容缓。今天，馆史的出版可以告慰离世老同志的在天之灵。

在此，编纂组十分感谢图书馆领导及馆内部门领导，他们从确定馆史编纂工作和出版经费安排到部门工作和人员素材提供，提供了多方面的支持，使馆史编纂工作得以顺利完成。

作为主编，我必须感谢馆史编纂组的所有同志，他们在繁重的本职工作之余，投入大量时间去采访人员、搜集素材资料、撰写相关章节。这里，我要特别感谢王永进、黄兴建、张权、师丽娟四位同志，他们参与了馆史工作的全过程，投入了大量时间沉浸在学校档案与校史馆的档案中一页页地翻找可能与图书馆相关的点滴资料，多方考证每个悬疑问题，撰写了馆史中大量文字。年逾七旬的张权老馆长已退休多年，毫无报酬地积极为馆史收集素材，如新入职员工般地听从我这个后任馆长的馆史工作安排，令我感动，更令我敬重。王永进和黄兴建在退休之后，本可颐养天年、游历山川，却将时间投入于馆史编纂工作，王永进更是将全部的出版关联事务一人承揽，逐字逐句地审校样稿。我深知，编纂好一部馆史不是件容易的事，如果没有编纂组全体同志的鼎力支持，尤其是王永进、黄兴建、张权三位老同志身体力行的激励，我着实是缺乏完成馆史编纂的信心的。

这里还想感谢图书馆洪重阳、汪群两位老师，他们向编纂组提供了很多具体的资料和图片，尽管涉及领导人的部分照片未被允许在本书中展示，但依然为本书增添了很多生动可视的元素。

编纂组参阅了大量已有出版物，还参阅了中国农业大学校园网、新闻网、中国农业大学图书馆馆讯的相关信息，得到了一些历史事件的线索和佐证。

最后想感谢中国农业大学出版社对馆史出版给予的一如既往的重视和支持，感谢责任编辑梁爱荣、刘彦龙认真负责的编辑和付出。

由于目前所搜集掌握的资料依然有限，考证资料和事件的时间也不充足，所以本书中难免存在不完整和不精准之处，这些不足应归咎于主编。但此书作为一个初本，依然不失为后续的馆史补充和完善提供一个很好的起步。衷心希望，馆史在数版之后能臻于完整和精准。

时代在进步，社会在发展。在每一个历史阶段，都会有许多新的任务和课题摆在人们面前。回顾和总结历史是为了展望和谱写未来。在这个伟大的新时代，中国农业大学图书馆开启了向研究服务型图书馆转型发展的新征程，衷心祝愿她再谱辉煌的新篇章！

何秀荣

2020 年 12 月 31 日于绿苑

参考文献

1. 王步峥，艾荫谦，赵竹村 . 探索之路——中国农业大学跨越百年的办学历程 . 北京：中国广播电视出版社，2013.

2. 胡跃高 .20 世纪中国农业科学进展 . 济南：山东教育出版社 .2004.

3. 王学珍 . 北京高等教育纪事：1861 年—1941 年 1 月 . 北京：中国广播电视出版社，2006.

4. 王步峥，杨滔 . 中国农业大学史料汇编 . 北京：中国农业大学出版社，2005.

5. 中国农业大学百年校庆丛书编委会 . 百年纪事 . 北京：中国农业大学出版社，2005.

6. 王学珍，张万仓 . 北京高等教育文献资料选编：1861—1948. 北京：首都师范大学出版社，2004.

7. 吴晞 . 北京大学图书馆九十年记略 . 北京：北京大学出版社，1992.

8. 北京农业工程大学四十年编写组 . 北京农业工程大学四十年 . 北京：北京邮电学院出版社，1992.

9. 李希泌，张椒华 . 中国古代藏书与近代图书馆史料（春秋至五四前后）. 北京：中华书局，1982.

10. 陈源蒸，张树华，毕世栋 . 中国图书馆百年纪事（1849—2000）. 北京：北京图书馆出版社，2004.

11. 北京农业大学校史资料征集小组 . 北京农业大学校史 . 北京：北京农业大学出版社，1990.

12. 王步峥 . 北京农业大学校史 . 北京：北京农业大学出版社，1995.

13. 杨直民，赵士杰 . 北京农业大学图书馆建筑功能与造型分析 . 南方建筑，1992（1）：37–43.

14. 胥耀平，张波 . 西北农林科技大学图书馆史 . 杨凌：西北农林科技大学出版社，2010.

15. 北京大学档案馆校史馆 . 北京大学图史（1898—2008）. 北京：北京大学出版社，2010.

16. 姚伯岳 . 京师大学堂藏书楼（图书馆）记略 . 图书馆，2018（12）：46–51，111.

17. 姚伯岳 . 京师大学堂藏书楼（图书馆）历任负责人考述 . 图书馆论坛，2020（4）：94–100.

18. 姚伯岳 . 在古籍编目中发现京师大学堂藏书楼的源头 . 大学图书馆学报，2013（6）：103–108.

19. 邢慧玲 . 京师大学堂藏书楼首任提调李昭炜行实考略 . 图书情报研究，2015（2）：88–92.

20. 左文革，潘薇，张权，等 . 发展中的中国农业大学图书馆 [J]. 中国农业大学学报，2005（04）：19–25.

21. 对北京农业大学图书馆建筑的评估 [J]. 南方建筑，1994（01）：50–52.

22. 北京农业大学图书馆 [J]. 建筑学报，1996（03）：22–23.

23. 孙玉玲 . 北京农业大学图书馆文献资源评估报告 . 农业图书情报学刊，1995（S1）：119–122.

24. 杨直民 . 加强检索咨询，提高借阅服务水平 . 高校图书馆工作，1993（1）：38–42.

25. 吴晞 . 中国图书馆的历史与发展 . 北京：朝华出版社，2020.

26. 杨直民 . 关于北京农业大学图书馆发展战略的构思、农业图书馆，1988（1）:2–7.

27. 杨直民，黄兴建 . 农科大学图书馆非书信息载体的应用前景 . 农业图书情报学刊，1992（1）：60–62.

28. 赵士杰，杨直民 . 农科大学图书馆建筑的新探索 . 北京农业大学学报，1991（增刊）:85–90.

参考文献